全国高等医学院校护理学本科规划教材

供本科护理学类专业用

常用基础护理技能操作

主　　编　张洪君　尚少梅　金晓燕

副 主 编　胡晋平　李春卉　王秀红　闫　兰

编　　委（按姓名汉语拼音排序）

冯新玮（首都医科大学护理学院）
胡晋平（北京大学第三医院）
金晓燕（北京大学护理学院）
李春卉（吉林医药学院护理学院）
李新霞（内蒙古医科大学附属医院）
刘彦淑（内蒙古医科大学护理学院）
彭丹梅（承德医学院护理学院）
乔　雪（北京中医药大学护理学院）
尚少梅（北京大学护理学院）
王　娟（广东药科大学护理学院）
王　艳（北京大学护理学院）
王秀红（首都医科大学护理学院）
吴　雪（北京大学护理学院）
许影婕（北京大学第三医院）
闫　兰（甘肃中医药大学护理学院）
杨美玲（北京大学第三医院）
于　洋（齐齐哈尔医学院附属第一医院）
岳淑琴（甘肃省人民医院）
张　岩（北京大学护理学院）
张洪君（北京大学第三医院）
张小丽（华北理工大学康复与护理学院）

北京大学医学出版社

CHANYONG JICHU HULI JINENG CAOZUO

图书在版编目（CIP）数据

常用基础护理技能操作 / 张洪君，尚少梅，金晓燕主编 .
—北京：北京大学医学出版社，2018. 6

ISBN 978-7-5659-1613-7

Ⅰ . ①常… Ⅱ . ①张… ②尚… ③金… Ⅲ . ①护理－技术－医学院校－教材 Ⅳ . ① R472

中国版本图书馆 CIP 数据核字（2017）第 112683 号

常用基础护理技能操作

主　　编：张洪君　尚少梅　金晓燕

出版发行：北京大学医学出版社

地　　址：（100191）北京市海淀区学院路 38 号　北京大学医学部院内

电　　话：发行部 010-82802230；图书邮购 010-82802495

网　　址：http：//www.pumpress.com.cn

E-mail：booksale@bjmu.edu.cn

印　　刷：北京圣彩虹制版印刷技术有限公司

经　　销：新华书店

责任编辑：赵　欣　**责任校对**：金彤文　**责任印制**：李　啸

开　　本：850mm × 1168mm　1/16　**印张**：27　**字数**：779 千字

版　　次：2018 年 6 月第 1 版　2018 年 6 月第 1 次印刷

书　　号：ISBN 978-7-5659-1613-7

定　　价：98.00 元

全国高等医学院校护理学本科规划教材目录

序号	教材名称	版次	主编
1	护理学导论	1	赵小玉　马小琴
2	护理学基础[†]	2	尚少梅　郑一宁　邢凤梅
3	常用基础护理技能操作	1	张洪君　尚少梅　金晓燕
4	健康评估	2	吴光煜　孙玉梅　张立力
5	内科护理学[※]	2	姚景鹏　吴　瑛　陈　垦
6	外科护理学[※△]	2	路　潜　张美芬
7	妇产科护理学	2	陆　虹　柳韦华
8	儿科护理学	2	洪黛玲　梁　爽
9	急危重症护理学[※]	2	李文涛　张海燕
10	康复护理学	1	马素慧　林　萍
11	精神科护理学[※]	2	许冬梅　杨芳宇
12	临床营养护理学	2	刘均娥　范　旻
13	社区护理学	2	陈长香　侯淑肖
14	健康教育	1	李春玉　王克芳
15	中医护理学概要	1	孙秋华
16	护理管理学	1	谢　红　王桂云
17	老年护理学	1	刘　宇　赵雅宁　郭　宏
18	护理心理学[※]	2	娄凤兰　徐　云　厉　萍
19	护理研究	2	章雅青　王志稳
20	护理教育学[※]	2	孙宏玉　孟庆慧
21	护理伦理学	2	孙宏玉　唐启群
22	护理礼仪与人际沟通	1	赵爱平　单伟颖
23	护理人文关怀	1	李惠玲

注：

[※] 为普通高等教育“十一五”国家级规划教材

[△] 为普通高等教育精品教材

[†] 为北京高等教育精品教材建设立项项目

全国高等医学院校护理学本科规划教材
编审委员会

序

随着医药卫生事业的发展、健康观念的转变，社会亟需大批高质量的护理学专业人才。这对护理教育提出了严峻的挑战，同时也提供了崭新的发展机遇。现代护理学理论与实践、技术与技能，以及教育与教学理念的更新，直接关系到护理学专业人才培养质量的提升，在健康服务，治疗、预防及控制疾病中具有不可替代的作用。

北京大学医学出版社组织编写的第一轮护理学专业本科教材一经出版，即获得广大医学院校师生的欢迎。其中 7 个品种被教育部评为普通高等教育“十一五”国家级规划教材，《外科护理学》被评为普通高等教育精品教材。在新一轮医药卫生体制改革逐步推进的大背景下，为配合即将到来的教育部“十三五”普通高等教育本科国家级规划教材建设，贯彻教育部教育教学改革和教材多元化的精神，北京大学医学出版社于 2014 年成立了新一届全国高等医学院校护理学专业规划教材编审委员会，组织国内 40 余所医学院校编写了第二轮护理学本科教材。

本轮教材在编写中着力转变传统观念，坚持理论与实践相结合，人文社科与临床护理相结合，强化学生动手实践能力、独立分析问题和解决问题的评判性思维能力。推进教材先进编写理念，创新编写模式和教材呈现形式，特别是首创性地在护理学专业教材中运用二维码扫描技术，以纸质教材为入口，展现立体化教材全貌，贴近数字化教学理念。相信本套教材将能更好地满足培养从事临床护理、社区护理、护理教育、护理科研及护理管理等复合型人才的需求。

在本轮教材建设中，得到了各参编院校的鼎力支持，在此深致谢意！希望这套教材在教师、学生和护理工作者的关爱下，于同类教材“百花齐放、百家争鸣”的局面中脱颖而出，得到读者的好评。

郑修霞

前　言

基础护理操作是护理工作的重要内容，熟练掌握基础护理操作技能是作为一名合格护士的必备条件。为了适应我国应用型护理人才培养发展形势的需要，适应院校专业教学模式及课程体系改革的需要，北京大学医学出版社组织国内多所医学院校以及临床医院编写了此书。本书的编写以能力培养为基点，将基础护理技能操作独成体系，尝试应用案例教学对传统实验操作教材模式进行改革。

《常用基础护理技能操作》全书共 11 章，内容包括清洁与舒适、无菌与隔离技术、移动与搬运护理、冷与热应用技术、常用监测技术、皮肤护理、营养与排泄、给药技术、静脉输液与输血、常用标本采集和急救技术。本教材有五大特点：①本书是配有操作视频的图解性指导书，对绝大多数基础护理技能进行实景拍摄，由临床护理技术娴熟的护士进行操作，增加了操作的直观性，便于学生自学。②学习目标以布鲁姆认知领域分类法对理论、技能的学习提出要求，对学习者的预期行为提出明确的期望。③操作前导入临床典型案例，操作后进行案例的点评，从而建立以问题为中心、基于任务的学习模式，循循善诱、步步深入，以激发学生的学习兴趣。④各项操作步骤重点突出，并配以操作流程图，编排简洁，脉络清晰，以提高学生对操作的整体认识；同时，对重要的关键环节以及容易发生错误的环节进行重要小提示，给予学生提示、强调和指导。⑤操作考核评分标准明确、详尽，便于学生在操作练习后进行自我评价。

本书在编写过程中参考了诸多教材和相关资料，在此向有关作者致以衷心的感谢！

尽管经过自审、互审以及定稿等全过程，但限于编者的水平和时间，书中难免存在不当之处以及缺点和错误，欢迎读者批评、指正，使之日益完善。

主编

二维码资源索引

续表

续表

资源名称	资源类型	页码
静脉注射	视频	294
直肠给药法	视频	303
外周静脉输液	视频	308
外周静脉留置针输液	视频	313
经外周静脉插入的中心静脉置管输液	视频	318
经中心静脉导管输液法	视频	327
微量注射泵使用法	视频	335
输液泵使用法	视频	339
小儿外周静脉留置针输液技术	视频	344
间接静脉输血法	视频	351
静脉血标本采集	视频	363
动脉血标本采集	视频	366
尿常规标本采集	视频	370
尿培养标本采集	视频	372
12小时或24小时尿标本采集	视频	374
便标本采集	视频	377
痰标本采集	视频	381
咽拭子标本采集	视频	385
氧疗法	视频	390
经鼻/口腔吸痰法	视频	394
洗胃	视频	398
心肺复苏术	视频	404
除颤仪的使用	视频	411

目　录

上篇　通科护理技术操作

下篇　专业护理技术操作

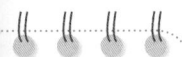

上篇　通科护理技术操作

第一章　清洁与舒适

学习目标

通过本章内容的学习，学生能够：

◎ 识记

1. 描述铺麻醉床的评估内容。
2. 叙述常用麻醉护理盘的用物及其作用。
3. 描述晨晚间、会阴部、皮肤、头发和口腔护理的评估内容。
4. 叙述常用口腔护理液及其作用。

◎ 理解

1. 解释为患者准备床单位时应遵循的操作原则。
2. 理解为卧床患者更换床单操作时的注意事项。
3. 解释口腔护理的操作原则及注意事项。

◎ 运用

1. 按规程正确铺备用床、暂空床、麻醉床，为卧床患者更换床单。
2. 按规程为患者提供晨晚间、会阴部、皮肤、头发、口腔护理活动。
3. 正确协助不能自理或部分自理的患者完成进食和排泄活动。

第一节　床单位管理

患者床单位是指在住院期间医疗机构提供给患者使用的家具和设备，是患者休息、睡眠、饮食、排泄、活动与治疗的最基本单位，包括床、床上用品（包括床垫、床褥、枕芯、棉胎或毛毯、大单、被套、枕套等，需要时备中单和橡胶单）、床旁桌、床旁椅、床头墙壁设施等。对床单位的管理应以患者的舒适、安全并有利于治疗、护理和康复为目的。铺床是为了保持床单位整齐，满足患者休息的需要。铺好的病床应舒适、安全、平紧、实用、耐用。常用的铺床法有铺备用床法、铺暂空床法、铺麻醉床法、为卧床患者更换床单法。

一、铺备用床法

铺备用床（closed bed）是为了保持病室整洁，准备接收新患者。

案例 1-1-1

患者李某，女性，15 岁，学生，因发热、头痛、咳嗽、咳痰伴呕吐 1 天，门诊以肺炎收入院。查体：T 39.2℃，P 94 次 / 分，R 22 次 / 分，BP 90/60mmHg，神清，两肺可闻及湿啰音，咽部充血，无药物过敏史。为患者铺备用床。

（一）护理评估

1．同室患者有无进行治疗或进餐。

2．检查床有无破损，床单、被套是否符合床及被胎的尺寸要求，是否适应季节需要。

3．床旁设施　如呼叫系统、照明灯是否完好，供氧和负压吸引管道是否通畅、有无漏气。

V1-1
铺备用床法

重要小提示

✧ 同病室内有患者进餐或做治疗时，应暂停铺床。

✧ 铺床前检查床及床垫有无破损，如有破损应修理后再用。布类如湿、脏、破，应重新更换。

（二）操作前准备

1．护士准备　按要求着装，修剪指甲，洗手，戴口罩，取下手表。

2．用物准备　按由上至下的顺序放置：大单、被套、被胎、枕套、枕芯，见图 1-1-1。其中，大单、被套叠法：远→近、近→远、头→尾、尾→头。

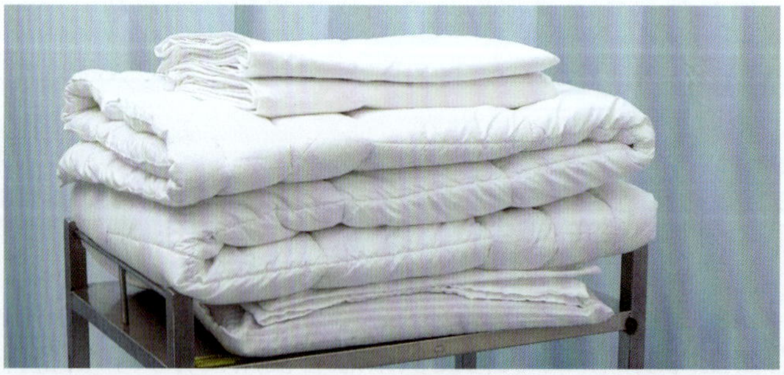

图 1-1-1　铺备用床用物

3．环境准备　同病室内无患者进餐或进行治疗，病室宽敞、明亮。

（三）操作步骤

1．携用物至床旁。

2．准备操作空间　移床旁椅至床尾正中，椅背距床尾 15 cm；移开床头柜，距床 20 cm，将用物置于床旁椅上。

3．检查床垫、翻转床褥　检查床垫、床褥有无潮湿、破损和凹陷，根据需要更换或者翻转。

重要小提示

✧ 按照从床头至床尾的顺序翻床垫、床褥。

✧ 翻转后床垫、床褥上缘紧靠床头。

4．铺大单

（1）展开大单：将大单置于床褥下 1/4 处，正面向上，大单的毛边齐中线，见图 1-1-2；将大单的中线对齐床中线，分别向床头、床尾展开。

（2）包折床头（尾）角：一手托起床垫一角，另一手伸过床头（尾）中线将大单折入床垫下，一手提起大单边缘，使其同床沿垂直，一手做直角，平整地折于床垫下，见图 1-1-3。按照先床头、后床尾，先近侧、后对侧的顺序，将大单折成直角塞于床垫下。

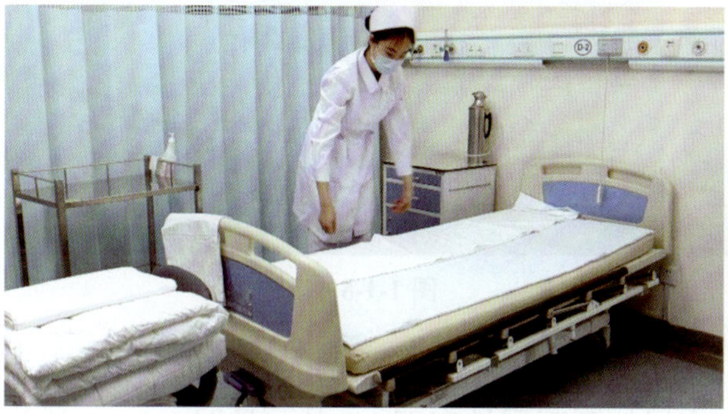

图 1-1-2　放置大单

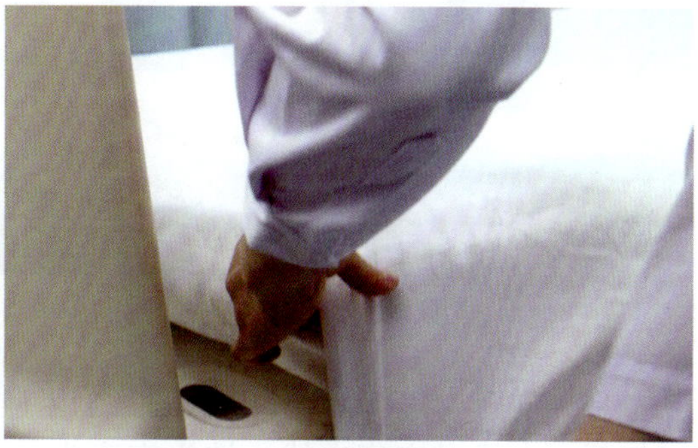

图 1-1-3　大单做直角

（3）塞中部大单：拉紧大单中部边缘，双手掌心向下，将大单平塞于床垫下，见图 1-1-4。

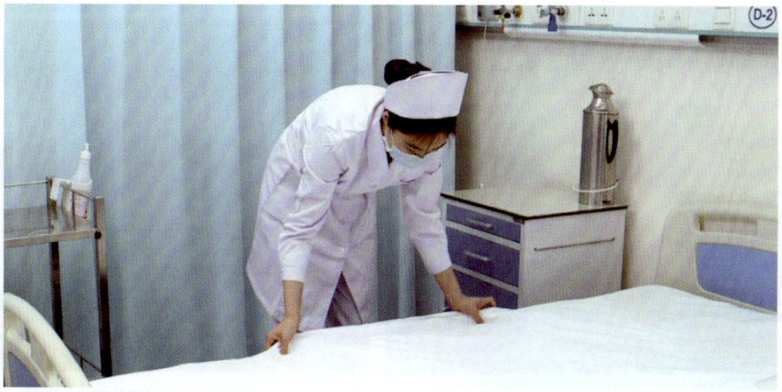

图 1-1-4　塞中部大单

（4）同法铺对侧大单。

5．套被套

（1）“S”形套被套：①将被套置于床褥下 1/4 处，正面向上、开口朝向床尾铺于床上，逐层打开，中线对齐床中线，被头齐床头。自床尾拉开上层被套至 1/3 处，见图 1-1-5。②将“S”形折好的棉胎放入被套开口处，拉棉胎上缘中部至被套被头中部，见图 1-1-6。③依次展开远、近侧棉胎，充实被角，平铺于被套内，至床尾逐层拉平盖被。④盖被上端齐床头，两侧边缘向内折叠，齐床沿，见图 1-1-7，床尾盖被向内反折于床垫下，见图 1-1-8。

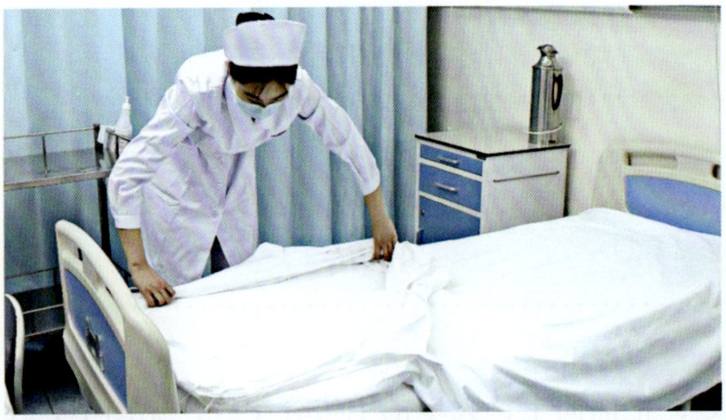

图 1-1-5　打开被套

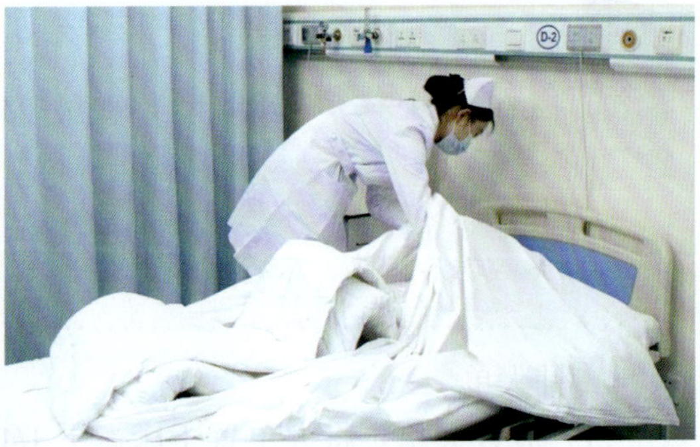

图 1-1-6　逐层拉被套和棉胎

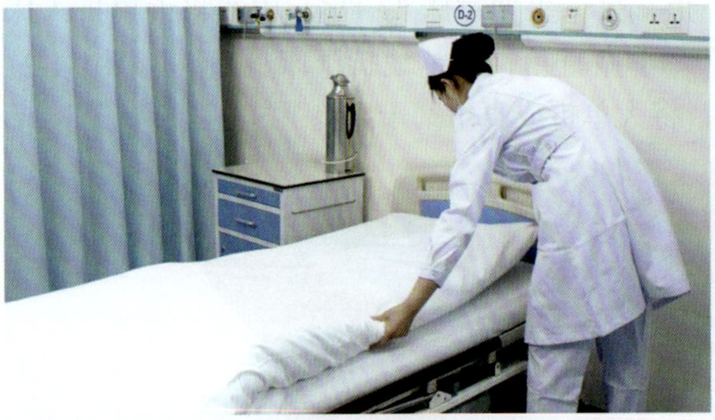

图 1-1-7　内折盖被

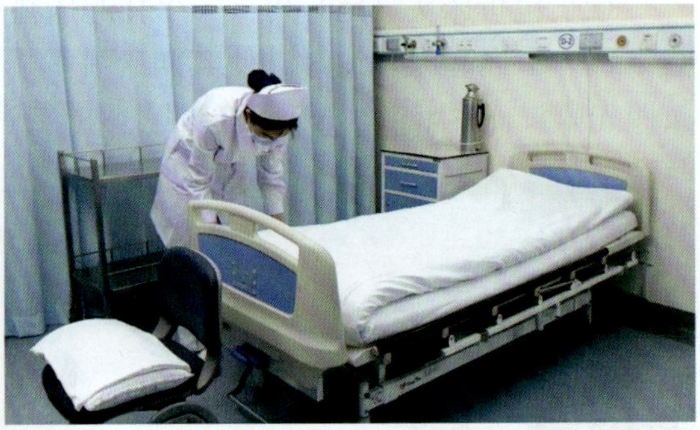

图 1-1-8　塞被尾

（2）卷筒式套被套：①将被套置于床褥下 1/4 处，反面向上、开口朝向床尾铺于床上，逐层打开，中线对齐床中线，被头齐床头。自床尾拉开下层被套至 1/3 处，见图 1-1-9。②将棉胎平铺于被套上，上缘与被套封口边对齐，见图 1-1-10。③将棉胎与被套从床头卷至床尾（图 1-1-11），自开口处翻转至床头（图 1-1-12），拉平各层盖被。④余同“S”形套被套，铺好盖被。

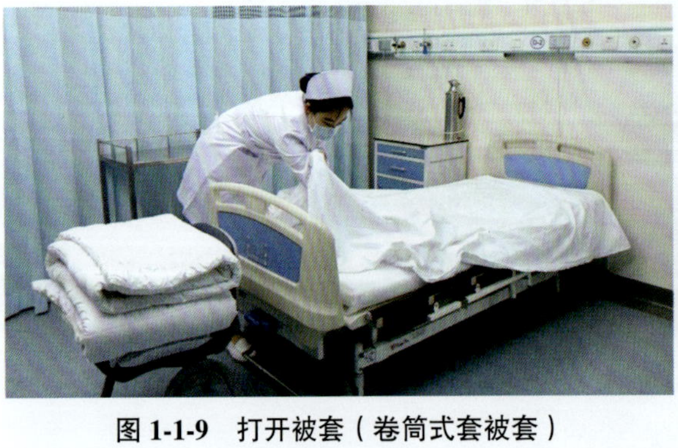

图 1-1-9　打开被套（卷筒式套被套）

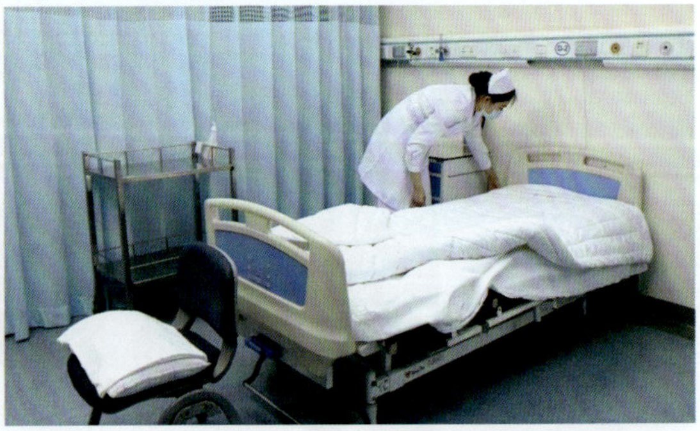

图 1-1-10　平铺棉胎于被套上（卷筒式套被套）

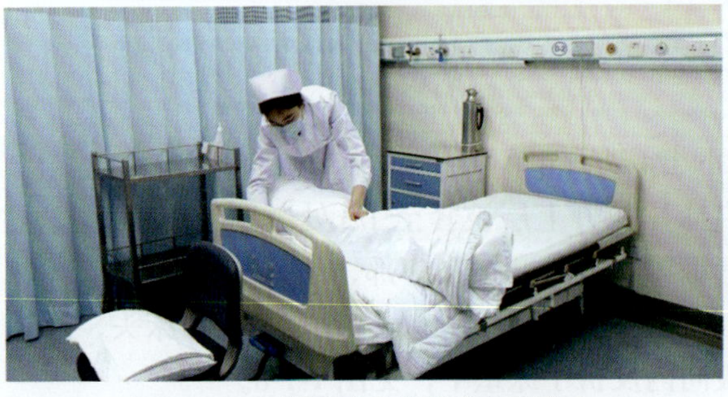

图 1-1-11　卷盖被（卷筒式套被套）

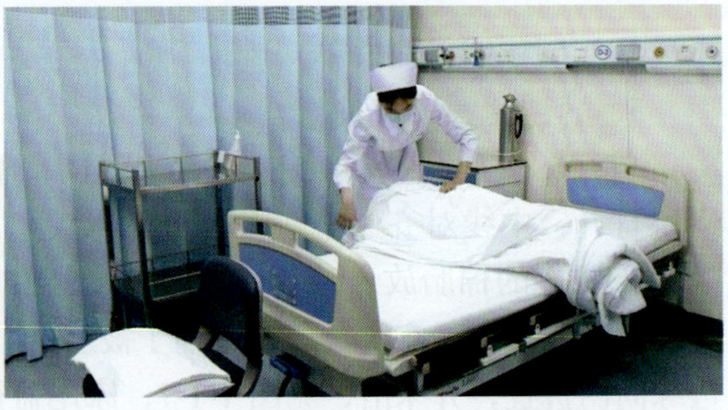

图 1-1-12　翻转盖被（卷筒式套被套）

6．套枕套

（1）将枕套套于枕芯上，四角充实，平整。

（2）将枕头放于床头，开口背对病室门，见图 1-1-13。

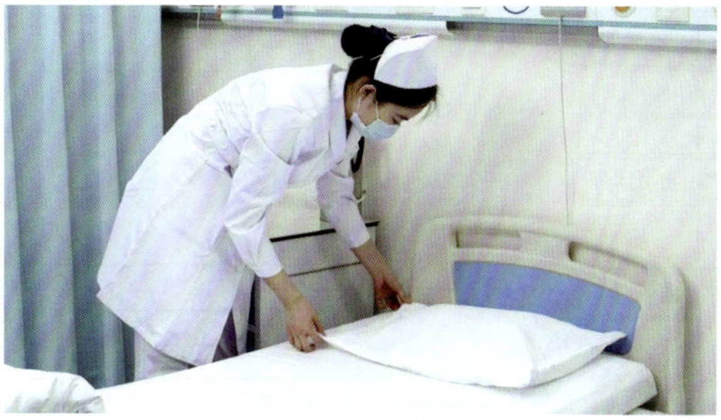

图 1-1-13 放置枕套

7．移回床旁桌椅。

8．整理好用物，洗手。

重要小提示

✧ 操作中动作要轻稳，避免尘埃飞扬。

✧ 操作中要应用节力原则：①能升降的床，应将床升至合适的高度，以免腰部过度弯曲或伸展；②铺床时身体尽量靠近床边，上身保持直立，两腿间距离与肩同宽，两膝稍弯曲，两腿前后或左右分开，以扩大支撑面，降低重心，增加身体的稳定性；③操作时，使用肘部力量，动作平稳有节律，连续进行；④用物准备齐全，按顺序合理放置，减少来回走动，避免无效动作。

✧ 铺好的床铺应平、整、紧，中线直，无皱褶，盖被无虚边。

（四）操作流程图（图 1–1–14）

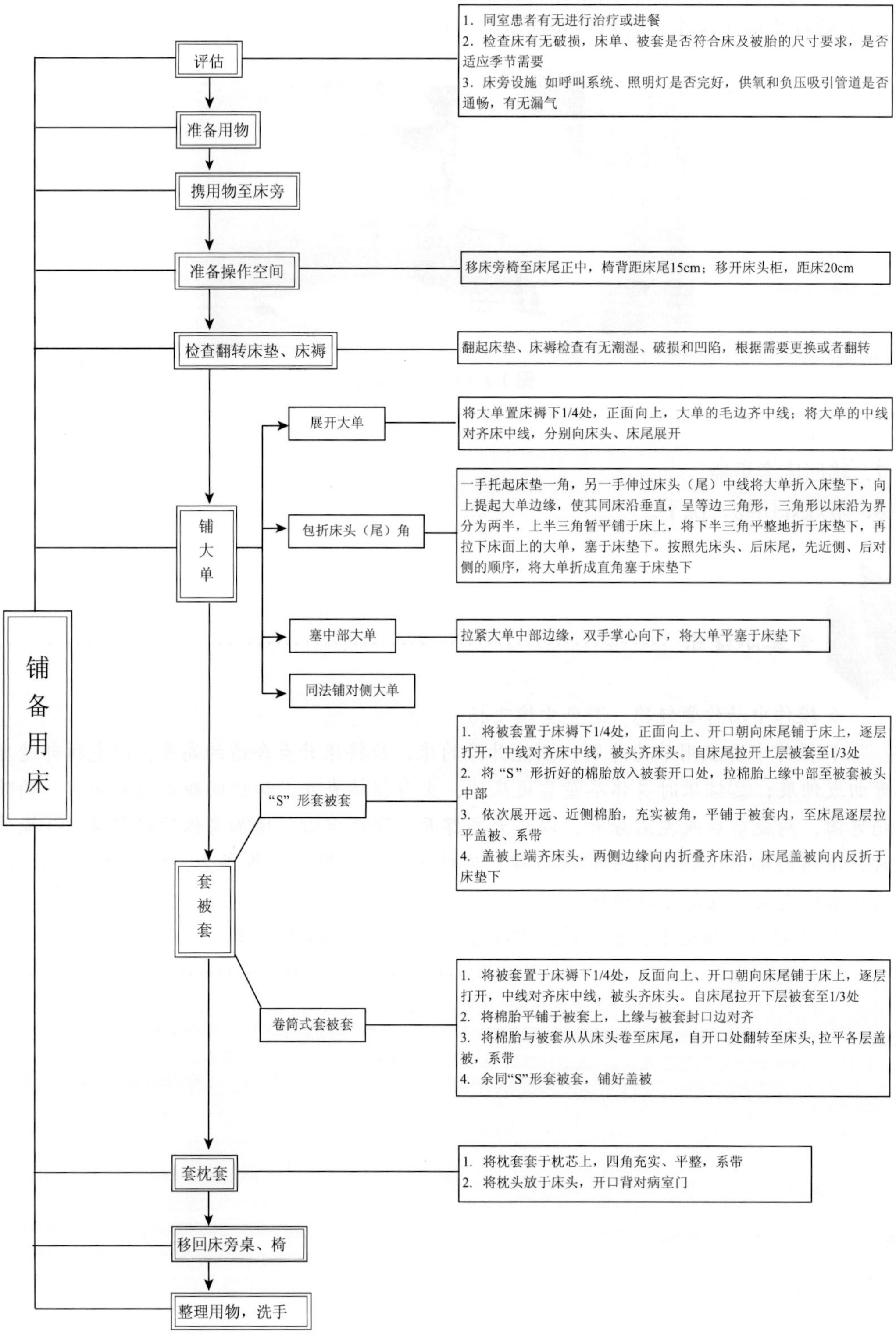
铺备用床
评估
1. 同室患者有无进行治疗或进餐
2. 检查床有无破损，床单、被套是否符合床及被胎的尺寸要求，是否适应季节需要
3. 床旁设施 如呼叫系统、照明灯是否完好，供氧和负压吸引管道是否通畅，有无漏气
准备用物
携用物至床旁
准备操作空间
移床旁椅至床尾正中，椅背距床尾15cm；移开床头柜，距床20cm
检查翻转床垫、床褥
翻起床垫、床褥检查有无潮湿、破损和凹陷，根据需要更换或者翻转
铺大单
展开大单
将大单置床褥下1/4处，正面向上，大单的毛边齐中线；将大单的中线对齐床中线，分别向床头、床尾展开
包折床头（尾）角
一手托起床垫一角，另一手伸过床头（尾）中线将大单折入床垫下，向上提起大单边缘，使其同床沿垂直，呈等边三角形，三角形以床沿为界分为两半，上半三角暂平铺于床上，将下半三角平整地折于床垫下，再拉下床面上的大单，塞于床垫下。按照先床头、后床尾，先近侧、后对侧的顺序，将大单折成直角塞于床垫下
塞中部大单
拉紧大单中部边缘，双手掌心向下，将大单平塞于床垫下
同法铺对侧大单
套被套
“S”形套被套
1. 将被套置于床褥下1/4处，正面向上、开口朝向床尾铺于床上，逐层打开，中线对齐床中线，被头齐床头。自床尾拉开上层被套至1/3处
2. 将“S”形折好的棉胎放入被套开口处，拉棉胎上缘中部至被套被头中部
3. 依次展开远、近侧棉胎，充实被角，平铺于被套内，至床尾逐层拉平盖被、系带
4. 盖被上端齐床头，两侧边缘向内折叠齐床沿，床尾盖被向内反折于床垫下
卷筒式套被套
1. 将被套置于床褥下1/4处，反面向上、开口朝向床尾铺于床上，逐层打开，中线对齐床中线，被头齐床头。自床尾拉开下层被套至1/3处
2. 将棉胎平铺于被套上，上缘与被套封口边对齐
3. 将棉胎与被套从从床头卷至床尾，自开口处翻转至床头，拉平各层盖被，系带
4. 余同“S”形套被套，铺好盖被
套枕套
1. 将枕套套于枕芯上，四角充实、平整，系带
2. 将枕头放于床头，开口背对病室门
移回床旁桌、椅
整理用物，洗手

图 1-1-14　铺备用床操作流程图

（五）操作评分标准（表 1–1–1）

表1-1-1 铺备用床操作评分标准

项目	技术操作要求		评分	评分等级				实际得分
				A×1	B×0.7	C×0.4	D×0	
素质 2	仪表、着装符合要求		2					
评估 6	评估病室环境		3					
	评估床单位是否符合安全、清洁、舒适的要求		3					
操作前准备 7	洗手、戴口罩		2					
	用物准备，放置合理		5					
操作过程 60	移开床旁桌，床旁椅移至床尾		5					
	翻床垫、翻床褥		5					
	铺大单	大单放置正确（正反面、位置）	5					
		先床头、后床尾，先近侧、后对侧的顺序	5					
		中线正，床角整齐、美观、紧致	5					
	套被套	棉被套法正确、内外无皱褶、无虚边	5					
		被筒对称、中线正，两侧被筒齐床沿	5					
		被尾整齐，被头齐床头	5					
		外观平整、美观	5					
	套枕套	放置位置正确	5					
		四角充实、外观美	5					
	移回床旁桌椅，正确处理用物		5					
操作后处理 5	用物处理正确，洗手		5					
整体评价 20	手法正确，动作轻稳		5					
	操作熟练，符合节力原则		5					
	床铺平紧整齐，各层床单中线对齐、四角方正、美观		5					
	操作时间在 5 分钟以内		5					
总分			100					

案例点评

- 同室患者进餐或治疗时应暂停铺床。
- 铺床前将用物备齐，并按照使用顺序摆放。
- 操作过程中注意节力原则，动作协调并尽量连续，避免过多抬起、放下、停止等无效动作。
- 铺好的床铺大单中线齐，四角平整；被头充实，盖被平整，两边内折对称；枕头平整、充实，开口背门。

二、铺暂空床法

暂空床（unoccupied bed）是供新住院患者或暂时离床患者使用的。

案例 1-1-2

患者李某，女性，15 岁，学生，因发热、头痛、咳嗽、咳痰伴呕吐 1 天，门诊以肺炎收入院。查体：T 39.2℃，P 94 次 / 分，R 22 次 / 分，BP 90/60mmHg，神清，两肺可闻及湿啰音，咽部充血，无药物过敏史。患者午休后下床活动。为其准备暂空床。

V1-2
铺暂空床法

（一）护理评估

1~3. 同“铺备用床”1~3。

4．评估新入院患者的病情、诊断或住院患者的病情，其是否可以暂时离床。

（二）操作前准备

1．护士准备　按要求着装，修剪指甲，洗手，戴口罩，取下手表。

2．用物准备　按由上至下的顺序放置：大单、被套、棉胎、枕套、枕芯（图 1-1-15）。其中，大单、被套叠法：远→近、近→远、头→尾、尾→头、尾→头。

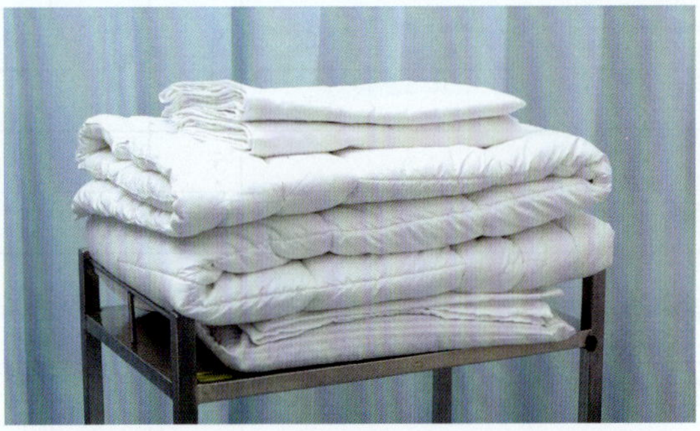

图 1-1-15　铺暂空床操作用物

3．用物准备　同病室内无患者进餐或进行治疗，病室宽敞、明亮。

（三）操作步骤

1~5. 同“铺备用床”1~5。

6．整理盖被　将盖被上段扇形三折于床尾，见图 1-1-16。

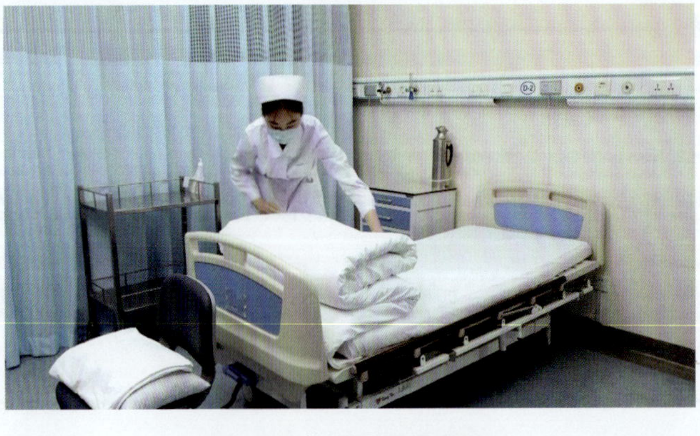

图 1-1-16　扇形折叠盖被

7．套枕套　同“铺备用床”。

8．移回床旁桌椅。

9．整理好用物，洗手。

（四）**操作流程图**（图 1–1–17）

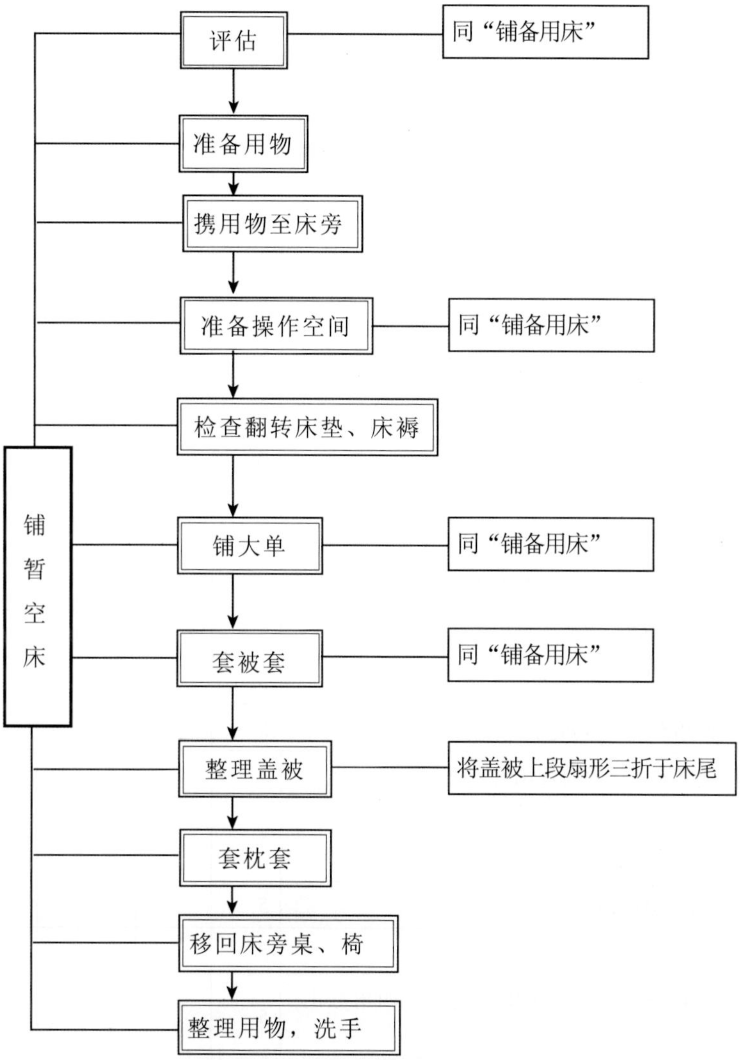

图 1-1-17　铺暂空床操作流程图

（五）操作评分标准（表 1-1-2）

表 1-1-2　铺暂空床操作评分标准

<table>
<tr><th rowspan="2">项目</th><th rowspan="2" colspan="2">技术操作要求</th><th rowspan="2">评分</th><th colspan="4">评分等级</th><th rowspan="2">实际得分</th></tr>
<tr><th>A×1</th><th>B×0.7</th><th>C×0.4</th><th>D×0</th></tr>
<tr><td>素质 2</td><td colspan="2">仪表、着装符合要求</td><td>2</td><td></td><td></td><td></td><td></td><td></td></tr>
<tr><td rowspan="2">评估 6</td><td colspan="2">评估病室环境</td><td>3</td><td></td><td></td><td></td><td></td><td></td></tr>
<tr><td colspan="2">评估床单位是否符合安全、清洁、舒适的要求</td><td>3</td><td></td><td></td><td></td><td></td><td></td></tr>
<tr><td rowspan="2">操作前准备 7</td><td colspan="2">洗手、戴口罩</td><td>2</td><td></td><td></td><td></td><td></td><td></td></tr>
<tr><td colspan="2">用物准备，放置合理</td><td>5</td><td></td><td></td><td></td><td></td><td></td></tr>
<tr><td rowspan="12">操作过程 60</td><td colspan="2">移开床旁桌，移椅至床尾</td><td>5</td><td></td><td></td><td></td><td></td><td></td></tr>
<tr><td colspan="2">翻床垫、翻床褥</td><td>5</td><td></td><td></td><td></td><td></td><td></td></tr>
<tr><td rowspan="3">铺大单</td><td>大单放置正确（正反面、位置）</td><td>5</td><td></td><td></td><td></td><td></td><td></td></tr>
<tr><td>先床头、后床尾，先近侧、后对侧的顺序</td><td>5</td><td></td><td></td><td></td><td></td><td></td></tr>
<tr><td>中线正，床角整齐、美观、紧致</td><td>5</td><td></td><td></td><td></td><td></td><td></td></tr>
<tr><td rowspan="4">套被套</td><td>棉被套法正确、内外无皱褶、无虚边</td><td>5</td><td></td><td></td><td></td><td></td><td></td></tr>
<tr><td>被筒对称、中线正，两侧被筒齐床沿</td><td>5</td><td></td><td></td><td></td><td></td><td></td></tr>
<tr><td>盖被三折于床尾、被尾整齐</td><td>5</td><td></td><td></td><td></td><td></td><td></td></tr>
<tr><td>外观平整、美观</td><td>5</td><td></td><td></td><td></td><td></td><td></td></tr>
<tr><td rowspan="2">套枕套</td><td>放置位置正确</td><td>5</td><td></td><td></td><td></td><td></td><td></td></tr>
<tr><td>四角充实、外观美</td><td>5</td><td></td><td></td><td></td><td></td><td></td></tr>
<tr><td colspan="2">移回床旁桌椅，正确处理用物</td><td>5</td><td></td><td></td><td></td><td></td><td></td></tr>
<tr><td>操作后处理 5</td><td colspan="2">用物处理正确，洗手</td><td>5</td><td></td><td></td><td></td><td></td><td></td></tr>
<tr><td rowspan="4">整体评价 20</td><td colspan="2">手法正确，动作轻稳</td><td>5</td><td></td><td></td><td></td><td></td><td></td></tr>
<tr><td colspan="2">操作熟练，符合节力原则</td><td>5</td><td></td><td></td><td></td><td></td><td></td></tr>
<tr><td colspan="2">床铺平紧整齐，各层床单中线对齐、四角方正、美观</td><td>5</td><td></td><td></td><td></td><td></td><td></td></tr>
<tr><td colspan="2">操作时间在 5 分钟以内</td><td>5</td><td></td><td></td><td></td><td></td><td></td></tr>
<tr><td>总分</td><td colspan="2"></td><td>100</td><td></td><td></td><td></td><td></td><td></td></tr>
</table>

案例点评

- 评估患者病情是否允许暂时离床活动。
- 余同“铺备用床”。

三、铺麻醉床法

案例 1-1-3

患者胡某，男性，69 岁，退休工人，因“咳嗽、痰血 1 月余”，门诊以肺癌收入胸外科病房。胸部 CT 提示左下肺肿块，伴左下肺阻塞性炎症、左下肺不张，气管镜病理提示中分化鳞癌。排除手术禁忌后于今晨在全麻下行左下肺癌根治术。接患者进手术室后，为其铺麻醉床。

V1-3
铺麻醉床法

铺麻醉床（anesthetic bed）是便于接受和护理麻醉手术后的患者。

（一）护理评估

1~3. 同“铺备用床”1~3。

4．评估患者的诊断、病情、手术、麻醉方式及术后需要的抢救或治疗物品等。

（二）操作前准备

1．护士准备　按要求着装，修剪指甲，洗手，戴口罩，取下手表。

2．用物准备

（1）床上用物：按由上至下的顺序放置——大单、橡胶单 2 块、中单、被套、棉胎、枕套、枕芯，见图 1-1-18。

（2）麻醉护理盘（图 1-1-19）

1）治疗盘内置：开口器、压舌板、舌钳、牙垫、通气导管、镊子、纱布数块。

2）治疗盘外放：血压计、听诊器、护理记录单、笔，治疗巾、弯盘、胶布、棉签、小剪刀、别针、电筒、吸氧管、吸痰管等。

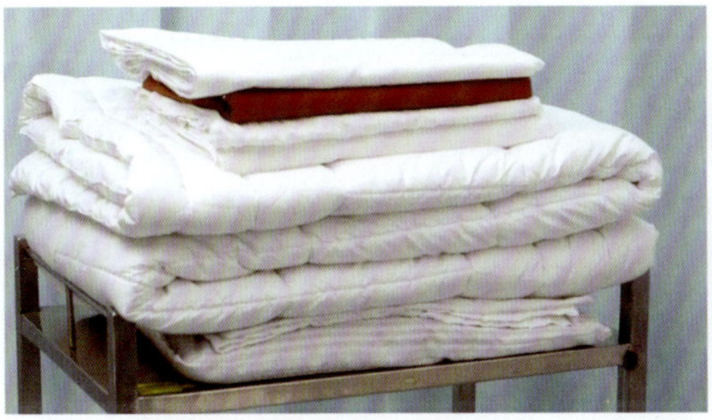

图 1-1-18　麻醉床上用物

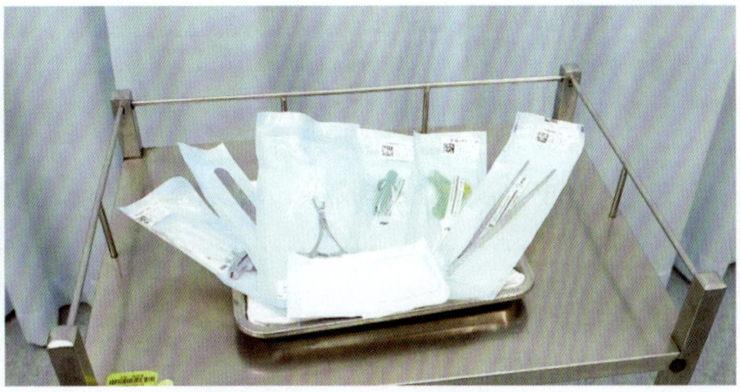

图 1-1-19　麻醉护理盘用物

3．环境准备　同病室内无患者进餐或进行治疗，病室宽敞、明亮。

（三）操作步骤

1~3. 同“铺备用床”1~3。

4．铺大单和中单、橡胶单

（1）展开大单：将大单置于床褥下 1/4 处，正面向上，大单的毛边齐中线，将大单的中线对齐床中线，分别向床头、床尾展开。

（2）包折近侧床头、床尾角：①先包折近侧床头角，一手托起床垫一角，另一手伸过床头（尾）中线将大单折入床垫下，一手提起大单边缘，使其同床沿垂直，一手做直角，平整地折于床垫下。按照先床头、后床尾，先近侧、后对侧的顺序，将大单折成直角塞于床垫下。②

至床尾将大单对齐床中线，拉紧，同法包折好近侧床尾角。

（3）铺近侧橡胶单和中单：根据病情、麻醉方式和手术部位等情况，将橡胶单和中单铺在床头、床尾或床中部（图 1-1-20）。将橡胶单和中单边缘连同近侧大单边缘一起塞于床垫下。

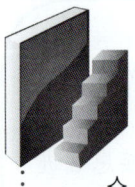

重要小提示

✧ 如铺在床中部，将橡胶单和中单距床头 45~50 cm 铺好。

✧ 如需同时铺中部和床头，先铺好床中部的橡胶单和中单，再铺床头的橡胶单和中单，铺床头时，将另一橡胶单和中单上端齐床头，下端压在中部橡胶单和中单上，边缘平整。

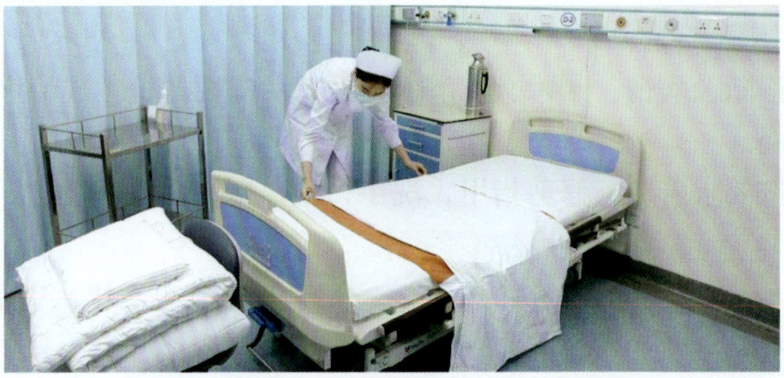

图 1-1-20　铺床中部的橡胶单和中单

（4）铺对侧大单、橡胶单和中单：转至对侧，同法铺好对侧的大单、橡胶单和中单。

重要小提示

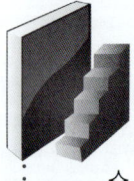

✧ 铺大单时，先床头再床尾。

✧ 中单要遮盖橡胶单，避免橡胶单与患者皮肤接触，引起患者的不适。

5．铺盖被

（1）按“S”形套好被套。

（2）将盖被上端与床头平齐，两侧边缘向内折叠，与床沿平齐，床尾盖被向内反折于床褥上，再将盖被扇形三折于一侧床边，开口对着门，见图 1-1-21。

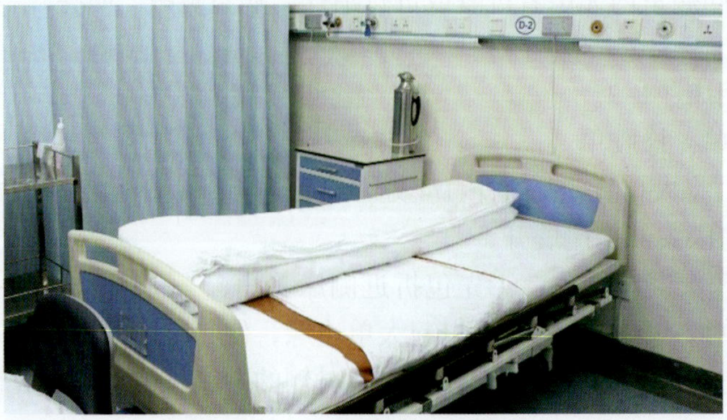

图 1-1-21　折叠盖被（麻醉床）

6．套枕套

（1）将枕套套于枕芯上，四角充实、平整。

（2）将枕头横立于床头，开口处背门，见图 1-1-22。

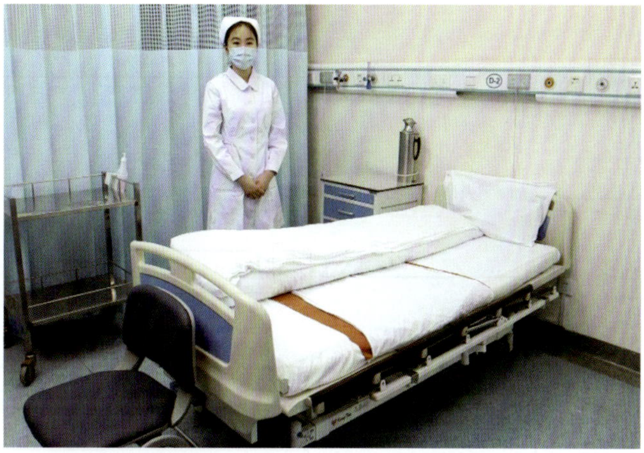

图 1-1-22　枕头立于床头（麻醉床）

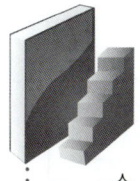

重要小提示

✧ 操作中动作要轻稳，避免尘埃飞扬。

✧ 操作中要应用节力原则：①能升降的床，应将床升至合适的高度，以免腰部过度弯曲或伸展；②铺床时身体尽量靠近床边，上身保持直立，两腿间距离与肩同宽，两膝稍弯曲，两腿前后或左右分开，以扩大支撑面，降低重心，增加身体的稳定性；③操作时，使用肘部力量，动作平稳有节律，连续进行；④用物准备齐全，按顺序合理放置，减少来回走动，避免无效动作。

✧ 铺好的床铺应平、整、紧、中线直、无皱褶，盖被无虚边。

7．移回床旁桌椅。

8．将麻醉护理盘放置于床旁桌上。

9．整理好用物，洗手。

（四）操作流程图（图 1–1–23）

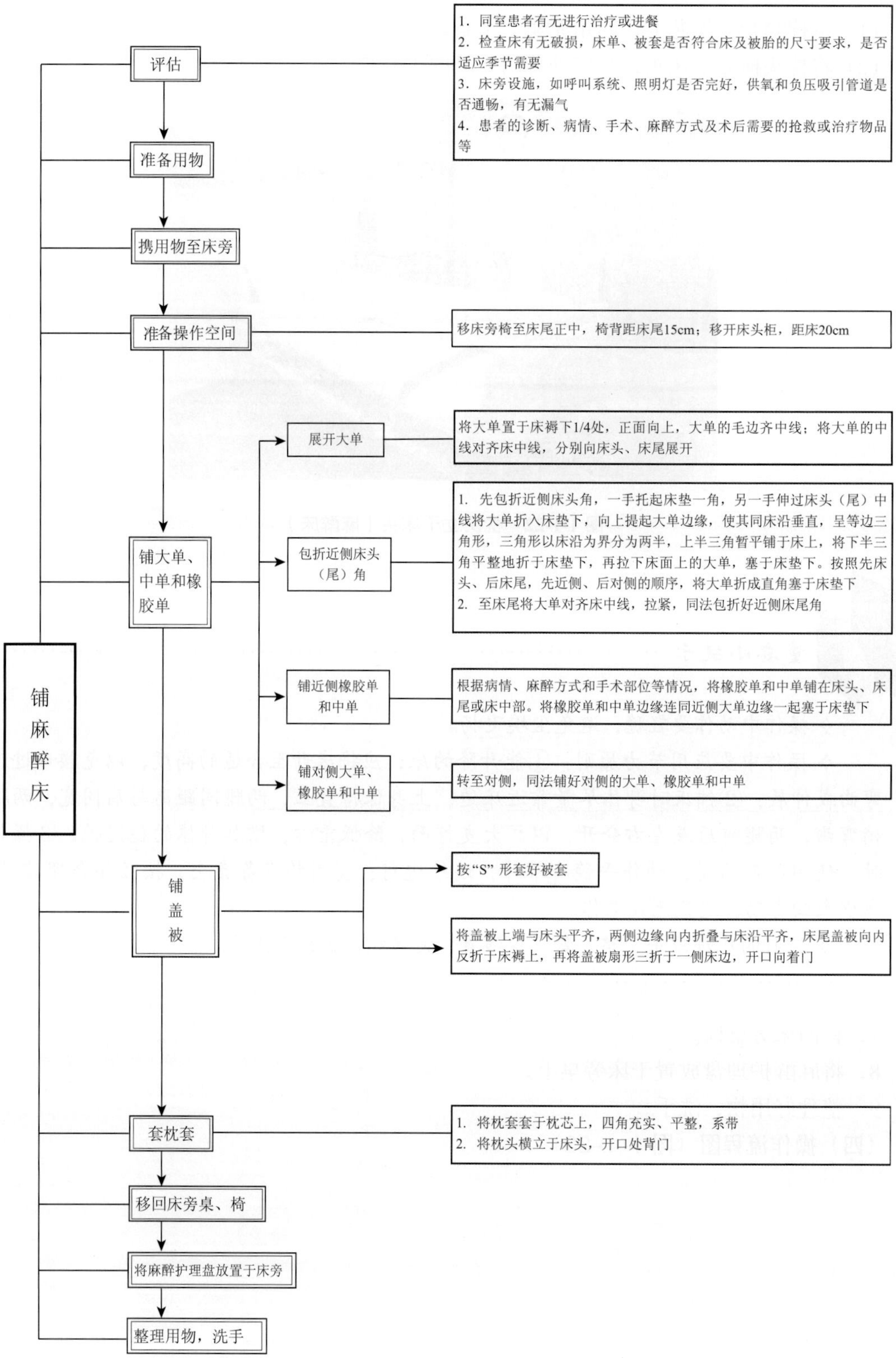
铺麻醉床
评估
1．同室患者有无进行治疗或进餐
2．检查床有无破损，床单、被套是否符合床及被胎的尺寸要求，是否适应季节需要
3．床旁设施，如呼叫系统、照明灯是否完好，供氧和负压吸引管道是否通畅，有无漏气
4．患者的诊断、病情、手术、麻醉方式及术后需要的抢救或治疗物品等
准备用物
携用物至床旁
准备操作空间
移床旁椅至床尾正中，椅背距床尾15cm；移开床头柜，距床20cm
铺大单、中单和橡胶单
展开大单
将大单置于床褥下1/4处，正面向上，大单的毛边齐中线；将大单的中线对齐床中线，分别向床头、床尾展开
包折近侧床头（尾）角
1．先包折近侧床头角，一手托起床垫一角，另一手伸过床头（尾）中线将大单折入床垫下，向上提起大单边缘，使其同床沿垂直，呈等边三角形，三角形以床沿为界分为两半，上半三角暂平铺于床上，将下半三角平整地折于床垫下，再拉下床面上的大单，塞于床垫下。按照先床头、后床尾，先近侧、后对侧的顺序，将大单折成直角塞于床垫下
2．至床尾将大单对齐床中线，拉紧，同法包折好近侧床尾角
铺近侧橡胶单和中单
根据病情、麻醉方式和手术部位等情况，将橡胶单和中单铺在床头、床尾或床中部。将橡胶单和中单边缘连同近侧大单边缘一起塞于床垫下
铺对侧大单、橡胶单和中单
转至对侧，同法铺好对侧的大单、橡胶单和中单
铺盖被
按“S”形套好被套
将盖被上端与床头平齐，两侧边缘向内折叠与床沿平齐，床尾盖被向内反折于床褥上，再将盖被扇形三折于一侧床边，开口向着门
套枕套
1．将枕套套于枕芯上，四角充实、平整，系带
2．将枕头横立于床头，开口处背门
移回床旁桌、椅
将麻醉护理盘放置于床旁
整理用物，洗手

图 1-1-23　铺麻醉床操作流程图

（五）操作评分标准（表 1-1-3）

表 1-1-3 铺麻醉床操作评分标准

项目	技术操作要求		评分	评分等级 A×1	B×0.7	C×0.4	D×0	实际得分
素质 2	仪表、着装符合要求		2					
评估 6	评估病室环境、患者情况		3					
	评估床单位是否符合安全、清洁、舒适的要求		3					
操作前准备 7	洗手、戴口罩		2					
	用物准备，放置合理		5					
操作过程 60	移开床旁桌，移凳至床尾		5					
	翻床垫、翻床褥		5					
	铺大单	大单放置正确（正反面、位置）	5					
		先床头、后床尾，先近侧、后对侧的顺序	10					
		中线正、床角整齐、美观、紧致	5					
	橡胶单、中单位置正确，平整紧致		5					
	套被套	棉被套法正确、内外无皱褶、无虚边	5					
		盖被扇形三折于床边，齐床沿	5					
		外观平整、美观	5					
	套枕套	放置位置正确	5					
		四角充实、外观美	5					
操作后处理 10	床旁桌椅放回原处		5					
	整理好用物，摆放好急救治疗盘		5					
整体评价 15	手法正确，动作轻稳，操作熟练，符合节力原则		5					
	床铺平紧整齐，各层床单中线对齐、四角方正、美观		5					
	操作时间在 5 分钟以内		5					
总分			100					

案例点评

➢ 患者在全麻下行左下肺癌根治术，根据患者的麻醉方式和手术部位，将橡胶单和中单铺在床头和床中部，先铺床中部，再铺床头。

➢ 术后患者的用物齐全，保证患者能够及时得到抢救和护理。

➢ 余同“铺备用床”。

四、为卧床患者更换床单法

为卧床患者更换床单（change an occupied bed）是为了保持患者的清洁，预防压疮等并发症，使患者感觉舒适。

案例 1-1-4

患者张某，男，45 岁，干部，因脑外伤入院 3 天，卧床，病情尚且稳定，处于清醒状态。床单位上有许多血迹，为其更换床单。

V1-4 为卧床患者更换床单法

（一）护理评估

1．评估患者的病情、有无活动限制、心理反应及合作程度。

2．评估患者是否需要便器或其他。

3．评估床单位的清洁程度、环境是否安全以及室内的温度是否适宜。

4．同室患者有无进行治疗或进餐。

（二）操作前准备

1．护士准备　按要求着装，修剪指甲，洗手，戴口罩，取下手表。

2．用物准备　大单、中单、被套、枕套、床刷及套，必要时备清洁衣裤（被套叠法：尾找头 3 次，远找近 2 次），见图 1-1-24。

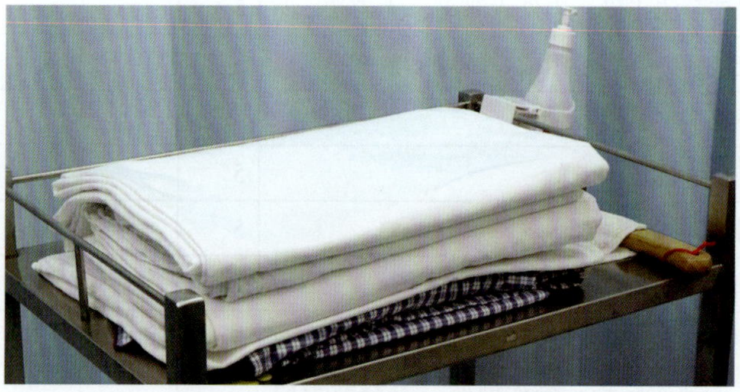

图 1-1-24　卧床患者更换床单用物

3．患者准备　患者了解更换床单的目的、方法、注意事项和配合要点。

4．环境准备　同病室内无患者进餐或进行治疗，酌情关闭门窗，调节室内温度至 18 ~ 22 ℃。

（三）操作步骤

1．向患者解释操作目的、方法、注意事项及配合方法，酌情关闭门窗，调节室内温度。

2．携用物至床旁。

3．准备操作空间　移床旁椅至床尾正中，椅背距床尾 15 cm；移开床头柜，距床 20 cm，将用物置于床旁椅上。

4．酌情将床放平，松开被尾，妥善安置各种引流管。

5．清扫近侧床褥

（1）将枕头移向对侧，协助患者翻身侧卧，背向护士，见图 1-1-25。

（2）从床头至床尾松开近侧各层床单，中单污染面向内翻卷，塞于患者身下，见图 1-1-26；扫净橡胶单上的渣屑，然后将橡胶单搭于患者身上，见图 1-1-27；将大单污染面向内翻卷塞于患者身下，见图 1-1-28。

（3）从床头至床尾清扫床褥上的碎屑，见图 1-1-29。

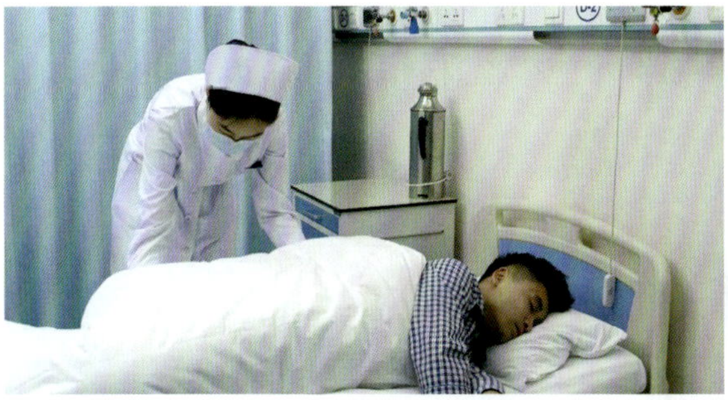

图 1-1-25　协助患者侧卧

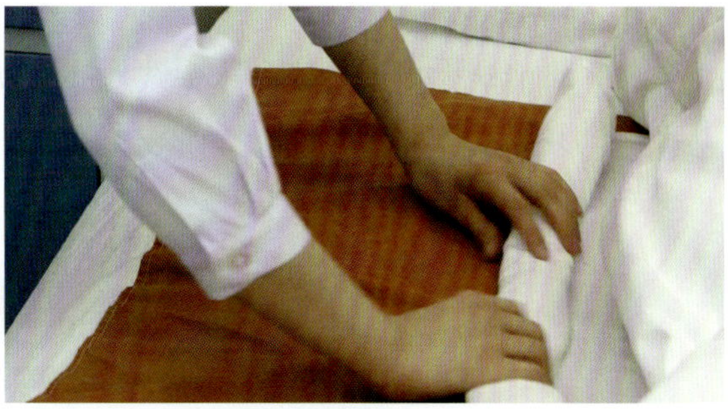

图 1-1-26　污中单翻卷入患者身下

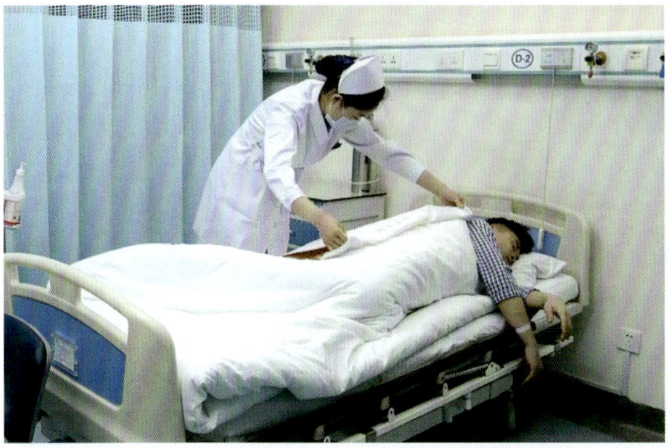

图 1-1-27　橡胶单搭于患者身上

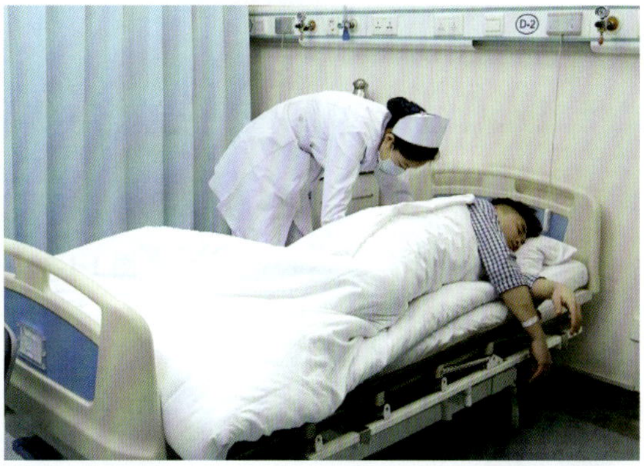

图 1-1-28　污大单翻卷入患者身下

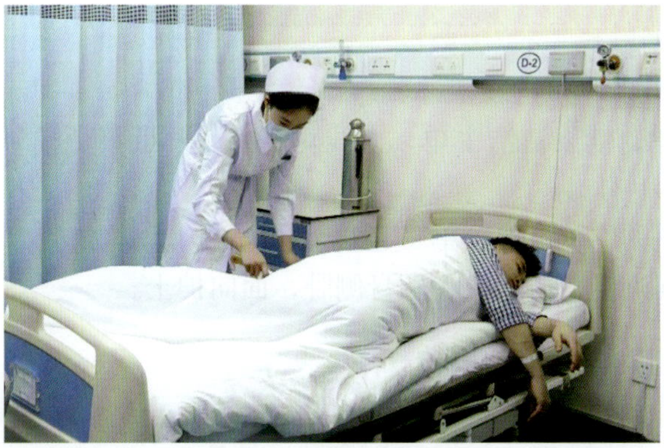

图 1-1-29　清扫床褥

重要小提示

✧ 注意保暖，避免暴露患者。

✧ 注意各种牵引。根据具体情况选择夹闭或不夹闭各种引流管。

✧ 移动患者时注意保护患者，如用手托住头颈部、防止患者坠床等；对意识不清者应设有床档或有另一名护士在旁保护患者以防坠床。

✧ 由于患者病情限制不能翻身侧卧时，可由两名护士合作，从床头至床尾更换床单，注意动作的协调一致。

✧ 将各脏污床单的脏面内卷，以避免污染面和清洁面的接触而发生污染。

6．铺近侧清洁大单

（1）将清洁大单的中线和床中线对齐，展开近侧半幅，将对侧半幅大单内卷塞于患者身下，见图 1-1-30。

（2）按铺床法铺好近侧大单。

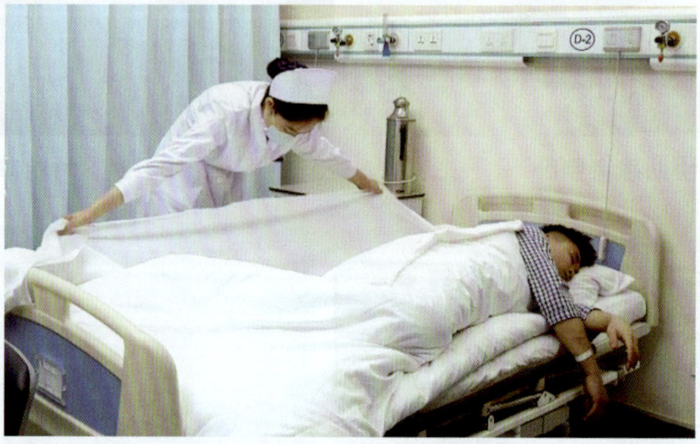

图 1-1-30　铺近侧清洁大单

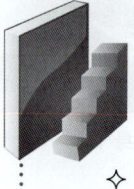

重要小提示

✧ 将清洁大单的清洁面内卷，以避免污染面和清洁面的接触而发生污染。

7．铺近侧清洁中单

（1）放平橡胶单，铺上清洁中单，中线对齐，展开近侧半幅，将对侧半幅清洁面内卷塞于患者身下，见图 1-1-31。

（2）将近侧下垂的中单、橡胶单一起塞于床垫下。

（3）将枕头移向近侧，协助患者翻身侧卧，面向护士。

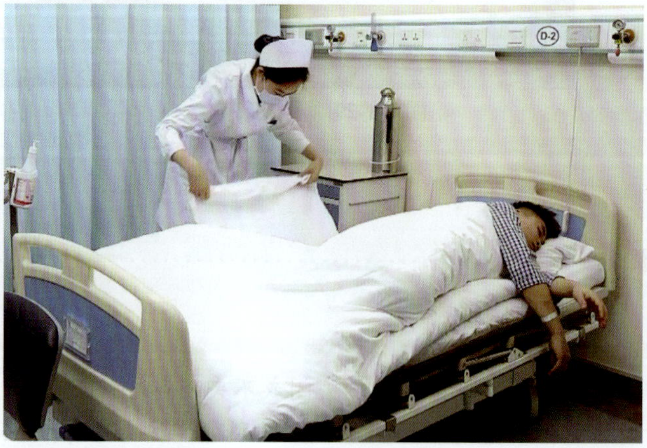

图 1-1-31　铺近侧清洁中单

8．清扫对侧床褥

（1）转至对侧，从床头至床尾松开近侧各层床单，将脏污中单卷至床尾；扫净橡胶单上的渣屑，然后将橡胶单搭于患者身上。

（2）将脏污大单从床头卷至床尾，与中单一起放入污衣袋中。

（3）从床头至床尾清扫床褥上的碎屑。

9．铺对侧清洁大单和中单

（1）从患者身下取出清洁大单展开拉紧铺好，铺好橡胶单和中单。

（2）协助患者平卧，移枕于患者头下。

10．更换被套

（1）解开被套尾端系带，从开口处将棉胎一侧纵行向上折叠1/3，同法折叠对侧棉胎，手持棉胎前端，呈“S”形折叠拉出（图1-1-32），放于椅子上。

（2）将清洁被套正面向外，平铺于脏污被套上，同“铺备用床”套好被套（图1-1-33），撤去脏污被套放入污衣袋中。

（3）整理盖被，做成被筒，为患者盖好，床尾多余的盖被塞于床垫下。

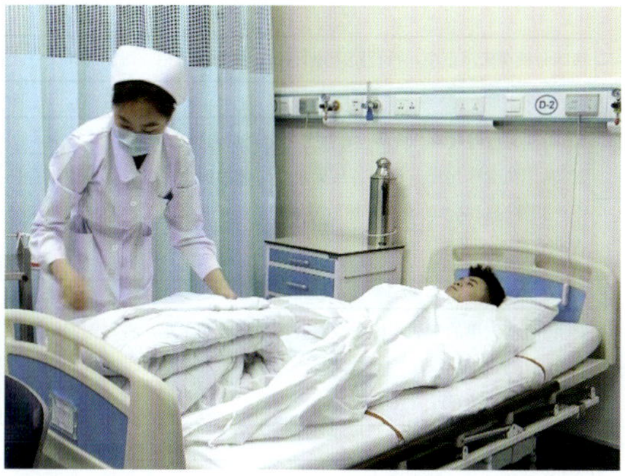

图1-1-32　取出棉胎

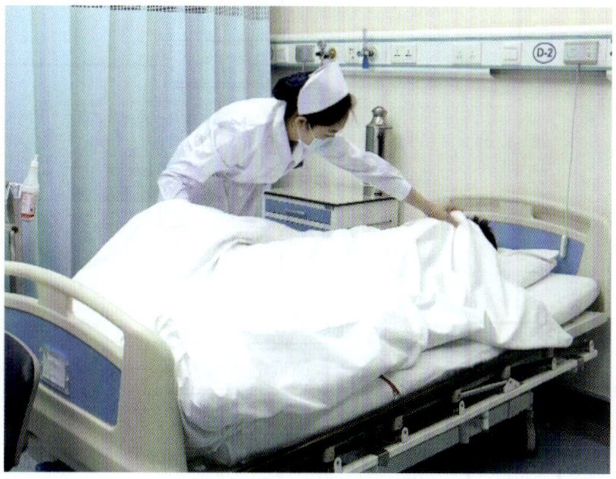

图1-1-33　套被套

11．更换枕套　取出枕头，更换枕套，置于患者头下，协助患者取舒适卧位。

12．移回床旁桌椅。

13．开窗通风换气，整理好用物，洗手。

重要小提示

✧操作中注意与患者的沟通，随时观察患者情况，询问有无不适，一旦病情发生变化，立即停止操作。

✧操作中应用节力原则。

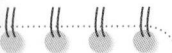

（四）操作流程图（图 1-1-34）

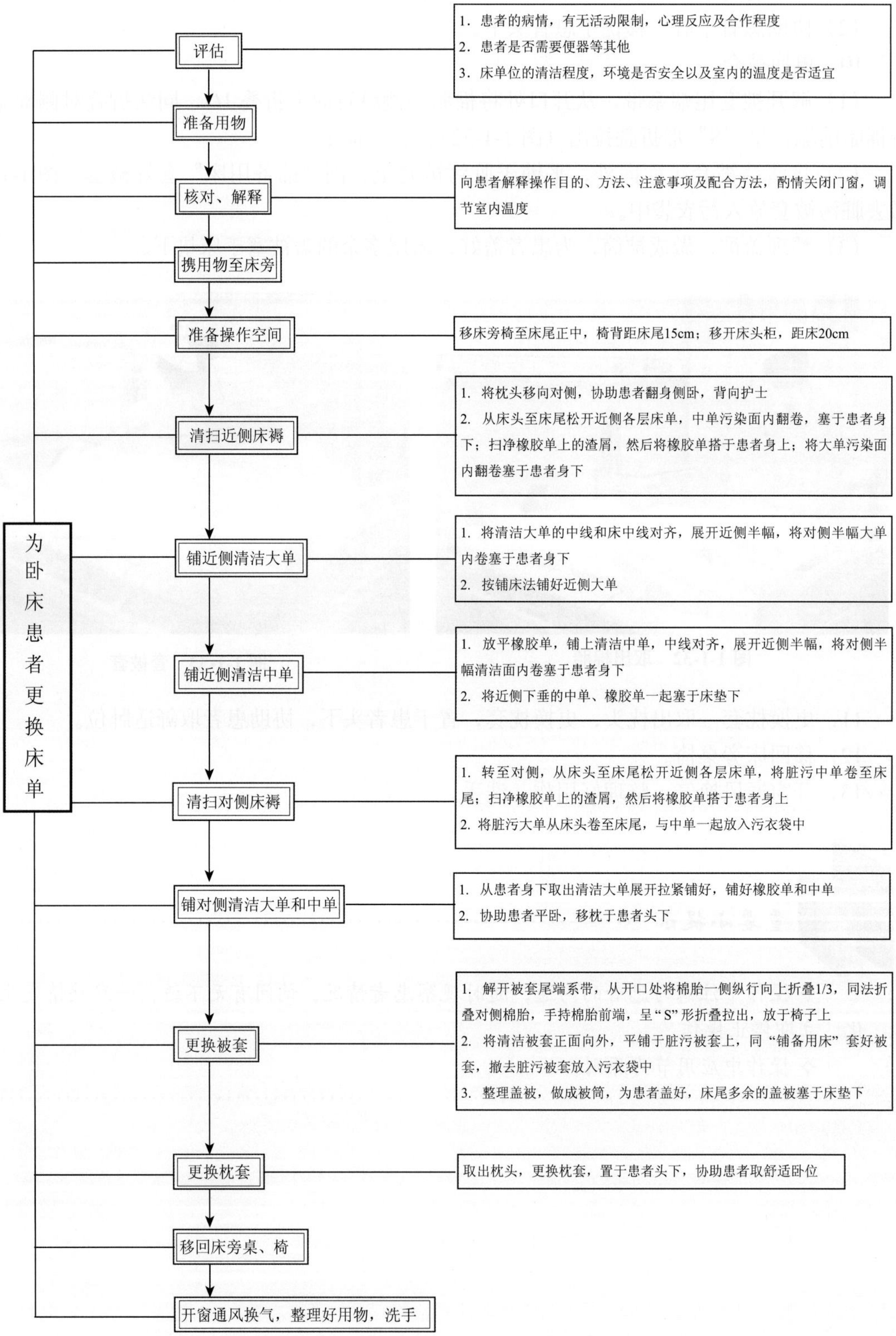
为卧床患者更换床单
评估
1. 患者的病情，有无活动限制，心理反应及合作程度
2. 患者是否需要便器等其他
3. 床单位的清洁程度，环境是否安全以及室内的温度是否适宜
准备用物
核对、解释
向患者解释操作目的、方法、注意事项及配合方法，酌情关闭门窗，调节室内温度
携用物至床旁
准备操作空间
移床旁椅至床尾正中，椅背距床尾15cm；移开床头柜，距床20cm
清扫近侧床褥
1. 将枕头移向对侧，协助患者翻身侧卧，背向护士
2. 从床头至床尾松开近侧各层床单，中单污染面内翻卷，塞于患者身下；扫净橡胶单上的渣屑，然后将橡胶单搭于患者身上；将大单污染面内翻卷塞于患者身下
铺近侧清洁大单
1. 将清洁大单的中线和床中线对齐，展开近侧半幅，将对侧半幅大单内卷塞于患者身下
2. 按铺床法铺好近侧大单
铺近侧清洁中单
1. 放平橡胶单，铺上清洁中单，中线对齐，展开近侧半幅，将对侧半幅清洁面内卷塞于患者身下
2. 将近侧下垂的中单、橡胶单一起塞于床垫下
清扫对侧床褥
1. 转至对侧，从床头至床尾松开近侧各层床单，将脏污中单卷至床尾；扫净橡胶单上的渣屑，然后将橡胶单搭于患者身上
2. 将脏污大单从床头卷至床尾，与中单一起放入污衣袋中
铺对侧清洁大单和中单
1. 从患者身下取出清洁大单展开拉紧铺好，铺好橡胶单和中单
2. 协助患者平卧，移枕于患者头下
更换被套
1. 解开被套尾端系带，从开口处将棉胎一侧纵行向上折叠1/3，同法折叠对侧棉胎，手持棉胎前端，呈“S”形折叠拉出，放于椅子上
2. 将清洁被套正面向外，平铺于脏污被套上，同“铺备用床”套好被套，撤去脏污被套放入污衣袋中
3. 整理盖被，做成被筒，为患者盖好，床尾多余的盖被塞于床垫下
更换枕套
取出枕头，更换枕套，置于患者头下，协助患者取舒适卧位
移回床旁桌、椅
开窗通风换气，整理好用物，洗手

图 1-1-34　为卧床患者更换床单操作流程图

（五）操作评分标准（表 1-1-4）

表1-1-4　为卧床患者更换床单操作评分标准

<table>
<tr><th rowspan="2">项目</th><th rowspan="2" colspan="2">技术操作要求</th><th rowspan="2">评分</th><th colspan="4">评分等级</th><th rowspan="2">实际得分</th></tr>
<tr><th>A×1</th><th>B×0.7</th><th>C×0.4</th><th>D×0</th></tr>
<tr><td>素质 2</td><td colspan="2">仪表、着装符合要求</td><td>2</td><td></td><td></td><td></td><td></td><td></td></tr>
<tr><td rowspan="2">评估 6</td><td colspan="2">评估病室环境</td><td>3</td><td></td><td></td><td></td><td></td><td></td></tr>
<tr><td colspan="2">评估患者情况</td><td>3</td><td></td><td></td><td></td><td></td><td></td></tr>
<tr><td rowspan="2">操作前准备 7</td><td colspan="2">洗手、戴口罩</td><td>2</td><td></td><td></td><td></td><td></td><td></td></tr>
<tr><td colspan="2">用物准备，放置合理</td><td>5</td><td></td><td></td><td></td><td></td><td></td></tr>
<tr><td rowspan="11">操作过程 60</td><td colspan="2">解释操作目的、方法以及配合方式</td><td>5</td><td></td><td></td><td></td><td></td><td></td></tr>
<tr><td rowspan="5">换床单</td><td>松开被尾，移动患者，协助患者翻身侧卧</td><td>5</td><td></td><td></td><td></td><td></td><td></td></tr>
<tr><td>逐层松单，湿扫床褥方法正确</td><td>5</td><td></td><td></td><td></td><td></td><td></td></tr>
<tr><td>大单、中单、橡胶单放置正确，铺法正确</td><td>15</td><td></td><td></td><td></td><td></td><td></td></tr>
<tr><td>床角整齐、美观，中单、橡胶单平、整、紧</td><td rowspan="2">5</td><td rowspan="2"></td><td rowspan="2"></td><td rowspan="2"></td><td rowspan="2"></td><td rowspan="2"></td></tr>
<tr><td>取出污大单方法正确</td></tr>
<tr><td rowspan="3">换被套</td><td>套被套方法正确，棉胎平整，被头充实</td><td>5</td><td></td><td></td><td></td><td></td><td></td></tr>
<tr><td>撤出污被套方法正确</td><td>5</td><td></td><td></td><td></td><td></td><td></td></tr>
<tr><td>被筒对称，两侧齐床沿，中线正</td><td>5</td><td></td><td></td><td></td><td></td><td></td></tr>
<tr><td rowspan="2">换枕套</td><td>更换枕套，四角充实</td><td>5</td><td></td><td></td><td></td><td></td><td></td></tr>
<tr><td>枕头开口背门，置于患者头下</td><td>5</td><td></td><td></td><td></td><td></td><td></td></tr>
<tr><td rowspan="2">操作后处理 10</td><td colspan="2">协助患者取舒适体位</td><td>5</td><td></td><td></td><td></td><td></td><td></td></tr>
<tr><td colspan="2">移回床旁桌椅，处理用物，洗手</td><td>5</td><td></td><td></td><td></td><td></td><td></td></tr>
<tr><td rowspan="3">整体评价 15</td><td colspan="2">手法正确，动作轻稳、操作熟练，符合节力原则</td><td>5</td><td></td><td></td><td></td><td></td><td></td></tr>
<tr><td colspan="2">操作中保持和患者的交流，注意观察患者病情变化</td><td>5</td><td></td><td></td><td></td><td></td><td></td></tr>
<tr><td colspan="2">注意保暖及保护患者隐私</td><td>5</td><td></td><td></td><td></td><td></td><td></td></tr>
<tr><td>总分</td><td colspan="2"></td><td>100</td><td></td><td></td><td></td><td></td><td></td></tr>
</table>

案例点评

- 操作中保持和患者的交流，注意观察患者病情变化，如有异常，停止操作，立即处理。
- 操作中注意保暖及保护患者隐私。
- 余同“铺备用床”。

（金晓燕）

第二节　生活基础护理技术

一、晨晚间护理

案例 1-2-1

患者，男性，76 岁，因心力衰竭住院。今日住院第 5 天，精神好，昨晚睡眠 7 小时，已能平卧。晨测血压 130/80mmHg，心率 88 次 / 分，呼吸 20 次 / 分，口唇、甲床无发绀。

根据病情需要，为危重、昏迷、瘫痪、高热、大手术后或年老体弱的患者，于晨间及晚间所进行的生活护理，称为晨晚间护理（morning and evening care）。轻症患者的晨晚间护理，可在护士指导与必要的协助下进行。

V1-5
晨晚间护理

（一）护理评估

1．评估患者的意识、自理及合作程度。

2．评估患者病情及心理状态。

3．评估床单位及患者自身清洁情况。

（二）操作前准备

1．护士准备　着装整齐，洗手，修剪指甲，备齐用物。

2．患者准备　病情平稳，体位舒适，取得患者配合。

3．用物准备　扫床车、扫帚、小毛巾（湿度适宜）、大单、被套、枕套、中单、橡皮单、病号服、护理提篮（梳子、指甲刀、洗头用品、刮胡须刀等）。见图 1-2-1。

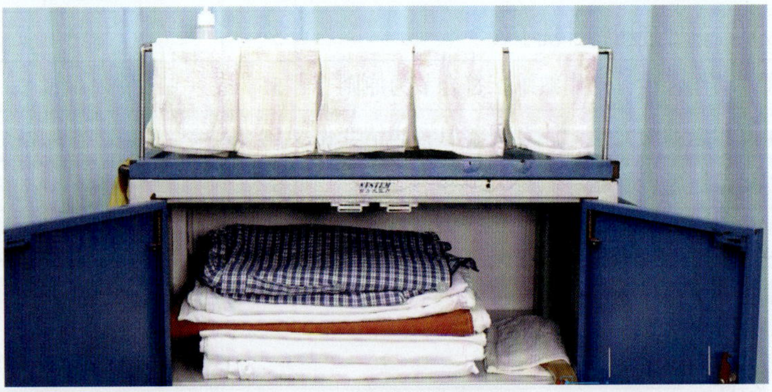

图 1-2-1　晨晚间护理用物

4．环境准备　病室安静，整洁，注意患者合理暴露。

（三）操作步骤

1．卧床患者

（1）携用物至患者床旁，向患者解释，适当遮挡患者，询问患者排便需求。

（2）护士分站于病床两侧，松开床尾，协助患者翻身，注意患者保暖。

（3）查看患者口腔、头发、指（趾）甲、背部、受压部位的皮肤。

（4）观察管路引流液的色、量、性状，妥善固定引流管路。

（5）执小毛巾从床头扫至床尾，抻平床头、床尾、中间。

（6）协助患者翻至另一侧，同法扫另一侧，将被尾叠至床垫下。

（7）协助患者保持舒适体位。

（8）洗手或手消毒，处理用物。

2．一般患者

（1）携用物至患者床旁，向患者解释。

（2）护士分站于病床两侧，松开床尾，协助患者下床。

（3）执小毛巾从床头扫至床尾，抻平床头、床尾、中间。

（4）叠被筒，将被尾叠至床垫下（如果床单脏，按卧床患者更换床单法或铺暂空床法更换床单，必要时更换衣服）。

（5）洗手或手消毒，处理用物。

（四）健康教育

向意识清醒的患者解释晨晚间护理的重要性。

（五）操作流程图

一般患者晨晚间护理操作流程图见图 1-2-2。

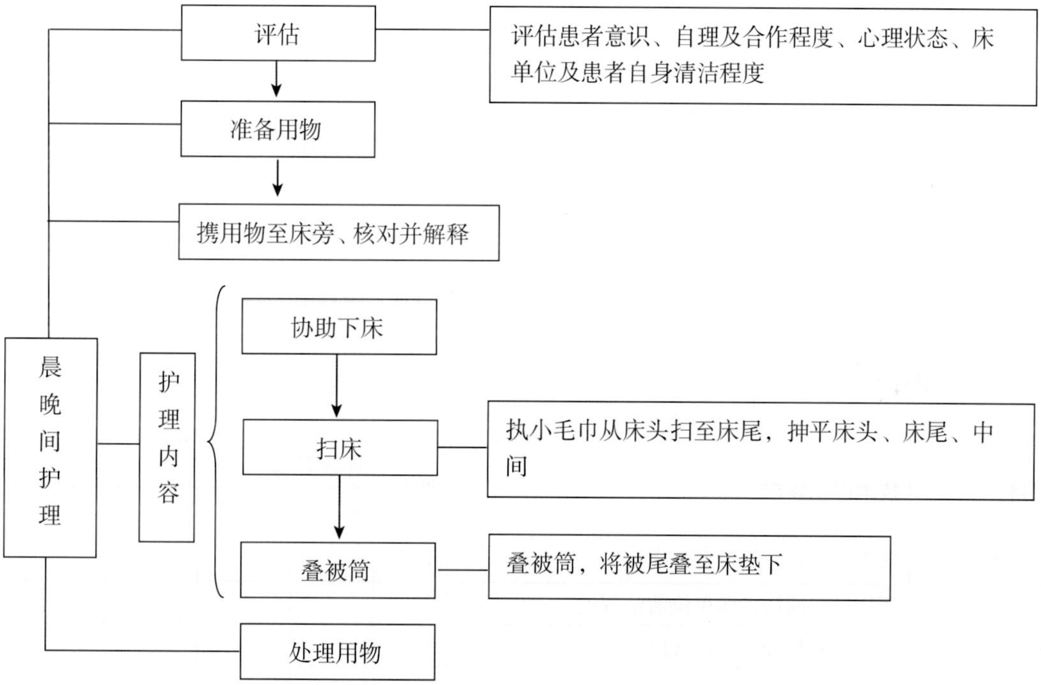

图 1-2-2　一般患者晨晚间护理操作流程图

卧床患者晨晚间护理操作流程图见图 1-2-3。

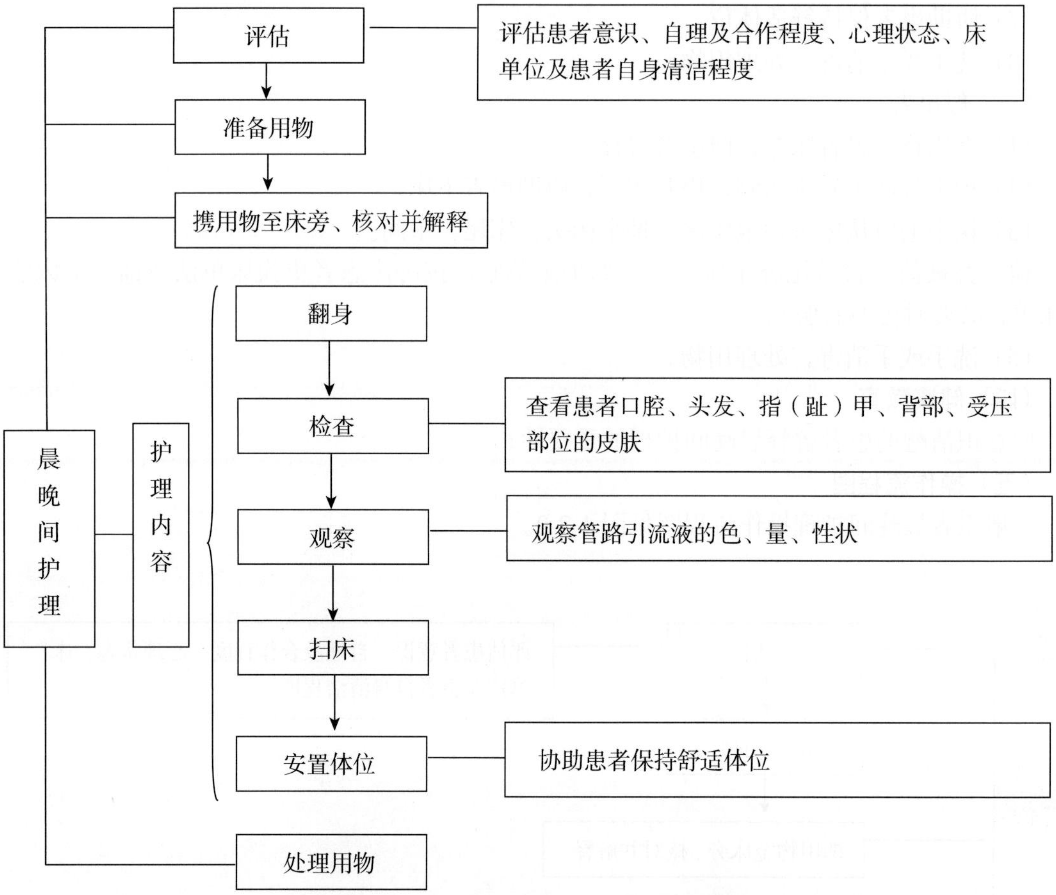

图 1-2-3　卧床患者晨晚间护理操作流程图

（六）操作评分标准（表 1–2–1）

表1-2-1　晨晚间护理操作评分标准

项目		技术操作要求	评分	评分等级				实际得分
				A×1	B×0.7	C×0.4	D×0	
仪表 5		仪表端庄，着装符合要求	5					
评估 10		评估患者病情、床单位清洁程度	5					
		评估患者自理及合作程度	5					
操作前准备 10		洗手，戴口罩	2					
		准备用物	8					
操作过程 55	卧床患者 35	携用物至患者床旁，解释，遮挡	5					
		松床尾，询问排便需要	2					
		一护士协助患者翻身，使其保暖	3					
		查看患者口腔、会阴、头发、指（趾）甲清洁，必要时口腔护理、会阴护理；受压部位的皮肤，观察管路引流色、量、性状	10					
		另一护士执小毛巾从床头扫至床尾，抻平床头、床尾、中间	5					
		协助患者翻至另一侧，同法扫一侧	5					
		叠被筒，将被尾叠至床垫下	3					
		使患者保持舒适体位	2					

续表

项目		技术操作要求	评分	评分等级				实际得分
				A×1	B×0.7	C×0.4	D×0	
操作过程55	一般患者15	携用物至患者床旁，解释，协助患者下床	5					
		松床尾	2					
		一护士执小毛巾从床头扫至床尾，抻平床头、床尾、中间	5					
		叠被筒，将被尾叠至床垫下	3					
	操作后5	用物处理正确	3					
		为下一个患者操作前洗手或手消毒	2					
整体评价20		操作中注意与患者沟通	5					
		操作过程考虑患者安全	5					
		操作熟练、节力	5					
		患者体位舒适	5					
总分			100					

案例点评

- 注意患者的安全、舒适。
- 观察生命体征、皮肤、管路等。
- 湿扫，从上到下，一床一巾，清洁、彻底。

（乔　雪）

二、会阴护理

会阴护理（perineal care）是晨晚间护理的重要内容。在以下情况会阴护理尤为重要：生殖系统及尿道炎症、二便失禁、皮肤受刺激或破损、分泌物过多或尿液浓度过高、留置导尿管、产后及各种会阴手术后。患者自己清洁护理时，往往不易观察到会阴部皮肤的改变，护士协助患者使用便盆或进行会阴部护理时，可观察会阴部情况，及时作出评估。

案例 1-2-2

患者，女性，28 岁，腹腔镜术后 1 天，留置尿管，遵医嘱行会阴部护理。

（一）护理评估

1．评估会阴部有无异味、瘙痒，分泌物情况。
2．评估会阴部皮肤有无破损、炎症、肿胀、触痛等。
3．评估尿液有无异味、脓稠、颜色改变，排尿时有无不适。
4．评估有无二便失禁，有无留置导尿管，有无泌尿生殖系统或直肠手术等情况。

V1-6
会阴护理

（二）操作前准备

1．护士准备　态度和蔼，衣帽整齐，洗手，戴口罩。

2．患者准备　病情稳定，取仰卧位。

3．用物准备　便盆、屏风、橡胶单、中单、清洁棉球、大量杯、镊子、浴巾、毛巾、水壶（内有 38 ～ 42 ℃温水）、清洁剂或呋喃西林棉球（图 1-2-4）。

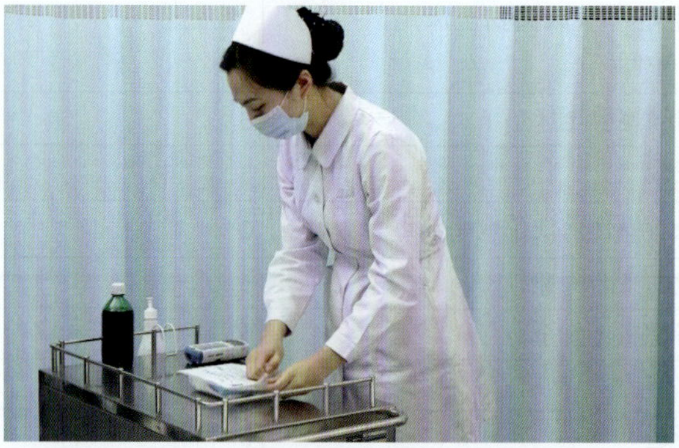

图 1-2-4　会阴部护理操作用物

4．环境准备　调节至合适室温。拉上床边隔帘或使用屏风遮挡，以尊重患者，保护患者隐私部位。

（三）操作步骤

1．携用物至床旁，核对患者姓名、床号和腕带，解释。

2．患者取仰卧位，双腿屈曲分开，用浴巾遮挡。

3．将橡胶单和中单垫于患者臀下，放便盆于患者臀下（图 1-2-5）。

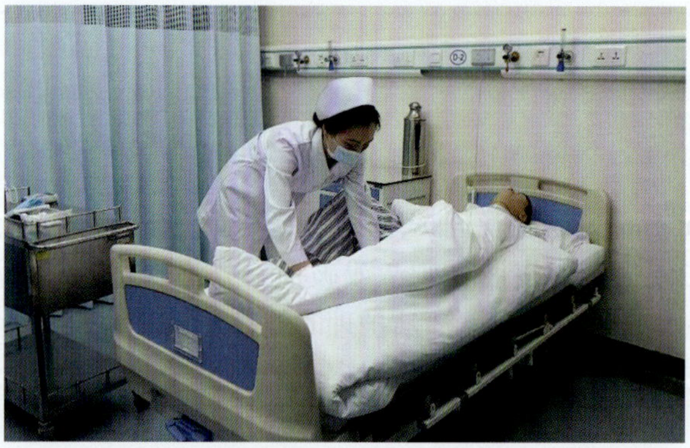

图 1-2-5　放置便盆

4．护士一手持装有温水的大量杯，一手持夹有棉球的镊子，边冲水边用棉球擦拭。擦拭顺序：由内向外，分别是尿道口、阴道口、小阴唇、大阴唇、会阴、肛门。每冲洗一处，均需更换棉球。

5．冲洗后擦干各部位，撤去便盆和橡胶单、中单。

6．整理床单位，整理用物，清洁用物，洗手、记录。

（四）健康教育

1．向患者解释会阴护理的目的及重要性。

2．向患者讲解会阴护理的相关知识，如清洁剂的选择、便器的使用方法等。

（五）操作流程图（图 1-2-6）

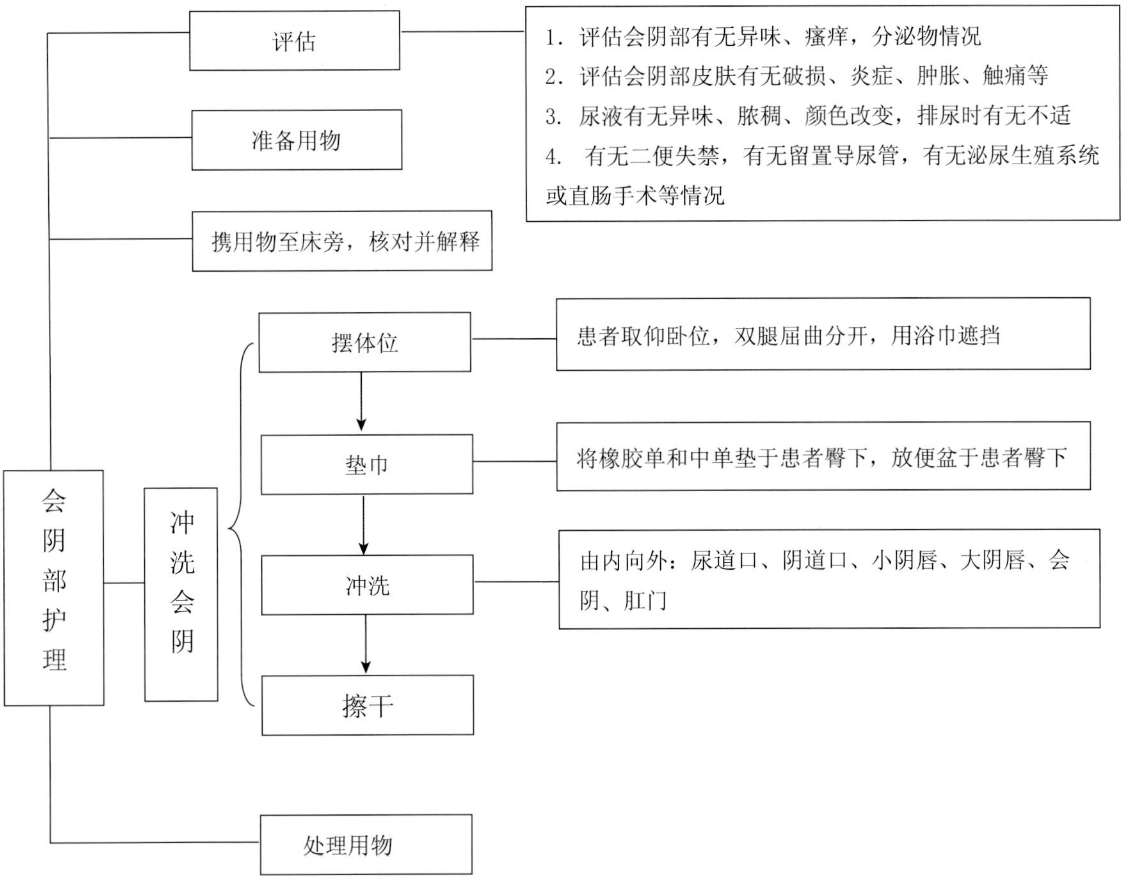

图 1-2-6　会阴部护理操作流程图

（六）操作评分标准（表 1-2-2）

表1-2-2　会阴部护理操作评分标准

项目	技术操作要求	评分	评分等级				实际得分
			A×1	B×0.7	C×0.4	D×0	
仪表 5	仪表端庄，服装整洁	5					
评估 10	评估患者病情、心理状态	5					
	评估患者自理能力及合作程度	5					
操作前准备 10	洗手，戴口罩	2					
	备齐用物，放置合理	5					
	注意保护患者的隐私（设屏风或软帘）	3					

续表

项目	技术操作要求	评分	评分等级				实际得分
			A×1	B×0.7	C×0.4	D×0	
操作过程 55	携用物至患者床旁，核对并解释	5					
	协助患者选择合理、舒适的体位	5					
	将一次性棉垫置于臀下	5					
	脱对侧裤子盖在近侧大腿，用被单盖患者腹部及对侧大腿	5					
	擦洗顺序正确	10					
	撤去用物	5					
	协助患者穿好裤子	5					
	整理床铺	5					
	整理用物，处理方法正确	5					
	洗手、记录	5					
整体评价 20	操作过程考虑患者安全	5					
	操作过程注意和患者的沟通	5					
	操作过程注意无菌原则	5					
	操作熟练，节力	5					
总分		100					

案例点评

- 遮挡、保护患者隐私，注意保暖。
- 避免浸湿衣服。
- 擦洗原则：由内向外，由上向下，每个棉球限用 1 次。

（乔　雪）

三、特殊口腔护理

特殊口腔护理（special oral care）是指对于高热、昏迷、危重、禁食、鼻饲、口腔疾患、术后、生活不能自理等患者，护士准备特殊的溶液和用物，为其进行口腔清洁的护理活动。

案例 1-2-3

患者，男性，60 岁，行直肠癌根治术后第 2 天，给予心电监测、外周氧饱和度监测、双腔鼻导管氧气吸入。血压 120/80 mmHg，脉搏 80 次 / 分，体温 37 ℃，呼吸 20 次 / 分。禁食、水，留置胃管，口唇干裂，有义齿，患者术后检查血小板低于正常值，现半卧体位。遵医嘱给予特殊口腔护理。

（一）护理评估

1．评估患者的意识、自理及合作程度。

2．评估患者口腔清洁状况，依据情况选择口腔护理溶液。

3．观察口唇、口腔黏膜、牙龈、舌苔有无异常，口腔有无异味。

4．了解患者牙齿有无松动，有无活动义齿。

（二）操作前准备

1．护士准备　着装整齐，洗手，修剪指甲，备齐用物。

2．患者准备

（1）了解口腔护理的目的、方法、注意事项及配合要点。

（2）取舒适体位。

（3）协助取下义齿。

3．用物准备　口腔护理包（治疗巾、弯盘、海绵棒或棉球、压舌板），口腔护理溶液，手电筒，漱口水，必要时备润唇油，见图 1-2-7。

V1-7
特殊口腔护理

知识链接

常用的口腔护理溶液及适用范围

溶液	适用范围
0.9% 生理盐水	清洁口腔、预防感染
多贝乐氏溶液	轻度口腔感染
2% 硼酸溶液	清洁口腔
0.02% 呋喃西林溶液	清洁口腔
1% ～ 3% 过氧化氢溶液	口腔感染、有出血者
1% ～ 4% 碳酸氢钠溶液	口腔有真菌感染时
0.1% 醋酸溶液	口腔有铜绿假单胞菌感染时

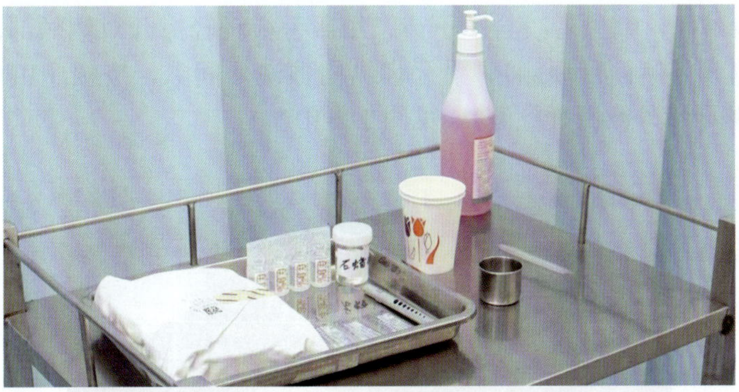

图 1-2-7　特殊口腔护理操作用物

4．环境准备　宽敞、明亮。

（三）操作步骤

1．评估并解释　至患者床旁，核对患者姓名、床号和腕带；评估患者的病情及口腔卫生状况；并向患者及家属解释口腔护理的目的、方法、注意事项及配合要点。

2．携用物至床旁、核对　护士备齐用物携至患者床旁，再次核对患者姓名、床号和腕带。

3．安置体位　协助患者侧卧或头偏向一侧（面向护士），见图 1-2-8。

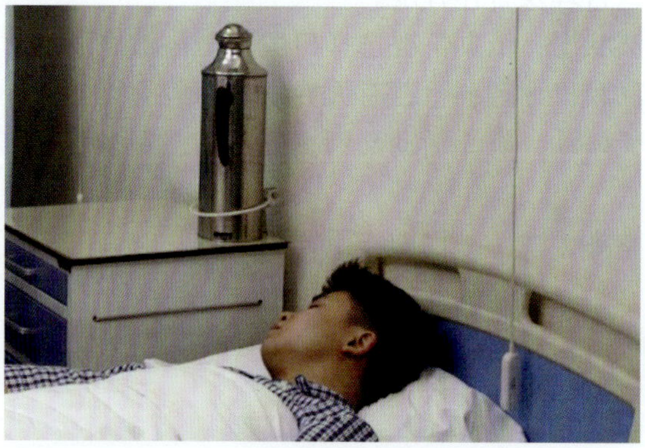

图 1-2-8　特殊口腔护理安置患者体位

4．铺巾　取治疗巾围于患者颈下及枕上，置弯盘于口角旁，见图 1-2-9。

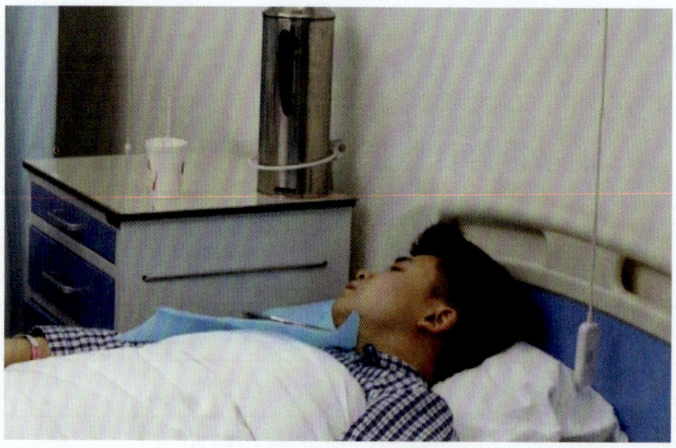

图 1-2-9　铺巾于患者颈下

5．观察并漱口　观察口腔有无出血、溃疡等现象，口角有干裂时先予以湿润。协助患者用吸水管吸温开水漱口。必要时用注射器，沿口角将温水缓缓注入，嘱患者漱口，然后吸出。

6．擦洗

（1）擦洗牙齿外侧：嘱患者咬合上下齿，用压舌板轻轻撑开对侧颊部，以弯血管钳夹紧湿棉球，擦洗对侧牙齿侧面（颊侧），沿牙齿纵向擦洗牙间隙，按顺序由内擦向门齿（中切齿），同法擦洗近侧牙齿外侧面（颊侧），见图 1-2-10。

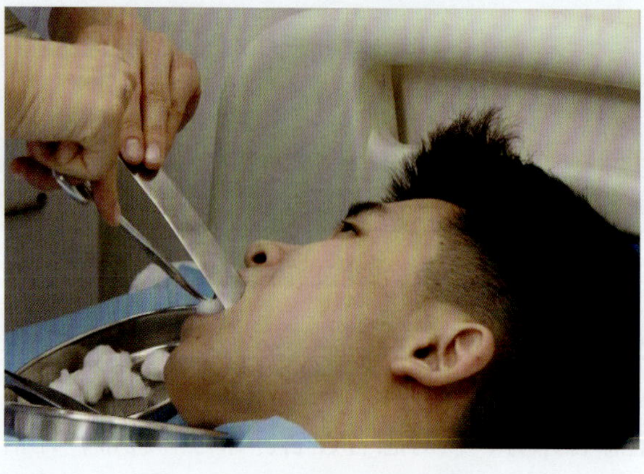

图 1-2-10　擦洗牙齿外侧面

（2）擦洗牙齿内侧：嘱患者张嘴，擦洗牙齿对侧上内侧（腭侧）、上牙齿咬合面、牙齿对侧下内侧（舌侧），弧形擦洗对侧颊部。同法擦洗近侧，见图 1-2-11。

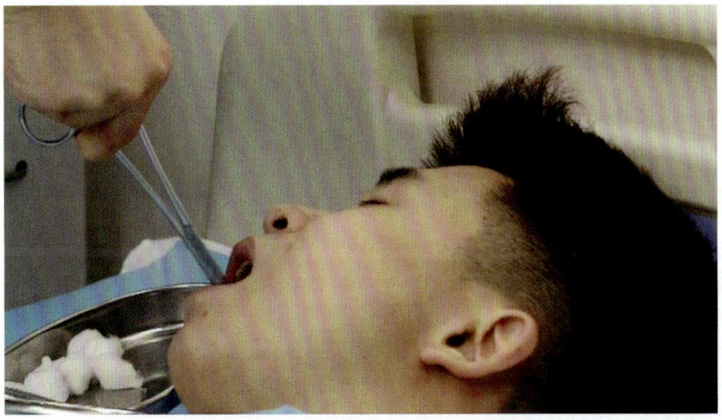

图 1-2-11　擦洗牙齿内侧面

（3）舌面及硬腭部：最后擦洗舌面及硬腭部（勿触及软腭及咽部），见图 1-2-12。

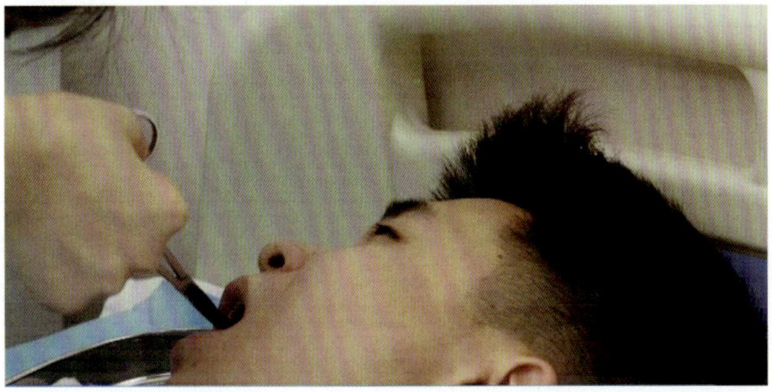

图 1-2-12　擦洗舌面及硬腭部

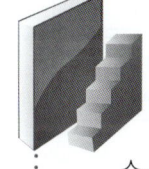

重要小提示

✧ 擦洗动作要轻，特别对凝血功能差的患者，防止碰伤黏膜和牙龈。

✧ 昏迷患者禁止漱口，以防误吸。用张口器时从臼齿处放入，血管钳夹棉球不可过湿，以防止因水分过多造成误吸。操作前后清点棉球数量，防止棉球遗留于口腔。

✧ 操作中要随时询问患者感受，如棉球的干湿程度、止血钳操作时是否产生不适、体位是否舒适、有无其他要求等。

✧ 对使用抗菌药者应特别注意观察口腔黏膜有无真菌感染。

✧ 漱口溶液应根据患者口腔状况选择。

✧ 擦洗硬腭及舌面时，勿触及咽部，以免引起恶心。

7．再次漱口　擦洗完毕，清点棉球数量，帮助患者再次漱口。

8．口腔问题处理　口腔黏膜如有溃疡，可涂口腔溃疡软膏，也可用冰硼散等撒布于溃疡处，口唇可涂润滑油。

9．整理用物　撤去治疗巾及用物，整理床单位。整理用物，清洁、消毒后备用。有特殊感染者，用物按传染病用物处理。

10．洗手，记录　记录口腔护理时间及患者口腔状况。

（四）健康教育

1．向患者解释保持口腔卫生的重要性。

2．向患者讲解口腔护理的相关知识，如清洁用具的使用、刷牙方法、义齿的清洁与护理方法等，使患者能够做到有效地清洁口腔，保持口腔卫生，以预防各种口腔并发症的发生。

（五）操作流程图（图 1-2-13）

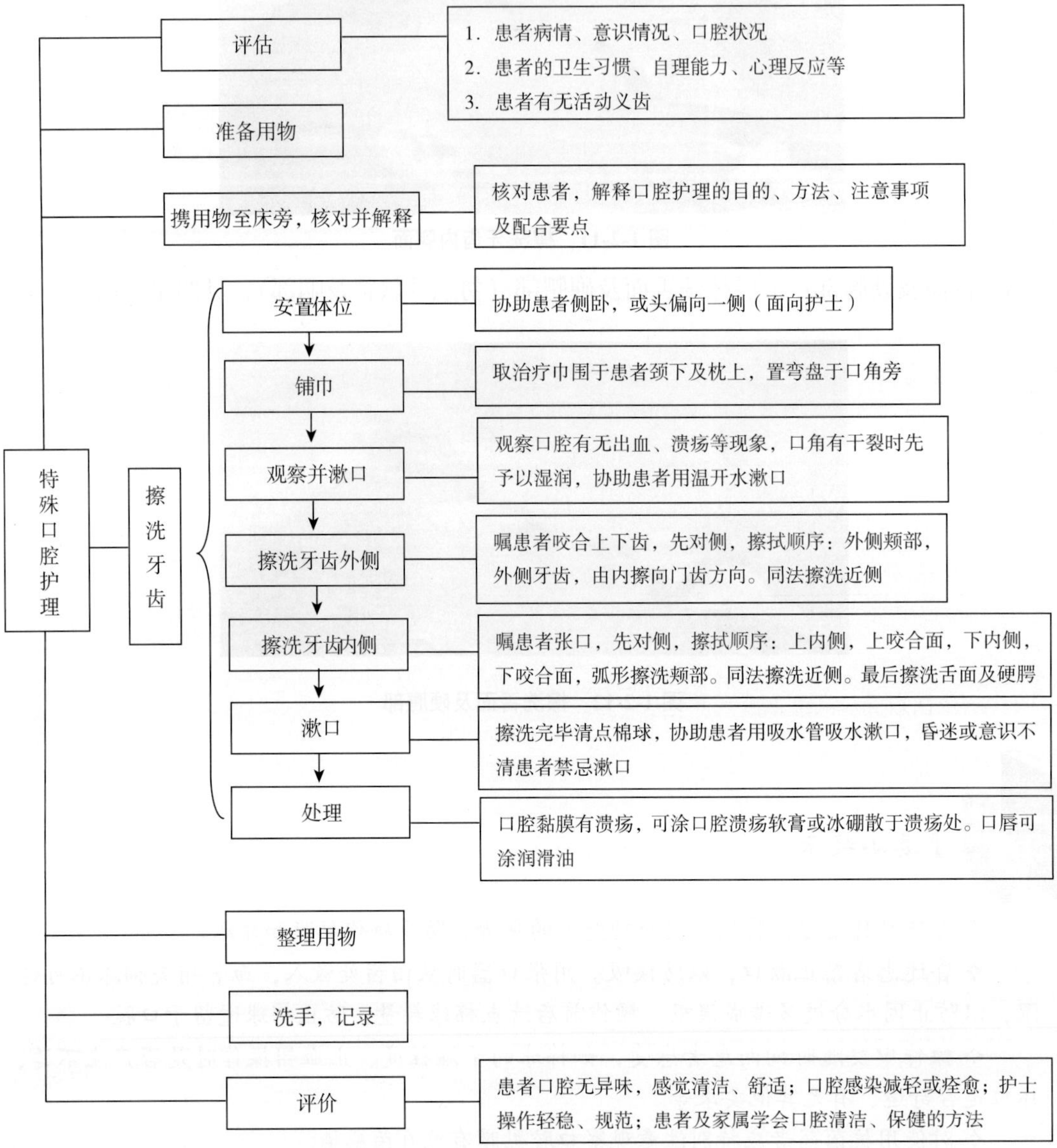

评估
1．患者病情、意识情况、口腔状况
2．患者的卫生习惯、自理能力、心理反应等
3．患者有无活动义齿
准备用物
携用物至床旁，核对并解释
核对患者，解释口腔护理的目的、方法、注意事项及配合要点
特殊口腔护理
擦洗牙齿
安置体位
协助患者侧卧，或头偏向一侧（面向护士）
铺巾
取治疗巾围于患者颈下及枕上，置弯盘于口角旁
观察并漱口
观察口腔有无出血、溃疡等现象，口角有干裂时先予以湿润，协助患者用温开水漱口
擦洗牙齿外侧
嘱患者咬合上下齿，先对侧，擦拭顺序：外侧颊部，外侧牙齿，由内擦向门齿方向。同法擦洗近侧
擦洗牙齿内侧
嘱患者张口，先对侧，擦拭顺序：上内侧，上咬合面，下内侧，下咬合面，弧形擦洗颊部。同法擦洗近侧。最后擦洗舌面及硬腭
漱口
擦洗完毕清点棉球，协助患者用吸水管吸水漱口，昏迷或意识不清患者禁忌漱口
处理
口腔黏膜有溃疡，可涂口腔溃疡软膏或冰硼散于溃疡处。口唇可涂润滑油
整理用物
洗手，记录
评价
患者口腔无异味，感觉清洁、舒适；口腔感染减轻或痊愈；护士操作轻稳、规范；患者及家属学会口腔清洁、保健的方法

图 1-2-13　特殊口腔护理操作流程图

（六）操作评分标准（表 1-2-3）

表1-2-3　特殊口腔护理操作评分标准

项目	技术操作要求	评分	评分等级				实际得分
			A×1	B×0.7	C×0.4	D×0	
素质5	仪表、着装符合要求	2					
	操作熟练、轻柔，沟通有效	3					
评估20	评估患者的意识及配合程度	5					
	评估患者口腔清洁状况，依据情况选择口腔护理溶液	5					
	观察口唇、口腔黏膜、牙龈、舌苔有无异常，口腔有无异味	5					
	了解患者牙齿有无松动，有无活动义齿	5					
操作前准备5	洗手、戴口罩	2					
	用物准备，放置合理	3					
操作过程55	协助患者选择合适体位	5					
	打开一次性口腔护理包，将三角巾（治疗巾）置于患者颌下	5					
	将弯盘放置于患者颌下，另一包装盒内倒入少量生理盐水	5					
	依次取2根海绵棒蘸取少量生理盐水（盐水棉球）按以下步骤操作：擦拭口角及口唇后漱口；检查口腔；上下牙咬合，擦拭左右上下牙齿（可适当应用压舌板）；张口擦拭牙齿内侧及咬合面、左右颊部、上腭、舌面及舌下	20					
	漱口，再次检查口腔，三角巾（治疗巾）擦干面部	5					
	唇干时予以润唇	5					
	协助患者取舒适卧位	5					
	合理处置用物，洗手	5					
操作后处理8	妥善安置患者，整理床单位	2					
	用物处理正确	4					
	洗手，记录	2					
整体评价7	认真倾听患者的反映和需要，沟通语言恰当，患者无不适感	3					
	动作规范、轻巧、熟练、准确节力	2					
	操作时间在15分钟以内	2					
总分		100					

案例点评

➢ 将抬高的床头放平，协助患者取侧卧位，铺治疗巾。

➢ 首先润唇，后张口评估口腔：义齿、口腔黏膜、舌苔，口腔有无异味。嘱患者做牙齿闭合动作，按操作顺序做。

➢ 摘除义齿后用冷水冲洗干净，放在清水中浸泡，或口腔护理后戴上义齿。

➢ 擦洗过程中动作轻柔，避免碰伤黏膜及牙龈（血小板水平低时）。

➢ 嘱患者将口水吐到弯盘。

➢ 患者口唇干燥应予以润唇，必要时多漱口。

➢ 患者腹部手术后，应取半卧位，减轻腹部伤口疼痛。

（乔　雪）

四、床上洗头法

头发的清洁、整齐是人们日常清洁卫生的一项重要内容。对日常生活能力下降的患者，护士应协助其进行床上洗头（bed shampoo）。

案例 1-2-4

某患者跟腱断裂术后 3 天，因石膏固定 5 周，不能入浴，而且石膏较重，给患者带来了极大的不便。故每 3 天为患者进行一次床上洗头。

（一）护理评估

1．评估患者的病情及治疗情况，病情允许方可操作。

2．评估患者头发卫生情况，观察有无虱、虮及头皮损伤情况。

3．评估患者及家属对头发清洁护理知识的了解程度及患者的合作程度。

V1-8 床上洗头法

（二）操作前准备

1．护士准备　衣帽整洁，洗手，戴口罩。

2．患者准备　按需要给予便盆，安置舒适体位。

3．用物准备　治疗车上层：治疗盘内放置橡胶单、浴巾、毛巾、眼罩或纱布、别针、棉球（以不吸水棉花为宜）、洗发液、梳子、小镜子、吹风机（必要时）；治疗车下层：放橡胶马蹄形垫洗头器、水壶内盛 40 ~ 45 ℃温水、水桶（图 1-2-14）。

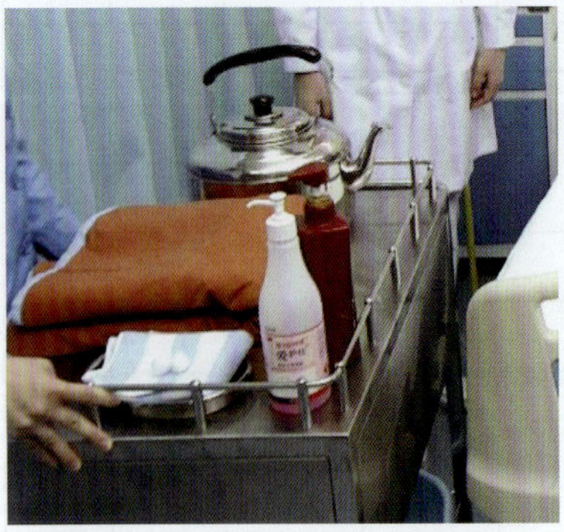

图 1-2-14　床上洗头操作用物

4．环境准备　宽敞、明亮，关好门窗，调节好室温。

（三）操作步骤（以马蹄形垫洗头法为例）

1．携用物至床旁，核对患者并解释洗头的目的及配合要点。

2．协助患者取仰卧位，上半身斜向床边，将衣领松开向内折，将毛巾围于颈下，用别针别好。移枕于肩下，置马蹄形垫及大橡胶单于患者颈部，头部枕在槽中，马蹄形垫下端接盛水桶（图 1-2-15）。

3．用棉球塞两耳，戴眼罩（或用纱布遮盖双眼）。

4．用温水冲湿头发，均匀涂上洗发液，由发际至脑后部反复揉搓，同时用指腹揉搓头发，再用温水冲洗。注意观察病情变化，如面色、脉搏、呼吸，若有异常应停止洗头。

5．解下颈下毛巾，擦干头发，取下眼罩和耳内棉球，用毛巾包好头发，擦干面部。

6．撤去马蹄形垫，协助患者卧于床正中，将枕头、橡胶单、大毛巾一起移至患者头下，用包头的毛巾揉搓头发，再用大毛巾擦干或电吹风吹干，然后用梳子梳理。

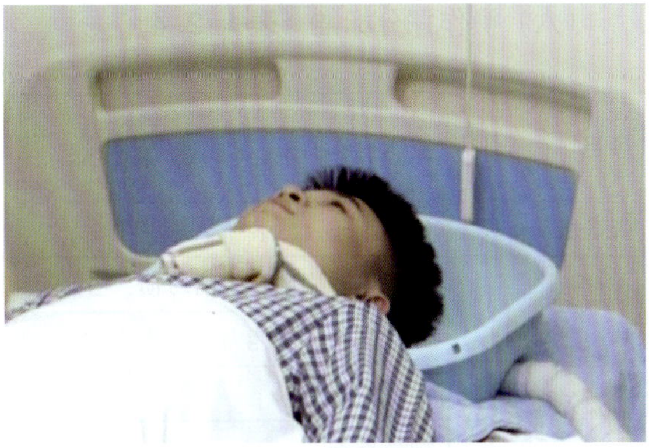

图 1-2-15　马蹄形垫洗头法

7．撤去用物，协助患者取舒适体位，整理床单位，清理用物。

8．处理用物，洗手记录。

护理人员在实际操作中可根据医院的实际情况及现有条件为患者洗头。可采用下列任意一种方法，如自制马蹄形卷、洗头车洗头发、扣杯洗头发。

（四）健康教育

1．向患者解释保持头发清洁的重要性。

2．向患者讲解头发护理的方法。

（五）操作流程图（图 1-2-16）

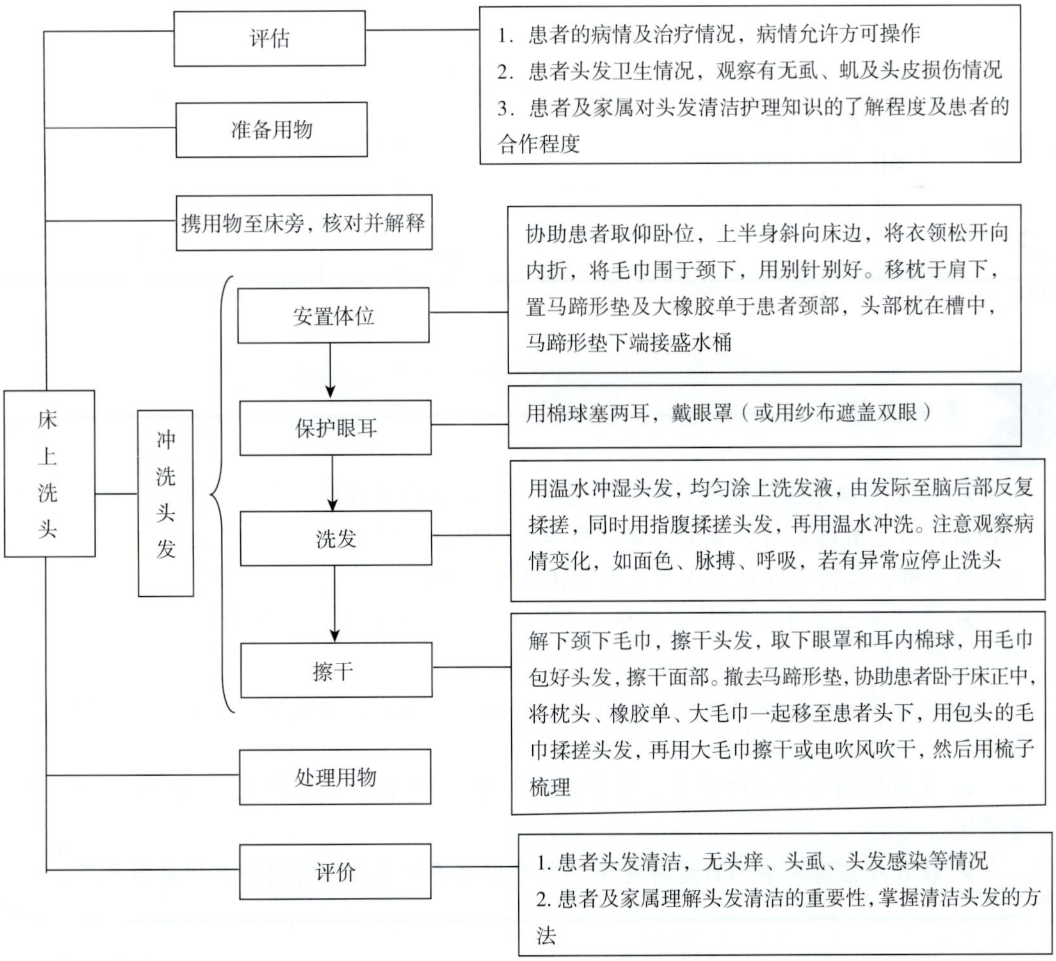

图 1-2-16　床上洗头操作流程图

（六）操作评分标准（表 1–2–4）

表1-2-4 床上洗头操作评分标准

项目		技术操作要求	评分	评分等级				实际得分
				A×1	B×0.7	C×0.4	D×0	
仪表 5		仪表端庄，服装整洁	5					
评估 10		评估患者病情、生活习惯、心理状态	5					
		评估患者自理能力、合作程度	5					
操作前准备 10		洗手，戴口罩	2					
		物品备齐	8					
操作过程 60	安全舒适 20	环境安排合理（关门窗，必要时调室温）	5					
		患者体位舒适，安全，盖眼，塞耳正确	10					
		洗头装置放置正确	5					
	洗发 20	洗头方法合理	5					
		头发清洗彻底	5					
		水温适宜	5					
		注意观察病情，洗发中随时询问患者感受	5					
	干发 10	洗毕擦净面部	5					
		梳理，吹干头发	5					
	操作后 10	合理安置患者，取舒适卧位，整理床单位	5					
		用物处理正确，洗手	5					
整体评价 15		操作熟练、节力	5					
		操作过程注意患者安全	5					
		操作过程注意沟通	5					
总分			100					

注：操作时间一般在 30 分钟内

案例点评

➢ 给患者做床上洗头的目的是使患者舒适，预防并发症。因此在操作前要做好护理评估，对患者的病情、卫生习惯、躯体活动程度、耐受力、自理能力及心理反应等认真地了解，以便采取更为适合患者具体情况的措施。

➢ 洗发的过程中要随时询问和观察患者的感受（生理、心理、社会方面），以便随时调整护理操作行为，使患者舒适、满意。

➢ 操作中注意观察患者的病情变化，如面色、脉搏、呼吸等，如有异常，应停止操作。

➢ 注意室温和水温的调节，室温应达到 24 ℃左右，水温在 40 ~ 45 ℃，以防患者受凉。

➢ 操作中注意患者的舒适与安全，危重患者不宜洗发，待病情好转后再执行。

（乔 雪）

五、床上擦浴法

案例 1-2-5

患者，男性，34 岁，骶尾部肿瘤，行骶尾部肿瘤切除术后第 5 天。为该患者进行床上擦浴。

床上擦浴（bed baths）适用于病情较重、长期卧床、活动受限、生活不能自理的患者。

（一）护理评估

1．评估患者的皮肤情况，有无发红破损等异常情况。

2．评估患者的病情、合作能力。

3．评估患者的清洁习惯、对清洁卫生知识的了解程度。

（二）操作前准备

1．护士准备　衣帽整洁，洗手，戴口罩。

2．患者准备　病情稳定，全身情况较好。

3．用物准备　治疗车、脸盆 2 个、水桶、热水（40 ～ 45 ℃）、治疗盘内置毛巾 2 条、浴巾、肥皂、梳子、小剪刀、液状石蜡（石蜡油）、棉签。必要时备便器、爽身粉、清洁衣裤、被服、屏风（图 1-2-17）。

4．环境准备　安全、舒适，调节室温在 24 ～ 25 ℃，拉上窗帘或使用屏风遮挡。

（三）操作步骤

1．携用物至床边，核对并解释。

2．根据病情放平床头及床尾支架，松开床尾盖被。将患者身体移向床缘，尽量靠近护士。

3．将盆放在桌上，倒入 2/3 满热水，测试水温。

4．将湿毛巾包在右手呈手套状（图 1-2-18）。擦洗面部及颈部，依次擦洗眼部（由内眦向外眦）、额头、一侧颊部、鼻部、人中、耳后、颌下直至颈部，同法擦洗另一侧。

V1-9 床上擦浴法

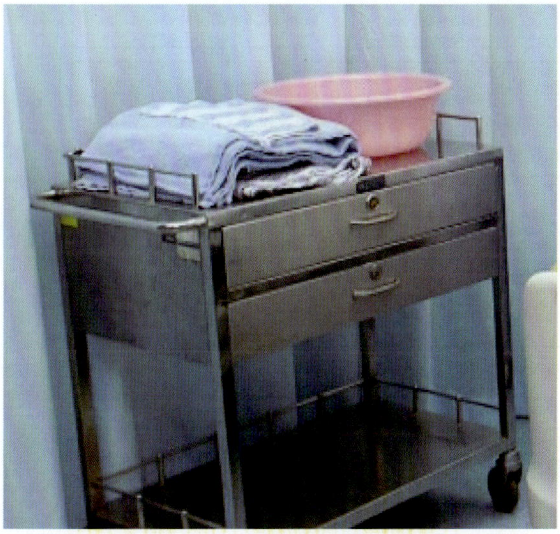

图 1-2-17　床上擦浴操作用物

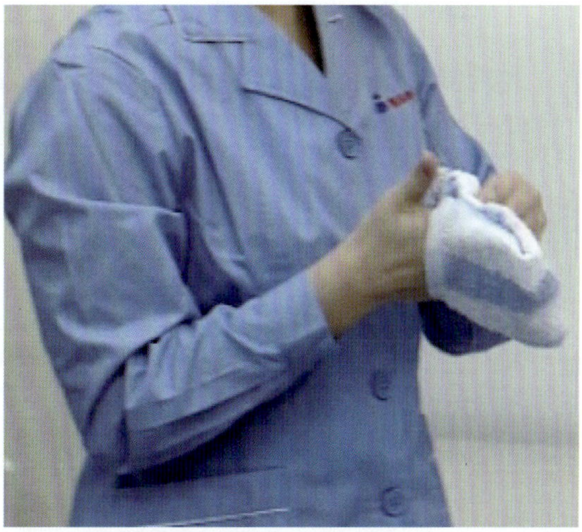

图 1-2-18　毛巾包裹方法

5．擦洗上肢、胸部、腹部　协助患者脱下上衣（先脱近侧，后脱对侧，有外伤者先脱健侧，后脱患侧），按顺序依次擦洗两上肢、胸部、腹部。擦净腋窝皱褶处。

6．擦洗背、臀部　协助患者侧卧，依次擦洗后颈部、背部、臀部，换上清洁上衣（先穿患侧，后穿健侧）。

7．擦洗下肢、足和会阴部　患者平卧，协助脱下裤子，擦洗两下肢，注意擦净腹股沟等皮肤皱褶处。将盆移于足下，盆下垫大毛巾，洗净双足擦干。换水、盆及毛巾清洁外阴。

8．为患者换上清洁裤子。

9．整理床单位，协助患者取舒适卧位，必要时梳发、剪指甲及更换床单。

10．洗手。

（四）健康教育

1．向患者解释保持皮肤清洁的重要性。

2．向患者讲解皮肤护理的相关知识，如皮肤按摩的方法、预防压疮的方法等。

（五）操作流程图（图 1–2–19）

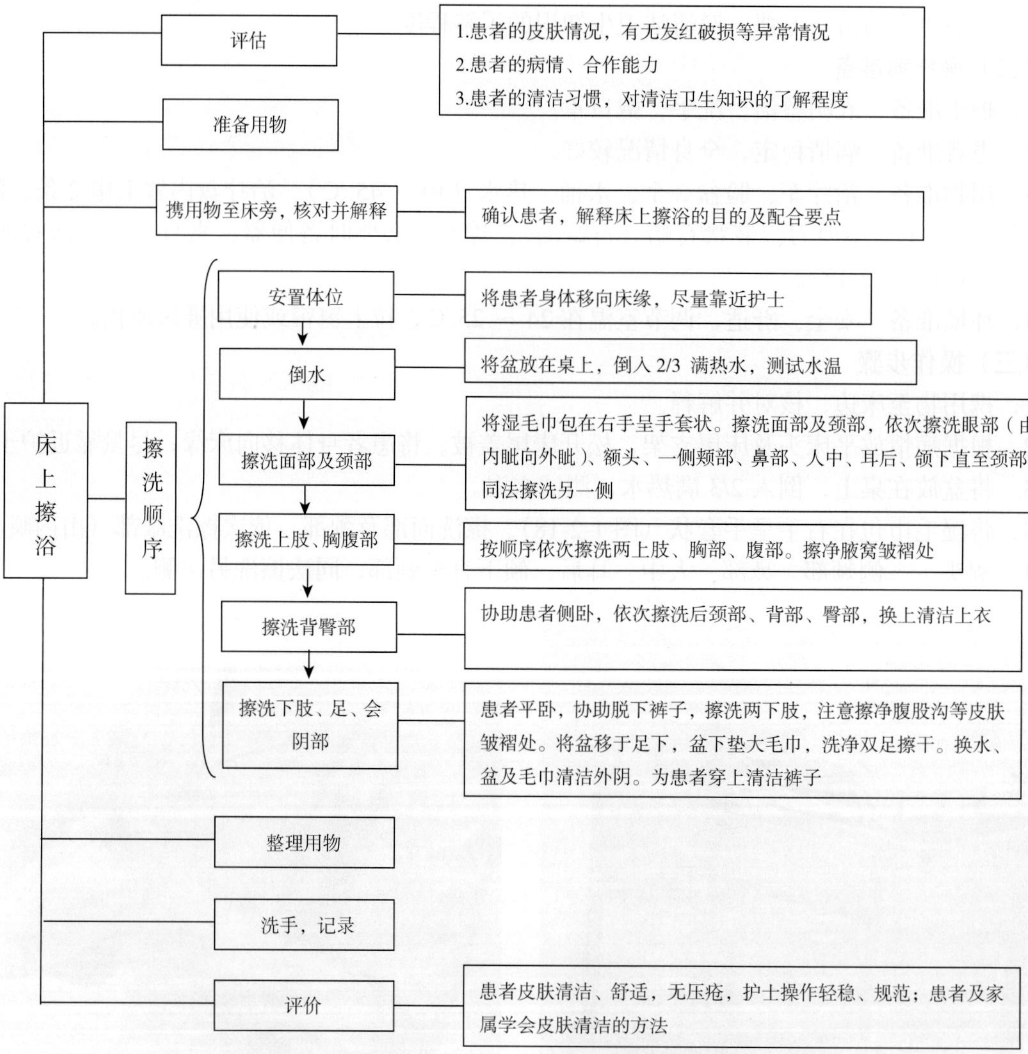
床上擦浴
评估
1.患者的皮肤情况，有无发红破损等异常情况
2.患者的病情、合作能力
3.患者的清洁习惯，对清洁卫生知识的了解程度
准备用物
携用物至床旁，核对并解释
确认患者，解释床上擦浴的目的及配合要点
擦洗顺序
安置体位
将患者身体移向床缘，尽量靠近护士
倒水
将盆放在桌上，倒入 2/3 满热水，测试水温
擦洗面部及颈部
将湿毛巾包在右手呈手套状。擦洗面部及颈部，依次擦洗眼部（由内眦向外眦）、额头、一侧颊部、鼻部、人中、耳后、颌下直至颈部，同法擦洗另一侧
擦洗上肢、胸腹部
按顺序依次擦洗两上肢、胸部、腹部。擦净腋窝皱褶处
擦洗背臀部
协助患者侧卧，依次擦洗后颈部、背部、臀部，换上清洁上衣
擦洗下肢、足、会阴部
患者平卧，协助脱下裤子，擦洗两下肢，注意擦净腹股沟等皮肤皱褶处。将盆移于足下，盆下垫大毛巾，洗净双足擦干。换水、盆及毛巾清洁外阴。为患者穿上清洁裤子
整理用物
洗手，记录
评价
患者皮肤清洁、舒适，无压疮，护士操作轻稳、规范；患者及家属学会皮肤清洁的方法

图 1-2-19　床上擦浴操作流程图

（六）操作评分标准（表 1-2-5）

表1-2-5　床上擦浴操作评分标准

项目		技术操作要求	评分	评分等级				实际得分
				A×1	B×0.7	C×0.4	D×0	
仪表 5		仪表端庄，服装整洁	5					
评估 10		了解病情、自理程度、生活卫生习惯、心理状态	5					
		倾听患者的需要和反映，认真与患者沟通，语言恰当，态度真诚	5					
操作前准备 10		洗手、戴口罩	3					
		备齐用物、放置合理	7					
操作过程 60	安全舒适 10	环境遮挡，注意隐私	5					
		注意患者体位的舒适与安全	5					
	操作中 40	水温适宜、适时换水	5					
		擦洗顺序正确、部位无遗漏（眼、脸、耳、颈、上肢、胸、背、腰、会阴、下肢、足）	5					
		擦洗手法正确，注意皮肤皱褶处清洁	5					
		不弄湿床单，注意保暖，不过度暴露患者	5					
		穿衣裤方法正确	5					
		脱衣裤方法正确	5					
		按需要协助患者剪指甲、梳头	5					
		操作中随时询问患者的感受	5					
	操作后 10	帮助患者整理床单位	5					
		用物处理正确，洗手	5					
整体评价 15		操作熟练、节力	5					
		操作过程注意患者安全	5					
		操作过程注意沟通	5					
总分			100					

案例点评

- 向患者宣教擦洗的目的和注意事项，取得患者的合作。
- 注意保护患者自尊，动作敏捷、轻柔，减少翻动次数和暴露，防止受凉。
- 患者一侧肢体有伤口，在穿脱衣服时要先穿患侧，后穿健侧；先脱健侧，后脱患侧。
- 擦浴中根据具体情况及时更换热水，并注意患者的安全与保暖和各种治疗措施的安置。
- 擦浴过程中，常与患者沟通，随时询问患者的感受，具体指导患者配合的方法。
- 操作中注意节力。

（乔　雪）

六、协助进食

案例 1-2-6

患者陈某，男性，60 岁，早晨起床时发现右侧肢体无力、活动不灵、头晕、说话含糊不清来医院就诊，门诊以脑梗死收入院。既往有高血压病史 11 年，服用降压药物，吸烟 25 年，少量饮酒。身体评估：神志清楚，言语不清，右侧肢体肌力 1 级。头颅 CT 示左侧低密度灶。协助患者进食。

协助患者进食法是指协助不能自理或部分自理的患者进食，以保证患者摄入足够的蛋白质和热量。

（一）护理评估

1．评估患者的病情及治疗情况，患者饮食习惯、饮食种类、液体出入量，患者有无偏瘫、吞咽困难、视力减退等。

2．评估患者自行进食的能力、合作程度，是否愿意护理人员协助其进食水。

3．评估患者有无餐前、餐中用药。

4．评估患者口腔、咽喉及胃部情况。

（二）操作前准备

1．护士准备　着装整齐，洗手，戴口罩。

2．患者准备

（1）了解协助进食的目的、方法、注意事项及配合要点。

（2）取舒适体位。

（3）进食时，有义齿者操作前应佩戴好。

3．用物准备　治疗车上层：治疗盘、毛巾、香皂、漱口杯、治疗巾（依据患者情况而定）；治疗车下层：水盆、水壶内盛 1000~2000 ml 温开水、医用 / 生活垃圾桶，见图 1-2-20。

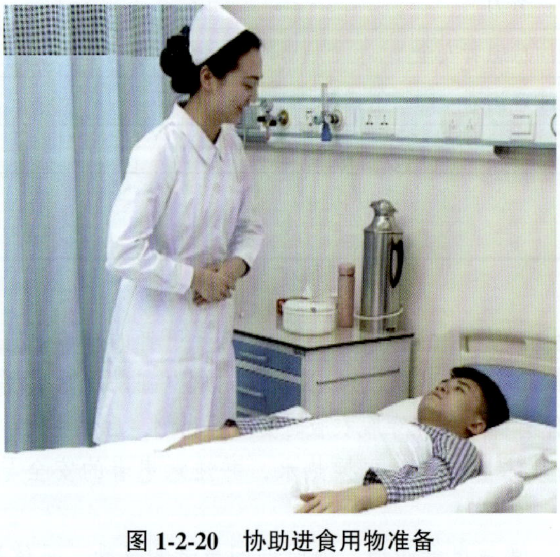

图 1-2-20　协助进食用物准备

4．环境准备　整洁、安静、舒适、明亮，适合进食。

（三）操作步骤

1．携用物至床旁，核对、解释　至患者床旁，核对患者姓名、床号和腕带，并向患者及家属解释协助进食的目的、方法、注意事项及配合要点。

2．取合适体位，颌下铺巾 协助患者取合适体位，取出过床桌放于胸前，调整至合适的高度（图 1-2-21）。

协助进食

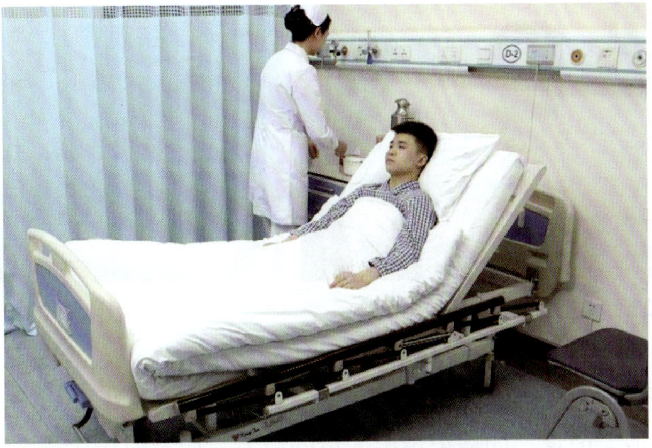

图 1-2-21 协助患者取合适体位

重要小提示

✧ 如病情允许，协助患者取半坐卧位，头偏向近侧；若不能半坐卧，协助将患者头部稍抬高，脸偏向近侧，以防呛噎。

3．协助患者洗手 将水盆及香皂放于过床桌上，协助其洗手，用毛巾擦手，整理用物，清洁桌面。

4．铺巾 取餐巾或毛巾铺于患者颌下，以免弄湿、弄脏被套，见图 1-2-22。

5．协助进食

（1）端饭菜至过床桌上，协助患者进食，见图 1-2-23。

（2）协助进食前，先用手背试温，不要太烫也不要太冷，以免烫伤或引起患者胃肠不适。

（3）喂食时从患者下方喂，避免从上方，让患者仰头并给其喂食；喂食速度要慢，一勺一勺小心地喂入患者口中，每次喂食时应擦干净患者口唇周围。

重要小提示

✧ 如允许，应尽量鼓励患者自行进食。

✧ 禁食者不喂食、水；昏迷或其他原因不能经口进食者，采用鼻饲法，不予以喂食、水。

✧ 面罩吸氧的患者，进食的时候改用鼻导管吸氧。

✧ 喂食过程中，如患者出现呛咳，应暂停片刻，扶起患者轻拍背部。

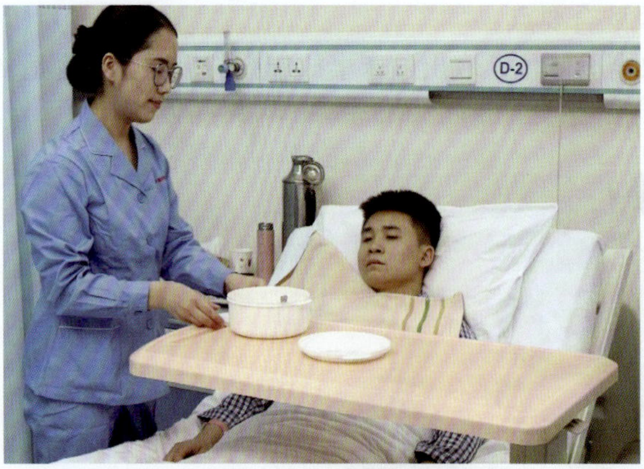

图 1-2-22　为患者铺巾

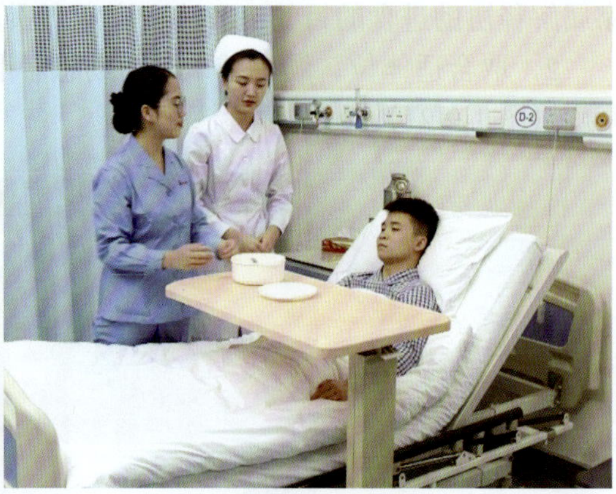

图 1-2-23　准备进餐

6．进餐结束后，协助患者漱口、擦嘴、擦手。

7．协助患者取舒适体位，整理床单位。

8．整理用物，洗手，记录，如需记录出入量的患者，应及时记录患者进食的食物种类和量。

（四）操作流程图（图 1-2-24）

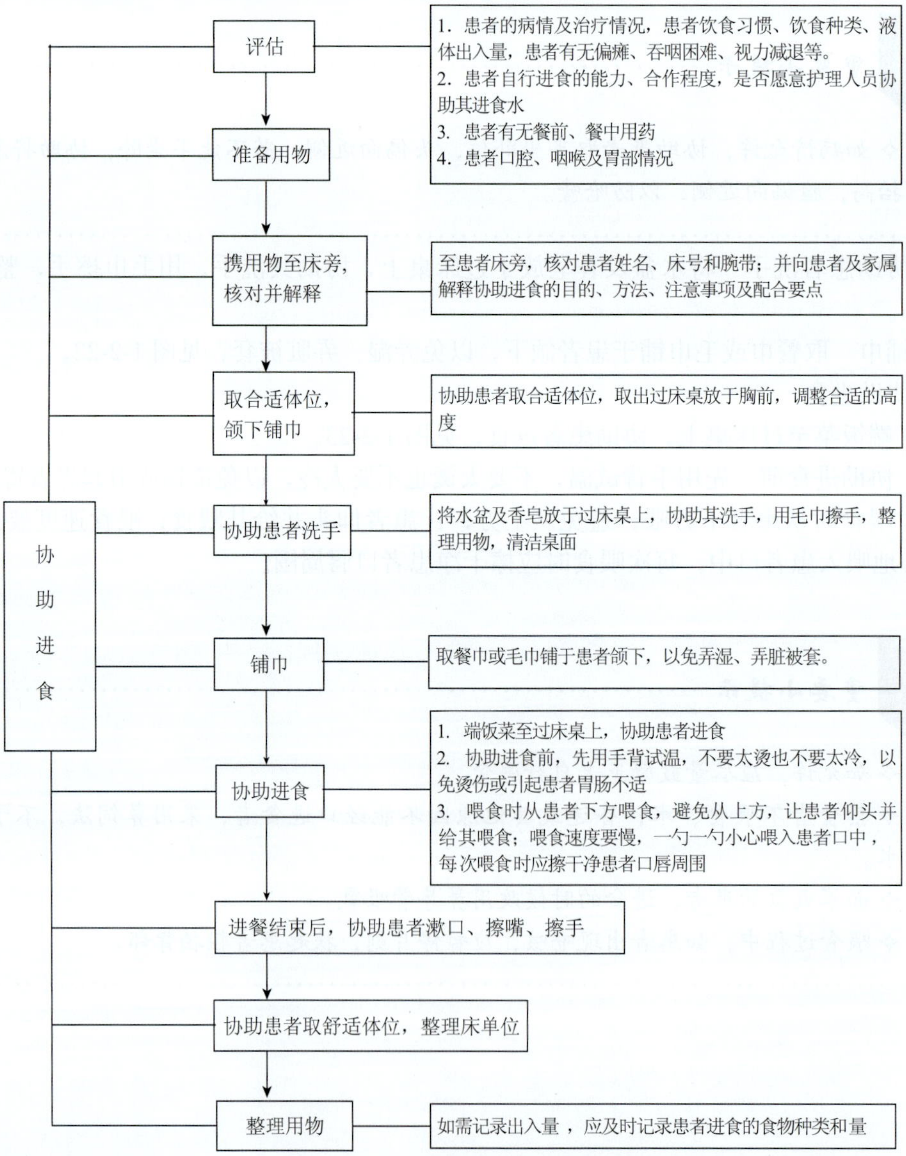
评估
1. 患者的病情及治疗情况，患者饮食习惯、饮食种类、液体出入量，患者有无偏瘫、吞咽困难、视力减退等。
2. 患者自行进食的能力、合作程度，是否愿意护理人员协助其进食水
3. 患者有无餐前、餐中用药
4. 患者口腔、咽喉及胃部情况
准备用物
携用物至床旁，核对并解释
至患者床旁，核对患者姓名、床号和腕带；并向患者及家属解释协助进食的目的、方法、注意事项及配合要点
取合适体位，颌下铺巾
协助患者取合适体位，取出过床桌放于胸前，调整合适的高度
协助进食
协助患者洗手
将水盆及香皂放于过床桌上，协助其洗手，用毛巾擦手，整理用物，清洁桌面
铺巾
取餐巾或毛巾铺于患者颌下，以免弄湿、弄脏被套。
协助进食
1. 端饭菜至过床桌上，协助患者进食
2. 协助进食前，先用手背试温，不要太烫也不要太冷，以免烫伤或引起患者胃肠不适
3. 喂食时从患者下方喂食，避免从上方，让患者仰头并给其喂食；喂食速度要慢，一勺一勺小心喂入患者口中，每次喂食时应擦干净患者口唇周围
进餐结束后，协助患者漱口、擦嘴、擦手
协助患者取舒适体位，整理床单位
整理用物
如需记录出入量，应及时记录患者进食的食物种类和量

图 1-2-24　协助进食操作流程图

（五）操作评分标准（表 1-2-6）

表1-2-6 协助进食操作评分标准

项目	技术操作要求	评分	评分等级				实际得分
			A×1	B×0.7	C×0.4	D×0	
素质10	仪表、着装符合要求	5					
	操作熟练、轻柔，沟通有效	5					
评估20	评估患者的病情及配合程度	5					
	评估患者的饮食习惯	5					
	患者口腔、咽喉及胃部情况	5					
	患者有无餐前、餐中用药	5					
操作前准备5	洗手、戴口罩	2					
	用物准备，放置合理	3					
操作程序50	协助患者选择合适体位	5					
	餐桌放置正确，高度适宜	5					
	协助患者进食方法正确	10					
	注意观察患者病情变化	15					
	餐后协助患者漱口、洗手等	5					
	协助患者取舒适卧位	5					
	整理床单位，合理处置用物，洗手	5					
整体评价15	动作熟练、节力	5					
	进食时，与患者有效沟通	5					
	进食时，保证患者安全	5					
总分		100					

案例点评

- 协助患者取半坐卧体位，尽量鼓励患者用健侧手进食。
- 协助进食过程中，注意与患者的沟通，随时观察患者病情的变化。
- 注意喂食的速度，密切观察患者进食后的反应。

（金晓燕）

七、协助排泄

案例 1-2-7

患者何某，女性，59 岁。因“突发头痛、头晕，右侧肢体无力，伴不能言语 1 小时”以脑出血急诊入院，患者既往有高血压病史，最高达 180/120mmHg。入院后护理查体：患者神志清楚，烦躁不安，双侧瞳孔等大等圆，光反射灵敏，运动性失语，口角右偏，伸舌右偏，饮水呛咳，右上肢肌力 0 级，右下肢肌力 1 级。T 37.2 ℃，P 87 次 / 分，R 19 次 / 分，BP 160/100 mmHg。入院后绝对卧床，给予功能位、保护性约束、心电监护、吸氧、脱水降颅压等治疗。协助患者进行床上排泄。

协助患者排泄法是指协助不能自理或部分自理的患者排便（尿），以满足患者排泄的需要。

（一）护理评估

1．评估患者的病情、治疗情况。

2．评估患者的意识状态、心理状态、合作程度及躯体移动能力。

（二）操作前准备

1．护士准备　着装整齐，洗手，戴口罩。

2．患者准备

（1）了解床上排便（尿）的目的、方法、注意事项及配合要点。

（2）取舒适体位。

（3）准备好卫生纸等用品。

3．用物准备　清洁、无破损的便盆，卫生纸、废纸 / 一次性防水垫巾等，必要时备毛巾被、洗手用具等。

重要小提示

✧ 气候寒冷时应先用热水冲洗，使之温热，盆内留少量水，排便后易清洗，并可减少气味，将便盆外面擦干；为了便于清理，使污物不溅到便盆外面，也可在便盆的里面垫上卫生纸。

✧ 如协助患者排尿，可选择清洁的尿壶。

4．环境准备　整洁、安静、舒适、明亮，关闭门窗，拉上围帘。

（三）操作步骤

协助排泄

1．携用物至床旁，核对并解释　至患者床旁，核对患者姓名、床号和腕带；并向患者及家属解释协助床上排便（尿）的目的、方法、注意事项及配合要点；关闭门窗，拉上围帘。

2．取合适体位　患者取仰卧，两腿屈膝，病情允许时可稍抬高床头，以利于患者排便（尿）。

3．铺一次性防水垫巾，放入便盆　嘱患者双腿分开使臀部抬起，在患者腰下铺防水垫，脱下内裤，将便盆放在臀下，见图 1-2-25；腰部不能抬起的患者，可使患者先转向侧卧位，将便盆插入臀部下放好后，再转为仰卧位。将卫生纸及信号灯开关放在近旁易取处，可离开病房在门外等候片刻。

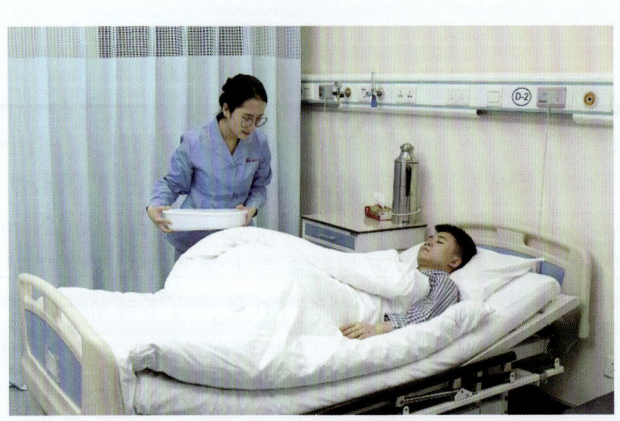

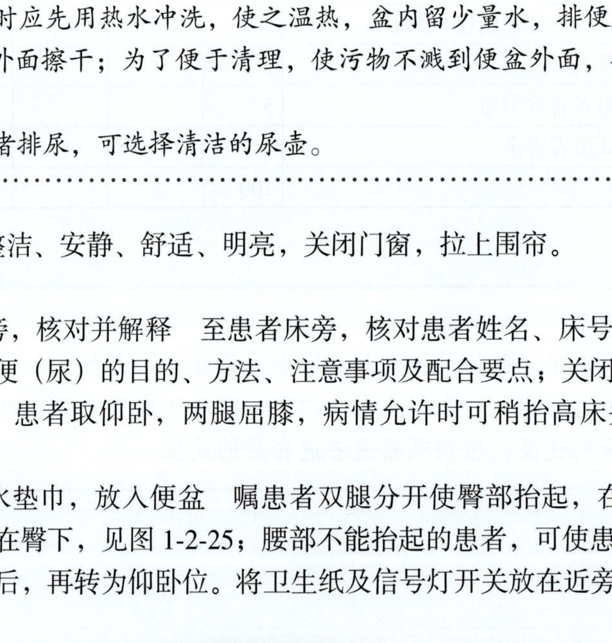

图 1-2-25　放入便盆

重要小提示

✧ 为防止女性老年人尿液飞溅，可在阴部盖上卫生纸或毛巾等物。

4．排泄后清洁　排泄后协助患者抬起腰部，双脚蹬床，抬起臀部，清洁污染部位，撤下便盆，并用便盆布或废纸遮盖，放在安全的地方。腰部不能抬起的患者，可以采用侧卧位进行清洁。

5．安置患者，整理用物，洗手

（1）撤下防水垫，整理好患者衣裤、盖被；必要时洗手或用半干的毛巾擦净臀部。

（2）通风换气，观察患者排泄物后，清理便盆，洗手。

（四）操作流程图（图 1-2-26）

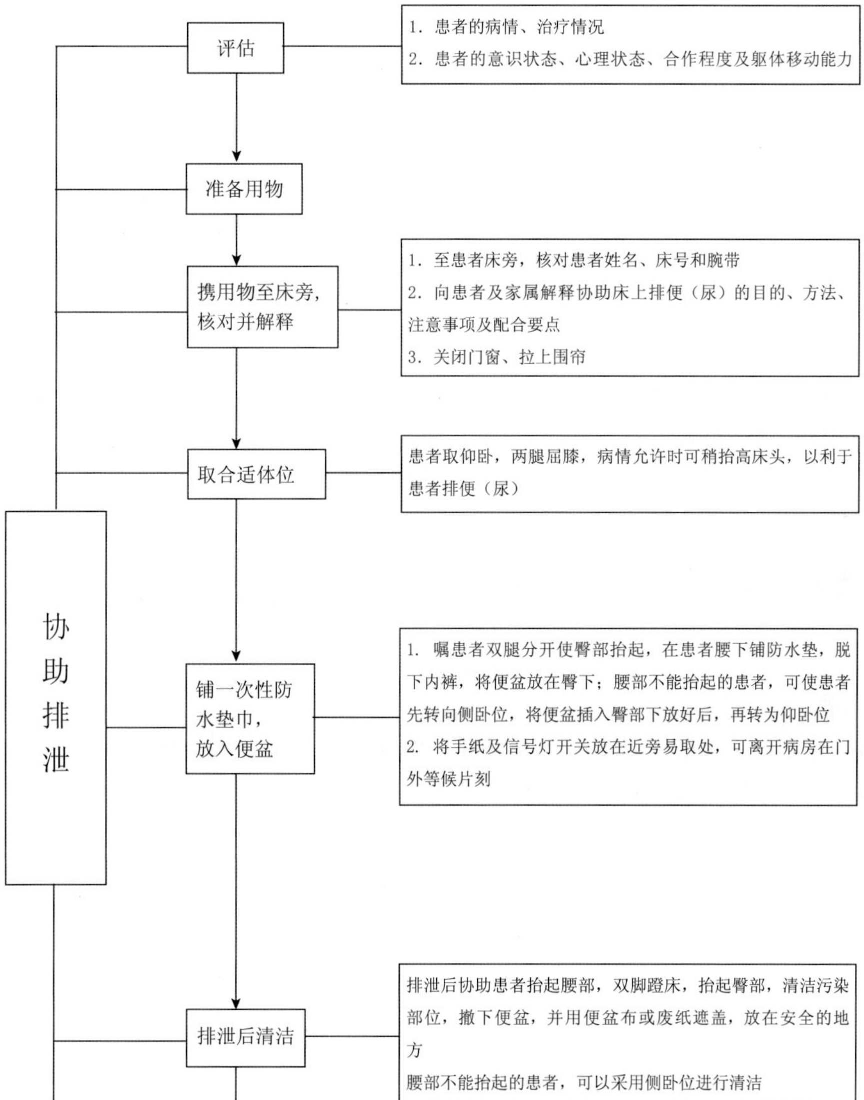
协助排泄
评估
1. 患者的病情、治疗情况
2. 患者的意识状态、心理状态、合作程度及躯体移动能力
准备用物
携用物至床旁，核对并解释
1. 至患者床旁，核对患者姓名、床号和腕带
2. 向患者及家属解释协助床上排便（尿）的目的、方法、注意事项及配合要点
3. 关闭门窗、拉上围帘
取合适体位
患者取仰卧，两腿屈膝，病情允许时可稍抬高床头，以利于患者排便（尿）
铺一次性防水垫巾，放入便盆
1. 嘱患者双腿分开使臀部抬起，在患者腰下铺防水垫，脱下内裤，将便盆放在臀下；腰部不能抬起的患者，可使患者先转向侧卧位，将便盆插入臀部下放好后，再转为仰卧位
2. 将手纸及信号灯开关放在近旁易取处，可离开病房在门外等候片刻
排泄后清洁
排泄后协助患者抬起腰部，双脚蹬床，抬起臀部，清洁污染部位，撤下便盆，并用便盆布或废纸遮盖，放在安全的地方
腰部不能抬起的患者，可以采用侧卧位进行清洁
安置患者，整理用物，洗手
1. 撤下防水垫，整理好患者衣裤、盖被；必要时洗手或用半干的毛巾擦净臀部
2. 通风换气，观察患者排泄物后，清理便盆，洗手

图 1-2-26　协助排泄操作流程图

（五）操作评分标准（表 1-2-7）

表1-2-7　协助排泄操作评分标准

项目	技术操作要求	评分	评分等级				实际得分
			A×1	B×0.7	C×0.4	D×0	
素质 10	仪表、着装符合要求	5					
	操作熟练、轻柔，沟通有效	5					
评估 20	评估患者的病情及配合程度	5					
	评估患者的排尿、排便习惯	5					
	患者会阴部、肛周皮肤情况	5					
	了解患者有无便秘、腹泻等	5					
操作前准备 5	洗手、戴口罩	2					
	用物准备，放置合理	3					
操作程序 50	协助患者选择合适体位	5					
	便盆放置适宜	10					
	注意观察患者病情变化	10					
	排泄后协助患者清洁皮肤	15					
	协助患者取舒适卧位	5					
	整理床单位，合理处置用物，洗手	5					
整体评价 15	动作熟练、节力	5					
	操作中，与患者有效沟通	5					
	操作中，保证患者安全	5					
总分		100					

案例点评

➢ 患者为脑出血急性期，需绝对卧位，床头抬高 15°~30°，以减少脑血流，减轻脑水肿。

➢ 患者意识清醒，应耐心做好解释，使其养成卧床排尿排便的习惯。

➢ 注意与患者的沟通，随时观察病情的变化。

➢ 注意保护患者的隐私，并保证患者的安全。

（金晓燕）

第二章　无菌与隔离技术

学习目标

通过本章内容的学习，学生能够：

◎ 识记

1．复述进行无菌操作时的注意事项。

2．复述洗手、戴口罩时的注意事项。

3．描述穿脱隔离衣的目的和注意事项。

◎ 理解

1．解释无菌操作过程的无菌原则。

2．正确分辨无菌区和非无菌区、清洁区和污染区。

◎ 运用

1．正确地按照要求准备无菌盘和无菌区。

2．正确戴无菌手套。

3．正确佩戴口罩。

4．正确执行手卫生操作。

5．正确穿脱隔离衣。

第一节　无菌技术

一、铺无菌盘/准备无菌区域

铺无菌盘/准备无菌区域是将无菌治疗巾铺在洁净干燥的治疗盘内，形成无菌区，供短时间内存放无菌物品，以便进行无菌操作。

案例 2-1-1

患者3日前不慎被玻璃割伤右臂，伤口已经在急诊缝合。今日来门诊换药，治疗室护士为其准备无菌换药盘。

（一）护理评估

1．评估患者的意识、自理及合作程度。

2．评估患者伤口情况。

V2-1

铺无菌盘/准备无菌区域

（二）**操作前准备**

1．护士准备　着装整齐，洗手，戴口罩。

2．环境准备　宽敞、明亮、清洁。

3．用物准备　盛有无菌治疗巾的无菌包，盛放无菌持物钳 / 镊的容器，需要的无菌物品，清洁的治疗盘，记录卡，笔。

（三）**操作步骤**

1．检查无菌物品　检查无菌包消毒指示带是否变色、有效期、包布是否有潮湿或破损、上次开包时间，见图 2-1-1；检查无菌持物钳及无菌物品是否符合无菌要求。

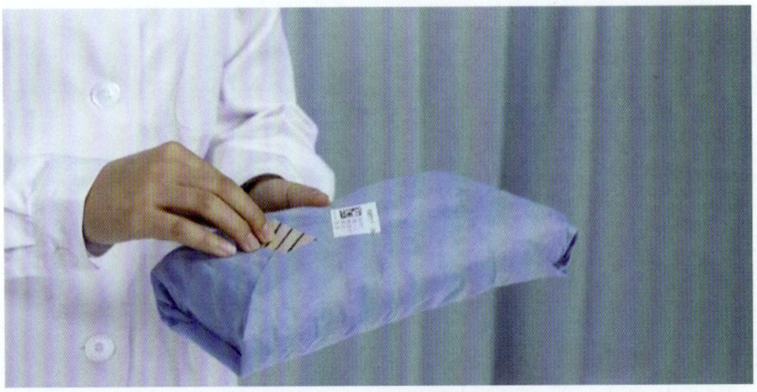

图 2-1-1　检查无菌包

2．取出无菌治疗巾　逐层打开无菌包，用无菌持物钳或镊夹取一块治疗巾，盖好剩余治疗巾，见图 2-1-2。

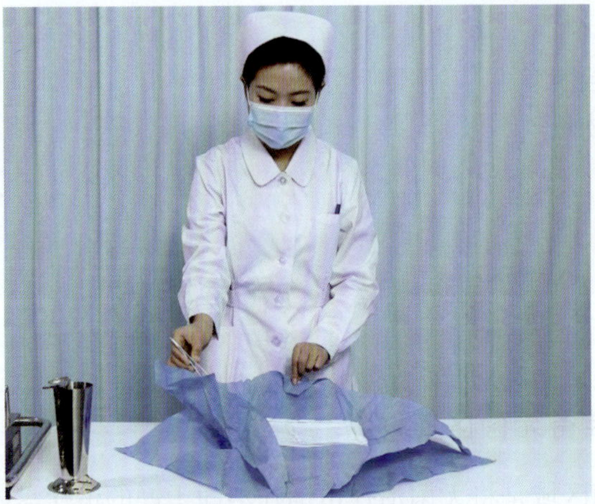

图 2-1-2　取出无菌治疗巾

3．铺治疗巾

（1）半铺半盖：双手捏住无菌巾上层两角的外面，轻轻抖开，双折平铺于治疗盘上，将上层扇形折叠打开，边缘向外，形成无菌区，见图 2-1-3。

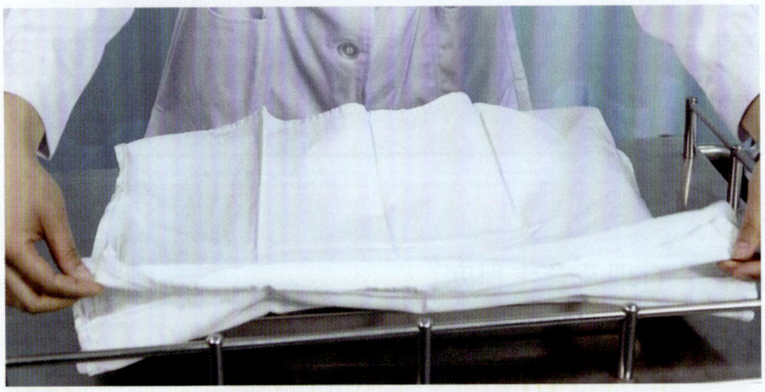

图 2-1-3　半铺半盖铺巾法

（2）一铺一盖：双手捏住无菌巾上层两角的外面，轻轻抖开，横向平铺于治疗盘上，形成无菌区，见图 2-1-4。

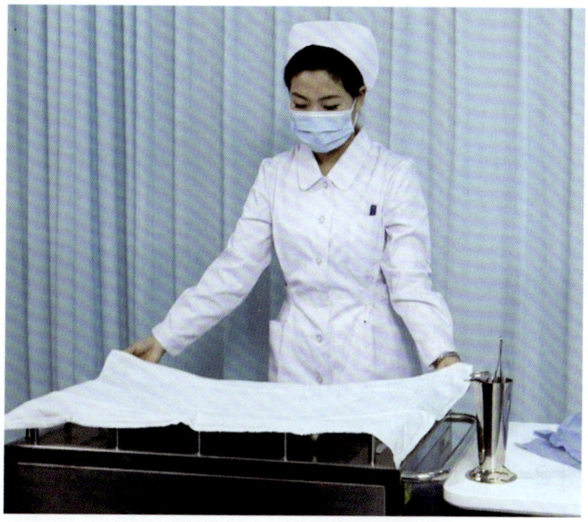

图 2-1-4　一铺一盖铺巾法

4．放置无菌物品　用无菌持物钳 / 镊夹取所需要的无菌物品放置于无菌区内。

5．覆盖无菌区

（1）半铺半盖：捏住治疗巾扇形折叠部分的外侧非无菌面，下拉治疗巾，使边缘对齐，覆盖无菌物品。将下层开口向上折叠，侧面开口向下折叠，露出治疗盘边缘，见图 2-1-5。

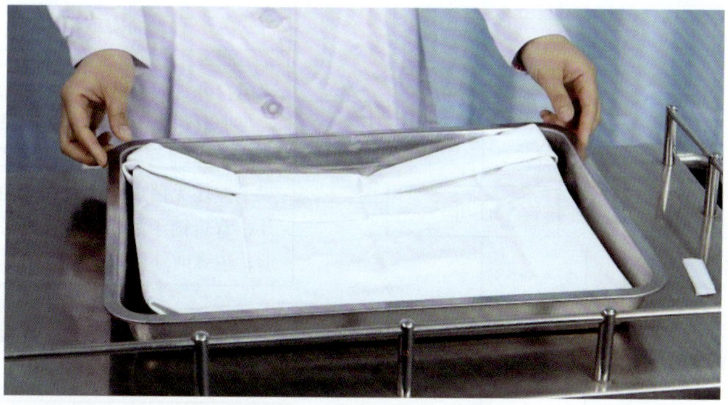

图 2-1-5　半铺半盖无菌盘

（2）一铺一盖：用无菌持物钳或镊夹取另一块治疗巾，双手捏住无菌巾上层两角的外面，轻轻抖开，边缘与下层无菌治疗巾对齐，使无菌面向下横向平铺于无菌物品之上，将上下层开口分别向下向上折叠，侧面开口向下折叠，露出治疗盘边缘。见图 2-1-6。

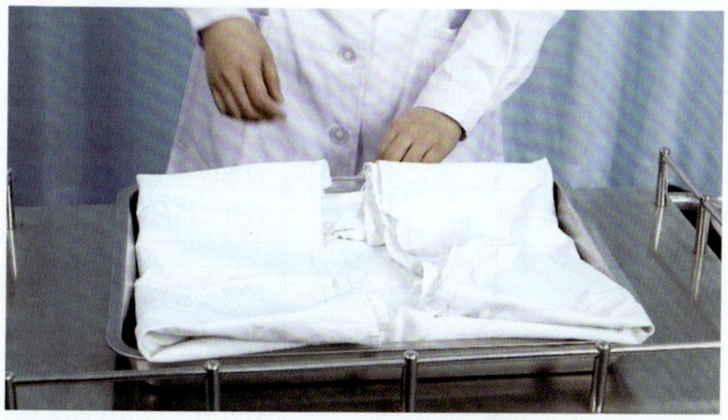

图 2-1-6　一铺一盖无菌盘

6．记录铺盘日期及时间　在记录卡上记录铺盘日期和时间，放置于无菌盘上。

7．用物处理　如果无菌包内治疗巾未用完，应按要求包好，并注明开包时间。

重要小提示

- ✧ 打开无菌包时手不可触及无菌包内面，勿跨越无菌包内形成的无菌区。
- ✧ 使用无菌持物钳 / 镊时，手持镊子上 1/3 或持物钳手柄处。
- ✧ 取无菌物品必须使用无菌持物钳。
- ✧ 无菌盘内放置无菌溶液时，要避免浸湿无菌区。
- ✧ 未经消毒的手和物品，不可触及或跨越无菌区。
- ✧ 无菌物品取出后，虽未动用，亦不能再放回原处。
- ✧ 铺好的无菌盘 / 区的有效期为 4 小时。

（四）操作流程图（图 2-1-7）

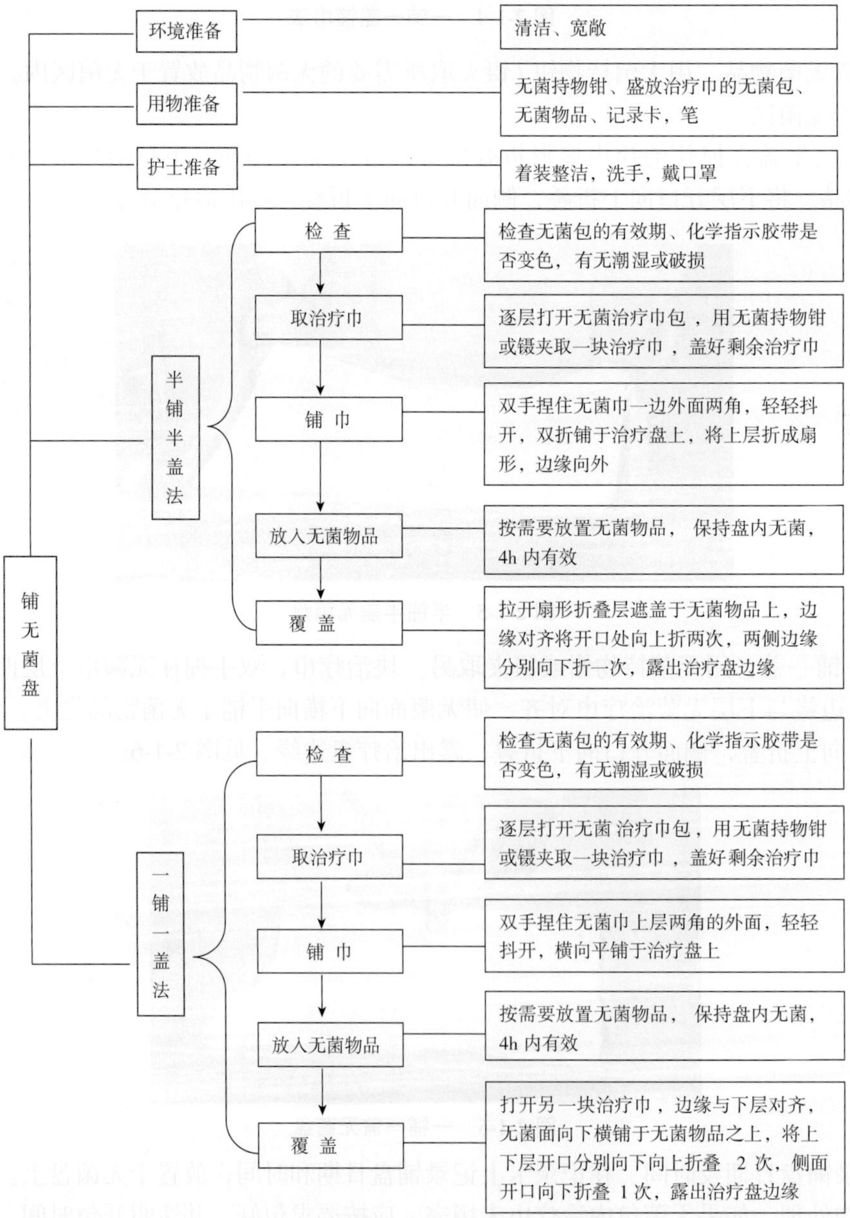
铺无菌盘
环境准备
清洁、宽敞
用物准备
无菌持物钳、盛放治疗巾的无菌包、无菌物品、记录卡，笔
护士准备
着装整洁，洗手，戴口罩
半铺半盖法
检 查
检查无菌包的有效期、化学指示胶带是否变色，有无潮湿或破损
取治疗巾
逐层打开无菌治疗巾包，用无菌持物钳或镊夹取一块治疗巾，盖好剩余治疗巾
铺 巾
双手捏住无菌巾一边外面两角，轻轻抖开，双折铺于治疗盘上，将上层折成扇形，边缘向外
放入无菌物品
按需要放置无菌物品， 保持盘内无菌，4h 内有效
覆 盖
拉开扇形折叠层遮盖于无菌物品上，边缘对齐将开口处向上折两次，两侧边缘分别向下折一次，露出治疗盘边缘
一铺一盖法
检 查
检查无菌包的有效期、化学指示胶带是否变色，有无潮湿或破损
取治疗巾
逐层打开无菌治疗巾包，用无菌持物钳或镊夹取一块治疗巾，盖好剩余治疗巾
铺 巾
双手捏住无菌巾上层两角的外面，轻轻抖开，横向平铺于治疗盘上
放入无菌物品
按需要放置无菌物品， 保持盘内无菌，4h 内有效
覆 盖
打开另一块治疗巾，边缘与下层对齐，无菌面向下横铺于无菌物品之上，将上下层开口分别向下向上折叠 2 次，侧面开口向下折叠 1 次，露出治疗盘边缘

图 2-1-7　铺无菌盘 / 区法操作流程图

（五）操作评分标准（表 2-1-1）

表2-1-1　铺无菌盘/区操作评分标准

项目	技术操作要求	评分	评分等级				实际得分
			A×1	B×0.7	C×0.4	D×0	
素质 5	仪表端庄、着装符合要求	5					
评估 5	评估无菌操作环境	5					
操作前准备 10	洗手，戴口罩	5					
	备齐用物、放置合理	5					
操作过程 55	检查治疗盘清洁、干燥，检查无菌包及无菌物品	5					
	打开无菌包方法正确	2					
	取出治疗巾，打开治疗巾（无菌持物钳使用方法正确，打开治疗巾方法正确）	10					
	铺治疗巾，形成无菌区（铺巾方法正确，无污染）	15					
	放置无菌物品方法正确	10					
	覆盖无菌区域（对齐边缘，避免污染）	10					
	记录铺盘日期和时间	3					
操作后处理 5	正确处理打开的无菌治疗巾包	3					
	洗手	2					
整体评价 20	动作准确、熟练，使用节力原则	5					
	无菌观念强	10					
	操作时间≤ 20min（铺盘 15min，套手套 5min），每超 2min 扣 1 分，超过 30 分钟此操作不及格	5					
总分		100					

案例点评

➢ 环境评估需要落实。

➢ 根据患者的需要准备无菌物品，该案例为铺无菌换药盘，准备的无菌物品应该包括：无菌弯盘、镊子、止血钳、无菌棉球、无菌纱布、无菌治疗碗、聚维酮碘（碘伏）溶液。

➢ 严格执行无菌操作，有很强的无菌观念，能明确区分无菌区和非无菌区，注意不跨越无菌区，不直接用手接触无菌区和无菌物品。

➢ 无菌盘内无菌物品放置合理。

➢ 铺好的无菌弯盘平整、无潮湿。

二、戴无菌手套法

医务人员在进行严格的无菌操作，或者接触患者的伤口、黏膜时，需要戴无菌手套，以保护患者和医护人员免受感染。

案例 2-1-2

患者女，28 岁，产后尿潴留。遵医嘱行一次性导尿术。护士在进行导尿术时需要戴无菌手套。

V2-2
戴无菌手套法

（一）操作前准备

1．护士准备　着装整齐，修剪指甲，摘掉手表，洗手，戴口罩。

2．环境准备　宽敞、明亮、清洁。

3．用物准备　一次性无菌手套包。

（二）操作步骤

1．查对　检查无菌手套包的有效期，包装有无破损、潮湿；检查手套型号是否合适。

2．打开手套包　双手从开封处将外包装袋撕开，取出手套内包装，按手套左右提示放置于清洁、干燥的台面上，打开内包装纸。

3．取、戴无菌手套

（1）分次取、戴无菌手套：右手捏住左手手套的反折边，取出左手手套（图 2-1-8A）；左手插入取出的手套内，右手同时上提，戴上左手手套（图 2-1-8B）；用已戴好手套的左手手指插入右手手套的反折边内，将手套取出（图 2-1-8C）；右手插入手套内，左手同时上提（图 2-1-8D）；并将右手手套的反折部向上翻套住袖口，戴上右手手套（图 2-1-8E）；已戴好手套的右手指插入左手手套的反折边内，将手套边向上翻套住袖口（图 2-1-8F）；戴好手套后双手挤压看有无破裂。

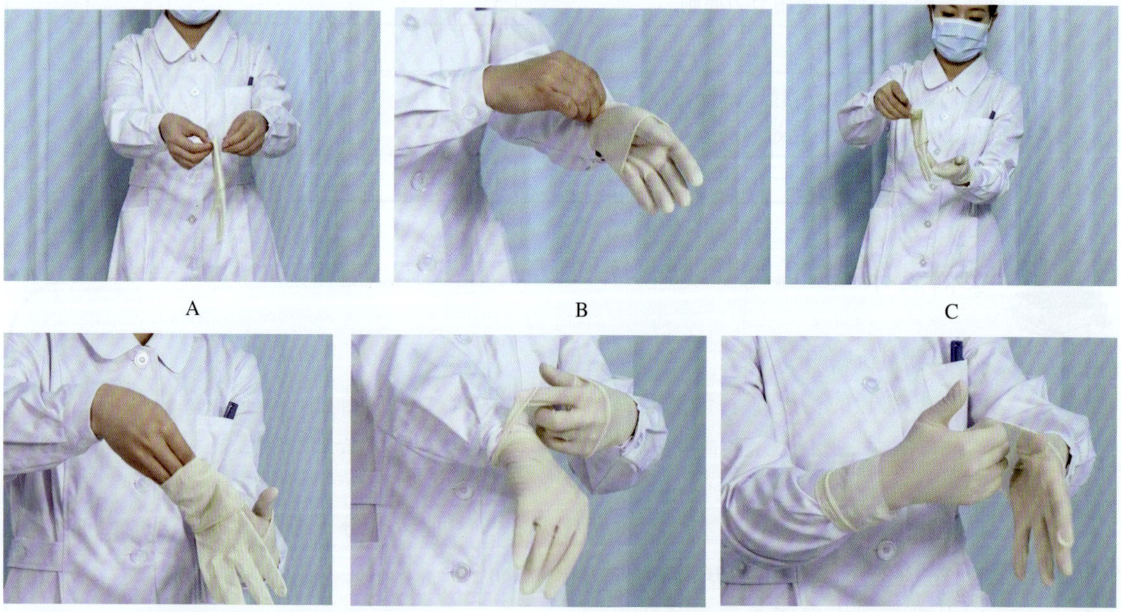

A　B　C

D　E　F

图 2-1-8　分次取戴无菌手套

（2）一次性取、戴无菌手套：用左手拇指和示指同时捏住两只手套的反折部（图 2-1-9A），同时取出两只手套；调整手套位置，使两只手套五指相对，先将右手插入同侧手套内，左手上提戴好手套（图 2-1-9B）；用已戴好手套的右手手指插入另一只手套的反折边内，左手插入手套内，右手上提并将反折部位翻转套住袖口（图 2-1-9C）；同法将右手反折边向上翻套住袖口（图 2-1-9D）。

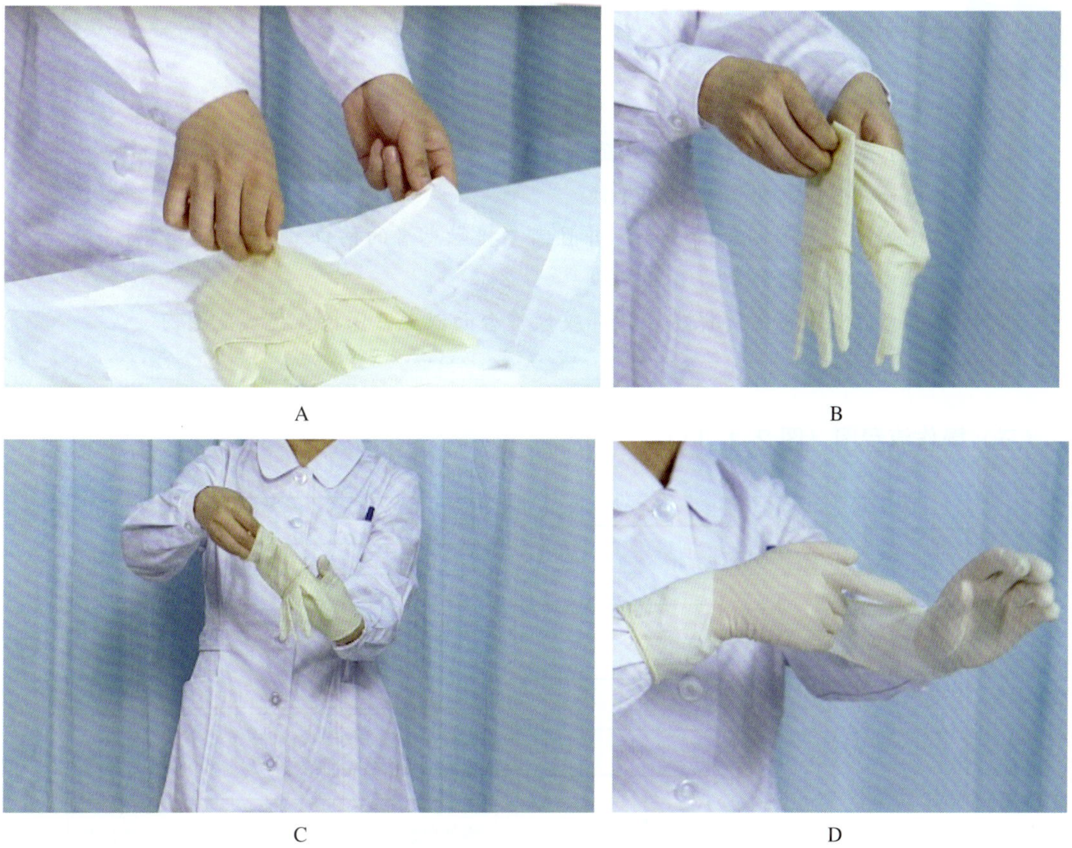

图 2-1-9　分次取戴无菌手套

4．脱手套　一手捏住另一只手的手套口翻转脱下（图 2-1-10A）；已脱下手套的手伸入另一只手套内将其脱下（图 2-1-10B）；将手套的里面翻套在两只手套外面（图 2-1-10C）；将用过的手套放入医用垃圾袋中备处理。

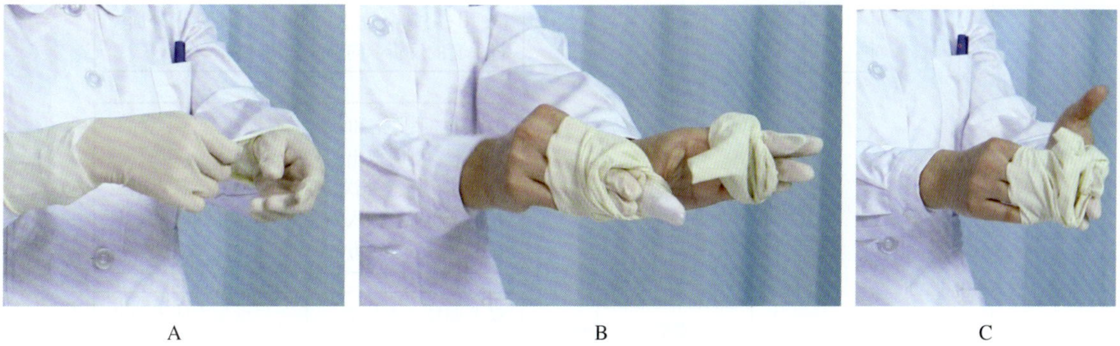

图 2-1-10　脱无菌手套

重要小提示

✧ 严格遵循无菌操作原则。

✧ 未戴手套的手不可触及手套外面，戴手套的手不可触及未戴手套的手及手套内面。

✧ 手套若破裂或污染，应立即更换。

✧ 如果所戴的是有粉无菌手套，并且需要接触患者的伤口、黏膜等，戴好手套后需要用无菌生理盐水冲洗干净。

✧ 戴手套后双手应始终保持在腰部或操作台面以上，保持在视线范围内。

（三）操作流程图（图 2-1-11）

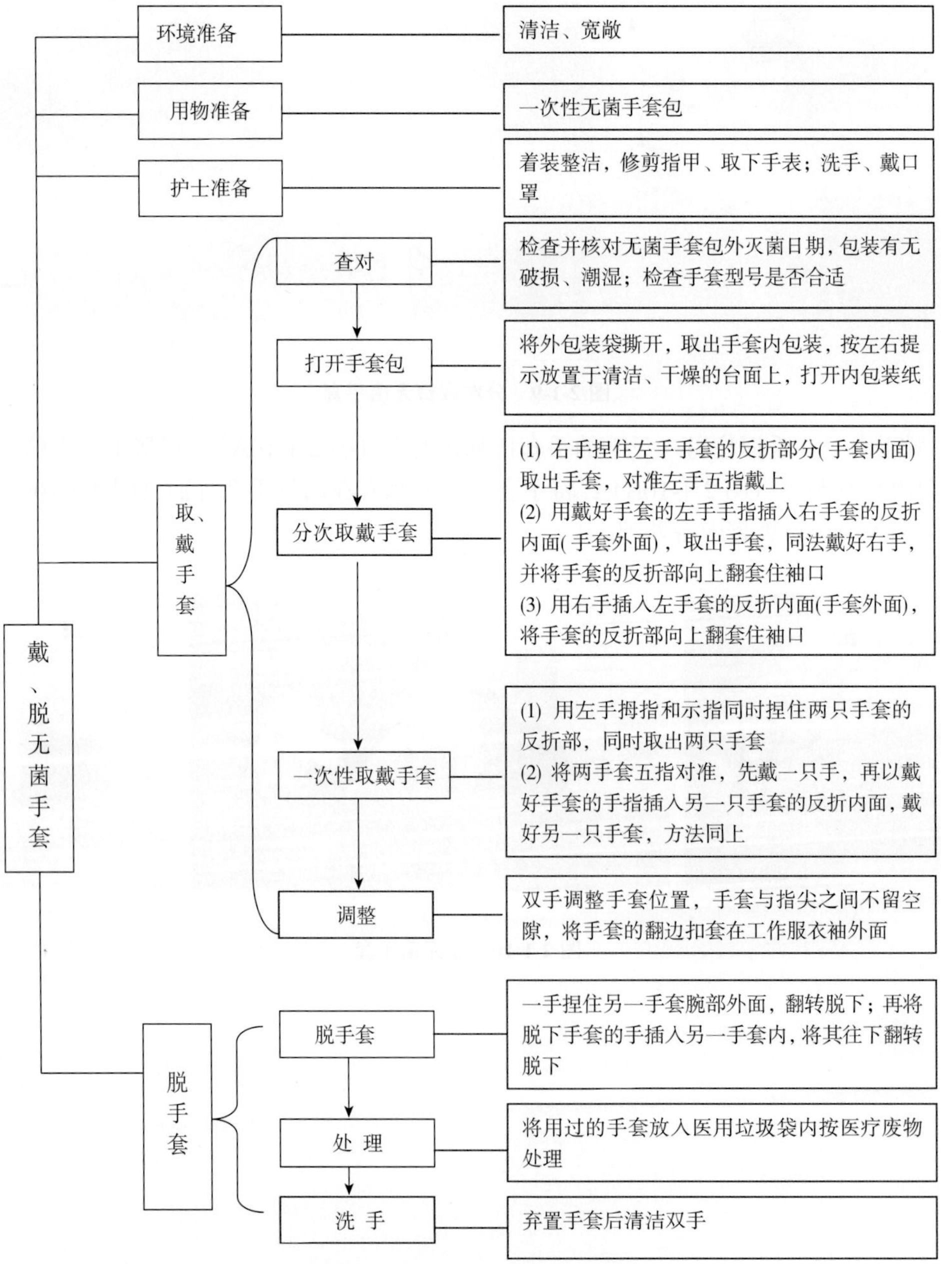
戴、脱无菌手套
环境准备
清洁、宽敞
用物准备
一次性无菌手套包
护士准备
着装整洁，修剪指甲、取下手表；洗手、戴口罩
取、戴手套
查对
检查并核对无菌手套包外灭菌日期，包装有无破损、潮湿；检查手套型号是否合适
打开手套包
将外包装袋撕开，取出手套内包装，按左右提示放置于清洁、干燥的台面上，打开内包装纸
分次取戴手套
(1) 右手捏住左手手套的反折部分(手套内面)取出手套，对准左手五指戴上
(2) 用戴好手套的左手手指插入右手套的反折内面(手套外面)，取出手套，同法戴好右手，并将手套的反折部向上翻套住袖口
(3) 用右手插入左手套的反折内面(手套外面)，将手套的反折部向上翻套住袖口
一次性取戴手套
(1) 用左手拇指和示指同时捏住两只手套的反折部，同时取出两只手套
(2) 将两手套五指对准，先戴一只手，再以戴好手套的手指插入另一只手套的反折内面，戴好另一只手套，方法同上
调整
双手调整手套位置，手套与指尖之间不留空隙，将手套的翻边扣套在工作服衣袖外面
脱手套
脱手套
一手捏住另一手套腕部外面，翻转脱下；再将脱下手套的手插入另一手套内，将其往下翻转脱下
处 理
将用过的手套放入医用垃圾袋内按医疗废物处理
洗 手
弃置手套后清洁双手

图 2-1-11 戴无菌手套操作流程图

（四）操作评分标准（表 2–1–2）

表2-1-2　戴无菌手套法操作评分标准

项目	技术操作要求	评分	评分等级				实际得分
			A×1	B×0.7	C×0.4	D×0	
仪表 5	仪表端庄，着装符合要求	5					
评估 5	评估操作环境	5					
操作前准备 10	修剪指甲、摘掉手表、洗手、戴口罩	5					
	用物准备：一次性无菌手套包（齐全，放置合理）	5					
操作过程 55	检查无菌手套包装日期，有无破损、潮湿，检查手套型号是否适合	10					
	打开手套包装，取出内包装，打开	5					
	取出手套，方法正确，无污染	10					
	戴手套，方法正确，无污染	15					
	戴手套后手的放置位置正确	5					
	脱手套方法正确	10					
操作后处理 10	用物处理正确	5					
	洗手	5					
整体评价 15	无菌观念强	10					
	动作准确熟练	5					
总分		100					

（王　艳）

第二节　隔离技术

一、口罩的使用

案例 2–2–1A

患者女，28 岁，产后尿潴留。遵医嘱行一次性导尿术。护士在进行导尿术前需要戴口罩。

医务人员在接触患者时须戴口罩，戴口罩可以保护患者及工作人员，避免交叉感染，可以防止飞沫污染无菌物品或清洁物品。口罩有很多种类，不同类型的口罩对细菌以及微粒的阻隔效能有差异，需根据情况选择。常见的口罩类型有一次性外科手术口罩、N95/99 口罩、活性炭口罩、棉纱口罩等。口罩的佩戴方式有耳挂式、头戴式。

V2-3
口罩的使用

（一）操作前准备

1．护士准备　着装整齐，洗手。

2．环境准备　宽敞、明亮、清洁。

3．用物准备　根据需要准备合适的口罩。

（二）操作步骤

1．检查　口罩是否有潮湿和破损。

2．准备　手持两侧耳挂带将口罩拉平，有金属条一侧向上（图 2-2-1A）。

3．戴口罩

（1）耳挂式：使口罩覆盖口鼻，一手扶住口罩外侧，另一手将口罩两侧的弹性耳挂带绕到耳后（图 2-2-1B）。将口罩下缘下拉，使口罩展开，完全包住口鼻和下颌（图 2-2-1C）。

（2）头戴式：一手持口罩外侧，上下两条弹性带子朝外，使口罩覆盖口鼻，另一手先将下侧的弹性带子拉起绕到颈后，然后将上侧的弹性带绕到枕后上部。如是打结式带子，将口罩下缘平下颌，内侧向外，先将下侧两条带子在颈后打结，然后拉起上侧两条带子，使口罩翻转覆盖口鼻，并在枕后上部打结。

4．调整　捏合鼻梁金属条，使其与皮肤完全贴合（图 2-2-1D）。调整口罩位置，使口罩完全覆盖口鼻及下颌，并与面部紧密结合。

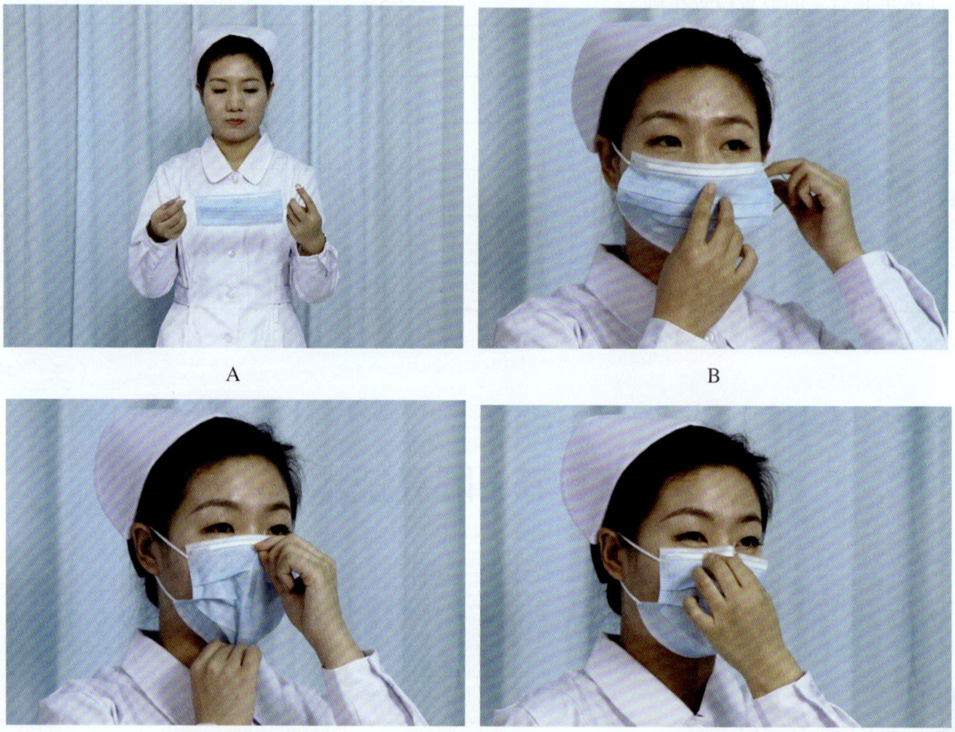

A　B　C　D

图 2-2-1　戴口罩法

A. 手持口罩；B. 挂耳带；C. 使口罩包住口鼻和下颌；D. 调整鼻梁金属条

重要小提示

✧ 口罩应遮住口鼻，不可用污染的手接触口罩。

✧ 用毕立即取下，污染面向内折叠放入清洁口袋内，不应挂在胸前。

✧ 使用棉纱口罩时每 4 ~ 8 小时应更换；一次性口罩不超过 4 小时即需更换。口罩潮湿应立即更换。

✧ 接触严密隔离的患者时应每次更换口罩。

（三）操作流程图（图 2-2-2）

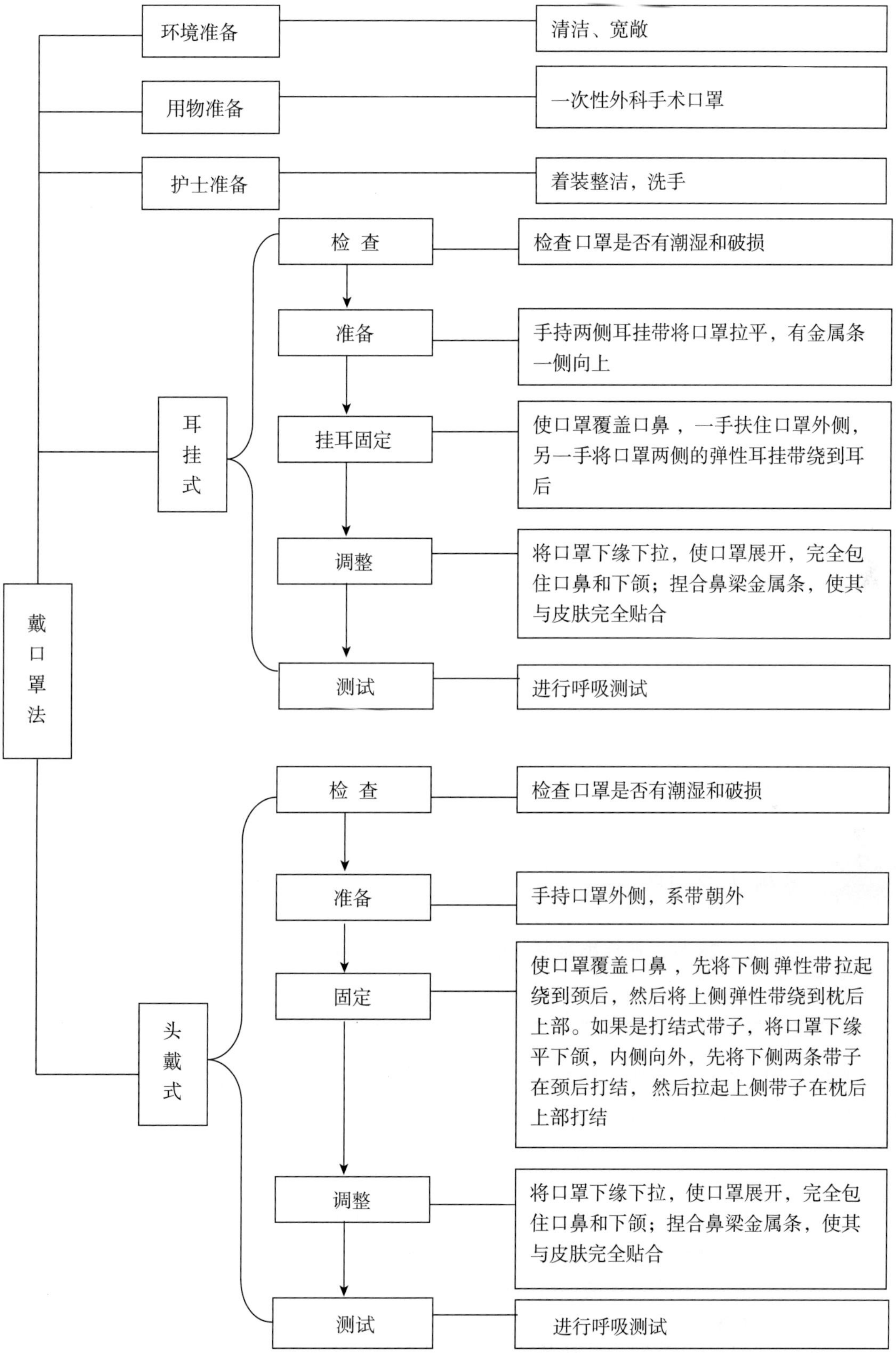

戴口罩法
环境准备
清洁、宽敞
用物准备
一次性外科手术口罩
护士准备
着装整洁，洗手
耳挂式
检 查
检查口罩是否有潮湿和破损
准备
手持两侧耳挂带将口罩拉平，有金属条一侧向上
挂耳固定
使口罩覆盖口鼻，一手扶住口罩外侧，另一手将口罩两侧的弹性耳挂带绕到耳后
调整
将口罩下缘下拉，使口罩展开，完全包住口鼻和下颌；捏合鼻梁金属条，使其与皮肤完全贴合
测试
进行呼吸测试
头戴式
检 查
检查口罩是否有潮湿和破损
准备
手持口罩外侧，系带朝外
固定
使口罩覆盖口鼻，先将下侧弹性带拉起绕到颈后，然后将上侧弹性带绕到枕后上部。如果是打结式带子，将口罩下缘平下颌，内侧向外，先将下侧两条带子在颈后打结，然后拉起上侧带子在枕后上部打结
调整
将口罩下缘下拉，使口罩展开，完全包住口鼻和下颌；捏合鼻梁金属条，使其与皮肤完全贴合
测试
进行呼吸测试

图 2-2-2 戴口罩法操作流程图

（四）操作评分标准（表2-2-1）

表2-2-1　戴口罩法操作评分标准

项目	技术操作要求	评分	评分等级				实际得分
			A×1	B×0.7	C×0.4	D×0	
仪表10	仪表端庄，着装符合要求	10					
操作前准备10	护士洗手	5					
	用物准备：口罩	5					
操作过程70	检查口罩有效期、是否有潮湿破损	10					
	佩戴前准备，口罩方向正确，手不可触及口罩内面	15					
	口罩固定方法正确	20					
	调整口罩位置，调整鼻翼以及面部贴合度	20					
	进行呼吸测试	5					
整体评价10	动作熟练流畅	5					
	无菌观念强	5					
总分		100					

案例点评

- 将口罩固定好，紧贴皮肤，不漏气。
- 口罩完全包住口鼻和下颌。

二、洗手法

案例2-2-1B

患者女，28岁，产后尿潴留。遵医嘱行一次性导尿术。护士在进行导尿术前需要洗手。

洗手是指医务人员用肥皂或皂液和流动水，去除手部皮肤污垢、碎屑和部分致病菌的过程。洗手是预防院内感染的最重要的措施之一。在每次护理患者前后、执行无菌操作之前、取用清洁物品前及接触污物后均应洗手。

（一）操作前准备

1. 护士准备　着装整齐，戴口罩，取下手表，卷袖过肘。
2. 环境准备　宽敞、明亮、清洁。
3. 用物准备　肥皂或洗手液、纸巾或暖风吹手设备、流动自来水及水池设备。

（二）操作步骤

1. 准备　打开水龙头，最好使用感应式或脚踏开关式水龙头。
2. 湿润双手　用流动水湿润双手（图2-2-3A）。
3. 涂清洁剂　取洁净肥皂或洗手液，均匀涂抹整个手掌、手背、手指和指缝（图2-2-

V2-4
洗手法

3B）。

4．揉搓双手　认真揉搓双手至少 15 秒，应注意清洗双手所有皮肤，包括指背、指尖和指缝。具体揉搓步骤为：

（1）双手掌心相对，手指并拢，相互揉搓（图 2-2-3C）。

（2）手心对手背，沿指缝相互搓擦，两手交替（图 2-2-3D）。

（3）手心相对，双手交叉，沿指缝相互揉搓（图 2-2-3E）。

（4）弯曲各手指关节，在另一手掌心旋转揉搓，两手交替进行（图 2-2-3F）。

（5）一手握另一手拇指旋转揉搓，两手交替进行（图 2-2-3G）。

（6）将五个手指尖并拢放在另一手掌心旋转揉搓，两手交替进行（图 2-2-3H）。

（7）揉搓腕部。

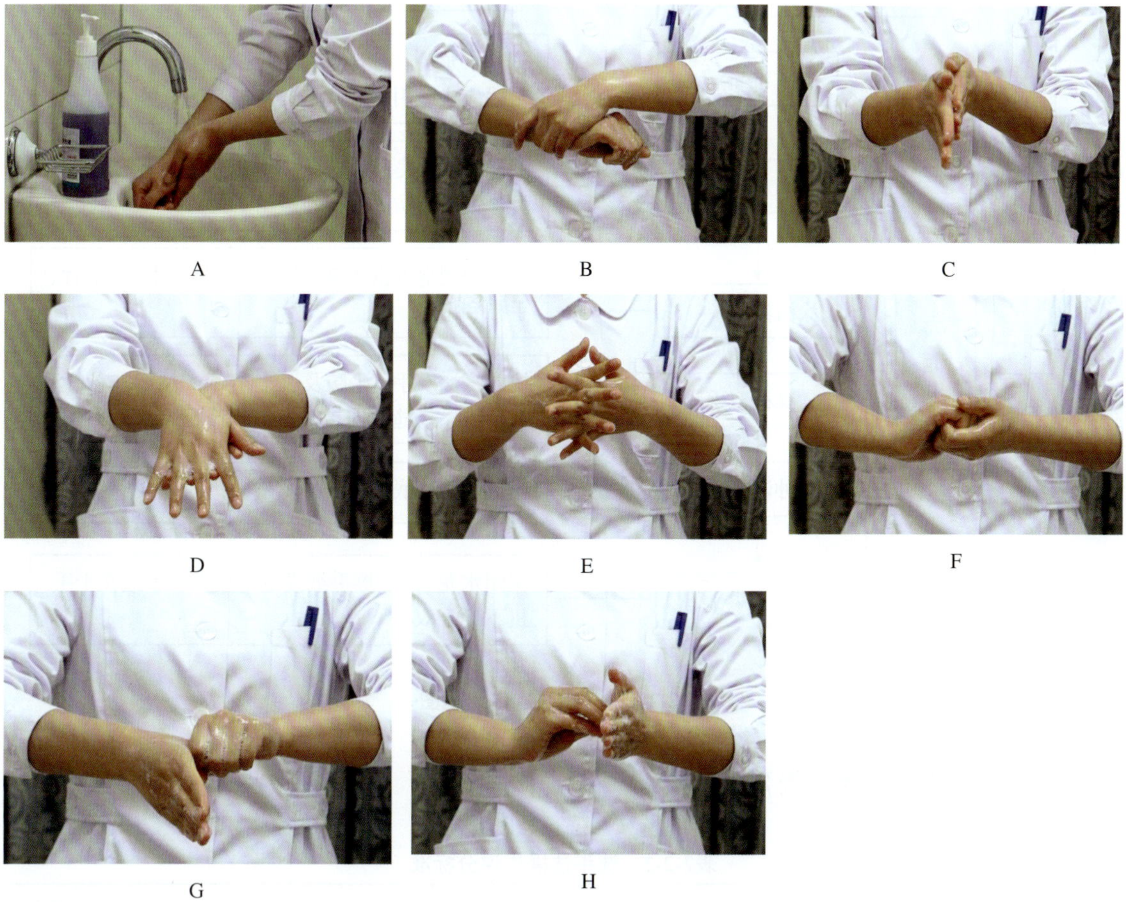

图 2-2-3　洗手法

5．冲净双手　用流动水彻底冲洗干净。

6．擦干 / 烘干双手。

重要小提示

✧ 双手揉搓时间不少于 15 秒。

✧ 注意指尖、指缝、指关节等处的揉搓。

✧ 洗手范围为双手、手腕及上臂下 1/3。

（三）操作流程图（图 2-2-4）

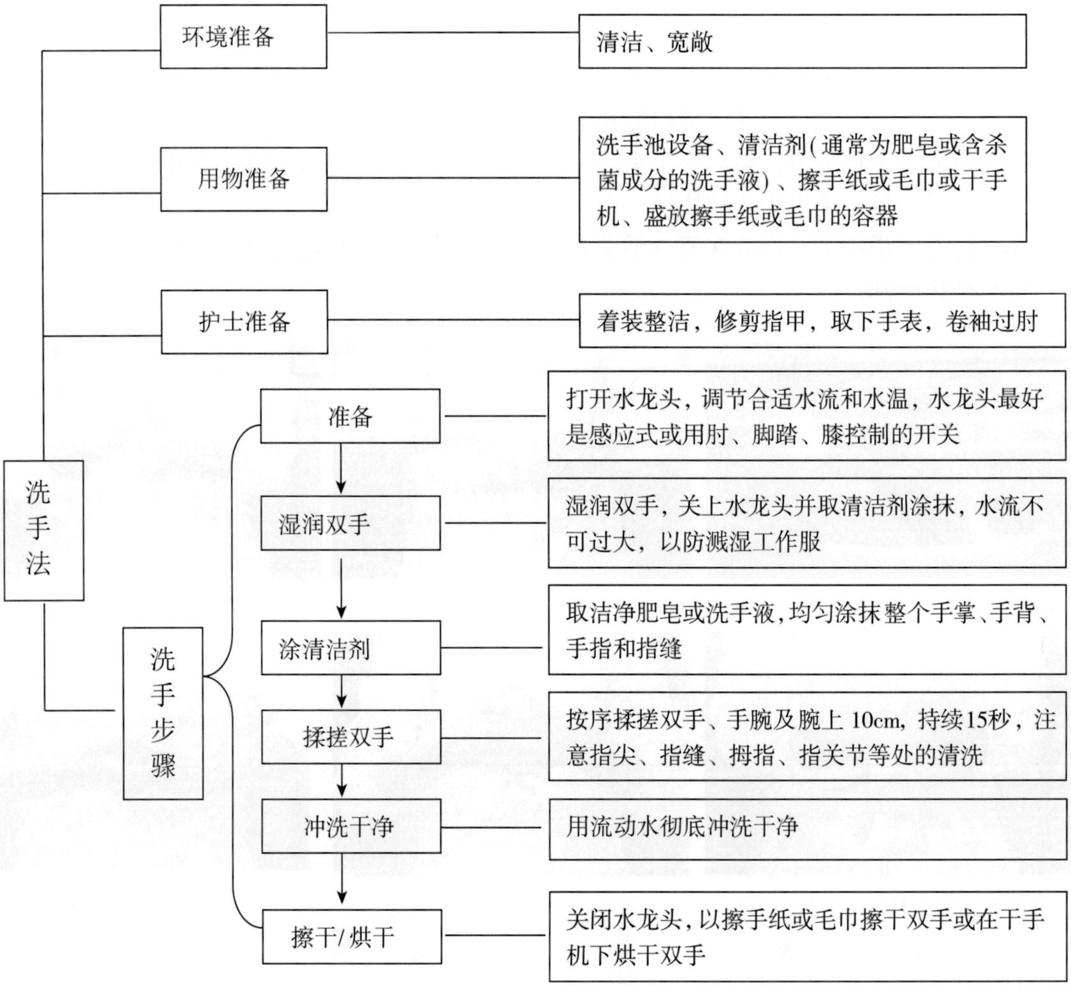
洗手法
环境准备
清洁、宽敞
用物准备
洗手池设备、清洁剂(通常为肥皂或含杀菌成分的洗手液)、擦手纸或毛巾或干手机、盛放擦手纸或毛巾的容器
护士准备
着装整洁，修剪指甲，取下手表，卷袖过肘
洗手步骤
准备
打开水龙头，调节合适水流和水温，水龙头最好是感应式或用肘、脚踏、膝控制的开关
湿润双手
湿润双手，关上水龙头并取清洁剂涂抹，水流不可过大，以防溅湿工作服
涂清洁剂
取洁净肥皂或洗手液，均匀涂抹整个手掌、手背、手指和指缝
揉搓双手
按序揉搓双手、手腕及腕上 10cm，持续15秒，注意指尖、指缝、拇指、指关节等处的清洗
冲洗干净
用流动水彻底冲洗干净
擦干/烘干
关闭水龙头，以擦手纸或毛巾擦干双手或在干手机下烘干双手

图 2-2-4 洗手法操作流程图

（四）操作评分标准（表 2-2-2）

表2-2-2 洗手法操作评分标准

项目	技术操作要求	评分	评分等级				实际得分
			A×1	B×0.7	C×0.4	D×0	
仪表 5	仪表端庄，着装符合要求	5					
操作前准备 15	洗手前取下手表，卷袖过肘	10					
	用物准备：肥皂或洗手液、毛巾（纸巾或暖风吹手设备）、流动自来水及水池设备	5					

续表

项目	技术操作要求	评分	评分等级				实际得分
			A×1	B×0.7	C×0.4	D×0	
操作过程 65	打开水龙头，湿润双手	5					
	取肥皂或洗手液均匀涂抹双手及、手腕及腕上10cm	6					
	掌心相对，手指并拢相互搓擦	6					
	手心对手背，沿指缝相互搓擦	6					
	掌心相对，双手交叉沿指缝相互搓擦	6					
	弯曲各手指关节，双手相扣进行搓擦	6					
	一手握另一手拇指旋转搓擦，交换进行	6					
	一手指尖在另一手掌心旋转搓擦，交换进行	6					
	揉搓手腕部	6					
	流动水冲洗干净	6					
	擦干或烘干双手	6					
评价 15	揉搓过程不少于15秒	10					
	操作熟练，节力	5					
总分		100					

案例点评

➢ 洗手彻底，揉搓到位。

三、穿脱隔离衣

在治疗和护理传染病患者时需要穿隔离衣，目的是保护医务人员和患者，防止病原微生物播散，避免交叉感染。

案例 2-2-2

患者男性，37岁，体温38.8℃，脉搏88次/分，呼吸22次/分，血压140/78mmHg，患者主诉乏力、厌食、厌油、恶心、呕吐，查体可见皮肤巩膜黄染、肝大、肝区隐痛、有压痛和叩击痛，尿色变深，ALT明显升高。临床诊断：急性黄疸型甲型肝炎。护士要为该患者进行静脉输液操作，需穿隔离衣。

（一）护理评估

1．评估患者的病情、意识以及合作程度。

2．评估患者的隔离种类。

V2-5
穿脱隔离衣

（二）操作前准备

1．护士准备　着装整齐，洗手，戴口罩，戴帽子。

2．环境准备　环境宽敞、明亮、清洁，污染区、半污染区、清洁区标志明确。

3．用物准备　隔离衣，衣架，消毒手用物。

（三）操作步骤

1．检查　检查隔离衣是否符合隔离要求，长短是否合适，是否干燥、完好。

2．穿隔离衣

（1）取衣：右手持衣领将隔离衣取下（图 2-2-5A），两手将衣领的两端向外折齐，使内面（清洁面）朝向自己，对齐肩缝，露出袖子内口（图 2-2-5B）。

（2）穿衣袖：将左臂入袖，举起手臂，穿好衣袖（图 2-2-5C）；用左手持衣领；同法穿右臂衣袖。

（3）系衣领：两手持衣领中央，沿着领边向后将领口系好（图 2-2-5D）。

（4）扣袖口：将袖口扎好。

（5）系腰带：解开腰带，将隔离衣的一边渐向前拉，直至见到边缘后用手捏起，同法捏住另一侧衣边，双手在背后将两侧边缘对齐，向一侧折叠，以一手按住，另一手将腰带拉至背后压住折叠处（图 2-2-5E），将腰带在背后交叉（图 2-2-5F），再回到前面打一活结。

3．脱隔离衣

（1）解腰带：解开腰带，在腹前打一活结（图 2-2-5G）。

（2）解袖口：解开两袖口，在袖外将袖管上拉，在肘部将部分袖子塞入工作服衣袖下，使双手充分暴露（图 2-2-5H）。

（3）消毒双手：泡手 1 分钟，擦干（图 2-2-5I）。

（4）解开领口。

（5）脱衣袖：右手伸入左侧袖口内拉下衣袖过手（图 2-2-5-J），用衣袖遮住左手（图 2-2-5K），再在衣袖外面拉下右手衣袖过手，双手轮换拉下袖子，对齐双袖管（图 2-2-5L），手在袖内退到袖中间。

（6）挂回衣钩：左手拉住衣领，右手自衣内握住肩缝，对齐后襟边缘，找前襟中线，露出马蹄袖（图 2-2-5M）；将隔离衣挂回原位（图 2-2-5N）。

（7）洗手。

重要小提示

✧ 穿隔离衣前应取下手表，挽袖过肘。

✧ 穿隔离衣后只限在规定区域内进行活动，不可进入清洁区。

✧ 隔离衣应每天更换，如有潮湿或内面污染时应立即更换。

✧ 明确隔离衣的清洁面和污染面，手不能触及污染面。

✧ 穿好隔离衣后，双手保持在腰部以上，在视线范围内活动。

✧ 对于不再穿的隔离衣，将其清洁面向外卷好，投入污衣桶或污衣袋中。处理原则为先灭菌、后清洗。

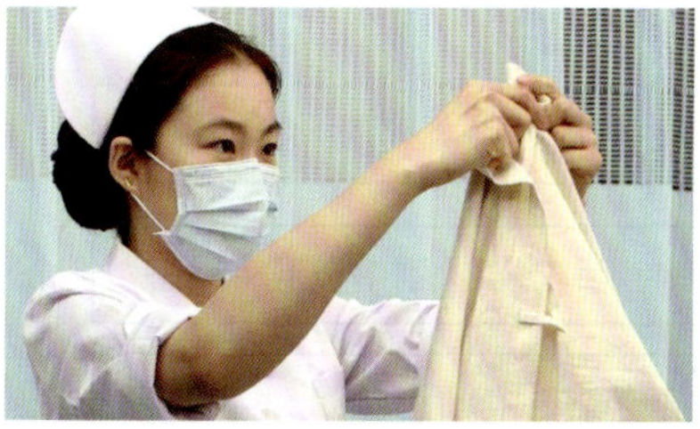
A

B

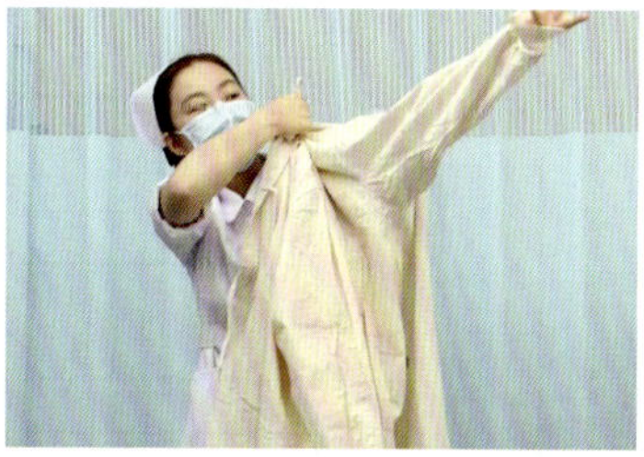
C

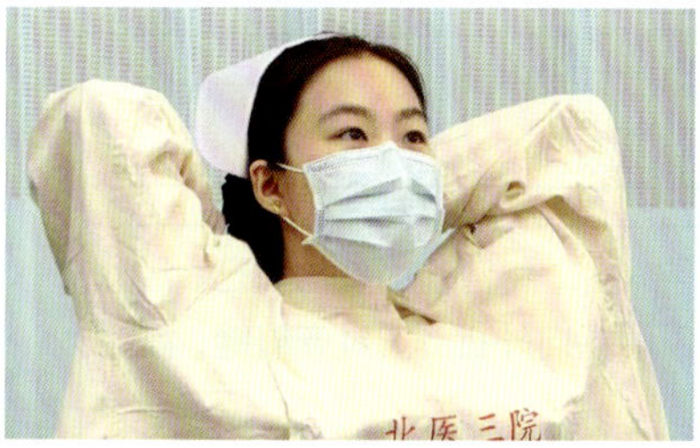
D

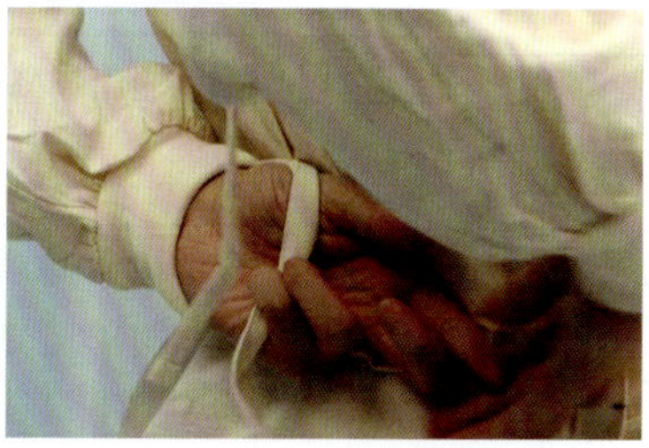
E

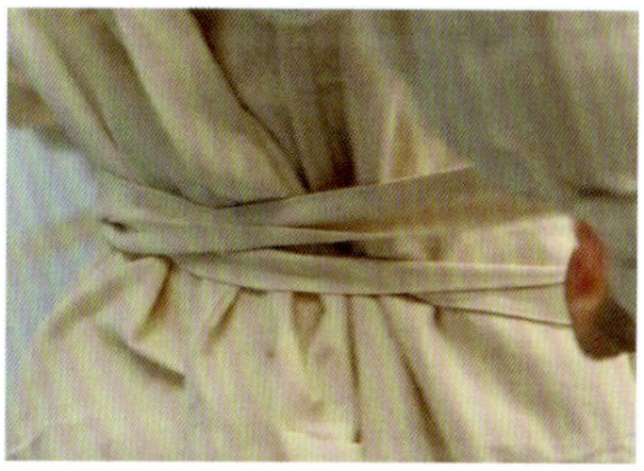
F

G

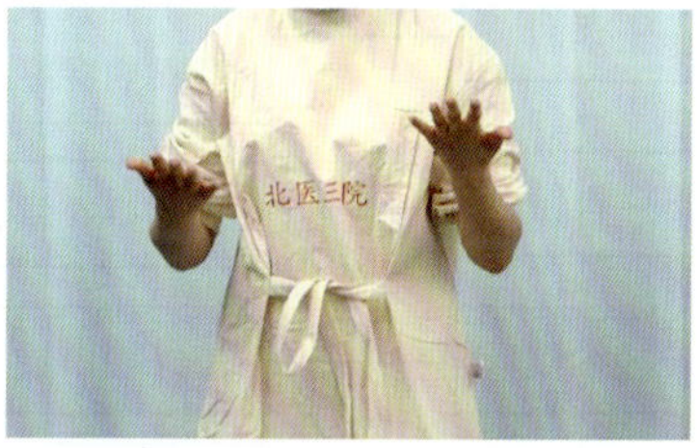

H

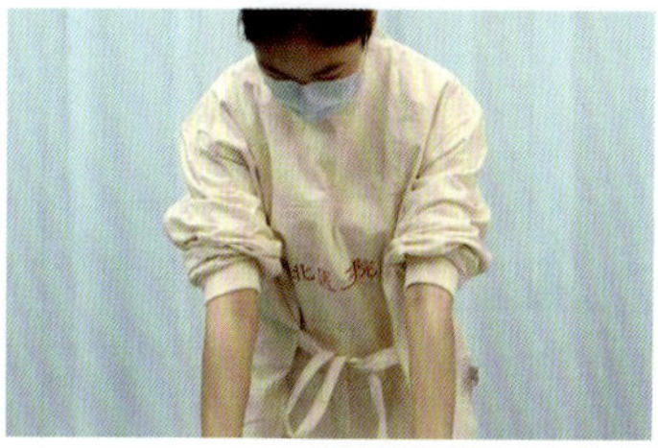
I

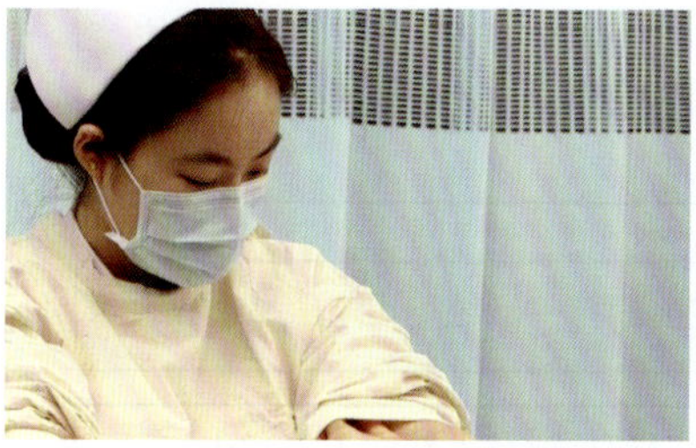
J

K

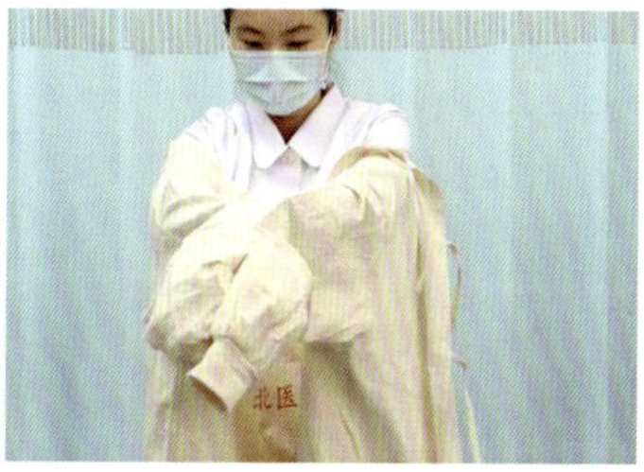
L

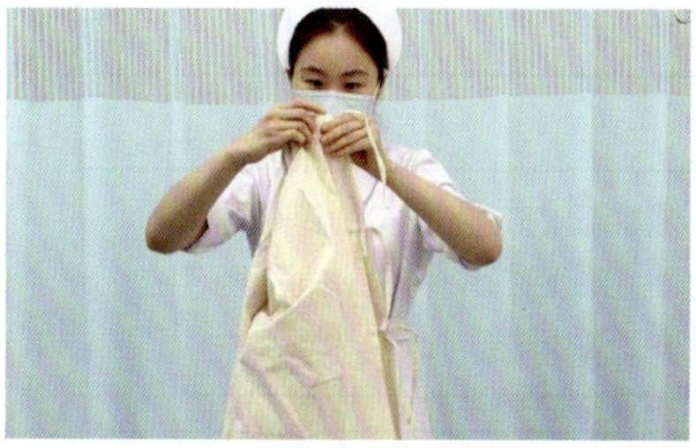
M

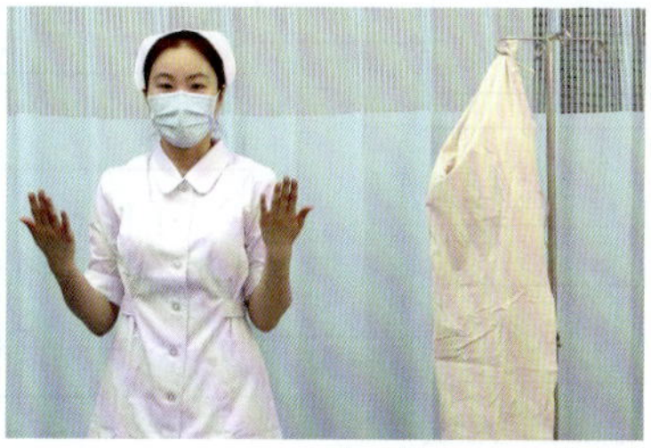
N

图 2-2-5　穿脱隔离衣

（四）操作流程图（图 2-2-6）

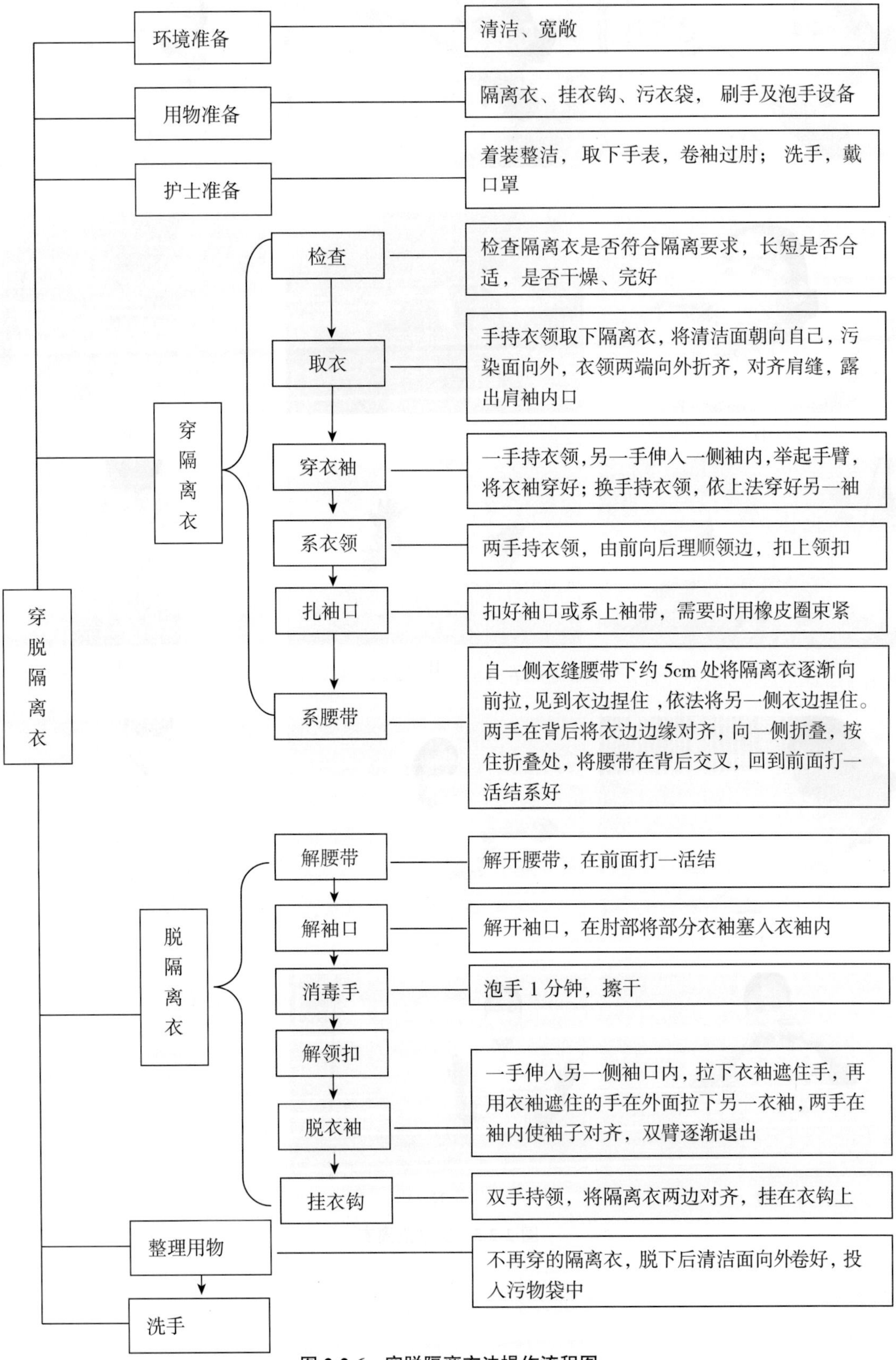
环境准备
清洁、宽敞
用物准备
隔离衣、挂衣钩、污衣袋，刷手及泡手设备
护士准备
着装整洁，取下手表，卷袖过肘；洗手，戴口罩
穿脱隔离衣
穿隔离衣
检查
检查隔离衣是否符合隔离要求，长短是否合适，是否干燥、完好
取衣
手持衣领取下隔离衣，将清洁面朝向自己，污染面向外，衣领两端向外折齐，对齐肩缝，露出肩袖内口
穿衣袖
一手持衣领，另一手伸入一侧袖内，举起手臂，将衣袖穿好；换手持衣领，依上法穿好另一袖
系衣领
两手持衣领，由前向后理顺领边，扣上领扣
扎袖口
扣好袖口或系上袖带，需要时用橡皮圈束紧
系腰带
自一侧衣缝腰带下约 5cm 处将隔离衣逐渐向前拉，见到衣边捏住，依法将另一侧衣边捏住。两手在背后将衣边边缘对齐，向一侧折叠，按住折叠处，将腰带在背后交叉，回到前面打一活结系好
脱隔离衣
解腰带
解开腰带，在前面打一活结
解袖口
解开袖口，在肘部将部分衣袖塞入衣袖内
消毒手
泡手 1 分钟，擦干
解领扣
脱衣袖
一手伸入另一侧袖口内，拉下衣袖遮住手，再用衣袖遮住的手在外面拉下另一衣袖，两手在袖内使袖子对齐，双臂逐渐退出
挂衣钩
双手持领，将隔离衣两边对齐，挂在衣钩上
整理用物
不再穿的隔离衣，脱下后清洁面向外卷好，投入污物袋中
洗手

图 2-2-6　穿脱隔离衣法操作流程图

（五）操作评分标准（表 2–2–3）

表2-2-3　穿脱隔离衣操作评分标准

项目	技术操作要求	评分	评分等级				实际得分
			A×1	B×0.7	C×0.4	D×0	
仪表 5	仪表端庄，着装符合要求	5					
评估 10	环境符合要求	5					
	评估患者的隔离种类	5					
操作前准备 10	洗手，戴好帽子、口罩，取下手表，挽袖过肘（冬天卷袖过前臂中部）	5					
	备齐用物，放置合理	5					
操作过程 65	检查隔离衣是否符合要求	5					
	右手持衣领将隔离衣取下，两手将衣领的两端向外折，使内面向着操作者，并露出袖子内口	5					
	将左臂入袖，举起手臂，穿好衣袖；用左手持衣领，同法穿右臂衣袖	5					
	两手持领子中央，沿着领边向后将领口扣好，再扣好袖口	5					
	解开腰带，将隔离衣的一边渐向前拉，直至见到边缘后用手捏起，同法捏住另一侧，两手在背后将两侧边缘对齐，向一侧折叠，以一手按住，另一手将腰带拉至背后压住折叠处，将腰带在背后交叉，再回到前面打一活结，双手放胸前	10					
	解开腰带，再腹前打一活结	5					
	解开两袖口，在袖外将袖管上拉，在肘部将部分袖子塞入工作服衣袖下，使双手充分露出	5					
	泡手 1 分钟，擦干	5					
	解开领口，右手伸入左侧袖口内拉下衣袖过手，再用衣袖遮住的左手，在衣袖外面拉下右手衣袖过手，双手轮换拉下袖子，对齐双袖管，手在袖内退到袖中间	10					
	用左手拉住衣领，右手自衣内握住肩缝，对齐后襟边缘，找前襟中线，露出马蹄袖，将隔离衣挂回原位。不再穿的隔离衣将清洁面向外卷好，投入污衣桶	5					
	洗手	5					
整体评价 10	操作过程注意无菌原则	5					
	操作熟练、流畅、节力	5					
总分		100					

案例点评

- 甲型肝炎为消化道隔离疾病，接触患者之前需要穿隔离衣。
- 穿隔离衣时分清楚清洁面和污染面，手不可触及污染面。

（王　艳）

第三章　移动与搬运护理

学习目标

通过本章内容的学习，学生能够：

◎ 识记

1. 描述更换体位与搬运的评估内容。
2. 叙述常用移动与搬运技术的作用。
3. 描述临床应用各种体位的适用范围和操作方法。

◎ 理解

1. 解释更换体位技术的概念。
2. 解释更换体位技术的操作原则及注意事项。

◎ 运用

1. 按规程正确地协助患者移动和搬运。
2. 按规程为患者提供更换体位与搬运护理活动。

由于疾病、治疗、检查的影响，患者的活动能力下降，不能自行移动，需要护士的协助或使用一定的搬运工具如轮椅、平车、担架等。移动和搬运患者是每一位护士必须掌握的基本技术之一。在移动和搬运患者过程中，很多护士由于没有正确地使用移动和搬运患者的方法，导致护士腰背部损伤和患者坠落于地等意外的发生。因此，护士在移动和搬运患者的过程中，要注意合理运用人体力学原理，采取正确的身体姿势，以保证患者的安全和防止护士自身受伤。

第一节　更换体位技术

一、移向床头技术

案例 3-1-1

患者，男性，62 岁，意识清楚，体温 36.8℃，脉搏 88 次 / 分，呼吸 22 次 / 分，血压 96/58 mmHg，床上活动亦可引起心悸、乏力、呼吸困难，心功能不全Ⅳ级。遵医嘱卧位休息，患者下滑至床尾，协助患者移向床头。

V3-1
移向床头技术

协助已滑向床尾而不能自己移动的患者移向床头，使患者舒适。

（一）护理评估

1. 评估患者的意识、自理及合作程度。
2. 评估患者的年龄、病情、有无特殊活动限制及皮肤状况等。

3．评估患者的体重、活动能力和护士自身能够负荷的重量。

（二）操作前准备

1．护士准备　着装整齐，洗手，修剪指甲，备齐用物。

2．患者准备　了解更换体位的目的及配合方法。向患者及家属解释移动的目的和方法，听取患者及家属对移动的要求。

3．用物准备　软枕等。

4．环境准备　宽阔、温暖。

（三）操作步骤

1．单人协助患者移向床头技术　适用于有一定活动能力、体重较轻的患者。

（1）评估患者情况。

（2）准备：洗手。

（3）携用物至床旁、核对：护士备齐用物携至患者床旁，再次核对患者姓名、床号和腕带，解释移动目的和配合方法。

（4）视病情放平床头，将枕头横立于床头，避免撞伤患者（图 3-1-1）。

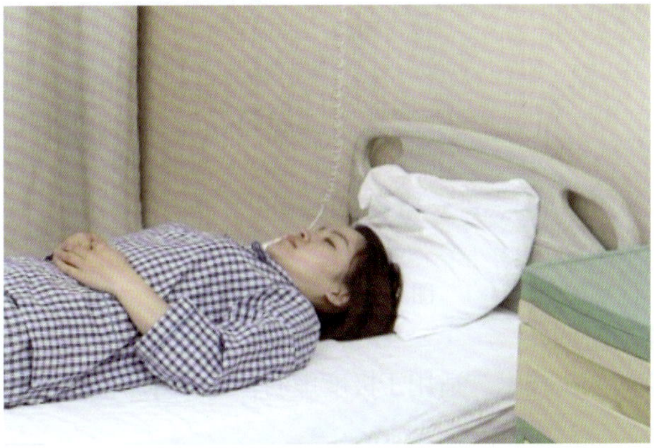

图 3-1-1　枕头横立于床头

（5）合理安置患者身上的各种管路，防止移动过程中管道脱落。

（6）协助患者取仰卧屈膝位（图 3-1-2）。

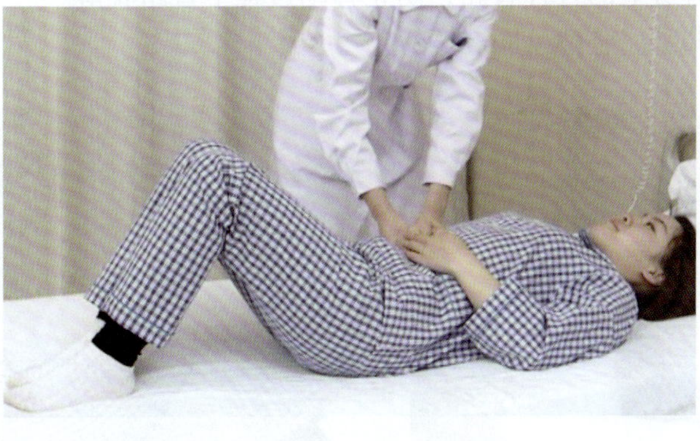

图 3-1-2　仰卧屈膝位

（7）护士身体面向床头，两脚前后分开，屈髋屈膝，脚尖向床头方向；护士一手伸入患者肩下，另一只手托住患者臀部，两臂用力抬起移动，如病情允许，可嘱双手握住床头栏杆，双脚蹬床面，挺身上移（图 3-1-3），护士在臀部提供助力，使其上移。

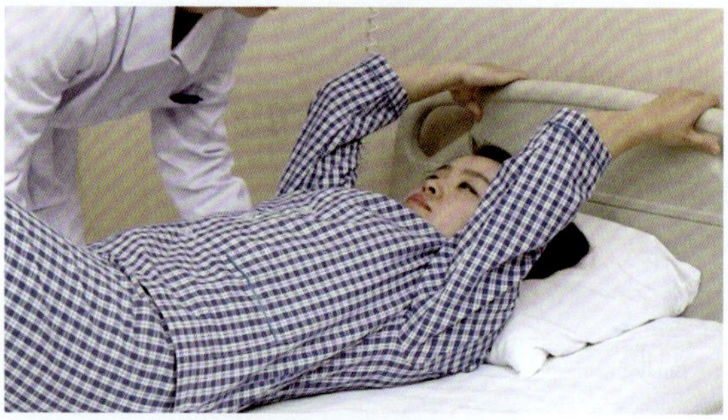

图 3-1-3　患者挺身上移

（8）放回枕头，根据病情抬高床头，整理床铺（图 3-1-4）。

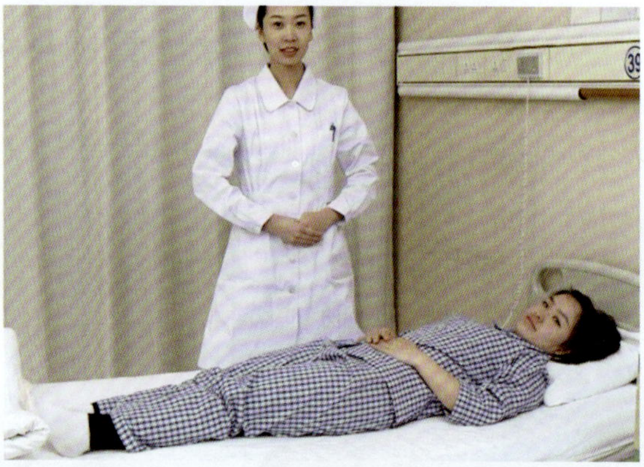

图 3-1-4　整理床铺

（9）洗手，记录移动时间。

2．双人协助患者移向床头技术　适用于极度虚弱、昏迷等不能配合移动或体重较重的患者。

（1）评估患者情况。

（2）准备：洗手。

（3）携用物至床旁、核对：护士备齐用物携至患者床旁，再次核对患者姓名、床号和腕带，解释移动目的和配合方法。

（4）视病情放平床头，将枕头横立于床头，避免撞伤患者（图 3-1-5）。

（5）合理安置患者身上的各种管路，防止移动过程中管路脱落。

（6）协助患者取仰卧屈膝位（图 3-1-6）。

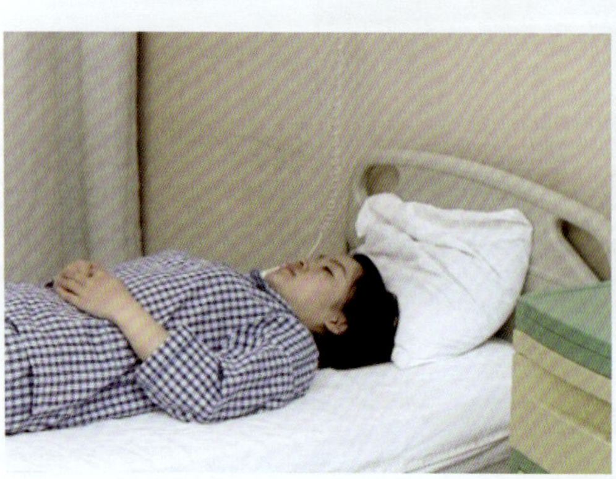

图 3-1-5　枕头横立于床头

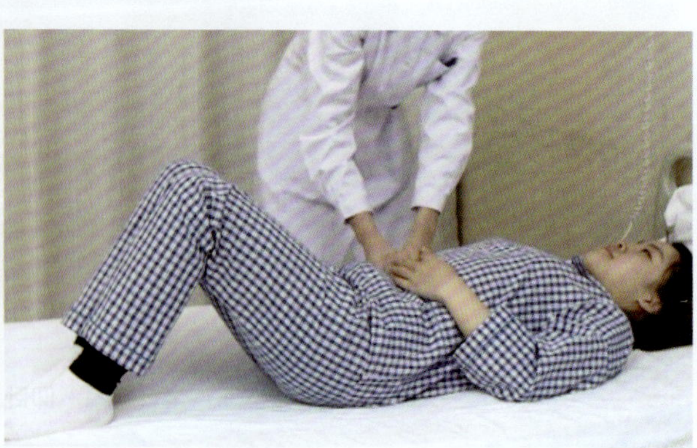

图 3-1-6　仰卧屈膝

（7）护士站立在床同侧，一人托住肩颈及腰臀部，另一人托住臀部及腘窝，同时抬起患者移向床头（图 3-1-7）。

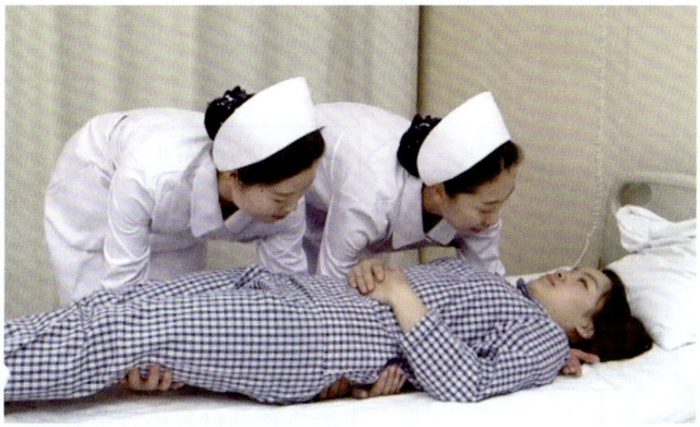

图 3-1-7　两人同时托起

（8）放回枕头，整理床铺。

（四）操作观察要点

1．观察患者的病情、意识状态、皮肤情况。

2．观察患者身上的各种导管、牵引、固定有无异常。

3．询问患者有无不适主诉。

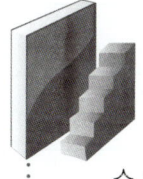

重要小提示

✧ 操作前注意评估患者的病情和活动能力。在保证安全的情况下，尽量鼓励患者配合护士的移动。

✧ 在操作过程中注意灵活运用人体力学的原理。在抬起和移动患者的过程中，护士应保持脊柱挺直，使用腿部和臀部肌肉的力量；避免采取弯腰、扭腰等姿势，以保护腰部肌肉，防止损伤。

✧ 翻身、移动患者前后应注意妥善安置患者身上的各种管路，防止受压、扭曲、脱落等。

✧ 对于手术后的患者，移动前应注意先固定好伤口处的敷料；如果敷料已经浸湿，应先更换敷料再移动，移动过程中注意保护伤口，避免受压。

✧ 对于行牵引术的患者，翻身移动的过程中不可改变牵引的位置、力量和方向。

✧ 对于颅脑手术的患者，移动过程中应避免头部的剧烈震动，防止发生脑疝。

（五）健康教育

1．向患者讲解移动的重要性及配合方法。

2．向患者讲解使用翻身用具的相关知识，如翻身枕等，预防长期卧床并发症如压疮、坠积性肺炎等的发生。

（六）操作流程图（图 3–1–8）

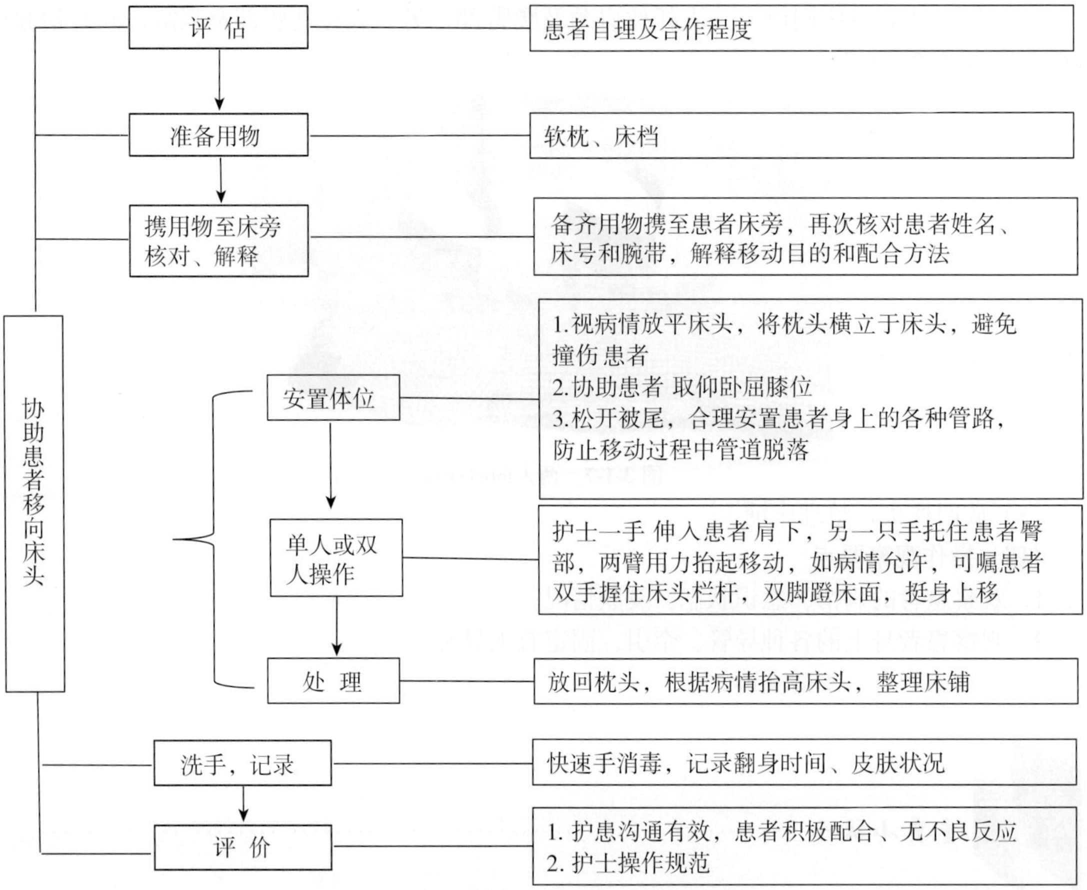

图 3-1-8 协助患者移向床头技术操作流程图

（七）操作评分标准（表 3-1-1）

表3-1-1 协助患者移向床头操作评分标准

项目	技术操作要求	评分	评分等级				实际得分
			A×1	B×0.7	C×0.4	D×0	
仪表 5	仪表端庄，着装符合要求	5					
评估 20	评估病情、意识状态、皮肤情况	10					
	评估患者自理能力及合作程度	10					
操作前准备 10	洗手	2					
	准备物品，放置合理	8					
操作过程 50	向患者做好解释工作	5					
	选择合理移动患者的方法	10					
	视病情放平床头支架，将枕头横立于床头，避免撞伤患者	5					
	患者姿势正确	5					
	护士协助患者身体挪动，姿势正确	10					
	整理好床单位及物品	5					
	观察患者的病情变化	10					
评价 15	操作过程中考虑患者安全	5					
	操作过程中注意和患者的沟通	5					
	操作熟练、节力	5					
总分		100					

案例点评

➢ 操作前注意评估患者的病情和活动能力。在保证安全的情况下，尽量鼓励患者配合护士的移动。

➢ 在操作过程中注意灵活运用人体力学的原理。

➢ 翻身、移动患者时应观察患者意识、呼吸、口唇甲床颜色，关注患者的主诉。

➢ 记录翻身时间，根据医嘱协助患者取舒适、安全的体位。

二、翻身侧卧技术

案例 3-1-2

患者，男性，82 岁，主因排黑便一次收入院。既往有高血压、冠心病、脑梗死病史，目前患者生命体征平稳，血压 130/86 mmHg，心率 72 次 / 分，律齐。入院后未见新的出血倾向，便隐血阴性。患者意识清楚，语言沟通障碍，二便失禁，长期卧床，丧失自主活动能力，须协助翻身。

翻身侧卧技术适用于卧床患者、外科手术后患者。

V3-2
翻身侧卧技术

（一）护理评估

1．评估患者的病情。

2．评估患者的皮肤状况。

（二）操作前准备

1．护士准备　洗手。

2．用物准备　软枕、棉垫等。

3．患者准备　积极配合护士完成翻身、皮肤护理工作。

4．环境准备　根据季节注意保暖，必要时关闭门窗；放置屏风或拉帘，注意保护患者隐私。

（三）操作步骤

1．评估患者自理、病情、皮肤状况。

2．洗手、准备用物。

3．护士携用物至患者床旁，核对患者并解释翻身目的和配合方法，取得患者合作。

4．固定床脚的固定轮，在对侧加床档，防止翻身过程中坠床。

5．合理安置患者身上的各种管路。

6．护士站于床的一侧，双脚前后分开，屈膝屈髋。

7．单人协助患者翻身侧卧技术　此法适合身体瘦小、体重较轻、部分自理的患者。

（1）护士携用物至患者床旁，站于病床的一侧。

（2）协助患者仰卧，嘱其将双手放于腹部，双腿屈曲。

（3）护士一手伸入患者肩下，一手伸入患者大腿中段，轻轻将患者抱起移向近侧（图 3-1-9），将患者翻向对侧，使患者背向护士，按侧卧位法，用枕头及棉垫将患者的背部及肢体垫好，保持安全舒适的体位（图 3-1-10）。

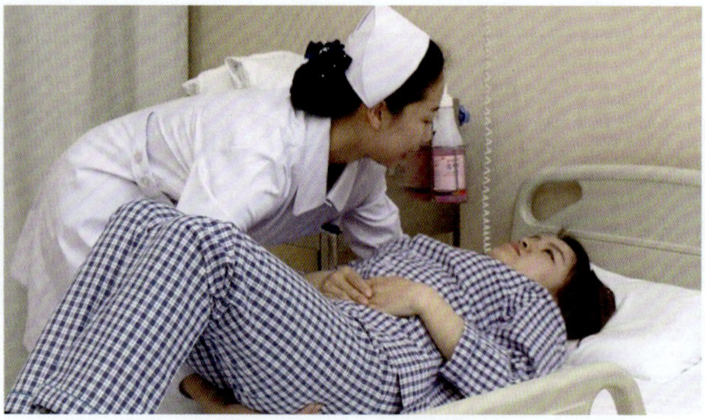

图 3-1-9　抱起患者

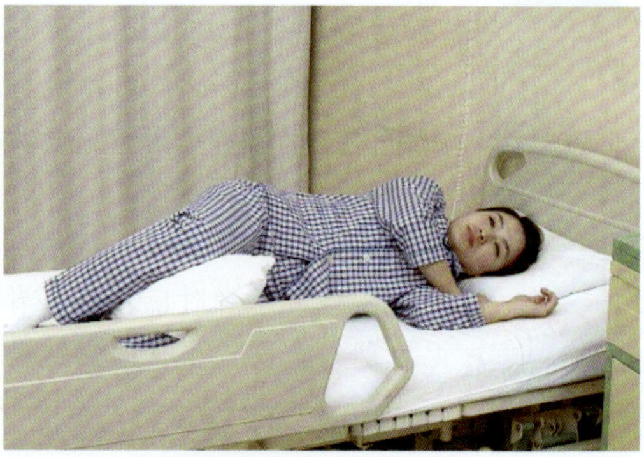

图 3-1-10　翻向对侧

8．两人协助患者翻身侧卧技术　此法适合体重较重的患者。

（1）护士将用物携至患者床旁，两位护士站于病床的同一侧。

（2）协助患者仰卧，嘱其两手放于腹部，双腿屈曲。

（3）一人托住患者的颈、肩及腰部，另一人托住患者的臀部和腘窝，两人同时将患者抬起移向自己，两人分别扶托患者的肩、腰、臀及膝部，轻翻患者转向对侧（图 3-1-11），按侧卧位法，用枕头及棉垫将患者的背部及肢体垫好，保持安全舒适的体位。

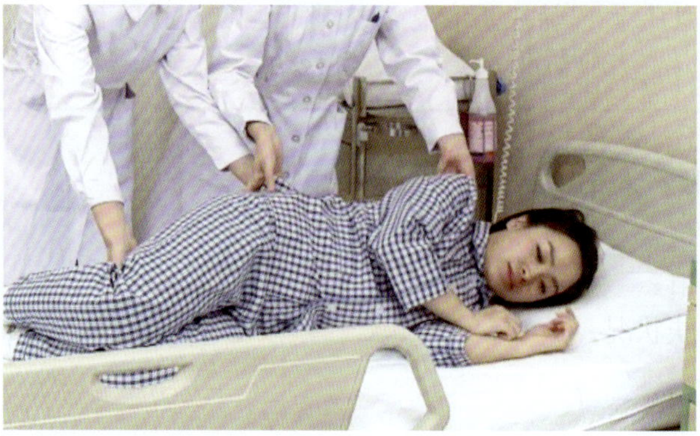

图 3-1-11　轻翻患者至对侧

重要小提示

✧ 若患者身上置有多种导管，翻身时应观察导管是否安置妥当，翻身后检查各导管是否扭曲、受压，注意保持管路通畅，防止导管脱落。

✧ 为手术后患者翻身时，应先检查敷料是否脱落，如脱落或分泌物浸湿敷料，应先换药再行翻身。

✧ 颅脑手术后，翻身不可剧烈，以防引起脑疝，应卧于健侧或平卧，并注意观察患者的神志、瞳孔及呼吸状况。

✧ 对颈椎或颅骨牵引的患者，翻身时不可放松牵引，并注意观察牵引的位置、方向及牵引力是否正确。

✧ 石膏固定和伤口较大的患者，翻身后应将患处放于适当位置，并观察局部皮肤的颜色、温度，防止受压及影响肢体的血液循环而造成局部坏死。

✧ 翻身后注意观察患者皮肤有无压红及破损，询问患者有无不适主诉。

（四）健康教育

1．向患者解释协助患者翻身的目的、配合方法。

2．向患者讲解翻身侧卧的相关知识。

3．向患者讲解翻身用具的使用方法，使患者能够做到有效地翻身减少皮肤受压，以预防压疮等并发症的发生。

（五）操作流程图（图 3–1–12）

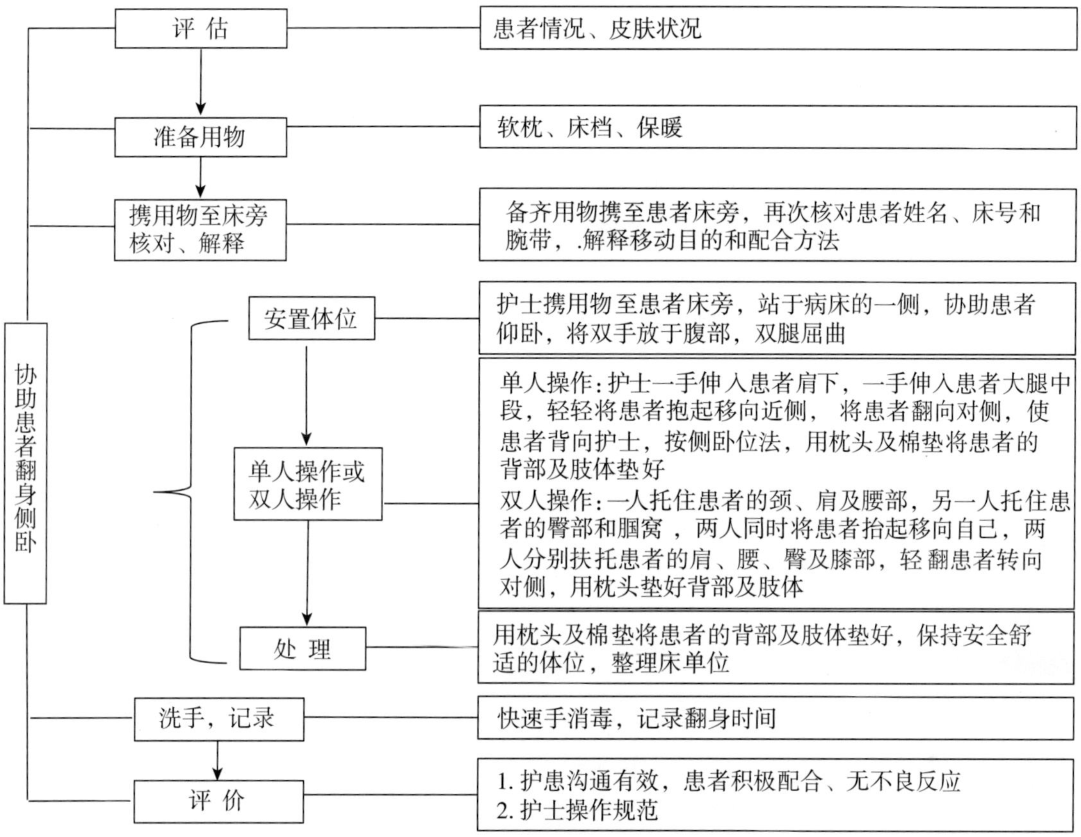

图 3-1-12　协助翻身侧卧技术操作流程图

（六）操作评分标准（表 3–1–2）

表3-1-2　协助翻身侧卧技术操作评分标准

项目	技术操作要求	评分	评分等级				实际得分
			A×1	B×0.7	C×0.4	D×0	
仪表 5	仪表端庄、着装符合要求	5					
评估 10	评估患者病情、局部皮肤组织情况	5					
	评估患者自理及合作程度	5					
操作前准备 10	洗手、戴口罩	2					
	用物准备，环境安排合理	8					

续表

项目	技术操作要求	评分	评分等级				实际得分
			A×1	B×0.7	C×0.4	D×0	
操作过程55	根据患者情况，采取不同翻身方法	10					
	为患者取仰卧位，双手放于腹部，双腿屈曲	5					
	护士站立位置正确	5					
	移动的方法正确	10					
	翻身时注意患者保暖、体位舒适	5					
	注意患者身上管路的通畅与安全	5					
	翻身后观察患者皮肤有无压红、破损	10					
	洗手、记录	5					
评价20	移动患者方法正确，无拖拽患者，保持患者皮肤的完整性	5					
	操作过程熟练、节力	5					
	操作过程中注意患者安全	5					
	操作过程中与患者的沟通有效	5					
总分		100					

案例点评

- 协助患者翻身时，不可拖拉，以免擦伤皮肤。
- 移动体位后，须用软枕或棉垫垫好，保持安全舒适的体位或功能位。
- 两人协助翻身时，注意动作协调、轻稳。
- 根据病情及皮肤受压情况，确定翻身间隔时间，做好交接班并有文字记录。
- 观察患者排便后肛周皮肤，必要时给予处理。

三、轴线翻身技术

轴线翻身是指将头与脊柱成一直线，以这条线为轴线所进行的体位变换。主要适用于颅骨牵引、脊柱损伤、脊柱术后、髋关节术后的患者翻身，起到预防压疮、保证患者舒适、预防脊椎损伤及髋关节脱位的作用。

案例 3-1-3

患者，男性，50 岁，行椎间盘切除。腰椎内固定术日，给予心电监测，外周氧饱和度监测，双腔鼻导管氧气吸入。血压 120/80 mmHg，脉搏 80 次 / 分，体温 37 ℃，呼吸 20 次 / 分。平卧位，遵医嘱给予患者 Q2h 翻身。

V3-3
轴线翻身技术

（一）护理评估

1．评估患者的病情、体重、意识状态、自理程度、合作程度。

2．评估患者的治疗、管路、手术部位、伤口情况。

（二）操作前准备

1．护士准备　着装整洁，洗手。

2．物品准备　翻身枕、薄枕（颈托）或软垫。

3．环境准备　清洁、温度适宜，冬季注意保暖，调节室温，注意保护患者隐私。

4．患者准备　病情允许情况下，配合护士完成轴线翻身，确认无骨折或脱位部位剧烈疼痛。

（三）操作步骤

1．固定病床，协助患者仰卧屈膝，嘱其双臂放于胸前，安置各种管路并保持其留有足够的长度，夹闭引流管，固定床档（图 3-1-13）。

2．协助患者翻身

（1）患者有颈椎损伤时，三位护士分别站于患者的两侧（图 3-1-14）。

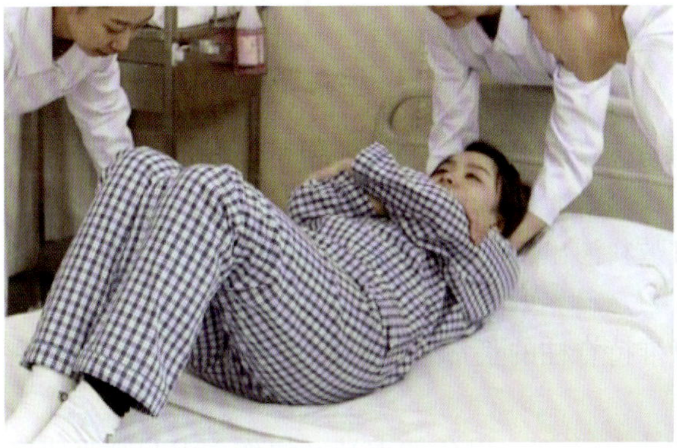

图 3-1-13　仰卧屈膝

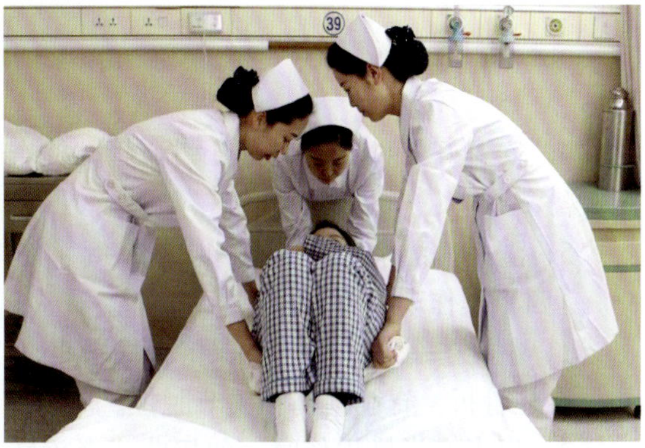

图 3-1-14　三位护士站于两侧

（2）一位护士固定患者头部，沿纵轴向上略加牵引，使头颈和躯干一起缓慢移动。

（3）两位护士在患者两侧，分别卷起中单，至靠近患者身体，抓起中单的四个角，将患者平移至一位护士的近侧床旁。

（4）一位护士展平近侧中单，手持远侧中单，使患者头颈肩腰髋保持在同一水平上，将患者翻转至侧卧位（图 3-1-15）。

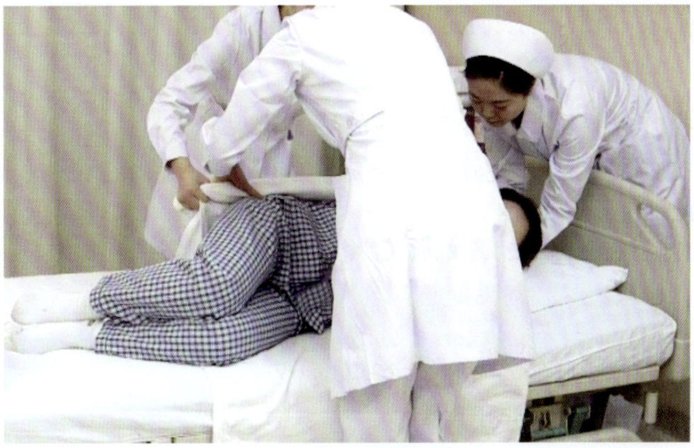

图 3-1-15　翻转至侧卧位

（5）患者无颈椎损伤时，可由两名护士同时完成轴线翻身。

3．患者背部放一软枕，将其双腿微屈，两膝之间放一软枕，防止两腿间相互受压或摩擦（图 3-1-16）。

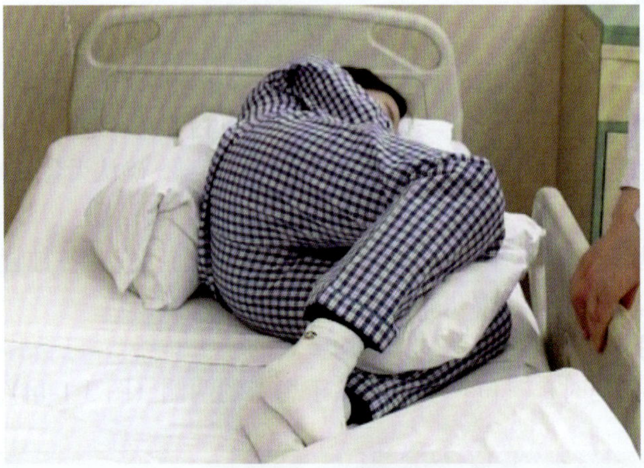

图 3-1-16　双腿微屈

4．安置好各种管路，打开引流管，检查管路通畅，勿打折，整理床单位，抬起床档并固定。

5．洗手，记录翻身时间、皮肤状况、伤口敷料渗出情况。

（四）操作观察要点

1．翻转患者时，应注意保持脊柱平直，以维持脊柱的正常生理弯曲，避免由于躯干扭曲，加重脊柱骨折、脊髓损伤和关节脱位。

2．患者有脊椎损伤时，勿扭曲或者旋转患者的头部，以免加重神经损伤，引起呼吸肌麻痹而死亡。

3．翻身时注意为患者保暖并防止坠床。

4．准确记录翻身时间。

5．协助患者翻身过程中注意患者安全，避免拖拉而损伤皮肤，密切观察病情变化，若有异常及时通知医生予以处理。

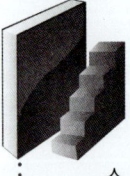

重要小提示

✧ 严格遵守操作规程，严防患者受伤的现象出现。

✧ 轴线翻身可能发生的并发症有：坠床、继发性脊髓神经损伤、植骨块脱落、椎体关节突骨折、管路脱落、压疮等。

（五）健康教育

1．向患者、家属讲解翻身的意义、注意事项。

2．教会家属翻身软枕的使用方法。

（六）操作流程图（3–1–17）

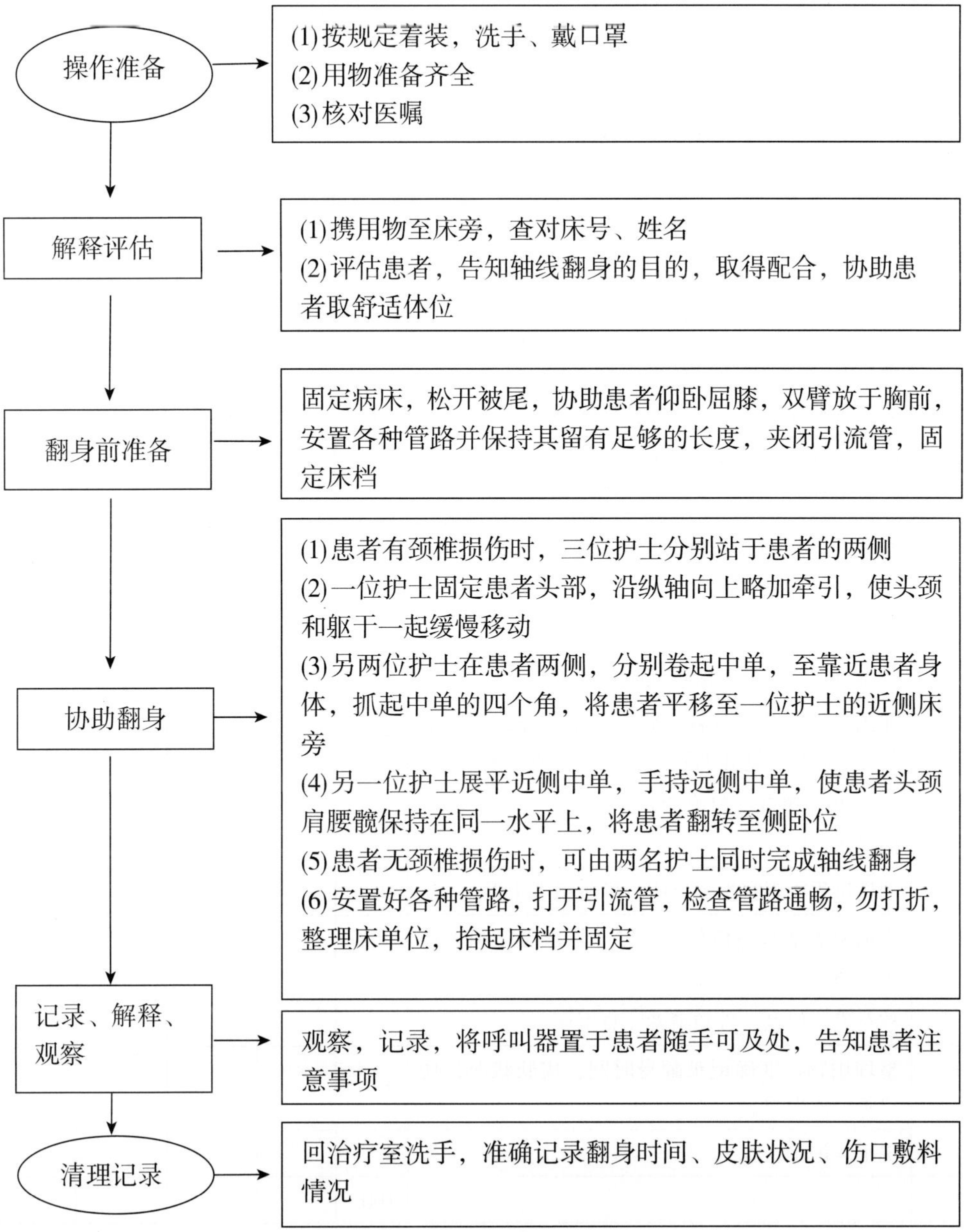

图 3-1-17　轴线翻身操作流程图

（七）操作评分标准（表 3–1–3）

表3-1-3　轴线翻身技术操作评分标准

项目	操作要点	评分	评分等级				实际得分
			A × 1	B × 0.7	C × 0.4	D × 0	
仪表 5	按要求着护士装	5					
操作前准备 7	环境：整洁、安静 物品准备：枕头 2 个、中单 1 个	5					
	洗手、戴口罩	2					

续表

项目	操作要点	评分	评分等级				实际得分
			A×1	B×0.7	C×0.4	D×0	
操作过程 80	双人核对医嘱，明确目的	5					
	评估患者： 1．患者病情、体重、意识状态、自理程度、合作程度 2．患者的治疗、管路情况 3．患者手术部位、伤口情况	10					
	向患者解释操作方法及配合指导	10					
	固定病床，松开被尾，协助患者仰卧屈膝，双臂放于胸前	5					
	安置各种管路并保持其留有足够的长度，夹闭引流管，固定床档	5					
	协助患者翻身，动作一致	10					
	翻身时注意为患者保暖并防止坠床	5					
	在患者背部放一软枕，将其双腿微屈，两膝之间放一软枕，防止两腿间相互受压或摩擦	5					
	协助患者翻身过程中注意患者安全，避免拖拉而损伤皮肤	5					
	操作过程中观察患者反应，倾听患者主诉	10					
	协助患者取舒适体位，将呼叫器放置于患者伸手可及之处	5					
	核对患者信息，告知患者注意事项	5					
操作后 8	整理用物，准确记录翻身时间、皮肤状况、伤口敷料渗出情况	4					
	洗手、记录、签字	4					
总分		100					

案例点评

➢ 注意术后翻转患者时，护士应注意保持动作，使患者脊柱平直，以维持脊柱的正确生理弯曲，避免由于躯干扭曲，加重脊柱骨折、脊髓损伤和关节脱位。

➢ 翻身时注意为患者保暖并防止坠床。

➢ 准确记录翻身时间。

➢ 协助患者翻身过程中注意患者安全，避免拖拉而损伤皮肤，密切观察病情变化，若有异常及时通知医生予以处理。

➢ 注意观察伤口敷料渗出情况，保持引流管通畅。

（许影婕）

第二节　肢体保护性约束技术

肢体保护性约束技术是保证患者安全，防止小儿或高热、谵妄、昏迷、躁动、危重患者等因意识不清或虚弱而发生坠床、撞伤、抓伤等意外事件。

一、床档的使用

床档主要用于保护患者，预防坠床。

案例 3-2-1

患者，女性，65 岁，脑出血恢复期。左侧肢体无力，生活不能完全自理，需他人协助，夜间协助如厕后，卧床休息，给予患者右侧卧位。

（一）护理评估

1．评估患者的意识及合作程度。

2．评估患者肢体及自理程度。

（二）操作前准备

1．护士准备　着装整齐，洗手，修剪指甲，备齐用物。

2．患者准备

（1）意识清楚患者了解使用床档的目的、方法、注意事项及配合要点。

（2）意识不清、躁动、谵妄、小儿患者的家属了解使用床档的目的、方法、注意事项、配合要点。

（3）取舒适体位。

3．用物准备　带床档的病床（图 3-2-1）。普通床档：使用时将床档稳妥固定于两侧床边。

床档的使用

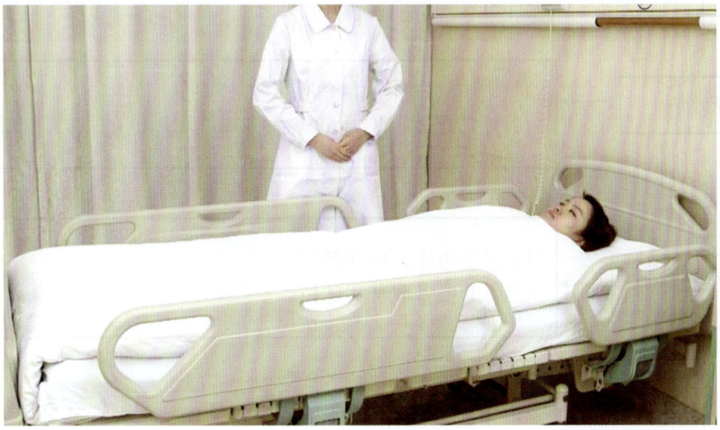

图 3-2-1　半自动床档

（三）操作步骤

1．评估并解释　至患者床旁，核对患者的姓名、床号和腕带；评估患者的病情及皮肤状况；并向患者及家属解释使用床档的目的、方法、注意事项及配合要点。

2．协助患者安置舒适体位或治疗体位。

3．观察患者皮肤、伤口情况，妥善固定引流管。

4．将两侧床档拉起，固定，检查床档性能，发现松动不牢固及时维护（图 3-2-2）。

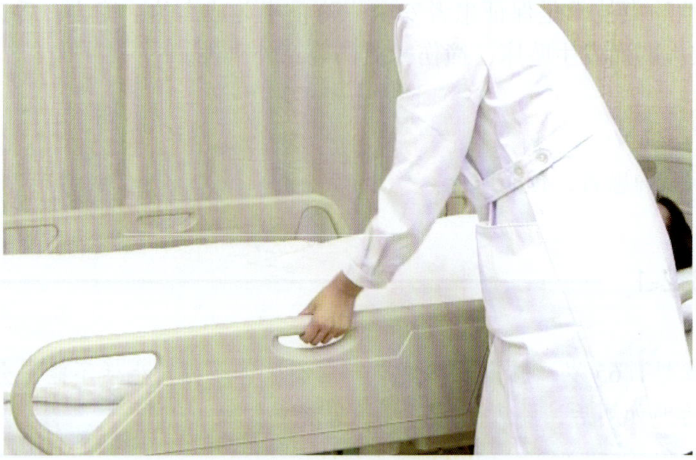

图 3-2-2　多功能床档固定

5．检查确认患者肢体及皮肤未靠近床档，以免造成坠床、压疮等意外。

（四）健康教育

1．向清醒患者及家属解释使用床档的目的、方法、注意事项。

2．告知可活动患者下床时不可跨越床档。

3．发现床档松动及时通知值班人员。

（五）操作流程图（图 3–2–3）

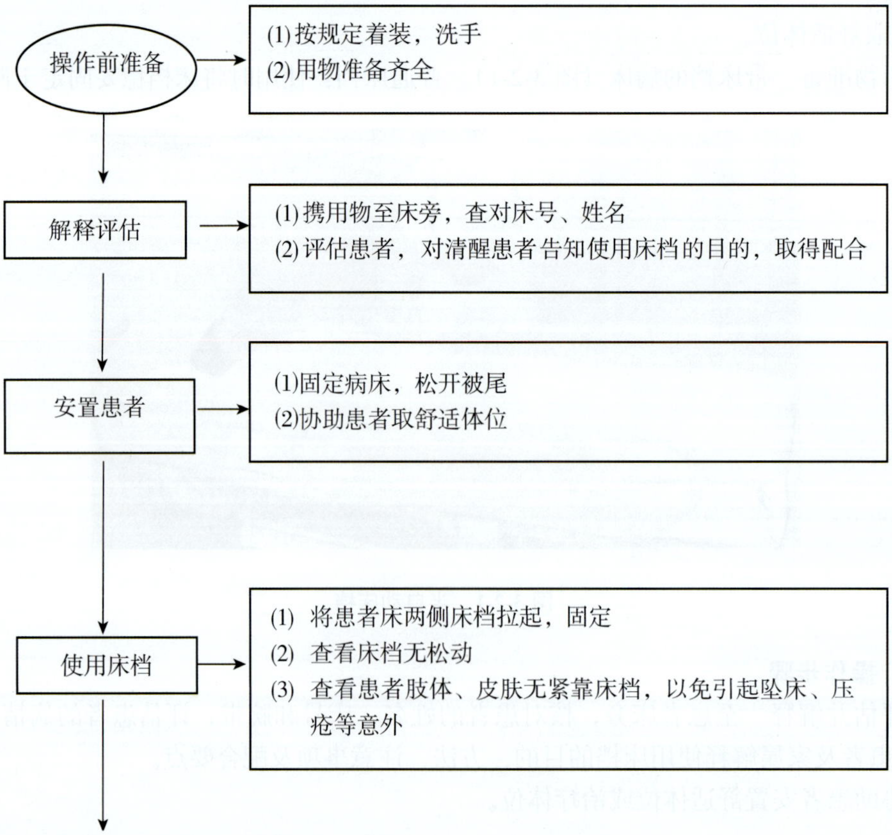

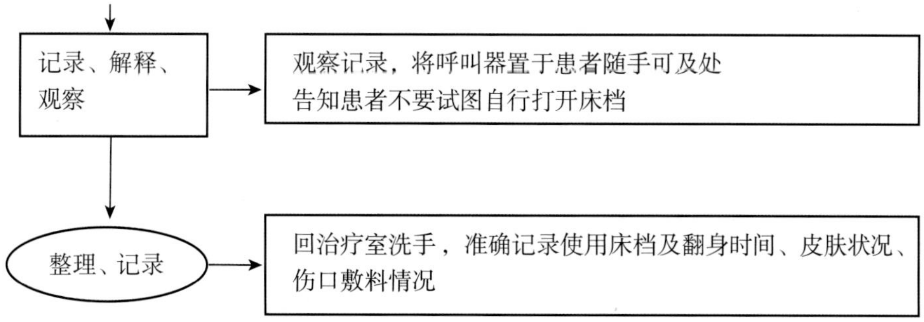

图 3-2-3　床档使用的操作流程图

（六）操作评分标准（表 3-2-1）

表3-2-1　床档使用操作评分标准

项目	技术操作要点	评分	评分等级				实际得分
			A×1	B×0.7	C×0.4	D×0	
仪表 5	按要求着护士装	5					
操作前准备 7	环境：整洁、安静 物品准备：带床档病床	5					
	洗手、戴口罩	2					
操作过程 80	核对患者的姓名、床号和腕带	5					
	评估患者的意识及合作程度	5					
	评估患者肢体及自理程度	10					
	向患者解释操作方法及配合指导	10					
	固定病床，松开被尾	5					
	安置各种管路并保持其留有足够的长度	5					
	协助患者翻身，协助患者取舒适体位	10					
	翻身时注意为患者保暖并防止坠床	5					
	放置床档	5					
	固定床档	5					
	检查床档是否松动	5					
	将呼叫器放置于患者伸手可及之处	5					
	核对患者信息，告知患者注意事项	5					
操作后 8	整理床单位，准确记录	4					
	洗手、记录、签字	4					
总分		100					

案例点评

➢ 注意术后翻转患者时，护士应保持动作轻柔。

➢ 定期检查床档是否松动，避免患者紧靠床档，造成坠床或皮肤压疮。

➢ 翻身时注意为患者保暖。

➢ 准确记录使用床档、翻身时间。

➢ 协助患者翻身使用床档过程中注意患者安全，避免拖拉以免损伤皮肤，密切观察病情变化，若有异常及时通知医生予以处理。

➢ 注意观察伤口敷料渗出情况，保持引流管通畅。

二、约束带的应用

约束带是一种保护患者安全的装置，用于躁动、有自伤或坠床危险、不遵从或不配合治疗、因自主神经失调有拔除治疗性管路风险，需要固定身体某一部位，限制身体及肢体活动的患者。

案例 3-2-2

患者，女性，78 岁，急性重症胆管炎，急诊行胆管切开取石。T 管引流术日，返回病室后给予心电血压监测，吸氧，患者躁动明显，有拔除胃管及 T 管风险，通知医生，遵医嘱给予约束。

（一）护理评估

1．了解患者的诊断和治疗情况，评估制动原因。

2．评估患者的病情、肌肉和关节活动情况、制动部位及其皮肤。

3．评估患者的自理能力及合作程度。

U3-5

约束带的应用

（二）操作前准备

1．护士准备　洗手、准备用物。

2．环境准备　宽敞、整洁、温度适宜。

3．患者准备　向患者及其家属解释使用约束带的目的，并签署约束同意书。

4．用物准备　带有床档的病床，约束带 2 ～ 4 条。

（1）宽绷带约束：常用于固定手腕和踝部。使用时，先用棉垫包裹手腕部或踝部，再用宽绷带打成双套结（图 3-2-4），套在棉垫外稍拉紧，以使肢体不脱出（图 3-2-5），以不影响血液循环为宜，然后将绷带系于床缘上。

（2）肩部约束带：常用于固定肩部，限制患者坐起。

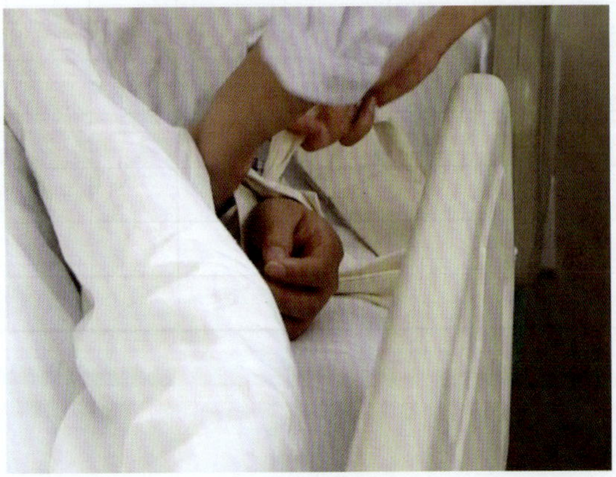

图 3-2-4　双套结

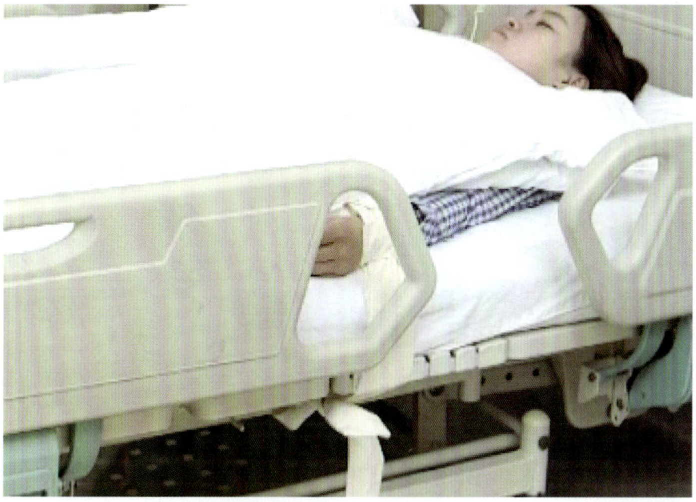

图 3-2-5　宽绷带约束法

肩部约束带制作方法：用宽 8 cm、长 120 cm 的宽布，将一端制成袖筒（图 3-2-6）。使用时，将袖筒套于患者两侧肩部，腋窝衬棉垫。两袖筒上的细带在胸前打结固定，将两条长宽带系在床头（图 3-2-7）。必要时将枕横立于床头。如用大单做肩部约束带固定，可将大单斜折成长条，放在患者的肩背部，将带的两端由腋下经肩前绕至肩后，从横在肩下的单子上穿过，再将两端系于床头横栏上即可。

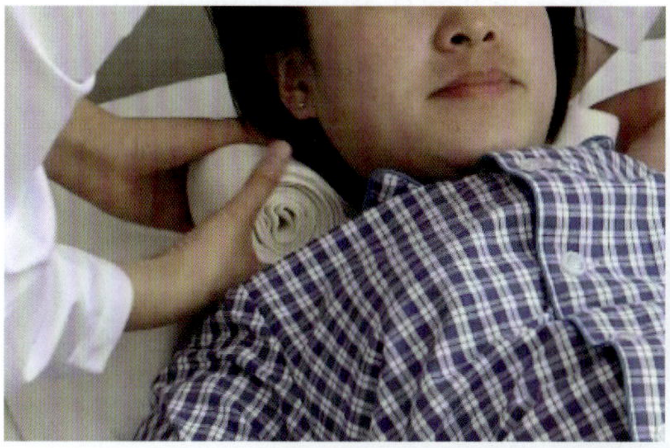

图 3-2-6　肩部约束带

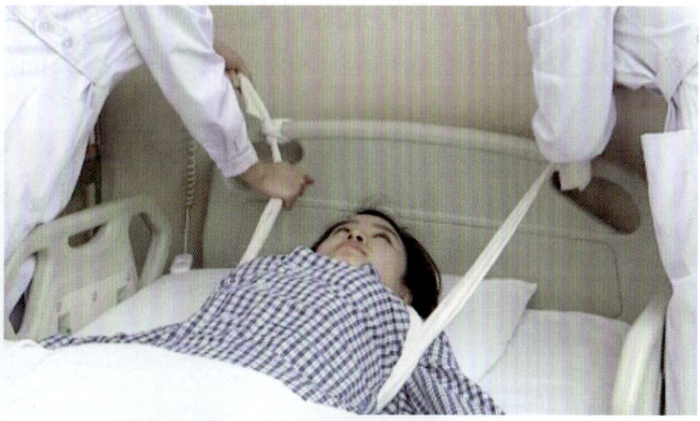

图 3-2-7　肩部约束带固定

（3）膝部约束带：用于固定膝部，限制患者下肢活动。

膝部约束带制作方法：用宽 10 cm、长 250 cm 的宽布制成，宽带中部相距 15 cm，分别钉两条双头带（图 3-2-8）。使用时，两膝间衬棉垫，将约束带横放于两膝上，两头系带各固定一侧膝关节，然后将宽带两端系于床缘。如用大单作膝部约束带固定，可将大单斜折成 30 cm 宽的长条，横放于两膝下，拉宽带的两端向内侧压盖在膝上，并穿过膝下的横带，拉向外侧使之压住膝部，将两端系于床缘即可（图 3-2-9）。

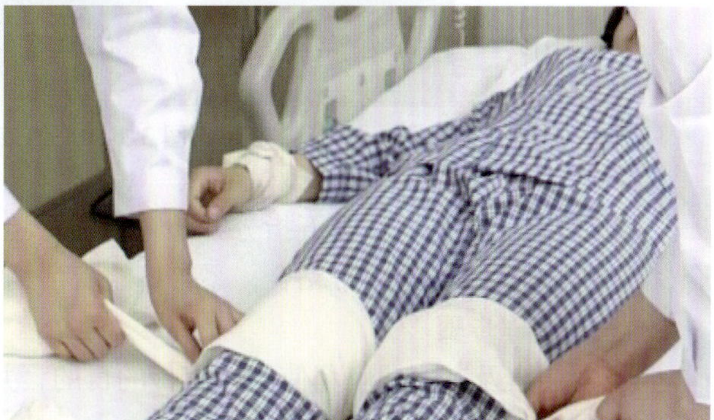

图 3-2-8　膝部约束带

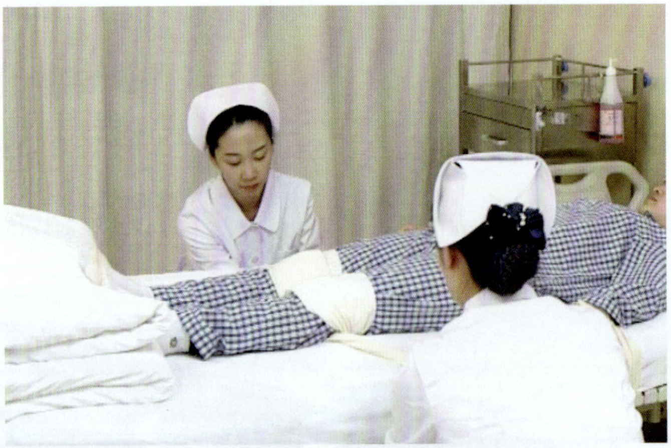

图 3-2-9　膝部约束带固定

(4) 约束用手套：防意外拔管的约束用手套取材方便、制作简单、经济适用、柔软舒适，患者及家属乐于接受。

约束用手套制作方法：由腕部约束带和露指厚掌手套两大部分组成。腕部约束带由矩形 30 cm × 13 cm 双层棉布内置海绵制成，两端居中，正、反面缝一 10 cm × 7 cm 长方形尼龙粘贴带；一根 180 cm × 3 cm 双层棉布系带平行于矩形长边且居中缝制于矩形体一面，系带由两侧引出；矩形系带面一端缝制 3 cm × 2 cm 尼龙粘贴带一块；露指厚掌手套掌部由长约 23 cm 双层掌形棉布内置海绵厚度约 7 cm 制成，手套五指分开外露，手背部腕端居中一根 13 cm × 2.5 cm 双层棉布固定带，固定带远端内面缝制 3 cm × 2 cm 尼龙粘贴带一条（图 3-2-10）。

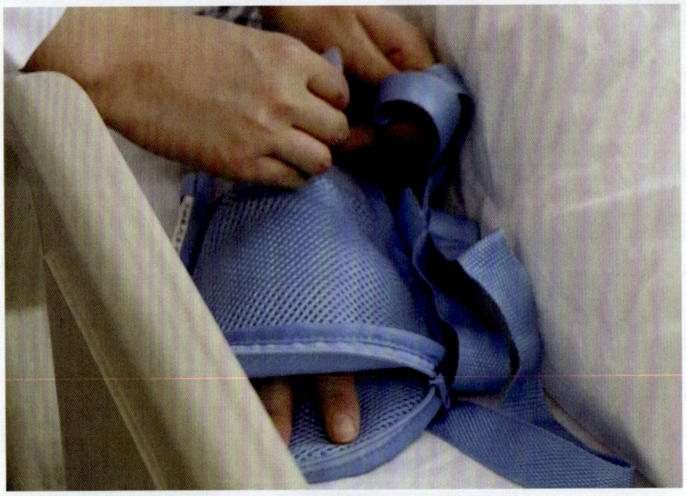

图 3-2-10　约束用手套

使用方法：使用时，将五指分开伸入手套，腕部置于矩形约束带，两端环绕包裹腕部并粘合，同时将固定带与约束带粘合，系带缠绕打活结（松紧以伸入一指为宜），系于床缘。

（三）操作步骤

1．对患者及其家属解释使用约束带的目的，并签署约束同意书。

2．核对医嘱，备齐肢体约束用物。

3．核对患者身份，先使用棉垫保护约束部位，将约束带系患者肢体，再系床体，避免约束带系到床档。肩部约束及膝部约束需双人操作，分站于患者两侧。

4．立起床档，根据病情使用围帘或隔离至单一环境。
5．再次核对患者身份，记录约束的部位和开始时间，并签字。
6．每 2 小时巡视解松一次，观察约束部位皮肤，做好皮肤护理。
7．解除约束后，记录停止时间、约束部位皮肤情况，并签字。

重要小提示

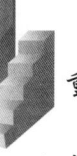

✧ 向患者及其家属做好解释工作，并取得理解和配合，操作前必须签署保护性约束同意书。

✧ 约束带质地应软、松紧适宜，观察被约束肢体的血运情况和局部的皮肤，做好皮肤护理。

✧ 约束时间不宜过长，定时解除约束带，防止约束时间过长造成神经麻痹。

✧ 约束带禁止系到床档，以免约束带前后滑动而影响保护性约束效果。

✧ 保持约束带的清洁，有污迹、血迹，及时更换。

✧ 约束时保持患者肢体处于功能位。

✧ 佩戴约束用手套时，要评估患者手的大小，选择合适的型号。

✧ 使用约束前必须签署保护性约束同意书。

（四）健康教育

向患者及其家属解释使用约束的目的、意义、方法，并取得理解和配合。

（五）操作评分标准（表 3-2-2）

表3-2-2　约束带应用操作评分标准

项目	技术操作要求	评分	评分等级				实际得分
			A×1	B×0.7	C×0.4	D×0	
素质 5	仪表端庄，着装符合要求	2					
	操作熟练、轻柔，沟通有效	3					
评估 20	了解患者的诊断和治疗，评估制动原因	5					
	评估患者的病情、肌肉和关节活动情况	5					
	评估制动部位及其皮肤	5					
	评估患者自理能力及合作程度	5					
操作前准备 5	核对约束知情同意书及患者信息	3					
	备齐肢体约束用物	2					

续表

项目	技术操作要求	评分	评分等级				实际得分
			A×1	B×0.7	C×0.4	D×0	
操作过程55	核对医嘱，向患者或家属解释使用约束带的目的	10					
	按操作程序约束患者双上肢，必要时约束双下肢	15					
	再次核对患者信息，并记录约束的部位、开始的时间，签名	10					
	实行约束的患者，需加强巡视，重点观察腕、踝部位的皮肤，做好皮肤护理	5					
	密切观察患者病情、治疗及护理	5					
	对持续约束的患者做到每 2 小时解松一次	5					
	有完整的记录及交班	5					
提问15	注意事项	15					
总分		100					

案例点评

- 此患者建议使用约束带或约束用手套。
- 使用前确认签署知情同意书。
- 约束时注意松紧适宜，用棉垫保护皮肤。
- 定时观察约束肢体末梢循环情况，病情平稳后建议每 2 小时放松约束带 1 次，观察局部皮肤、肢体关节活动情况。
- 记录使用约束的原因、时间、观察效果、护理措施及解除约束的时间。

（许影婕）

第三节　搬运技术

一、轮椅运送法

此部分介绍送清醒且可以坐起站立但不能独立下床行走或可以行走但行走无力的患者至轮椅的方法。

案例 3-3-1

患者，女性，26 岁，左胫骨骨折，行左胫骨骨折内固定术后第 3 天。遵医嘱今日摄左胫骨正侧位 X 线片。协助患者由床上移至轮椅去放射科进行检查。

轮椅运送法

（一）护理评估

1. 评估患者的术式、手术时间、引流情况。

2. 评估患者的自理及合作情况。

3. 评估患者的疼痛情况。

（二）操作前准备

1. 搬运者准备　衣帽整齐，评估患者选择帮助移动的方法，向患者解释移动的目的及方法。

2. 用物准备　轮椅，并检查轮椅的性能是否安全可靠。

3. 患者准备　排便，穿好病服，注意保暖，采取坐卧位准备搬运。

4. 环境准备　温暖、宽阔。

（三）操作步骤

1. 评估患者的状况是否适宜搬运，协助患者排便。

2. 检查轮椅安全可靠性能，将轮椅推至床旁，椅背和床尾平，面向床头。

3. 检查确认轮椅制动系统放在锁定位置（图 3-3-1）。

4. 协助患者穿好病服，注意保暖，协助患者坐起穿鞋（图 3-3-2）。

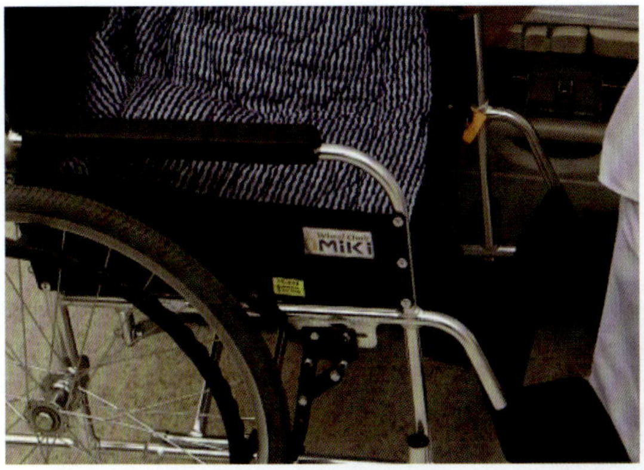

图 3-3-1　轮椅锁定

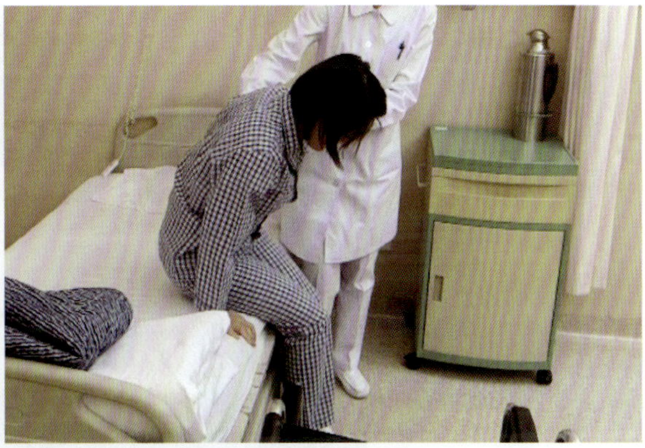

图 3-3-2　协助患者坐起

5. 协助患者下地、站起（图 3-3-3）。

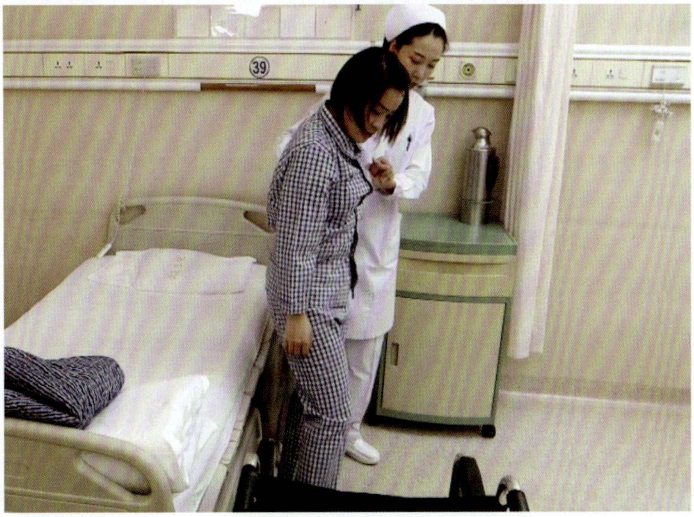

图 3-3-3　协助患者下地

6．搬运者一手抵住轮椅，一手协助患者坐在轮椅上（图 3-3-4）。

7．叮嘱患者手扶轮椅扶手、靠后坐，协助将患者患肢移至轮椅脚踏板（图 3-3-5）。

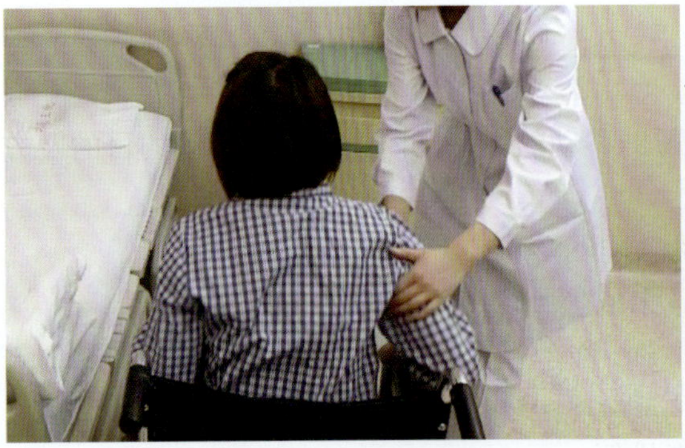

图 3-3-4 协助坐轮椅

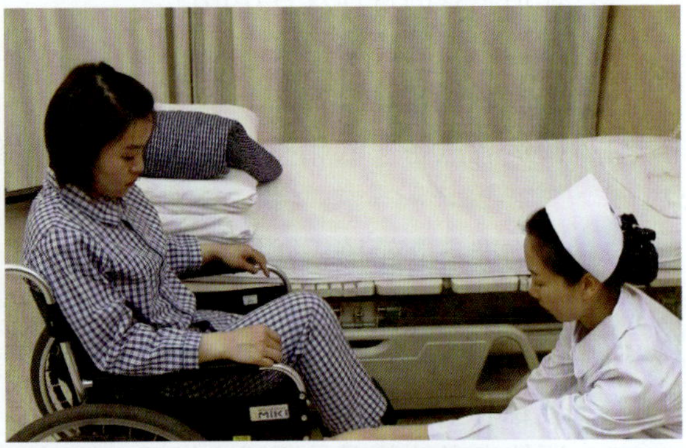

图 3-3-5 移至脚踏板

8. 询问患者的感觉（天气冷可以穿件大衣，盖毛毯、棉被，注意保暖）（图 3-3-6），放开制动系统，推轮椅移动（下轮椅回床同上轮椅法）。

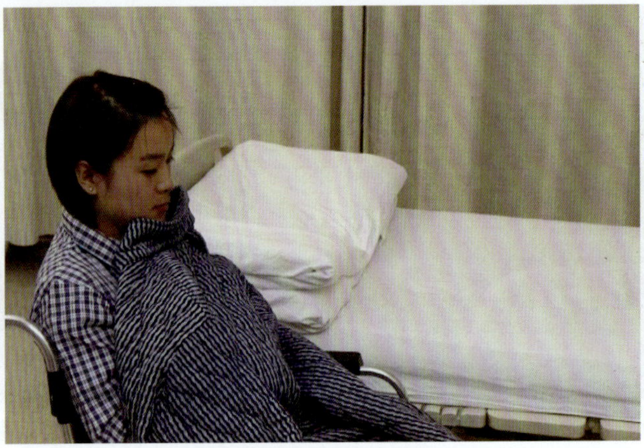

图 3-3-6 轮椅上坐位

9．检查完返回病室，协助患者卧床休息，保暖，整理床单位，放置好呼叫装置。

10．轮椅放回原处后洗手，记录检查时间、返回时间。

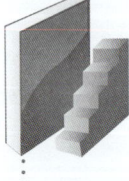

重要小提示

轮椅移动患者运行过程中应注意哪些问题？

✧ 轮椅移动患者运行过程中必须系好保护带以确保患者的安全、舒适、保暖，注意观察患者病情变化。

✧ 推车注意平稳，匀速前进，避免车撞墙或门等，以防振动患者或损伤建筑物。

✧ 推车上下坡时注意提醒患者身体向后坐稳，下坡时注意将轮椅调转方向，向后倒着走。

✧ 轮椅移动患者必须携带输液时，应保持输液通畅，防止走空，准备更换输液的必备物品、药品，途中注意观察输液穿刺处，询问患者有无不适主诉。

✧ 注意携带引流患者应妥善固定引流管及引流袋，防止牵拉造成脱出。

（四）健康教育

1．告知患者及家属搬运的方法和目的。
2．讲解搬运及检查过程中的注意事项。
3．讲解使用双拐的方法及注意事项。
4．告知患者如有不适及时告诉陪同人员。

（五）操作流程图（图 3–3–7）

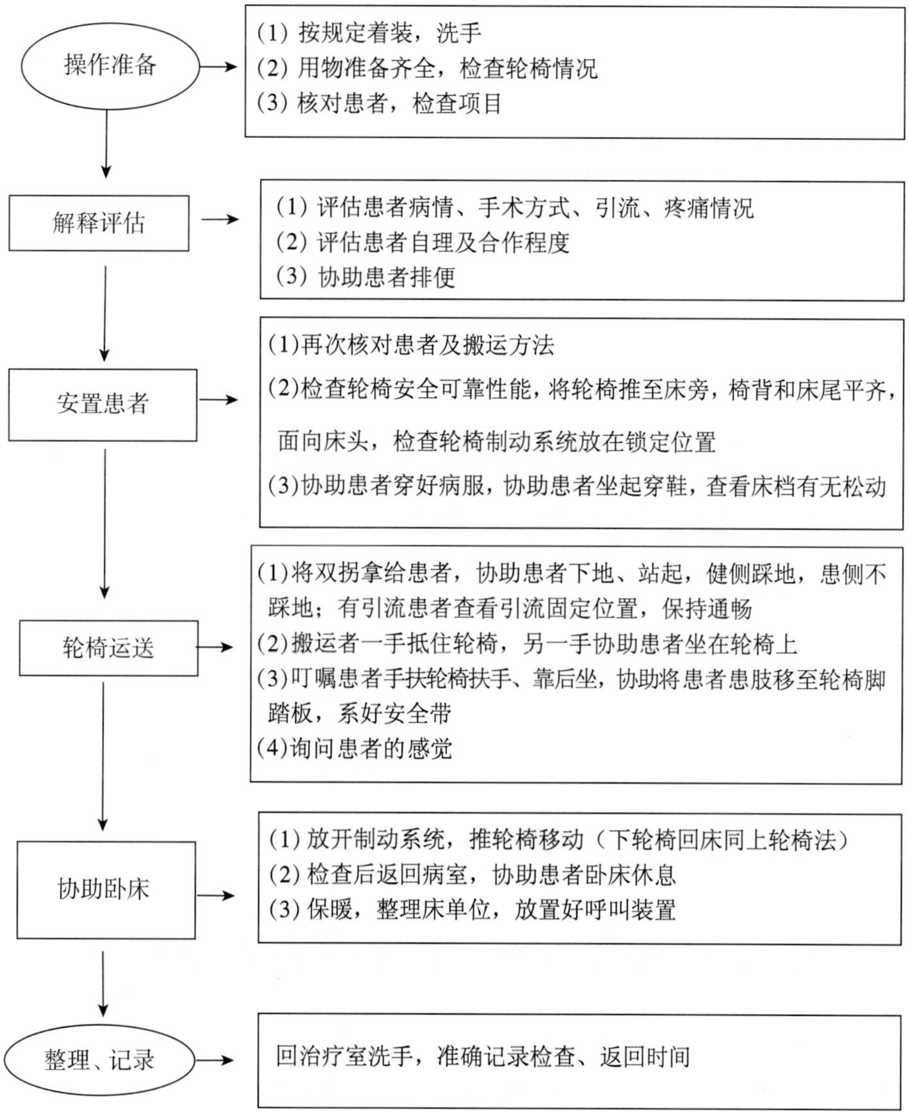

图 3-3-7　轮椅运送法操作流程图

（六）操作评分标准（表 3–3–1）

表3-3-1　轮椅运送法操作评分标准

项目		技术操作要求	评分	评分等级				实际得分
				A×1	B×0.7	C×0.4	D×0	
仪表 5		服装、仪表大方，举止端庄	5					
评估 10		评估患者病情、手术方式、引流、疼痛情况	5					
		评估患者自理及合作程度	5					
操作前准备 10		洗手	2					
		备齐使用物品，检查轮椅情况	8					
操作过程 60	安全与舒适 10	环境安排合理——宽阔	5					
		注意安全，系好安全带，保暖	5					
	操作中 40	再次核对患者及搬运方法	5					
		体位选择舒适，环境布置合理	5					
		协助患者穿衣，注意保暖	5					
		搬运者手法正确	10					
		搬运时观察患者	10					
		配合默契，动作熟练	5					
	操作后 10	合理安置患者，观察患者情况，整理床单位	5					
		物品放置合理，洗手	5					
评估 15		操作过程中注意患者的安全	5					
		操作过程中与患者的沟通有效	5					
		操作熟练、节力	5					
总分			100					

案例点评

✧ 术后应关注患者的病情、意识、心理状态是否适宜搬运，评估适宜哪种搬运方法。

✧ 搬运时注意患者安全及保暖。

✧ 搬运时注意关注患者感觉，如有不适及时联系医生。

二、平车运送法

平车运送用于协助患者由床上移至平车，运送不能下床的患者。

案例 3-3-2

患者，男性，50 岁，急性腰椎间盘突出，行 L4 ~ 5 椎间盘摘除术后第 3 天。遵医嘱今日摄腰椎正侧位 X 线片。协助患者由床上移至平车去放射科进行检查。

V3-7
平车运送法

（一）护理评估

1．评估患者的病情、术式、疼痛等状况。

2．评估患者的自理、肢体活动、配合情况。

3．评估患者选择的帮助移动的方法。

（二）操作前准备

1．搬运者准备　衣帽整齐，向患者解释移动的目的及方法。

2．用物准备　平车、枕头、大单、平车垫或褥子、棉被或毛毯（图 3-3-8）。检查安全可靠性能，检查平车制动系统。

3．患者准备　排二便，穿好病服，注意保暖，采取仰卧位，准备搬运。

4．环境准备　温暖、宽阔，移开床旁桌椅，松开盖被。

（三）操作步骤

携用物至患者床旁。

1．挪动至平车法（适于患者可自行移动身体）（图 3-3-9）

评估患者的状况是否适宜搬运→协助患者二便→协助患者取仰卧位→各种管路、石膏或夹板、牵引固定牢固（管路用别针固定于病服上）→松开盖被→穿好病服，注意保暖→移开床旁桌椅→检查平车后推至床边，与病床平行（平车上铺大单）→摇床与平车高度平齐→检查床及平车的制动系统放在锁定位置→将盖被叠至病床对侧（也可将盖被开口向患者方向折成半铺半盖式）→放好枕头→搬运者站在平车旁，抵住平车→帮助患者将上身、臀部、下身向平车上移动（回床时顺序相反，先帮助患者移动下身，再移动上半身）→协助患者摆好舒适体位→盖被，注意保暖（检查各种管路、石膏或夹板、牵引固定牢固）→观察患者情况，询问患者感觉→放开制动系统→推车移动。

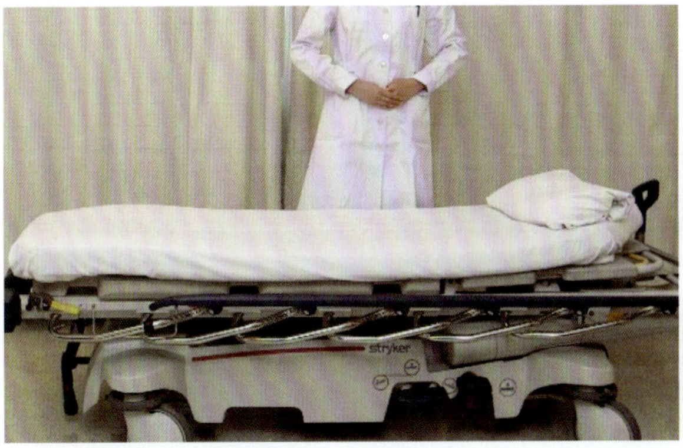

图 3-3-8　准备平车

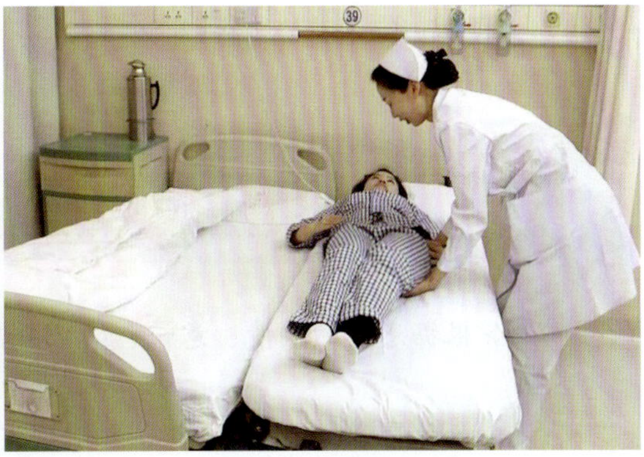

图 3-3-9　挪动至平车法

2．双人协助至平车法（适于不能自行活动和体重较轻的患者）（图 3-3-10）

评估患者的状况是否适宜搬运→协助患者二便→协助患者取仰卧位→各种管路、石膏或夹板、牵引固定牢固（管路用别针固定于病服上）→松开盖被→穿好病服，注意保暖→移开床旁桌椅→检查平车后推至床边与病床呈 90° 夹角放置（平车上铺大单）→摇床与平车高度平齐→检查床及平车的制动系统放在锁定位置→将盖被叠至病床对侧（也可将盖被开口向患者方向折成半铺半盖式）→放好枕头→搬运者两人站在夹角内→帮助患者双上肢放于胸前→甲搬运者一只手臂托起患者的头颈、肩部，另一只手托住患者腰部→乙搬运者一只手托住患者臀部，另一只手托住患者的腘窝部与小腿部（腿部有石膏的患者不能使膝关节屈曲，以免将石膏折断）→两人同时抬起患者，用手臂将患者尽量环住（使患者身体向搬运者倾斜）→两人同时移步将患者移动至平车上→协助患者摆好舒适体位→盖被，注意保暖（检查各种管路、石膏或夹板、牵引固定牢固）→观察患者的情况，询问患者的感觉→放开制动系统→推车移动。

3．三人协助至平车法（图 3-3-11）（适于体重较重或必须平行搬运的患者）

评估患者的状况是否适宜搬运→协助患者二便→协助患者取仰卧位→各种管路、石膏或夹板、牵引固定牢固（管路用别针固定于病服上）→松开盖被→穿好病服，注意保暖→移开床旁桌椅→检查平车后推至床边与病床呈 90° 夹角放置（平车上铺大单）→摇床与平车高度平齐→检查床及平车的制动系统放在锁定位置→将盖被叠至病床对侧（也可将盖被开口向患者方向折成半铺半盖式）→放好枕头→搬运者三人站在夹角内→帮助患者双上肢放于胸前→甲搬运者一只手臂托起患者的头颈部，另一只手托住患者肩部→乙搬运者一只手托住患者腰部，另一只手托住患者的臀部→丙搬运者一只手托住患者大腿部，另一只手托住患者小腿部→三人同时抬起患者，用手臂将患者尽量环住（使患者身体向搬运者倾斜）→三人同时移步将患者移动至平车上→协助患者摆好舒适体位→盖被，注意保暖（检查各种管路、石膏或夹板、牵引固定牢固）→观察患者的情况，询问患者的感觉→放开制动系统→推车移动。

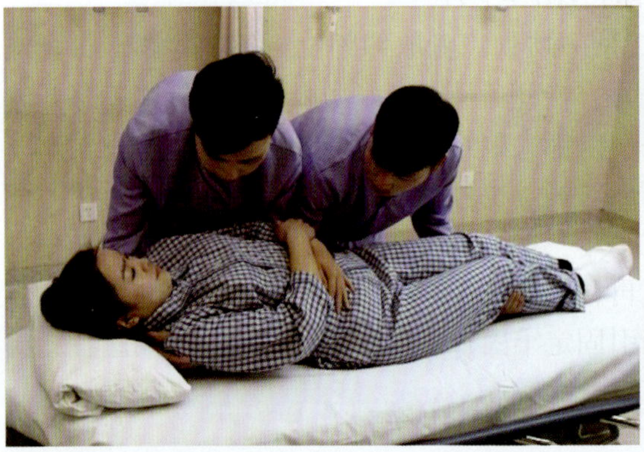

图 3-3-10 双人协助至平车法

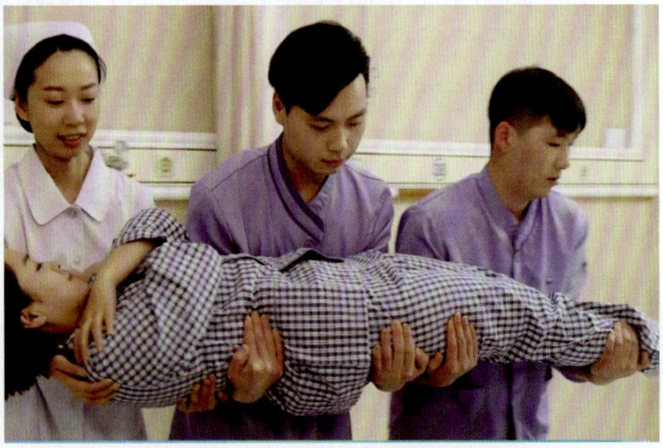

图 3-3-11 三人协助至平车法

重要小提示

✧ 根据患者的病情、意识、心理状态决定是否适宜搬运，评估患者适宜哪种搬运方法。

✧ 各种管路、石膏或夹板、牵引固定牢固，防止身体移动时脱出。

✧ 颈椎病患者搬运前必须佩戴围领，腰椎和胸椎病患者搬运前必须佩戴围腰或支具。

✧ 患者卧于平车正中，头枕于大轮端，因转弯及行进中，大轮端平稳，转动摇摆幅度较小，患者感觉舒适。

✧ 平车移动时小轮在前，拉起床档以确保患者的安全，上下坡时保持患者头部处于较高的位置，注意观察患者病情变化。

✧ 推车注意平稳，匀速前进，避免车撞墙或门等，以防振动患者或损伤建筑物。

✧ 推车上下坡时患者的头部应保持在高处端，以免患者产生不适。

（四）操作流程图（图 3-3-12）

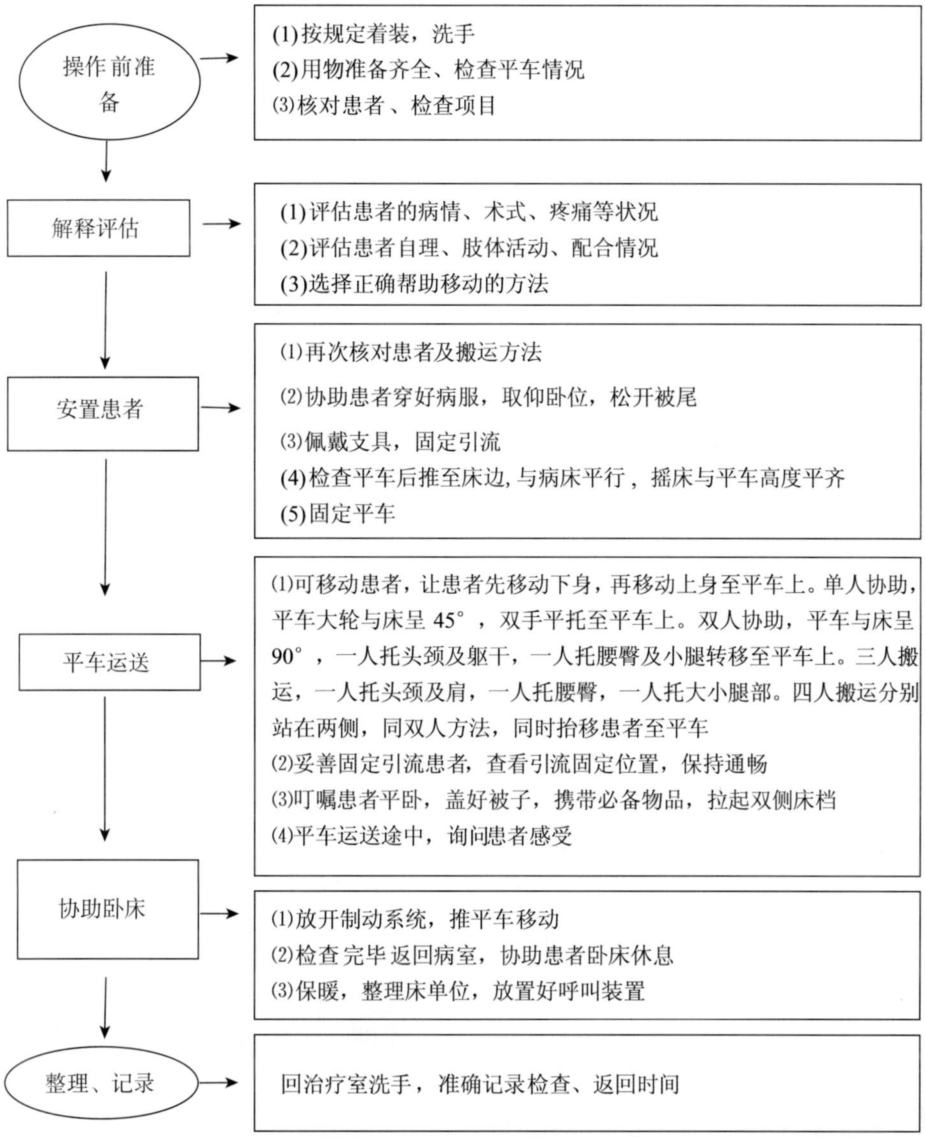

图 3-3-12　平车运送操作流程图

（五）操作评分标准（表 3-3-2）

表3-3-2　平车运送操作评分标准

项目	技术操作要求	评分	评分等级				实际得分
			A×1	B×0.7	C×0.4	D×0	
仪表 5	服装、鞋帽整洁；举止端庄	5					
评估 15	评估并核对患者：身体状况，适宜搬运者选择合适的搬运方法（单人、双人、三人或四人法）	5					
	评估患者手术情况及局部皮肤愈合情况	5					
	评估患者各种管路、石膏或夹板、牵引固定牢固，自理及合作程度	5					

续表

项目		技术操作要求	评分	评分等级				实际得分
				A×1	B×0.7	C×0.4	D×0	
操作前准备 5		洗手	2					
		备齐使用物品：平车、大单、棉被或毛毯	3					
操作过程 60	安全与舒适 10	环境安排合理：宽阔 患者卧位舒适：仰卧位	5					
		注意安全、保暖	5					
	操作中 45	核对患者及搬运方法	5					
		体位选择舒适、环境布置合理	5					
		佩戴围领、围腰等方法正确	5					
		协助患者更衣，注意保暖	5					
		平车摆放方法正确	5					
		搬运者手法正确	10					
		搬运时观察患者	5					
		配合默契，动作熟练，注意保暖	5					
	操作后 5	合理安置患者，观察患者情况，再次核对患者及搬运方法 检查各种管路、石膏、夹板、牵引固定牢固情况	3					
		整理床单位、用物处理正确，洗手	2					
评估 15		操作过程中注意安全	5					
		操作过程中注意与患者的沟通	5					
		操作过程熟练，注意节力	5					
总分			100					

案例点评

➢ 评估患者的耐受情况，对此患者建议采用双人协助至平车法，注意动作协调一致、轻柔稳妥。

➢ 搬运时若患者带有多种管路，应先将管路妥善固定，便于跟随患者移动，必要时可用别针固定于患者衣服上或用胶布固定于患者肢体上。搬运后必须检查管路是否扭曲、打折、通畅。有些管路可根据不同情况先夹闭（如胸腔引流管、尿管等），再固定搬运，搬运完毕安置妥当再打开管路，防止倒流。

➢ 牵引患者必须连同牵引装置一同搬运，确保有效的牵引力。

➢ 观察石膏或夹板、牵引与肢体的固定情况。

➢ 水平搬运时，全过程随时观察，保证肢体的平直搬运。

➢ 平车移动患者运行过程中必须拉起床档或绑缚保护带，以确保患者的安全、舒适、保暖，注意观察患者的病情变化。

（许影婕）

第四节　移动辅助用具使用技术

一、拐杖使用技术

拐杖可协助下肢无力、有疾患或下肢手术后的患者行走。

案例 3-4-1

患者，女性，26 岁，左胫骨骨折。行左胫骨骨折内固定术后第一天，患者主诉想入厕排便，协助患者下地行走。

（一）护理评估

1．评估患者自理及合作程度。

2．评估患者疼痛情况。

3．评估患者患肢情况　如支具的佩戴情况，敷料松紧度，患肢活动度、肿胀情况，检查伤口有无渗出。

4．检查患者拖鞋的情况（防滑）。

（二）操作前准备

1．护士准备　着装整齐，备齐用物。

2．患者准备

（1）告知患者拐杖使用的目的和注意事项，取得患者的配合。

（2）检查患者的伤口管路及治疗管路，并给予妥善固定；根据患者情况倾倒引流液、尿袋，妥善固定。

3．用物准备　检查拐杖有无破损、螺丝有无松动、胶垫有无破损脱落，并根据患者的身高调节好拐杖的高度（距腋下一拳的距离）以及手柄的高度（双臂自然下垂时手腕的水平）。

4．环境准备　宽阔，无障碍物，避免地面湿滑。

（三）操作步骤

1．评估患者状况适宜下地行走。

2．携拐杖至床旁，检查拐杖的完整性及安全性并调节高度（图 3-4-1）。

V3-8
拐杖使用技术

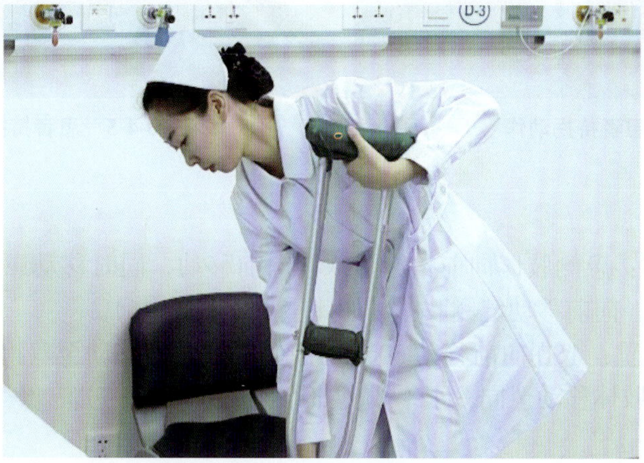

图 3-4-1　检查拐杖及调节高度

3．协助患者从椅子或床站起。

（1）确定椅子或床是否稳定牢固，嘱患者将健侧腿支撑在地面上（图 3-4-2）。

（2）身体向前移动到椅子或床的边缘，将双拐并拢在一起，嘱患者用患侧手握住拐杖手柄，健侧的手扶住椅子扶手或床缘，两手一起支撑用力，同时健侧腿发力站起，保持站稳（图 3-4-3）。

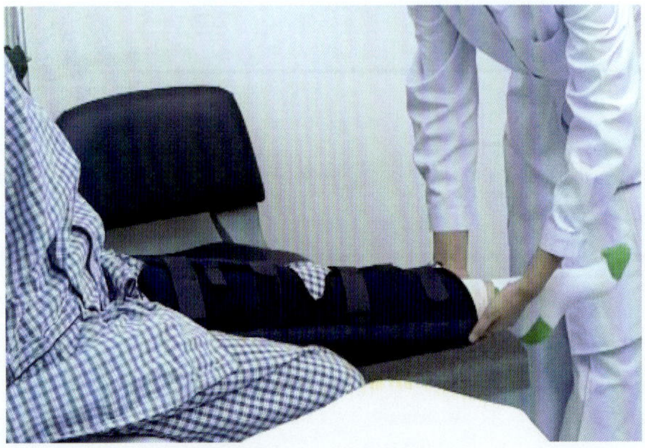

图 3-4-2　患者健侧腿支撑

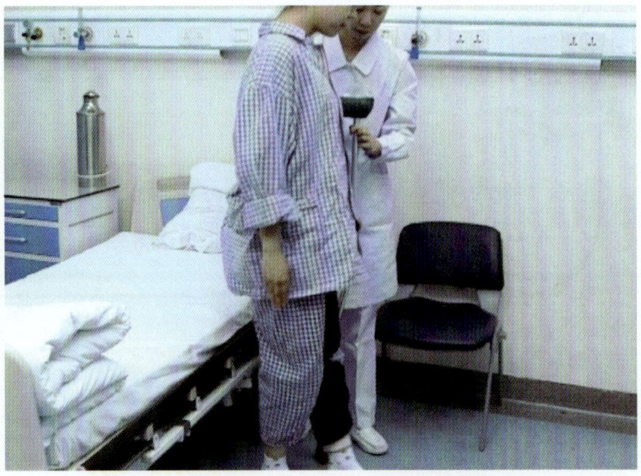

图 3-4-3　患者双手及持拐站立后

4．协助患者使用拐杖行走。

（1）将拐杖放于患者的腋下，询问患者有无头晕等不适主诉，嘱患者行走。拐杖的宽度比肩略宽，高度为距腋下一拳，身体站直，不要把拐杖直接顶在腋下（因腋下有重要的血管神经丛通过，以免受压损伤），双臂夹紧拐杖，以防拐杖晃动（图 3-4-4）。

（2）伸直双肘，用双手支撑身体的重量，双拐同进同退，步幅不宜过大，以 30cm 为宜（图 3-4-5）。

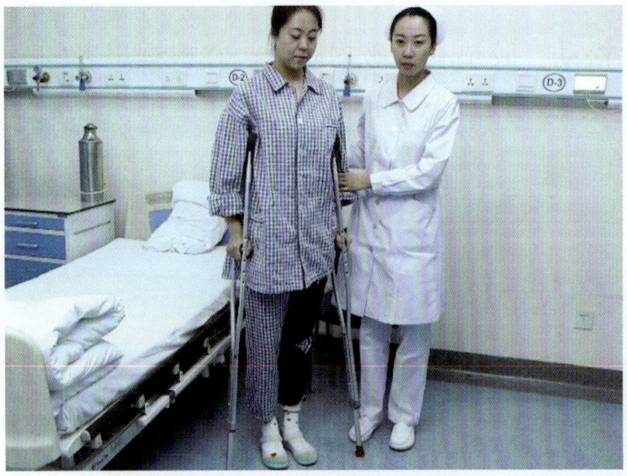

图 3-4-4　患者持拐动作

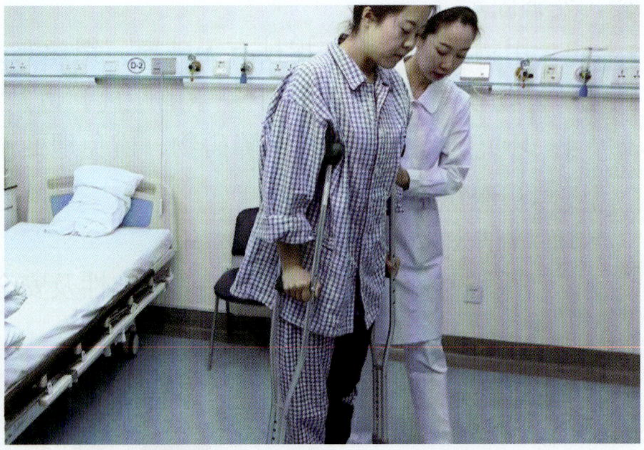

图 3-4-5　患者持拐行走动作

5．持双拐

（1）患肢不负重：患侧肢体向前抬起，双拐向前移动，同时移动患肢于双拐之间同一平面，双手支撑住拐杖，向前移动健侧肢体，如此重复（图 3-4-6）。

（2）患肢部分负重：双拐向前移动 30cm，患侧肢体向前移动至双拐头的水平线，前脚掌踩地部分支撑，健侧肢体移动至同一水平线，如此重复（图 3-4-7）。

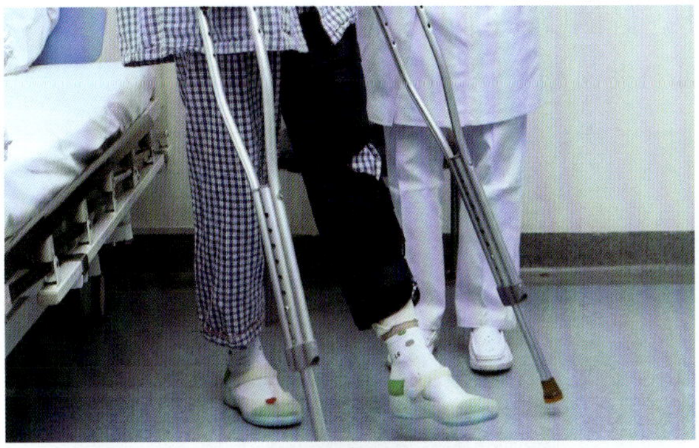

图 3-4-6　患侧肢体抬起持拐行走动作

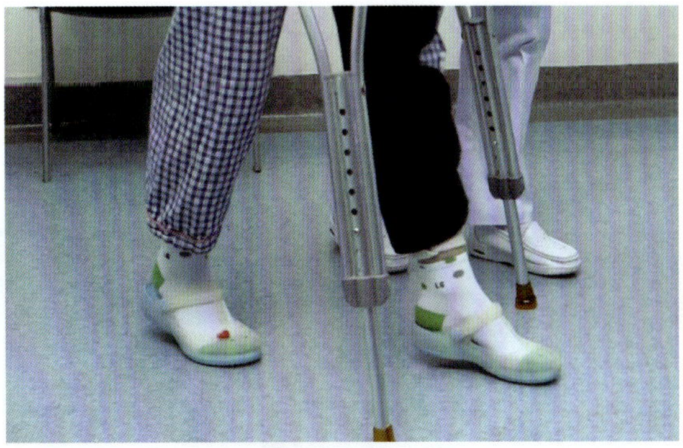

图 3-4-7　患侧肢体前脚掌踩地，迁移至双拐头水平线

（3）患肢全部负重：双拐向前移动 30cm，患侧肢体向前移动至双拐头的水平线，全脚掌支撑，健侧肢体移动至同一水平线，如此重复（图 3-4-8）。

6．持双拐坐起站立（图 3-4-9）

（1）患者站立：拐杖置于患侧，用一手支持床面或扶手撑起。

（2）患者坐下：拐杖置于健侧，用一手支持床面或扶手坐下。

（3）再次评估患者的疼痛情况，检查患者患肢情况：如支具的佩戴情况，敷料松紧度，患肢感觉、血运、活动度、肿胀情况，检查伤口有无渗出。检查患者的伤口管路及治疗管路，并给予妥善固定；根据患者情况倾倒引流液、尿袋，妥善固定。

（4）整理床单位，合理放置拐杖，记录下地时间。

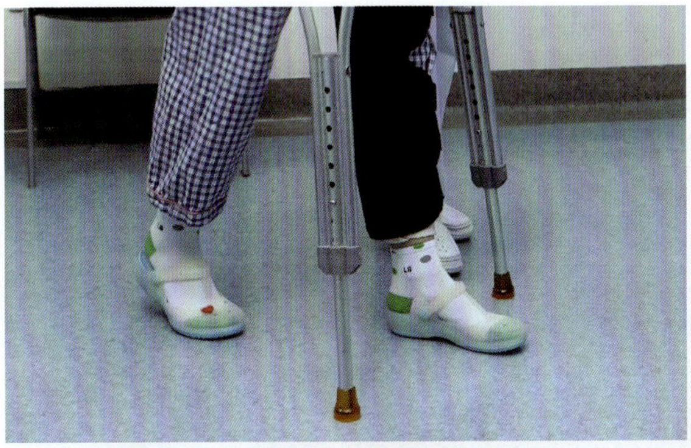

图 3-4-8　全脚掌支撑于双拐头水平线

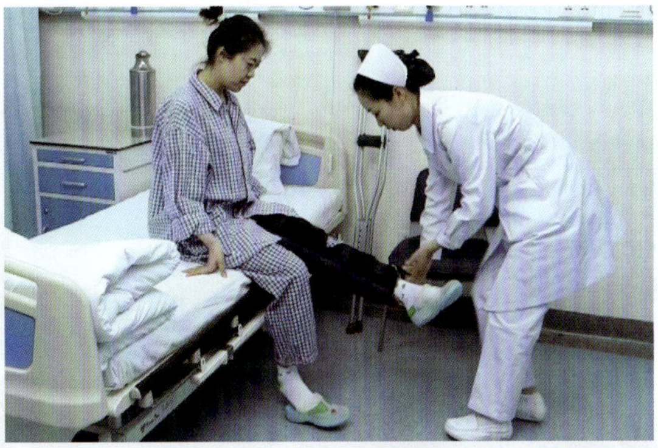

图 3-4-9　患者从站立至坐下

7．单拐步行法

（1）健侧手扶拐杖，重心在健侧，手臂支撑身体（图 3-4-10）。

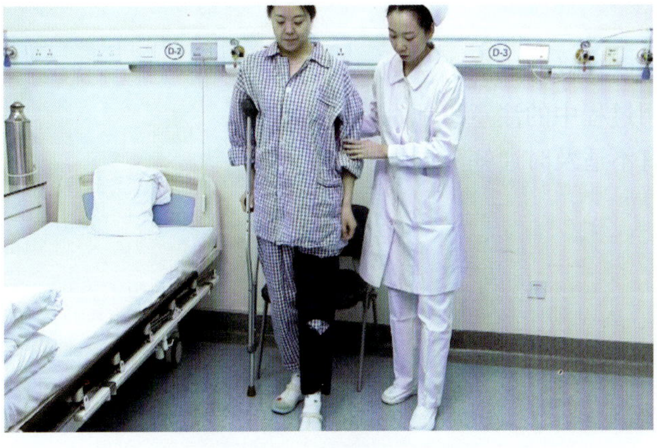

图 3-4-10　健侧手持拐杖

（2）两点步行法：拐杖和患肢同时向前一步，健侧肢体再向前一步（图 3-4-11）。

（3）交叉步行法：拐杖向前一步，患肢向前一步，健侧肢体向前一步（图 3-4-12）。

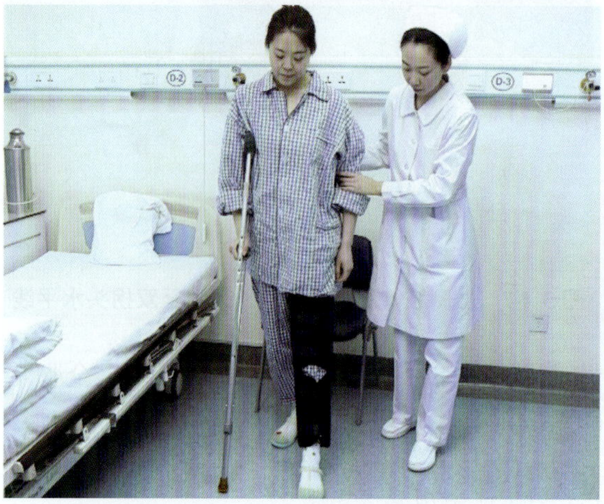

图 3-4-11　拐杖与患肢同时前行

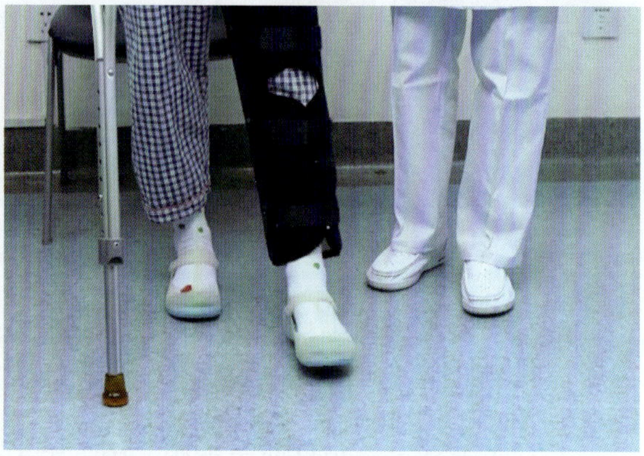

图 3-4-12　拐杖前一步，患肢前一步

8．持单拐站立坐下

（1）持单拐站起：单拐移至椅子扶手边，健侧手抓住；移动身体，靠近椅子边缘；双手支撑，身体前倾；患肢在前，健肢站立；站稳，移单拐于健侧旁开约 10cm（图 3-4-13）。

（2）持单拐坐下：移动身体，脚跟碰椅子边缘，单拐放于椅旁，双手摸到椅子扶手并抓住下降身子，重心落在健腿，双手支撑用力（图 3-4-14）。

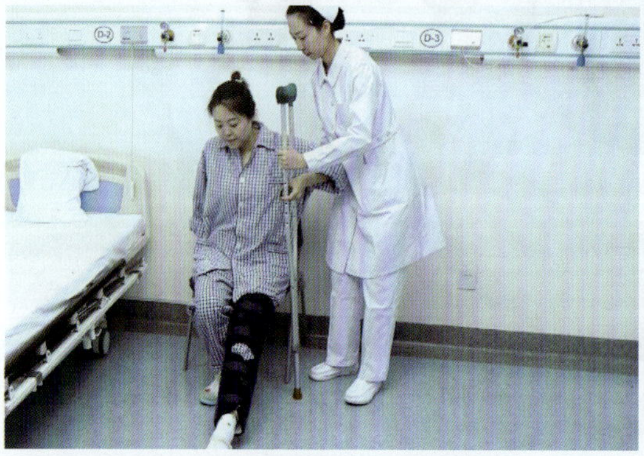

图 3-4-13　患肢在前，健肢站立

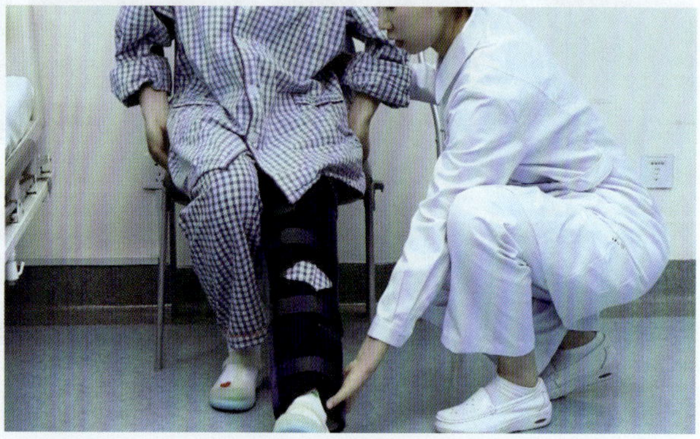

图 3-4-14　双手扶椅子下降身子

（四）健康教育

1．告知患者及家属拐杖使用的方法和目的。

2．讲解拐杖使用过程中的注意事项。

3．告知患者如有不适及时通知陪同人员。

（五）操作流程图（图 3-4-15）

准备
1. 按规定着装，洗手、戴口罩
2. 用物准备齐全

解释
1. 查对床号、姓名
2. 告知拐杖使用的目的，取得配合

评估
1. 评估患者自理及合作程度
2. 评估患者疼痛情况
3. 评估患者患肢情况：如支具的佩戴情况，敷料松紧度，患肢活动度、肿胀情况，伤口有无渗出
4. 检查患者拖鞋的情况（跟脚，防滑）

操作前准备
1. 护士准备：着装整齐，备齐用物
2. 患者准备
①告知患者拐杖使用的目的和注意事项，取得患者的配合
②检查患者的伤口管路及治疗管路，并给予妥善固定；根据患者情况倾倒引流液、尿袋，妥善固定
3. 用物准备：检查拐杖有无破损、螺丝有无松动、胶垫有无破损脱落，并根据患者的身高调节好拐杖的高度（距腋下一拳的距离）以及手柄的高度（双臂自然下垂时手腕的水平）
4. 环境准备：宽阔，移开障碍物，地面无湿滑

使用拐杖行走
1. 协助患者站起：确定椅子或床是否稳定牢固，将患者健侧腿支撑在地面上，身体向前移动到椅子或床的边缘，将双拐并拢在一起，嘱患者用患腿一侧的手握住拐杖手柄，健侧的手扶住椅子扶手或床缘，两手一起支撑用力，同时健侧腿发力站起，保持站稳。
2. 协助使用拐杖行走：询问患者有无头晕等不适主诉。嘱患者：拐杖的宽度比肩略宽，高度为距腋下一拳，身体站直，不要把拐杖直接顶在腋下，双臂夹紧拐杖，以防拐杖晃动，伸直双肘，用双手支撑身体的重量，双拐同进同退，步幅不宜过大，以 30cm 为宜。
（1）持双拐
患肢不负重：患侧肢体向前抬起，双拐向前移动，同时移动患肢于双拐之间同一平面，双手支撑住拐杖，向前移动健侧肢体，如此重复。
患肢部分负重：双拐向前移动 30cm，患侧肢体向前移动至双拐头的水平线，前脚掌踩地部分支撑，健侧肢体移动至同一水平线，如此重复。
患肢全部负重：双拐向前移动 30cm，患侧肢体向前移动至双拐头的水平线，全脚掌支撑，健侧肢体移动至同一水平线，如此重复。
（2）持单拐
健侧手扶拐杖，重心在健侧，手臂支撑身体

使用拐杖坐下
(1) 协助患者坐下：身体向后慢慢退，直到正常侧的腿碰到椅子或者床的边缘，保持体重在正常腿上，将双拐并拢合在一起，用患腿一侧的手握住拐杖手柄，健侧的手放到椅子或床缘上，然后弯曲健侧膝盖，慢慢坐下，协助患者移到病床上，摆好舒适的体位。
(2) 再次评估患者的生命体征，检查患者患肢情况：如支具的佩戴情况，敷料松紧度，患肢感觉、血运、活动度、肿胀情况，伤口有无渗出。检查患者的伤口管路及治疗管路，并给予妥善固定；根据患者情况倾倒引流液、尿袋。

清理记录
(1) 整理床单位，合理放置拐杖
(2) 洗手，查对患者信息，记录下地时间

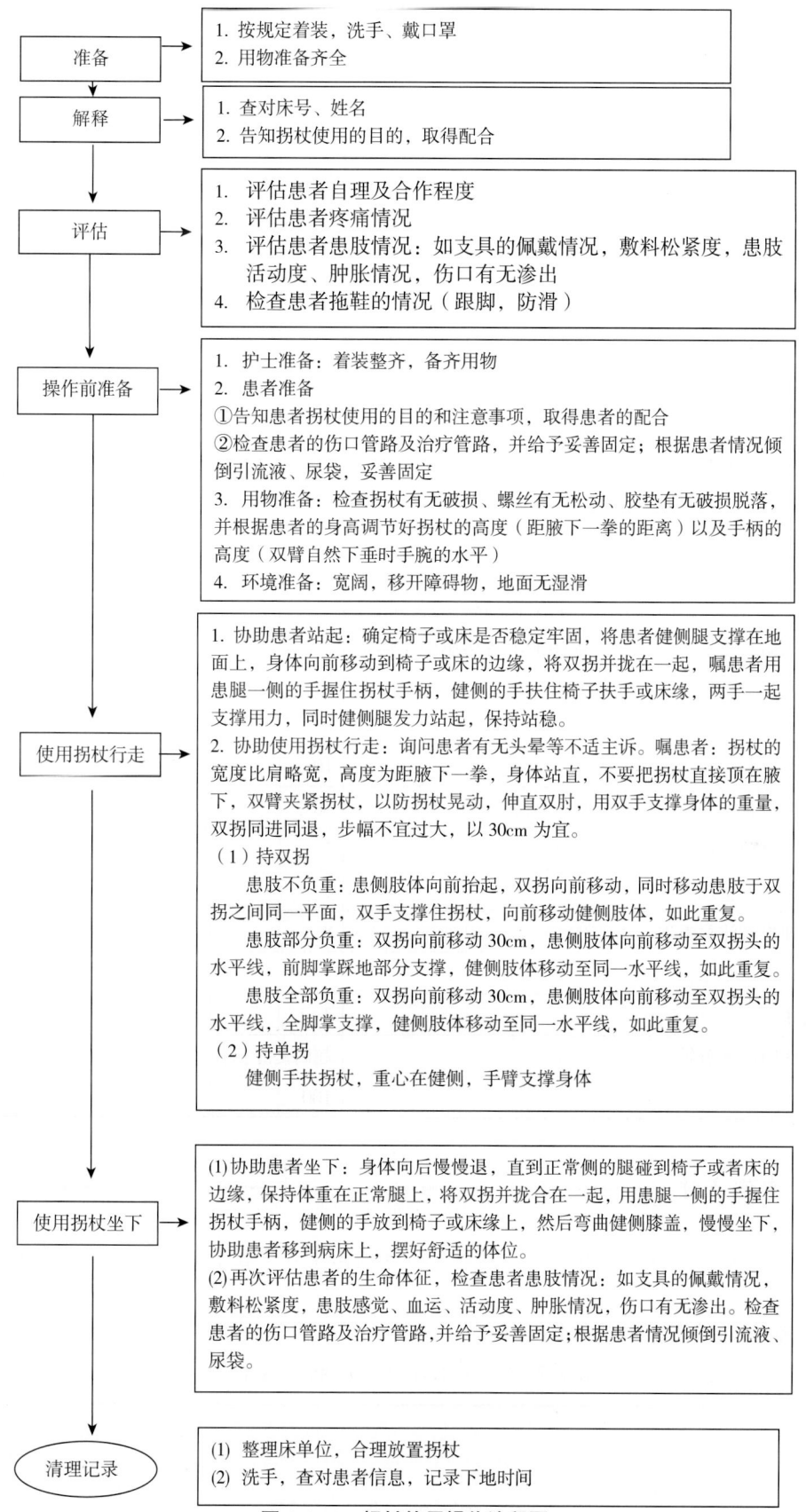

图 3-4-15　拐杖使用操作流程图

（六）操作评分标准（表 3–4–1）

表3-4-1　拐杖使用操作评分标准

项目	技术操作要求	评分	评分等级				实际得分
			A×1	B×0.7	C×0.4	D×0	
仪表5	按要求着护士装	5					
操作前准备 7	物品准备：拐杖 1 副 环境：整洁、安静、无障碍物、地面无湿滑	5					
	洗手、戴口罩	2					
操作过程 80	告知患者使用拐杖的目的	5					
	评估患者： 1．患者生命体征 2．治疗管路固定情况 3．伤口敷料包扎情况	10					
	检查拐杖的使用状态	3					
	评估患者一般状况，包括生命体征、治疗管路、伤口敷料包扎情况	8					
	停止静脉输液，给予拔针或留置针封管，倾倒引流液，夹闭尿管、伤口引流管等治疗管路，妥善固定	5					
	协助患者坐于床旁，将已夹闭的引流袋固定于病员服上，高度要求低于引流部位	5					
	观察患者状态，确认无头晕、恶心等不适	8					
	协助患者坐起，在床边站立	10					
	教会患者正确使用拐杖行走：单拐 / 双拐	10					
	操作过程中观察患者反应，倾听患者主诉	5					
	协助患者整理衣物	3					
	告知患者注意事项	8					
操作后 8	整理病房及用物	5					
	洗手	3					
	操作时间 5 分钟	超时终止操作					
总分		100					

案例点评

✧ 术后应关注患者的病情、意识、心理状态是否适宜下地行走，评估适宜哪种行走方法。

✧ 行走时注意患者安全。

✧ 行走时注意关注患者感觉，若有不适及时联系医生。

二、助行器使用技术

案例 3-4-2

患者，男性，68 岁，膝关节骨性关节炎。行全膝关节置换术后第一天，佩戴股神经管接止痛泵止痛。遵医嘱可协助患者由床上下地站立并根据患者身体状况在病室内行走。

（一）护理评估

1. 评估患者自理及合作程度。

2. 评估患者疼痛情况。

3. 评估患者患肢情况　如支具的佩戴情况，敷料松紧度，患肢活动度、肿胀情况，伤口有无渗出。

4. 检查患者拖鞋的情况（防滑）。

（二）操作前准备

1. 护士准备　着装整齐，备齐用物。

2. 患者准备

（1）告知患者助行器使用的目的和注意事项，取得患者的配合。

（2）检查患者的伤口管路及治疗管路，并给予妥善固定；根据患者情况倾倒引流液、尿袋，妥善固定。

3. 用物准备　检查助行器有无破损、螺丝有无松动、胶垫有无破损脱落，并根据患者的身高调节好助行器的高度（患者站立，肩与手臂自然放松，体重均匀分布于双足，测量地面到尺骨鹰嘴的距离）。

4. 环境准备　宽阔，移开障碍物，避免地面湿滑。

助行器使用技术

（三）操作步骤

1. 评估患者状况，适宜下地行走。

2. 携助行器至床旁，检查其完整性及安全性并调节高度（图 3-4-16）。

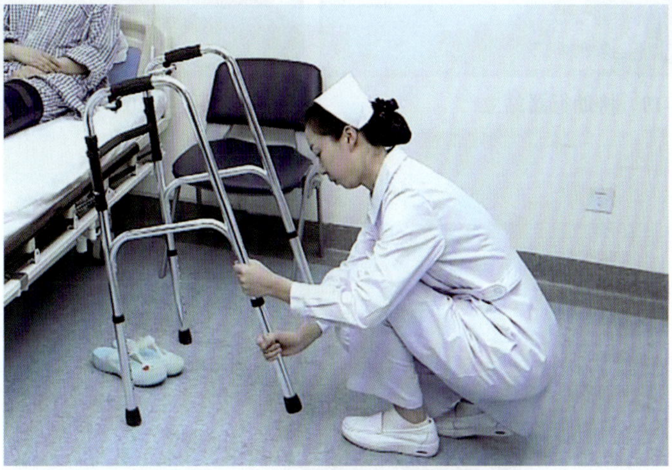

图 3-4-16　检查助行器及调节高度

3. 协助患者站起

（1）确定椅子或床是否稳定牢固，将患者健肢支撑在地面上（图 3-4-17）。

（2）身体向前移动到椅子或床的边缘，嘱患者用患侧手握住助行器手柄，健侧的手扶住椅子扶手或床缘，两手一起支撑用力，同时健侧腿发力站起，护士将助行器放置于患者正前方，保持重心平稳（图 3-4-18）。

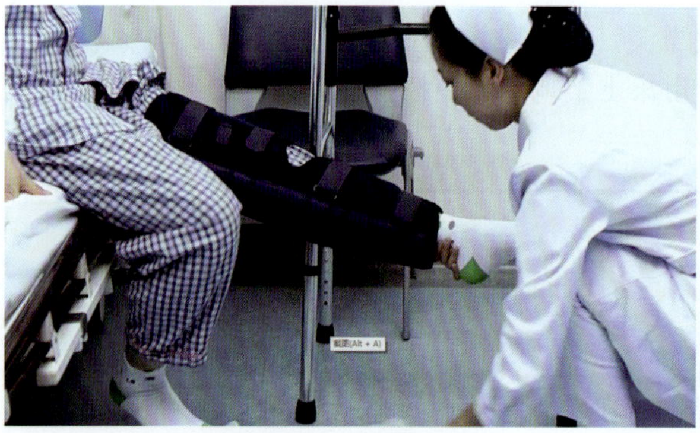

图 3-4-17　健侧腿支撑

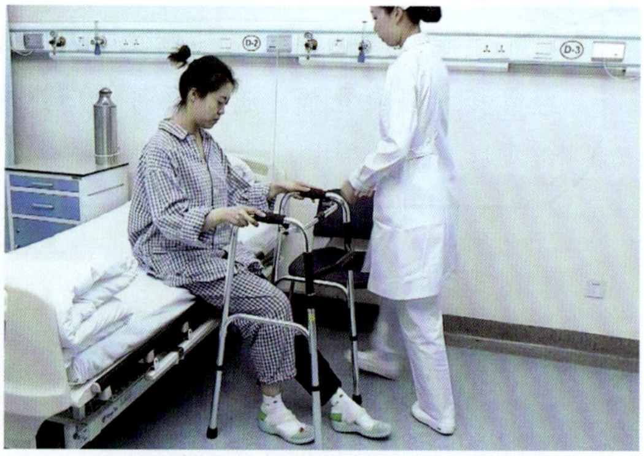

图 3-4-18　一手握助行器，一手支撑

4．协助患者使用助行器行走

（1）行走时：助行器置于患者面前，站立于框中，左右两边包围；双手持扶手向前移动助行器约一步距离。将助行器四个脚放置于地上摆稳；双手支撑握住扶手，患腿向前摆动，重心前移至上臂和患腿（图 3-4-19）。起步时足尖抬高，着地时先落足跟再落足尖（图 3-4-20）。稳定后移动健腿向前一步，可适当落在患腿前方。重复这些步骤，向前行走（移动：步行器→患腿→健腿）（图 3-4-21）。

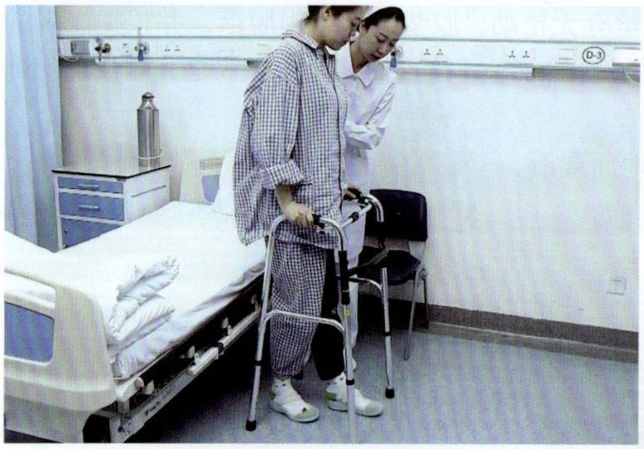

图 3-4-19　持助行器站立

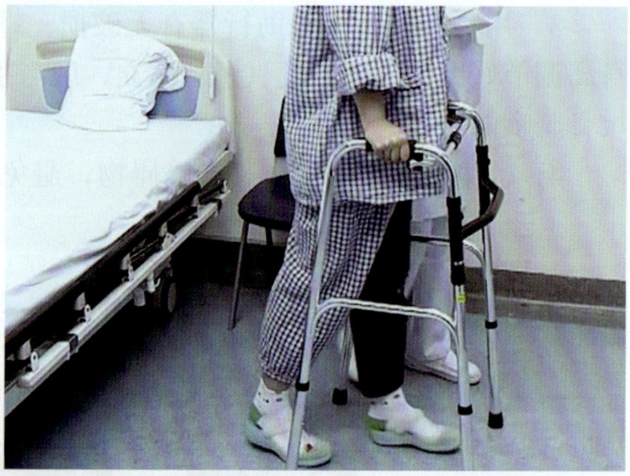

图 3-4-20　起步、着地时足尖抬高

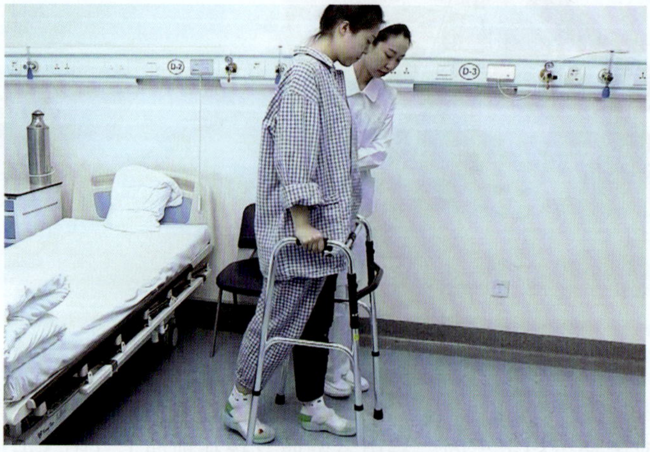

图 3-4-21　持助行器行走

①患肢不负重行走：患侧肢体向前抬起（若患肢不能负重，则患肢悬空，重心完全放于双上肢），向前移动助行器，同时移动患肢于助行器同一平面，双手支撑住助行器，向前移动健侧肢体，落于助行器后腿连线的水平位置中间，如此重复（图 3-4-22）。

②患肢部分负重行走：向前移动助行器，患侧肢体向前移动至助行器的水平线，前脚掌踩地部分支撑，健侧肢体移动至助行器后腿连线的水平位置中间，如此重复（图 3-4-23）。

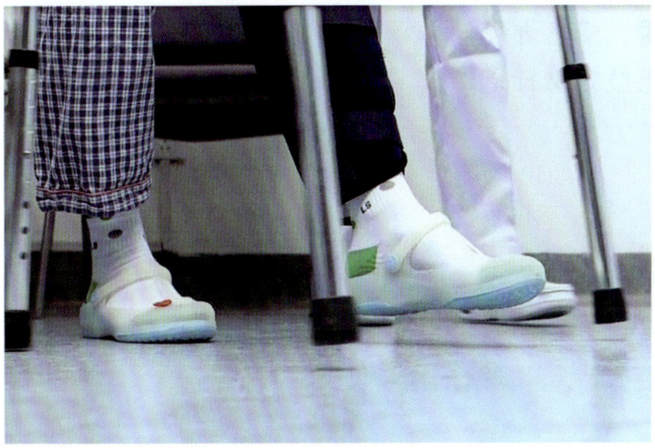

图 3-4-22　患肢不负重行走

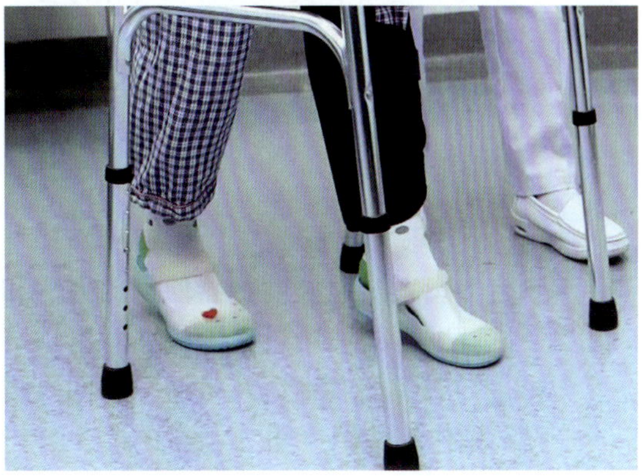

图 3-4-23　患肢部分负重行走

③患肢全部负重行走：向前移动助行器，患侧肢体向前移动至助行器的水平线，全脚掌支撑，健侧肢体移动至助行器后腿连线的水平位置中间，如此重复（图 3-4-24）。

（2）坐下时：移步到待坐椅子或床前，扶住助行器，背对椅子或床，后移健肢使腿后方碰到椅子或床边；患肢略滑向前，双手向后扶住床面，护士站于患侧搂住腰部辅助，嘱患者慢慢弯曲健肢，身体坐到椅子或床上，将重心后移，双手撑住床，健肢转至床面，同时护士一手扶腰，一手协助抬起患肢至床面（图 3-4-25）。

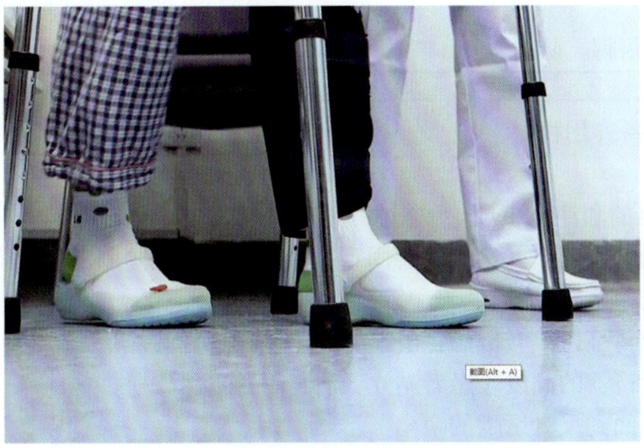

图 3-4-24　患肢全部负重行走

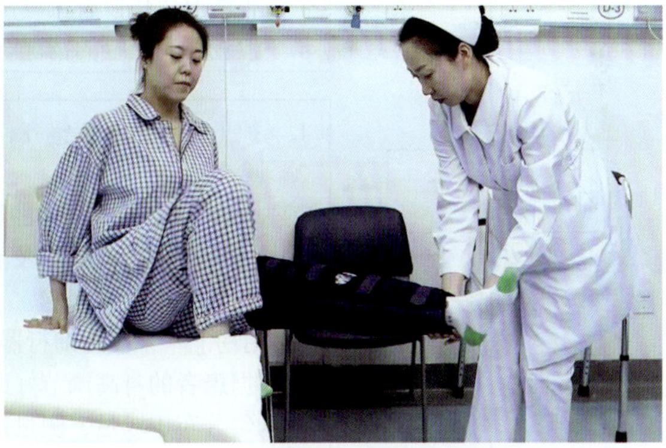

图 3-4-25　护士保护患者从站立到坐下

5．再次评估患者的生命体征，检查患者患肢情况　如支具的佩戴情况，敷料松紧度，患肢感觉、血运、活动度、肿胀情况，伤口有无渗出。检查患者的伤口管路及治疗管路，并给予妥善固定；根据患者情况倾倒引流液、尿袋，妥善固定。

6．整理床单位，合理放置助行器，记录下地时间。

重要小提示

✧ 确定助行器有橡皮脚垫，保证零件牢固、无松动。

✧ 告知患者在使用助行器时保持重心平衡，避免造成跌倒。

✧ 避免在湿滑的地面行走，如地面湿滑，嘱患者绕行。

✧ 没有医嘱的情况下，嘱患者不要用患肢负重行走。

（四）健康教育

1．告知患者及家属助行器使用的方法和目的。

2．讲解助行器使用过程中的注意事项。

3．告知患者如有不适及时通知陪同人员。

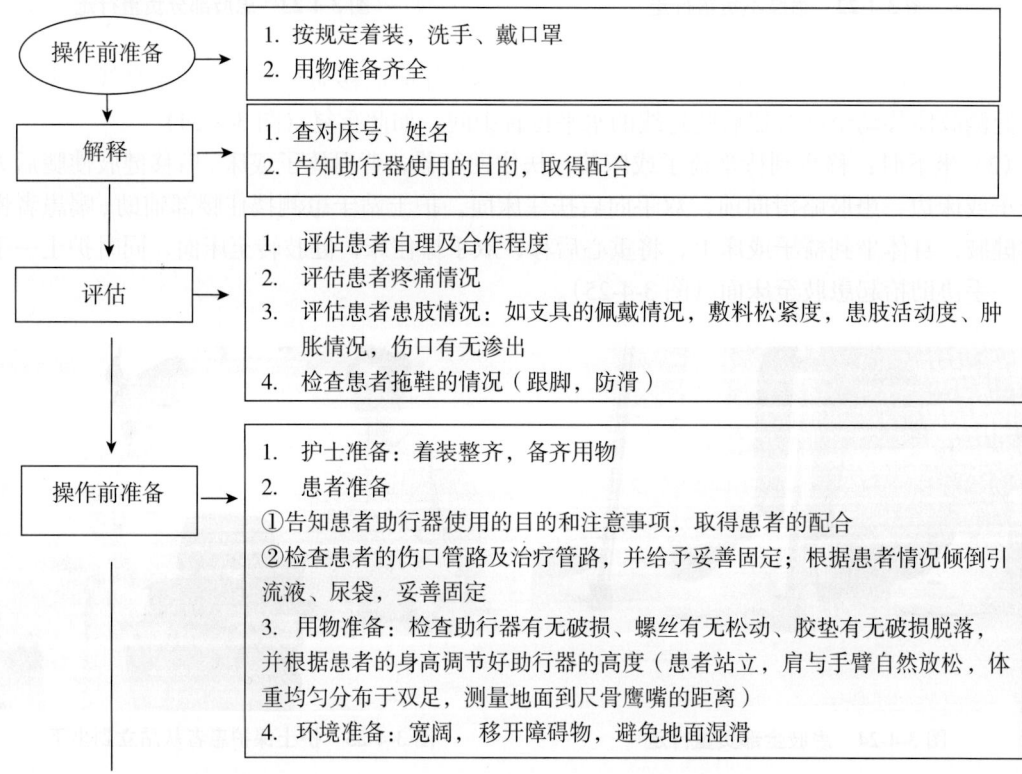

（五）操作流程图（图 3-4-26）

操作前准备 →	1. 按规定着装，洗手、戴口罩 2. 用物准备齐全
解释 →	1. 查对床号、姓名 2. 告知助行器使用的目的，取得配合
评估 →	1. 评估患者自理及合作程度 2. 评估患者疼痛情况 3. 评估患者患肢情况：如支具的佩戴情况，敷料松紧度，患肢活动度、肿胀情况，伤口有无渗出 4. 检查患者拖鞋的情况（跟脚，防滑）
操作前准备 →	1. 护士准备：着装整齐，备齐用物 2. 患者准备 ①告知患者助行器使用的目的和注意事项，取得患者的配合 ②检查患者的伤口管路及治疗管路，并给予妥善固定；根据患者情况倾倒引流液、尿袋，妥善固定 3. 用物准备：检查助行器有无破损、螺丝有无松动、胶垫有无破损脱落，并根据患者的身高调节好助行器的高度（患者站立，肩与手臂自然放松，体重均匀分布于双足，测量地面到尺骨鹰嘴的距离） 4. 环境准备：宽阔，移开障碍物，避免地面湿滑

使用助行器行走 →

1. 协助患者站起：确定椅子或床是否稳定牢固，将患者健侧腿支撑在地面上，身体向前移动到椅子或床的边缘，嘱患者用患腿一侧的手握住助行器手柄，健侧的手扶住椅子扶手或床缘，两手一起支撑用力，同时健侧腿发力站起，保持站稳

2. 协助患者使用助行器行走

（1）行走：步行器置于患者面前，站立于框中，左右两边包围；双手持扶手向前移动步行器约一步距离。将步行器四个脚放置于地上摆稳；双手支撑握住扶手，患腿向前摆动，重心前移至上臂和患腿；起步时足尖抬高，着地时先落足跟再落足尖。稳定后移动正常腿向前一步，可适当落在患腿前方；重复这些步骤，向前行走。

（2）坐下：移步到待坐椅子或床前，扶住步行器，背对椅子或床，保持体重在正常腿上，后移正常腿，使腿后方碰到椅子或床边；患腿略滑向前。双手向后扶住床面，护士站于患侧搂住腰部辅助，嘱患者慢慢弯曲健侧膝盖，身体坐到椅子或床上，将重心后移，双手撑住床，健侧腿转至床面，同时护士一手扶腰，一手协助抬起患肢至床面

↓

使用助行器行走完 →

再次评估患者的生命体征，检查患者患肢情况：如支具的佩戴情况，敷料松紧度，患肢感觉、血运、活动度、肿胀情况，伤口有无渗出。检查患者的伤口管路及治疗管路，并给予妥善固定；根据患者情况倾倒引流液、尿袋，妥善固定

↓

清理，记录 →

(1) 整理床单位，合理放置助行器

(2) 洗手，查对患者信息，记录下地时间

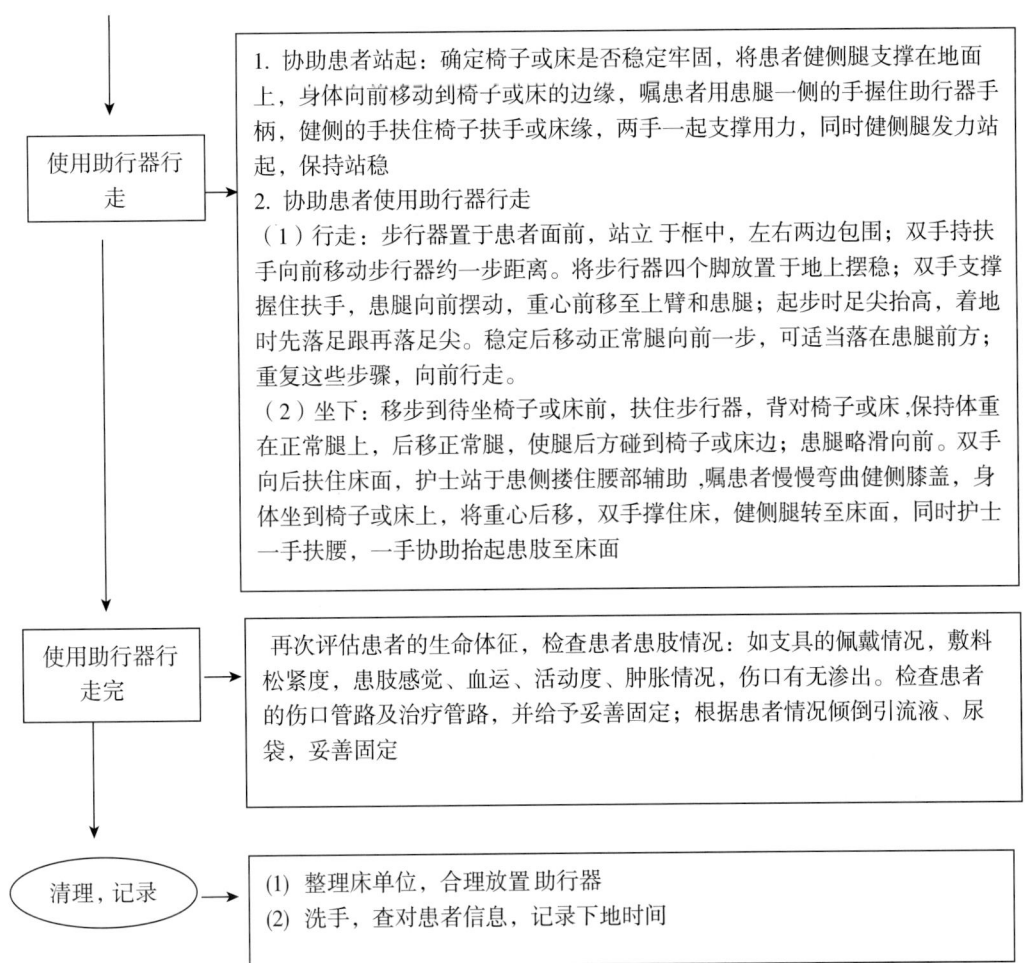

图 3-4-26　助行器使用操作流程图

（六）操作评分标准（表 3-4-2）

表3-4-2　助行器使用操作评分标准

项目	技术操作要求	评分	评分等级				实际得分
			A×1	B×0.7	C×0.4	D×0	
仪表 5	按要求着护士装	5					
操作前准备 87	物品准备：助行器 环境：整洁、安静、无障碍物、地面无湿滑	5					
	洗手、戴口罩	2					
	评估患者： 1．患者生命体征 2．治疗管路固定情况 3．伤口敷料包扎情况 4．患肢感觉、运动、肿胀程度	10					

续表

项目	技术操作要求	评分	评分等级				实际得分
			A×1	B×0.7	C×0.4	D×0	
操作前准备87	向患者解释操作方法及配合指导	5					
	检查助行器的使用状态	3					
	评估患者一般状况，包括生命体征、治疗管路、伤口敷料包扎情况	8					
	停止静脉输液，给予拔针或留置针封管，倾倒引流液，夹闭尿管、伤口引流管等治疗管路，妥善固定	5					
	协助患者坐于床旁，将已夹闭的引流袋固定于病员服上，高度要求低于引流部位	5					
	观察患者状态，确认无头晕、恶心等不适	8					
	协助患者坐起，在床边站立	10					
	教会患者正确使用助行器行走	10					
	操作过程中观察患者反应，倾听患者主诉	5					
	协助患者整理衣物	3					
	告知患者注意事项	8					
操作后8	整理病房及用物	5					
	洗手	3					
	操作时间5分钟	超时终止操作					
总分		100					

案例点评

✧ 术后应关注患者的病情、意识、心理状态是否适宜下地行走，评估适宜哪种行走方法。

✧ 行走时注意患者安全。

✧ 行走时注意关注患者感觉，若有不适及时联系医生。

第四章　冷与热应用技术

学习目标

通过本章内容的学习，学生能够：

◎ 识记

1．分别描述热水袋、冷湿敷法、冰袋、冰帽、温水擦浴使用的评估内容。

2．分别叙述热水袋、冷湿敷法、冰袋、冰帽、温水擦浴使用的目的和作用。

◎ 理解

1．分别解释热水袋、冷湿敷法、冰袋、冰帽、温水擦浴的操作原则和注意事项。

2．说明使用热水袋时，不同患者所需的水温。

3．分别说明冷湿敷法、冰袋、冰帽、温水擦浴使用的禁忌。

◎ 运用

1．按规程为患者使用热水袋。

2．按规程为患者提供冷湿敷法的护理活动。

3．按规程为患者提供冰袋使用的护理活动。

4．按规程为患者提供冰帽使用的护理活动。

5．按规程为患者提供温水擦浴。

第一节　热水袋使用法

热水袋的使用是指用高于人体体温的热水，作用于机体的局部，以保暖、解痉、缓解局部疼痛和增加舒适为目的的方法。

案例 4-1-1

患者男性，40 岁，于冬季醉酒后倒于室外，路人拨打“120”，到达时患者周身湿冷，处于低体温状态，立即加盖棉被保暖，转运回院。查体：患者体温 35 ℃，双肺呼吸音清，未闻及干湿啰音，心音低钝，未闻及杂音。头颅 CT 示无脑出血，胸部 CT 提示双肺无明显肺炎表现，转运至监护室，给予醒脑补液等对症治疗。加盖双层棉被，应用电热毯，足部应用暖水袋等复温处理。

V4-1

热水袋使用法

（一）护理评估

1．评估患者的年龄、病情、意识、体温、自理能力、合作程度及心理反应。

2．评估患者局部皮肤的温度、颜色，局部组织有无破损、开放性伤口、感觉障碍及对热刺激的敏感性等情况。

3．评估环境温度。

（二）操作前准备

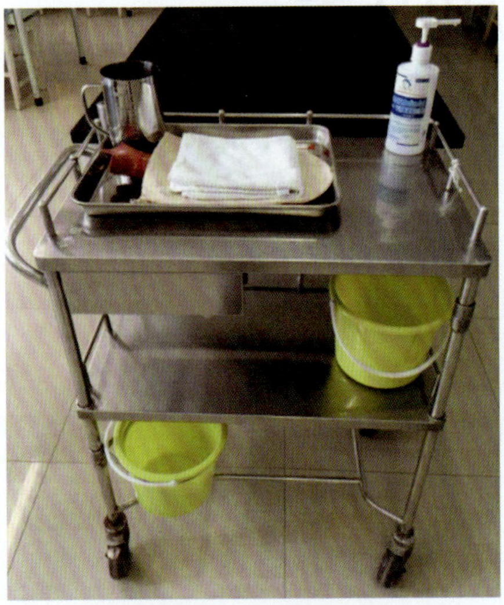

图 4-1-1　用物准备

1．护士准备　着装整洁，修剪指甲，洗手。

2．患者准备

（1）了解热水袋使用的目的、方法、注意事项及配合要点。

（2）取舒适体位。

3．用物准备　治疗盘，热水袋，治疗巾，量杯，热水（60 ~ 70℃），水温计，干毛巾，手消毒液（图 4-1-1）。

热水袋的准备：根据需要，测量水温（图 4-1-2）。一手提热水袋口，另一手将准备好的热水灌入袋中，灌水量为袋容积的 1/2 ~ 2/3（图 4-1-3）。将热水袋口端逐渐放平，排出袋内空气（图 4-1-4），拧紧塞子，用干毛巾擦干外壁。倒提热水袋（图 4-1-5），轻轻抖动几次，检查无漏水后装入套内，系好系带。包裹热水袋（图 4-1-6），备用。

图 4-1-2　测量水温

图 4-1-3　灌热水袋时手持热水袋法

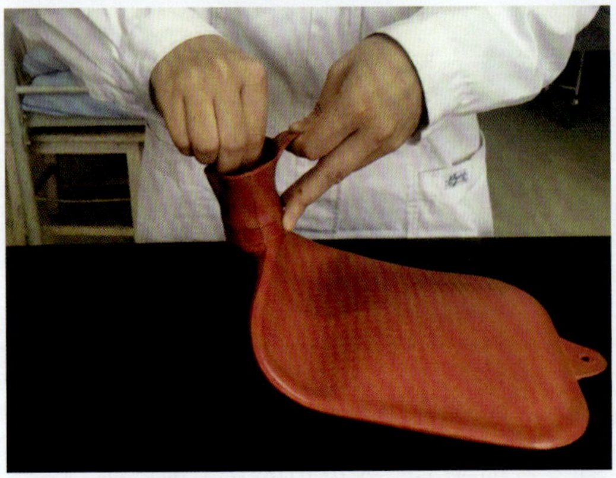

图 4-1-4　热水袋排气法

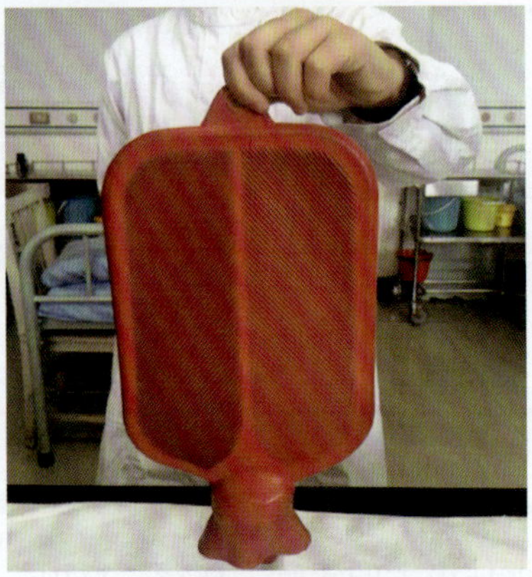

图 4-1-5　倒提检查法

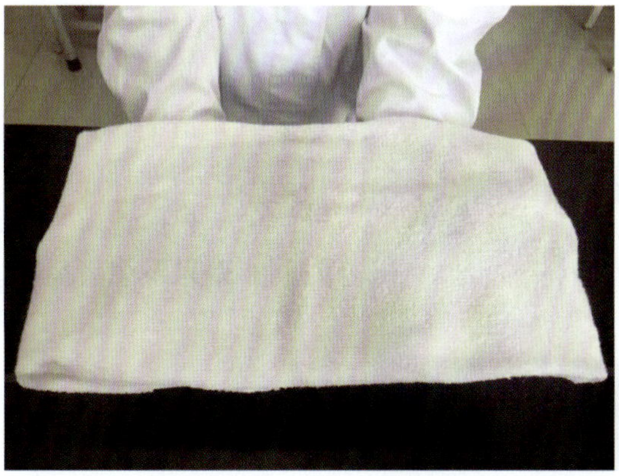

图 4-1-6　包裹热水袋法

4．环境准备　清洁、舒适，温度适宜，酌情关闭门窗。

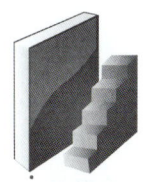

知识链接

热疗法的生理效应

项目	热疗法
血管	扩张
毛细血管通透性	提高
血液黏稠度	降低
血液流动	加快
淋巴回流	促进
神经冲动的传导	促进
结缔组织的伸展性	增强
细胞代谢	促进
耗氧量	增加
体温	升高

（三）操作步骤

1．评估解释　核对医嘱、执行单。至患者床旁，核对患者床号、姓名和腕带；评估患者的病情及皮肤状况；并向患者及家属解释热水袋使用的目的、方法、注意事项及配合要点；环境清洁、舒适、温度适宜，酌情关闭门窗。

2．洗手备物　护士洗手，戴口罩；备齐用物。

3．再次核对　携用物至患者床旁，再次核对患者的床号、姓名和腕带。

4．安置体位　协助患者取舒适卧位，手消毒。

5．置热水袋　置热水袋于所需部位（图 4-1-7），袋口朝向身体外侧。

6．严密观察　疗效、反应及热水袋温度。

7．撤热水袋　用热 30 分钟，撤去热水袋；检查局部皮肤，协助患者取舒适卧位，整理床单位。

图 4-1-7　将热水袋置于患处

8．整理用物　将热水袋内的水倒净，倒挂晾干后，吹气，旋紧塞子，存放于阴凉处，清洗水袋套，清洁、消毒后备用。有特殊感染者，按传染病用物处理。

9．洗手记录　记录用热部位、皮肤状况、时间、效果及患者反应。

重要小提示

✧ 热水袋水温：正常成人 60 ~ 70 ℃；老人、小儿、昏迷者、麻醉未醒者和用热部位知觉麻痹者应调至 50 ℃；为手术患者的病床保温，热水袋放置于病床，其表面温度不超过 45 ℃；为缓解疼痛直接接触皮肤时，其表面温度不超过 43 ℃。

✧ 热水袋须放入布袋中包裹方可接触患者皮肤。

✧ 经常巡视观察用热水袋部位的皮肤颜色，如发现皮肤潮红则立即停止使用，局部涂凡士林油，以防烫伤。

✧ 急腹症患者禁止使用热水袋。

✧ 软组织损伤或扭伤后，48 小时内禁用热水袋。

✧ 每次使用热水袋时间不宜超过 30 分钟或遵医嘱执行。

✧ 持续使用热水袋时，应每隔 30 分钟检查一次水温，及时更换热水，以保持一定温度。

（四）健康教育

1．向患者说明热水袋使用的重要性。

2．向患者解释使用热水袋的目的、作用及方法。

3．向患者讲解使用热水袋的相关知识，如热水袋内水的水温、灌注方法、量、排气方法及使用完毕的处理方法等，使患者能够正确使用热水袋。

（五）操作流程图（图 4-1-8）

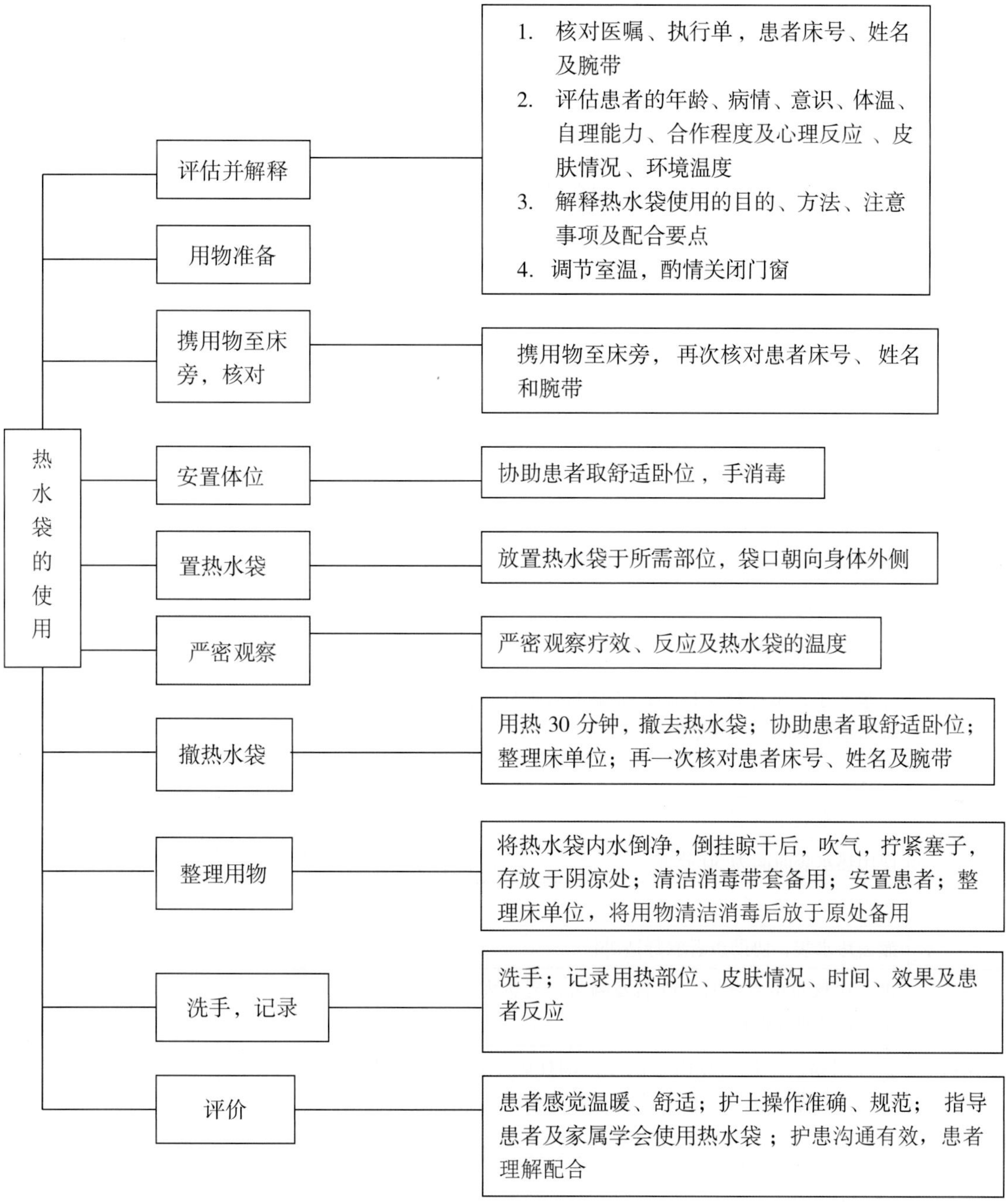

图 4-1-8　热水袋使用操作流程图

（六）操作评分标准（表 4-1-1）

表4-1-1　热水袋使用操作评分标准

项目	技术操作要求	评分	评分等级				实际得分
			A×1	B×0.7	C×0.4	D×0	
素质 5	仪表、着装符合要求	2					
	操作熟练、轻柔，沟通有效	3					
评估 20	核对医嘱、执行单、患者床号、姓名及腕带	5					
	评估患者的病情、自理能力、配合程度及末梢感觉情况	5					
	评估患者局部组织有无破损、开放性伤口	5					
	评估环境温度	5					
操作前准备 5	洗手、戴口罩	2					
	用物准备齐全，放置合理，环境安排	3					
操作过程 55	核对患者的床号、姓名及腕带	5					
	协助患者选择合适体位	5					
	测量水温	3					
	水温合适	2					
	向热水袋内灌水	5					
	排尽热水袋内的空气	5					
	拧紧塞子，倒提轻轻抖动，确定无漏水后，装入热水袋套内，系好系带	5					
	包裹热水袋	5					
	放置热水袋于所需部位	5					
	使用热水袋时间为 30 分钟	5					
	严密观察疗效、反应及热水袋温度	5					
	撤去热水袋，协助患者取舒适卧位	5					
操作后处理 8	再一次核对患者床号、姓名及腕带；妥善安置患者；整理床单位	3					
	整理用物，将热水袋内水倒净，倒挂晾干后，吹气，拧紧塞子，存放于阴凉处；清洁消毒带套	3					
	洗手，记录	2					
整体评价 7	认真倾听患者的反映和需要，沟通语言恰当，患者无不适感	3					
	动作规范、轻巧、熟练、准确、节力	4					
总分		100					

案例点评

➢ 协助患者取舒适卧位。

➢ 热水袋放置的位置适宜。

➢ 热水袋使用时间合理，一般以 30 分钟为宜。

➢ 热水袋处理方法正确。

➢ 热水袋须放入布袋中包裹方可接触患者皮肤。如足底保温应距离 10 cm，或用大毛巾包裹在两层毛毯之间。热水袋不可放在两面皮肤之间如腋下、腹股沟等部位，以免发生烫伤。

➢ 认真倾听患者的反映和需要。

（彭丹梅）

第二节　冷湿敷法

冷湿敷（cold moist compress）主要用于降温，早期扭伤、挫伤的消肿和止痛等。

案例 4-2-1

患者，女，39 岁，2 小时前于运动中不慎扭伤右脚踝，局部红肿、疼痛，无破溃，予以冷湿敷。

V4-2

冷湿敷法

（一）护理评估

1．评估患者的年龄、病情、体温、意识状况、活动能力、疼痛情况，有无感觉障碍及冷过敏。

2．评估冷疗部位的皮肤状况，如颜色、温度、有无硬结、伤口、淤血等。

3．评估患者对冷疗的认识、心理反应及合作程度。

（二）操作前准备

1．护士准备　着装整齐，洗手，修剪指甲，戴口罩。

2．患者准备

（1）了解冷湿敷的目的、方法、注意事项及配合要点。

（2）取舒适体位。

3．用物准备　治疗盘内备：弯盘、敷布 2 块、钳子 2 把、棉签、治疗巾、干毛巾。

4．环境准备　病室安静、整洁，温湿度适宜，无对流风直吹患者。必要时，用屏风遮挡。

（三）操作步骤

1．评估并解释　至患者床旁，根据医嘱核对患者的姓名、床号和腕带；评估患者的病情并向患者及家属解释冷湿敷的目的、方法、注意事项及配合要点。

2．携用物至床旁、核对　护士备齐用物携至患者床旁（图 4-2-1），再次核对患者的姓名、床号和腕带。

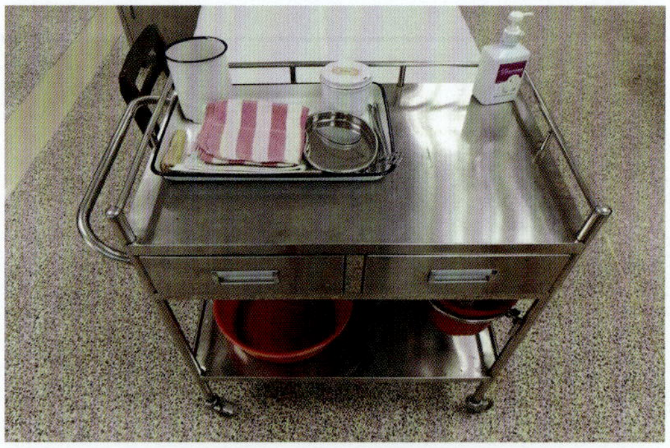

图 4-2-1　用物准备

3．患处准备　暴露患处，垫治疗巾于受敷部位下（图 4-2-2）。

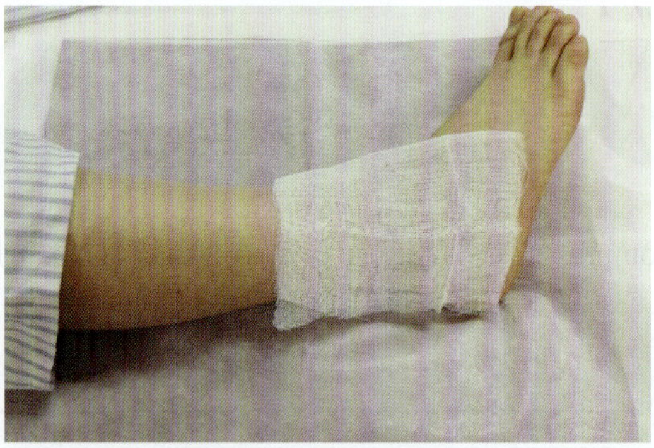

图 4-2-2　患处准备

4．局部治疗

（1）双手各持一把钳子，将浸在冰水中的敷布拧干（图 4-2-3）。

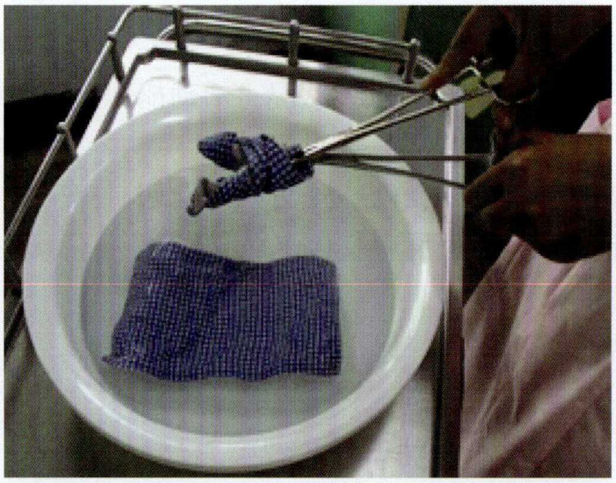

图 4-2-3　拧干敷布法

（2）抖开敷布，折叠后敷在患处（图 4-2-4）。

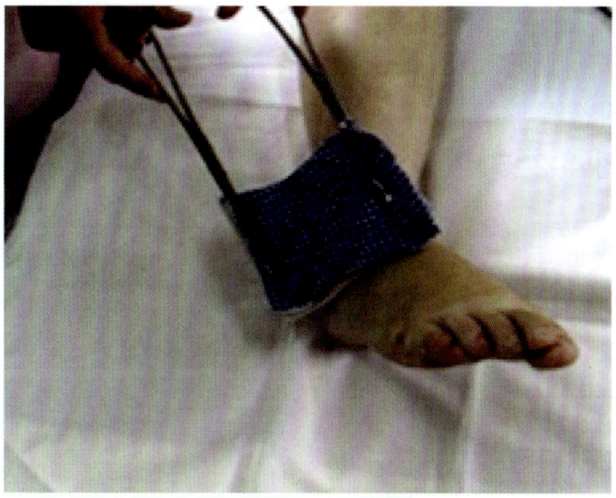

图 4-2-4　敷布抖开、折叠

（3）每 3 ～ 5 分钟更换一次敷布，一般冷湿敷时间为 15 ～ 20 分钟。对高热患者，可将敷布敷于其前额。

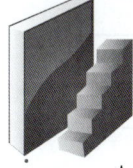

知识链接

冷湿敷禁忌证：①血液循环障碍；②慢性炎症或深部化脓病灶；③组织损伤、破裂、水肿部位；④对冷过敏者；⑤昏迷、感觉异常、年老体弱者慎用；⑥枕后、耳廓、阴囊、心前区、腹部、足底禁忌用冷。

5．巡视观察　用冷过程中，观察冷疗的效果、患者的反应以及局部皮肤颜色的变化。如出现皮肤苍白、青紫等，应立即停止用冷。冷敷部位若为开放性伤口，需按无菌技术处理伤口。

6．安置患者　治疗结束撤掉敷布，协助患者取舒适卧位，整理患者的床单位。

7．用物整理　整理用物，将用物清洁消毒后放于原处备用。

8．洗手记录　记录用冷部位、时间、效果、反应。

重要小提示

✧ 受敷部位下垫治疗巾，保护皮肤和床单位。

✧ 敷布湿度得当，以不滴水为度。

✧ 冷敷部位为开放性伤口，需按无菌技术处理伤口，防止伤口感染。

✧ 如果用于降温，除头部冷敷外，患者的腋下、肘窝、腹股沟、大腿根部等处可同时应用。冷湿敷 30 分钟后应测量体温并记录。

（四）健康教育

1．向患者及家属解释冷湿敷的目的、作用、方法。

2．向患者及家属说明冷湿敷的注意事项以及应达到的治疗效果。

（五）操作流程图（图 4–2–5）

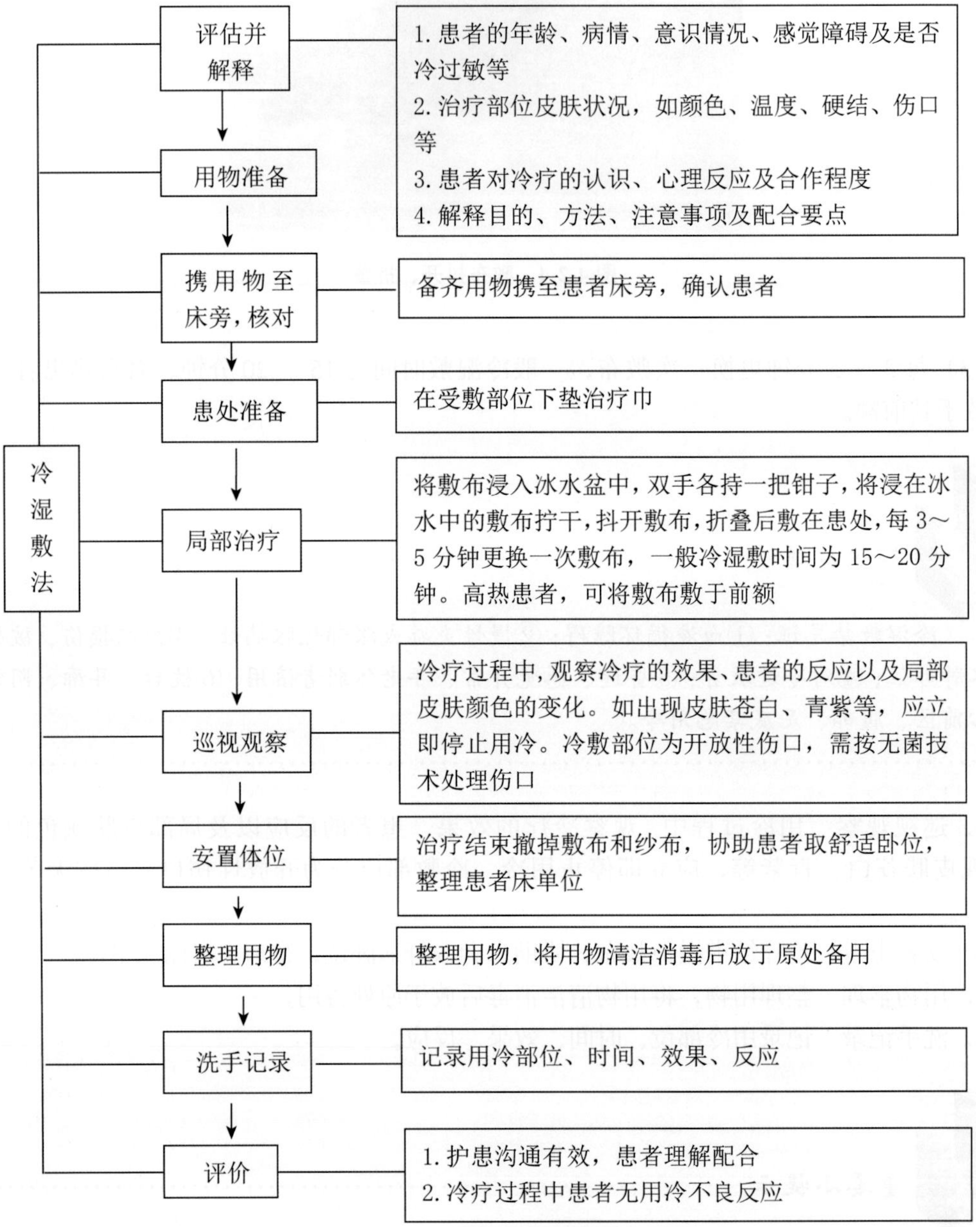
冷湿敷法
评估并解释
1. 患者的年龄、病情、意识情况、感觉障碍及是否冷过敏等
2. 治疗部位皮肤状况，如颜色、温度、硬结、伤口等
3. 患者对冷疗的认识、心理反应及合作程度
4. 解释目的、方法、注意事项及配合要点
用物准备
携用物至床旁，核对
备齐用物携至患者床旁，确认患者
患处准备
在受敷部位下垫治疗巾
局部治疗
将敷布浸入冰水盆中，双手各持一把钳子，将浸在冰水中的敷布拧干，抖开敷布，折叠后敷在患处，每 3～5 分钟更换一次敷布，一般冷湿敷时间为 15～20 分钟。高热患者，可将敷布敷于前额
巡视观察
冷疗过程中，观察冷疗的效果、患者的反应以及局部皮肤颜色的变化。如出现皮肤苍白、青紫等，应立即停止用冷。冷敷部位为开放性伤口，需按无菌技术处理伤口
安置体位
治疗结束撤掉敷布和纱布，协助患者取舒适卧位，整理患者床单位
整理用物
整理用物，将用物清洁消毒后放于原处备用
洗手记录
记录用冷部位、时间、效果、反应
评价
1. 护患沟通有效，患者理解配合
2. 冷疗过程中患者无用冷不良反应

图 4-2-5 冷湿敷法操作流程图

（六）操作评分标准（表 4-2-1）

表4-2-1　冷湿敷操作评分标准

项目	技术操作要求	评分	评分等级				实际得分
			A × 1	B × 0.7	C × 0.4	D × 0	
素质 5	仪表端庄，着装符合要求	2					
	操作熟练、轻柔，沟通有效	3					
评估 20	患者的年龄、病情、意识情况、感觉障碍及冷过敏等	5					
	治疗部位的皮肤状况	5					
	患者对冷疗的认识、心理反应及合作程度	5					
	解释目的、方法、注意事项及配合要点	5					
操作前准备 5	护士洗手、戴口罩	2					
	用物准备齐全，放置合理	3					
操作过程 55	携用物至患者床旁，核对患者	5					
	在受敷部位垫好治疗巾	5					
	将敷布浸于冰水或冷水中	5					
	用长钳拧至半干，敷于局部	10					
	经常更换敷布，每 3 ～ 5 分钟更换一次，持续 15 ～ 20 分钟	15					
	冷湿敷结束后，撤掉敷布，观察局部皮肤颜色	10					
	协助患者穿好衣服，保暖，整理用物	5					
操作后处理 8	妥善安置患者，整理床单位	2					
	用物处理正确	4					
	洗手，记录	2					
整体评价 7	认真倾听患者的反映和需要，沟通语言恰当，患者无不适感	4					
	动作规范、轻巧、熟练、准确、节力	3					
总分		100					

案例点评

➢ 垫治疗巾于受敷部位下，保护皮肤及床单位。

➢ 每 3 ～ 5 分钟更换敷布一次，持续 15 ～ 20 分钟，确保冷湿敷效果，以防产生继发效应。

➢ 严密观察患者局部皮肤情况及患者反应，每 10 分钟查看一次局部皮肤颜色。

（王　娟）

第三节　冰袋使用法

冰袋（ice bags）用以敷在患者头、颈等部位，使局部温度降低，消除局部肿胀，减轻充血或出血，限制炎症扩散或化脓，减轻疼痛。

案例 4-3-1

患者，男性，36 岁，因长时间户外工作中暑晕倒。患者躁动不安、神志模糊，T 40.2℃，P 98 次 / 分，R 26 次 / 分，BP 85/50 mmHg。给予患者吸氧，开通静脉通道，进行酒精擦浴。同时，遵医嘱给予冰袋为患者冷敷。

（一）护理评估

V4-3
冰袋使用法

1．评估患者的年龄、病情、体温、意识状况、活动能力、疼痛情况，有无感觉障碍及冷过敏。

2．评估冷疗部位的皮肤状况，如颜色、温度，有无硬结、伤口、淤血等。

3．评估患者对冷疗的认识、心理反应及合作程度。

（二）操作前准备

1．护士准备　着装整齐，洗手，修剪指甲，戴口罩。

2．患者准备

（1）了解使用冰袋的目的、方法、注意事项及配合要点。

（2）取舒适体位。

3．用物准备　治疗盘内备：冰袋或冰囊（图 4-3-1）、治疗巾。

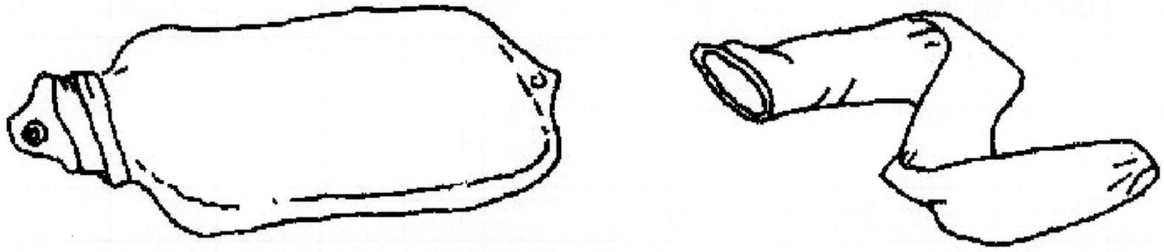

图 4-3-1　冰袋、冰囊

4．环境准备　病室安静、整洁，温湿度适宜，无对流风直吹患者。必要时，用屏风遮挡。

（三）操作步骤

1．评估并解释　至患者床旁，核对患者姓名、床号和腕带；评估患者的病情及冷疗局部状况；并向患者及家属解释使用冰袋或冰囊的目的、方法、注意事项及配合要点。

2．准备冰袋　将冰袋用治疗巾包好（图 4-3-2）。

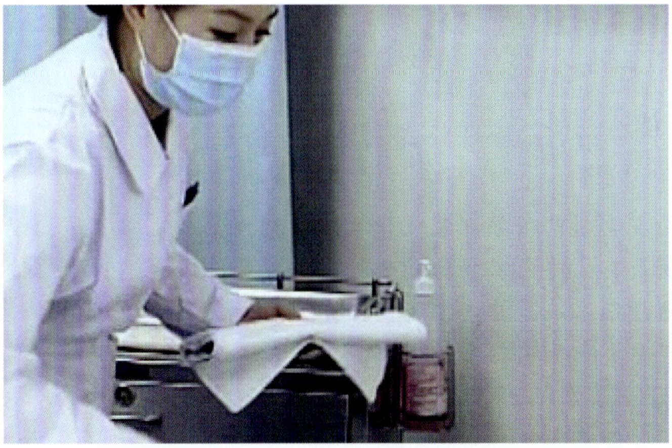

图 4-3-2　治疗巾包好冰袋

3．携用物至床旁、核对　护士备齐用物携至患者床旁，再次核对患者的姓名、床号和腕带。

4．局部治疗　协助患者取舒适体位，将冰袋置于冷敷部位，根据不同的使用目的，掌握使用时间。高热降温时冰袋放于前额、头顶部，或颈部、腋下、腹股沟等大血管分布处；扁桃体摘除术后可将冰袋置于颈前颌下以防出血。

5．巡视观察　冷疗过程中，观察冷疗的效果、患者的反应以及局部皮肤颜色的变化。如出现皮肤苍白、青紫等，应立即停止用冷。

6．用物整理　治疗巾送洗消毒，冰袋消毒后备用。

7．洗手记录　记录用冷部位、时间、效果、反应。每 10 分钟观察用冷局部的皮肤颜色和感觉。

重要小提示

✧ 冰袋放置于前额时，应将冰袋悬吊在支架上，以减轻局部压力，但冰袋必须与前额皮肤接触。

✧ 如患者局部皮肤苍白、青紫或有麻木感，应立即停止使用。

✧ 冰袋使用时间一般为 10 ～ 30 分钟或遵医嘱执行。

✧ 如用以降温，冰袋使用 30 分钟后测量体温，当患者体温降至 39 ℃以下时，应取下冰袋并在体温单上做好记录。

✧ 使用冰袋禁用于枕后、耳廓、心前区、腹部、阴囊及足底等部位。

✧ 降温的同时可在足底置一热水袋，减轻脑组织充血，促进散热，增加舒适感。

（四）健康教育

1．向患者及家属解释使用冰袋的重要性。

2．向患者及家属说明使用冰袋的注意事项以及应达到的治疗效果。

知识链接

化学冰袋

化学冰袋是在密封塑料袋内装化学物质，利用某些化学性质，经过制作以达到蓄冷、放冷的目的。其主要内容物为硝酸铵、羧甲基纤维素钠、氯化钠等物质制成的颗粒状物。化学冰袋经冷冻，其内容物由固态变成液态即可使用，操作便捷。使用方法同传统冰袋，可重复使用。

（五）操作流程图（图 4-3-3）

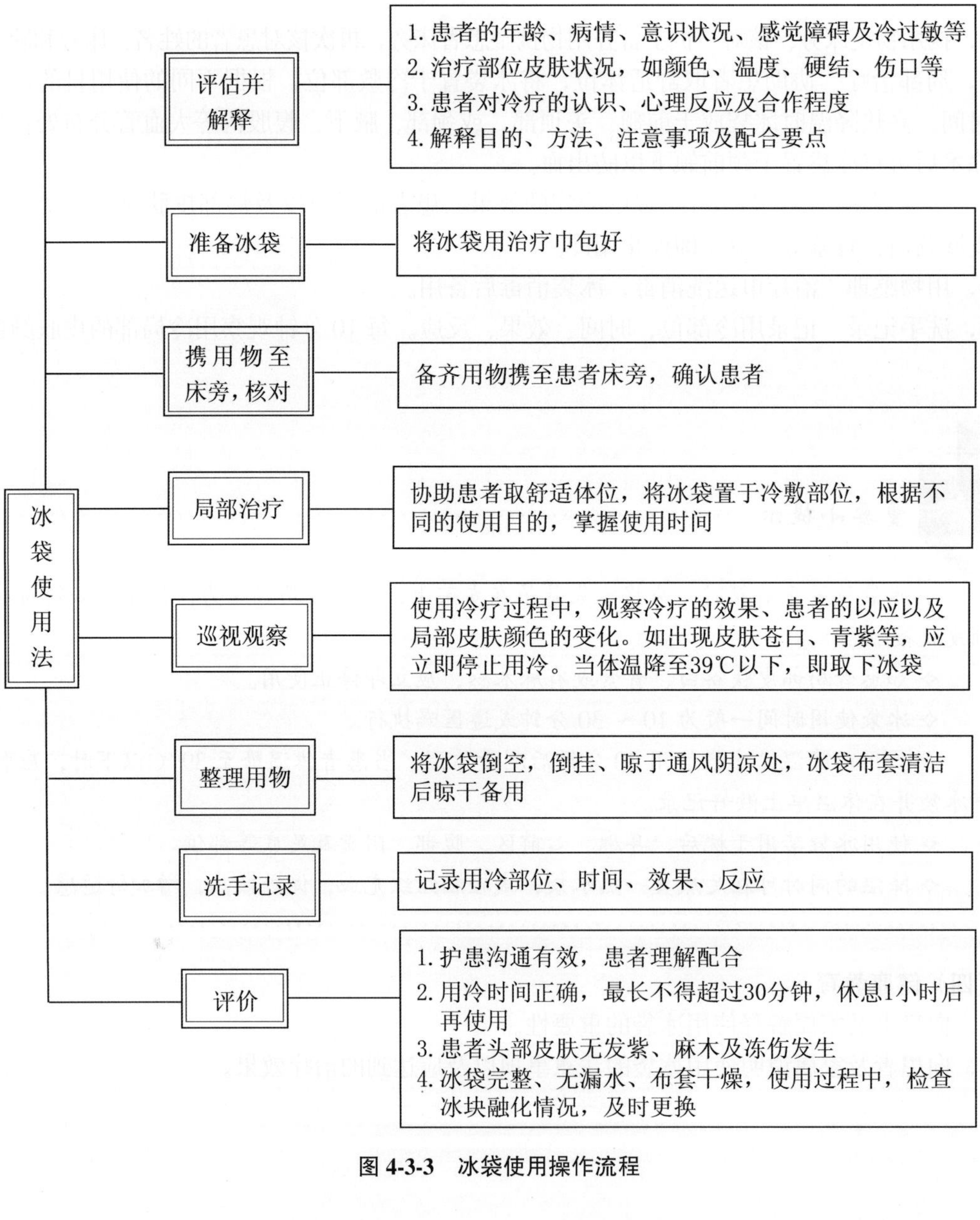
冰袋使用法
评估并解释
1. 患者的年龄、病情、意识状况、感觉障碍及冷过敏等
2. 治疗部位皮肤状况，如颜色、温度、硬结、伤口等
3. 患者对冷疗的认识、心理反应及合作程度
4. 解释目的、方法、注意事项及配合要点
准备冰袋
将冰袋用治疗巾包好
携用物至床旁，核对
备齐用物携至患者床旁，确认患者
局部治疗
协助患者取舒适体位，将冰袋置于冷敷部位，根据不同的使用目的，掌握使用时间
巡视观察
使用冷疗过程中，观察冷疗的效果、患者的以应以及局部皮肤颜色的变化。如出现皮肤苍白、青紫等，应立即停止用冷。当体温降至39℃以下，即取下冰袋
整理用物
将冰袋倒空，倒挂、晾于通风阴凉处，冰袋布套清洁后晾干备用
洗手记录
记录用冷部位、时间、效果、反应
评价
1. 护患沟通有效，患者理解配合
2. 用冷时间正确，最长不得超过30分钟，休息1小时后再使用
3. 患者头部皮肤无发紫、麻木及冻伤发生
4. 冰袋完整、无漏水、布套干燥，使用过程中，检查冰块融化情况，及时更换

图 4-3-3　冰袋使用操作流程

（六）操作评分标准（表 4-3-1）

表4-3-1　冰袋使用操作评分标准

项目	技术操作要求	评分	评分等级				实际得分
			A×1	B×0.7	C×0.4	D×0	
素质 5	仪表端庄，着装符合要求	2					
	操作熟练、轻柔，沟通有效	3					
评估 20	患者的年龄、病情、意识情况、感觉障碍及冷过敏等	5					
	治疗部位皮肤状况	5					
	患者对冷疗的认识、心理反应及合作程度	5					
	解释目的、方法、注意事项及配合要点	5					
操作前准备 5	护士洗手、戴口罩	2					
	用物准备齐全，放置合理	3					
操作过程 55	将冰袋用治疗巾包好	10					
	协助患者取舒适体位，将冰袋置于冷敷部位，根据不同的使用目的，掌握使用时间	25					
	观察使用冰袋后局部皮肤情况，如皮肤苍白、青紫或有麻木感须立即停止使用；冰融化后或布套湿后应立即更换；冰袋压力不宜过大，以免影响血液循环	20					
操作后处理 8	妥善安置患者，整理床单位	2					
	撤回冰袋后清洗消毒，将冰袋水倒净，开口倒挂晾干，吹气入袋，夹紧，放阴凉处保存备用	4					
	洗手，记录	2					
整体评价 7	认真倾听患者的反映和需要，沟通语言恰当，患者无不适感	4					
	动作规范、轻巧、熟练、准确、节力	3					
总分		100					

案例点评

➢ 冰袋使用时间一般为 10 ~ 30 分钟或遵医嘱执行。

➢ 注意随时观察冰袋或冰囊有无漏水，布套湿后应立即更换。冰融化后，应立即更换。

➢ 严密观察和记录治疗效果、是否有并发症和不良反应。观察用冷局部皮肤颜色和感觉，是否出现苍白、青紫、颤抖、疼痛或麻木感等。

➢ 为患者降温时，冰袋使用 30 分钟后需测体温，并做好记录。当体温降至 39 ℃以下时，即取下冰袋。

➢ 禁止在枕后、耳廓、心前区、腹部、阴囊及足底等部位使用冰袋。

（王　娟）

第四节　冰帽使用法

冰帽（ice cap）是一种类似于帽子、可以装冰块的橡胶袋，戴在患者头部，达到人体头部降温、降低脑组织代谢、减少耗氧量、减轻脑细胞损害、预防脑水肿的目的。

案例 4-4-1

患者，男，29 岁，骑自行车上班时被汽车撞倒，头部着地，当即昏迷，约 10min 后清醒，自诉头痛、恶心。住院观察，频繁呕吐 5 次，2h 后发现昏迷；右侧瞳孔散大，对光反射迟钝，左侧肢体瘫痪。入院诊断：右侧硬脑膜外急性血肿。一经诊断即施行开颅血肿清除术，排出血肿以缓解颅内高压。为防止术后出现脑水肿，护士遵医嘱予患者术后使用冰帽。

冰帽使用法

（一）护理评估

1. 评估患者的年龄、病情、意识状况及治疗情况。
2. 评估患者的头部状况。
3. 评估患者对冷疗的认识、心理反应及合作程度。

（二）操作前准备

1. 护士准备　着装整齐，洗手，修剪指甲，戴口罩。
2. 患者准备

（1）了解使用冰帽的目的、方法、注意事项及配合要点。

（2）取舒适体位。

3. 用物准备　冰帽（冰槽）（图 4-4-1）、冰块、脸盆及冷水、勺、海绵垫、不脱脂棉球、凡士林纱布（图 4-4-2）。

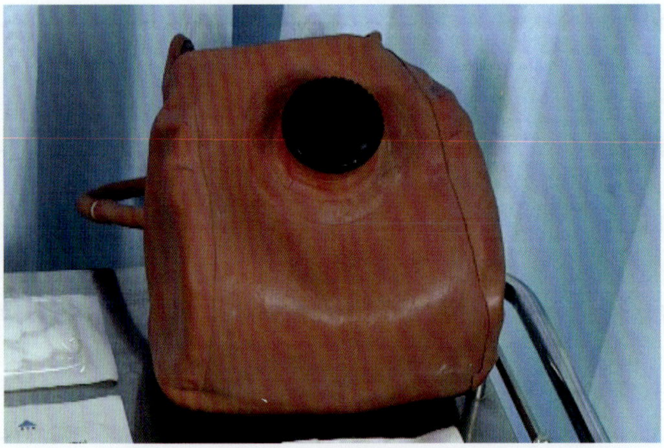

图 4-4-1　冰帽、冰槽

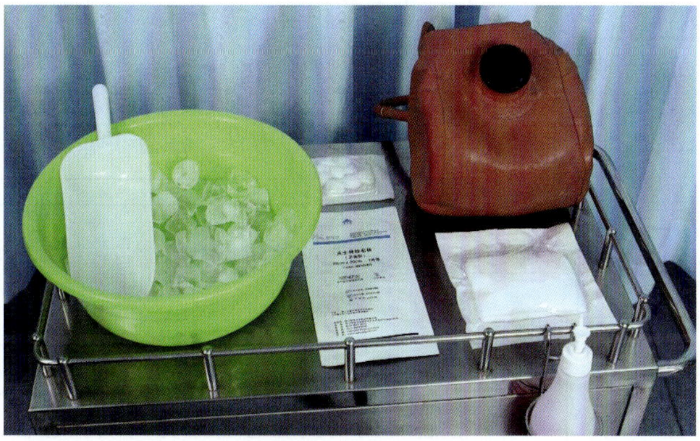

图 4-4-2　用物准备

4．环境准备　病室安静、整洁，温湿度适宜，无对流风直吹患者。必要时，用屏风遮挡。

（三）操作步骤

1．评估并解释　至患者床旁，根据医嘱核对患者的姓名、床号和腕带；评估患者的病情并向患者及家属解释使用冰帽、冰槽的目的、方法、注意事项及配合要点。

2．准备冰帽　将冰块放入盆中，用冷水冲去棱角，用勺将冰块装入冰帽或冰槽内。

3．携用物至床旁、核对　护士备齐用物携至患者床旁，再次核对患者的姓名、床号和腕带。

4．局部治疗　将患者的头部置于冰帽中，患者后颈部、双耳廓垫海绵垫，外耳道塞不脱脂棉球，双眼覆盖凡士林纱布，以防冰槽内冰水流入患者耳内和眼内。

5．巡视观察　用冷过程中，观察体温、冷疗的效果、患者的反应以及局部皮肤颜色的变化，如出现皮肤苍白、青紫等，应立即停止用冷。

6．用物整理　将冰帽倒空，倒挂，晾于通风阴凉处备用。

7．洗手、记录　记录用冷部位、时间、效果、反应。

重要小提示

✧ 为患者戴冰帽后，应保护耳廓、枕部、颈部和眼睛。

✧ 患者后颈部垫海绵垫，因椎动脉经过颈椎的横突孔，此处用冷可影响脑部的血液供应；耳廓处禁忌用冷，以防冻伤。

✧ 肛温最低不宜低于 30 ℃，以防并发心室纤颤等。

✧ 注意观察局部血液循环状况，如有局部皮肤苍白、青紫或有麻木感，应立即停止使用。局部有慢性炎症或深部有化脓病灶时，禁用冷疗法。

（四）健康教育

1．向患者及家属解释使用冰帽的重要性。

2．向患者及家属说明使用冰帽的注意事项以及应达到的治疗效果。

（五）操作流程图（图 4–4–3）

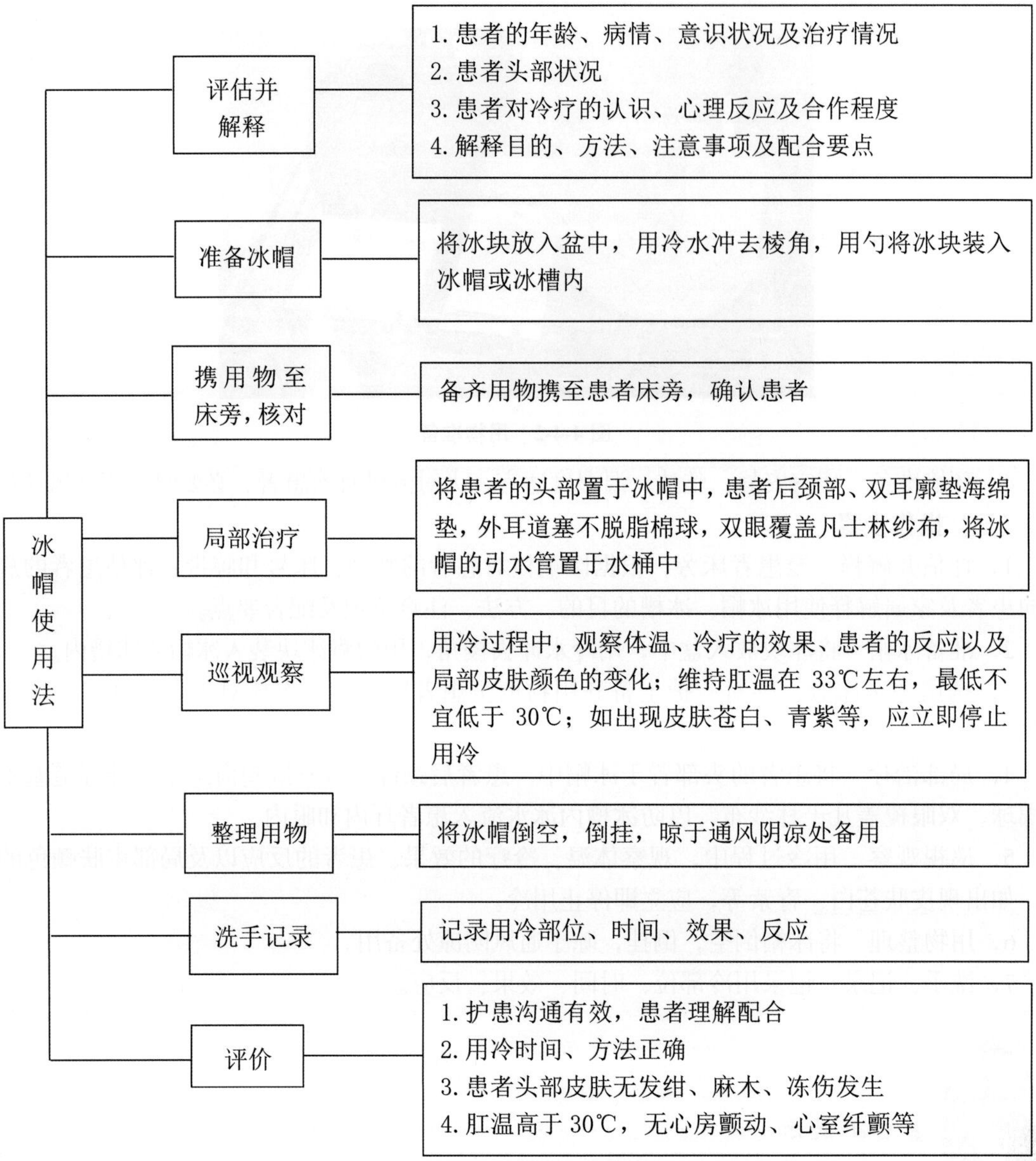
冰帽使用法
评估并解释
1. 患者的年龄、病情、意识状况及治疗情况
2. 患者头部状况
3. 患者对冷疗的认识、心理反应及合作程度
4. 解释目的、方法、注意事项及配合要点
准备冰帽
将冰块放入盆中，用冷水冲去棱角，用勺将冰块装入冰帽或冰槽内
携用物至床旁，核对
备齐用物携至患者床旁，确认患者
局部治疗
将患者的头部置于冰帽中，患者后颈部、双耳廓垫海绵垫，外耳道塞不脱脂棉球，双眼覆盖凡士林纱布，将冰帽的引水管置于水桶中
巡视观察
用冷过程中，观察体温、冷疗的效果、患者的反应以及局部皮肤颜色的变化；维持肛温在 33℃左右，最低不宜低于 30℃；如出现皮肤苍白、青紫等，应立即停止用冷
整理用物
将冰帽倒空，倒挂，晾于通风阴凉处备用
洗手记录
记录用冷部位、时间、效果、反应
评价
1. 护患沟通有效，患者理解配合
2. 用冷时间、方法正确
3. 患者头部皮肤无发绀、麻木、冻伤发生
4. 肛温高于 30℃，无心房颤动、心室纤颤等

图 4-4-3　冰帽使用操作流程图

（六）操作评分标准（表 4-4-1）

表4-4-1　冰帽操作评分标准

项目	技术操作要求	评分	评分等级				实际得分
			A×1	B×0.7	C×0.4	D×0	
素质 5	仪表端庄，着装符合要求	2					
	操作熟练、轻柔，沟通有效	3					
评估 20	患者的年龄、病情、意识状况及治疗情况	5					
	患者头部状况	5					
	患者对冷疗的认识、心理反应及合作程度	5					
	解释目的、方法、注意事项及配合要点	5					
操作前准备 5	护士洗手、戴口罩	2					
	用物准备齐全，放置合理	3					

续表

项目	技术操作要求	评分	评分等级				实际得分
			A×1	B×0.7	C×0.4	D×0	
操作过程55	患者体位舒适、安全	5					
	备好冰块，用水融去棱角	5					
	装入冰帽（冰槽）中，冰量适宜	5					
	排出冰帽内气体	5					
	加盖检查是否漏水并擦干	5					
	套布袋或垫治疗巾	5					
	冰帽（冰槽）放置位置适宜	10					
	观察冷疗反应（皮肤、体温等）及时、正确	5					
	冷敷结束，取下冰帽（冰槽）	5					
	询问患者感受	5					
操作后处理8	妥善安置患者，整理床单位	2					
	冰帽（冰槽）用后清洁，保存方法正确	4					
	洗手，记录	2					
整体评价7	认真倾听患者的反映和需要，沟通语言恰当，患者无不适感	4					
	动作规范、轻巧、熟练、准确、节力	3					
总分		100					

案例点评

- 检查冰帽有无破损，准备保护衬垫。
- 为患者戴冰帽后，应保护耳廓、枕部、颈部和眼睛。
- 严密观察病情变化和患者反应。注意心率变化，有无心房颤动、心室纤颤、房室传导阻滞的发生。
- 注意观察头部皮肤情况，定期查看患者头部、耳廓等部位有无发绀、麻木或冻伤。
- 为防止脑水肿，应对体温进行监测，肛温应维持在 33 ℃，不能低于 30 ℃。
- 对清醒患者应询问有无不适主诉。

（王　娟）

第五节　温水擦浴法

温水擦浴（tepid water sponge bath）是指利用低于患者皮肤温度的温水接触身体皮肤，通过温水的蒸发和传导作用来增加机体的散热，达到降温目的的方法。适用于中暑、高热患者降低体温。

案例 4-5-1

患者男性，52 岁，主因咳嗽、咳痰伴发热 3 天来诊。患者于 3 天前受凉后出现咳嗽，咳黄痰，痰量较多，发热，体温最高为 39.6 ℃，伴胸闷气短，自服退热药物效果不佳。查体双肺呼吸音粗，可闻及湿啰音。胸片提示双肺肺炎，给予抗炎、化痰、退热等对症治疗，同时给予温水擦浴的护理措施。

V4-5
温水擦浴法

（一）护理评估

1．评估患者的年龄、病情、意识状态、自理能力、合作程度、表达能力、心理状态及治疗情况。

2．评估体温、皮肤的状况、循环状况、有无感觉障碍及对冷刺激的耐受性等。

3．评估环境温度。

（二）操作前准备

1．护士准备　着装整洁，修剪指甲，洗手。

2．患者准备

（1）了解温水擦浴的目的、方法、注意事项及配合要点。

（2）取舒适体位。

3．用物准备　脸盆内盛 32 ~ 34 ℃温水 1/2 或 2/3 满、小毛巾 2 块、浴巾或大毛巾、冰袋、热水袋、治疗巾，便器，衣裤一套，手消毒液，必要时备大床单及屏风（图 4-5-1）。

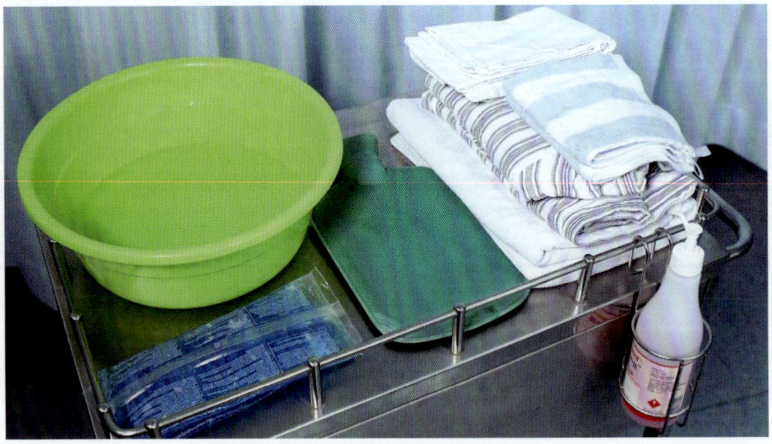

图 4-5-1　用物准备

4．环境准备　病室安静、整洁、舒适、安全，关好门窗，调节室温至 21 ~ 24 ℃，用床帘或屏风遮挡患者。

知识链接

冷疗的生理效应

项目	冷疗法
血管	收缩
毛细血管通透性	降低
血液黏稠度	增加
血液流动	减缓
淋巴回流	减少
神经冲动的传导	减缓
结缔组织的伸展性	降低
细胞代谢	减缓
耗氧量	降低
体温	降低

（三）操作步骤

1．评估、解释　核对医嘱、执行单。至患者床旁，核对患者的床号、姓名和腕带；评估患者的病情及皮肤状况；并向患者及家属解释温水擦浴的目的、方法、注意事项及配合要点。

2．洗手备物　护士洗手，戴口罩；备齐用物。

3．再次核对　携用物至患者床旁，再次核对床号、姓名和腕带；做好解释工作；按需协助患者排便；手消毒。

4．安置冰袋　将冰袋置于头部（中暑患者可同时置冰袋于大血管丰富处）。

5．置热水袋　将热水袋置于足底部。

6．擦浴方法　暴露擦拭部位，下垫浴巾，协助患者脱去上衣，将拧至半干的小毛巾缠在手上呈手套式，以离心方向边擦边按摩，然后用浴巾擦干皮肤。

7．擦拭顺序

（1）上肢：患者平卧，露出一侧上肢，垫浴巾，顺序擦浴；

侧颈→肩部→上臂外侧→前臂外侧→手背；

侧胸→腋窝→上臂内侧→肘窝→前臂内侧→手心；

同法拭浴另一上肢，每侧上肢擦浴 3 分钟。

（2）背部：协助患者侧卧，露出背部，垫浴巾，擦浴整个背部，顺序擦浴；

颈下肩部→臀部；擦拭 3 分钟。

（3）下肢：协助患者穿好上衣，脱去裤子，平卧，露出一侧下肢，垫浴巾，顺序擦拭；

髋部→下肢外侧→足背；

腹股沟→下肢内侧→内踝；

臀下沟→下肢后侧→腘窝→足跟。

同法擦拭另一下肢，每侧下肢擦拭 3 分钟；擦拭后为患者穿好裤子，撤去浴巾。

8．严密观察　注意观察局部皮肤及患者反应，倾听患者主诉。

9．撤热水袋　撤去热水袋，协助患者取舒适卧位，盖好被子，整理床单位，嘱患者饮温开水。

10．整理用物　再一次核对患者的床号、姓名和腕带；整理用物，消毒后放回原处备用，有特殊感染者，按传染病用物处理。

11．洗手、记录　记录温水擦浴时间、效果、患者的反应及体温状况。

12．半小时后测量患者体温，并记录在体温单上，如体温降至 39.0 ℃以下，应取下头部冰袋，让患者休息。

重要小提示

✧ 使用低于患者皮肤温度（32 ~ 34 ℃）的温水进行擦浴，这样可以很快将患者的皮肤温度传导发散。同时，皮肤接受冷刺激后，可使毛细血管收缩，继而又扩张，擦浴时又可用按摩手法刺激血管被动扩张，因而更促进了热的发散。

✧ 在温水擦浴前先在患者头部放置一个冰袋，这样既有助于降温，又可防止由于擦浴时表皮血管收缩，血液集中到头部引起充血。同时热水袋置于足下使患者感觉舒适，也可减轻头部充血。

✧ 擦浴时用力要均匀，不可过度用力，并轻轻按摩以促进血管扩张。

✧ 擦至腋下、肘窝、手心、腹股沟及腘窝等大血管丰富处，应稍用力擦拭，停留时间稍长些，以助散热。

✧ 四肢及背部各擦浴 3 分钟。一般全部擦浴时间为 15 ~ 20 分钟。

✧ 体弱、寒战、风湿病患者，不宜温水擦浴。

✧ 前胸部、腹部、后颈部及足心部等部位对冷的刺激较敏感，不宜擦浴。

✧ 擦浴后取舒适卧位，并嘱患者多饮温开水。

✧ 整个操作过程中，要注意环境的隐蔽，满足患者的心理需要，保护患者的隐私。

（四）健康教育

1．向患者解释温水擦浴的必要性和治疗效果。

2．向患者讲解温水擦浴的目的、作用和方法。

3．指导患者及家属了解擦浴的方法和顺序，正确使用热水袋和冰袋。

（五）操作流程图（图 4-5-2）

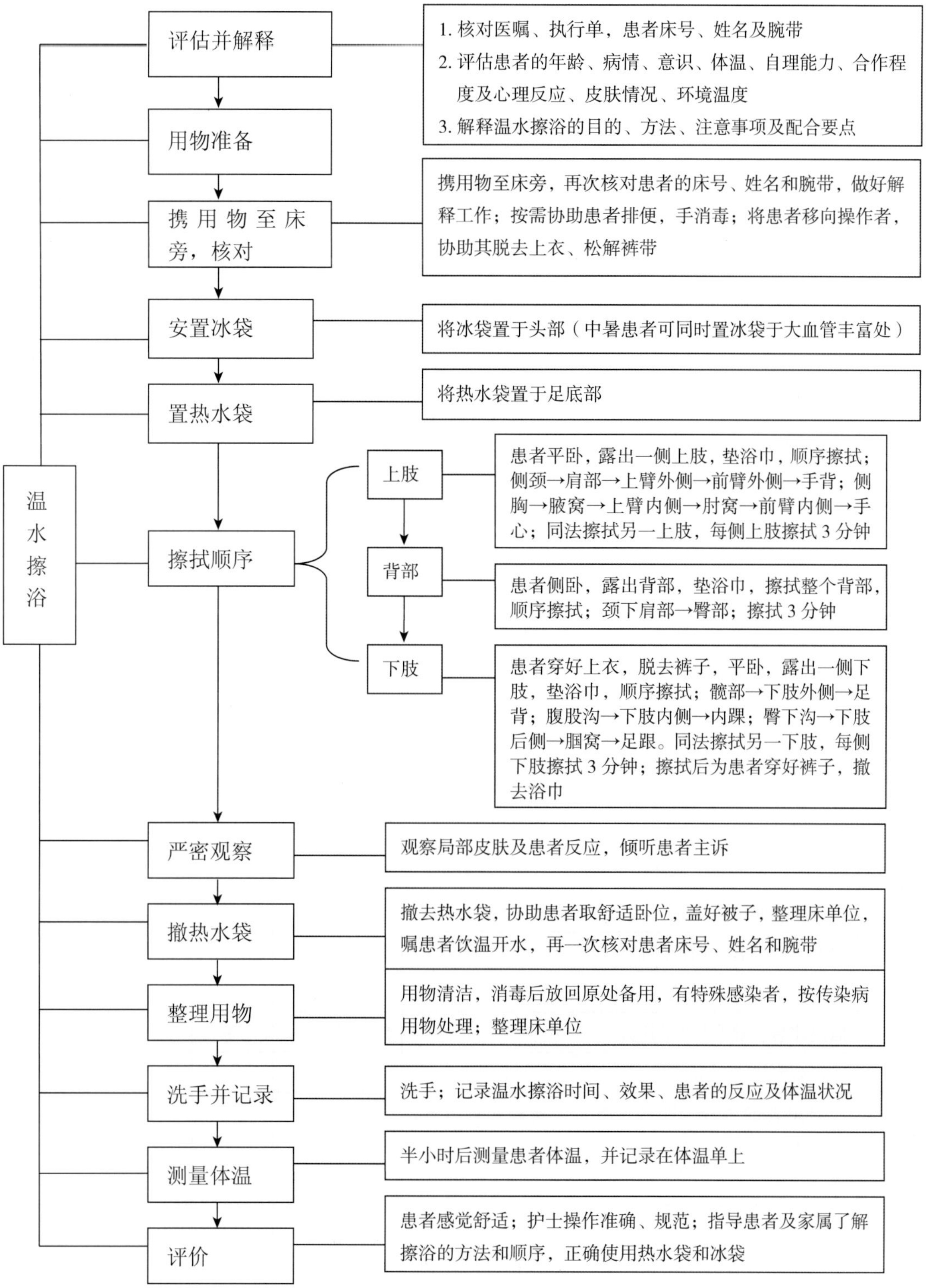

图 4-5-2　温水擦浴操作流程图

（六）操作评分标准（表 4–5–1）

表4-5-1　温水擦浴操作评分标准

项目	技术操作要求	评分	评分等级				实际得分
			A×1	B×0.7	C×0.4	D×0	
素质 5	仪表、着装符合要求	2					
	操作熟练、轻柔，沟通有效	3					
评估 20	核对医嘱、执行单、患者床号、姓名及腕带	5					
	评估患者的病情、自理能力、配合程度、体温、皮肤情况、末梢感觉及伴随的症状和体征	5					
	评估患者局部组织有无破损、开放性伤口；评估患者对冷刺激的耐受程度	5					
	评估环境温度	5					
操作前准备 5	洗手，戴口罩	2					
	用物准备齐全，放置合理，环境适宜（关闭门窗、遮挡屏风、室温适宜）	3					
操作过程 55	核对患者的床号、姓名及腕带	5					
	协助患者选择合适体位	5					
	注意保护患者的隐私	3					
	头部放置冰袋、足底放置热水袋方法正确	5					
	协助患者脱衣，暴露擦拭部位，下垫浴巾	2					
	将拧至半干的小毛巾缠在手上呈手套式，以离心方向擦拭	5					
	顺序擦拭：上肢、背部、下肢	5					
	擦拭毕及时擦干皮肤	5					
	协助患者穿衣，保护隐私	5					
	观察体温变化，记录时间及方法	5					
	撤离冰袋、热水袋时间适宜	5					
	严密观察患者反应	5					
操作后处理 8	核对患者的床号、姓名及腕带，妥善安置患者，整理床单位	3					
	清理用物	3					
	洗手，记录	2					
整体评价 7	认真倾听患者的反映和需要，沟通语言恰当，患者无不适感	3					
	动作规范、轻巧、熟练、准确、节力	2					
	温水擦浴时间为 15 ～ 20 分钟	2					
总分		100					

案例点评

- 注意保护患者的隐私。
- 头部放置冰袋，足底放置热水袋。
- 协助患者改变卧位，铺治疗巾。
- 首先擦上肢、背部，然后擦下肢。按顺序操作。
- 小毛巾拧至半干，缠在手上呈手套式，按离心方向擦拭。
- 擦浴时用力要均匀，不可过度用力，并轻轻按摩以促进血管扩张。
- 擦至腋下、肘窝、手心、腹股沟、腘窝等大血管丰富处时，应稍用力擦拭，停留时间稍长些，以助散热。
- 四肢及背部各擦浴 3 分钟即可。一般全部擦浴时间为 15 ～ 20 分钟。
- 前胸部、腹部、后颈部、足心等部位对冷的刺激较敏感，不宜擦浴。
- 擦浴后患者取舒适卧位，并嘱患者多饮温开水。
- 半小时后测量体温，并记录在体温单上，如体温降至 39 ℃以下，应取下头部冰袋，让患者休息。

（彭丹梅）

下篇　专业护理技术操作

第五章　常用监测技术

第一节　生命体征测量技术

学习目标

通过本节内容的学习，学生能够：

◎ 识记

1．说出生命体征的定义。

2．叙述体温、脉搏、呼吸、血压的正常范围。

3．描述生命体征测量技术的评估内容。

◎ 理解

解释生命体征测量技术的操作原则及注意事项。

◎ 运用

按规程为患者提供生命体征测量技术。

生命体征（vital signs）是体温、脉搏、呼吸、血压的总称。世界卫生组织将疼痛确定为继体温、脉搏、呼吸、血压之后的“第五大生命体征”。生命体征受大脑皮质控制、自主神经调节，是机体内在活动的客观反映，是衡量生命活动的重要指标，也是护理人员评估患者心身状态的基本资料。正常情况下生命体征在一定范围内相对稳定，而在病理情况下会出现极其敏感的变化。观察、测量和记录生命体征是日常护理工作中重要的基本技能之一。

一、体温测量

体温测量（temperature measurement）是诊断疾病时常用的检查方法，凡需监测体温及怀疑体温异常者均应测量并记录，以观察机体内在温度及病情变化与转归，为诊断、治疗、护理提供依据。临床上测量体温常以腋下温度、口腔温度、直肠温度为标准，以“体表温度”反映“体核温度”（身体内部即胸腔、腹腔和中枢神经的温度）。其中，直肠温度最接近体核温度，但在日常工作中，测量腋下温度和口腔温度更为方便。

（一）护理评估

1．评估患者的基本情况，如年龄、病情、临床诊断、治疗等。

2．评估患者的意识状态、心理状况及配合程度以确定测量的方法。

3．了解有无影响体温测量准确性的因素存在。

4．检查测体温处皮肤黏膜有无异常。

案例 5-1-1

患者，男性，55 岁，70 kg，因反复心前区闷痛 2 年余，加重伴气促、冷汗 1 小时，含服硝酸甘油无法缓解急诊入院。诊断为急性心肌梗死。住院第 2 天静脉滴注时出现畏寒、寒战，立即停止静脉输液并测量腋下体温，及时通知值班医生，遵医嘱给予相应处理。

体温测量

知识链接

健康成人不同部位的体温范围及平均值

部位	正常范围	平均值
腋下	36 ～ 37 ℃	36.5 ℃
口腔（舌下）	36.6 ～ 37.2 ℃	37 ℃
直肠	36.5 ～ 37.7 ℃	37.5 ℃

（二）操作前准备

1．护士准备　着装整齐，洗手，修剪指甲，备齐用物。

2．患者准备

（1）测量前 15 ～ 30 分钟内避免激动、情绪紧张及沐浴、运动、冷热饮食及冷热疗法、灌肠等活动。

（2）了解测量体温的目的、方法、注意事项及配合要点。

（3）取舒适体位（坐位、仰卧位或侧卧）。

3．用物准备

（1）体温测量盘内备已消毒的体温计（用纱布擦干体温计，并清点体温计数目，检查体温计完好性，甩汞柱至 35 ℃以下）、消毒纱布，另备一盛有消毒液的容器（初次消毒体温计用）。

（2）有秒针的表、记录本及笔、体温单。

（3）如测肛温，另备润滑剂、棉签、卫生纸（图 5-1-1）。

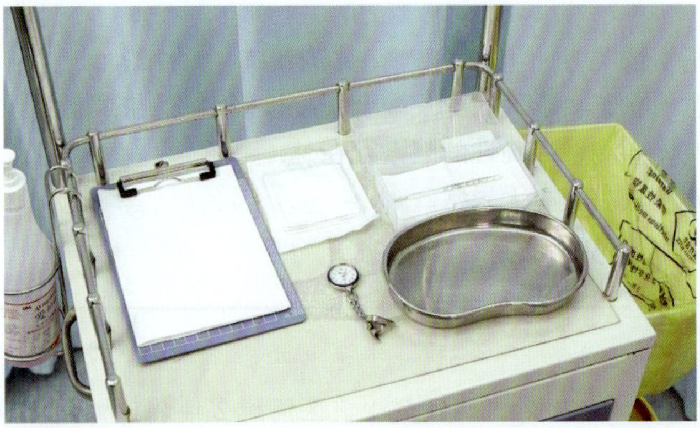

图 5-1-1　体温测量操作用物

4．环境准备　安静、整洁、宽敞、明亮，必要时关闭门窗、窗帘遮挡。

（三）操作步骤

1．评估并解释　至患者床旁，核对患者的姓名、床号和腕带；评估患者的病情及合作程度、影响因素、局部皮肤黏膜情况；并向患者及家属解释体温测量的目的、方法、注意事项及配合要点。

2．携用物至床旁，核对　护士备齐用物携至患者床旁，再次核对患者的姓名、床号和腕带。

3．安置体位　协助患者取坐位、仰卧位或侧卧。

4．根据病情选择测温部位及方法，测量体温。

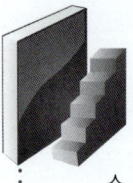

重要小提示

✧ 注意不同病情时体温测量方法的选择。

（1）对腋下有创伤、手术、炎症、腋下出汗较多、极度消瘦的患者，不适用腋下测温。

（2）婴幼儿、精神异常、昏迷、不合作、口鼻手术或呼吸困难者，不可测口温。

（3）腹泻、直肠或肛门手术、心肌梗死及某些心脏病患者，不可做直肠测温。

✧ 发现体温和病情不相符合时，应重复测温，必要时可同时测量另一部位以对照，以便得到更为准确的体温数值。

✧ 为婴幼儿、意识不清或不合作患者测温时，护士需守候在旁或用手托扶体温计，以免发生意外。

（1）腋下测温：协助患者解开衣扣，必要时擦干腋下汗液，将体温计汞（水银）端放于腋下深处并紧贴皮肤，屈臂过胸（图 5-1-2），夹紧体温计，10 分钟取出，查看体温计度数。

（2）口腔测温：嘱患者张口，将口表汞端斜放于患者舌下热窝，嘱患者闭口勿咬，用鼻呼吸，3 分钟取出，擦净并查看体温计度数。

（3）直肠测温：协助患者取侧卧或屈膝仰卧位，露出臀部，用 20% 肥皂液或油剂润滑肛表汞端，汞端轻轻插入肛门 3 ~ 4 cm，扶托，3 分钟取出，用卫生纸擦净肛门，擦净并查看体温计度数。

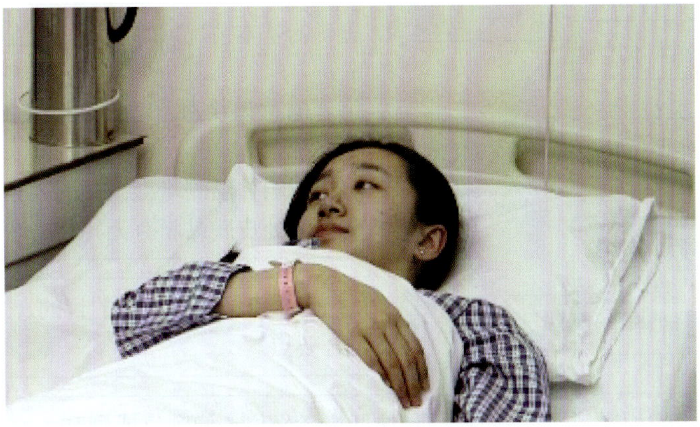

图 5-1-2　腋下测温，屈臂过胸

5．记录。

6．整理　协助患者取舒适卧位，整理床单位及用物。

7．分类处理用物。

（1）肛表、腋表、口表应分别清洁消毒。

①腋表：可直接浸泡于消毒液中 30 分钟，取出体温计甩汞柱至 35 ℃以下，再放入另一消毒液容器中浸泡 30 分钟，取出用冷开水冲洗，纱布擦干放清洁容器内备用。

②口表、肛表：应清洗干净后，浸泡在消毒液中，其他同上。

（2）纱布、卫生纸等放置于医用垃圾袋。

（四）健康教育

1．向患者解释影响测温的因素　进食、饮水、吸烟、冷热饮食及面颊部冷热疗法、沐浴、坐浴或灌肠、腋下局部冷热敷者，须待 30 分钟后方可测量相应部位的体温。

2．向患者讲解测量体温时体温计使用的注意事项。

（1）甩体温计时要用腕部的力量，不可触及其他物品，以防撞碎。

（2）如患者不慎咬碎体温计，应立即清除玻璃碎屑，再口服蛋清或牛奶延缓汞的吸收。病情允许者可服用富含粗纤维的食物促使汞排泄。

（五）操作流程图（图 5–1–3）

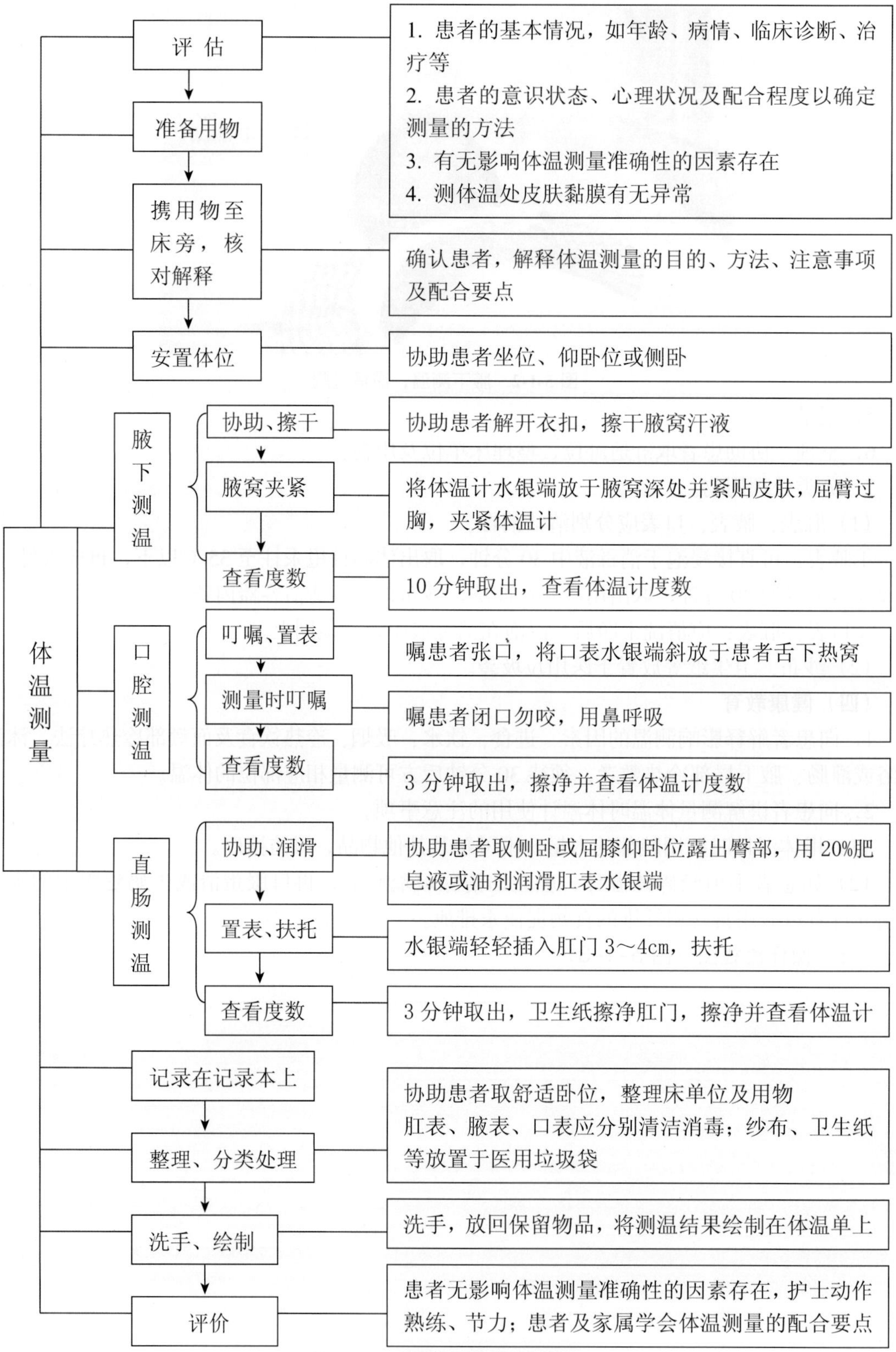
评 估
1. 患者的基本情况，如年龄、病情、临床诊断、治疗等
2. 患者的意识状态、心理状况及配合程度以确定测量的方法
3. 有无影响体温测量准确性的因素存在
4. 测体温处皮肤黏膜有无异常
准备用物
携用物至床旁，核对解释
确认患者，解释体温测量的目的、方法、注意事项及配合要点
安置体位
协助患者坐位、仰卧位或侧卧
体温测量
腋下测温
协助、擦干
协助患者解开衣扣，擦干腋窝汗液
腋窝夹紧
将体温计水银端放于腋窝深处并紧贴皮肤，屈臂过胸，夹紧体温计
查看度数
10 分钟取出，查看体温计度数
口腔测温
叮嘱、置表
嘱患者张口，将口表水银端斜放于患者舌下热窝
测量时叮嘱
嘱患者闭口勿咬，用鼻呼吸
查看度数
3 分钟取出，擦净并查看体温计度数
直肠测温
协助、润滑
协助患者取侧卧或屈膝仰卧位露出臀部，用 20%肥皂液或油剂润滑肛表水银端
置表、扶托
水银端轻轻插入肛门 3～4cm，扶托
查看度数
3 分钟取出，卫生纸擦净肛门，擦净并查看体温计
记录在记录本上
整理、分类处理
协助患者取舒适卧位，整理床单位及用物
肛表、腋表、口表应分别清洁消毒；纱布、卫生纸等放置于医用垃圾袋
洗手、绘制
洗手，放回保留物品，将测温结果绘制在体温单上
评价
患者无影响体温测量准确性的因素存在，护士动作熟练、节力；患者及家属学会体温测量的配合要点

图 5-1-3　体温测量操作流程图

（六）操作评分标准（表 5-1-1）

表5-1-1　体温测量操作评分标准

项目	技术操作要求	评分	评分等级				实际得分
			A×1	B×0.7	C×0.4	D×0	
素质 5	仪表、着装符合要求	2					
	操作熟练、轻柔，沟通有效	3					
评估 20	评估患者的基本情况，如年龄、病情、临床诊断、治疗等	5					
	评估患者的意识状态、心理状况及合作程度以确定测量的方法	5					
	了解有无影响体温测量准确性的因素存在	5					
	检查测体温处皮肤黏膜有无异常	5					
操作前准备 5	洗手、戴口罩	2					
	用物准备，放置合理	3					
操作过程 55	携用物至床旁，核对	5					
	协助患者选择合适体位，注意保暖	5					
	根据病情选择测温部位及方法	5					
	患者配合测量，部位正确	15					
	体温测量时间正确	10					
	查看度数，读表方法正确	10					
	记录	5					
操作后处理 8	妥善安置患者，整理床单位	2					
	用物处理正确（体温计清点、消毒等）	2					
	洗手，放回保留物品，测温结果绘制在体温单上	4					
整体评价 7	认真倾听患者的反映和需要，沟通语言恰当，患者安全、无不适感	3					
	动作熟练、节力	2					
	操作时间在 15 分钟以内	2					
总分		100					

案例点评

- 协助患者取仰卧位。
- 协助患者解开衣扣，擦干腋下汗液，将体温计汞端放于腋下深处并紧贴皮肤，屈臂过胸，夹紧体温计，10 分钟取出，查看体温计度数并记录。
- 分类处理用物。
- 将腋温测量结果绘制在体温单上。

二、脉搏测量

案例 5-1-2

患者，男性，65 岁，因心律失常收治入院，当晚患者无诱因出现心悸、气短症状，测量脉搏为 88 次 / 分，节律不齐，1 分钟可摸到期前收缩（早搏）12 次，立即通知值班医生。

在每一个心动周期中，随着心脏的收缩和舒张，动脉内的压力发生周期性的变化，导致动脉管壁产生的节律性搏动，即脉搏（pulse，P）。脉搏测量是通过计数患者每分钟的脉搏数，评价脉搏节律及强弱，判断脉搏有无异常，以了解心脏负荷、心脏功能、动脉管壁及血容量等的情况，为诊断、治疗和护理提供依据。一般脉率与心率一致，正常成人脉率为 60 ~ 100 次 / 分。脉搏测量的部位多选择浅表、靠近骨骼的大动脉，如桡动脉、颞动脉、颈动脉、肱动脉、腘动脉、足背动脉、胫后动脉和股动脉等。

（一）护理评估

1．评估患者的基本情况，如年龄、病情、临床诊断、治疗、既往脉搏状况等。

2．评估患者的意识状态、心理状态及配合程度。

3．了解有无影响脉搏测量准确性的因素存在。

4．评估测量部位的皮肤完整性及肢体活动度等。

V5-2
脉搏测量

（二）操作前准备

1．护士准备　着装整齐，洗手，修剪指甲，备齐用物。

2．患者准备

（1）测量前 15 ~ 20 分钟内避免过度劳累、情绪激动等，安静休息。

（2）了解测量脉搏的目的、方法、注意事项及配合要点。

（3）取舒适体位，手臂放松，腕部伸展。

3．用物准备　治疗盘内备有秒针的表、记录本和笔、体温单，必要时备听诊器（图 5-1-4）。

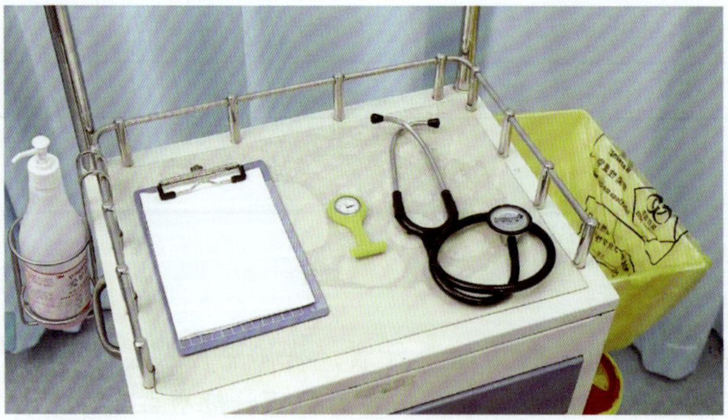

图 5-1-4　常见脉搏测量用物

4．环境准备　安静、整洁、宽敞、明亮。

（三）操作步骤

1．评估并解释　至患者床旁，核对患者的姓名、床号和腕带；评估患者的病情及合作程度、影响因素、局部皮肤及肢体活动度；并向患者及家属解释脉搏测量的目的、方法、注意事项及配合要点。

2．携用物至床旁，核对　护士备齐用物携至患者床旁，再次核对患者的姓名、床号和腕带。

3．安置体位　协助患者取坐位或卧位，手臂放于舒适位置，腕部伸展。

4．根据病情选择测量部位和方法，测量脉搏。

（1）护士以示指、中指和环指指端按在桡动脉处（图 5-1-5）或其他浅表大动脉处，压力大小以能清楚触及脉搏搏动为宜，测量时间为 30 秒，将所测数值乘以 2，即为每分钟脉率。并应注意脉搏的节律及强弱。异常脉搏、危重患者应测 1 分钟。脉搏细弱难以触诊时，可用听诊器听诊心尖搏动 1 分钟代替诊脉。

（2）脉搏短绌的患者，应由两名护士同时测量，一人听心率，另一人测脉率（图 5-1-6）。由听心率者发出“起”“停”口令，2 人同时开始计数 1 分钟。

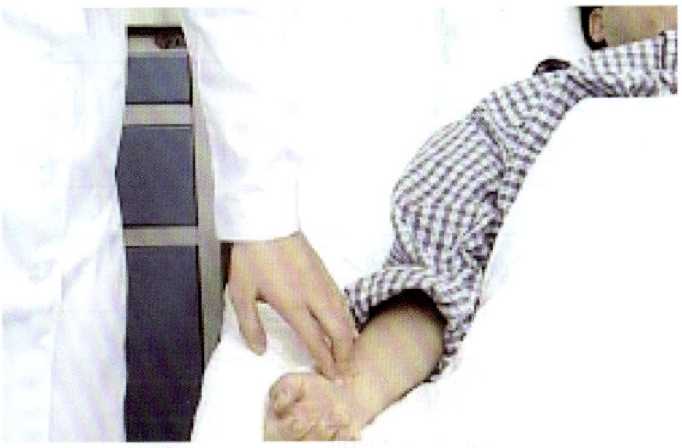

图 5-1-5　桡动脉测量方法

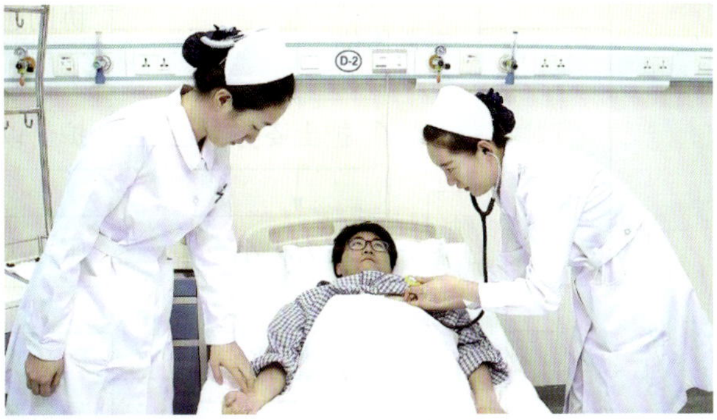

图 5-1-6　脉搏短绌患者的测量

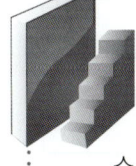

重要小提示

✧ 注意不同病情脉搏的测量方法的选择。

✧ 勿用拇指诊脉，因拇指小动脉的搏动较强，易与患者的脉搏相混淆。

✧ 为偏瘫患者测量脉搏，应选择健侧肢体。

✧ 检查结果与病情不符时，应再检查 1 次，若有异常，立即通知医师并予适当处理。

5．记录在记录本上，格式为“× × 次 / 分”；短绌脉的记录方法：心率 / 脉率（次 / 分）。

6．整理　协助患者取舒适卧位，整理床单位及用物。

7．洗手，放回保留物品，将测量结果绘制在体温单上。

（四）健康教育

1．向患者解释影响脉搏测量的因素　测量脉搏前如有剧烈运动、紧张、恐惧、哭闹等，应休息 20 ~ 30 分钟后再测。

2．向患者讲解测量脉搏的注意事项。

（五）操作流程图（图 5–1–7）

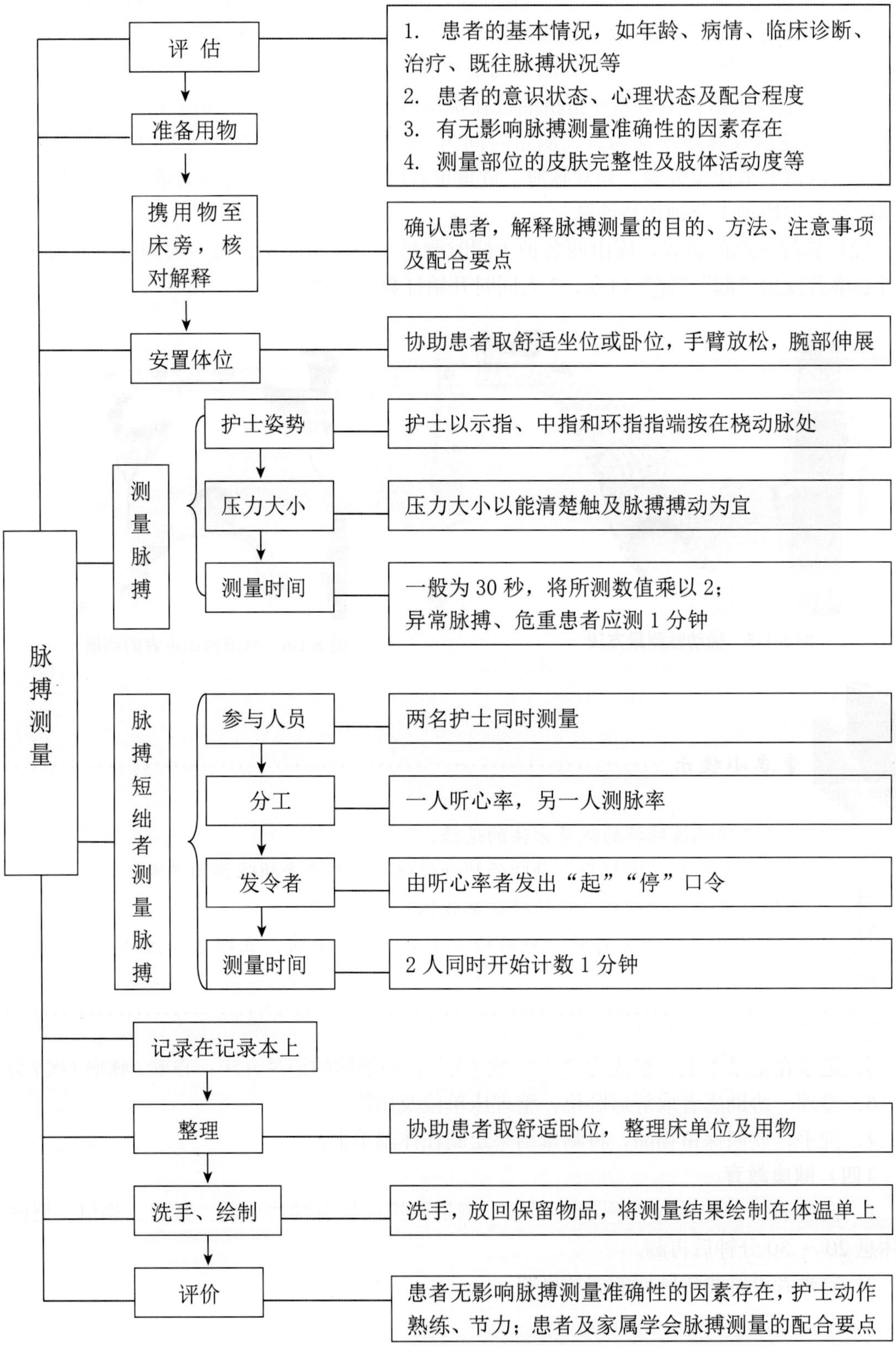
评 估
1. 患者的基本情况，如年龄、病情、临床诊断、治疗、既往脉搏状况等
2. 患者的意识状态、心理状态及配合程度
3. 有无影响脉搏测量准确性的因素存在
4. 测量部位的皮肤完整性及肢体活动度等
准备用物
携用物至床旁，核对解释
确认患者，解释脉搏测量的目的、方法、注意事项及配合要点
安置体位
协助患者取舒适坐位或卧位，手臂放松，腕部伸展
脉搏测量
测量脉搏
护士姿势
护士以示指、中指和环指指端按在桡动脉处
压力大小
压力大小以能清楚触及脉搏搏动为宜
测量时间
一般为 30 秒，将所测数值乘以 2；异常脉搏、危重患者应测 1 分钟
脉搏短绌者测量脉搏
参与人员
两名护士同时测量
分工
一人听心率，另一人测脉率
发令者
由听心率者发出“起”“停”口令
测量时间
2 人同时开始计数 1 分钟
记录在记录本上
整理
协助患者取舒适卧位，整理床单位及用物
洗手、绘制
洗手，放回保留物品，将测量结果绘制在体温单上
评价
患者无影响脉搏测量准确性的因素存在，护士动作熟练、节力；患者及家属学会脉搏测量的配合要点

图 5-1-7 脉搏测量操作流程图

（六）操作评分标准（表 5-1-2）

表5-1-2　脉搏测量操作评分标准

项目	技术操作要求	评分	评分等级				实际得分
			A×1	B×0.7	C×0.4	D×0	
素质 5	仪表、着装符合要求	2					
	操作熟练、轻柔，沟通有效	3					
评估 20	评估患者的基本情况，如年龄、病情、临床诊断、治疗、测前脉搏状况等	5					
	评估患者的意识状态、心理状态及合作程度	5					
	了解有无影响脉搏测量准确性的因素存在	5					
	评估测量部位的皮肤完整性及肢体活动度等	5					
操作前准备 5	洗手、戴口罩	2					
	用物准备，放置合理	3					
操作过程 55	携用物至床旁，核对	5					
	协助患者选择合适体位、安全，注意保暖	5					
	根据病情选择测温部位及方法	10					
	患者配合测量，部位正确	15					
	测量时间正确	10					
	记录数值正确	10					
操作后处理 8	妥善安置患者，整理床单位	2					
	洗手，放回保留物品，脉搏测量结果绘制在体温单上	6					
整体评价 7	认真倾听患者的反映和需要，沟通语言恰当，患者安全、无不适感	3					
	动作熟练、节力	2					
	操作时间在 3 分钟以内	2					
总分		100					

案例点评

➢ 协助患者取坐位或卧位。

➢ 护士以示指、中指和环指指端按在桡动脉处，压力大小以能清楚触及脉搏搏动为宜，测量时间为 1 分钟，并应注意脉搏的频率、节律及强弱。

➢ 将脉搏测量结果记录在记录本并绘制在体温单上。

三、呼吸测量

呼吸（respiration，R）是指机体在新陈代谢过程中，不断地从外界环境中摄取氧气，并把自身产生的二氧化碳排出体外，即机体与外界环境之间的气体交换过程。它是维持机体新陈代谢和功能活动所必需的基本生理过程之一。呼吸测量是通过计数患者每分钟的呼吸次数，评价呼吸节律及深度、音响、型态的改变，判断呼吸有无异常，以了解患者呼吸功能的情况，为诊断、治疗和护理提供依据。正常成人呼吸频率为 16 ～ 20 次 / 分。

案例 5-1-3

患者，男性，68岁，因反复咳嗽、咳痰30年余，受凉后加重7天，呼吸困难1小时急诊平车入院。患者于30余年前无明显诱因出现咳嗽、咳痰，为黄白色黏痰，咳嗽以晨起为重，尤其受凉后或每年2—3月寒冷季节症状加剧，每年发作时间超过3个月，病情反复并逐年加重，10年前开始出现上楼、长时间步行即感气促，近年轻度活动后即感气促。查体：T 36.7℃，P 120次/分，BP 100/70 mmHg，呼吸加快加深，口唇发绀，桶状胸。进行呼吸测量。

（一）护理评估

1. 评估患者的基本情况，如年龄、性别、病情、临床诊断、治疗及既往呼吸等。
2. 评估患者的意识状态、心理状态及合作程度。
3. 了解有无影响呼吸测量准确性的因素存在。

（二）操作前准备

V5-3
呼吸测量

1. 护士准备 着装整齐，洗手，修剪指甲，备齐用物。
2. 患者准备

（1）测量前15～20分钟内避免做剧烈运动、情绪激动、紧张、哭闹等，安静休息。

（2）了解测量呼吸的目的及配合要点。

（3）取舒适体位，手臂放松，腕部伸展。

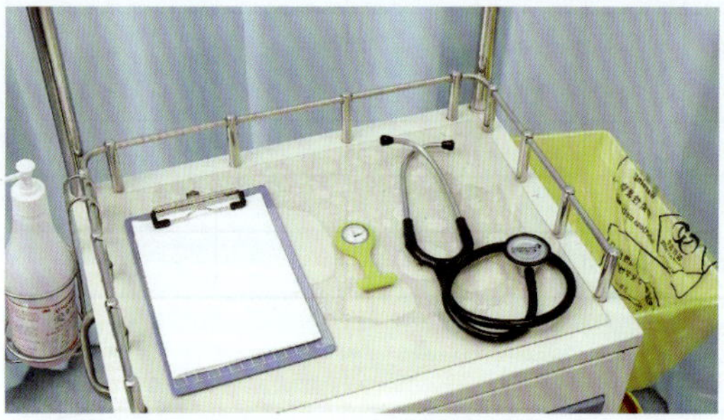

图 5-1-8 呼吸测量操作用物

3. 用物准备 治疗盘内备有秒针的表、记录本和笔、体温单，必要时少许棉花（图5-1-8）。

4. 环境准备 安静、整洁、宽敞、明亮。

（三）操作步骤

1. 评估并核对 至患者床旁，核对患者的姓名、床号和腕带；评估患者的病情及合作程度、影响因素。

2. 携用物至床旁，核对 护士备齐用物携至患者床旁，再次核对患者的姓名、床号和腕带。

3. 安置体位 协助患者取舒适坐位或卧位，手臂放松，腕部伸展。

4. 取诊脉位，测量呼吸。

（1）护士诊脉后仍保持诊脉手势，观察患者胸腹部起伏状况。

（2）一般患者测30秒，将所测数值乘以2即为每分钟呼吸频率，如呼吸不规则或是婴儿，应测1分钟。同时应注意观察呼吸的节律、深浅度、音响及呼吸困难的症状。

（3）呼吸微弱不易观察时，可将少许棉花置于患者鼻孔前，注意观察棉絮被吹动的次数，计数1分钟。

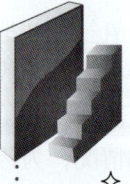

重要小提示

✧ 呼吸频率会受到意识的影响，测量时不必告诉患者正在进行的操作。

✧ 如患者有紧张、剧烈运动、哭闹等，需稳定后测量。

5．记录在记录本上，格式为（× × 次 / 分）。

6．整理　协助患者取舒适卧位，整理床单位及用物。

7．洗手，放回保留物品，将测量结果记录或绘制在体温单上。

（四）健康教育

向患者解释影响呼吸测量的因素　测量脉搏前如有剧烈运动、紧张、恐惧、哭闹等，应休息 20 ～ 30 分钟后再测。

（五）操作流程图（图 5–1–9）

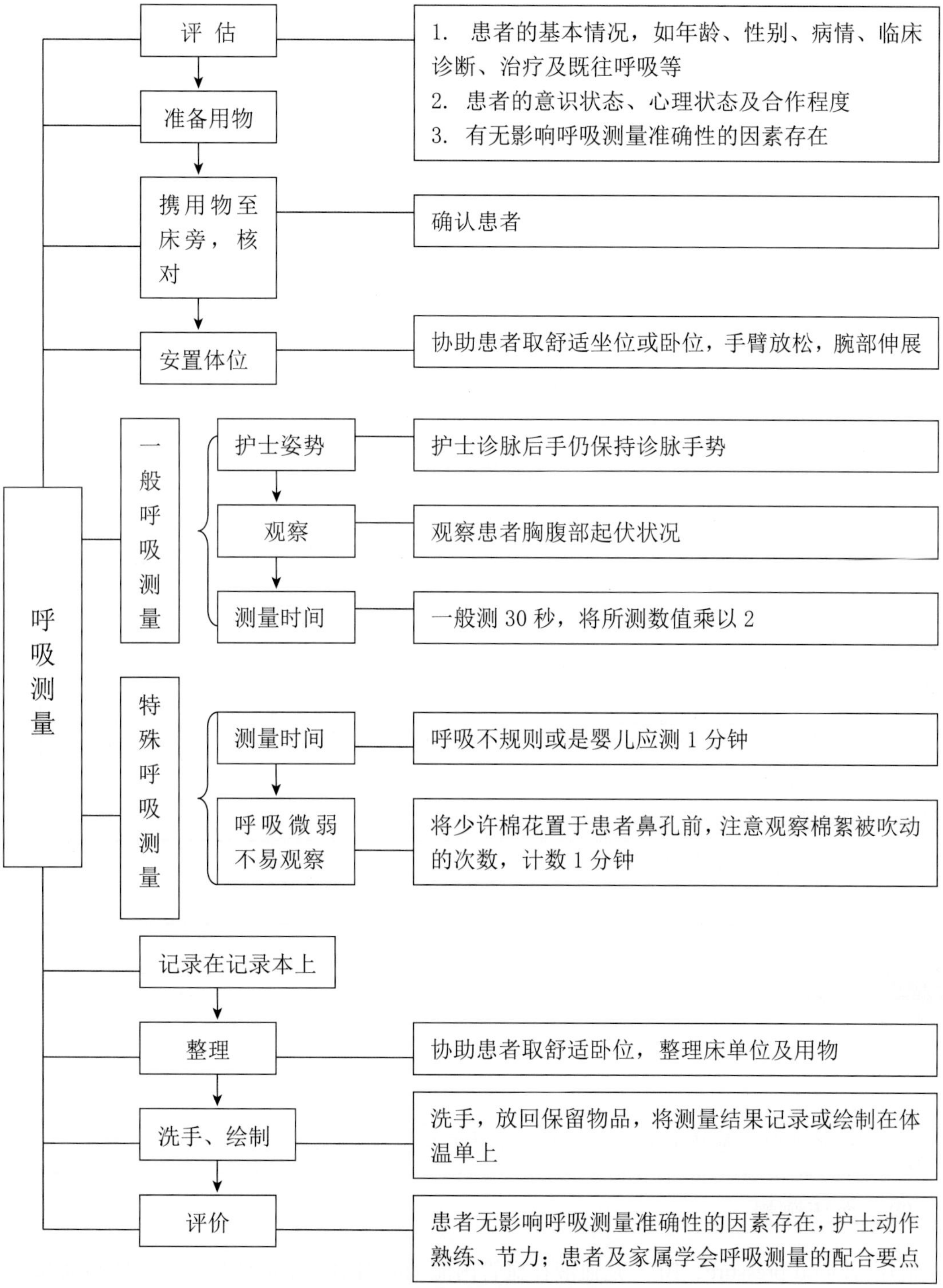

图 5-1-9　呼吸测量操作流程图

（六）操作评分标准（表 5–1–3）

表5-1-3　呼吸测量操作评分标准

项目	技术操作要求	评分	评分等级				实际得分
			A×1	B×0.7	C×0.4	D×0	
素质 5	仪表、着装符合要求	2					
	操作熟练、轻柔，沟通有效	3					
评估 20	评估患者的基本情况，如年龄、性别、病情、临床诊断、治疗及既往呼吸等	10					
	评估患者的意识状态、心理状态及合作程度	5					
	了解有无影响呼吸测量准确性的因素存在	5					
操作前准备 5	洗手、戴口罩	2					
	用物准备，放置合理	3					
操作过程 55	携用物至床旁，核对	5					
	协助患者选择合适体位、安全，注意保暖	5					
	护士诊脉后仍保持诊脉手势	5					
	观察患者胸腹部起伏情况	5					
	一呼一吸为一次呼吸	5					
	呼吸计数 30 秒，所得数乘以 2	5					
	危重患者呼吸不易被观察时，将少许棉絮置于患者鼻孔前，观察棉絮吹动次数，计时 1 分钟	15					
	整理用物	5					
	记录数值正确	5					
操作后处理 8	妥善安置患者，整理床单位	2					
	洗手，放回保留物品，呼吸测量结果记录或绘制在体温单上	6					
整体评价 7	认真倾听患者的反映和需要，沟通语言恰当，患者安全、无不适感	3					
	动作熟练、节力	2					
	操作时间在 3 分钟以内	2					
总分		100					

案例点评

- 协助患者取坐位或卧位。
- 护士取诊脉位，测量呼吸。
- 将呼吸测量结果记录在记录本并记录或绘制在体温单上。

四、血压测量

血压（blood pressure，BP）是血液在血管内流动时对血管壁的侧压力，一般指动脉血压。心脏收缩时，血液射入主动脉，此时动脉管壁所受的压力最大，称为收缩压；心脏舒张时，动脉管壁弹性回缩，此时动脉管壁所受的压力最小，称为舒张压。收缩压与舒张压之差称为脉压。测量血压一般以肱动脉血压为标准。正常成人安静状态下的血压范围为收缩压 100 ~ 120 mmHg，舒张压 60 ~ 80 mmHg，脉压 30 ~ 40 mmHg。因直接测量法属于一种创伤性检查，临床仅限于急危重患者、特大手术及严重休克患者的血压监测。间接测量法是目前临床上广泛应用的血压测量方法，应用血压计间接测量血压。

案例 5-1-4

患者男性，65 岁，既往高血压史。夜晚失眠，晨起活动后诉头晕、头痛，嘱患者卧床休息。测量血压。

V5-4

血压测量

（一）护理评估

1．评估患者的基本情况，如年龄、性别、病情、临床诊断、治疗情况及既往基础血压值等。

2．评估患者的意识状态、心理状况及合作程度。

3．了解有无影响血压测量准确性的因素存在。

4．评估被测肢体功能情况及测量部位皮肤状况。

（二）操作前准备

1．护士准备　着装整齐，洗手，修剪指甲，备齐用物。

2．患者准备

（1）测量前安静休息 10 分钟，排空膀胱。测量前 15 ~ 30 分钟内避免激动、情绪紧张及剧烈运动等。

（2）了解测量血压的目的、方法、注意事项及配合要点。

（3）取舒适体位（坐位、仰卧位、俯卧位、屈膝仰卧位）。

3．用物准备　治疗盘内备血压计、听诊器、记录本及笔（图 5-1-10）。测量前，如为汞柱血压计，应检查血压计以下内容：玻璃管无裂损，刻度清晰，加压气球和橡胶管无老化、不漏气，袖带宽窄合适，水银充足、无断裂。检查听诊器以下内容：橡胶管无老化、衔接紧密，听诊音传导正常。

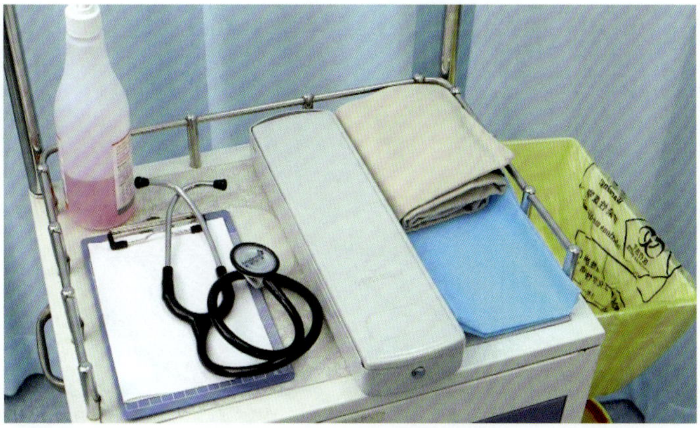

图 5-1-10　血压测量操作用物

4．环境准备　安静、整洁、宽敞、明亮。

（三）操作步骤

1．评估并解释　至患者床旁，核对患者的姓名、床号和腕带；评估患者的病情及合作程度、影响因素、被测肢体功能情况及测量部位皮肤状况；并向患者及家属解释血压测量的目的、方法、注意事项及配合要点。

2．携用物至床旁，核对　护士备齐用物携至患者床旁，再次核对患者的姓名、床号和腕带。

3．安置体位　协助患者取坐位、仰卧位、俯卧位、屈膝仰卧位或侧卧位之一。

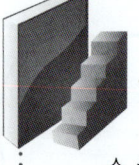

重要小提示

✧ 注意测压装置（血压计、听诊器）、测量者、受检者、测量环境等因素引起血压测量的误差，以保证测量的准确性。

✧ 汞柱零点、视线与心脏在同一水平。

✧ 袖带位置正确。

✧ 充气速度不宜过猛、过慢。

✧《中国高血压防治指南》对血压测量的要求：应间隔 1 ～ 2 分钟重复测量，取 2 次读数的平均值记录。如果收缩压或舒张压的 2 次读数相差 5 mmHg 以上，应再次测量，取 3 次读数的平均值记录。首诊时要测量两上臂血压，以后通常测量较高读数一侧的上臂血压。

4．测量血压

（1）上肢血压测量法：被测肢体肱动脉与心脏位于同一水平。坐位时平第 4 肋软骨。仰卧位时平腋中线。卷袖，露臂，手掌向上，肘部伸直。放平血压计于上臂旁，驱尽袖带内的空气，将袖带平整地缠于上臂中部。袖带下缘距肘窝 2 ～ 3 cm，松紧以能放入一指为宜。戴听诊器，将听诊器胸件放在肱动脉搏动最明显处，以一手稍加固定（图 5-1-11）。打开汞槽开关，关闭输气球气门，打气至肱动脉搏动音消失，再升高 20 ～ 30 mmHg，后以每秒 4 mmHg 左右的速度缓慢放气，视线应与汞柱所指刻度保持在同一水平。当听诊器听到第一声搏动时，汞柱所指刻度即为收缩压；当搏动音突然变弱或消失时，汞柱所指刻度即为舒张压。

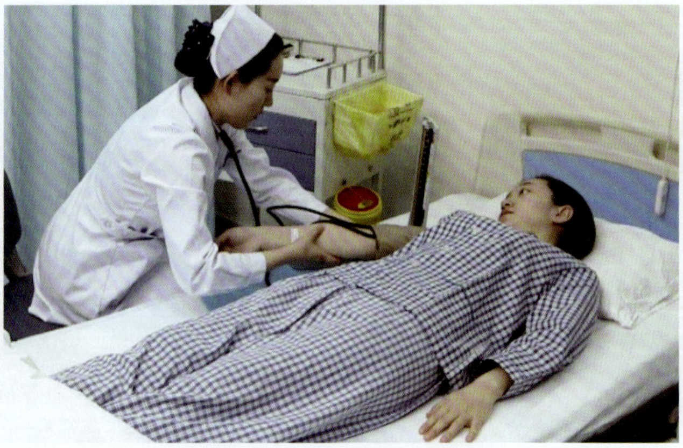

图 5-1-11　上肢血压测量法

（2）下肢血压测量法：患者取仰卧位、俯卧位或侧卧位，露出大腿部（图 5-1-12），将袖带缠于大腿下部，其下缘距腘窝 3 ～ 5 cm，将听诊器胸件贴于腘动脉搏动处，余同上肢测量法。

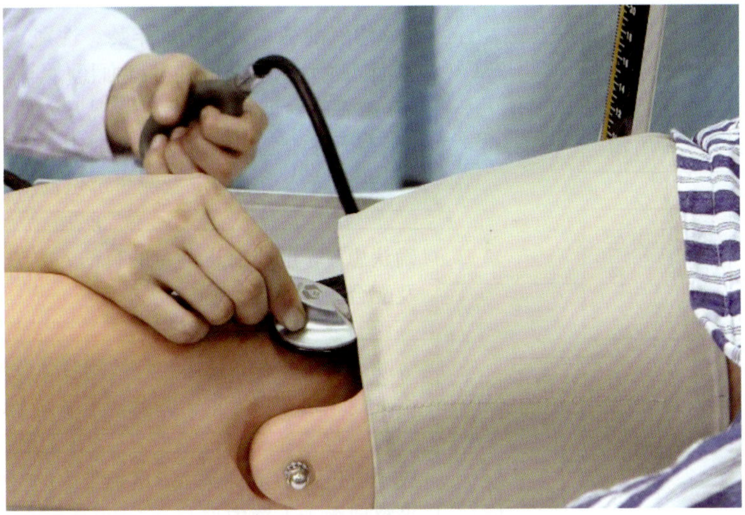

图 5-1-12　下肢血压测量法

5．驱尽袖带内的空气，解开袖带，整理好放入盒内，将盒盖右倾 45°，待汞全部流入汞槽后，关闭汞槽开关。

6．整理　协助患者穿衣，取舒适体位，整理床单位及用物。

7．记录　在记录本上记录"收缩压 / 舒张压（mmHg）"。

8．洗手，放回保留物品，将测量结果记录在体温单上。

（四）健康教育

1．向患者解释影响血压的因素　测量前安静休息 10 分钟，排空膀胱。测量前 15 ～ 30 分钟内避免激动、情绪紧张及剧烈运动等。

2．向患者讲解测量血压的注意事项。

（五）操作流程图（5-1-13）

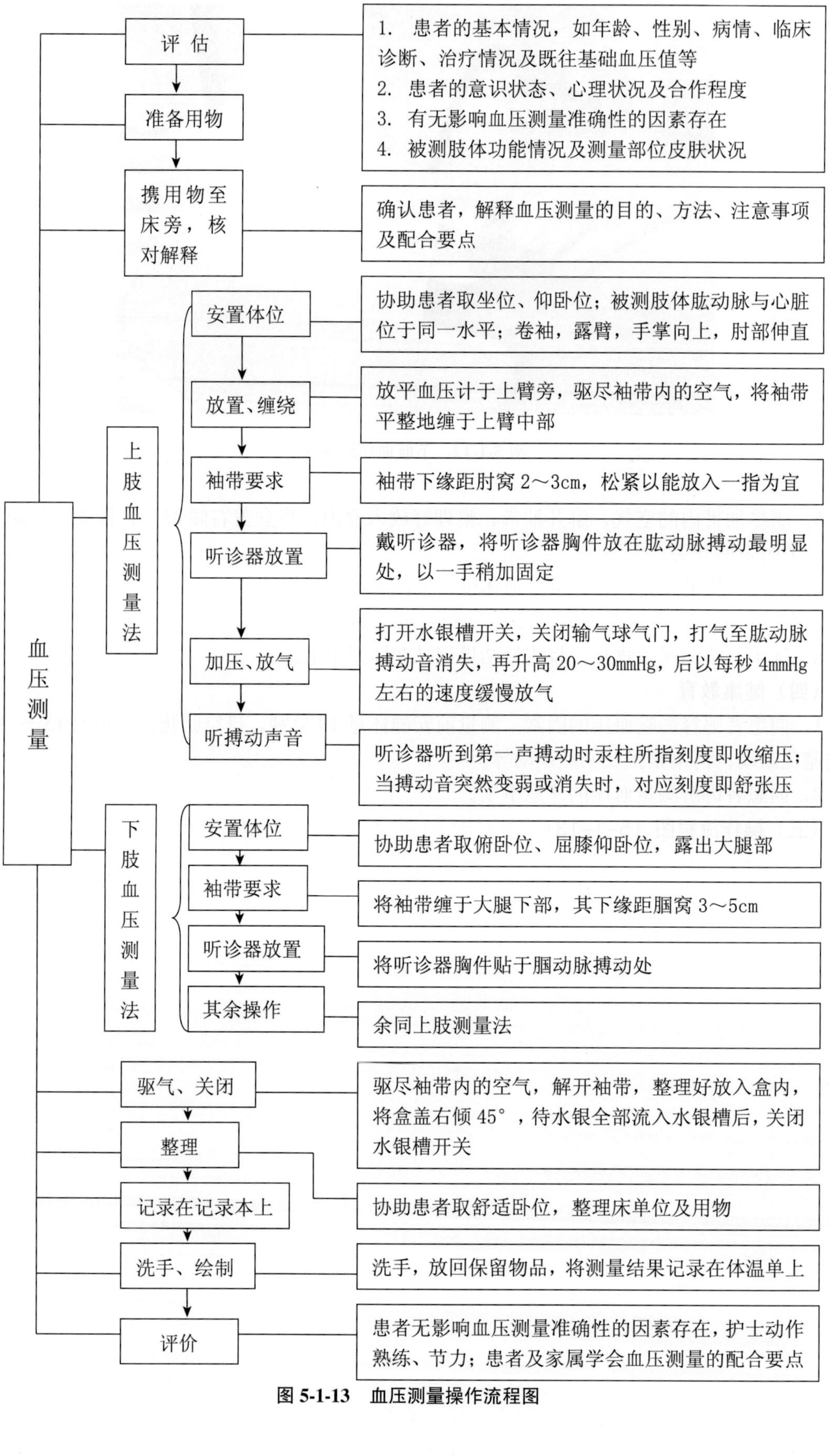
血压测量
评 估
1. 患者的基本情况，如年龄、性别、病情、临床诊断、治疗情况及既往基础血压值等
2. 患者的意识状态、心理状况及合作程度
3. 有无影响血压测量准确性的因素存在
4. 被测肢体功能情况及测量部位皮肤状况
准备用物
携用物至床旁，核对解释
确认患者，解释血压测量的目的、方法、注意事项及配合要点
上肢血压测量法
安置体位
协助患者取坐位、仰卧位；被测肢体肱动脉与心脏位于同一水平；卷袖，露臂，手掌向上，肘部伸直
放置、缠绕
放平血压计于上臂旁，驱尽袖带内的空气，将袖带平整地缠于上臂中部
袖带要求
袖带下缘距肘窝2～3cm，松紧以能放入一指为宜
听诊器放置
戴听诊器，将听诊器胸件放在肱动脉搏动最明显处，以一手稍加固定
加压、放气
打开水银槽开关，关闭输气球气门，打气至肱动脉搏动音消失，再升高20～30mmHg，后以每秒4mmHg左右的速度缓慢放气
听搏动声音
听诊器听到第一声搏动时汞柱所指刻度即收缩压；当搏动音突然变弱或消失时，对应刻度即舒张压
下肢血压测量法
安置体位
协助患者取俯卧位、屈膝仰卧位，露出大腿部
袖带要求
将袖带缠于大腿下部，其下缘距腘窝3～5cm
听诊器放置
将听诊器胸件贴于腘动脉搏动处
其余操作
余同上肢测量法
驱气、关闭
驱尽袖带内的空气，解开袖带，整理好放入盒内，将盒盖右倾45°，待水银全部流入水银槽后，关闭水银槽开关
整理
协助患者取舒适卧位，整理床单位及用物
记录在记录本上
洗手、绘制
洗手，放回保留物品，将测量结果记录在体温单上
评价
患者无影响血压测量准确性的因素存在，护士动作熟练、节力；患者及家属学会血压测量的配合要点

图 5-1-13　血压测量操作流程图

（六）操作评分标准（表 5-1-4）

表5-1-4　血压测量操作评分标准

项目	技术操作要求	评分	评分等级				实际得分
			A×1	B×0.7	C×0.4	D×0	
素质5	仪表、着装符合要求	2					
	操作熟练、轻柔，沟通有效	3					
评估20	评估患者的基本情况，如年龄、性别、病情、临床诊断、治疗情况及既往基础血压值等	5					
	评估患者的意识状态、心理状态及合作程度	5					
	了解有无影响血压测量准确性的因素存在	5					
	被测肢体功能情况及测量部位皮肤状况	5					
操作前准备5	洗手、戴口罩	2					
	用物准备，放置合理	3					
操作过程55	携用物至床旁，核对	5					
	协助患者选择合适体位、安全，注意保暖	5					
	血压计放置合理，打开汞槽开关，将汞柱降至“0”	5					
	驱除袖带内气体，皮管不扭曲	5					
	袖带位置正确，袖带平整、松紧适宜	5					
	听诊器放置、使用方法正确	5					
	注气及放气平稳，	5					
	测量结果正确（一次听诊误差＜4mmHg）	5					
	取下袖带，协助患者整理衣袖	5					
	整理血压计，放置、保管方法正确	5					
	记录数值正确	5					
操作后处理8	妥善安置患者，整理床单位	2					
	洗手，放回保留物品，血压测量结果记录在体温单上	6					
整体评价7	认真倾听患者的反映和需要，沟通语言恰当，患者安全、无不适感	3					
	动作熟练、节力	2					
	操作时间在3分钟以内	2					
总分		100					

案例点评

➢ 询问患者既往血压值。

➢ 协助患者取舒适卧位，卷袖，露臂，手掌向上，肘部伸直。使患者被测肢体肱动脉与心脏位于同一水平

➢ 放平血压计于上臂旁，驱尽袖带内的空气，将袖带平整地缠于上臂中部。

➢ 袖带下缘距肘窝 2 ~ 3 cm，松紧以能放入一指为宜。戴听诊器，将听诊器胸件放在肱动脉搏动最明显处，以一手稍加固定。

➢ 打开汞槽开关，关闭输气球气门，打气至肱动脉搏动音消失，再升高 20 ~ 30 mmHg，后以每秒 4 mmHg 左右的速度缓慢放气，视线应与汞柱所指刻度保持在同一水平。当听诊器听到第一声搏动时，汞柱所指刻度即为收缩压；当搏动音突然变弱或消失时，汞柱所指刻度即为舒张压。

➢ 将血压测量结果记录在记录本和体温单上。

（张小丽）

第二节　临床常用监测技术

学习目标

通过本节内容的学习，学生能够：

◎ 识记

1．描述心电监测技术的评估内容以及监测内容。
2．叙述心电监护仪的使用方法。
3．叙述心电监护仪的保养方法。
4．说明血糖监测的重要性。
5．说明血糖监测的频率和时间。
6．叙述出入液量记录的意义。
7．叙述出入液量记录的内容。

◎ 理解

1．叙述心电监护的适应证。
2．解释使用心电监护仪的目的。
3．解释使用心电监护仪的注意事项。
4．解释血氧饱和度监测的操作原则及注意事项。
5．说明血氧饱和度监测的意义。
6．说明影响血糖监测结果的因素。
7．正确描述出入液量记录的方法。

◎ 运用

1．正确地为患者进行心率、心律、血压、呼吸和血氧的监测。
2．按规程为患者进行指尖血糖监测。
3．准确记录血糖监测数值。
4．指导患者进行血糖自我监测。
5．准确记录和书写出入液量记录单。

一、心电监测

心电监测是利用心电监护仪同时监测患者实时的、动态心电图波形、心律、心率、血压、呼吸、血氧饱和度等生理参数。高精度的无创血压测量模块，精度高、重复性好；独特的血氧饱和测量装置，保证血氧饱和度和脉率测量更准确；另有丰富的报警上、下限设置功能（图5-2-1）。

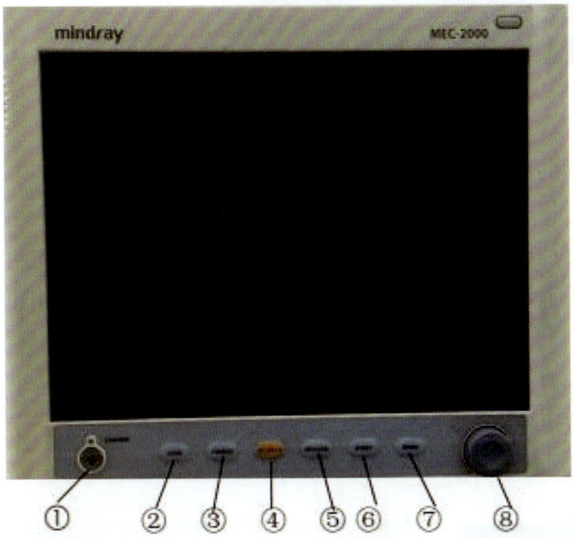

① 电源开关
② MAIN：回主界面
③ FREEZE：波形冻结
④ SILENCE：关闭声音
⑤ RECORD：开始记录
⑥ START：血压测量
⑦ MENU：主菜单
⑧ 旋转控制按钮，简称旋钮

图 5-2-1　心电监护仪

案例 5-2-1

患者，男，75岁，因胸痛来医院就诊，诊断“急性下壁心肌梗死”，收住CCU。给予双腔鼻导管氧气吸入，2L/min，静脉采血、静脉输液等。门诊心电图报告提示：窦性心律，偶见室性期前收缩。入院时P 76次/分，BP 106/68 mmHg，R 22次/分，SpO_2 96%。遵医嘱给予心电监测。

心电监测

（一）护理评估

1．患者评估　评估患者的病情、意识状态、自理及合作程度、胸部皮肤状况。

2．设备评估　设备完好，插件齐全。

3．环境评估　整洁、安静、安全，无电磁波干扰。

（二）操作前准备

1．护士准备　着装规范、整洁，洗手。

2．患者准备

（1）了解心电监测的目的、方法、注意事项及配合要点。

（2）给予舒适的体位（平卧或半卧位）。

3．用物准备　心电监护仪、一次性电极片（6个）、棉签、75%乙醇、弯盘、电源插座

（必要时）。备齐用物，见图 5-2-2。

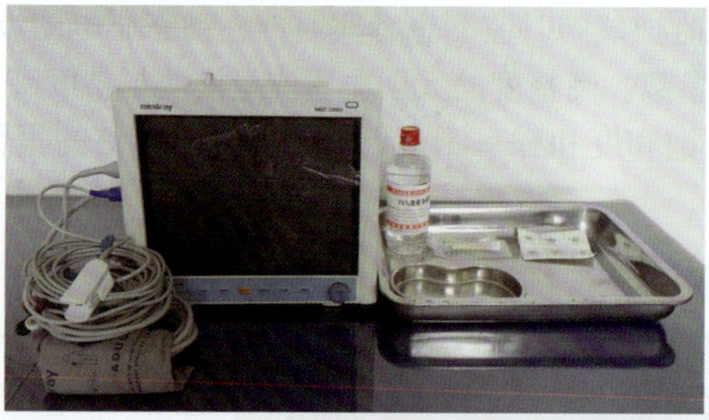

图 5-2-2　心电监护用物

4．环境准备　安静、安全、无电磁波干扰，适合心电监测操作。

（三）操作步骤

1．评估和解释　到患者床旁进行查对（反向查对），核对患者的姓名、床号和腕带。评估患者的病情及胸前皮肤情况；向患者及家属解释使用心电监护仪的目的、方法、注意事项及配合要点。

2．携用物至床旁，再次核对患者的姓名、床号和腕带。

3．安置体位　协助患者取舒适卧位（平卧或半卧位），见图 5-2-3。

4．放置仪器　妥善放置心电监护仪，接通电源，打开开关（图 5-2-4）。

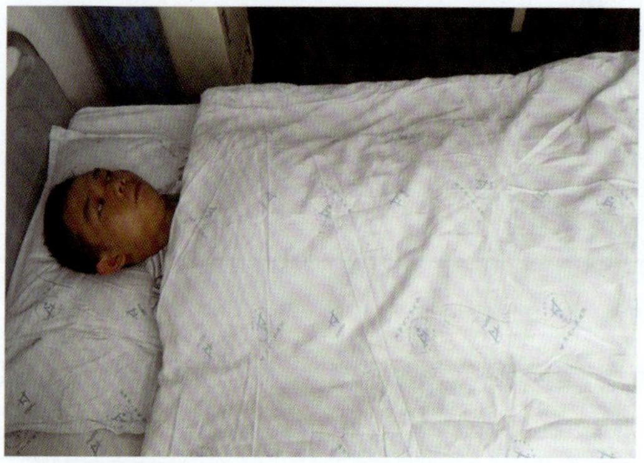
图 5-2-3　安置体位

图 5-2-4　打开心电监护仪电源开关

5．心电监测

（1）暴露胸部，正确定位，清洁接触电极部位的皮肤，必要时先做局部剃毛，再用 75% 乙醇棉签擦净，以减小皮肤的电阻（图 5-2-5）。

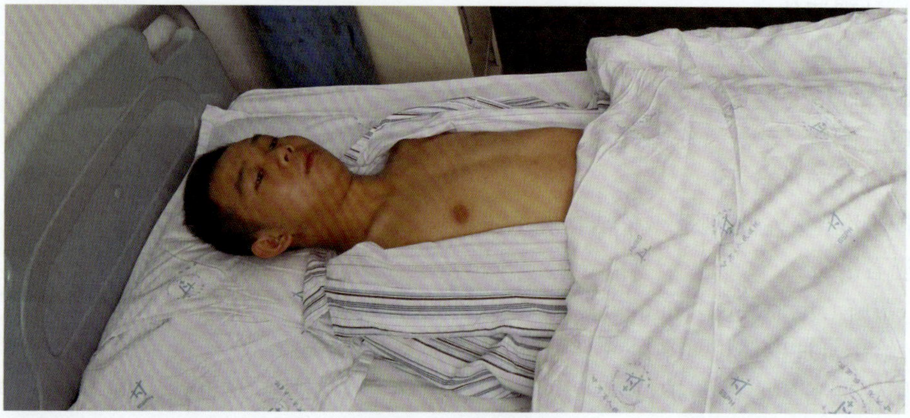
图 5-2-5　暴露胸部

（2）连接心电导联线，正确安放好电极片，并固定好（图 5-2-6）。

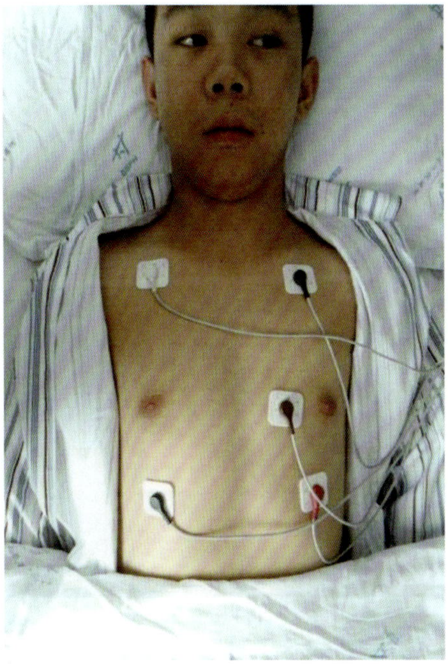

白色 RA 电极 —— 右锁骨中线第 2 肋间
黑色 LA 电极 —— 左锁骨中线第 2 肋间
红色 LL 电极 —— 左锁骨中线剑突水平处
绿色 RL 电极 —— 右锁骨中线剑突水平处
棕色 V 电极 —— 胸骨左缘第 4 肋间

图 5-2-6　正确粘贴电极片

知识链接

1. 三导联电极片的放置位置

右上白色 (RA)：胸骨右缘锁骨中线第 2 肋间

左上黑色 (LA)：胸骨左缘锁骨中线第 2 肋间

左下红色 (LL)：左锁骨中线剑突水平处

2. 当 ECG 采用三导联时，可用来监护Ⅰ、Ⅱ、Ⅲ。

3. 当 ECG 采用五导联时，可用来监护Ⅰ、Ⅱ、Ⅲ、aVF、aVR、aVL、V。

重要小提示

✧ 注意电极片粘贴位置，避开伤口、瘢痕、中心静脉插管、起搏器，必要时留出一定范围，在不影响患者出现室颤时进行电除颤。

✧ 密切监测患者异常心电波形，排除各种干扰和电极脱落。心电示波干扰：图形为不规则杂波，最常见的原因是皮肤准备欠佳，可采取剔除汗毛，或用 75% 乙醇擦拭清洁皮肤上的油脂。

✧ 定期更换电极片及粘贴位置。需长时间进行心电监测者，应定期（24 ~ 48 小时）更换电极片的安放位置，防止皮肤过敏和溃烂。

（3）转动“旋钮”键至导联选择区，按下“旋钮”键，旋转选择合适导联并确认（常规选择Ⅱ导联）（图 5-2-7）。

（4）转动“旋钮”键至振幅调节区，按下“旋钮”键，旋转选择合适振幅并确认（图 5-2-8）。

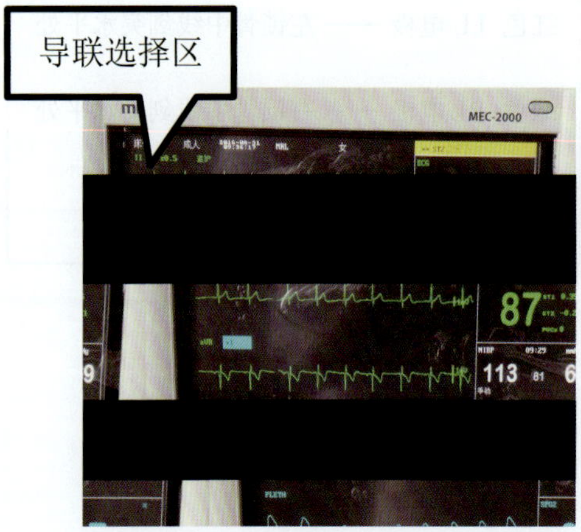

图 5-2-7　选择心电导联

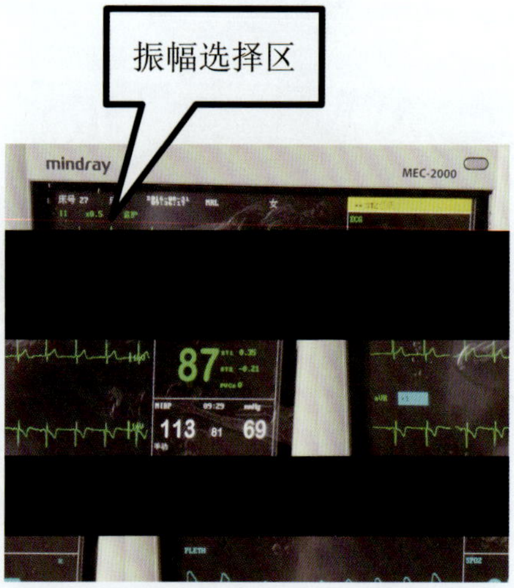

图 5-2-8　调节心电波形振幅

知识链接

1. 选择模拟Ⅱ导联，主要是因为 P 波明显，P 波在心律失常分析是比较重要的。

2. 选择 ECG 波的心电波幅增益有 0.25、0.5、1 和 2 四档及自动方式，自动方式是由监护仪自动调节的，正常心电波幅增益为 1。当患者心电高电压时可将心电波幅增益调为 0.5，当患者心电低电压时可将波幅增益调为 2，使完整波形可以清晰显示在心电监测屏幕上。

3. 心电波形扫描速率有 12.5、25.0 和 50.0 mm/s 三档可选择，一般调节为 25 mm/s。

6．血压（无创血压）监测

（1）血压计袖带缚于左（右）上臂。袖带上的记号或“ARTERIA ↓”正好位于肱动脉上，缠绕松紧合适（可放进一个手指）（图 5-2-9）。

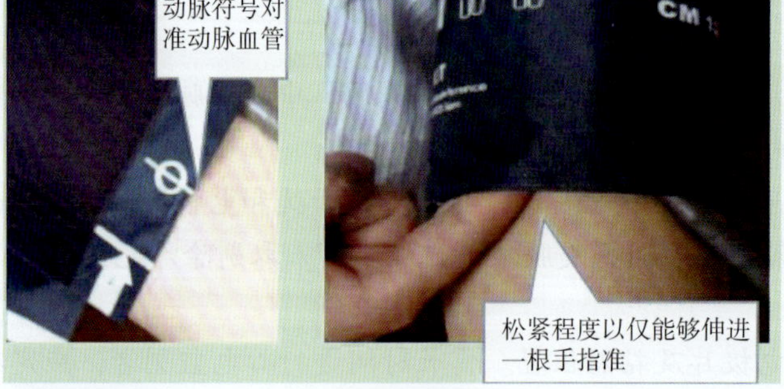

图 5-2-9　放置袖带

知识链接

1. 开始测量前，要确认选定的监测方式适用于患者（成人、小儿、新生儿）。

2. 成人 / 小儿 / 婴儿可用的袖带如下表

患者类型	肢体周长	袖带宽度
婴儿	10~19 cm	8 cm
小儿	18~26 cm	10.6 cm
成人 1	25~35 cm	14 cm
成人 2	33~47 cm	17 cm
腿部	46~66 cm	21 cm

（2）按“START”键，测量血压（图 5-2-10）。

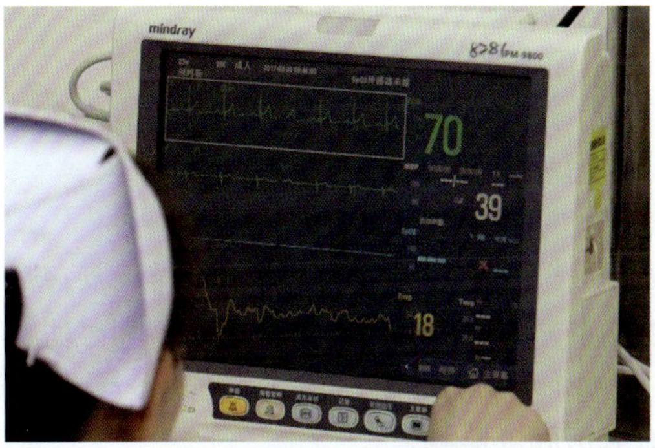

图 5-2-10　按下 START 键，测量血压，读取数值

（3）转动“旋钮”键，把光标移到屏幕上参数区中的 NIBP 热键处，然后按下“旋钮”键进入“NIBP 设置”菜单，设定间隔时间（图 5-2-11）。

NIBP 设置

心率报警	开 / 关	显示方式	1 组
报警级别	低 / 中 / 高	压力单位	mmHg
报警记录	关 / 开	时间间隔	手动 / 自动
收缩压报警高限	160	复位	
收缩压报警低限	90	连续测量	
平均压报警高限	110	校准	
平均压报警低限	60	漏气检测	
舒张压报警高限	90	缺省配置 >>	
舒张压报警低限	50		
打开或关闭 NIBP 报警			
退出			

图 5-2-11　NIBP 设置菜单　设定间隔时间

知识链接

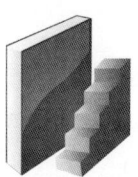

1. 自动测量间隔时间（单位：分钟）可以在1、2、3、4、5、10、15、30、60、90、120、240、480分钟中选择。选定间隔时间后，在NIBP提示区会出现“请按START(启动）键”，这时按START（启动）键就开始第一次自动测量的充气。

2. 要结束自动测量，应在测量间隔期间选中“手动”回到手动模式。

3. 选定BP测量定时时间，对需要随时监测血压者，应定时松解袖带，避免频繁充气对肢体血液循环造成影响和不适感，必要时更换测量部位。

4. 影响无创血压测量准确值的因素：

（1）袖带大小：袖带气囊至少应包裹上臂的80%，大多数人的臂围为25 ~ 35 cm，应使用长35 cm、宽12 ~ 13 cm规格气囊的袖带。

（2）休克、低体温患者测出的血压偏低；患者移动、颤抖、痉挛时测出的血压偏高。

重要小提示

✧ 对连续监测的患者，必须做到每班放松1~2次。

✧ 为成人、儿童测量时，注意袖带、压力值的选择调节，避免混淆。

✧ 患者在躁动、肢体痉挛时所测得数值有很大误差时勿过频测量。

7．SpO_2监测　详见血氧饱和度监测。

8．选择调节心电监测模式　①选择心电监测模式、导联，调节振幅、扫描速率，保证监测波形清晰、无干扰；②调节血压监测模式、测量间隔时间。

9. 调至显示主屏幕，监测心电图、血压、血氧饱和度、呼吸，合理设置各监测参数的报警界限，根据患者具体情况设定各报警限（ALARM），打开报警系统。

知识链接

监护仪的参数缺省报警限

参数		成人	小儿	婴儿
HR/PR(bpm)	上限	120	160	200
	下限	40	70	90
NIBP SYS(mmHg/kPa)	上限	160/21.3	120/16.0	100/13.3
	下限	100/13.3	70/9.3	40/5.3
NIBP DIA(mmHg/kPa)	上限	100/13.3	70/9.3	60/8.0
	下限	60/8.0	40/5.3	20/2.7
Resp(rpm)	上限	40	40	40
	下限	6	6	6
SpO_2(%)	上限	100	100	100
	下限	90	80	88

知识链接

报警设置要求

1. ECG　HR 报警上下限的调整，一般为患者心率的 ±20%，最低不能小于 40 次 / 分。必要时根据患者实际情况设置，心电扫描速率为 25 mm/s。开启心律失常分析和 ST 分析，ST 报警高低限为 ±0.20 mV。安装心脏起搏器患者应开启起搏分析。

2. BP　报警设置为基础血压的 ±（20% ~ 30%），必要时根据患者实际情况设置。

3. SpO_2　报警设置一般为高于 90% ~ 100%，必要时根据患者实际情况设置。SpO_2 扫描速率 25 mm/s。

4. 报警系统应始终保持打开，并选择适当范围，出现报警时，应查明原因并及时正确处理。

5. R　报警低限为 10 次 / 分，高限为 30 次 / 分。呼吸扫描速率为 6.25 mm/s。

10．整理

（1）整理导线，协助患者取舒适卧位，询问有无不适。

（2）整理床单位，将呼叫器置于患者可取处。

11．洗手。正确记录并签字，填写设备运行记录本。

（四）健康教育

1．讲解心电监护的目的。

2．告知患者及家属注意事项。

（1）告知患者及家属不应擅自调节心电监护仪，以免：①误关各项报警，导致患者病情异常时未报警而耽误及时发现，发生意外。②使用不当造成心电监护仪的损坏。

（2）心电监护仪周围避免放置水杯、水壶，以免不慎将水泼洒到心电监测仪上，造成短路，烧毁设备。

（3）禁止在心电监护仪周围使用电子移动设备，防止造成心电干扰。

（4）告知患者和家属不要拉扯电极线和导联线，以免扯下电极片和扯断电极线及导联线。

（五）操作流程图（图 5-2-12）

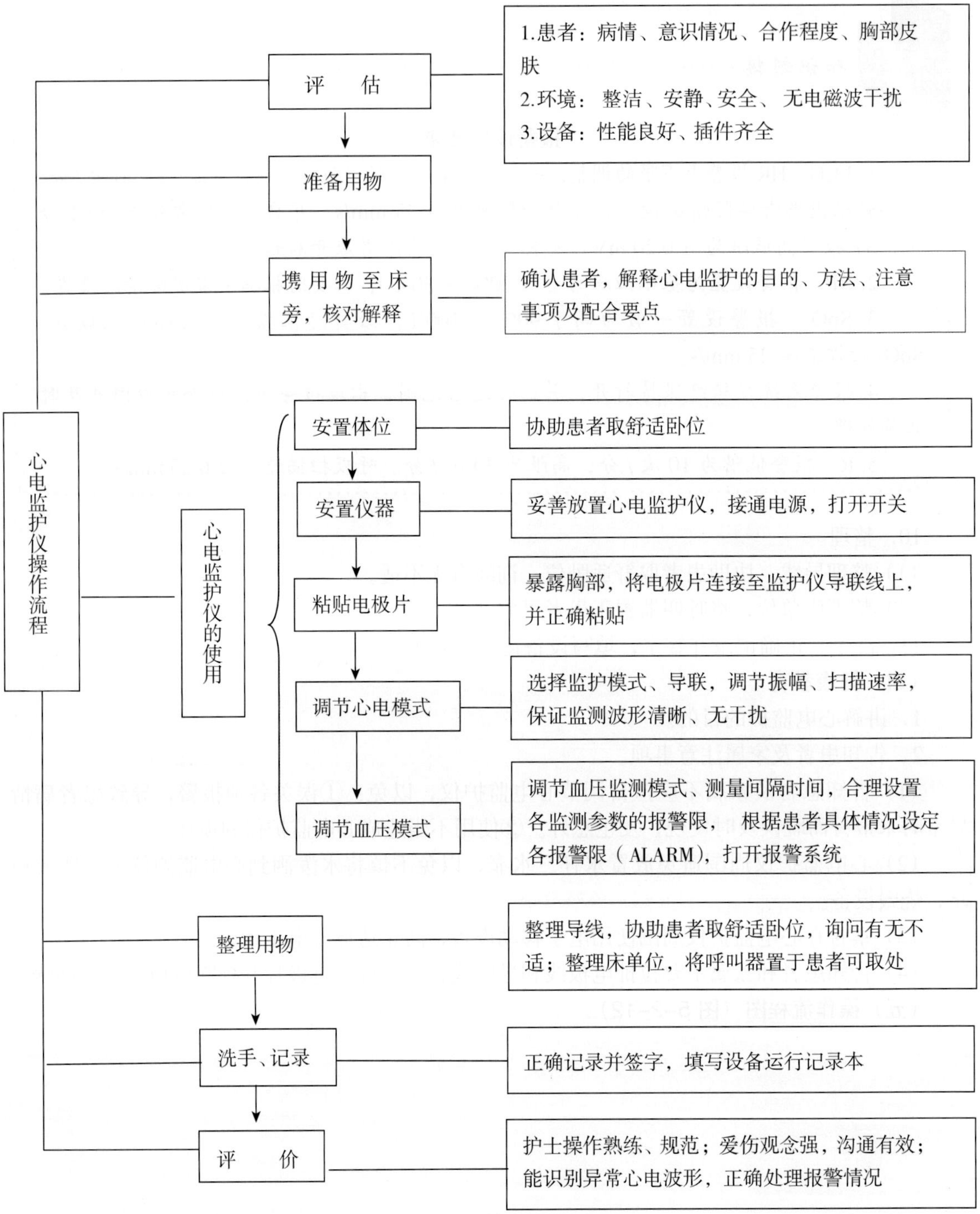
心电监护仪操作流程
评　估
1.患者：病情、意识情况、合作程度、胸部皮肤
2.环境： 整洁、安静、安全、 无电磁波干扰
3.设备：性能良好、插件齐全
准备用物
携 用 物 至 床 旁，核对解释
确认患者，解释心电监护的目的、方法、注意事项及配合要点
心电监护仪的使用
安置体位
协助患者取舒适卧位
安置仪器
妥善放置心电监护仪，接通电源，打开开关
粘贴电极片
暴露胸部，将电极片连接至监护仪导联线上，并正确粘贴
调节心电模式
选择监护模式、导联，调节振幅、扫描速率，保证监测波形清晰、无干扰
调节血压模式
调节血压监测模式、测量间隔时间，合理设置各监测参数的报警限， 根据患者具体情况设定各报警限（ALARM)，打开报警系统
整理用物
整理导线，协助患者取舒适卧位，询问有无不适；整理床单位，将呼叫器置于患者可取处
洗手、记录
正确记录并签字，填写设备运行记录本
评　价
护士操作熟练、规范；爱伤观念强，沟通有效；能识别异常心电波形，正确处理报警情况

图 5-2-12　心电监护仪操作流程图

（六）操作评分标准（表 5-2-1）

表5-2-1　心电监护操作评分标准

项目	技术操作要求	评分	评分等级				实际得分
			A×1	B×0.7	C×0.4	D×0	
素质 5	仪表、着装符合要求（洗手、戴口罩）	2					
	操作熟练、轻柔，沟通有效	3					
评估 10	评估患者的病情、意识状态、合作程度、胸部皮肤状况	4					
	设备评估：设备完好，插件齐全	2					
	环境评估：整洁、安静、安全，无电磁波干扰，符合操作要求	4					
操作前准备 5	洗手、戴口罩	2					
	用物准备，放置合理	3					
操作程序 70	协助患者取舒适卧位	2					
	妥善放置心电监护仪，接通电源，打开开关	5					
	清洁粘贴电极处的皮肤，将电极片连接至监护仪导联线上，正确粘贴	10					
	正确绑血压袖带，正确放置血氧饱和度探头	10					
	选择监护模式、导联，调节振幅、扫描速率，保证监测波形清晰、无干扰	10					
	调节血压监测模式、测量间隔时间	8					
	合理设置各监测参数的报警限	8					
	整理导线，协助患者取舒适卧位，询问有无不适	10					
	整理床单位，将呼叫器置于患者可取处	2					
	合理处置用物	2					
	洗手、摘口罩、正确记录并签字，填写设备运行记录本	3					
提问 10	评估内容及注意事项	10					
总分		100					

（七）心电监护仪的保养

1．撤除心电监护仪后，导线用适当浓度消毒液擦拭，整理好后放置整齐。

2．心电监护仪屏幕用乙醇擦拭消毒，禁止使用含氯消毒液擦拭，机身用消毒液擦拭消毒处理。

3．定期充电备用。

案例点评

➢ 患者需卧床，给予舒适卧位。

➢ 患者为“急性下壁心肌梗死”患者，有偶发室性期前收缩，极易发生室颤，要注意电极片粘贴位置，避免影响除颤。

➢ 注意各参数报警限的调节，报警开关处于“开”状态。

➢ 患者卧床，注意观察粘贴电极片位置皮肤完整情况，必要时更换电极片。

➢ 持续监测，血压袖带定时放松，定时更换血氧饱和度探头位置，以免造成不必要的误差。

二、血氧饱和度监测

血氧饱和度（SpO_2）是血液中氧合血红蛋白的容量占全部可结合的血红蛋白容量的百分比，即血液中血氧的浓度。血液携带输送氧气的能力即用血氧饱和度来衡量，它是呼吸、循环的重要生理参数，可反映患者的呼吸功能，并在一定程度上反映动脉血氧的变化。一般肺部疾患、胸外科术后患者常规应用脉搏血氧饱和度监测，可为临床观察病情变化提供有意义的指标。

案例 5-2-2

患者男性，65 岁，因自诉“胸闷、气短、口唇发绀”就诊，测血氧饱和度为 70%。诊断：COPD、肺部感染。遵医嘱给予持续低流量氧气吸入 2 L/min，血氧饱和度监测。

V5-6
血氧饱和度监测

（一）护理评估

1．评估患者的病情、意识状态、缺氧程度、合作程度。
2．评估患者局部皮肤或指（趾）甲情况。
3．评估周围环境，如光照条件、有无电磁干扰。

（二）操作前准备

1．护士准备　着装整齐，洗手。
2．用物准备
（1）心电监护仪 1 台、血氧饱和度监测导联线 1 根、棉签、75% 乙醇、血氧饱和度记录单。
（2）指脉氧监测仪 1 台、棉签、75% 乙醇、血氧饱和度记录单。备齐用物，见图 5-2-13。

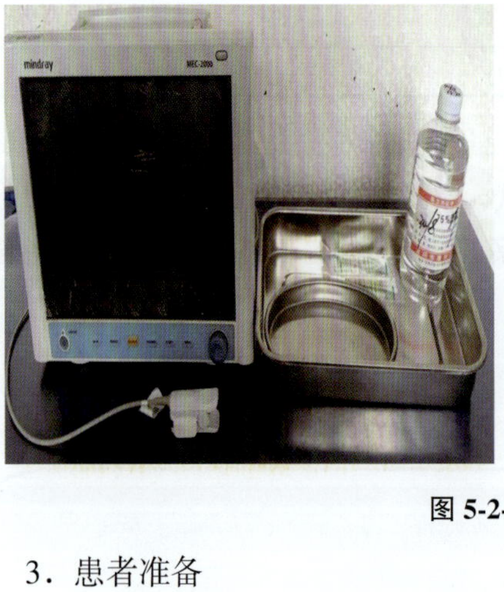

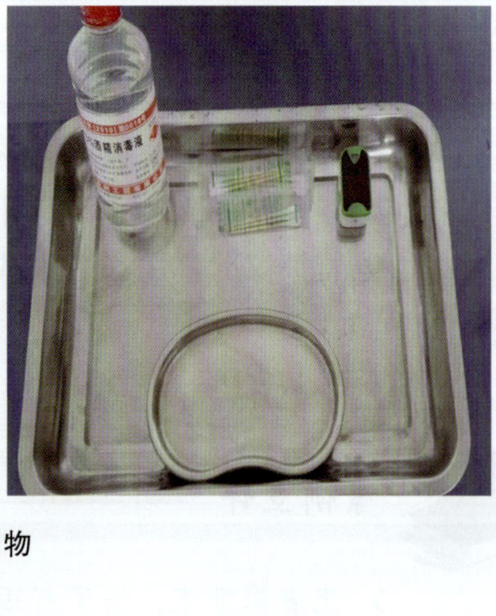

图 5-2-13　血氧饱和度监测用物

3．患者准备
（1）了解血氧饱和度监测的目的、方法、注意事项及配合要点。
（2）取舒适体位（平卧位、半卧位或坐位）。
4．环境准备　宽敞、明亮，无电磁干扰。

（三）操作步骤

类型一　使用心电监护仪进行血氧饱和度监测

1. 评估并解释　入病室至患者床旁，反向核对患者的姓名、床号和腕带信息；评估患者的病情及局部皮肤或指（趾）甲情况；向患者及家属解释血氧饱和度监测的目的、方法、注意事项及配合要点，取得患者及家属的配合。

2. 携用物至床旁，再次核对患者的姓名、床号和腕带信息。

3. 安置体位　协助患者取半卧位，舒适体位，四肢放松（图 5-2-14）。

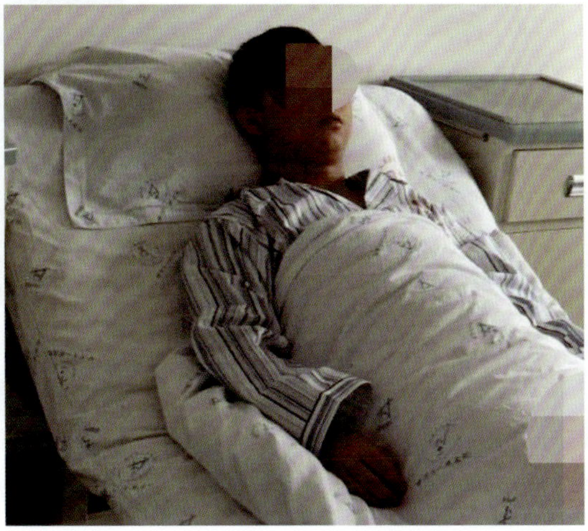

图 5-2-14　安置体位

4．打开心电监护仪开关，连接血氧饱和度导联线，检查血氧饱和度传感器是否正常（图 5-2-15）。

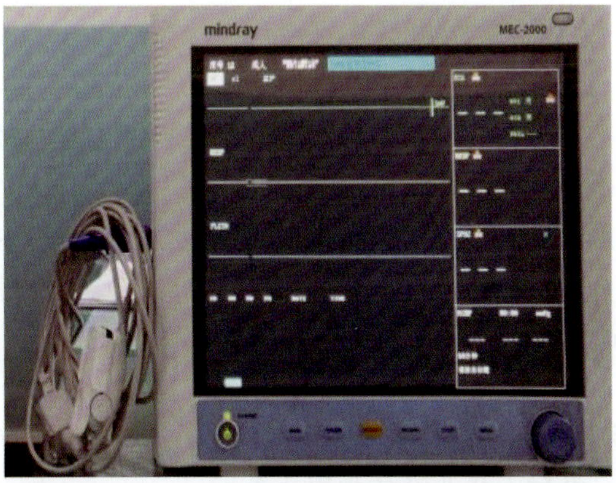

图 5-2-15　连接血氧饱和度传感器联接线

5．清洁患者局部皮肤及指甲（图 5-2-16）。

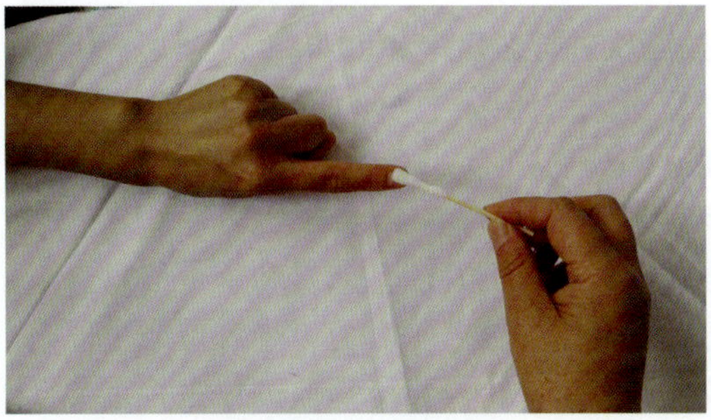

图 5-2-16　清洁指甲

6．将血氧饱和度传感器的红点对准患者手指指甲安放，使其光源透过局部组织，保证接触良好，读取数值（图 5-2-17）。

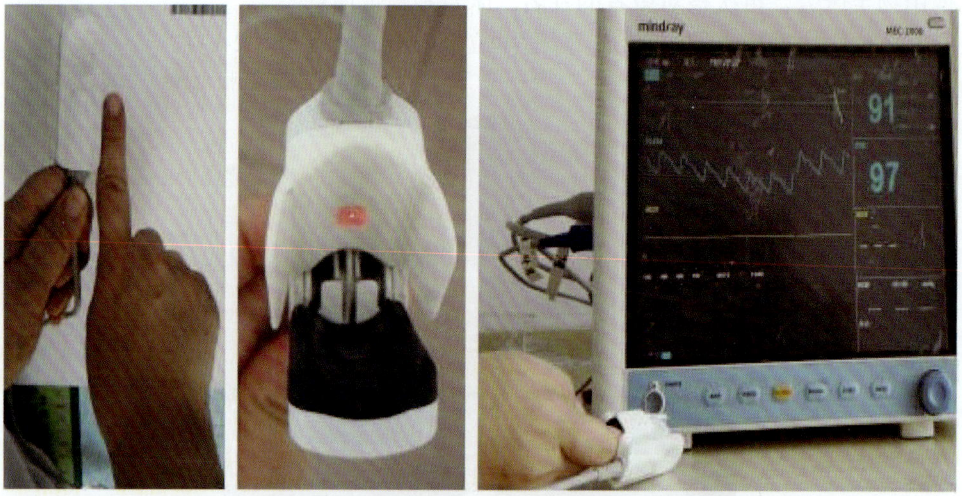

图 5-2-17　手指放入血氧饱和度传感器内，读取数值

7．设置报警上下限。

重要小提示

✧ 传感器安放的位置正确，SpO_2 传感器不能放在安有血压袖带、静脉输液的肢体上。

✧ 注意保暖，如体温过低，可使用热水袋等保暖措施。

✧ 注意观察局部皮肤及指（趾）甲情况，每 1 ～ 2 小时更换 SpO_2 传感器位置。

✧ 心电监护仪血氧监测模块报警系统应始终保持打开，并选择适当范围，出现报警时，应查明原因及时正确处理。

✧ 观察监测结果，发现异常及时报告医生。

✧ 下列情况可影响监测结果：① 休克、体温过低、使用血管活性药物及贫血等；② 周围环境光照太强、电磁干扰及涂抹指甲油等。

8．整理用物　监测仪清洁、消毒后备用。有特殊感染者，用物按传染病用物处理。

9．洗手，记录。

类型二　使用指脉氧监测仪进行血氧饱和度监测

1．评估并解释　入病室至患者床旁，反向核对患者的姓名、床号和腕带信息。评估患者的病情及局部皮肤或指（趾）甲情况。向患者及家属解释血氧饱和度监测的目的、方法、注意事项及配合要点，取得患者及家属的配合。

2．携用物至床旁，再次核对患者的姓名、床号和腕带信息。

3．安置体位　协助患者取舒适体位（平卧位、半卧位或坐位），四肢放松（图 5-2-14）。

4．打开指脉氧监测仪电源开关，检查指脉氧监测仪是否正常（图 5-2-18）。

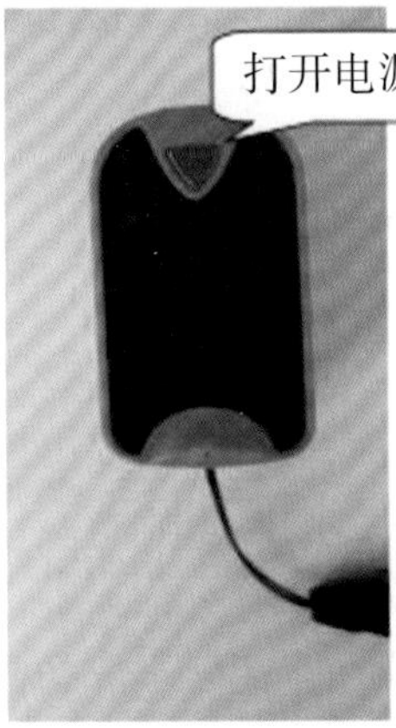

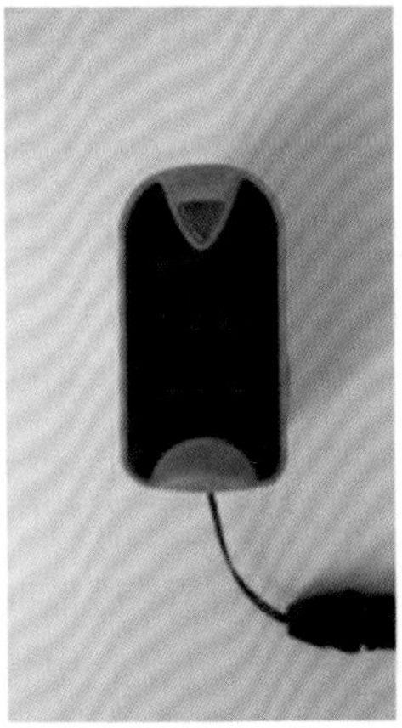

图 5-2-18　打开指脉氧监测仪

5．清洁患者局部皮肤及指甲（图 5-2-16）。

6．将指脉氧监测仪红点对准指甲安放于患者手指处，使其光源透过局部组织，保证接触良好，读取数值（图 5-2-17）。

重要小提示

✧ 安放的位置正确。

✧ 注意保暖，如体温过低时可使用热水袋等保暖措施。

✧ 注意观察局部皮肤及指（趾）甲情况。

✧ 观察监测结果，发现异常及时报告医生。

✧ 下列情况可影响监测结果：①休克、体温过低、使用血管活性药物及贫血等；②周围环境光照太强、电磁干扰及涂抹指甲油等。

✧ 怀疑 CO 中毒的患者不宜选用指脉氧监测仪。

✧ 指脉氧监测仪的保养：①传感器的外表可以用 75% 乙醇擦拭。②避免碰撞、脱落和损坏。③禁止对传感器进行高压消毒。④禁止将传感器浸泡在消毒液中消毒。

知识链接

SpO_2 默认报警范围

参　数		最高上限	最低下限
SpO_2	成人	100	90
	小儿	100	90
	婴儿	95	80

7．整理用物　监测仪清洁、消毒后备用。有特殊感染者，用物按传染病用物处理。

8．洗手，记录。

（四）健康教育

1．讲解血氧饱和度监测的目的。

2．告知患者及家属注意事项：

（1）观察监测结果，发现异常及时报告医生。

（2）下列情况可以影响监测结果：患者发生休克、体温过低、使用血管活性药物及贫血等，周围环境光照较强、电磁干扰及涂指甲油等也可影响监测结果。

（3）注意为患者保暖，患者体温过低时，采取保暖措施。

（4）观察患者局部皮肤及指（趾）甲情况，每 1 ～ 2 小时更换 SpO_2 传感器探头位置。

（五）操作流程图

1. 使用心电监护仪测量血氧饱和度操作流程图（图 5-2-19）

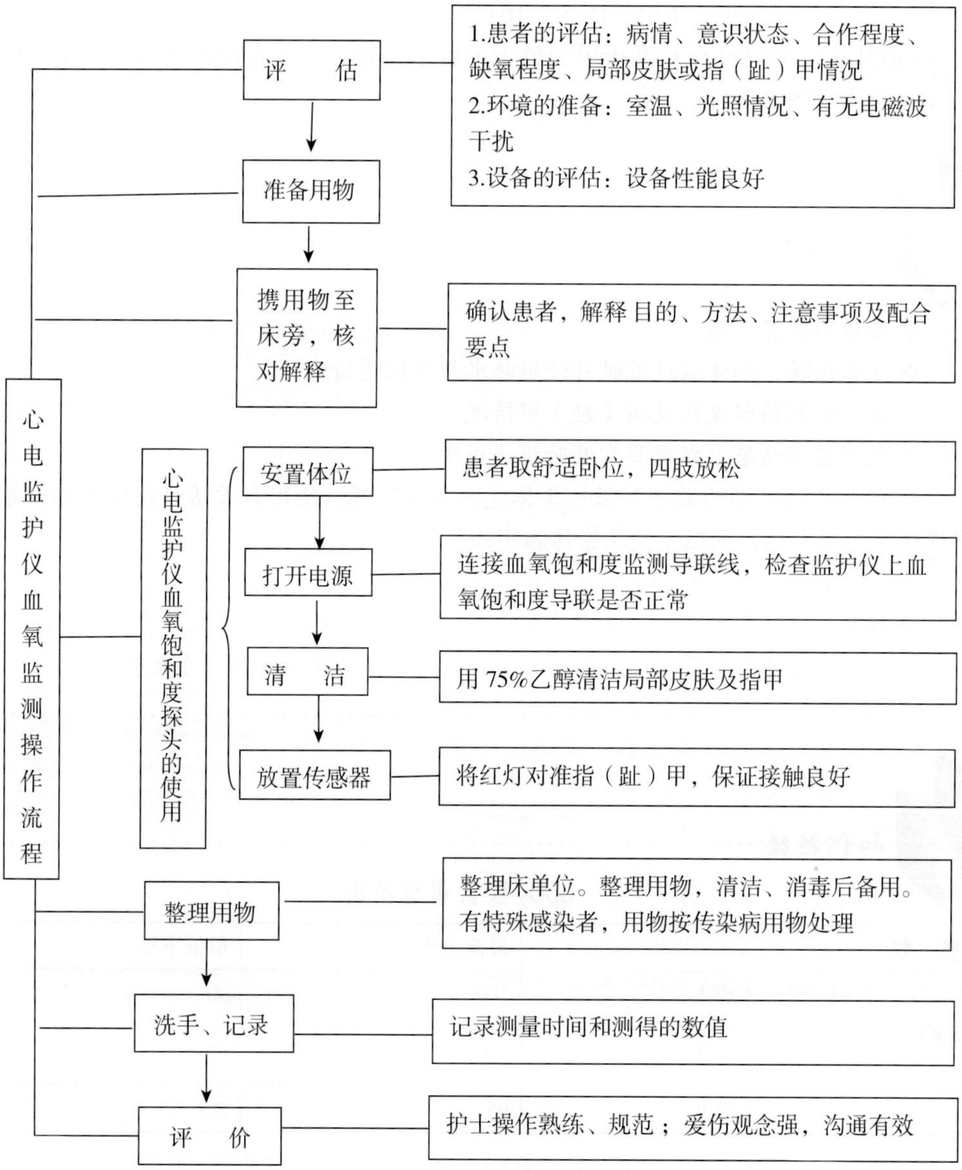

图 5-2-19　使用心电监护仪测量血氧饱和度操作流程图

2．使用指脉氧监测仪测量血氧饱和度操作流程图（图 5-2-20）

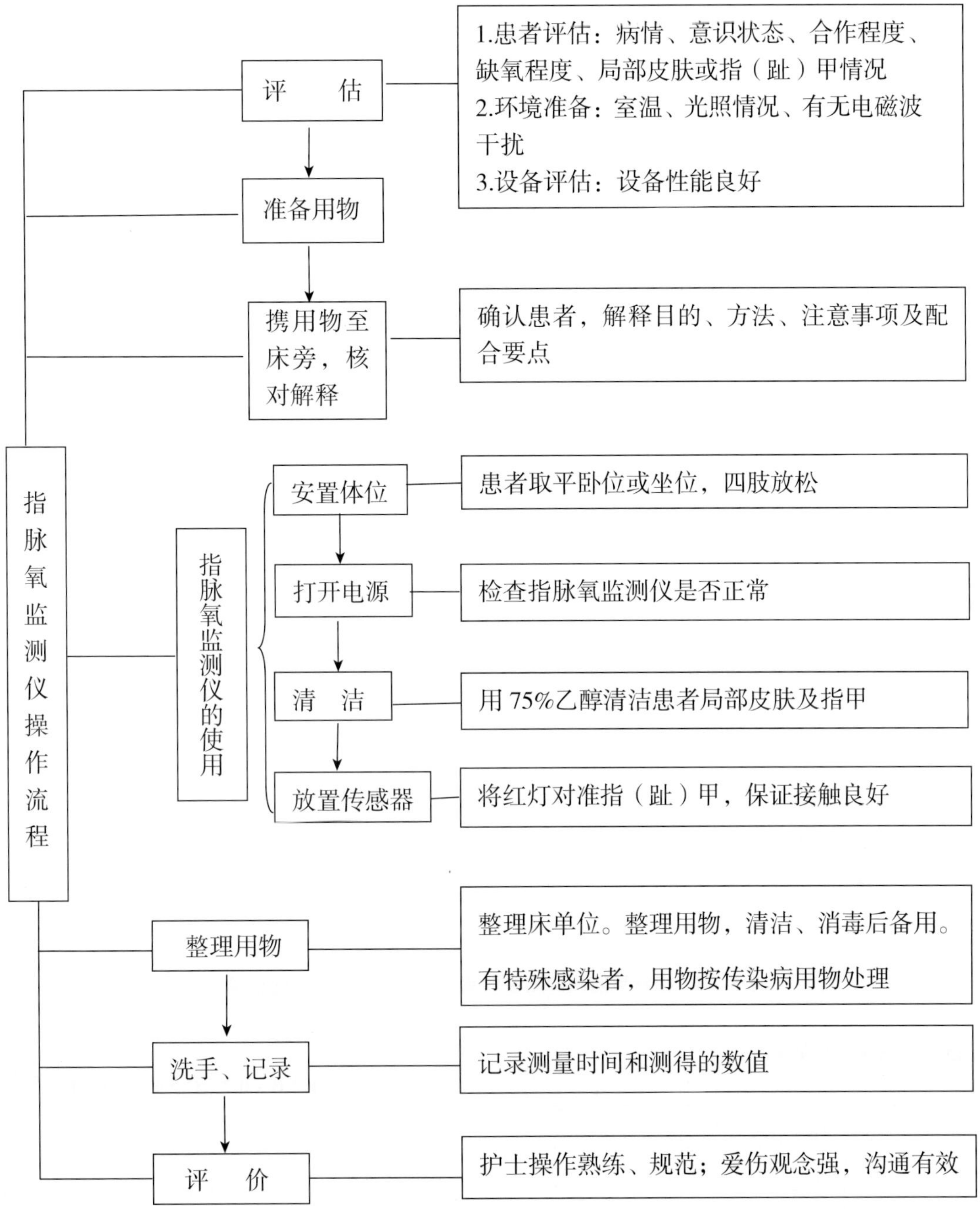

图 5-2-20　指脉氧监测仪测量血氧饱和度操作流程图

（六）操作评分标准（表 5–2–2、表 5–2–3）

表5-2-2　心电监护仪测量血氧饱和度技术操作评分标准

项目	技术操作要求	评分	评分等级				实际得分
			A×1	B×0.7	C×0.4	D×0	
素质 5	仪表、着装符合要求	2					
	操作熟练、轻柔，沟通有效	3					
评估 15	患者的病情、意识状态、合作程度、缺氧状况	5					
	局部皮肤及指（趾）甲情况	5					
	周围光照条件、是否有电磁干扰，监测仪器的性能是否良好	5					
操作前准备 5	洗手、戴口罩	2					
	用物准备，放置合理	3					
操作程序 65	协助患者取舒适卧位	5					
	打开电源开关，连接导联线，检查监护仪是否正常	10					
	清洁患者指（趾）甲	5					
	将传感器正确安放于患者手指、足趾或耳廓处，使其光源透过局部组织，保证接触良好	20					
	根据患者病情调整波幅及报警限	10					
	询问患者对操作的感受	5					
	协助患者取舒适体位，整理床单位及用物	5					
	合理处置用物，洗手、记录	5					
提问 10	评估内容及注意事项	10					
总分		100					

表5-2-3　指脉氧监测仪测量血氧饱和度技术操作评分标准

项目	技术操作要求	评分	评分等级				实际得分
			A×1	B×0.7	C×0.4	D×0	
素质 10	仪表、着装符合要求	5					
	操作熟练、轻柔，沟通有效	5					
评估 15	患者的病情、意识状态、合作程度、缺氧状况	5					
	局部皮肤及指（趾）甲情况	5					
	周围光照条件、是否有电磁干扰，监测仪器的性能是否良好	5					
操作前准备 5	洗手、戴口罩	2					
	用物准备，放置合理	3					

续表

项目	技术操作要求	评分	评分等级				实际得分
			A×1	B×0.7	C×0.4	D×0	
操作程序55	协助患者取平卧位	5					
	打开电源开关，检查指脉氧监测仪是否正常	10					
	清洁患者指（趾）甲	5					
	将传感器正确安放于患者手指、足趾或耳廓处，使其光源透过局部组织，保证接触良好	20					
	询问患者对操作的感受	5					
	协助患者取舒适体位，整理床单位及用物	5					
	合理处置用物，洗手、记录	5					
提问15	评估内容及注意事项	15					
总分		100					

案例点评

➢ 协助患者取半卧位。

➢ 评估指（趾）甲及局部皮肤并清洁。

➢ 将传感器正确安放于患者手指、足趾或耳廓处，使其光源透过局部组织，保证接触良好。

➢ 持续监测，每 1 ~ 2 小时更换 SpO_2 传感器位置，以免造成数据误差。

➢ 注意心电监护仪上血氧饱和度报警限的调节，报警开关处于“开”状态。

三、快速血糖监测技术

快速血糖监测是糖尿病管理中的重要手段之一，能够有效地监控患者病情变化和治疗效果，以利于及时调整治疗方案。指尖毛细血管血糖监测，通常称为指尖血糖监测，是指导患者血糖控制达标的重要措施，也是检查患者是否存在低血糖风险的重要手段。指尖血糖监测适用于所有糖尿病患者。自我血糖监测能够帮助患者严格控制血糖，同时减少低血糖的发生。

案例 5-2-3

患者男性，45 岁，3 个月来多饮、多食，但体重明显减轻，并伴有乏力症状，就诊于内分泌科。遵医嘱测餐前血糖为 8.2 mmol/L，餐后 2 小时血糖为 14.5 mmol/L，确诊为 2 型糖尿病。现住院接受胰岛素泵治疗。责任护士指导患者，严格控制饮食，并严密监测血糖。

（一）护理评估

1. 评估患者的意识、自理能力及合作程度。

V5-7

快速血糖监测技术

2．评估患者指尖皮肤状况，依据情况选择采血位置。

3．了解患者的进餐状况、运动状况以及有无不适等。

（二）操作前准备

1．护士准备　着装整齐，洗手，修剪指甲，戴口罩。

2．用物准备　治疗盘内放快速血糖仪（图 5-2-21），75% 乙醇、干棉签、试纸条、采血针、血糖记录本、PDA（图 5-2-22）。

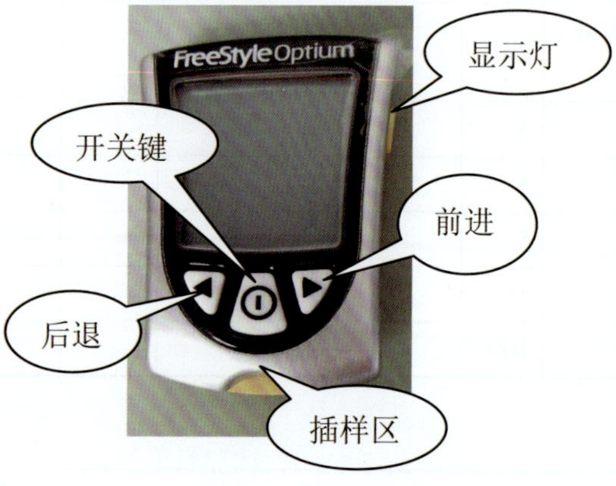

图 5-2-21　快速血糖仪

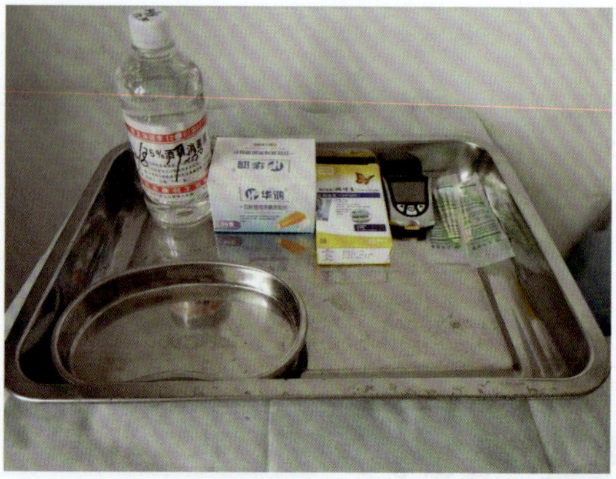

图 5-2-22　指尖血糖监测用物

重要小提示

✧ 首次使用血糖仪前，请检查血糖仪显示的日期和时间是否正确。

✧ 血糖仪代码与试纸条代码应保持一致。

3．患者准备

（1）了解指尖血糖监测的目的、方法、注意事项及配合要点。

（2）取舒适体位（图 5-2-23）。

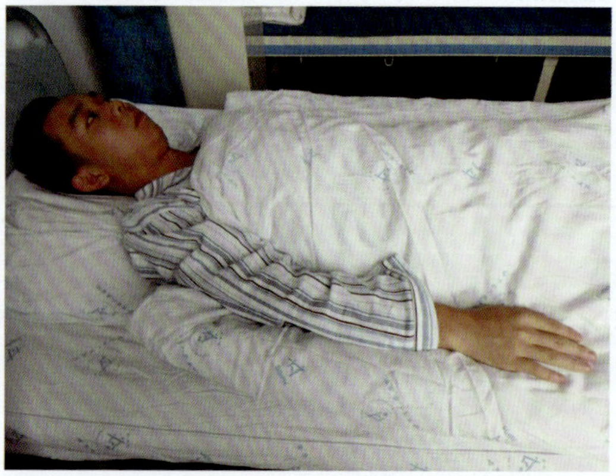

图 5-2-23　安置体位

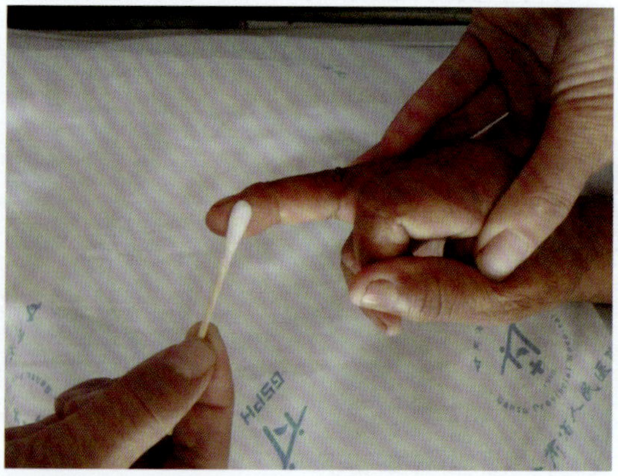

图 5-2-24　皮肤消毒

4．环境准备　整洁、宽敞、明亮。

（三）操作步骤

1．评估并解释　至患者床旁，核对患者的姓名、床号和腕带；评估患者进餐情况及指尖皮肤状况；并向患者及家属解释指尖血糖测量的目的、方法、注意事项及配合要点。

2. 携用物至床旁、核对　护士备齐用物携至患者床旁，再次核对患者的姓名、床号和腕带。

3. 安置体位　患者取任意舒适体位。

4. 测试前准备　将血糖仪内号码调整为试纸号，备好采血针。

5. 采血测试

(1) 评估指尖皮肤情况，选择部位，解释。

(2) 用干棉签蘸取75%乙醇，消毒手指侧皮肤，待干（图5-2-24）。

(3) 将试纸条插入血糖仪，屏幕显示血滴符号（图5-2-25）。

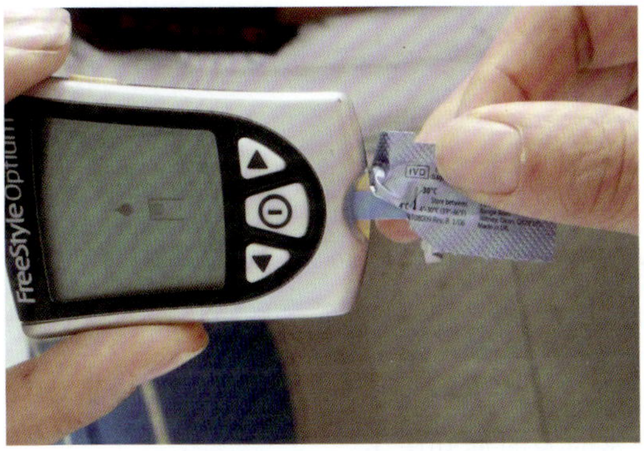

图 5-2-25　安装试纸条

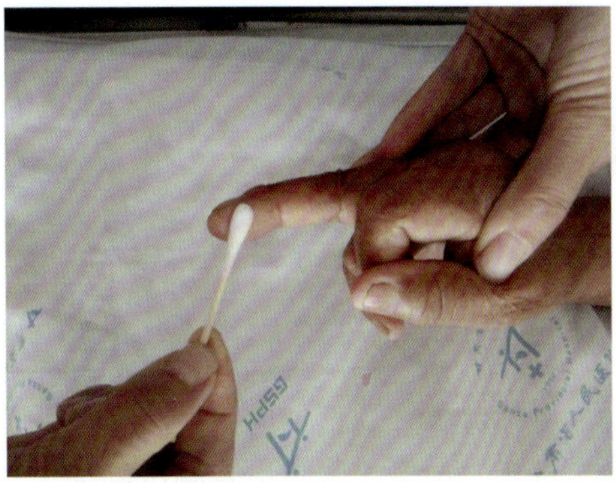

图 5-2-26　弃去第一滴血

重要小提示

✧ 从缺口处打开试纸铝箔包，向下撕开，取出试纸。触脚（三条黑线）朝上，将试纸插入到血糖仪，直到不能前进为止。

✧ 手勿碰插样端及采样区，屏幕上有血滴符号闪烁。

✧ 如3分钟内无操作，血糖仪将自动关闭，需取出试纸，插入未使用的试纸，重新启动血糖仪测试。

(4) 用采血针在手指侧面穿刺采血，用干棉签擦去第一滴血（图5-2-26）。

(5) 轻压指尖，试纸条靠近血滴，吸取血液进行测试（图5-2-27）。

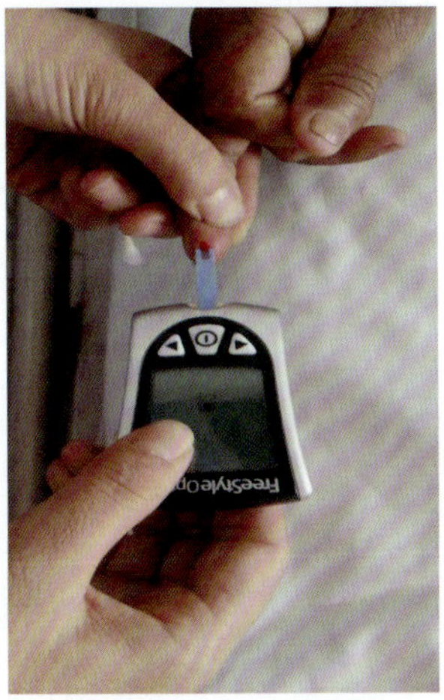

图 5-2-27　测试血糖

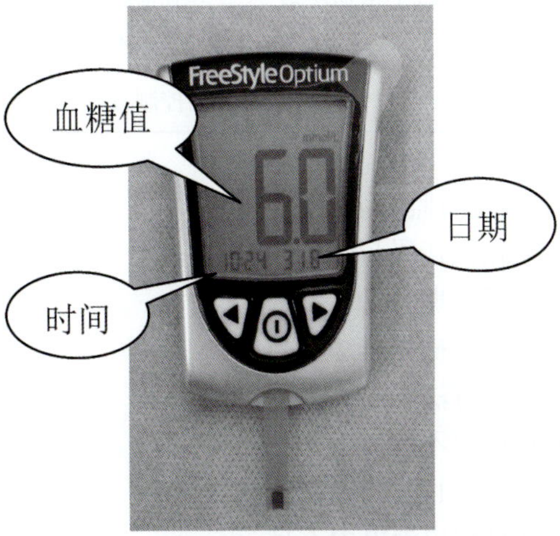

图 5-2-28　读取数值

重要小提示

✧ 将血滴接触试纸末端的采区血域，听到“滴”声再离开，显示屏出现测试结果。

(6) 用棉球按压采血部位并观察。

6．记录结果　等待血糖结果显示，将血糖数值记录在血糖记录本相应表格（图 5-2-28）。

重要小提示

✧ 读取数值，正确记录。

✧ 如血糖值异常，应立即通知医生，给予及时处理。

7．操作后整理　整理床单位，垃圾分类处理，清洁治疗盘。

8．洗手、记录，告知患者测试结果，有异常时及时通知医生。

（四）健康教育

1．告知患者血糖监测的重要性。

(1) 鼓励患者参与糖尿病管理。

(2) 评估糖尿病治疗的有效性。

(3) 及时发现患者的高血糖和低血糖。

(4) 指导患者饮食、运动和药物方案的调整。

2．血糖监测的时间和频率　血糖监测的时间和频率应因人而异，不同患者在不同治疗阶段监测频率不同。详见表 5-2-4。

表5-2-4　自我血糖监测时间及频率

<table>
<tr><th>监测频率</th><th>适用人群</th><th>监测时间</th></tr>
<tr><td>1 ~ 4 次 / 天</td><td>注射胰岛素或口服促胰岛素分泌剂</td><td rowspan="4">餐前
餐后 2 小时
睡前
夜间（凌晨）
注：具体时间根据医嘱和个体差异而定</td></tr>
<tr><td>至少 3 ~ 4 次 / 天</td><td>1 型糖尿病患者</td></tr>
<tr><td>在日常监测频率基础上增加次数，最多 8 次 / 天</td><td>合并其他疾病；剧烈运动前后；血糖控制差，不稳定或急性发病者</td></tr>
<tr><td>1 ~ 2 天 / 周</td><td>血糖控制良好，病情稳定</td></tr>
</table>

3．影响血糖监测结果的因素

(1) 血糖仪代码与试纸代码不一致。

(2) 试纸过期。

(3) 血糖仪操作方法不当。

(4) 采血方法不当。

(5) 血糖仪不清洁。

(6) 血糖仪长时间未校正。

(7) 血糖仪电池电力不足。

（8）药物影响：如水杨酸类制剂、维生素 C。

（9）其他影响因素：血液的血细胞比容、缺氧状态、吸氧等。

（10）测试部位不清洁、潮湿、血液循环差等。

4．血糖值的正确记录　记录血糖监测结果，不仅要记录血糖值，同时要记录影响血糖值的相关内容，包括：

（1）测血糖的日期、时间。

（2）与进餐的关系，即餐前或餐后。

（3）血糖值与注射胰岛素或口服降糖药的时间、种类、剂量的关系。

（4）影响血糖的因素：如进食的食物种类、数量、运动量、疾病情况等。

（5）低血糖出现的时间，与药物、进食或运动的关系，症状，体征等。

5．指尖血糖监测注意事项

（1）指尖血糖监测时应轮换采血部位，采血部位保持清洁、干燥、温暖。

（2）应在指腹侧面采血，将采血针紧靠在手指侧面，可减轻疼痛。

（3）血糖仪应定期使用标准液校正。

（4）试纸应保存在干净、干燥的原装容器中，必须遵照生产商使用说明书。

（5）采血针丢弃在专用锐器容器中，防止针刺伤的发生。

（五）操作流程图（图 5-2-29）

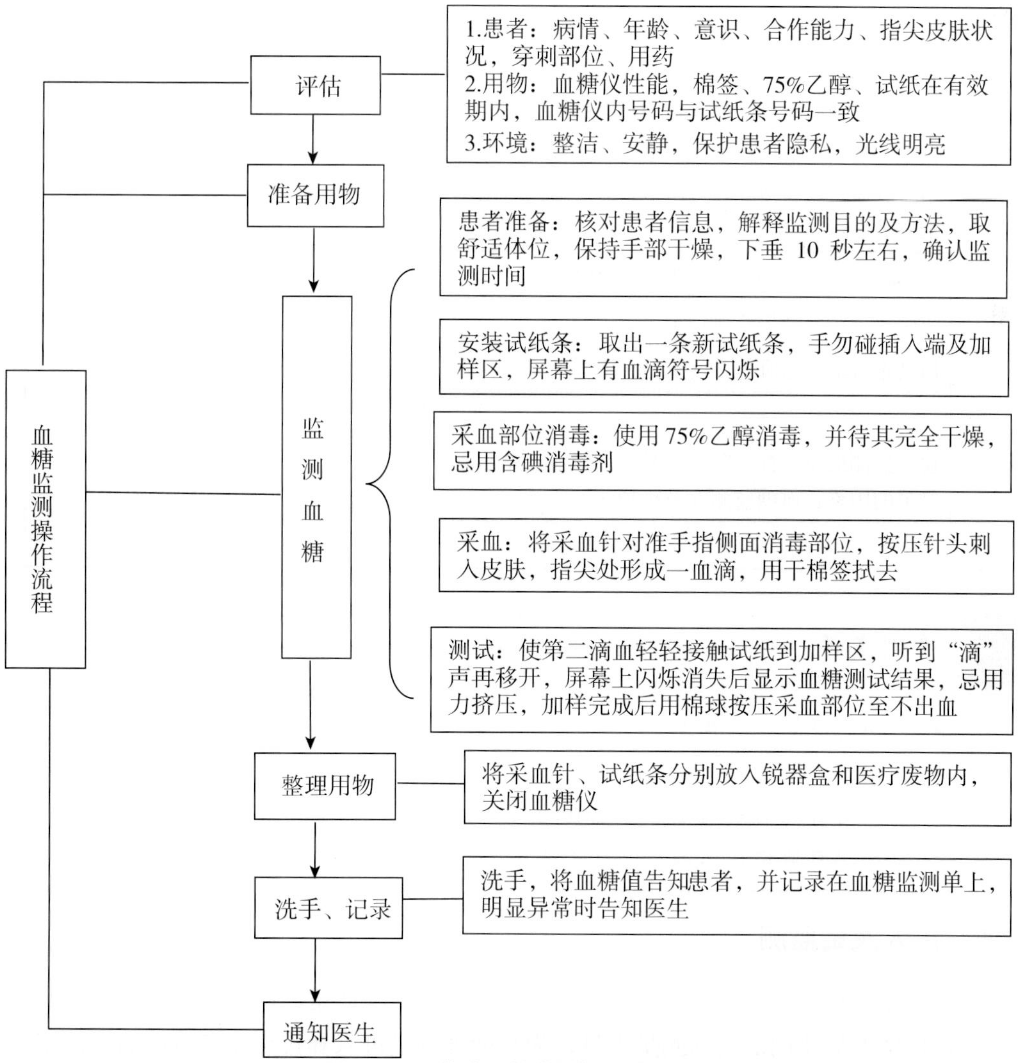

图 5-2-29　指尖血糖监测操作流程图

（六）操作评分标准（表 5-2-5）

表5-2-5　指尖血糖监测技术操作评分标准

项目	技术操作要求	评分	评分等级				实际得分
			A×1	B×0.7	C×0.4	D×0	
素质 5	仪表、着装符合要求	2					
	操作熟练、轻柔，沟通有效	3					
评估 20	评估患者的自理能力及配合程度	5					
	评估患者指尖皮肤状况，依据情况选择穿刺部位	5					
	血糖仪与试纸型号是否匹配，试纸是否在有效期内	5					
	了解患者进餐及运动情况，是否使用胰岛素或口服降糖药物	5					
操作前准备 5	洗手、戴口罩	2					
	用物准备，放置合理	3					
操作程序 55	协助患者选择合适体位	5					
	检查、备好采血针，选择穿刺部位	5					
	用 75% 乙醇消毒穿刺部位、手指指腹两侧，待干	5					
	检查血糖仪内条码，保证与试纸条条码一致；将试纸正确插入血糖仪；穿刺采血；用干棉签擦去第一滴血；轻按指腹，将试纸条靠近血滴，使试纸条吸血	20					
	用干棉球按压穿刺部位；等待测试结果	5					
	正确记录测试结果于血糖记录本上	5					
	协助患者取舒适卧位	5					
	合理处置用物，洗手	5					
提问 15	血糖监测的重要性、时间、频率；影响血糖监测结果的因素；血糖监测注意事项	15					
总分		100					

案例点评

- 评估患者的配合程度。
- 了解患者的进餐、运动状况。
- 记录患者胰岛素的用量与进餐情况。
- 告知患者血糖监测的目的及下次监测时间。

四、出入液量监测

出入液量监测是指对于休克、大面积烧伤、大手术后、严重心脏疾病、肾疾病、肝硬化腹水等患者，护理人员使用恰当的测量工具，为其准确测量进入和排出患者身体的液体量的护理活动。准确地记录液体出入量，对了解病情、协助诊断、决定治疗及观察某种药物的疗效，起着非常重要的作用。

案例 5-2-4

患者男性，50 岁，在全麻下行“膀胱全切回肠代膀胱术”。术中留置胃管、双侧输尿管单 J 管引流管、双侧腹腔引流管。给予心电监测，外周氧饱和度监测，双腔鼻导管氧气吸入 2L/min。体温 37 ℃，脉搏 76 次 / 分，呼吸 20 次 / 分，血压 115/72mmHg，禁食水。遵医嘱监测 24h 出入液量。

（一）护理评估

1．评估患者的意识、自理及合作程度。

2．评估患者切口及引流情况，依据情况选择合适的测量工具。

3．观察切开有无渗血，各引流管是否在位，有无扭曲、打折和堵塞。

（二）操作前准备

1．入量　包括饮水量、食物中含水量、静脉输血和输液量等。饮水量根据实际记录，患者饮水时应使用固定的容器，并测定其容量或用有计量单位的口杯或量杯饮用；固体食物应记录食物的品名、单位数量或重量，再根据医院常用食物含水量（表 5-2-6）及各种水果含水量（表 5-2-7）核算其含水量。粉剂药物录入药名和以“g”或“mg”为单位的量，水剂药物录入药名和以“ml”为单位的量。

出入液量监测

表5-2-6　医院常用食物含水量表

食物	单位	原料重量（g）	含水量（ml）	食物	单位	原料重量（g）	含水量（ml）
米饭	1 中碗	100	240	藕粉	1 大碗	50	210
大米粥	1 大碗	50	400	鸭蛋	1 个	100	72
大米粥	1 小碗	25	200	馄饨	1 大碗	100	350
面条	1 大碗（2 两）	100	250	牛奶	1 大杯	250	217
馒头	1 个	50	25	豆浆	1 大杯	250	230
花卷	1 个	50	25	蒸鸡蛋	1 大碗	60	260
烧饼	1 个	50	20	牛肉		100	69
油饼	1 个	100	25	猪肉		100	29
豆沙包	1 个	50	34	羊肉		100	59
菜包	1 个	150	80	青菜		100	92
水饺	1 个	10	20	大白菜		100	96
蛋糕	1 块	50	25	冬瓜		100	97
饼干	1 块	7	2	豆腐		100	90
煮鸡蛋	1 个	40	30	带鱼		100	50

表5-2-7　各种水果含水量表

水果	重量（g）	含水量（ml）	水果	重量（g）	含水量（ml）
西瓜	100	79	葡萄	100	65
甜瓜	100	66	桃子	100	82
西红柿	100	90	杏子	100	80
萝卜	100	73	柿子	100	58
李子	100	68	香蕉	100	60
樱桃	100	67	橘子	100	54
黄瓜	100	83	菠萝	100	86
苹果	100	68	柚子	100	85
梨子	100	71	广柑	100	88

2．出量　包括尿量、粪便量、呕吐物量、咯出量（咯血、咳痰）、出血量、引流量、切口和创面渗血及渗液量等。

重要小提示

✧ 引流量用有刻度的量杯或尿壶计量。

✧ 除成形粪便记录次数外，稀水样便应以毫升（ml）为单位记录，液体以毫升（ml）为单位记录。

✧ 为了记录的准确性，对休克、昏迷患者、尿失禁患者或需密切观察尿量的患者，最好留置导尿管。

✧ 婴幼儿测量尿量可先测量干尿布的重量，再测量湿尿布的重量，两者之差即为尿量。

✧ 对于不易收集的排出量，可依据定量液体浸润棉织物的情况进行估算或称重。

✧ 所有引流液均观察颜色、性质、量，并及时、准确记录。

（三）记录出入液量的方法

1．填写出入液量记录单楣栏各项，包括患者姓名、科室、床号、住院号及页码。

2．白班 8：00—18：00 用蓝黑笔记录，夜间 18：00—次晨 8：00 用红笔记录，患者带有多个管道时应注明各管道并分别记录。

3．记录同一时间的摄入量和排出量，在同一横格上开始记录，对于不同时间的摄入量和排出量，应各自另起一行记录。

4．每天 17：30 做白班小结，7：30 做 24 小时总结，出入液量记录在“出入液量记录单”栏内（表 5-2-8）。

5．入院当天或开始记录 24 小时出入液量医嘱时间，至 17：30 小结时间不满 10 小时的，按照实际记录时间计算。如：12：30 开始记录，至晚 17：30，记为白班 5 小时小结。早上 7：30 总结也是按照实际入院时间计算，记为 19 小时总结。

6．每天出入液量 24 小时总结数量分别填写在体温单相应的栏目内。

表5-2-8　出入液量记录单

出 入 量 记 录 单

科室：××× 床号：× 姓名：×× 性别：× 住院号：×××××

日期/时间	入量（ml）				出量（ml）						签名
	输入液体	量	进食水	量	胃液	呕吐物	尿量	大便	腹腔引流	其他	
2016.3.15 12:30					50		300（右J管） 200（左J管）		60（左） 60（右）		王×
12:40	NS	100									王×
	血凝酶	2U									王×
12:50	NS	100									王×
	头孢他啶	2g									王×
13:00	NS	50									王×
	氨溴索	5									王×
13:20	复方氯化钠	500									王×
	10% 氯化钾	15									王×
15:10					30			100	100（右）		王×
15:15	血浆	600									王×
17:20	5% GS	250					400（左J管） 400（右J管）				王×
	酚磺乙胺	4									王×
	氨甲苯酸	40									王×
17:30	5小时出入量小结：	1659			80		1300	100	220		王×
3.15 18:40	复方氯化钠	500									张×
	10% 氯化钾	15									张×
20:50	复方氨基酸	250					200 （右J管）				张×
22：00	10% 葡萄糖	500									张×
	维生素C	10									张×
3.16 0:10	NS	100					300（左J管）				张×
	头孢他啶	2g									张×
7:00					80		200（左J管） 300（右J管）		50（左） 50（右）		张×
7:30	19小时出入量总结：	2939			160		1200（右J管） 1100（左J管）	100	110（左） 210（右）		张×

（四）测量引流液的方法

1．用物准备　一次性手套、量杯、记录纸、笔。

2．具体流程　核对、戴手套、倾倒引流液、平视刻度、去除手套、洗手、记录。

3．测量尿量方法（图 5-2-30）

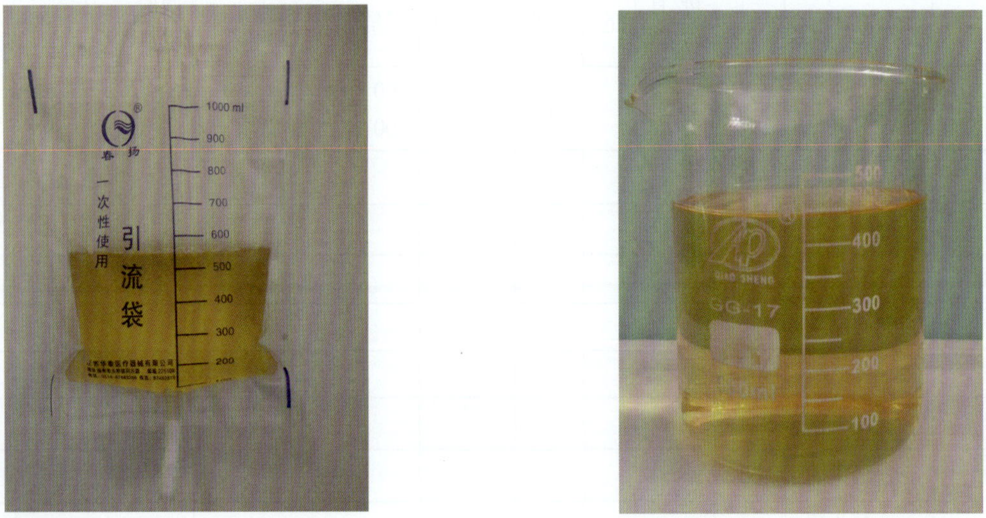

图 5-2-30　尿液测量

重要小提示

✧临床上一次性使用引流袋容量刻度与实际显示液量不相符，应使用量杯测量或其他有刻度的容器准确计量。

4．测量胃液的方法（图 5-2-31）

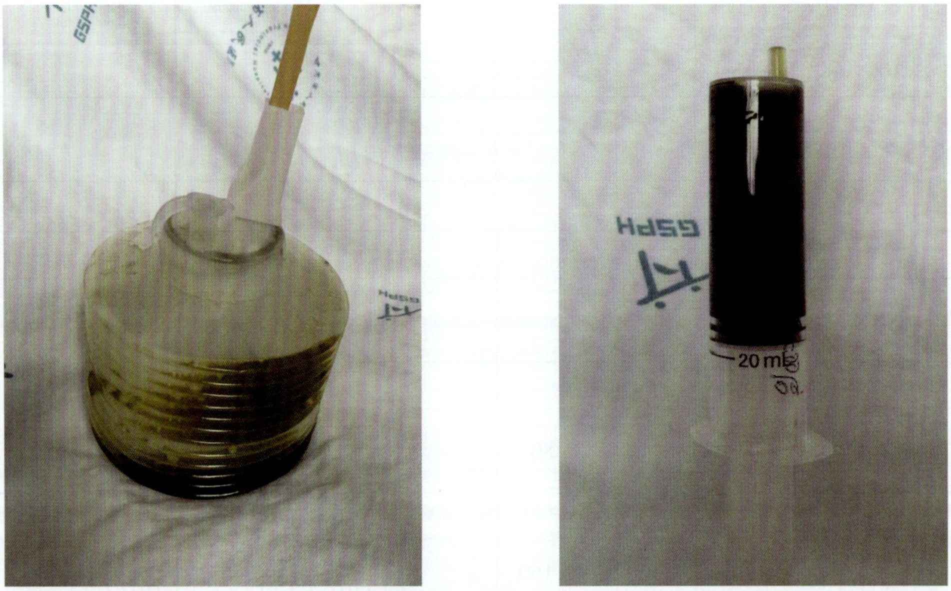

图 5-2-31　胃液测量

重要小提示

- ✧ 胃液较多时，采用量杯测量。
- ✧ 胃液较少时，使用空注射器准确测量。
- ✧ 其他引流液也用同样方法计量。

5．测量胆汁的方法（图 5-2-32）

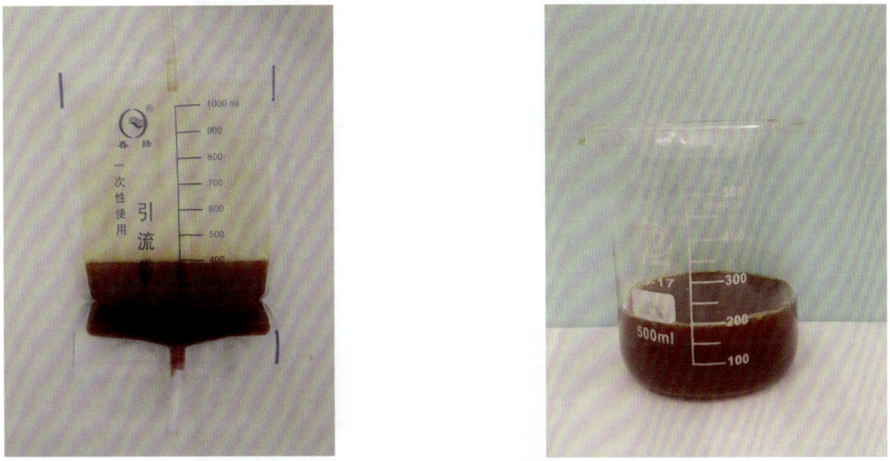

图 5-2-32　胆汁测量

重要小提示

- ✧ 胆汁量大于 50 ml 用量杯或者有刻度的容器测量。
- ✧ 胆汁量小于 50 ml 用不同的注射器准确测量。

6．测量腹腔引流液的方法（图 5-2-33）

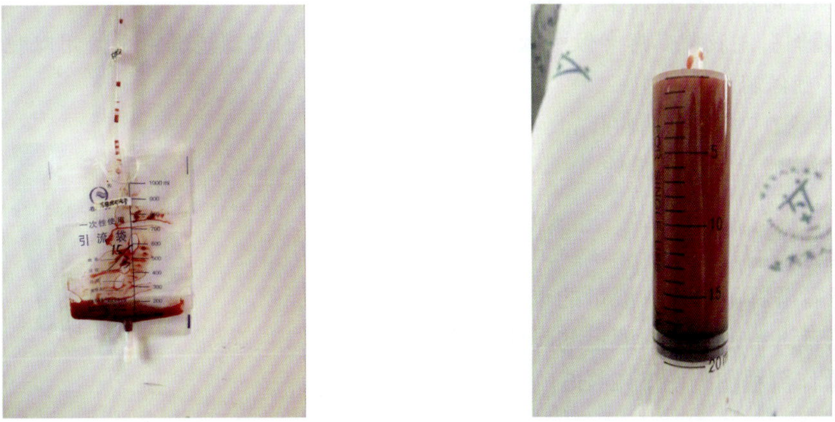

图 5-2-33　腹腔引流液测量

重要小提示

✧ 临床上一次性使用引流袋容量刻度与实际容量不相符，常用量杯或其他有刻度的容器准确计量。

7．测量胸腔闭式引流液的方法（图 5-2-34）

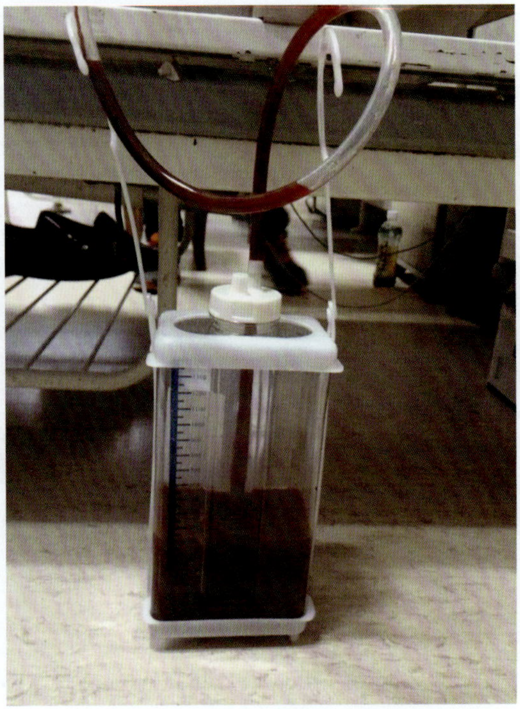

图 5-2-34　胸腔闭式引流液测量

重要小提示

✧ 胸腔引流液是胸部外伤、胸部手术后患者的重点观察内容。

✧ 测量时引流瓶内总量减去底液即为引流液的量。

✧ 倾倒引流液前嘱患者做咳嗽动作，观察引流液面波动情况，再使用双把止血钳夹闭管路，确保密闭不漏气。

✧ 准备 0.9% 氯化钠 500 ml。

✧ 倾倒时注意无菌操作。

（五）健康教育

1．向患者解释记录出入液量的重要性。

2．向患者讲解记录出入液量的具体项目。

（六）操作流程图（图 5-2-35）

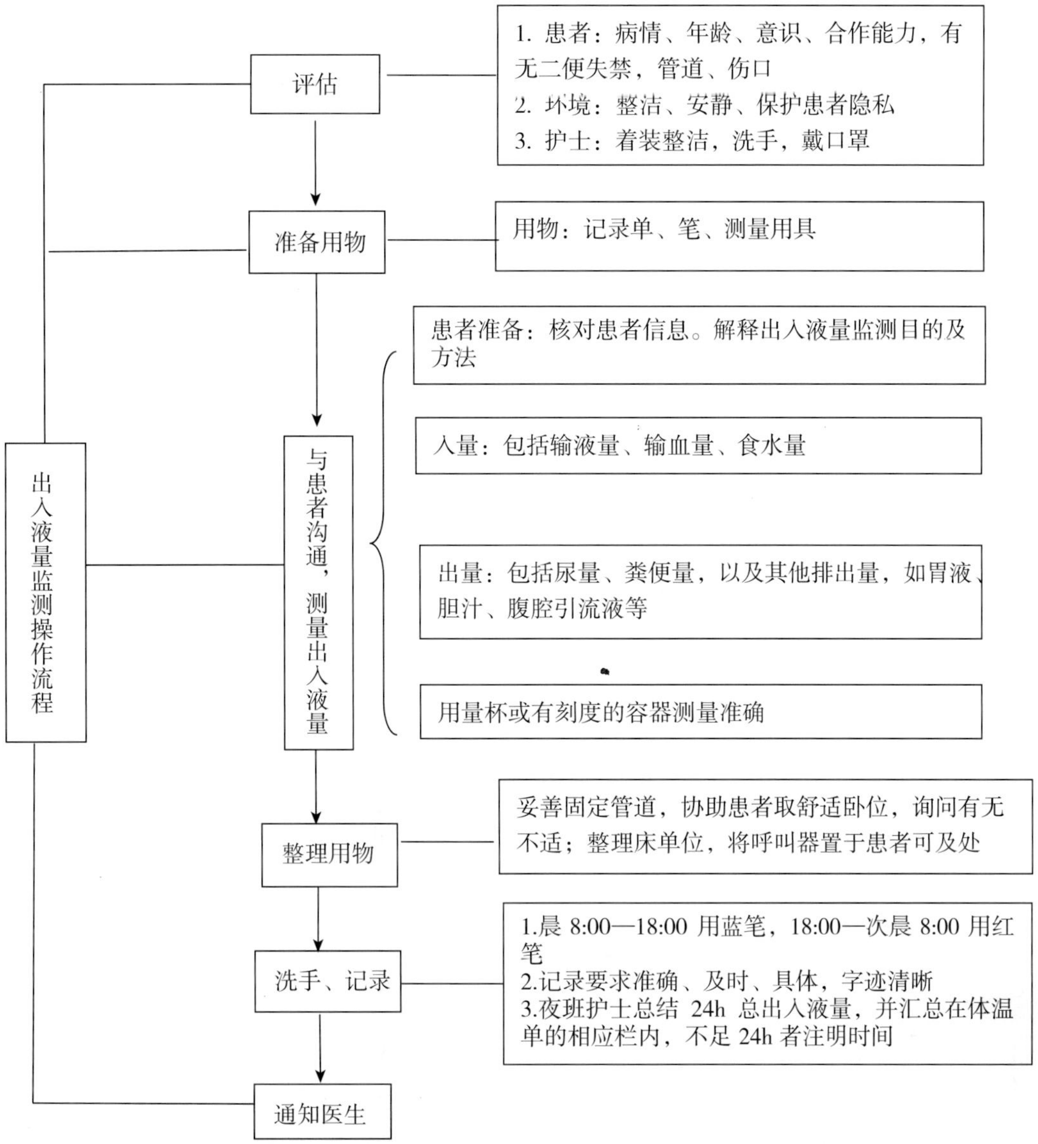

图 5-2-35　出入液量监测操作流程图

（七）操作评分标准（表 5–2–9）

表5-2-9　出入液量监测操作评分标准

项 目	技术操作要求	评分	评分等级				实际得分
			A×1	B×0.7	C×0.4	D×0	
素 质 5	仪表、着装符合要求	2					
	操作熟练、轻柔，沟通有效	3					
评 估 10	患者：病情、年龄、意识、合作能力，有无二便失禁、管道、伤口	5					
	环境：整洁、安静、保护患者隐私	5					
操作前准备 5	洗手、戴口罩	2					
	用物准备，放置合理	3					

续表

项目		技术操作要求	评分	评分等级 A×1	B×0.7	C×0.4	D×0	实际得分
操作程序55	入量20	准确、及时记录输液量	5					
		准确、及时记录饮水量	5					
		及时询问患者所进食物，准确记录食物中的含水量	5					
		准确、及时记录输血量	5					
	出量35	准确记录尿液的颜色、性质、量	5					
		准确记录胃液的颜色、性质、量	5					
		准确记录各腹腔引流液及“T”管引流液的颜色、性质、量	5					
		准确记录切口或创面渗血（液）量	5					
		准确记录呕吐物的颜色、性质、量	5					
		准确记录粪便的颜色、性质、量	5					
		准确记录胸腔闭式引流液的颜色、性质、量	5					
操作后15		询问患者对操作的感受，妥善固定各引流管	5					
		协助患者取舒适体位，整理床单位及用物	5					
		合理处置用物，洗手，正确书写出入量记录单	5					
提问10		评估内容及注意事项	10					
总分			100					

案例点评

- 准确记录出入量。
- 一次性使用引流袋容量刻度与实际液量不相符，需用有刻度的量杯或其他有刻度的容器准确计量。
- 为了记录的准确性，对休克、昏迷、尿失禁患者或需密切观察尿量患者，最好留置导尿管。
- 操作前、后均用七步洗手法洗手，严格遵守无菌操作原则。
- 测量前检查各引流管是否通畅，妥善固定管道，协助患者取舒适卧位。
- 出入液量记录要求准确、及时、具体，字迹清晰。
- 夜班护士总结24h总出入液量，并汇总在体温单的相应栏内，不足24h者注明实际记录时间。

（岳淑琴）

第六章　皮肤护理

学习目标

通过本章内容的学习，学生能够：

◎ 识记

1．描述压疮预防与护理的评估内容。

2．叙述常用皮肤护理用物的种类（如气垫床、保护垫、敷料等）及其作用。

3．描述患者伤口换药的评估内容。

4．叙述常用伤口换药辅料的种类（如无菌纱布、无菌棉垫、一次性无菌软敷料等）及其作用。

◎ 理解

1．解释伤口换药的无菌技术原则及注意事项。

2．解释压疮预防与护理的操作原则及注意事项。

◎ 运用

1．按规程为患者提供伤口换药护理活动。

2．按规程为患者提供压疮预防与护理活动。

第一节　伤口换药

伤口换药是敷料交换（dressing exchange）的俗称，是处理伤口的基本措施。其目的是清除伤口的分泌物、异物、坏死组织，保持引流通畅，控制伤口感染，促进肉芽组织健康生长和伤口愈合。换药操作时护士必须严格执行无菌技术原则。

案例 6-1-1

患者女性，62 岁，因颈椎病于全麻下行颈后路椎管成形术，因伤口敷料有少量血性液渗出，为预防伤口感染，给予无菌伤口换药一次。患者伤口周围皮肤无红肿、血肿，四肢感觉良好。

（一）护理评估

1．评估患者的意识、自理能力及心理准备、合作程度。

2．了解患者病情的危重程度，是否消瘦或营养不良。

3．评估患者的换药部位的皮肤大小及伤口性质。

4．根据伤口性质，评估换药所需伤口敷料及物品。

6-1
伤口换药

知识链接

伤口分类与处理

1. 清洁伤口（cleaning wound）：无菌手术切口，可直接缝合达到Ⅰ期愈合目的。

2. 污染伤口 (contaminated wound)：有大量细菌污染，但未形成感染，如胃肠道手术切口，经过创口清洗、缝合，也可达到Ⅰ期愈合，合并感染则成为感染伤口。污染伤口需行清创术处理，其目的是尽可能使污染伤口变为清洁伤口，争取Ⅰ期愈合或放置引流。

3. 感染伤口 (infected wound)：细菌严重污染并繁殖的伤口，多需延期缝合。感染伤口也需行清创术处理伤口，创口必须进行引流。

（二）操作前准备

1．护士准备　着装整齐，修剪指甲，洗手，戴口罩。备齐用物，放置合理。

2．患者准备

（1）了解伤口换药的目的、方法、注意事项及配合要点。

（2）病情允许情况下，患者取舒适体位，充分暴露伤口。

（3）注意患者保暖，避免着凉。

3．用物准备　换药车（车下备有黄色医疗垃圾袋 1 个）、无菌换药包（无菌弯盘 2 个、止血钳及镊子各 1 把、75% 乙醇棉球若干个或安尔碘棉球若干个）、一次性无菌软敷料 1 帖（如对敷料过敏，则需准备无菌纱布 2 块、无菌棉垫 1 ~ 2 块、胶布 1 卷）、手套。见图 6-1-1。

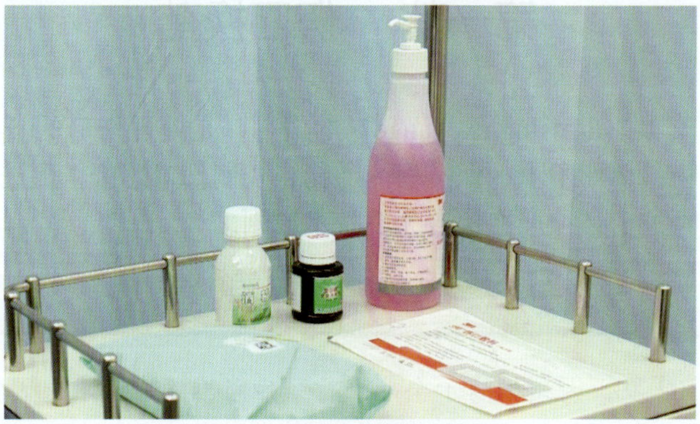

图 6-1-1　伤口换药物品

4．环境准备　病室安静、整洁，温湿度适宜，无对流风直吹患者。必要时，用屏风遮挡。

（三）操作步骤

1．评估并解释　至患者床旁，核对患者的姓名、床号和腕带；评估患者病情；评估患者换药伤口性质、部位、大小、深度、基底情况，渗液情况、有无感染迹象，换药所需敷料及物品；向患者及家属解释伤口换药的目的、方法、注意事项及配合要点。

2．推车携用物至床旁、核对　护士备齐用物后，推换药车至患者床旁，再次核对患者的姓名、床号和腕带，戴手套（图 6-1-2）。

3．安置体位　患者取侧卧位，充分暴露伤口（图 6-1-3）。

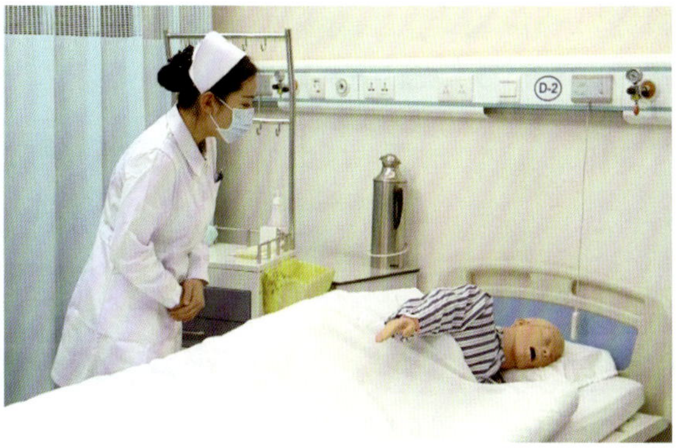

图 6-1-2　准备换药物品

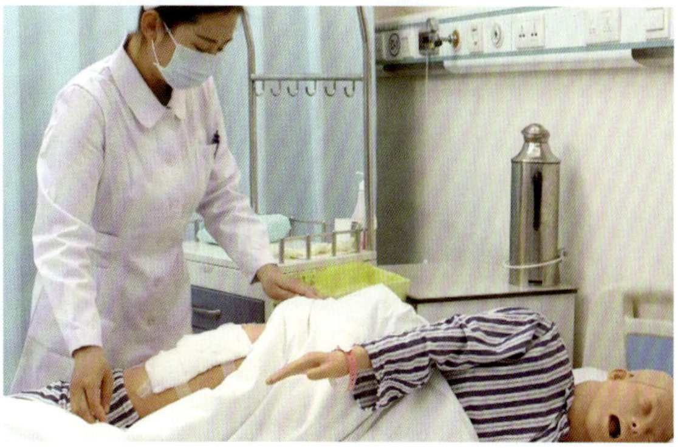

图 6-1-3　安置体位、暴露伤口

4．铺巾、放置弯盘　治疗巾置于伤口下，空弯盘放于患者近侧治疗巾上，无菌弯盘放于患者远侧治疗巾上（图 6-1-4）。

5．去除伤口敷料（图 6-1-5）

（1）揭去胶布，用手取下伤口外层敷料。

（2）快速用手消毒。

（3）用镊子沿伤口纵轴方向取下内层敷料。如果内层敷料黏贴在伤口上，应用生理盐水将敷料浸湿后，再揭除敷料。

（4）取下的污敷料放在空弯盘内，沾有脓血的一面应向上。

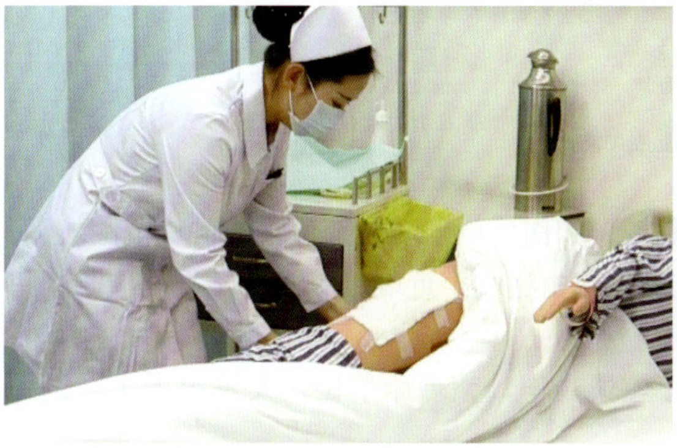

图 6-1-4　铺巾、放置弯盘

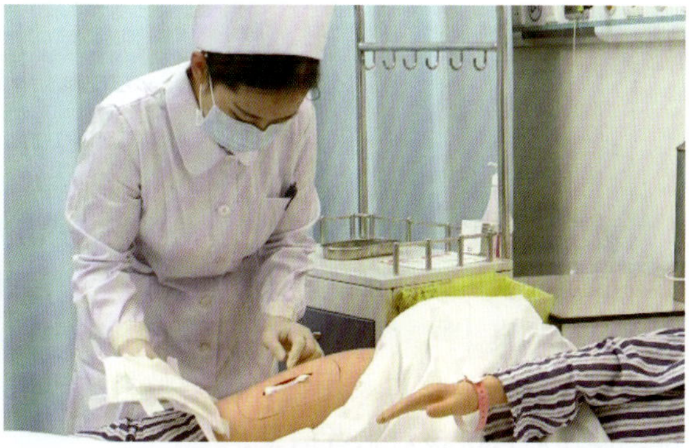

图 6-1-5　去除伤口敷料

6．消毒伤口（图 6-1-6）

（1）右手持止血钳，左手持镊子，用左手的镊子夹取碘酊棉球，交于右手止血钳。注意两把镊（或钳）不可接触，两把镊（钳）要保持下垂状态。

（2）用右手的止血钳夹取碘酊棉球，以伤口为中心由内向外消毒伤口周围皮肤。同法用乙醇脱碘，至脱净为止（脱碘直径要大于碘酊消毒范围）。

（3）如果为污染 / 感染伤口，消毒顺序应由外向内，最后消毒伤口周围皮肤。

7．处理伤口（图 6-1-7）

（1）用生理盐水棉球清洁创面，轻轻吸去分泌物，注意不要反复摩擦，方向也是由内向外。

（2）如为感染伤口，需用剪刀去除创口内的异物，如线头、弹片、死骨、腐肉等。

（3）伤口内如需放置引流，应先测量创腔的大小、深浅和方向，然后用探针或镊子，将引流条送入伤口内。

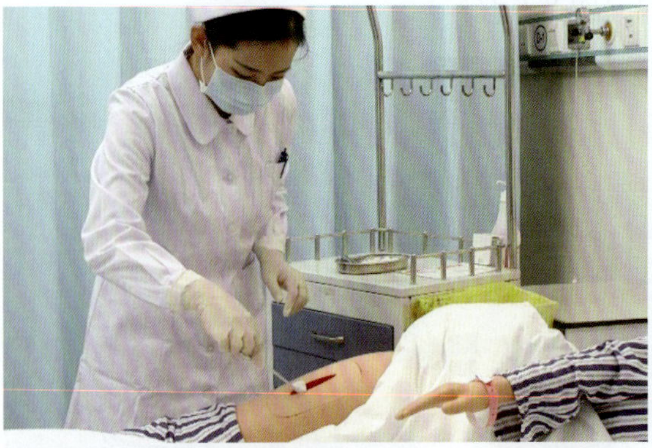

图 6-1-6　消毒伤口

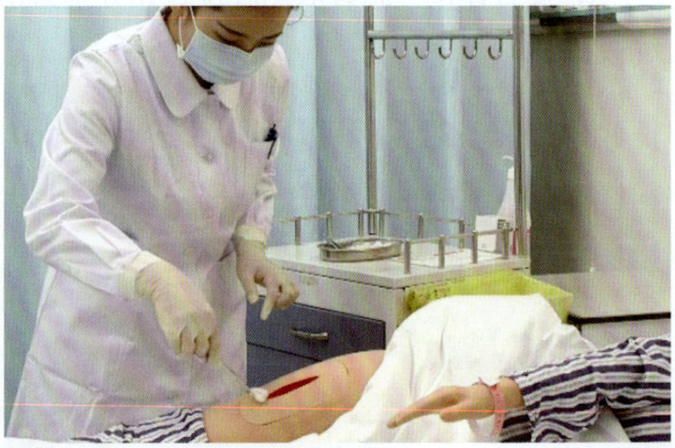

图 6-1-7　处理伤口

8．覆盖敷料　取无菌敷料、打开，并覆盖伤口。一般临床上先用凡士林纱条或盐水纱条覆盖创面，再用干纱布覆盖，必要时也可用带纱布的棉垫覆盖伤口（图 6-1-8）。

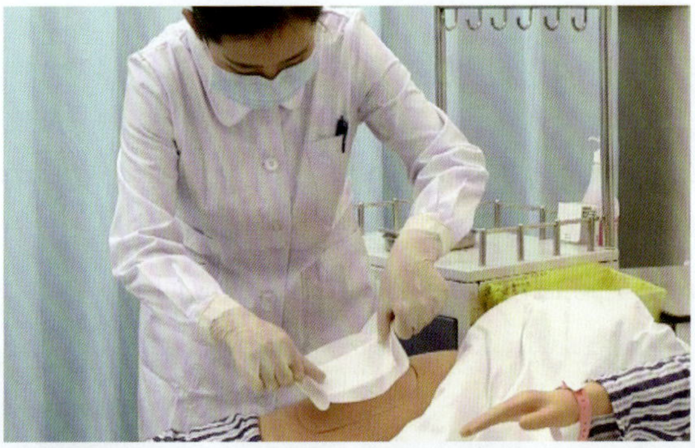

图 6-1-8　覆盖敷料

9．包扎固定　擦去胶布痕迹，以胶布固定敷料。如伤口位于活动部位，或伤口范围较大，不易固定时，可以绷带或多头带包扎固定。包扎方向应由远端至近端，胶布粘贴方向应与伤口肌肉走行垂直。

10．撤去治疗巾及用物，污染敷料放于医疗垃圾袋中，整理床单位，安置患者至舒适体位，操作后再次核对患者信息。

11．洗手记录　病室内快速手消毒，推车至换药室。分类处理用物，记录换药时间、伤口分泌物性状、伤口愈合情况。

（1）污染敷料倒入医疗垃圾筒。

（2）各种器具经水冲洗后，浸泡消毒后再进行高压蒸汽消毒。

（3）挑出刀、剪等锐利器械，先浸泡消毒，后洗净，灭菌备用。

（4）一次性无菌换药用品用后可抛弃。

（5）有特殊感染者，按传染病用物处理。

（6）其他物品物归原处。

（7）记录伤口换药时间及患者伤口状况。

重要小提示

✧ 准备换药的物品及操作时，一定要严格执行无菌技术操作，最好在换药室换药。

✧ 换药物品的准备，应按使用先后次序夹取。一般是先用者后取，后用者先取；先取干的，后取湿的物品；先取无刺激性的，后取有刺激性的物品。按上述要求，通常先取纱布、干棉球、生理盐水棉球、引流物，再取碘酊棉球，最后取镊子等。

✧ 夹取棉球未暴露钳尖，棉球湿度适宜。

✧ 揭除伤口内层敷料时，需用镊子沿伤口纵轴方向取下。

✧ 换药时应注意去除创口内的异物、线头、死骨、腐肉等，并核对引流物数目是否正确。

✧ 根据伤口的类型选择恰当的消毒顺序进行消毒。

✧ 换药动作必须轻柔，注意保护健康的肉芽组织和上皮。

✧ 换药顺序：根据伤口清洁或污染程度换药，依次是清洁伤口、污染伤口、感染伤口。

✧ 感染伤口换药后，应认真洗手后，方可给另一患者换药。

✧ 高度传染性伤口，如气性坏疽、破伤风、溶血性链球菌感染、铜绿假单胞菌等感染伤口，必须严格执行伤口隔离，其用过的敷料必须焚烧，用过的器械用品等应另行消毒灭菌，单独使用，以免引起交叉感染。

（四）健康教育

1．普及安全知识，加强安全防护意识，避免受伤。一旦受伤，及时到医院就诊，接受正确的处理，尽量避免伤口发生感染。

2．向患者和家属解释伤口换药的目的和注意事项，使患者和家属能够获得伤口换药的有关知识，积极参与护理活动。能够有效地保持伤口清洁干燥，保持伤口敷料妥善固定，避免伤口受压或牵拉，预防伤口再感染的发生，促进伤口愈合。

3．对消瘦或营养不良患者，鼓励进食高蛋白、高维生素饮食，加速伤口愈合过程。

（五）操作流程图（图 6–1–9）

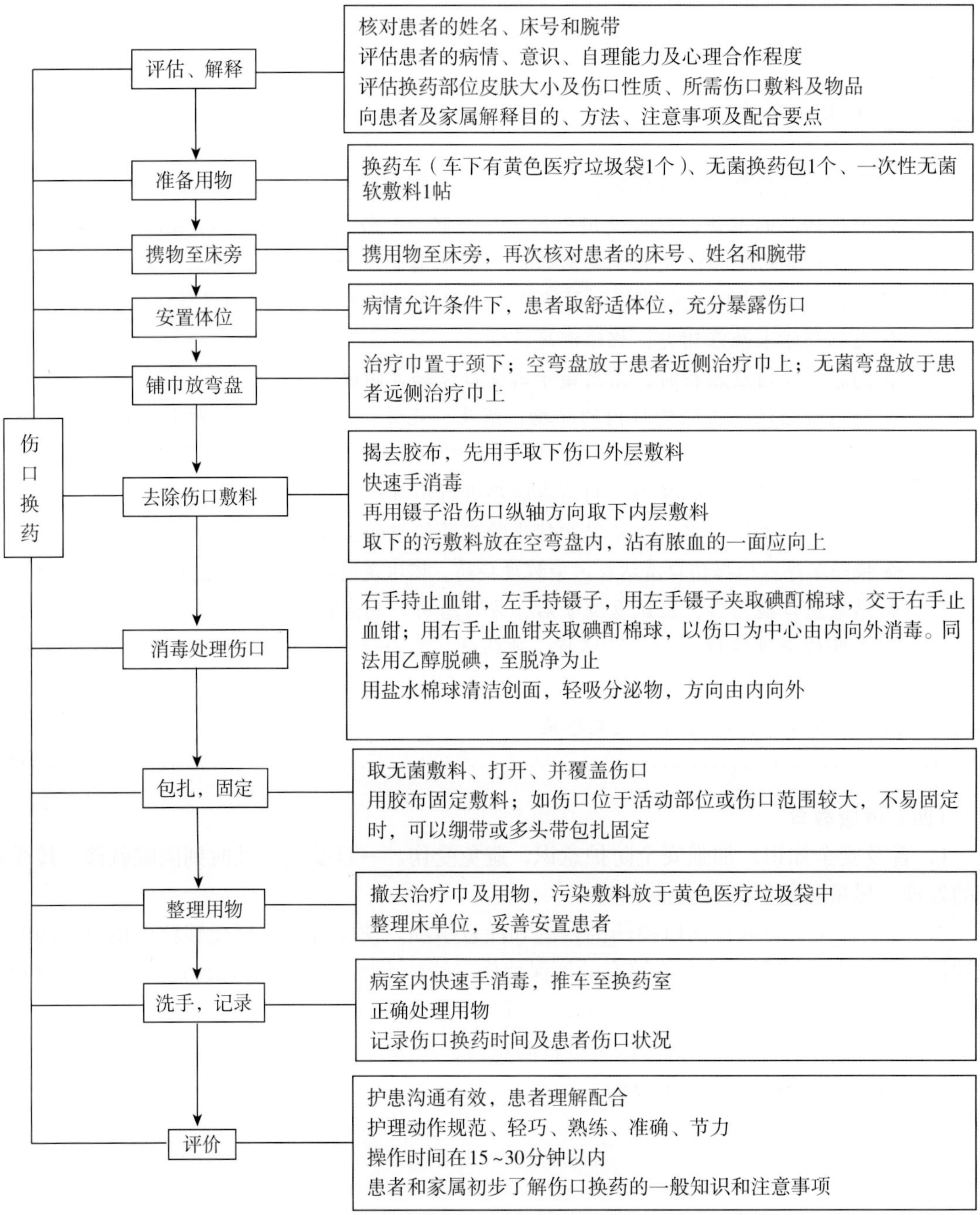

图6-1-9　伤口换药操作流程图

（六）操作评分标准（表 6–1–1）

表6-1-1 伤口换药技术操作评分标准

项目	技术操作要求	评分	评分等级				实际得分
			A×1	B×0.7	C×0.4	D×0	
素质 5	仪表、着装符合要求	2					
	操作熟练、轻柔，沟通有效	3					
评估 20	评估患者的意识、自理能力及心理合作程度	5					
	了解患者病情的危重程度	5					
	评估换药部位的皮肤大小及伤口性质	5					
	评估换药所需伤口敷料及物品	5					
操作前准备 5	洗手、戴口罩	2					
	用物准备，放置合理	3					
操作过程 55	患者体位舒适，合理暴露	5					
	治疗巾、弯盘位置放置正确	5					
	污染敷料处置合理	5					
	持钳及取用棉球方法合理，夹取棉球未暴露钳尖，棉球湿度适宜	5					
	碘酊消毒方法正确，范围合理，消毒彻底	5					
	乙醇消毒方法正确，脱碘彻底，范围合理	5					
	处理伤口正确	5					
	取无菌敷料方法止确	5					
	无菌敷料覆盖方法正确	5					
	包扎固定正确	5					
	用物整理、处置方法正确	5					
操作后处理 8	妥善安置患者，整理床单位	2					
	用物处理正确	4					
	洗手，记录	2					
整体评价 7	认真倾听患者的反映和需要，沟通语言恰当，患者无不适感	3					
	动作规范、熟练、准确，遵循无菌技术原则	2					
	操作时间在 15 ~ 30 分钟以内	2					
总分		100					

案例点评

➢ 准备换药的物品及操作时，一定要严格执行无菌技术操作。

➢ 换药前协助患者取合适的体位，充分暴露伤口。

➢ 伤口外层敷料用手揭除，污面向上放在弯盘内；内层敷料须用镊子沿伤口纵轴方向揭除。必要时用生理盐水将敷料浸湿后，再揭除敷料。

➢ 换药时，一手持镊自换药碗中取乙醇棉球，递至另一手的钳（镊）中。注意两把镊（钳）不可接触，两把镊（钳）要保持下垂状态。

➢ 处理伤口时，应观察伤口性质、部位、大小、深度、基底情况、渗液情况、有无感染迹象以及患者体温变化。

➢ 换药动作必须轻柔，注意保护健康的肉芽组织和上皮细胞。

➢ 伤口包扎要美观、牢固，包扎方向应由远端至近端，胶布粘贴方向应与伤口肌肉走行垂直。

第二节 压疮预防与护理

压疮（pressure ulcer）是身体局部组织长期受压，血液循环障碍，组织营养缺乏，致使皮肤失去正常功能，而引起的组织破坏和坏死。引起压疮最基本、最重要的因素是由压迫而造成的局部组织缺血、缺氧，故称为“压力性溃疡”更合适，多见于长期卧床或躯体移动障碍的生活部分或完全不能自理的患者，也可见于病情危重患者。

压疮的预防和护理是指护士针对易患压疮的高危人群或已患压疮的患者，采取评估、预防、换药等一系列行之有效的护理措施，实现预防压疮发生、促进压疮愈合、减轻患者痛苦的综合护理活动。

知识链接

发生压疮的常见高危因素

1. 内因性因素 ①年龄因素：随着年龄的增大，发生压疮的危险因素增多。②营养状况：低蛋白血症、消瘦、恶液质等患者发生压疮的危险因素增多。③药物：止痛药和镇静剂会减弱患者的感觉和运动功能。④伴随的疾病：休克、昏迷、脑血管疾病、体温升高、血管性病变等。⑤吸烟。

2. 外因性因素 ①因病情因素而制动、受压等，发生压疮的危险因素增多。②因二便失禁造成局部皮肤长期潮湿，皮肤抵抗力降低，也是发生压疮的危险因素之一。③患者在卧床期间的摩擦力与剪切力的增加等。

压疮易发生的部位

①压疮多发生于缺乏脂肪组织保护、无肌肉包裹或肌层较薄的骨隆突处或受压部位，如枕部、耳后、肩胛部、肘部、骶尾、坐骨结节、大转子、足踝等。②非重力部位引起的压疮，如：面罩引起的鼻梁、耳廓压迫，胃管引起的鼻部压迫，气管插管引起的舌部压迫，床栏杆或床档引起的皮肤压迫等。

案例 6-2-1

患者男性，60 岁，因颈椎外伤入院，四肢瘫痪，需长期卧床。遵医嘱使用气垫床，并给予压疮预防与护理。

知识链接

Braden 危险因素评估表是目前国内外用来预测压疮发生的常用方法之一，总分值范围为 6 ～ 23 分，分值越小，提示发生压疮的危险性越高。评分≤ 18 分，提示患者有发生压疮的危险性，建议采取预防措施。

Braden危险因素评估表

项目＼分值	1	2	3	4
感觉：对压力相关不适的感受能力	完全受限	非常受限	轻度受限	未受限
潮湿：皮肤暴露于潮湿环境的程度	持续潮湿	潮湿	有时潮湿	很少潮湿
活动力：身体活动程度	限制卧床	坐位	偶尔行走	经常行走
移动力：改变和控制体位的能力	完全无法移动	严重受限	轻度受限	未受限
营养：日常食物摄取状态	非常差	可能缺乏	充足	丰富
摩擦力和剪切力	有问题	有潜在问题	无明显问题	—

（一）护理评估

1．评估患者的意识、自理能力及合作程度。

2．了解患者病情的危重程度。

3．应用 Braden、Norton 等压疮危险因素评分表评估患者的皮肤状况（干燥或潮湿）、营养程度（肥胖或消瘦）、排泄（失禁程度）、进食情况、肢体活动能力、感觉异常。

4．如患者有压疮，评估压疮分期，观察压疮部位、大小（长、宽、深）、创面组织形态、窦道、渗出液、有无异味等。

V6-2

压疮预防与护理

知识链接

Norton 危险因素评估表也是目前公认用来预测压疮发生的有效评分方法，特别适用于对老年患者的评估，总分值范围为 5 ～ 20 分，分值越小，提示发生压疮的危险性越高。评分≤ 14 分，提示患者发生压疮的可能性大。

Norton危险因素评估表

项目＼分值	1	2	3	4
身体状况	极差	不好	一般	良好
精神状态	昏迷	不合逻辑	无动于衷	思维敏捷
活动能力	卧床	坐轮椅	需协助	可以行走
灵活程度	不能活动	非常受限	轻微受限	行动自如
失禁情况	二便失禁	经常失禁	偶有失禁	无失禁

知识链接

压疮的临床分期

①Ⅰ期：皮肤完整、发红，与周围皮肤界限清楚，压之不褪色，常局限于骨突处。②Ⅱ期：部分表皮缺损，皮肤表浅溃疡，基底红，无结痂，也可为完整或破溃的血疱。③Ⅲ期：全层皮肤缺失，但肌肉、肌腱和骨骼尚未暴露，可有结痂、皮下隧道。④Ⅳ期：全层皮肤缺失，伴有肌肉、肌腱和骨骼的暴露，常有结痂和皮下隧道。

（二）操作前准备

1．护士准备　着装整齐，洗手，修剪指甲，备齐用物。

2．患者准备

（1）了解压疮预防与护理的目的、方法、注意事项及配合要点。

（2）取舒适体位。

3．用物准备　预防压疮用品（气垫床、各种软垫、敷料等），见图 6-2-1。

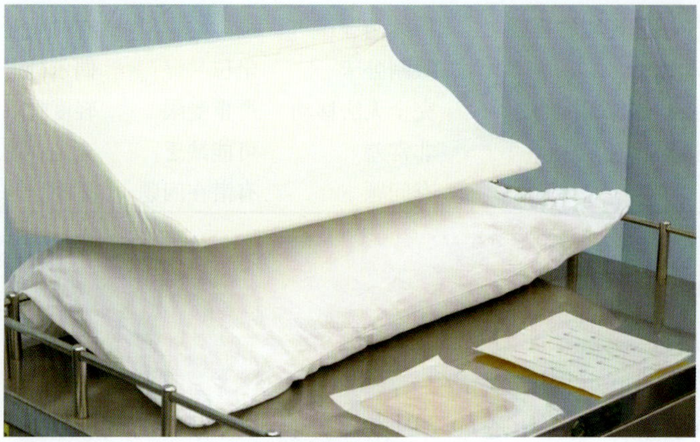

图 6-2-1　常见预防压疮用品

（气垫床、R 形垫、软枕、敷料）

4．环境准备　病室安静、整洁，温湿度适宜，无对流风直吹患者。必要时，用屏风遮挡。

知识链接

常见的预防压疮用品

根据患者病情，使用合适的预防压疮的用品，可以有效减小压疮的发生率。常见减压产品有压疮垫、羊皮垫、软垫（如楔形垫、软枕等）、减压敷料（如透明膜等）。

1. 压疮垫　可直接平铺于患者床单位上。床垫表面波动起伏，垫上的密集微孔可喷射气流，具有通风换气、转移身体压力点的作用，从而有效预防压疮。

2. 羊皮垫　具有抵抗剪切力、高度吸收水蒸气的性能，适用于长期卧床患者。

3. 软垫　如楔形垫、软枕、气垫圈等，可支撑身体不同部位，增加支撑体重的面积，降低骨隆突部位皮肤压力，保护骨隆突部位皮肤。

4. 减压敷料　如透明膜等，在皮肤消毒后，可直接贴于易发生压疮的部位，保持局部湿润环境和温度，防菌防水，避免压疮发生。

（三）操作步骤

1．评估并解释　至患者床旁，核对患者的姓名、床号和腕带；评估患者病情、压疮危险因素分值；并向患者及家属解释压疮预防与护理的目的、方法、注意事项及配合要点。

2．携用物至床旁、核对　护士备齐用物携至患者床旁，再次核对患者的姓名、床号和腕带。

3．对有压疮风险的患者，每2小时检查一次受压部位的皮肤，每班次检查一次全身皮肤并交接班。

（1）平卧位时皮肤检查：枕后、肩胛、肘部、骶尾、足跟。

（2）侧卧位时皮肤检查：耳廓、肩部、肘外侧、髋部、膝关节内外侧、足内外踝。

（3）半卧位时皮肤检查：坐骨结节、骶尾、足跟。

4．对有压疮风险患者，可通过翻身改变体位，使用软垫、压疮床垫、敷料等达到局部皮肤减压的目的。

（1）局部隆突处，如肘部、髋部、骶尾、足跟、耳廓等部位也可应用敷料保护，达到局部皮肤减压的目的，见图6-2-2。

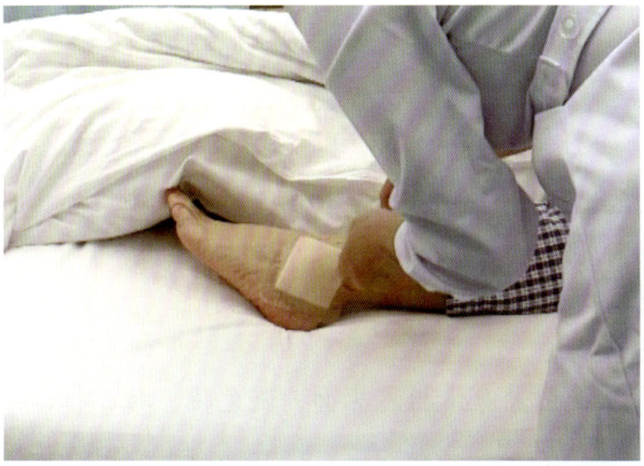

图 6-2-2　用敷料保护

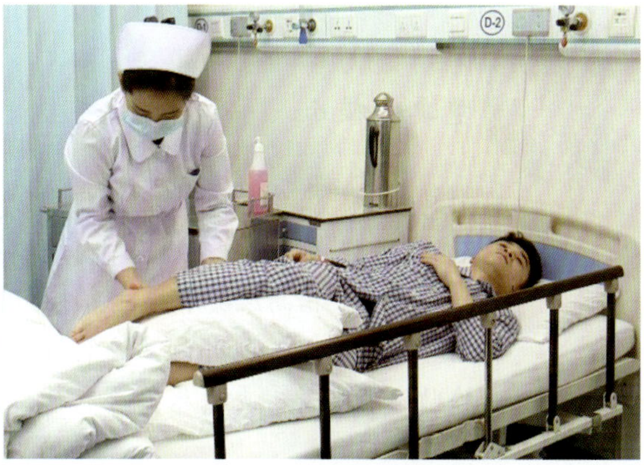

图6-2-3　患者侧卧位

（2）患者平卧改侧卧位时，屈膝，翻身，腰背部放置R形垫，使患者身体偏向一侧，与床铺呈30°～40°斜卧位，小腿中部垫软枕，使足跟悬空，图6-2-3。

（3）侧卧2小时后改平卧位，足跟悬空，图6-2-4。

（4）半卧位，床头摇高小于30°，膝下垫枕，图6-2-5。

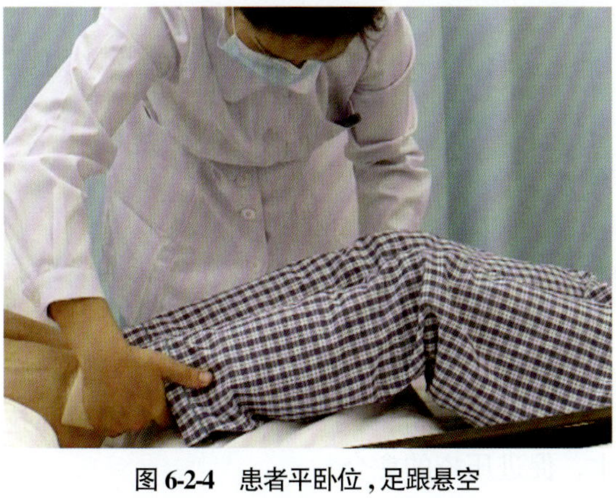

图 6-2-4　患者平卧位，足跟悬空

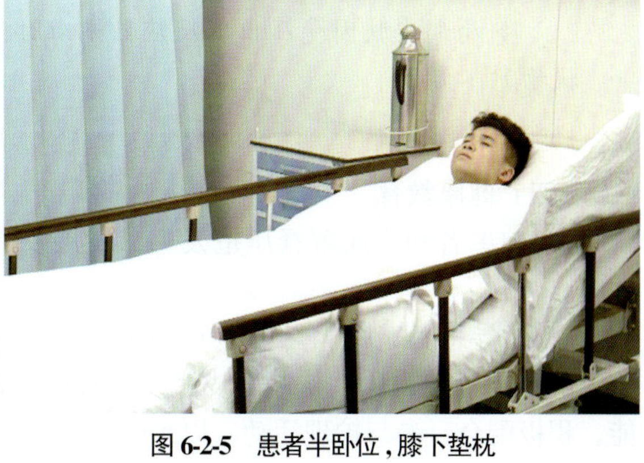

图 6-2-5　患者半卧位，膝下垫枕

（5）不宜使用环状或圈形装置，以及充水手套作为减压设施。

5．保持患者皮肤清洁，使用中性或弱酸性溶液清洗皮肤，避免用力擦洗；对干燥皮肤进行润肤、保湿。

6．对二便失禁患者，要及时清洁局部皮肤，肛周涂皮肤保护剂。

7．对使用医疗器具患者，应注意保护皮肤，预防医疗器具相关性皮肤损伤；对使用面罩、胃管、支具等患者，注意观察局部皮肤情况，及时调整位置。

8．因病情需要限制患者体位时，要及时向患者及家属告知可能出现的皮肤问题，同时采取可行的预防措施，每班严密观察，并在交接班时做好说明。

9．保持床位和衣服清洁、干燥、平整、无碎屑。

10．对瘦弱或营养不良的患者，注意调节饮食及增加营养。

11．压疮的处理

（1）按 TIME 原则处理伤口。

（2）对不可分期和深部组织损伤的压疮患者，需全面评估其全身情况，评估其是否需要清创。同时应与患者及家属沟通，交代患者的情况及预后的效果，取得患者及家属的配合。

（3）对Ⅳ期压疮，面积大、不能自行愈合的创面，需请医疗会诊，评估是否手术治疗。

重要小提示

✧ 定时翻身：翻身间隔时间视病情与受压处皮肤情况而定，一般每 2 小时翻身一次，昏迷或长期卧床患者必要时每 1 小时翻身一次，并建立床头翻身记录卡。

✧ 半卧位时，抬高床头不超过 30°，用膝枕、挡脚枕把剪切力减至最低。

✧ 侧卧时采用 30° 斜卧位，避免 90° 垂直压迫。

✧ 协助患者翻身、更换床单及衣物时，应将患者身体抬离床面，避免拖、拉、推、拽动作。

✧ 使用便盆时应协助患者抬高臀部，避免硬塞、硬拉。

✧ 可通过提起床单来移动患者以减少摩擦，也可选择水胶体或透明膜类敷料粘贴于易受压或摩擦的部位，缓解压力或摩擦力。

✧ 清洁皮肤时，要用温水或弱酸性溶液，避免使用肥皂或含乙醇的清洁用品。擦洗时要手法轻柔，防止损伤皮肤。

✧ 瘦弱或营养不良患者，病情允许情况下，给予高热量、高蛋白、高维生素饮食，适当补充含锌、含维生素 C 高的食物，促进伤口愈合。

✧ 局部皮肤因受压出现反应性充血时，禁止进行皮肤按摩，也不宜使用橡胶类圈状物。

（四）健康教育

1．向患者和家属解释压疮发生、发展及治疗护理的一般知识，如经常变换体位的重要性等。

2．指导患者家属学会预防压疮的方法，如定时翻身、经常自行检查皮肤、保持身体及床单位的清洁卫生、用软枕减轻皮肤受压程度等，使患者和家属能够获得预防压疮的知识和技能，积极配合，参与护理活动，以预防压疮的发生，促进压疮的愈合。

（五）操作流程图（图 6-2-6）

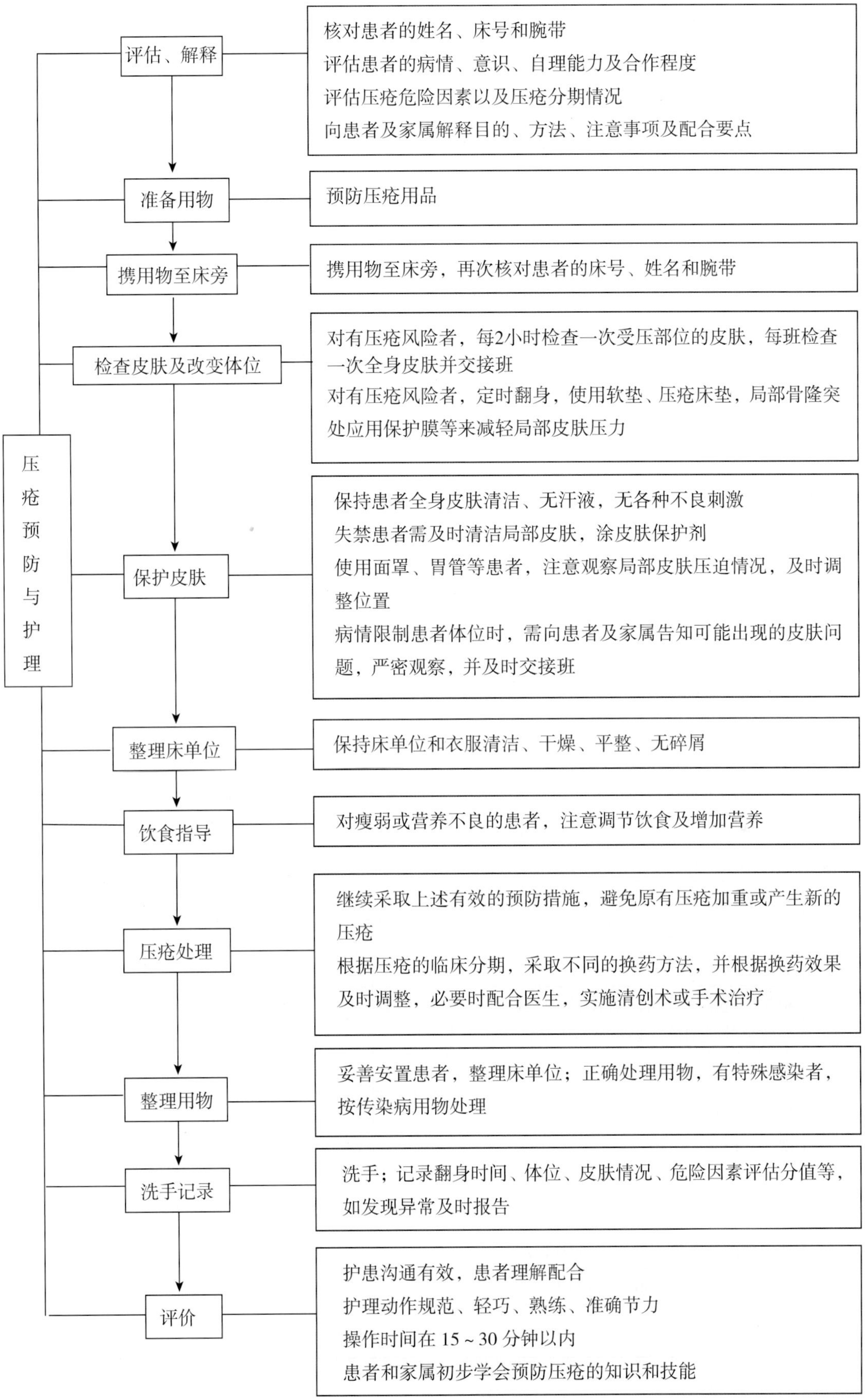
压疮预防与护理
评估、解释
核对患者的姓名、床号和腕带
评估患者的病情、意识、自理能力及合作程度
评估压疮危险因素以及压疮分期情况
向患者及家属解释目的、方法、注意事项及配合要点
准备用物
预防压疮用品
携用物至床旁
携用物至床旁，再次核对患者的床号、姓名和腕带
检查皮肤及改变体位
对有压疮风险者，每2小时检查一次受压部位的皮肤，每班检查一次全身皮肤并交接班
对有压疮风险者，定时翻身，使用软垫、压疮床垫，局部骨隆突处应用保护膜等来减轻局部皮肤压力
保护皮肤
保持患者全身皮肤清洁、无汗液，无各种不良刺激
失禁患者需及时清洁局部皮肤，涂皮肤保护剂
使用面罩、胃管等患者，注意观察局部皮肤压迫情况，及时调整位置
病情限制患者体位时，需向患者及家属告知可能出现的皮肤问题，严密观察，并及时交接班
整理床单位
保持床单位和衣服清洁、干燥、平整、无碎屑
饮食指导
对瘦弱或营养不良的患者，注意调节饮食及增加营养
压疮处理
继续采取上述有效的预防措施，避免原有压疮加重或产生新的压疮
根据压疮的临床分期，采取不同的换药方法，并根据换药效果及时调整，必要时配合医生，实施清创术或手术治疗
整理用物
妥善安置患者，整理床单位；正确处理用物，有特殊感染者，按传染病用物处理
洗手记录
洗手；记录翻身时间、体位、皮肤情况、危险因素评估分值等，如发现异常及时报告
评价
护患沟通有效，患者理解配合
护理动作规范、轻巧、熟练、准确节力
操作时间在15～30分钟以内
患者和家属初步学会预防压疮的知识和技能

图 6-2-6　压疮预防与护理操作流程图

（六）操作评分标准（表6-2-1）

表6-2-1　压疮预防及护理技术操作评分标准

项目	技术操作要求	评分	评分等级				实际得分
			A×1	B×0.7	C×0.4	D×0	
素质5	仪表、着装符合要求	2					
	操作熟练、轻柔，沟通有效	3					
评估20	评估患者的意识、自理能力及合作程度	5					
	了解患者病情的危重程度	5					
	用压疮危险因素评分表评估患者皮肤状况（干燥或潮湿）、营养程度（肥胖或消瘦）、排泄（失禁程度）、进食情况、肢体活动能力、感觉异常	5					
	如有压疮，评估压疮分期，观察压疮部位、大小、创面组织形态、窦道、渗出液、有无异味等	5					
操作前准备5	洗手、戴口罩	2					
	用物准备，放置合理	3					
操作过程55	检查皮肤，定时翻身，可使用软垫、压床垫、透明膜等	10					
	保持患者皮肤清洁、无汗液、无各种不良刺激	5					
	对失禁患者及时清洁局部皮肤，涂皮肤保护剂	5					
	对使用面罩、胃管等患者，注意观察局部皮肤压迫情况，及时调整位置	5					
	病情限制患者体位时，需向患者及家属告知可能出现的皮肤问题，严密观察，并及时交接班	5					
	保持床单位和衣服清洁、干燥、平整、无碎屑	5					
	对瘦弱或营养不良的患者，注意饮食及增加营养	5					
	压疮处理：继续采取上述有效的预防措施，避免原有压疮加重或产生新的压疮	5					
	根据压疮临床分期，采取不同换药方法，并根据换药效果及时调整，必要时实施清创术或手术治疗	10					
操作后处理8	妥善安置患者，整理床单位	2					
	用物处理正确	4					
	洗手，记录	2					
整体评价7	认真倾听患者的反映和需要，沟通语言恰当，患者无不适感	3					
	动作规范、轻巧、熟练、准确节力	2					
	操作时间在15～30分钟以内	2					
总分		100					

案例点评

➢ 定时翻身：翻身间隔时间视病情与受压处皮肤情况而定，一般每 2 小时翻身一次，必要时每 1 小时翻身一次，并建立床头翻身记录卡。

➢ 半卧位时，抬高床头不超过 30°，用膝枕、挡脚枕把剪切力减至最低。

➢ 侧卧时采用 30° 斜卧位，避免 90° 垂直压迫。

➢ 协助患者翻身、更换床单及衣物时，应将患者身体抬离床面，避免拖、拉、推、拽动作。

➢ 使用便盆时应协助患者抬高臀部，不可硬塞、硬拉。

➢ 可通过提起床单来移动患者以减少摩擦，也可选择水胶体或透明膜类敷料粘贴于易受压或摩擦的部位，缓解压力或摩擦力。

➢ 清洁皮肤时，要用温水或中性溶液，避免使用肥皂或含乙醇的清洁用品。擦洗时要手法轻柔，防止损伤皮肤。

➢ 患者因二便失禁，易造会阴部、肛周局部皮肤长期潮湿，应及时清洁局部皮肤，肛周涂皮肤保护剂。

➢ 患者感觉障碍时，应避免使用热水袋或冰袋，防止烫伤或冻伤。

➢ 病情允许情况下，协助患者每日进行主动或被动的肢体运动练习，促进血液循环，减少压疮发生。

（王秀红）

第七章　营养与排泄

学习目标

通过本章内容的学习，学生能够：

◎ 识记

1．说出鼻饲法、肠内营养泵输注法、肠外营养输注法的概念。
2．描述鼻饲、肠内营养泵输注、肠外营养输注的护理评估内容。
3．描述各种灌肠技术操作的评估内容。
4．叙述各种灌肠技术操作的健康教育内容。
5．描述导尿术的护理评估内容。
6．叙述如何选择导尿管型号。
7．描述膀胱冲洗和膀胱灌注的评估内容。
8．叙述常用膀胱冲洗液和膀胱灌注液的种类。

◎ 理解

1．解释各种管饲法的注意事项及并发症。
2．解释肠内营养泵输注的原则。
3．解释各种灌肠技术的操作原则及注意事项。
4．解释导尿术的操作原则及注意事项。
5．解释膀胱冲洗和膀胱灌注的操作原则及注意事项。

◎ 运用

1．按规程为患者提供各种管饲技术，并能正确处理输注中出现的问题。
2．按规程为患者提供各种灌肠技术。
3．按规程为患者提供各类导尿技术。
4．按规程为患者提供膀胱冲洗和膀胱灌注技术。

第一节　管饲营养

一、鼻饲法

鼻饲法（nasogastric gavage）是将导管经鼻腔插入胃内，从管内灌注流质食物、水分和药物的方法。

案例 7-1-A

患者女性，35 岁，行“左侧舌癌切除＋左前壁皮瓣修复＋腹部取皮术”术后第 2 天，遵医嘱给予心电监测、血氧饱和度监测、持续低流量氧气吸入，禁食水，留置胃管。患者术后查血小板值为 96×10^9/L，现生命体征平稳，半卧位。

鼻饲法

（一）护理评估

1．评估患者的意识、年龄、病情、合作程度及自理能力。

2．评估患者鼻腔的通畅、清洁情况（观察鼻腔黏膜有无炎症、肿胀、息肉、鼻中隔弯曲及鼻部疾病和外伤史）。

3．评估患者既往有无插管经历。

（二）操作前准备

1．护士准备　着装整洁，修剪指甲，洗手，戴口罩。

2．患者准备

（1）了解留置胃管及鼻饲的目的、方法、配合事项及注意要点。

（2）取合适体位。

3．用物准备

（1）治疗车上层：治疗碗、胃管、液状石蜡、纱布、鼻饲液（38 ~ 40℃）、温开水、弯盘、治疗巾、无菌手套、持物钳、棉签、胶布、别针、橡胶圈、胃管标签、手消毒液、20 ml 注射器、60 ml 注射器、手电筒、听诊器、水温计（图 7-1-1）。

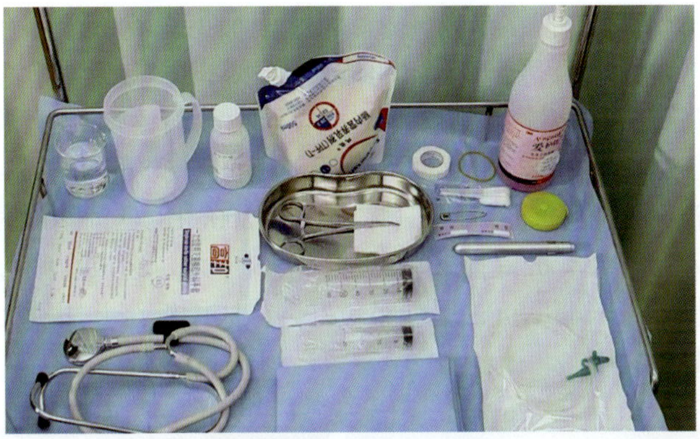

图 7-1-1　鼻饲操作用物

（2）治疗车下层：医用垃圾桶、生活垃圾桶、锐气盒。

4．环境准备　病室环境安静、整洁，宽敞明亮，适宜操作。

（三）操作步骤

1．评估并解释　至患者床旁，核对患者的床号、姓名和腕带，评估患者的病情及鼻腔状况，并向患者和家属解释操作的目的、方法、配合事项及注意要点。

2．携用物至床旁，核对　操作者备齐用物携至患者床旁，再次核对患者的床号、姓名和腕带。

3．安置体位　协助患者取半卧位或坐位，昏迷患者取去枕仰卧位（图 7-1-2）。

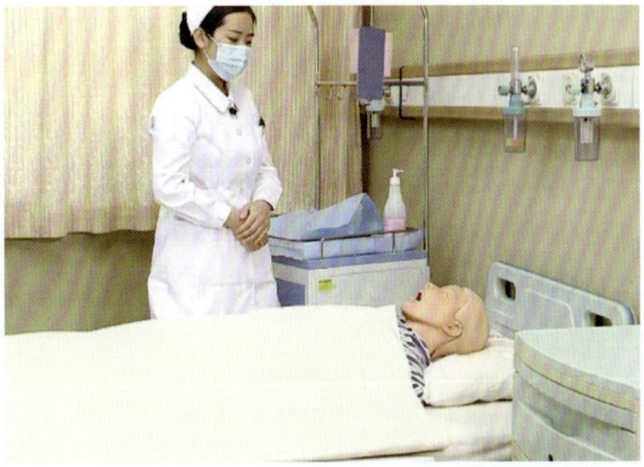

图 7-1-2　鼻饲患者安置体位

4．铺巾　将治疗巾铺于患者颌下，弯盘置于口角处（图 7-1-3）。

5．选择并清洁　选择置管鼻腔并用棉签清洁鼻腔。

6．准备并置管　戴无菌手套，检查胃管通畅情况，测量胃管置入的长度，读取刻度值（前额发际至胸骨剑突，鼻尖至耳垂再至胸骨剑突），将少许液状石蜡倒于纱布上，润滑胃管的前端，一手托住胃管，另一手持持物钳夹住胃管前端，缓慢将胃管插至测量长度（插至 10 cm 时，嘱患者张口，观察胃管有无盘在口腔中，插至 10 ~ 15cm 时嘱患者做吞咽动作，顺势将胃管送至所需位置）。

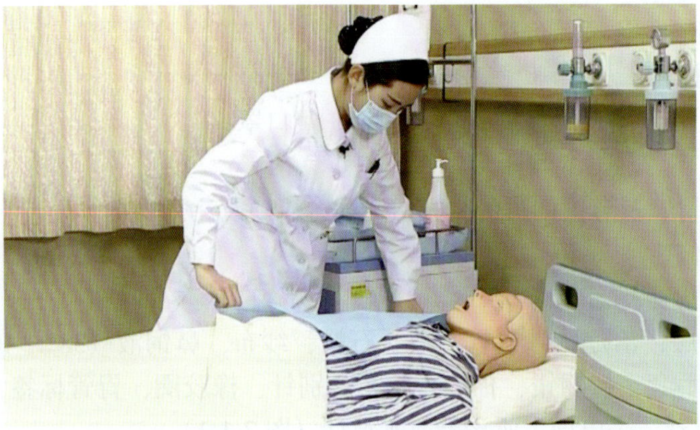

图 7-1-3　铺巾于患者颌下

7．判断位置　确认胃管是否在胃内（方法：①回抽见胃液；②快速向胃管内注入少量空气，听气过水声；③将胃管末端置于盛有水的治疗碗内，观察有无气泡逸出）。

8．固定　确认胃管在胃内后，将胃管用胶布蝶形粘贴于鼻翼，贴胃管签（图 7-1-4）。

9．灌注流食　用 20 ml 注射器注入少量温开水，再用 60 ml 注射器抽吸鼻饲液并缓慢注入胃内，再注入少量温开水冲洗胃管管腔（鼻饲量＜ 200ml，鼻饲间隔时间＞ 2h, 注入前测量鼻饲液温度，每次注入完毕后反折胃管末端，避免空气进入，造成腹胀）。

10．处理末端　将胃管末端反折，用纱布包好，橡胶圈缠绕并用别针固定于患者衣领、上衣口袋或枕旁（图 7-1-5）。

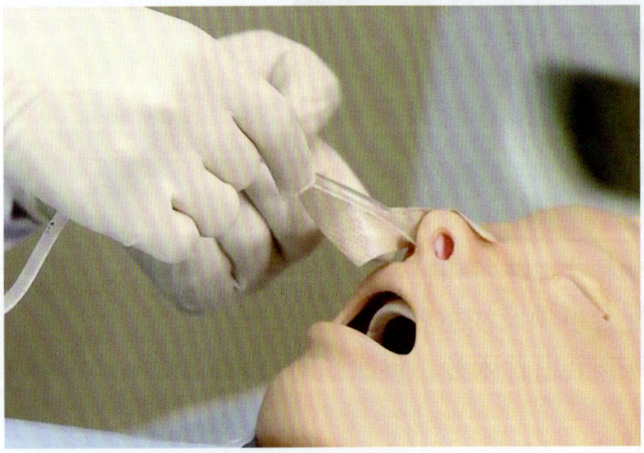

图 7-1-4　胃管固定

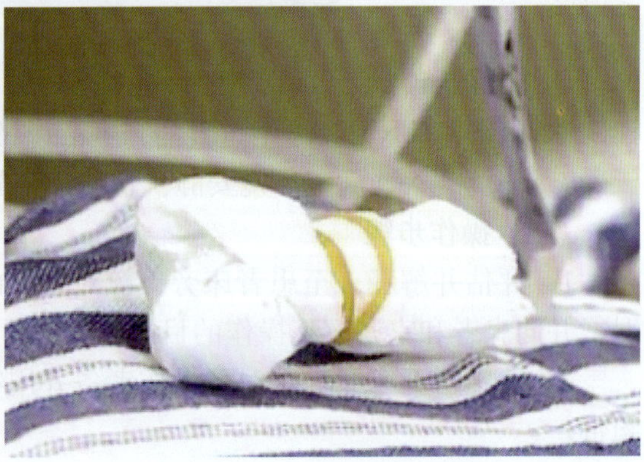

图 7-1-5　处理胃管末端

11．清洁　协助患者清理口鼻、面部分泌物。

12．安置体位　取舒适卧位，交代注意事项，询问需要。

13．整理用物　整理床单位，垃圾分类处理。

14．洗手、记录　七步洗手法洗手，记录置管时间、置管长度、鼻饲时间、鼻饲种类及量。

重要小提示

✧ 插管前应与患者进行有效的沟通，解释鼻饲的目的及配合要点，以取得配合。

✧ 插管动作轻稳，避免损伤鼻腔及食管黏膜，特别是通过三个狭窄部位时——食管起始部，平气管分叉处，食管穿过膈的食管裂孔处。

✧ 插管至 10 ~ 15 cm 时（咽喉部），对清醒患者指导其进行吞咽动作；对昏迷患者一手将其头部托起，使其下颌贴近胸骨柄，加大咽部通道弧度，使胃管沿着后壁滑行顺利插入。

✧ 操作过程中患者若出现发绀、呼吸困难、呛咳等症状，表示误入气管，需立即拔出，缓解后重新插入。

✧ 每次鼻饲前需确认胃管在胃内且通畅，鼻饲前后需用少量的温开水冲洗胃管。

✧ 鼻饲液温度合适（38 ~ 40 ℃），果汁和奶液需分别鼻饲，防止产生凝块，药片需充分研碎溶解后注入。

✧ 鼻饲法的禁忌证：食管静脉曲张，食管梗阻。

✧ 妥善固定，长时间留置胃管的患者需每日进行 2 次口腔护理，定期更换胃管，若为普通胃管，需每周更换一次，硅胶胃管每月更换一次，更换时需将胃管于当日鼻饲结束后拔出，次晨于另一侧鼻腔插入。

15．拔管　核对患者的床号、姓名和腕带，将弯盘置于患者颌下，夹紧并反折胃管末端，揭取粘贴于鼻翼的胶布，用纱布包裹靠近鼻孔处的胃管，嘱患者深呼吸，于患者呼气时拔管，到咽喉部快速拔出。

16．再次清洁　清洁鼻部胶印，用纱布清洁口鼻、面部的皮肤。

17．安置体位　取舒适体位。

18．整理用物　整理床单位及用物。

19．洗手、记录　七步洗手法洗手，记录拔管时间。

（四）健康教育

1．向患者讲解鼻饲饮食的目的、操作方法及流程，以减轻患者的焦虑。

2．向患者讲解鼻饲液种类、量、温度及鼻饲的时间、体位等知识。

3．向患者讲解更换胃管的相关知识。

4．告知患者鼻饲后如有不适，及时通知医护人员。

（五）操作流程图（图 7–1–6）

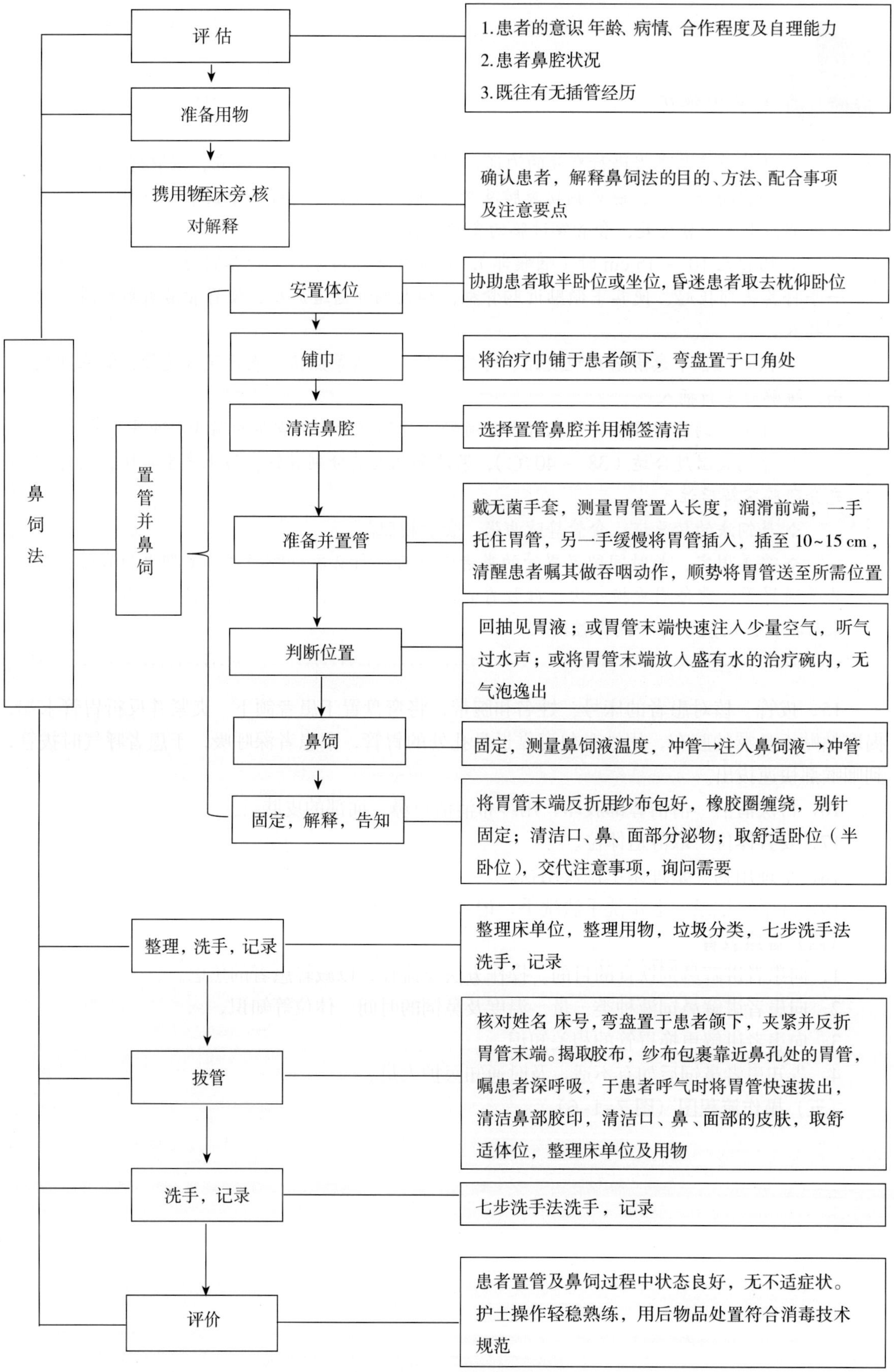
鼻饲法
评 估
1. 患者的意识 年龄、病情、合作程度及自理能力
2. 患者鼻腔状况
3. 既往有无插管经历
准备用物
携用物至床旁，核对解释
确认患者，解释鼻饲法的目的、方法、配合事项及注意要点
置管并鼻饲
安置体位
协助患者取半卧位或坐位，昏迷患者取去枕仰卧位
铺巾
将治疗巾铺于患者颌下，弯盘置于口角处
清洁鼻腔
选择置管鼻腔并用棉签清洁
准备并置管
戴无菌手套，测量胃管置入长度，润滑前端，一手托住胃管，另一手缓慢将胃管插入，插至 10~15 cm，清醒患者嘱其做吞咽动作，顺势将胃管送至所需位置
判断位置
回抽见胃液；或胃管末端快速注入少量空气，听气过水声；或将胃管末端放入盛有水的治疗碗内，无气泡逸出
鼻饲
固定，测量鼻饲液温度，冲管→注入鼻饲液→冲管
固定，解释，告知
将胃管末端反折用纱布包好，橡胶圈缠绕，别针固定；清洁口、鼻、面部分泌物；取舒适卧位（半卧位），交代注意事项，询问需要
整理，洗手，记录
整理床单位，整理用物，垃圾分类，七步洗手法洗手，记录
拔管
核对姓名 床号，弯盘置于患者颌下，夹紧并反折胃管末端。揭取胶布，纱布包裹靠近鼻孔处的胃管，嘱患者深呼吸，于患者呼气时将胃管快速拔出，清洁鼻部胶印，清洁口、鼻、面部的皮肤，取舒适体位，整理床单位及用物
洗手，记录
七步洗手法洗手，记录
评价
患者置管及鼻饲过程中状态良好，无不适症状。护士操作轻稳熟练，用后物品处置符合消毒技术规范

图 7-1-6　鼻饲法操作流程图

（六）操作评分标准（表 7–1–1）

表7-1-1　鼻饲法操作评分标准

项目	技术操作要求	评分	评分等级				实际得分
			A×1	B×0.7	C×0.4	D×0	
素质5	仪表、着装符合要求	2					
	操作熟练、轻柔，沟通有效	3					
评估15	评估患者的意识、年龄、病情、合作程度及自理能力	5					
	评估患者鼻腔状况	5					
	评估患者既往有无插管经历	5					
操作前准备5	洗手，戴口罩	2					
	用物准备，放置合理	3					
操作程序60	协助患者取合适卧位	3					
	铺治疗巾，弯盘放置位置合理	2					
	选择并清洁鼻腔	3					
	戴无菌手套，方法正确	3					
	检查胃管是否通畅，测量置管长度，润滑前端，方法正确	3					
	持管插管方法正确，深度适宜，插入 10 ~ 15 cm，清醒患者嘱其做吞咽动作；昏迷患者一手托其头部，另一手将胃管缓慢插入	3					
	准确及时处理插管过程中出现的状况	2					
	确认胃管在胃内	3					
	固定方法正确、牢固、美观	2					
	注入鼻饲液，注入前后用少量温开水冲管	2					
	鼻饲液的温度、量、推注速度合适	3					
	操作过程中观察患者反应	2					
	胃管末端处理方法正确：反折—纱布包好—固定	3					
	清理口、鼻、面部分泌物	2					
	取舒适卧位，交代事项，询问需要	3					
	整理床单位及用物	2					
	洗手记录	2					
	核对床号、姓名，解释以取得合作（拔管）	2					
	弯盘放置位置正确	2					
	胃管末端关闭，反折	2					
	拔管方法正确：一手将纱布包裹靠近鼻孔处的胃管，嘱深呼吸，于患者呼气时将胃管拔出，切勿暴力拔管	2					
	清洁口、鼻、面部分泌物	2					
	取舒适卧位	2					
	合理处置用物，洗手	5					

续表

项目	技术操作要求	评分	评分等级				实际得分
			A×1	B×0.7	C×0.4	D×0	
操作后处理 8	妥善安置患者，整理床单位	2					
	用物处理正确	4					
	洗手，记录	2					
整体评价 7	认真倾听患者的反映和需要，语言沟通恰当，患者无不适感	3					
	动作规范、轻稳、熟练、准确、节力	2					
	操作时间在 15 分钟以内	2					
总分		100					

案例点评

- 协助患者取半卧位，便于操作，利于鼻饲后胃肠消化及减轻口腔伤口肿胀。
- 首先评估鼻腔，后检查及清洁鼻腔，按操作顺序进行。
- 插管过程中动作轻柔，避免碰伤鼻腔及食管黏膜（血小板低时）。
- 妥善固定。
- 鼻饲后反折胃管末端，避免空气进入。

二、肠内营养泵输注法

肠内营养泵输注法（infusion enteral nutrition pump）是按照患者的需要，通过肠内营养泵向鼻胃管、鼻肠管、PEG/PEJ 灌注患者所需的全部能量和营养素的一种营养支持方法。肠内营养泵是一种肠内营养输注系统，是通过鼻胃管、鼻肠管、PEG 或 PEJ 连接泵管及其附件，以微电脑精准控制输注的速度、剂量、温度、总量等的一套完整、封闭、安全、方便的系统。

案例 7-1-2

患者女性，58 岁，诊断急性脑梗死，发病第 2 天伴吞咽功能障碍，遵医嘱给予心电监测、血氧饱和度监测、持续低流量氧气吸入，患者现生命体征平稳。主诉：无腹胀、腹痛。查体：肠鸣音 5 次 / 分。遵医嘱留置空肠管，予以“百普力”500 ml 管饲，向患者及家属解释操作目的，其能积极配合。

（一）护理评估

1．评估患者的意识、病情、合作程度。

2．评估患者是否有空肠管（PEG/PEJ）及是否通畅。

3．评估患者有无禁忌证（肠梗阻及无肠鸣音或严重腹腔内感染）。

4．评估营养液配制的时间和质量。

V7-2
肠内营养泵输注法

（二）**操作前准备**

1．护士准备　着装整洁，修剪指甲，洗手，戴口罩。

2．患者准备

（1）了解肠内营养泵输注法的目的、方法、配合事项及注意要点。

（2）取合适体位。

3．用物准备　EN输注泵、EN输注泵管、百普力、温开水、20 ml注射器、60 ml注射器、治疗巾、弯盘、启瓶器、瓶套、纱布、橡胶圈、手消毒液及输液架（图7-1-7）。

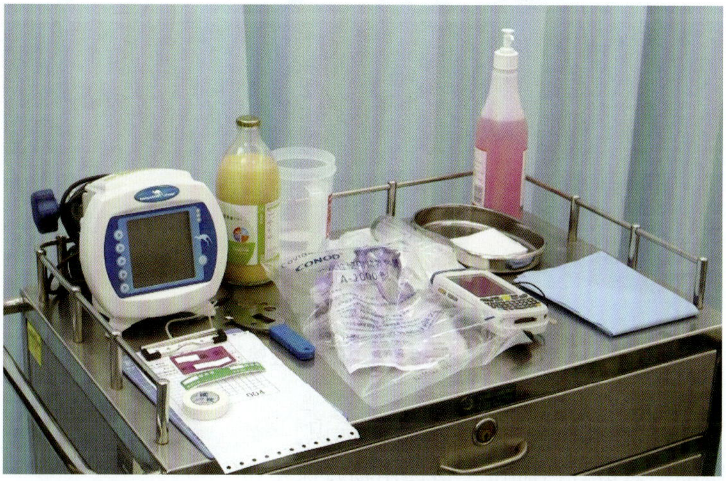

图 7-1-7　肠内营养泵输注法操作用物

4．环境准备　病室环境安静、整洁，宽敞明亮，适宜操作。

（三）**操作步骤**

1．评估并解释　至患者床旁，核对患者的床号、姓名和腕带，评估患者的病情及鼻胃管的情况，并向患者和家属解释操作的目的、方法、配合事项及注意要点。

2．携用物至床旁，核对　操作者备齐用物携至患者床旁，再次核对患者的床号、姓名和腕带。

3．安置体位　协助患者取半卧位，床头抬高30°～40°(图7-1-8)。

4．铺巾　将治疗巾铺于患者颌下，弯盘置于口角处（图7-1-9）。

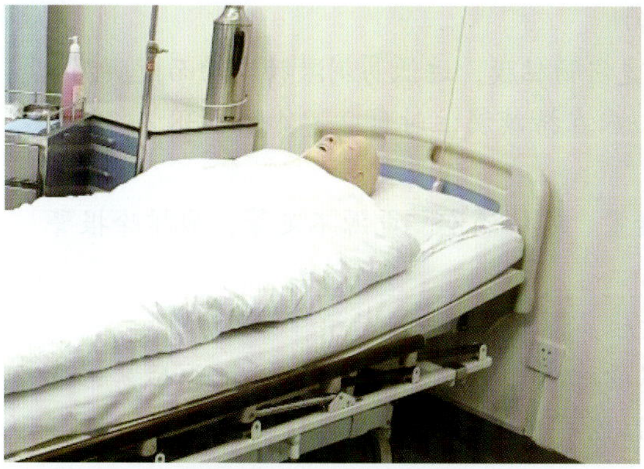

图 7-1-8　肠内营养泵输注法患者安置体位

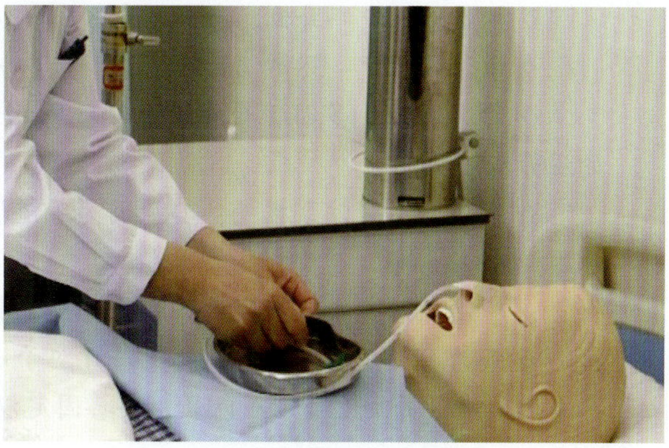

图 7-1-9　铺巾于患者颌下

5．检查管路　用60 ml注射器连接鼻胃管进行回抽（PEG/PEJ连接前用安尔碘消毒管口），检查鼻胃管（PEG/PEJ）是否通畅并判断位置。

6．冲洗管道　用 20 ml 注射器抽温开水冲洗管道。

7．连接营养液　将百普力套好瓶套，启瓶盖后，连接 EN 输注泵管，挂于输液架上。

8．调节输注泵　接通电源，打开泵门，插入输注泵管，关上泵门，按开机键，预设总量，按住“FILL SET”键自动排气，调至所需速度（20 ~ 100 ml/h，根据患者情况逐步递增调节），与鼻胃管（PEG/PEJ）相连，按“START”键开始输注（图 7-1-10）。

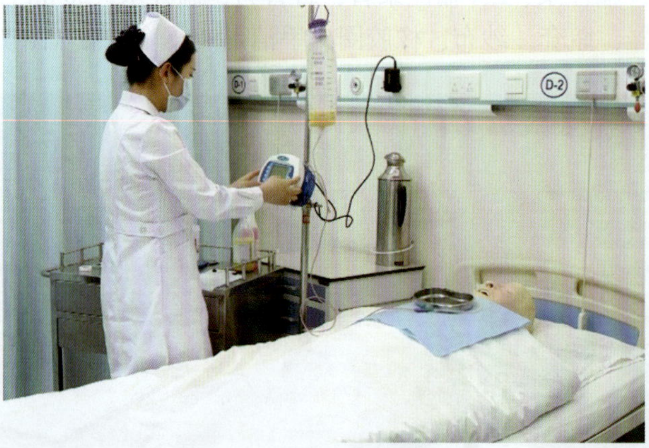

图 7-1-10　肠内营养液输注

9．挂标识　输液架上挂肠内营养液输注的标识。

10．整理　协助患者取舒适卧位，整理用物及床单位。

11．洗手、记录　七步洗手法洗手，记录肠内营养泵输注开始的时间、速度及营养液的种类、量。

12．冲洗管道（输注完毕）　关闭输注泵，用温开水冲洗管道至管腔内无营养液。

13．固定　用纱布包裹鼻胃管（PEG/PEJ）末端，橡胶圈缠绕固定。

14．整理　协助患者取舒适体位，整理用物及床单位。

15．洗手、记录　七步洗手法洗手，记录肠内营养泵输注结束的时间及患者的反应。

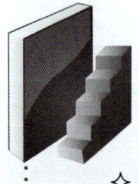

重要小提示

✧ 操作体位：半卧位，床头抬高 30° ~ 40°。

✧ 灌注的温度：38 ~ 40 ℃为宜，过高易烫伤肠黏膜，过低易刺激肠蠕动而致腹泻。

✧ 管道堵塞：多因营养液黏附管壁所致，应在持续滴注时每 2 ~ 4 h 用 38 ~ 40 ℃的温开水冲洗一次。

✧ 肠内营养输注泵报警：其原因为管道堵塞、液体滴空、电源不足等，应排除报警原因使输注畅通。

✧ 输注原则：先低浓度后高浓度，先少量后多量，速度先慢后快。

✧ 若为 PEG/PEJ，造瘘口周围每日应予以清洁消毒，更换敷料一次，灌注后需将造瘘口远端夹紧并用无菌纱布包裹，妥善固定以防滑脱。

（四）健康教育

1．向患者讲解实施肠内营养泵输注的重要性。

2．向患者讲解肠内营养的相关知识，如输注过程中可能出现的不良反应及处理方法等。

（五）操作流程图（图 7-1-11）

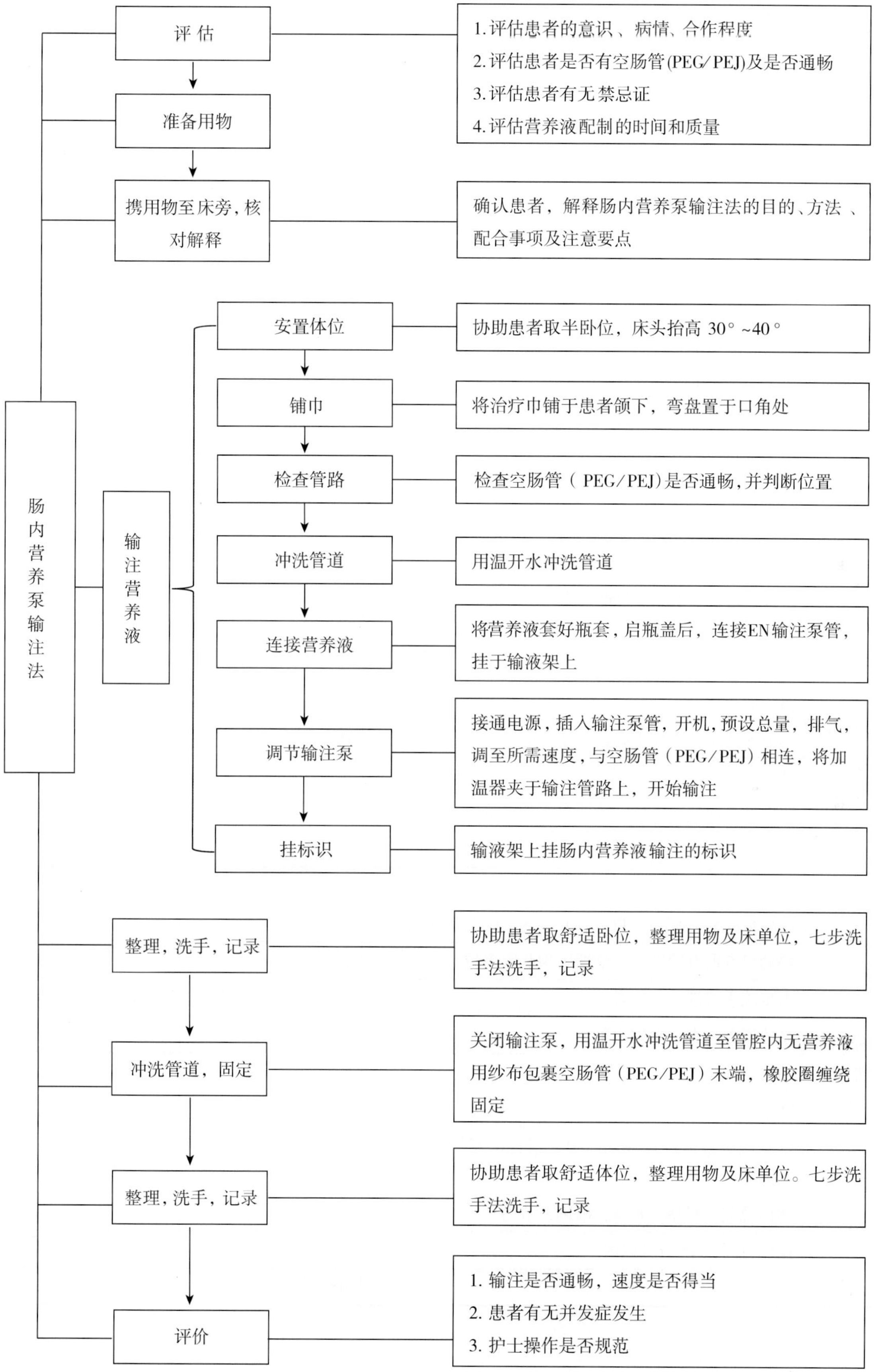
评 估
1. 评估患者的意识、病情、合作程度
2. 评估患者是否有空肠管(PEG/PEJ)及是否通畅
3. 评估患者有无禁忌证
4. 评估营养液配制的时间和质量
准备用物
携用物至床旁，核对解释
确认患者，解释肠内营养泵输注法的目的、方法、配合事项及注意要点
肠内营养泵输注法
输注营养液
安置体位
协助患者取半卧位，床头抬高 30°~40°
铺巾
将治疗巾铺于患者颌下，弯盘置于口角处
检查管路
检查空肠管（PEG/PEJ）是否通畅，并判断位置
冲洗管道
用温开水冲洗管道
连接营养液
将营养液套好瓶套，启瓶盖后，连接EN输注泵管，挂于输液架上
调节输注泵
接通电源，插入输注泵管，开机，预设总量，排气，调至所需速度，与空肠管（PEG/PEJ）相连，将加温器夹于输注管路上，开始输注
挂标识
输液架上挂肠内营养液输注的标识
整理，洗手，记录
协助患者取舒适卧位，整理用物及床单位，七步洗手法洗手，记录
冲洗管道，固定
关闭输注泵，用温开水冲洗管道至管腔内无营养液用纱布包裹空肠管（PEG/PEJ）末端，橡胶圈缠绕固定
整理，洗手，记录
协助患者取舒适体位，整理用物及床单位。七步洗手法洗手，记录
评价
1. 输注是否通畅，速度是否得当
2. 患者有无并发症发生
3. 护士操作是否规范

图 7-1-11　肠内营养泵输注法操作流程图

（六）操作评分标准（表 7-1-2）

表7-1-2　肠内营养泵输注法操作评分标准

项目	技术操作要求	评分	评分等级				实际得分
			A×1	B×0.7	C×0.4	D×0	
素质 5	仪表、着装符合要求	2					
	操作熟练、轻柔，沟通有效	3					
评估 20	评估患者的意识、病情、合作程度	5					
	评估患者是否有空肠管（PEG/PEJ）及是否通畅	5					
	评估患者有无禁忌证	5					
	评估营养液配制的时间和质量	5					
操作前准备 10	洗手，戴口罩	2					
	患者了解肠内营养输注法的目的、方法、配合事项及注意要点，取合适体位	3					
	用物准备，放置合理	3					
	病室环境安静整洁，宽敞明亮，适宜操作	2					
操作程序 45	协助患者取合适卧位	5					
	铺治疗巾，弯盘放置位置合理	2					
	检查管路是否通畅并判断位置	3					
	冲洗管道	5					
	将营养液套好瓶套，启瓶盖后，连接 EN 输注泵管，挂于输液架上	5					
	调节输注泵，操作正确，速度合适	10					
	挂标识	2					
	协助患者取舒适卧位，整理用物及床单位	2					
	七步洗手法洗手，记录	2					
	冲洗管道（输注完毕）	2					
	用纱布包裹空肠管（PEG/PEJ）末端，橡胶圈缠绕固定	3					
	协助患者取舒适卧位，整理用物及床单位	2					
	七步洗手法洗手，记录	2					
操作后处理 10	妥善安置患者，整理床单位	2					
	用物处理正确	5					
	洗手，记录	3					
整体评价 10	认真倾听患者的反映和需要，语言沟通恰当，患者无不适感	3					
	动作规范、轻稳、熟练、准确、节力	5					
	操作时间在 15 分钟以内	2					
总分		100					

案例点评

➢ 协助患者取半卧位，便于操作，防止反流和误吸。

➢ 首先检查管路，后冲洗管道，连接营养液，逐步按操作顺序做。

➢ 输注过程中加强巡视，注意输注是否通畅、速度是否适当及患者有无不适症状，持续滴注时每 2 ~ 4 h 用 38 ~ 40 ℃的温开水冲洗一次。

➢ 妥善固定。

三、肠外营养输注法

肠外营养（parenteral nutrition,PN）是按照患者的需要，通过周围静脉或中心静脉输入患者所需的全部能量及营养素，包括氨基酸、脂肪、各种维生素、电解质和微量元素的一种营养支持方法。

案例 7-1-3

患者男性，76 岁，行胃癌根治术后第 2 天，给予心电监测、外周氧饱和度监测、双腔鼻导管氧气吸入，血压 100/60 mmHg, 脉搏 70 次 / 分，体温 36.5 ℃，呼吸 21 次 / 分，禁食水，留置胃管，予持续胃肠减压。观察患者全身消瘦、精神差，术后检查白蛋白低于正常值。遵医嘱给予肠外营养输注。

（一）护理评估

1．评估患者的意识、年龄及合作情况。

2．评估患者是否有静脉通路。若有静脉通路，评估静脉导管留置的时间，是否通畅，固定是否妥当、牢固；穿刺局部皮肤有无渗出，有无红肿、脓性分泌物等异常现象。若无静脉通路，选择合适的静脉，建立静脉通路。

3．评估营养液配制的时间和质量。

（二）操作前准备

1．护士准备　着装整齐，洗手，戴口罩，备齐用物。

2．用物准备　消毒洗手液、治疗盘、安尔碘、乙醇、棉签、治疗巾、中心静脉导管穿刺包（留置针、贴膜）、胶布、医疗垃圾桶、生活垃圾桶。

3．环境准备　清洁、整齐、明亮。

（三）操作步骤

1．携用物至床旁、核对　护士洗手、戴口罩，备齐用物携至患者床旁，核对医嘱，核对患者的床号、姓名。

2．解释　向患者解释肠外营养的目的、方法、注意事项及可能出现的不良反应和处理方法。

3．安置体位　根据患者病情，协助患者取便于静脉输液的体位，避免导管打折、牵拉或移位。

4．确定静脉通路

（1）若无静脉通路，选择合适的静脉，建立静脉通路。

（2）若有静脉通路，将治疗巾铺于患者静脉导管下，评估导管是否在位、通畅，局部穿刺部位有无渗出，皮肤有无红肿或脓性分泌物。

5．排气、消毒、连接

（1）查对配制好的营养液的标签：床号、姓名、溶液成分、剂量、浓度、配制时间、配制者与查对者姓名。

（2）再次核对医嘱及患者床号、姓名，确认无误后，将营养液悬挂于合适的输液架上，有效排气后备用。

（3）安尔碘环形消毒静脉导管肝素帽（或 BD 的正压接头）末端 2 遍。

（4）连接营养液，将排好气的输液器钢针，从肝素帽中心部位穿刺到底部（输注营养液前后均用生理盐水 50 ～ 100 ml 冲管）。

（5）用胶布固定钢针与肝素帽连接处后，再用治疗巾将输液器与静脉导管连接处整体包裹，妥善固定。

6．观察

（1）根据患者的病情，调节合适的输液速度，有条件者使用输液泵匀速输注。

（2）监测患者生命体征有无明显变化，询问患者有无不适。

7．整理，记录

（1）整理床单位，协助患者取舒适体位。

（2）整理用物并分类放置。

（3）准确记录输注时间、速度及患者的反应。

（四）健康教育

1．向患者解释实施肠外营养的重要性。

2．向患者解释肠外营养的相关知识，如肠外营养液输注的方法、输注过程中可能出现的不良反应及处理方法等。

（五）操作流程图（图 7-1-12）

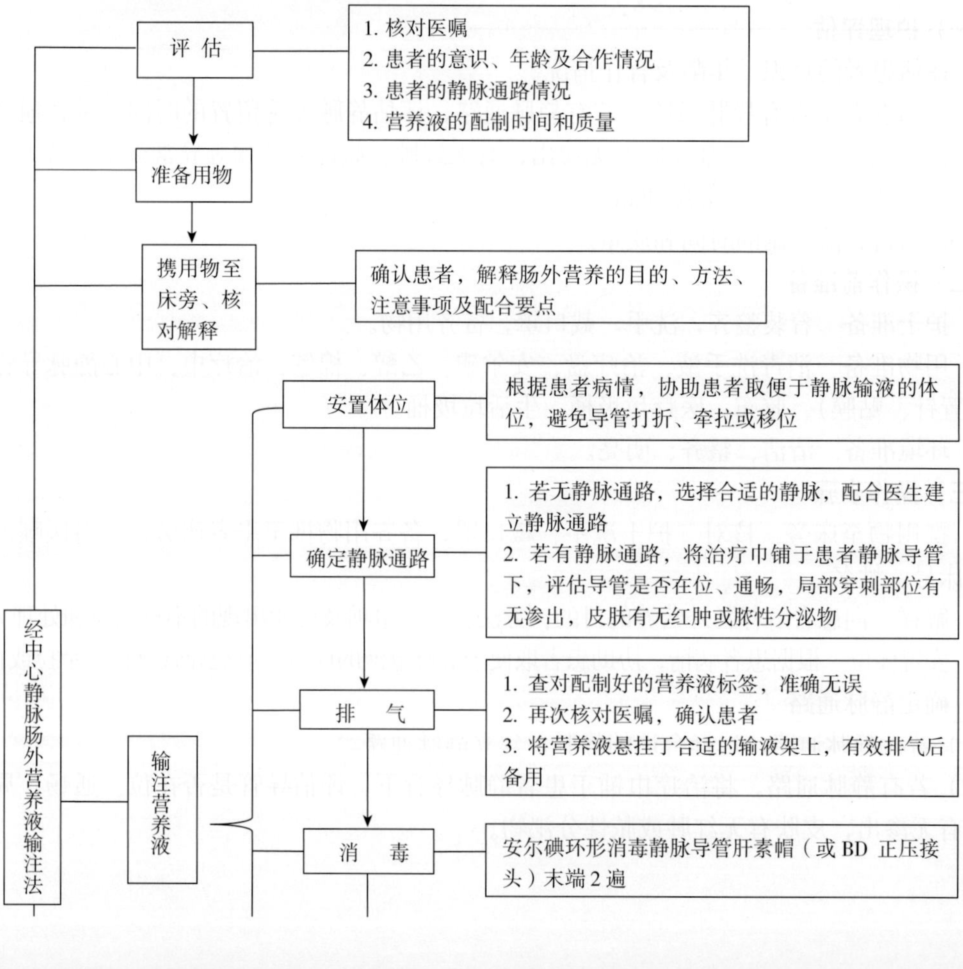

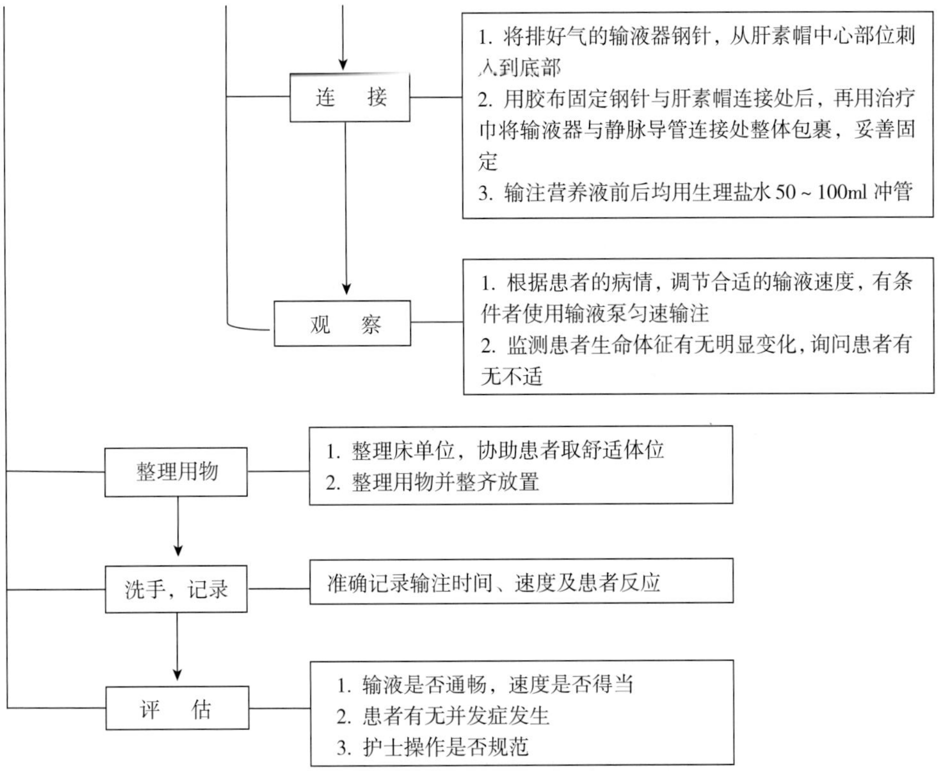

图 7-1-12　经中心静脉肠外营养液输注操作流程图

（六）操作评分标准（表 7–1–3）

表 7-1-3　肠外营养输注操作评分标准

项目	技术操作要求	评分	评分等级				实际得分
			A×1	B×0.7	C×0.4	D×0	
素质 10	仪表、着装符合要求	5					
	操作熟练、规范，沟通有效	5					
评估 20	核对医嘱	5					
	评估患者的意识、年龄及合作情况	5					
	评估患者静脉通路情况	5					
	评估营养液的配制时间和质量	5					
操作前准备 10	洗手、戴口罩	5					
	用物准备、放置合理	5					
操作过程 45	确认患者，协助患者取便于静脉输液的体位	5					
	确定可以使用的静脉通路	5					
	查对配制好的营养液标签，准确无误	5					
	将营养液悬挂于合适的输液架上，有效排气后备用	5					
	消毒静脉导管肝素帽（或 BD 正压接头）后，连接营养液，并妥善固定（输注前后均使用生理盐水 50 ～ 100 ml 冲管）	10					
	调节合适的输液速度，必要时用输液泵，询问患者有无不适	5					
	整理床单位，协助患者取舒适体位	5					
	合理处置用物、洗手、记录	5					

续表

项目	技术操作要求	评分	评分等级				实际得分
			A×1	B×0.7	C×0.4	D×0	
操作后处理 8	妥善安置患者，整理床单位	2					
	用物处理正确	4					
	洗手，记录	2					
整体评价 7	认真听取患者的反映和需要，沟通语言恰当，患者无不适感	3					
	动作规范、轻巧、熟练、准确、节力	2					
	操作时间在 15 分钟以内	2					
总分		100					

案例点评

➢ 严格无菌操作和查对制度。

➢ 营养液要现用现配，尽量在 24h 内输完，最长不超过 48h，暂不使用时宜放在 4℃冰箱内保存。

➢ 输液过程中加强巡视，注意输液是否通畅、速度是否适当。输液速度及浓度可根据患者年龄及耐受情况加以调节。

➢ 输液过程中严格防止液体中断或导管脱出，避免发生空气栓塞。

➢ 密切监测患者的生命体征，观察患者的临床表现，注意有无并发症的发生。若有异常，及时通知医生，并配合处理。

➢ 准确记录出入量。

（李新霞）

第二节　灌肠法

灌肠法（enema）是使一定量的液体通过肛管，由肛门经直肠灌入结肠的方法，以帮助患者清洁肠道、排便、排气或由肠道供给药物，达到确定诊断和治疗的目的。根据灌肠目的分为不保留灌肠和保留灌肠。不保留灌肠根据液体量分为大量不保留灌肠、小量不保留灌肠。

一、大量不保留灌肠

案例 7-2-1

患者男性，56 岁，脾破裂缝合修补术后第 4 天。主诉腹胀明显，胃肠减压通畅，引流液为黄褐色，未排气。查体：肠鸣音弱，腹膨隆，全腹无明显压痛及反跳痛。报告医生，遵医嘱给予 0.1% ~ 0.2% 肥皂液 500 ml，大量不保留灌肠。

V7-3
大量不保留灌肠

（一）护理评估

1．评估患者的病情、腹胀及排便情况。

2．评估患者的意识状态、心理反应、自理能力及合作程度。

3．观察患者肛门皮肤情况，有无痔疮、肛裂。

（二）操作前准备

1．护士准备　着装整齐，洗手，修剪指甲，备齐用物。

2．患者准备

（1）了解大量不保留灌肠的目的、方法、注意事项及配合要点。

（2）排尿。

（3）取左侧卧位。

3．用物准备　量筒，量杯，一次性灌肠袋，弯盘，止血钳，水温计，纱布一块，甘油霜（液状石蜡油），一次性手套，一次性尿垫，卫生纸 2 块，便盆，输液架，快速手消毒液。

常用灌肠溶液：0.1% ～ 0.2% 的肥皂液、生理盐水，成人 500 ～ 1000 ml，小儿 200 ～ 500 ml；温度：39 ～ 41 ℃，降温时用 28 ～ 32 ℃，中暑用 4 ℃。见图 7-2-1。

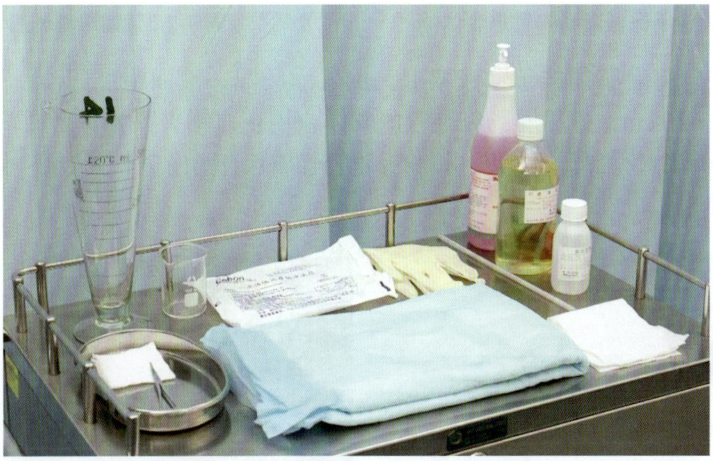

图 7-2-1　大量不保留灌肠操作用物

知识链接

为什么肝性脑病患者禁用肥皂水灌肠？

肝性脑病的致病机制中，最重要的是氨毒性，即 NH_3 大量进入血液中，导致对中枢神经的抑制和毒性作用。而氨的代谢及在血液中的浓度往往与肠内的 pH 有关，当肠内的 pH 大于 6 时，NH_3 就会大量进入血液，而当 pH 小于 6 时，NH_3 就会进入肠道，随粪便排泄。

所以，肝性脑病患者一定要保持肠道的 pH 在 6 以下，否则就会促进 NH_3 的吸收，导致病情加重。因此，肝性脑病患者如果灌肠，不可采用肥皂水，因其是碱性，会使肠道 pH 大于 6。

4．环境准备　病室温湿度适宜、宽敞、明亮，关闭门窗，用屏风遮挡患者。

（三）操作步骤

1．评估并解释　至患者床旁，核对患者的姓名、床号、腕带；评估患者的病情及腹部状况；并向患者及家属解释大量不保留灌肠的目的、方法、注意事项及配合要点，消除患者紧张和窘迫情绪。

2．携用物至床旁、核对　护士备齐用物携至患者床旁，再次核对患者的姓名、床号和腕带。

3．安置体位　协助患者取左侧卧位（背向护士），双腿屈膝，退裤至膝部，臀部移至床沿，盖好被子，暴露臀部，注意保暖（图 7-2-2）。

4．铺垫巾　铺尿垫于臀下，将弯盘置于臀边（图 7-2-3）。

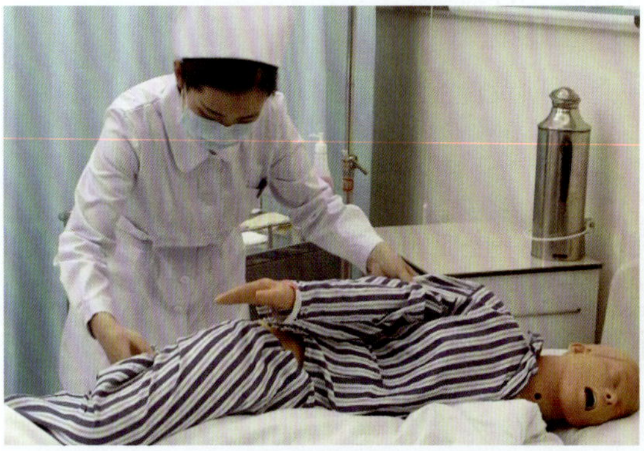

图 7-2-2　大量不保留灌肠安置患者体位

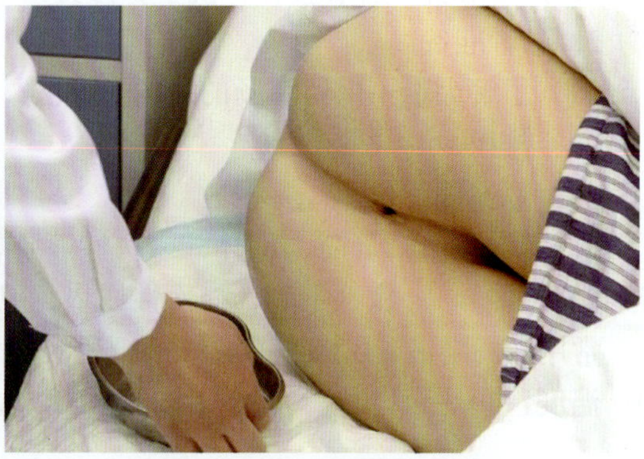

图 7-2-3　铺尿垫于患者臀下

5．挂灌肠袋　将灌肠袋挂于输液架上，倒入灌肠液，液面距肛门 40 ～ 60 cm，戴手套，润滑导管前端 5 ～ 10 cm，排尽灌肠袋导管内气体，用止血钳夹紧导管（图 7-2-4）。

6．插管　分开患者臀部，暴露肛门，将导管轻轻插入直肠内 7 ～ 10 cm，小儿插入 4 ～ 7 cm，固定导管（图 7-2-5）。

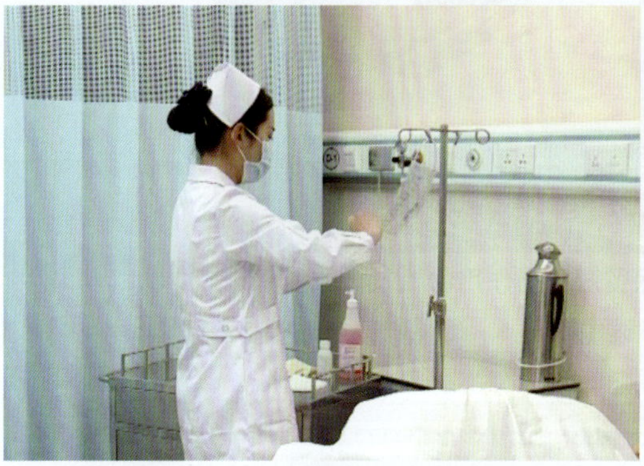

图 7-2-4　灌肠袋挂于输液架上

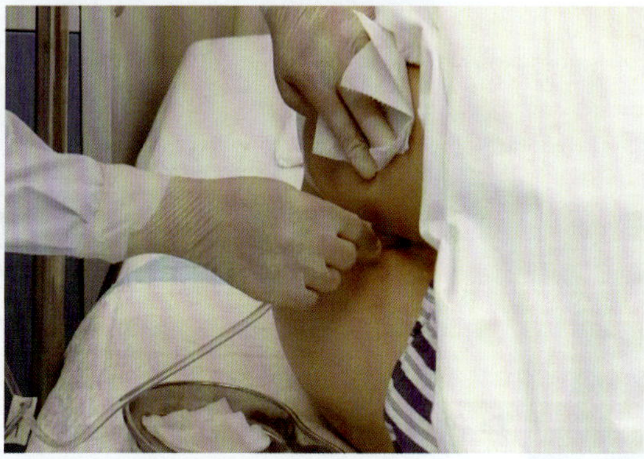

图 7-2-5　导管插入直肠内

7．灌入液体　松开止血钳，使溶液缓慢流入，并观察反应（图 7-2-6）。

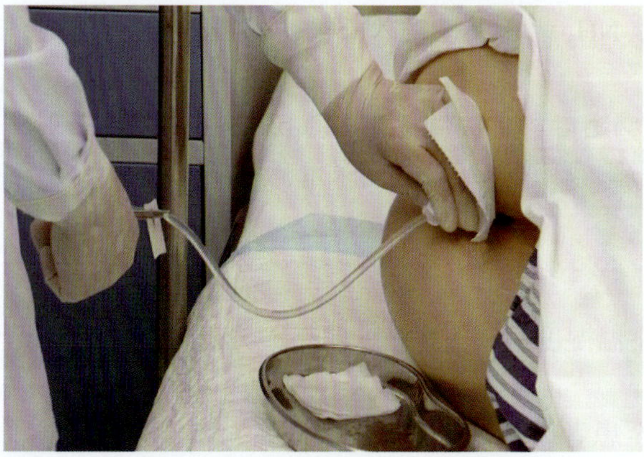

图 7-2-6　灌入液体

8．拔管　待溶液将要灌完时，夹紧导管，用卫生纸包裹导管轻轻拔出，放入弯盘内，擦净肛门，脱去手套，嘱患者平卧，尽量保留 5 ～ 10 分钟后再排便（图 7-2-7）。

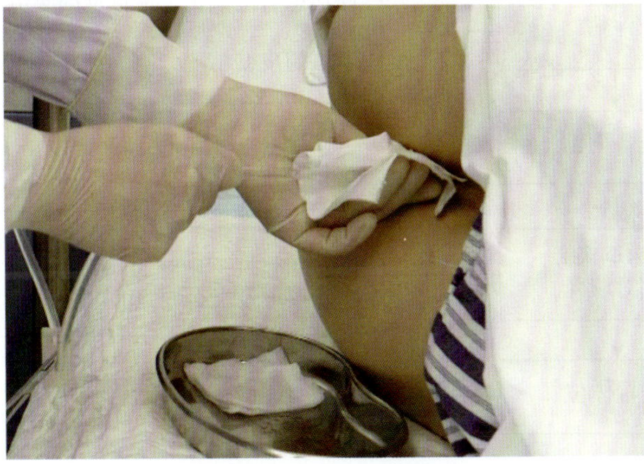

图 7-2-7　拔管

9．整理用物　整理床单位，处理用物。

重要小提示

✧ 妊娠、急腹症、严重心血管疾病等患者禁忌灌肠。

✧ 插管前评估患者肛门有无痔疮、肛裂，插管时动作轻柔，注意患者反应。

✧ 准确掌握灌肠溶液的温度、浓度、流速、压力和溶液的量。

✧ 为伤寒患者灌肠时溶液不得超过 500 ml，压力要低（液面不得超过肛门 30 cm）。

✧ 为肝性脑病患者灌肠，禁用肥皂水，以减少氨的产生和吸收；充血性心力衰竭和水钠潴留患者禁用 0.9% 氯化钠溶液灌肠。

✧ 灌肠时患者如有腹胀或便意，应嘱患者做深呼吸，以减轻不适。

✧ 灌肠过程中应随时注意观察患者的病情变化，如发现脉速、面色苍白、出冷汗、剧烈腹痛、心慌气急，应立即停止灌肠并及时与医生联系，对症处理。

✧ 降温灌肠时，液体要求保留 30 分钟，排便后 30 分钟测量体温并记录。

10．洗手，记录　记录排便的次数、性状、量。

（四）健康教育

1．指导患者掌握灌肠时的配合方法，如有便意，做深呼吸，灌肠完毕不要立即排便，尽量保留 5 ～ 10 分钟或以上。

2．指导患者在灌肠过程中如果出现心慌、气急、剧烈腹痛，应立即告知护士，予以对症处理。

3．告知患者排便时不要过度用力，防止切口裂伤。

4．指导患者及家属避免腹胀的方法，如增加活动、正确选择饮食种类、保持健康的生活习惯以维持正常排便。

5．向患者及家属讲解维持正常排便习惯的重要性。

（五）操作流程图（图 7–2–8）

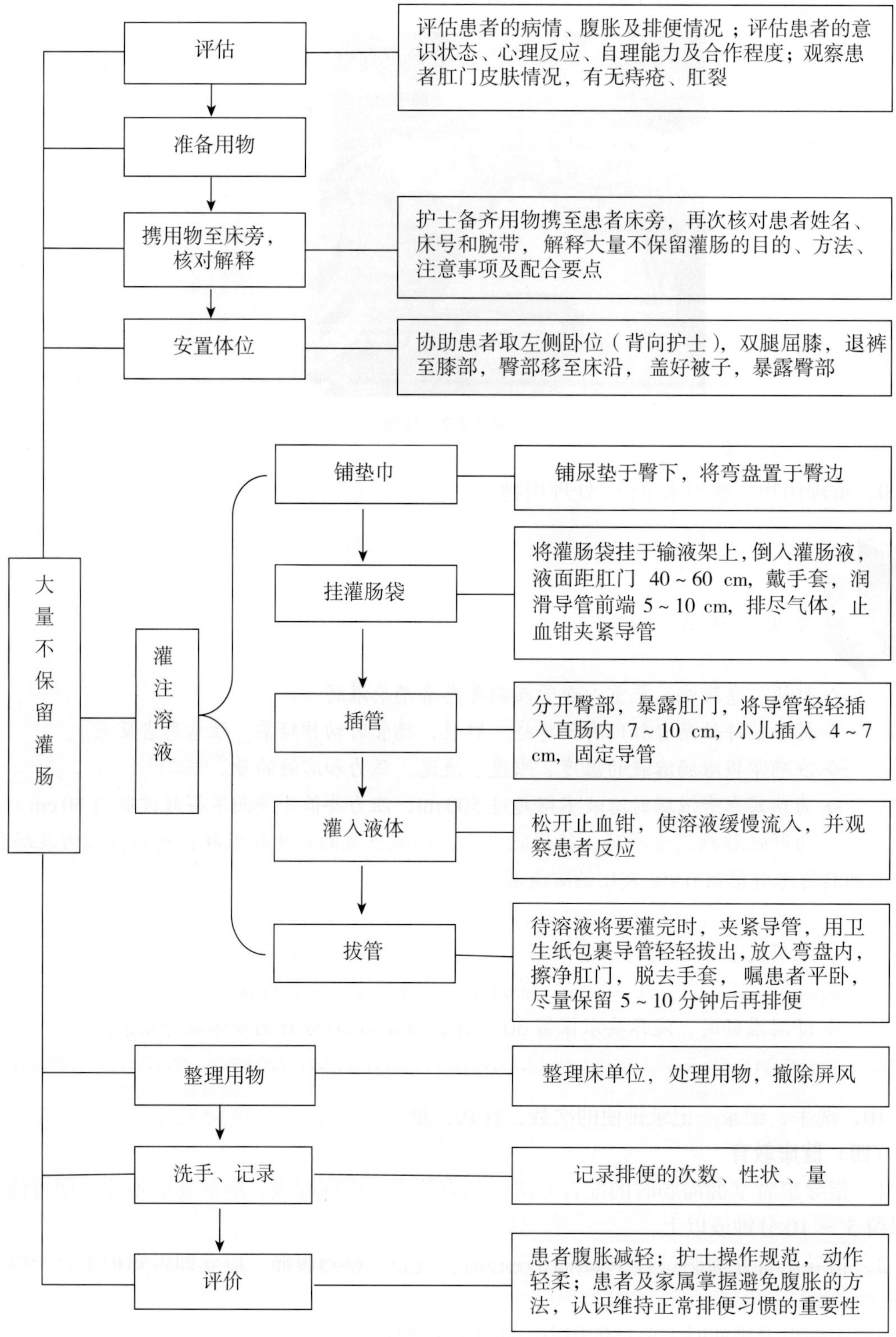
大量不保留灌肠
评估
评估患者的病情、腹胀及排便情况；评估患者的意识状态、心理反应、自理能力及合作程度；观察患者肛门皮肤情况，有无痔疮、肛裂
准备用物
携用物至床旁，核对解释
护士备齐用物携至患者床旁，再次核对患者姓名、床号和腕带，解释大量不保留灌肠的目的、方法、注意事项及配合要点
安置体位
协助患者取左侧卧位（背向护士），双腿屈膝，退裤至膝部，臀部移至床沿，盖好被子，暴露臀部
灌注溶液
铺垫巾
铺尿垫于臀下，将弯盘置于臀边
挂灌肠袋
将灌肠袋挂于输液架上，倒入灌肠液，液面距肛门 40～60 cm，戴手套，润滑导管前端 5～10 cm，排尽气体，止血钳夹紧导管
插管
分开臀部，暴露肛门，将导管轻轻插入直肠内 7～10 cm，小儿插入 4～7 cm，固定导管
灌入液体
松开止血钳，使溶液缓慢流入，并观察患者反应
拔管
待溶液将要灌完时，夹紧导管，用卫生纸包裹导管轻轻拔出，放入弯盘内，擦净肛门，脱去手套，嘱患者平卧，尽量保留 5～10 分钟后再排便
整理用物
整理床单位，处理用物，撤除屏风
洗手、记录
记录排便的次数、性状、量
评价
患者腹胀减轻；护士操作规范，动作轻柔；患者及家属掌握避免腹胀的方法，认识维持正常排便习惯的重要性

图 7-2-8　大量不保留灌肠操作流程图

（六）操作评分标准（表 7-2-1）

表7-2-1　大量不保留灌肠技术操作评分标准

项目	技术操作要求	评分	评分等级				实际得分
			A×1	B×0.7	C×0.4	D×0	
素质 5	仪表、着装符合要求	2					
	操作熟练、轻柔，沟通有效	3					
评估 20	评估患者的病情、腹胀及排便情况	5					
	评估患者的意识状态、心理反应、自理能力及合作程度	5					
	观察患者肛门皮肤情况	5					
	观察有无痔疮、肛裂	5					
操作前准备 5	洗手、戴口罩	2					
	用物准备，放置合理	3					
操作过程 55	核对、解释	5					
	左侧卧位（背向护士），双腿屈膝，退裤至膝部，臀部移至床沿，盖好被子，暴露臀部	5					
	铺尿垫于臀下，将弯盘置于臀边	5					
	将灌肠袋挂于输液架上，倒入灌肠液，液面距肛门 40 ～ 60 cm	5					
	戴手套，润滑导管前端 5 ～ 10 cm，排尽灌肠袋导管内气体，止血钳夹紧导管	10					
	分开臀部，暴露肛门，将导管轻轻插入直肠内 7 ～ 10 cm，小儿插入 4 ～ 7 cm，固定肛管	10					
	松开止血钳，溶液缓慢流入，观察反应，待溶液将要灌完时，夹紧导管，拔出导管放入弯盘内，擦净肛门，脱去手套	10					
	嘱患者尽可能保留 5 ～ 10 分钟后再排便	5					
操作后处理 8	妥善安置患者，整理床单位，撤除屏风	2					
	用物处理正确	4					
	洗手，记录	2					
整体评价 7	认真倾听患者的反映和需要，沟通语言恰当，患者无不适感	3					
	动作规范、轻巧、熟练、准确、节力	2					
	操作时间在 10 分钟以内	2					
总分		100					

案例点评

- 注意为患者遮挡及保暖，尽量少暴露患者肢体，防止感冒，保护隐私。
- 协助患者取左侧卧位，暴露臀部，检查有无痔疮、肛裂。
- 灌肠液体量、温度、浓度、流速和压力适宜，灌肠动作轻柔。
- 灌肠过程中，注意观察并询问患者感觉，如有不适，立即予以对症处理。
- 如溶液流入受阻，可转动或挤压肛管，无粪块阻塞。
- 指导患者平卧，保留液体 5 ~ 10 分钟或以上，排便时不可过度用力，防止切口裂伤。

二、小量不保留灌肠

案例 7-2-2

患者男性，35 岁，阑尾炎切除术后第 3 天，未排气排便，主诉腹稍胀。查体：肠鸣音弱，腹略膨隆，全腹无明显压痛及反跳痛。报告主管医生，医嘱：“1、2、3 溶液”（50% 硫酸镁 30 ml、甘油 60 ml、温开水 90 ml），小量不保留灌肠。

（一）护理评估

1．评估患者的病情、腹胀及排便情况。

2．评估患者的意识状态、心理反应、自理能力及合作程度。

3．观察患者肛门皮肤情况，有无痔疮、肛裂。

V7-4

小量不保留灌肠

（二）操作前准备

1．护士准备　着装整齐，洗手，修剪指甲，备齐用物。

2．患者准备

（1）了解小量不保留灌肠的目的、方法、注意事项及配合要点。

（2）取左侧卧位。

（3）排尿。

3．用物准备　弯盘，纱布一块，棉签，一次性手套，一次性尿垫，卫生纸 2 块，便盆，快速手消毒液，甘油灌肠剂 1 支（图 7-2-9）。

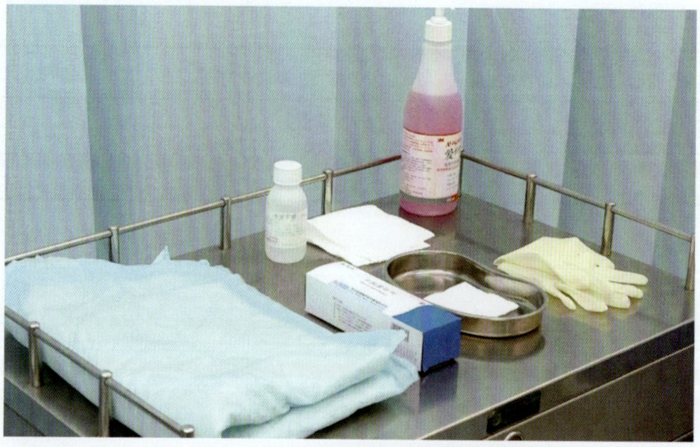

图 7-2-9　小量不保留灌肠操作用物

知识链接

小量不保留灌肠的优点

小量不保留灌肠法使用“1、2、3灌肠液”，可使患者感到舒适，刺激性小，易于保留一段时间，更有利于将粪块泡软，甘油可使肠壁润滑而有利于粪块排出。使用小量不保留灌肠法无任何副作用，使患者痛苦减轻，此法克服了大量不保留灌肠法患者迫不及待要排便的缺点，可适用于各年龄阶段的便秘患者，特别是老年体弱者、小儿、孕妇等。

4．环境准备　病室温湿度适宜，宽敞、明亮，关闭门窗，用屏风遮挡患者。

（三）操作步骤

1．评估并解释　至患者床旁，核对患者床头卡、腕带、床号及姓名；评估患者的病情及腹部状况；并向患者及家属解释小量不保留灌肠的目的、方法、注意事项及配合要点。

2．携用物至床旁、核对　护士备齐用物携至患者床旁，再次核对患者的姓名、床号和腕带。

3．安置体位　协助患者左侧卧位（背向护士），双腿屈膝，退裤至膝部，臀部移至床沿，盖好被子，暴露臀部，注意保暖（图7-2-10）。

4．铺垫巾　铺尿垫于臀下，将弯盘置于臀边（图7-2-11）。

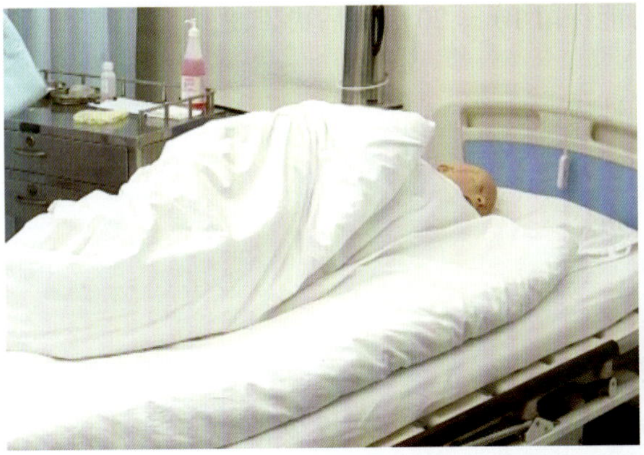

图7-2-10　小量不保留灌肠安置患者体位

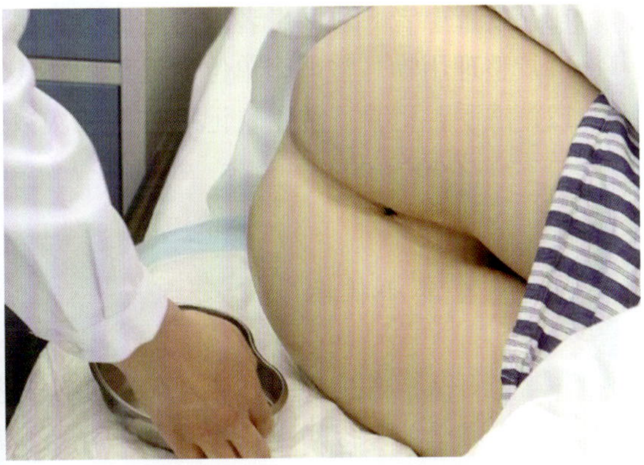

图7-2-11　铺尿垫于患者臀下

5．连接、润滑肛管　戴手套，润滑肛管前段，排气（图7-2-12）。

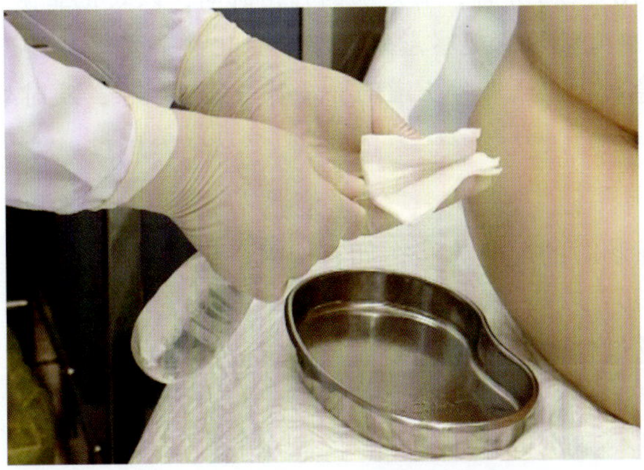

图7-2-12　肛管排气

6．插管　一手分开患者臀部，暴露肛门，嘱患者深呼吸，另一手将肛管轻轻插入直肠内 7 ~ 10 cm，小儿插入 4 ~ 7 cm，固定肛管。

7．注入液体　松开止血钳，缓缓注入溶液，注毕夹管，取下注洗器再吸取溶液，松夹后再行灌注。如此反复直至灌肠溶液全部注入完毕。

8．注毕　注入温开水 5 ~ 10 ml，抬高肛管尾端，使管内溶液全部流入。

9．拔管　血管钳夹闭肛管尾端或反折肛管尾端，用卫生纸包住肛管轻轻拔出，放入弯盘内，擦净肛门，脱去手套（图 7-2-13）。

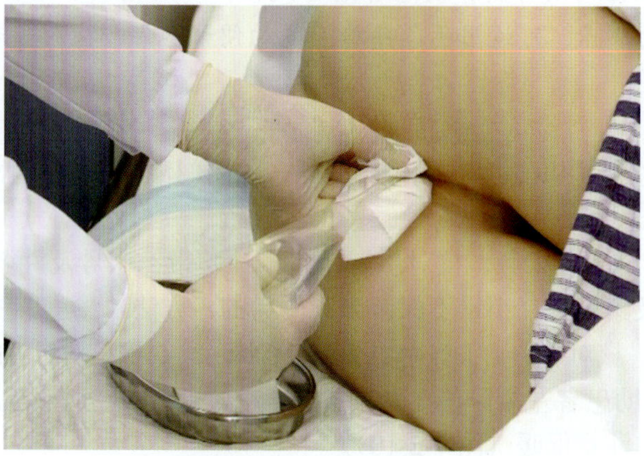

图 7-2-13　拔出肛管

10．安置患者　协助患者取舒适卧位，尽可能保留 10 ~ 20 分钟后再排便。

11．整理用物　整理床单位，处理用物。

12．洗手，记录　洗手，记录排便的次数、性质、量。

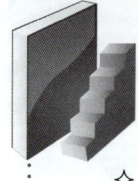

重要小提示

✧ 妊娠、急腹症、严重心血管疾病等患者禁忌灌肠。

✧ 插管前评估肛门有无痔疮、肛裂，插管时动作轻柔，注意患者反应。

✧ 灌肠时插管深度为 7 ~ 10cm，压力宜低，灌肠液注入的速度不得过快，以免刺激肠黏膜，引起排便反应，造成溶液难以保留。

✧ 灌肠时患者如有腹胀或便意，应嘱患者做深呼吸，以减轻不适。

✧ 灌肠液保留 10 ~ 20 分钟，有足够的作用时间，以软化粪便。

✧ 灌肠过程中应随时注意观察患者的病情变化，如发现脉速、面色苍白、出冷汗、剧烈腹痛、心慌气急时，应立即停止灌肠并及时与医生联系，及时处理。

（四）健康教育

1．指导患者掌握灌肠时的配合方法，如有便意，做深呼吸，灌肠完毕不要立即排便，尽量保留 10 ~ 20 分钟或以上。

2．指导患者在灌肠过程中如果出现心慌、气急、剧烈腹痛，应立即告知护士，予以对症处理。

3．告知患者排便时不要过度用力，防止手术切口裂伤。

4．指导患者及家属避免腹胀的方法，如增加活动、正确选择饮食种类、保持健康的生活习惯以维持正常排便。

5．向患者及家属讲解维持正常排便习惯的重要性。

（五）操作流程图（图 7–2–14）

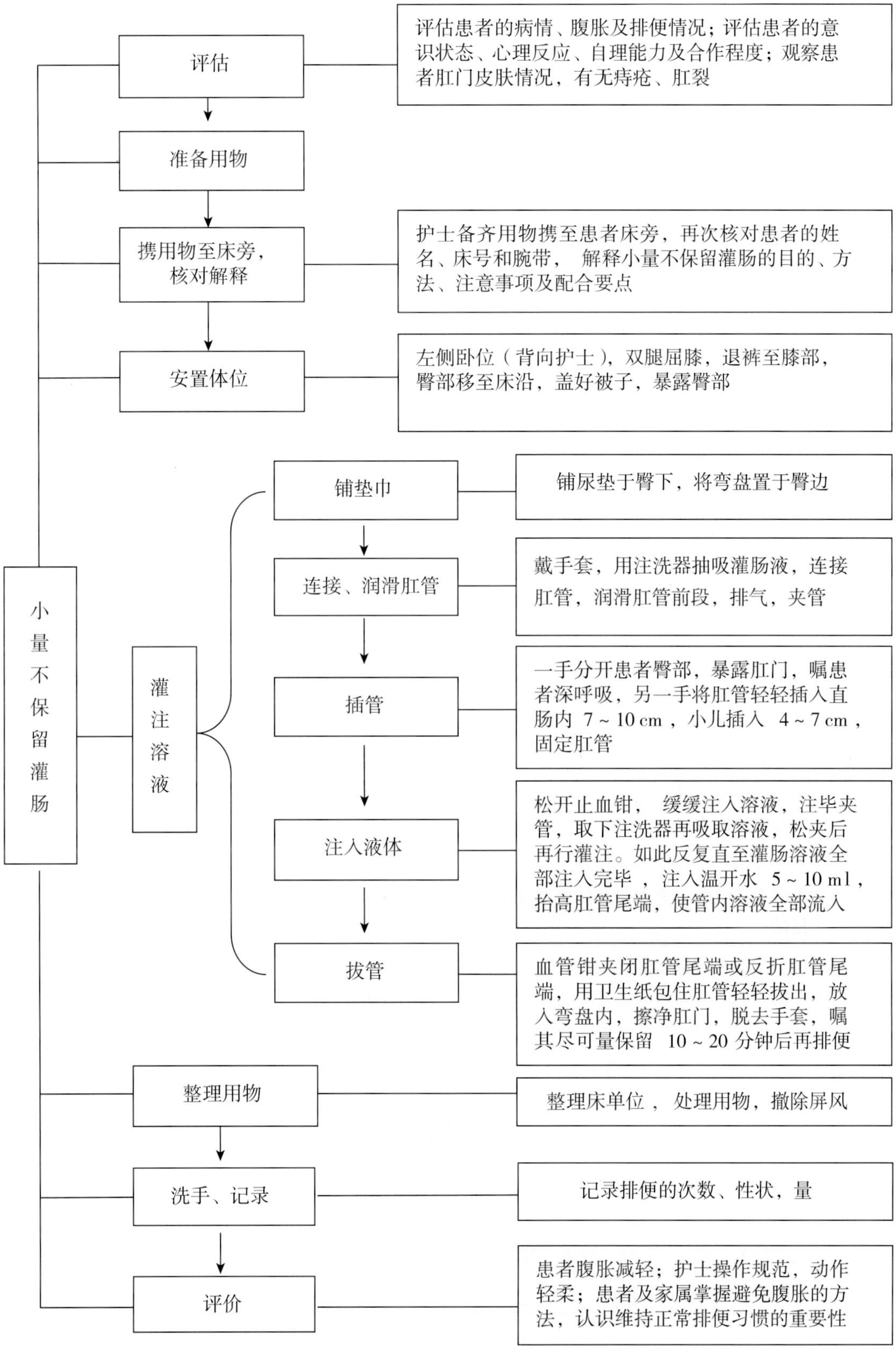

图 7-2-14　小量不保留灌肠操作流程图

（六）操作评分标准（表 7-2-2）

表7-2-2　小量不保留灌肠技术操作评分标准

项目	技术操作要求	评分	评分等级				实际得分
			A×1	B×0.7	C×0.4	D×0	
素质 5	仪表、着装符合要求	2					
	操作熟练、轻柔，沟通有效	3					
评估 20	评估患者的病情、腹胀及排便情况	5					
	评估患者的意识状态、心理反应、自理能力及合作程度	5					
	观察患者肛门皮肤情况	5					
	观察有无痔疮、肛裂	5					
操作前准备 5	洗手、戴口罩	2					
	用物准备，放置合理	3					
操作过程 55	核对、解释	5					
	左侧卧位，双腿屈膝，退裤至膝部，臀部移至床沿	5					
	铺尿垫于臀下，将弯盘置于臀边，盖好被子，暴露臀部	5					
	戴手套，用注洗器抽吸灌肠液，连接肛管，润滑肛管前段，排气，夹管	20					
	一手分开患者臀部，暴露肛门，嘱患者深呼吸，另一手将肛管轻轻插入直肠内 7 ~ 10 cm，小儿插入 4 ~ 7 cm，固定肛管	5					
	松开止血钳，缓缓注入溶液，注毕夹管，取下注洗器再吸取溶液，松夹后再行灌注。反复直至溶液全部注入完毕	5					
	注入温开水 5 ~ 10 ml，抬高肛管尾端，使管内溶液全部流入，血管钳夹闭肛管尾端或反折肛管尾端	5					
	用卫生纸包住肛管轻轻拔出，放入弯盘内，擦净肛门，脱去手套，嘱患者尽可能保留 10 ~ 20 分钟后再排便	5					
操作后处理 8	妥善安置患者，整理床单位，撤除屏风	2					
	用物处理正确	4					
	洗手，记录	2					
整体评价 7	认真倾听患者的反映和需要，沟通语言恰当，患者无不适感	3					
	动作规范、轻巧、熟练、准确、节力	2					
	操作时间在 10 分钟以内	2					
总分		100					

案例点评

- 注意为患者遮挡及保暖，尽量少暴露患者肢体，防止感冒，保护隐私。
- 协助患者取左侧卧位，暴露臀部，检查有无痔疮、肛裂。
- 灌肠液体量、温度、浓度、注入速度适宜，动作轻柔。
- 更换注洗器时，无空气进入肠道。
- 灌肠过程中，注意观察并询问患者感觉，如有不适，立即予以对症处理。
- 如溶液流入受阻，可转动或挤压肛管，确保无粪块阻塞。
- 指导患者平卧，保留液体 10 ~ 20 分钟或以上，排便时不可过度用力，防止手术切口裂伤。

三、保留灌肠

案例 7-2-3

患者男性，36 岁。诊断：慢性细菌性结肠炎。腹泻，粪便有黏液，粪便腥臭味，里急后重感，腹部平坦，体温 37.9 ℃，脉搏 88 次 / 分，血压 126/82 mmHg。遵医嘱给予 2% 小檗碱 100 ml，保留灌肠。

（一）护理评估

1．评估患者的病情、排便情况。

2．评估患者的意识状态、心理反应、自理能力及合作程度。

3．观察患者肛门皮肤情况，有无痔疮、肛裂。

（二）操作前准备

1．护士准备　着装整齐，洗手，修剪指甲，备齐用物。

2．患者准备

（1）了解保留灌肠的目的、方法、注意事项及配合要点。

（2）取左侧或右侧卧位。

（3）排尽二便。

3．用物准备　量筒、量杯、一次性灌肠袋、弯盘、止血钳、水温计、纱布一块、甘油霜（液状石蜡）、一次性手套、一次性尿垫、卫生纸 2 块、便盆、快速手消毒液。常用溶液：药物及剂量遵医嘱准备，灌肠溶液量不超过 200 ml。溶液温度 38 ℃。①镇静、催眠用 10% 水合氯醛，剂量按医嘱准备；②抗肠道感染用 2% 小檗碱、0.5% ~ 1% 新霉素或其他抗生素溶液（图 7-2-15）。

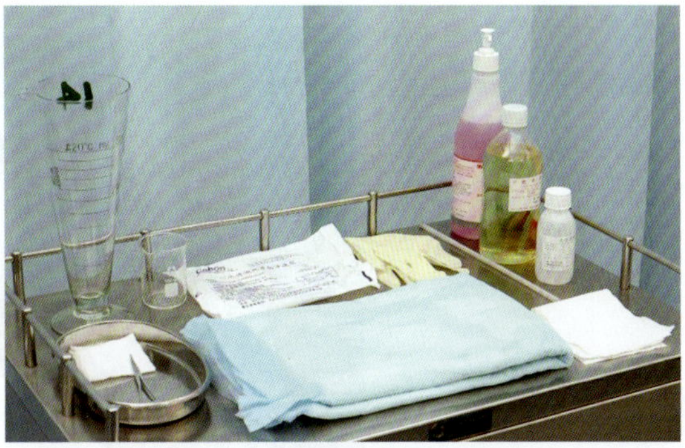

图 7-2-15　保留灌肠操作用物

V7-5

保留灌肠

知识链接

保留灌肠的体位

保留灌肠的体位是由病变部位的不同决定的。细菌性痢疾的肠道病变主要在结肠，而且以乙状结肠和直肠病变最为显著，位置在人体的左腹，所以保留灌肠时应取左侧卧位；阿米巴痢疾病变多在回盲部，解剖位置在右侧，取右侧卧位以提高疗效。当为患者做保留灌肠时，目的是治疗肠道感染，应该取合适体位，使治疗液体在病变部位保留一定的时间，抬高臀部也是为了方便治疗液体的保留，不会过早地排泄出体外。

4．环境准备　病室温湿度适宜，宽敞、明亮，关闭门窗，用屏风遮挡患者。

（三）操作步骤

1．评估并解释　至患者床旁，核对患者的腕带、床号及姓名；评估患者的病情；并向患者及家属解释保留灌肠的目的、方法、注意事项及配合要点。

2．携用物至床旁、核对　护士备齐用物携至患者床旁，再次核对患者的姓名、床号和腕带。

3．安置体位　根据病情选择不同体位，双腿屈膝，退裤至膝部，臀部移至床沿，盖好被子，暴露臀部，注意保暖（图 7-2-16）。

4．铺垫巾　暴露臀部，将垫枕及尿垫铺于臀下，将臀部抬高约 10 cm，弯盘置于臀边（图 7-2-17）。

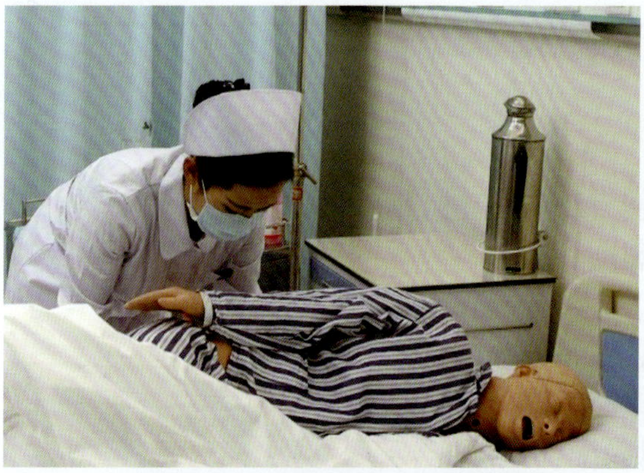

图 7-2-16　保留灌肠安置患者体位

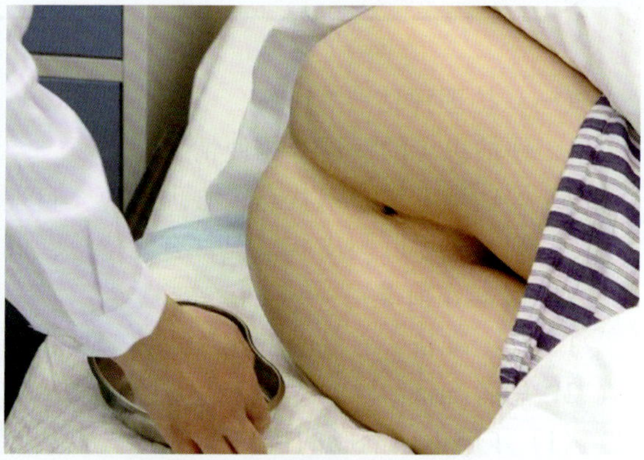

图 7-2-17　铺尿垫于患者臀下

5．连接、润滑肛管　戴手套，润滑肛管前段，排气，夹管（图 7-2-18）。

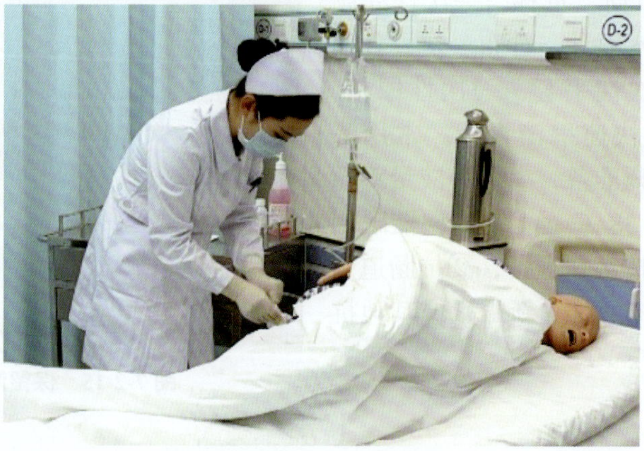

图 7-2-18　肛管排气

6．插管　一手分开患者臀部，暴露肛门，嘱患者深呼吸，另一手将肛管轻轻插入肛门内15～20 cm，固定肛管（图 7-2-19）。

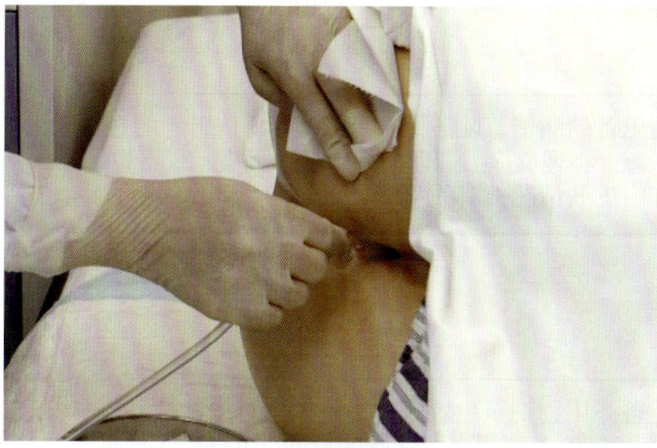

图 7-2-19　导管插入直肠内

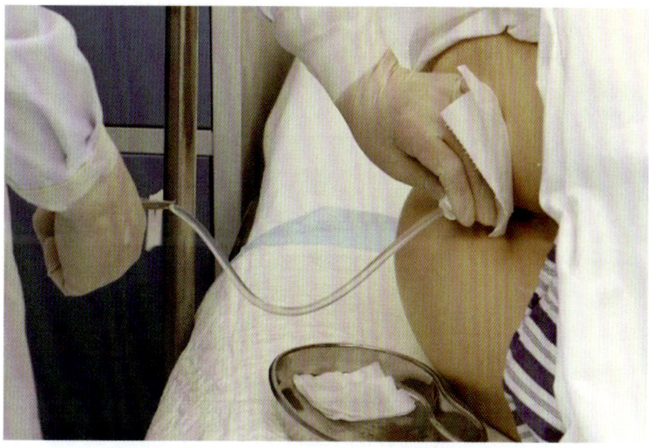

图 7-2-20　注入液体

7．注入液体　松开止血钳，缓缓注入溶液（图 7-2-20）。

8．注毕　抬高肛管尾端，使管内溶液全部流入。

9．拔管　血管钳夹闭肛管尾端或反折肛管尾端，用卫生纸包住肛管轻轻拔出，放入弯盘内，擦净肛门，脱去手套（图 7-2-21）。

10．安置患者　协助患者取舒适卧位，尽可能保留 1 小时以上。

11．整理用物　整理床单位，处理用物。

12．洗手，记录　记录灌肠液的种类、量，患者的反应。

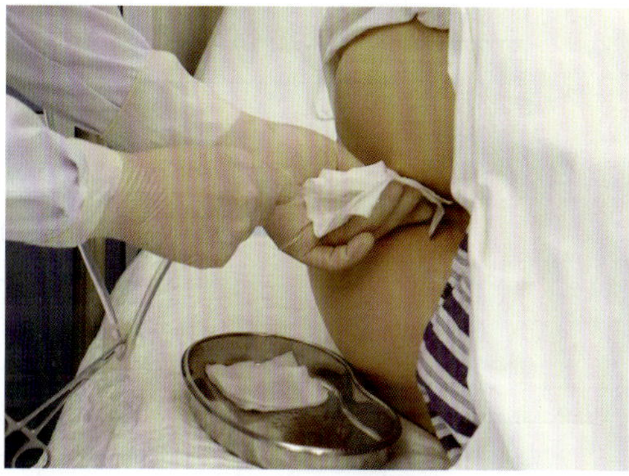

图 7-2-21　拔管

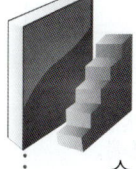

重要小提示

✧ 保留灌肠前嘱患者排便，肠道排空有利于药液吸收。

✧ 了解灌肠目的和病变部位，以确定患者的卧位和插入肛管的深度。

✧ 插管前评估肛门有无痔疮、肛裂，插管时动作轻柔，注意患者反应。

✧ 保留灌肠时，应选择稍细的肛管，并且插入要深，液量不宜过多，压力要低，注入速度宜慢，以减少刺激，使灌入的药液能保留较长时间，利于肠黏膜吸收。

✧ 灌肠液应保留 1 小时以上，使药液有足够的作用时间。

✧ 肛门、直肠、结肠手术的患者及排便失禁的患者，不宜做保留灌肠。

✧ 灌肠时患者如有腹胀或便意，应嘱患者做深呼吸，以减轻不适。

✧ 灌肠过程中应随时注意观察患者的病情变化，如发现脉速、面色苍白、出冷汗、剧烈腹痛、心慌气急，应立即停止灌肠并及时与医生联系，及时处理。

（四）健康教育

1．向患者及家属讲解以晚间睡眠前保留灌肠为宜，此时肠道活动少，药液易于保留吸收，达到治疗目的。

2．指导患者灌肠前排尽二便，以利于药物吸收。

3．掌握灌肠时的配合方法，如有便意，做深呼吸，灌肠完毕尽量保留 1 小时以上。

4．指导患者在灌肠过程中如果出现心慌、气急或其他不适，应立即告知护士，予以对症处理。

（五）操作流程图（图 7-2-22）

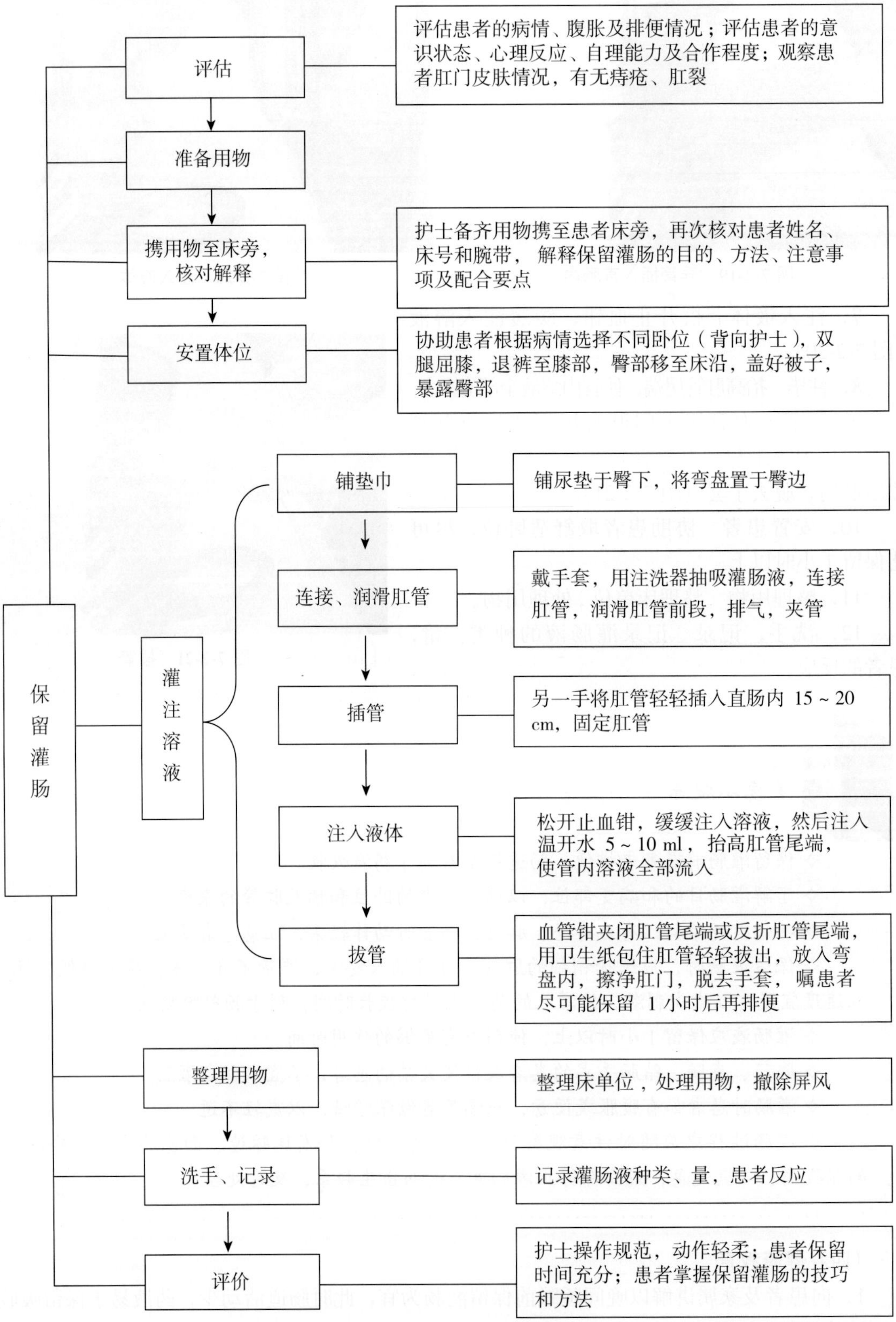

保留灌肠
评估
评估患者的病情、腹胀及排便情况；评估患者的意识状态、心理反应、自理能力及合作程度；观察患者肛门皮肤情况，有无痔疮、肛裂
准备用物
携用物至床旁，核对解释
护士备齐用物携至患者床旁，再次核对患者姓名、床号和腕带，解释保留灌肠的目的、方法、注意事项及配合要点
安置体位
协助患者根据病情选择不同卧位（背向护士），双腿屈膝，退裤至膝部，臀部移至床沿，盖好被子，暴露臀部
灌注溶液
铺垫巾
铺尿垫于臀下，将弯盘置于臀边
连接、润滑肛管
戴手套，用注洗器抽吸灌肠液，连接肛管，润滑肛管前段，排气，夹管
插管
另一手将肛管轻轻插入直肠内 15 ~ 20 cm，固定肛管
注入液体
松开止血钳，缓缓注入溶液，然后注入温开水 5 ~ 10 ml，抬高肛管尾端，使管内溶液全部流入
拔管
血管钳夹闭肛管尾端或反折肛管尾端，用卫生纸包住肛管轻轻拔出，放入弯盘内，擦净肛门，脱去手套，嘱患者尽可能保留 1 小时后再排便
整理用物
整理床单位，处理用物，撤除屏风
洗手、记录
记录灌肠液种类、量，患者反应
评价
护士操作规范，动作轻柔；患者保留时间充分；患者掌握保留灌肠的技巧和方法

图 7-2-22　保留灌肠操作流程图

（六）操作评分标准（表 7-2-3）

表7-2-3　保留灌肠技术操作评分标准

项目	技术操作要求	评分	评分等级				实际得分
			A×1	B×0.7	C×0.4	D×0	
素质 5	仪表、着装符合要求	2					
	操作熟练、轻柔，沟通有效	3					
评估 20	评估患者的病情、腹胀及排便情况	5					
	评估患者的意识状态、心理反应、自理能力及合作程度	5					
	观察患者肛门皮肤情况	5					
	观察有无痔疮、肛裂	5					
操作前准备 5	洗手、戴口罩	2					
	用物准备，放置合理	3					
操作过程 55	核对、解释，嘱患者排空二便	5					
	左侧或右侧卧位（背向护士），双腿屈膝，退裤至膝部，臀部移至床沿，盖好被子，暴露臀部，注意保暖	5					
	铺垫枕、尿垫于臀下，将弯盘置于臀边	5					
	戴手套，用注洗器抽吸灌肠液，连接肛管，润滑肛管前段，排气，夹管	5					
	一手分开患者臀部，暴露肛门，嘱患者深呼吸	5					
	另一手将肛管轻轻插入直肠内 15 ~ 20 cm，固定肛管，松开止血钳，缓缓注入溶液，注毕夹管	10					
	注入药液 5 ~ 10 ml，抬高肛管尾端，使管内溶液全部流入，血管钳夹闭肛管尾端或反折肛管尾端	10					
	用卫生纸包住肛管轻轻拔出，放入弯盘内，擦净肛门，脱去手套，嘱患者尽可能保留 1 小时后再排便	10					
操作后处理 8	妥善安置患者，整理床单位，撤除屏风	2					
	用物处理正确	4					
	洗手，记录	2					
整体评价 7	认真倾听患者的反映和需要，沟通语言恰当，患者无不适感	3					
	动作规范、轻巧、熟练、准确、节力	2					
	操作时间在 10 分钟以内	2					
总分		100					

案例点评

- 注意为患者遮挡及保暖，尽量少暴露患者肢体，防止感冒，保护隐私。
- 协助患者取左侧卧位，暴露臀部，检查有无痔疮、肛裂。
- 灌肠时掌握溶液的温度、浓度、速度、压力和溶液量，选择细的肛管，插入深度符合要求，液面距肛门不超过30cm。
- 灌肠过程中，注意观察并询问患者感觉，如有不适，立即予以对症处理。
- 如溶液流入受阻，可转动或挤压肛管，确保无粪块阻塞。
- 指导患者平卧，保留液体1小时以上，排便时不可过度用力，防止切口裂伤。

四、口服清洁肠道法

案例 7-2-4

患者男性，36岁。消瘦，贫血面容，慢性腹泻1月余，粪便有脓血、黏液，直肠指检触及质硬、凹凸不平的肿块，拟行结肠镜检查。医嘱：口服硫酸镁清洁肠道。

V7-6
口服清洁肠道法

（一）护理评估

1．评估患者的病情、排便情况。

2．评估患者的意识状态、心理反应、自理能力及合作程度。

（二）操作前准备

1．护士准备　着装整齐，洗手，修剪指甲，备齐用物。

2．患者准备

（1）了解口服清洁肠道的目的、方法、注意事项及配合要点。

（2）检查前或术前3天进半流质饮食，术前1天进流质饮食。

3．用物准备　舒泰清24袋，配3000 ml温开水（图7-2-23）。

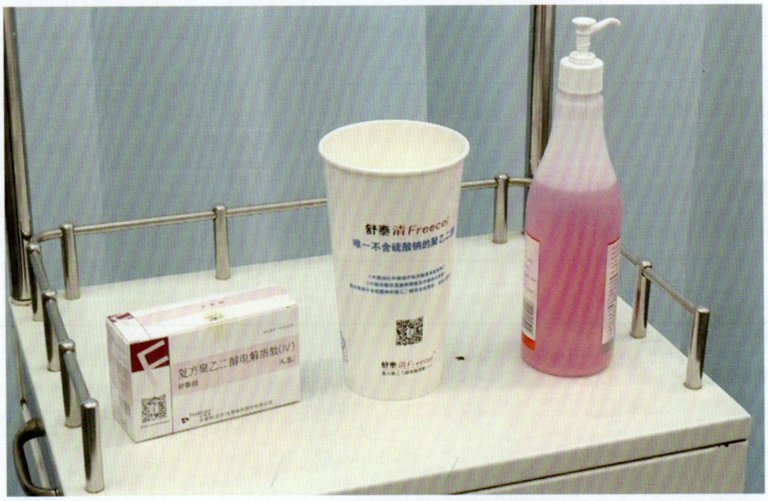

图 7-2-23　口服清洁肠道操作用物

知识链接

口服高渗溶液清洁肠道

高渗溶液进入肠道，在肠道内形成高渗环境，使肠道内水分大量增加，从而软化粪便，刺激肠蠕动，加速排便，达到清洁肠道的目的。适用于直肠、结肠检查和手术前肠道准备。常用溶液有甘露醇、硫酸镁。

4．环境准备　病室温湿度适宜，宽敞、明亮。

（三）操作步骤

1．评估并解释　至患者床旁，核对患者的腕带、床号及姓名；评估患者的病情；并向患者及家属解释口服清洁肠道的目的、方法、注意事项及配合要点，消除患者紧张情绪。

2．携用物至床旁、核对　护士备齐用物携至患者床旁，再次核对患者的姓名、床号和腕带。

3．安置体位　患者取舒适体位。

4．口服方法　舒泰清 24 袋，配 3000ml 温开水口服，1 小时内口服完成。

5．洗手，记录　记录排便次数及粪便性质、清洁肠道的效果以及患者的反应。

重要小提示

✧ 不完全肠梗阻的患者禁忌口服甘露醇。

✧ 口服过程中应随时注意观察患者的病情变化，如发现脉速、面色苍白、出冷汗、剧烈腹痛、心慌气急，应立即停止口服并及时与医生联系，及时处理。

✧ 观察患者一般情况，注意排便次数及粪便性质，确定是否达到清洁肠道的目的，并做好记录。

（四）健康教育

1．指导患者口服清洁肠道溶液前 3 天进半流质饮食，术前 1 天进流质饮食。

2．指导患者注意观察排便次数及粪便性质，如发生血便或感觉无力、冷汗等不良反应及时通知医护人员，予以对症处理。

3． 注意保护肛周皮肤，防止由于排便次数增加导致的肛周红肿、溃烂。

（五）操作流程图（图 7-2-24）

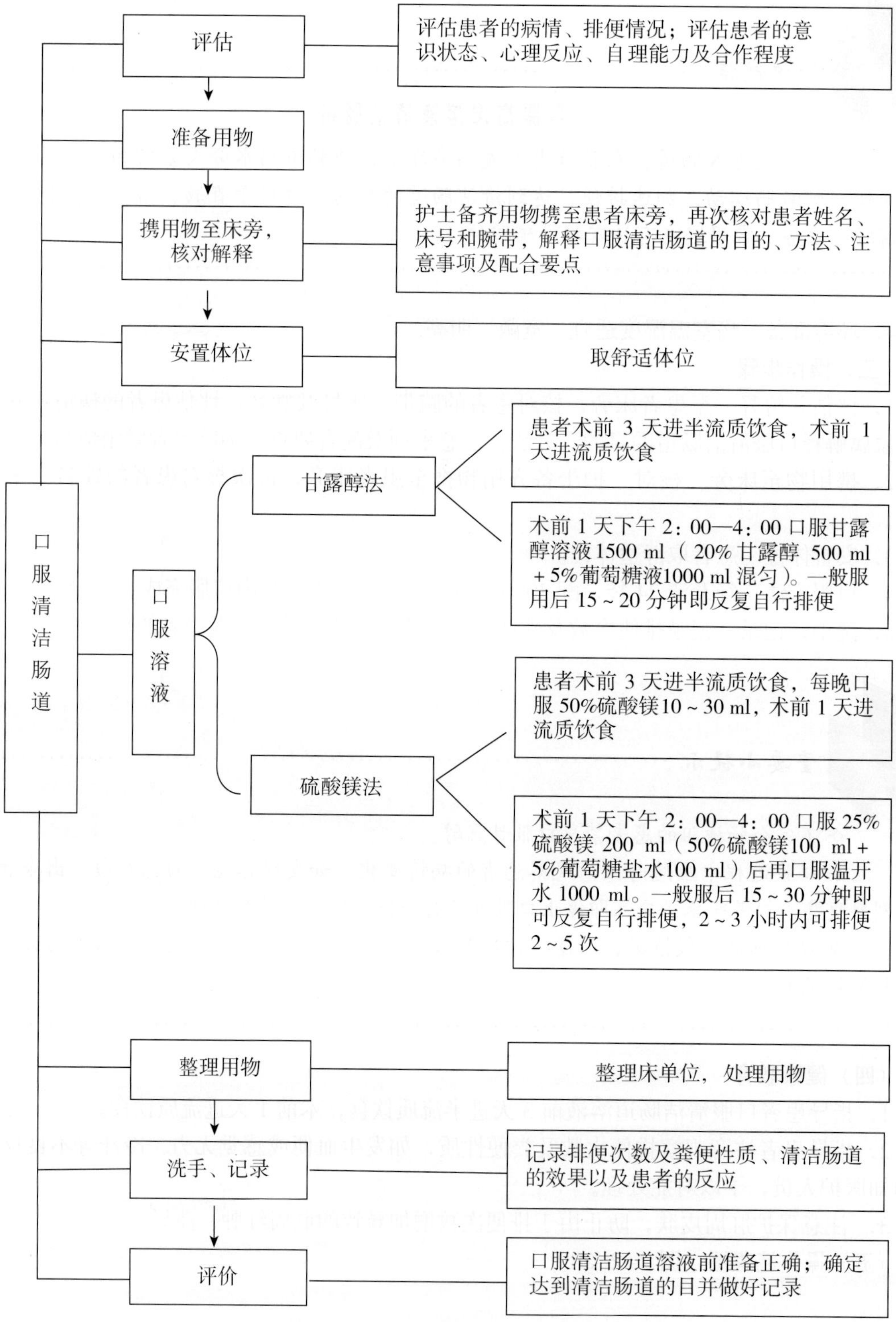

图 7-2-24　口服清洁肠道操作流程图

（六）操作评分标准（表 7-2-4）

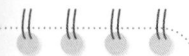

表7-2-4　口服清洁肠道技术操作评分标准

项目	技术操作要求	评分	评分等级				实际得分
			A×1	B×0.7	C×0.4	D×0	
素质 5	仪表、着装符合要求	2					
	操作熟练、轻柔，沟通有效	3					
评估 10	评估患者的病情及排便情况	5					
	评估患者的意识状态、心理反应、自理能力及合作程度	5					
操作前准备 5	洗手、戴口罩	2					
	用物准备，放置合理	3					
操作过程 65	核对、解释	2					
	取舒适体位	3					
	甘露醇法：患者术前 3 天进半流质饮食，术前 1 天进流质饮食	10					
	术前 1 天下午 2：00—4：00 口服甘露醇溶液 1500 ml（20% 甘露醇 500 ml + 5% 葡萄糖液 1000 ml 混匀）。一般服用后 15 ~ 20 分钟即反复自行排便	20					
	硫酸镁法：患者术前 3 天进半流质饮食，每晚口服 50% 硫酸镁 10 ~ 30ml	10					
	术前 1 天进流质饮食，术前 1 天下午 2：00—4：00 口服 25% 硫酸镁 200 ml（50% 硫酸镁 100 ml + 5% 葡萄糖盐水 100 ml）后再口服温开水 1000 ml。一般服后 15 ~ 30 分钟即可反复自行排便，2 ~ 3 小时内可排便 2 ~ 5 次	20					
操作后处理 8	妥善安置患者，整理床单位	2					
	用物处理正确	4					
	洗手后，记录	2					
整体评价 7	认真倾听患者的反映和需要	3					
	沟通语言恰当，患者无不适感	2					
	操作时间在 10 分钟以内	2					
总分		100					

案例点评

- 患者按要求做好口服清洁肠道溶液前饮食准备。
- 患者服用清洁肠道溶液的种类、剂量正确。
- 指导患者口服方法、观察内容及注意事项。
- 口服过程中，注意观察并询问患者的感觉，如有不适，立即予以对症处理。

五、肛管排气法

案例 7-2-5

患者女性，69 岁，因心前壁、下壁梗死急诊行冠状动脉支架置入术。术后因病情危重予气管插管，呼吸机辅助呼吸，血压 105/64 mmHg，心率 106 次 / 分，呼吸 28 次 / 分，患者腹胀明显，2 日未排气排便，查体腹部膨隆，叩诊鼓音，报告医生。遵医嘱：肛管排气。

（一）护理评估

1．评估患者的病情、腹胀程度、已采取的护理措施。

2．评估患者的意识状态、心理反应、自理能力及合作程度。

3．观察患者肛门皮肤情况，有无痔疮、肛裂。

（二）操作前准备

1．护士准备　着装整齐，洗手，修剪指甲，备齐用物。

2．患者准备

（1）了解肛管排气的目的、方法、注意事项及配合要点。

（2）取左侧卧位。

3．用物准备　肛管（12 ～ 16 号），玻璃接头，橡胶管，玻璃瓶（内盛水 3/4 满，瓶口系带），润滑油，棉签，胶布（1 cm × 15 cm），清洁手套，卫生纸适量，别针，快速手消毒液，屏风。

4．环境准备　病室温湿度适宜，宽敞、明亮，关闭门窗，用屏风遮挡患者。

知识链接

腹部胀气的危害

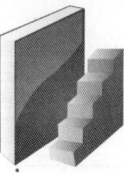

1．影响呼吸　腹腔胀气，横膈升高，胸腔变小，肺呼吸功能受到限制，可引起呼吸困难。

2．影响血液循环　腹部胀气，横膈上提，压缩胸腔，心脏的收缩和舒张功能受到影响。肠腔胀气，肠内压升高，影响肠壁血液循环。腹腔内压升高，下腔静脉回流受阻，因回心血量减少，影响心脏射血。

3．水、电解质失衡　严重腹胀时，肠腔内容物潴留，肠壁受到压迫，不仅影响肠内容物吸收，还使肠壁血浆渗入肠腔，引起水、电解质失衡。

4．毒素吸收　肠腔内潴留的食糜在细菌的作用下发酵腐败，产毒产气，被机体吸收，加重病情。

（三）操作步骤

1．评估并解释　至患者床旁，核对患者的腕带、床号及姓名；评估患者的病情及腹部状况；并向患者及家属解释肛管排气的目的、方法、注意事项及配合要点，消除患者紧张和窘迫情绪。

2．携用物至床旁、核对　护士备齐用物携至患者床旁，再次核对患者的姓名、床号和腕带。

3．安置体位　协助患者左侧卧位（背向护士），双腿屈膝，退裤至膝部，臀部移至床沿，盖好被子，暴露臀部，注意保暖。

4．连接排气装置　将玻璃瓶系于床边，橡胶管一端插入玻璃瓶液面下，另一端与肛管相连。

5．插管　戴手套，润滑肛管，嘱患者张口呼吸，将肛管轻轻插入直肠 15 ~ 18 cm，用胶布将肛管固定于臀部，橡胶管留出足够长度，用别针固定在床单上。

6．观察　观察排气情况，如排气不畅，帮助患者更换体位或按摩腹部。

7．拔管　保留肛管不超过 20 分钟，拔出肛管，清洁肛门，取下手套。

8．安置患者　协助患者取舒适卧位。

9．整理用物　整理床单位，处理用物，撤除屏风。

10．洗手，记录　记录排气时间及效果、患者腹胀有无减轻。

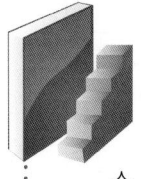

重要小提示

✧ 变换体位或按摩腹部可促进排气。

✧ 排气过程中，应注意观察瓶液面下气泡逸出情况，如排气不畅，应更换体位或按摩腹部。

✧ 长时间留置肛管，会降低肛门括约肌的反应，甚至导致肛门括约肌永久性松弛，因此保留肛管时间不超过 20 分钟，需要时，2 ~ 3 小时后再行肛管排气。

（四）健康教育

1．向患者及家属讲解避免腹胀的方法，如增加活动、正确选择饮食种类等。

2．向患者及家属解释肛管排气的意义。

3．指导患者排气过程中如有不适，及时告知。

4．指导患者保持健康的生活习惯。

（五）操作流程图（图 7-2-25）

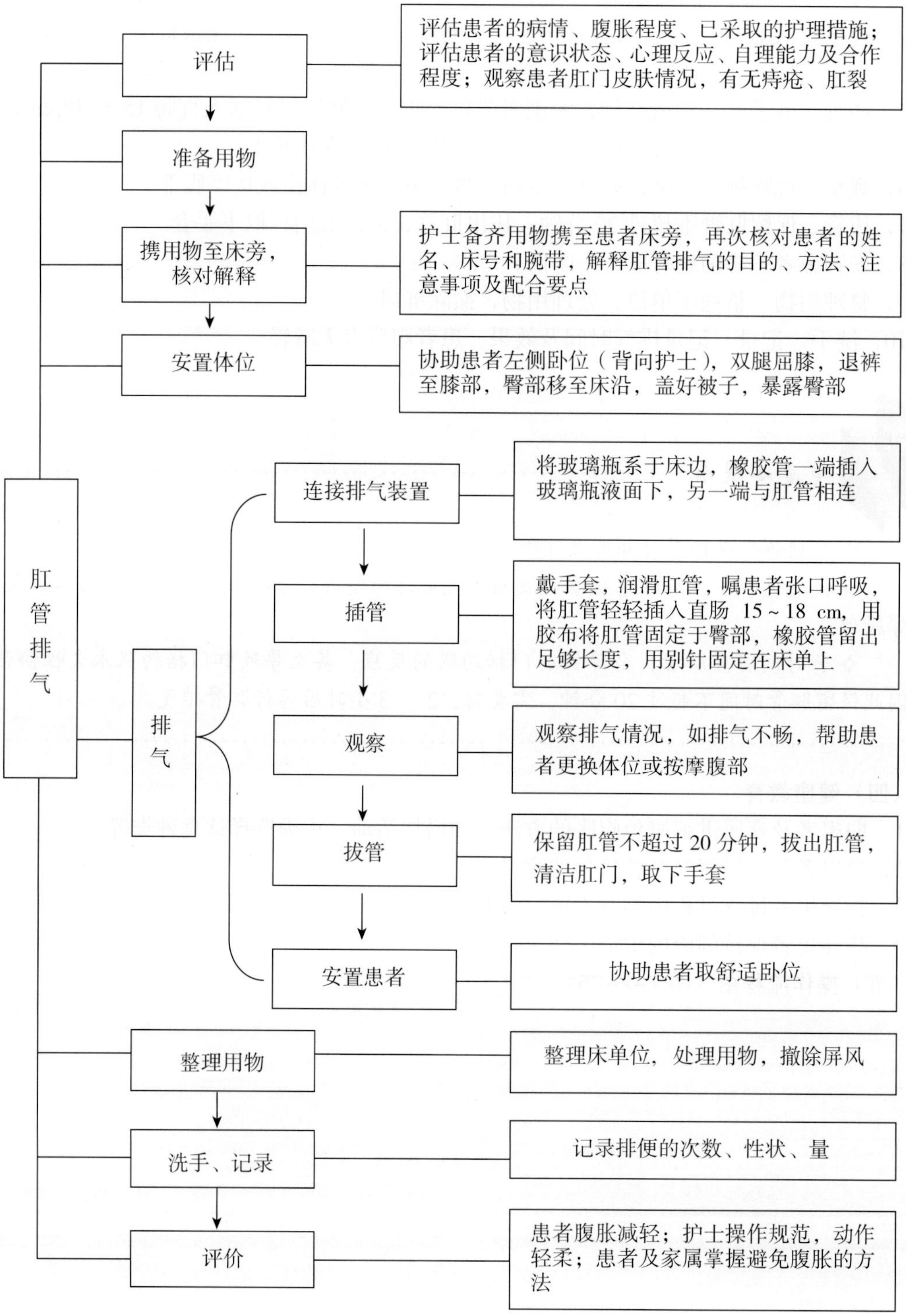
评估
评估患者的病情、腹胀程度、已采取的护理措施；评估患者的意识状态、心理反应、自理能力及合作程度；观察患者肛门皮肤情况，有无痔疮、肛裂
准备用物
携用物至床旁，核对解释
护士备齐用物携至患者床旁，再次核对患者的姓名、床号和腕带，解释肛管排气的目的、方法、注意事项及配合要点
安置体位
协助患者左侧卧位（背向护士），双腿屈膝，退裤至膝部，臀部移至床沿，盖好被子，暴露臀部
肛管排气
排气
连接排气装置
将玻璃瓶系于床边，橡胶管一端插入玻璃瓶液面下，另一端与肛管相连
插管
戴手套，润滑肛管，嘱患者张口呼吸，将肛管轻轻插入直肠 15 ~ 18 cm，用胶布将肛管固定于臀部，橡胶管留出足够长度，用别针固定在床单上
观察
观察排气情况，如排气不畅，帮助患者更换体位或按摩腹部
拔管
保留肛管不超过 20 分钟，拔出肛管，清洁肛门，取下手套
安置患者
协助患者取舒适卧位
整理用物
整理床单位，处理用物，撤除屏风
洗手、记录
记录排便的次数、性状、量
评价
患者腹胀减轻；护士操作规范，动作轻柔；患者及家属掌握避免腹胀的方法

图 7-2-25　肛管排气操作流程图

（六）操作评分标准（表 7–2–5）

表7-2-5　肛管排气技术操作评分标准

项目	技术操作要求	评分	评分等级				实际得分
			A×1	B×0.7	C×0.4	D×0	
素质 5	仪表、着装符合要求	2					
	操作熟练、轻柔，沟通有效	3					
评估 15	评估患者的病情、腹胀程度、已采取的护理措施	5					
	评估患者的意识状态、心理反应、自理能力及合作程度	5					
	观察患者肛门皮肤情况，有无痔疮、肛裂	5					
操作前准备 5	洗手、戴口罩	2					
	用物齐全，放置合理	3					
操作过程 55	核对、解释	5					
	协助患者左侧卧位（背向护士），双腿屈膝，退裤至膝部，臀部移至床沿	5					
	盖好被子，暴露臀部，注意保暖	5					
	将玻璃瓶系于床边，橡胶管一端插入玻璃瓶液面下，另一端与肛管相连	5					
	润滑肛管，嘱患者张口呼吸	5					
	将肛管轻轻插入直肠 15 ～ 18 cm	10					
	用胶布将肛管固定于臀部，橡胶管留出足够长度，用别针固定在床单上	5					
	观察排气情况，如排气不畅，帮助患者更换体位或按摩腹部	5					
	保留肛管不超过 20 分钟	5					
	拔出肛管，清洁肛门，取下手套	5					
操作后处理 8	整理床单位，取舒适体位	2					
	用物处理恰当	4					
	洗手后记录	2					
整体评价 12	认真倾听患者的反映和需要	5					
	动作规范、轻巧、熟练、准确、节力	5					
	操作时间在 10 分钟以内	2					
总分		100					

案例点评

➢ 注意为患者遮挡及保暖，尽量少暴露患者肢体，防止感冒，保护隐私。

➢ 协助患者取左侧卧位，暴露臀部，检查有无痔疮、肛裂。

➢ 观察患者反应，询问患者感觉，及时发现异常情况。

➢ 观察瓶液面下气泡逸出情况，如排气不畅，指导患者变换体位或按摩腹部促进排气。

➢ 保留肛管时间不超过20分钟，需要时，2～3小时后再行肛管排气。

（于　洋）

第三节　导尿术

导尿术（catheterization）是在严格无菌操作下，将导尿管经尿道插入膀胱，引出尿液的技术。

一、女患者导尿术

案例 7-3-1

患者女性，60岁，行子宫切除术后第3天，10小时未排尿。主诉排尿感觉疼痛1日，下腹胀痛难忍，有尿意，但排尿困难，患者烦躁不安。查体：耻骨联合上方膨隆，可触及一囊性包块。给予心理疏导，安排隐蔽的排尿环境，帮助患者取合适的姿势，听流水声，并用温水冲洗会阴部，作下腹部的按摩、热敷，以诱导排尿。经上述护理措施无效。当日尿常规检查：蛋白质（+），潜血（++），白细胞（++），镜检红细胞满视野；白细胞75-85，遵医嘱实施导尿术并进行尿培养检查。

女患者导尿术

（一）护理评估

1．评估患者的病情、意识状态、导尿的目的。

2．观察患者膀胱充盈及会阴部情况。

3．了解患者的心理反应、对导尿的认识、自理及合作程度。

（二）操作前准备

1．护士准备　着装整齐，洗手，修剪指甲，备齐用物。

2．患者准备

（1）患者和家属了解导尿的目的、意义、方法、注意事项及配合要点。

（2）取仰卧位。

3．用物准备　治疗车、一次性无菌导尿包、便器、一次性尿垫2块、快速手消毒液（图7-3-1）。

知识链接

导尿管型号如何选择？

临床操作时，如果选择的导尿管型号过大，在插管时容易对患者造成损伤，过小会造成漏尿。为防止以上情况发生，护理人员应根据患者情况选择适当型号的导尿管为患者进行操作。

1. 成人导尿选择 16 ～ 18 号的双腔气囊导尿管，小儿选择 8 ～ 14 号的双腔气囊导尿管。

2. 年老体弱、长期卧床的女性患者尿道口松弛，应选择型号较大、管腔较粗的导尿管。

3. 前列腺增生的患者，由于尿道黏膜弹性差，比较薄脆，导尿时容易引起尿道黏膜损伤，应选择管腔较细的导尿管。

4. 膀胱肿瘤手术后需要通畅引流，以防止导尿管堵塞引起继发性出血，应选择 18 ～ 22F 的双腔或三腔气囊导尿管。

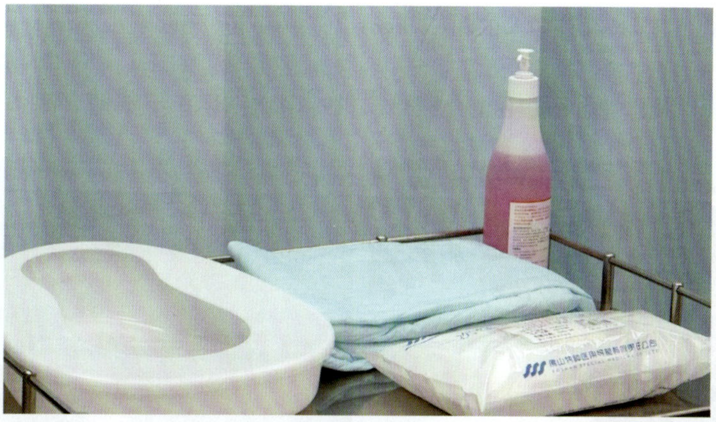

图 7-3-1　导尿术操作用物

4．环境准备　病室温湿度适宜，宽敞、明亮，关闭门窗，用屏风遮挡患者。

（三）操作步骤

1．评估并解释　至患者床旁，核对患者的姓名、床号和腕带；评估患者的病情、意识状态、膀胱充盈及会阴部情况；并向患者及家属解释导尿的目的、方法、注意事项及配合要点，消除患者紧张和窘迫情绪。

2．携用物至床旁、核对　护士备齐用物携至患者床旁，再次核对患者的姓名、床号和腕带。

3．安置体位　护士站于患者右侧，协助患者脱去对侧裤腿，盖在近侧腿上，对侧腿用盖被遮盖，患者取仰卧屈膝位，两腿略外展，露出外阴（图 7-3-2）。

4．铺尿垫　取一次性尿垫 2 个铺于患者臀下（图 7-3-3）。

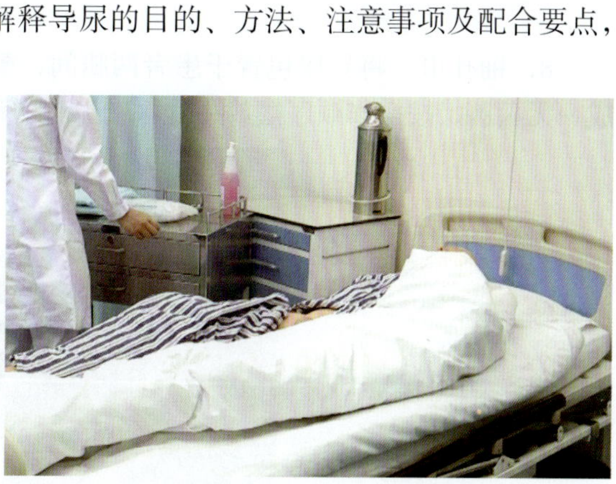

图 7-3-2　导尿术安置患者体位

5．打开导尿包　在治疗车上打开一次性无菌导尿包的外包装，取出外阴消毒用物置于两腿间，戴手套，撕开聚维酮碘（碘伏）棉球包装，将聚维酮碘棉球用镊子夹入弯盘内（图7-3-4）。

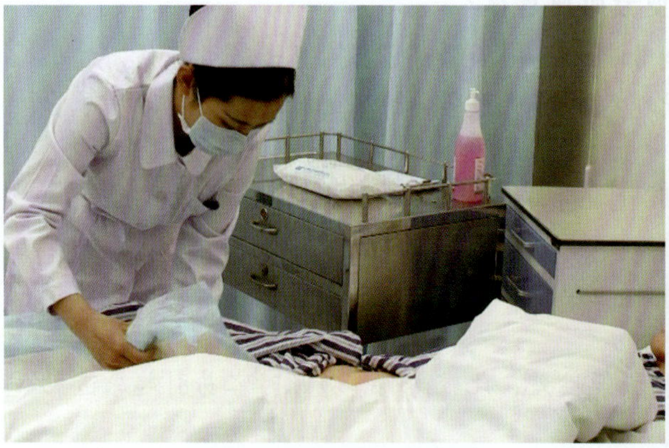

图 7-3-3　铺尿垫于患者臀下

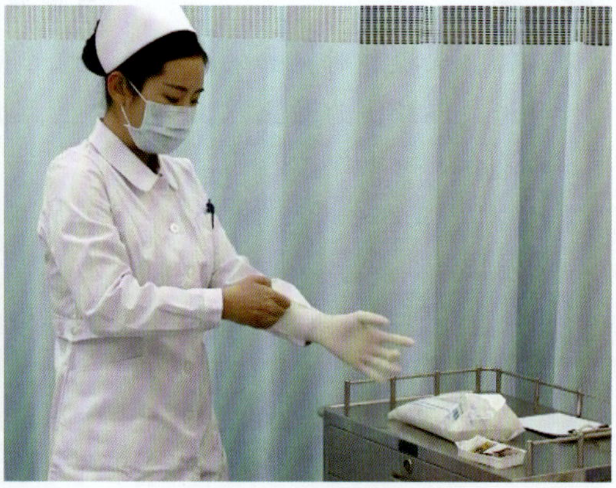

图 7-3-4　打开导尿包

6．初次消毒外阴　右手持镊子夹取消毒棉球进行外阴消毒。原则：由外向内，自上而下。顺序为：阴阜→对侧大阴唇→近侧大阴唇→对侧小阴唇→近侧小阴唇→阴蒂及尿道口（图7-3-5）。

7．撤物　脱下手套，撤下臀下1个尿垫，整理用物，快速手消毒（图7-3-6）。

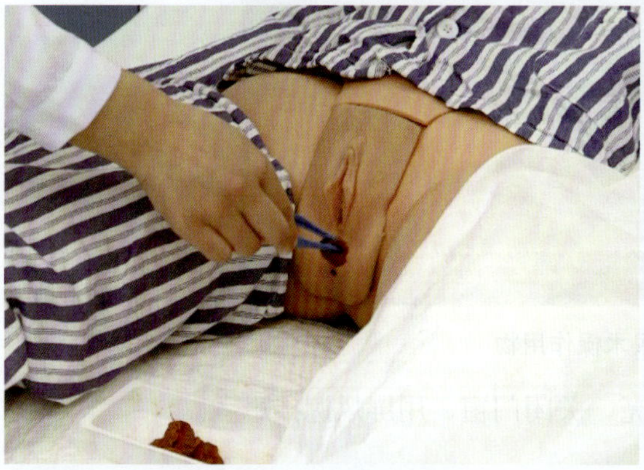

图 7-3-5　初次消毒外阴

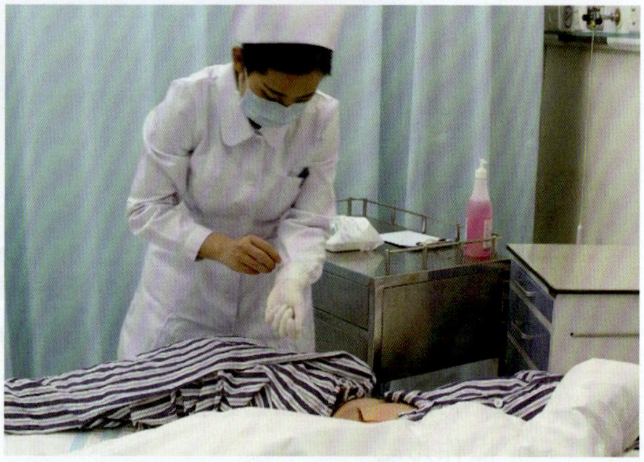

图 7-3-6　脱手套

8．铺孔巾　将导尿包置于患者两腿间，戴无菌手套，铺孔巾，使孔巾和内层治疗巾内形成一无菌区，按操作顺序摆放用物（嘱患者勿移动体位，以免污染无菌区），见图7-3-7。

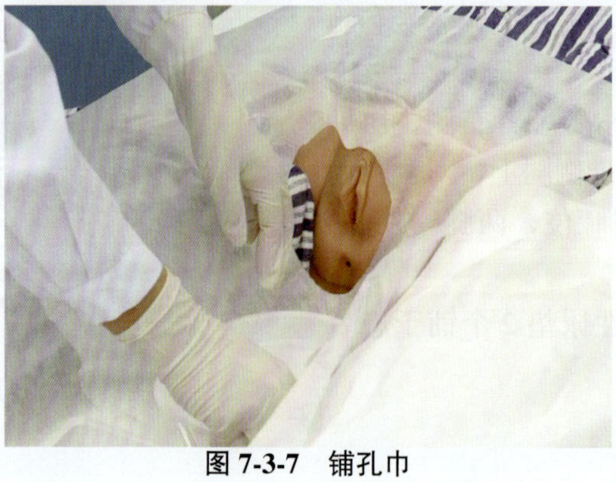

图 7-3-7　铺孔巾

9．润滑尿管　选择合适型号的导尿管，用液状石蜡棉球润滑尿管前端（自上至下），见图 7-3-8。

10．再次消毒外阴　纱布交叉包裹左手拇指、示指并分开小阴唇固定，右手持镊子夹取消毒棉球，消毒尿道口及周围。原则：从内向外，自上而下，消毒到尿道口时停留片刻。顺序为：尿道口→对侧小阴唇→近侧小阴唇→尿道口。消毒毕，将用过的物品移出无菌区（图 7-3-9）。

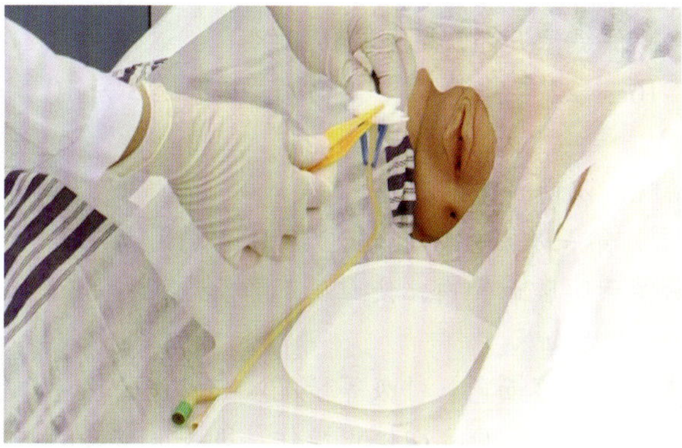

图 7-3-8　润滑尿管

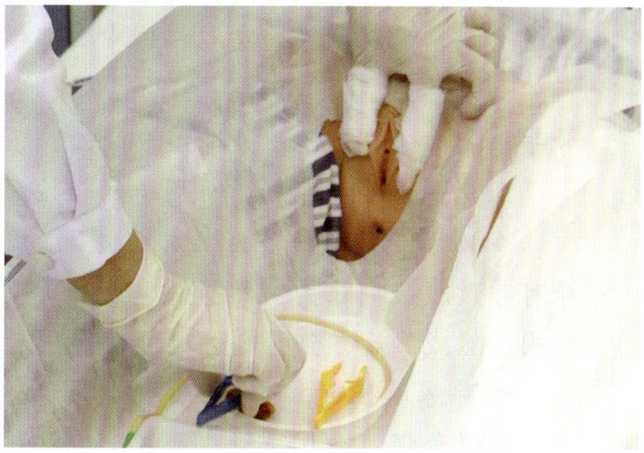

图 7-3-9　再次消毒外阴

11．插入尿管　左手持续固定小阴唇，嘱患者张口呼吸，右手换镊子夹取尿管前端，轻插尿管入尿道 4 ～ 6 cm，见尿液流出再插 1 ～ 2 cm，左手固定尿管（图 7-3-10）。

（1）急性尿潴留患者：将尿液引入弯盘内，倒入便盆内。

（2）尿培养：用无菌标本瓶接取尿液 5 ml，盖好瓶盖，置于合适位置。

（3）需留置尿管患者：见留置导尿术。

12．操作后处理　协助患者穿好裤子，整理床单位及用物，测量尿量，尿标本贴标签后送检，洗手，记录导尿时间、尿量、尿液颜色、性质及患者反应等情况。

13．评估患者，遵医嘱拔除尿管　戴手套，轻轻拔出导尿管，擦净外阴，脱下手套，包好，撤出患者臀下的一次性尿垫，记录拔尿管时间。见图 7-3-11。

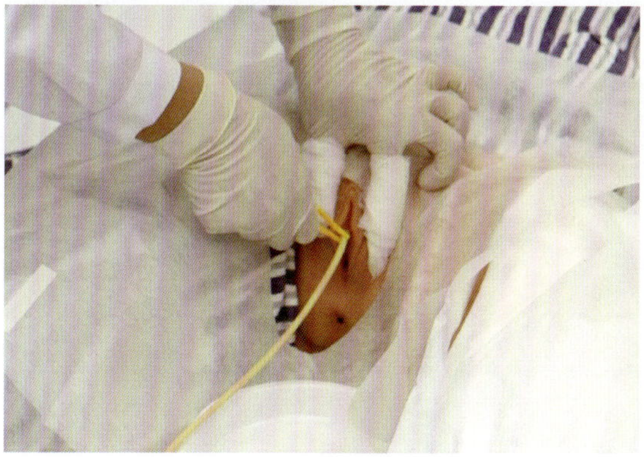

图 7-3-10　插入尿管

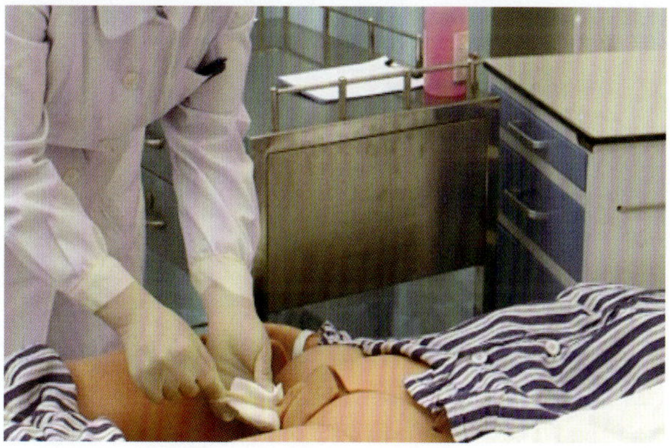

图 7-3-11　拔除尿管

重要小提示

✧ 尽量少暴露患者，以减少紧张和窘迫的心理，保护患者隐私。

✧ 每只棉球限用一次，避免已消毒的部位再受污染。

✧ 夹取棉球时，应夹取棉球中心部位，裹住镊子尖部，避免损伤组织。

✧ 成人选 10 ~ 12 号导尿管（橡胶）、16 ~ 22 号导尿管（气囊）；小儿选 8 ~ 10 号导尿管（橡胶）、8 ~ 14 号导尿管（气囊）。

✧ 若尿液引流不畅，可用手轻轻按压膀胱，以助膀胱排空。

✧ 对膀胱高度膨胀且又极度虚弱的患者，第一次放尿不宜超过 1000 ml，因大量放尿可导致腹腔内压力突然降低，血液大量滞留于腹腔血管内，使血压下降而虚脱；另膀胱内突然减压后，会引起膀胱黏膜急剧充血而发生血尿。

✧ 导尿过程中，护士应注意询问患者感觉，观察面色、呼吸等情况。如发现面色苍白、呼吸急促、血压下降、血尿、剧烈腹痛等症状时，应立即停止操作，报告医生及时处理。

✧ 尿培养标本应及时送检。

✧ 老年女性尿道口回缩，插管时应仔细辨认。

✧ 如果导尿管误入阴道，应更换后重新插入。

（四）健康教育

1．向患者讲解导尿的目的和意义。

2．插管时教患者张口呼吸，利于腹肌和尿道括约肌放松。

3．指导患者勿移动肢体，配合操作，减少污染。

4．介绍疾病相关知识。

（五）操作流程图（图 7–3–12）

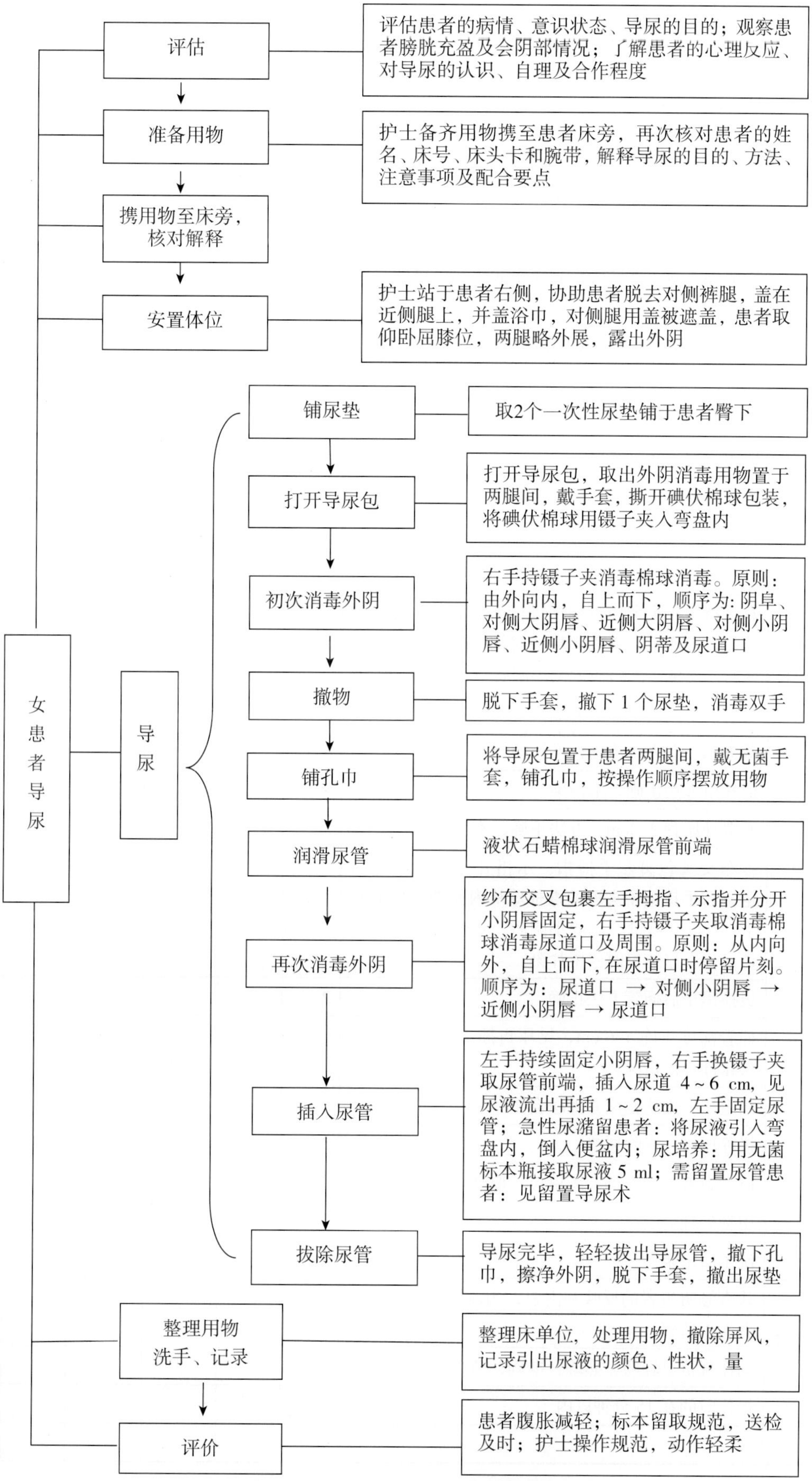
女患者导尿
评估
评估患者的病情、意识状态、导尿的目的；观察患者膀胱充盈及会阴部情况；了解患者的心理反应、对导尿的认识、自理及合作程度
准备用物
护士备齐用物携至患者床旁，再次核对患者的姓名、床号、床头卡和腕带，解释导尿的目的、方法、注意事项及配合要点
携用物至床旁，核对解释
安置体位
护士站于患者右侧，协助患者脱去对侧裤腿，盖在近侧腿上，并盖浴巾，对侧腿用盖被遮盖，患者取仰卧屈膝位，两腿略外展，露出外阴
导尿
铺尿垫
取2个一次性尿垫铺于患者臀下
打开导尿包
打开导尿包，取出外阴消毒用物置于两腿间，戴手套，撕开碘伏棉球包装，将碘伏棉球用镊子夹入弯盘内
初次消毒外阴
右手持镊子夹消毒棉球消毒。原则：由外向内，自上而下，顺序为：阴阜、对侧大阴唇、近侧大阴唇、对侧小阴唇、近侧小阴唇、阴蒂及尿道口
撤物
脱下手套，撤下1个尿垫，消毒双手
铺孔巾
将导尿包置于患者两腿间，戴无菌手套，铺孔巾，按操作顺序摆放用物
润滑尿管
液状石蜡棉球润滑尿管前端
再次消毒外阴
纱布交叉包裹左手拇指、示指并分开小阴唇固定，右手持镊子夹取消毒棉球消毒尿道口及周围。原则：从内向外，自上而下，在尿道口时停留片刻。顺序为：尿道口 → 对侧小阴唇 → 近侧小阴唇 → 尿道口
插入尿管
左手持续固定小阴唇，右手换镊子夹取尿管前端，插入尿道 4～6 cm，见尿液流出再插 1～2 cm，左手固定尿管；急性尿潴留患者：将尿液引入弯盘内，倒入便盆内；尿培养：用无菌标本瓶接取尿液 5 ml；需留置尿管患者：见留置导尿术
拔除尿管
导尿完毕，轻轻拔出导尿管，撤下孔巾，擦净外阴，脱下手套，撤出尿垫
整理用物
洗手、记录
整理床单位，处理用物，撤除屏风，记录引出尿液的颜色、性状，量
评价
患者腹胀减轻；标本留取规范，送检及时；护士操作规范，动作轻柔

图 7-3-12　女患者导尿术操作流程图

（六）操作评分标准（表 7-3-1）

表7-3-1　女患者导尿术操作评分标准

项目	技术操作要求	评分	评分等级				实际得分
			A×1	B×0.7	C×0.4	D×0	
素质 5	仪表、着装符合要求	2					
	操作熟练、轻柔，沟通有效	3					
评估 15	评估患者的病情、意识状态、导尿目的	5					
	评估患者的心理反应、对导尿的认识、自理及合作程度	5					
	评估患者膀胱充盈及会阴部情况	5					
操作前准备 6	洗手、戴口罩	2					
	用物齐全，放置合理	2					
	关闭门窗、屏风遮挡	2					
操作过程 60	协助患者取仰卧位，注意保暖	2					
	核对解释后臀下铺尿垫	2					
	打开导尿包，不污染，放置合理	2					
	右手持镊子夹取消毒棉球进行外阴消毒。由外向内，自上而下，消毒阴阜→对侧大阴唇→近侧大阴唇→对侧小阴唇→近侧小阴唇→阴蒂及尿道口	15					
	再清洁手（用快速手消毒）	3					
	戴无菌手套方法正确，不污染	3					
	铺孔巾方法正确，不污染	3					
	润滑导尿管 2~3cm，方法正确，不污染	3					
	纱布交叉包裹左手拇指、示指并分开小阴唇固定，右手持镊子夹取消毒棉球从内向外，自上而下，消毒尿道口→对侧小阴唇→近侧小阴唇→尿道口，在尿道口时停留片刻	15					
	更换镊子后插管方法正确	2					
	插管深度正确 4~6 cm，见尿再插 1 ～ 2 cm 并观察尿液引流情况	5					
	固定尿管方法正确并擦净会阴	3					
	拔除尿管，撤除尿垫	2					
操作后处理 7	协助患者整理衣裤、床单位，取舒适体位	2					
	用物处理恰当	2					
	洗手后记录	3					
整体评价 7	认真倾听患者的反映和需要，沟通语言恰当，患者无不适感	3					
	动作规范、轻巧、熟练、准确、节力	2					
	操作时间在 15 分钟以内	2					
总分		100					

案例点评

➢ 协助患者取仰卧位，双腿外展，脱去裤子，注意保暖，保护隐私。

➢ 评估患者的膀胱充盈情况，会阴部有无红肿、异味及异常分泌物。

➢ 用镊子夹取棉球时将尖端包裹。

➢ 消毒原则及顺序正确，到尿道口时停留，嘱患者勿移动肢体，无菌区未被污染。

➢ 选取合适型号的导尿管。

➢ 消毒及插管过程中动作轻柔，减轻患者疼痛（有泌尿系感染时）。

➢ 插管时根据生理结构特点操作，未损伤黏膜或导致操作失败。

➢ 观察及询问患者的反应，一次放出尿量未超过1000 ml（防止出现虚脱和血尿）。

➢ 留取尿培养标本时用无菌标本瓶接取中段尿5 ml，盖好瓶盖，及时送检。

二、男患者导尿术

案例 7-3-2

患者男性，36岁，疝气修补术后第3天。自诉腹胀，排尿困难，膀胱区叩诊呈浊音。给予调整体位和姿势、诱导排尿和热敷等护理措施无效，报告医生，遵医嘱予以导尿。

（一）护理评估

1．评估患者的病情、意识状态、导尿的目的。

2．观察患者膀胱充盈及会阴部情况。

3．了解患者的心理反应、对导尿的认识、自理及合作程度。

男患者导尿术

（二）操作前准备

1．护士准备　着装整齐，洗手，修剪指甲，备齐用物。

2．患者准备

（1）患者和家属了解导尿的目的、意义、方法、注意事项及配合要点。

（2）取仰卧位。

3．用物准备　治疗车、一次性无菌导尿包、便器、一次性尿垫2块、快速手消毒液（图7-3-13）。

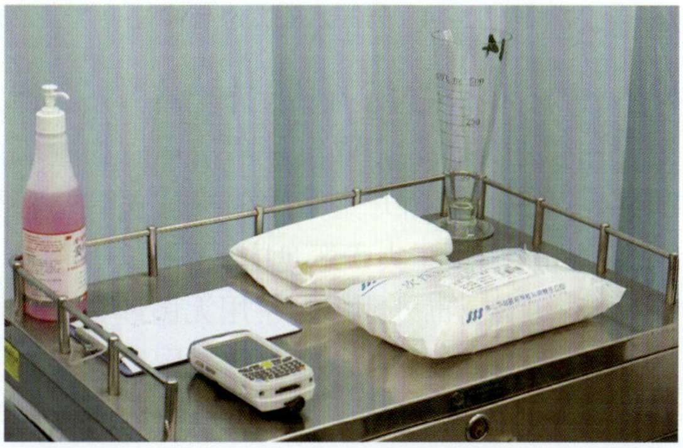

图7-3-13　导尿术操作用物

知识链接

男性患者导尿管插入受阻常见问题处理

一般的患者都容易插入，比较困难的主要有以下情况：前列腺增生症、尿道狭窄、尿道异物、结石等。

1. 前列腺增生的患者最为常见，可将利多卡因注入尿道内，局麻后再插入。若再受阻就借用导丝将尿管送入。

2. 尿道狭窄的患者局麻后才能插入者，可先行尿道扩张，再插入导尿管。

3. 当尿道有异物、结石存在时，盲目的插入只会导致尿道的进一步损伤。此时最好在膀胱镜直视下清除异物、结石，再在导管的引导下插入导尿管。

4. 环境准备　病室温湿度适宜，宽敞、明亮，关闭门窗，用屏风遮挡患者。

（三）操作步骤

1. 评估并解释　至患者床旁，核对患者的姓名、床号和腕带；评估患者的病情、意识状态、膀胱充盈及外阴情况；并向患者及家属解释导尿的目的、方法、注意事项及配合要点。

2. 携用物至床旁、核对　护士备齐用物携至患者床旁，再次核对患者的姓名、床号和腕带。

3. 安置体位　护士站于患者右侧，协助患者脱去对侧裤腿，盖在近侧腿上，对侧腿用盖被遮盖，患者取仰卧屈膝位，两腿略外展，露出外阴（图 7-3-14）。

4. 铺尿垫　取一次性尿垫 2 个铺于患者臀下（图 7-3-15）。

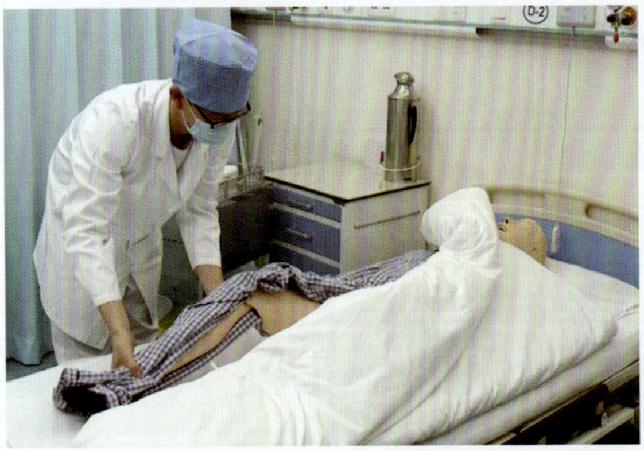

图 7-3-14　导尿术安置患者体位

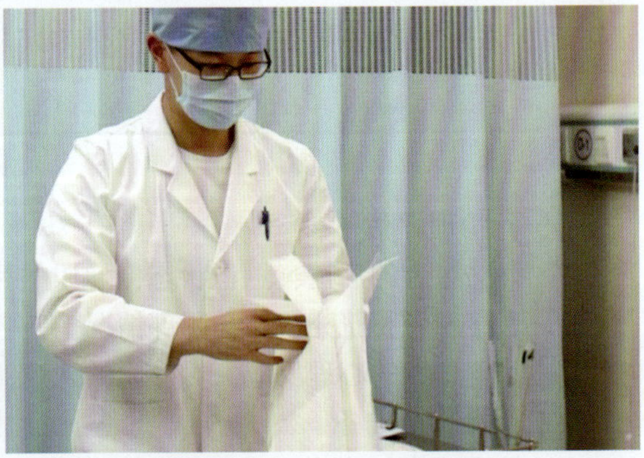

图 7-3-15　铺尿垫于患者臀下

5. 打开导尿包　在治疗车上打开一次性无菌导尿包的外包装，取出外阴消毒用物置于两腿间，戴手套，撕开聚维酮碘棉球包装，将聚维酮碘棉球用镊子夹入弯盘内（图 7-3-16）。

6. 初次消毒外阴　左手用无菌纱布裹住阴茎并提起，将包皮向后推以暴露尿道口，右手持镊子夹取消毒棉球，自尿道口由内向外向后螺旋式擦拭尿道→龟头→冠状沟→阴茎，最后擦拭阴囊（图 7-3-17）。

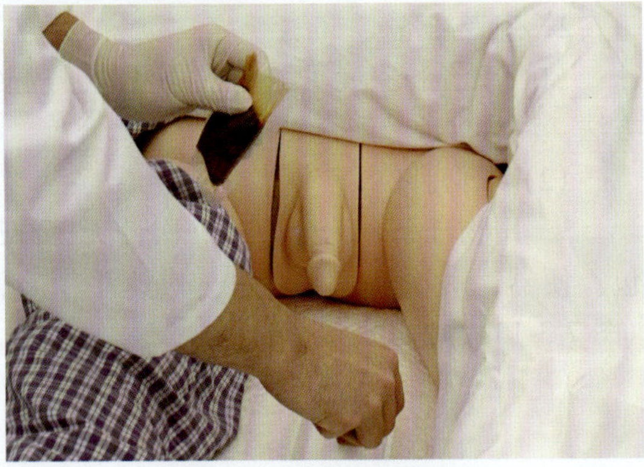

图 7-3-16　打开导尿包

7．撤物　脱下手套，撤下臀下 1 个尿垫，整理用物，快速手消毒（图 7-3-18）。

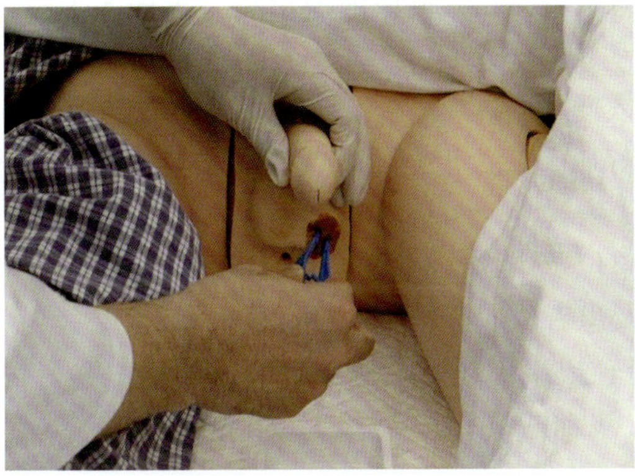

图 7-3-17　消毒尿道口

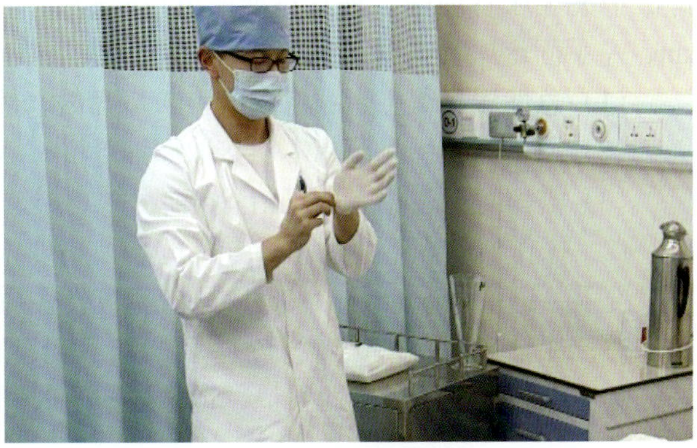

图 7-3-18　脱手套

8．铺孔巾　将导尿包置于患者两腿间，戴无菌手套，铺孔巾，使孔巾和内层治疗巾内形成一无菌区，按操作顺序摆放用物（嘱患者勿移动体位，以免污染无菌区），见图 7-3-19。

9．润滑尿管　选择合适型号的导尿管，液状石蜡棉球润滑尿管前端（自上至下），见图 7-3-20。

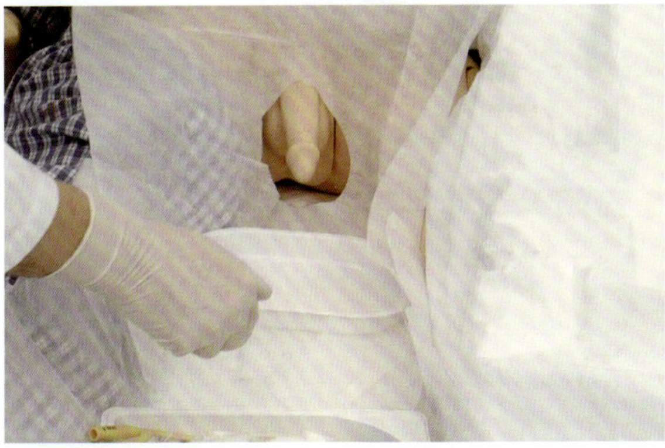

图 7-3-19　铺孔巾

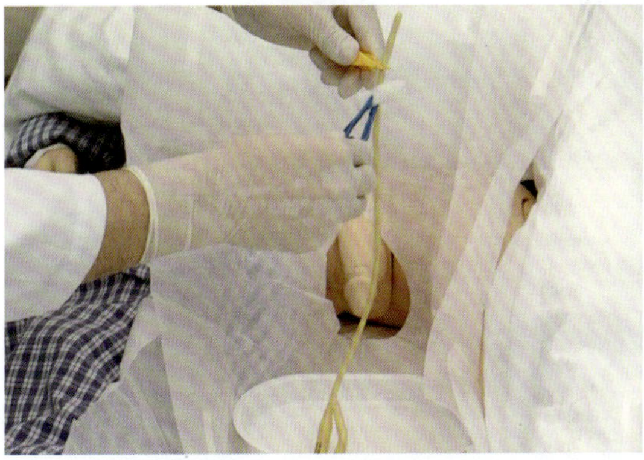

图 7-3-20　润滑导尿管前端

10．再次消毒外阴　左手提起阴茎使与腹壁呈 60°，将包皮向后推，暴露尿道口，右手持镊子夹取消毒棉球，如前法消毒尿道口及周围。原则：从内向外，自上而下，消毒到尿道口时停留片刻。顺序为：尿道口→龟头→冠状沟→尿道口。消毒毕，将用过物品移出无菌区（图 7-3-21）。

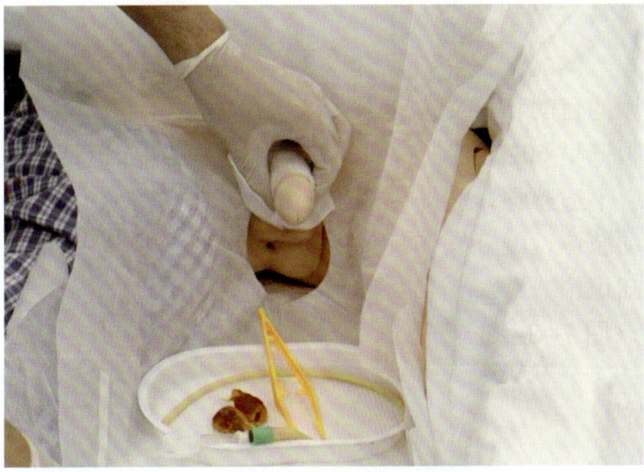

图 7-3-21　呈 60°消毒尿道口

11．插入尿管　左手用无菌纱布固定阴茎，使之与腹壁呈 60°，嘱患者张口呼吸，右手持镊子夹导尿管前端，垂直对准尿道口轻轻插入 20 ~ 22 cm，见尿液流出后，再插入 1 ~ 2 cm，左手固定尿管（图 7-3-22）。

（1）急性尿潴留患者：将尿液引入弯盘内，倒入便盆内。

（2）尿培养：用无菌标本瓶接取尿液 5 ml，盖好瓶盖，置于合适位置。

（3）需留置尿管患者：见留置导尿术。

12．操作后处理　协助患者穿好裤子，整理床单位及用物，测量尿量，尿标本贴标签后送检，洗手，记录导尿时间、尿量、尿液颜色、性质及患者反应等情况。

13．评估患者，遵医嘱拔除尿管　戴手套，轻轻拔出导尿管，擦净外阴，脱下手套，包好，撤出患者臀下的一次性尿垫，记录拔尿管时间。见图 7-3-23。

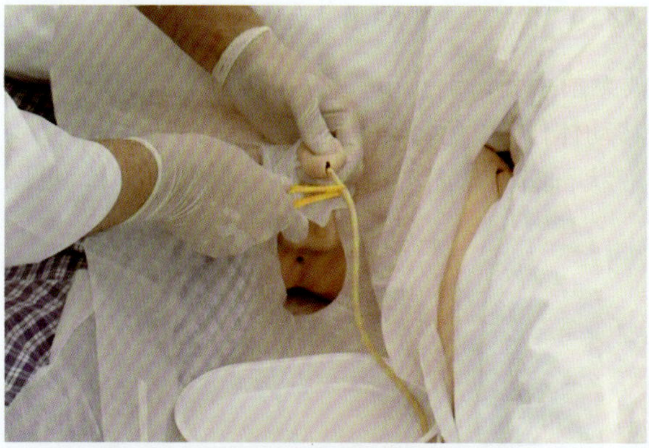

图 7-3-22　插入尿管

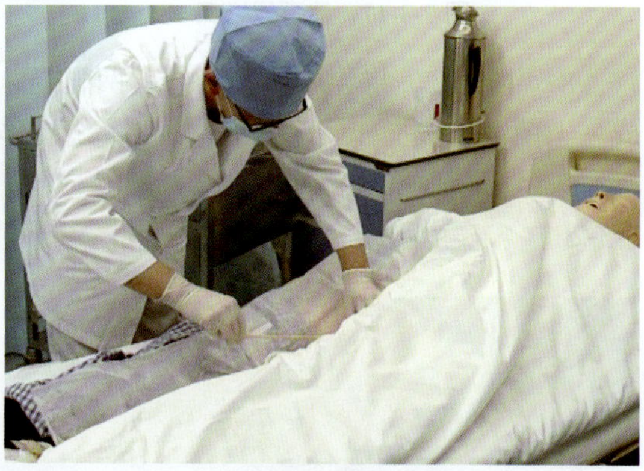

图 7-3-23　拔除尿管

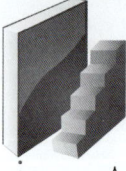

重要小提示

✧ 包皮和冠状沟易藏污垢，应注意仔细擦拭，预防感染。

✧ 男性尿道长，又有三个狭窄处，必须根据解剖特点进行导尿，切忌用力过猛而损伤尿道黏膜致导尿失败。

✧ 取尿标本时避免碰洒或污染。

（四）健康教育

1．向患者讲解导尿的目的和意义。

2．插管时阴茎与腹壁呈 60°，嘱患者张口呼吸，腹肌和尿道括约肌放松。

3．插管过程中若有不适感觉，立即告知护士，停止操作，并予以对症处理。

4．指导患者勿移动肢体，配合操作，减少污染。

5．介绍疾病相关知识。

（五）操作流程图（图 7–3–24）

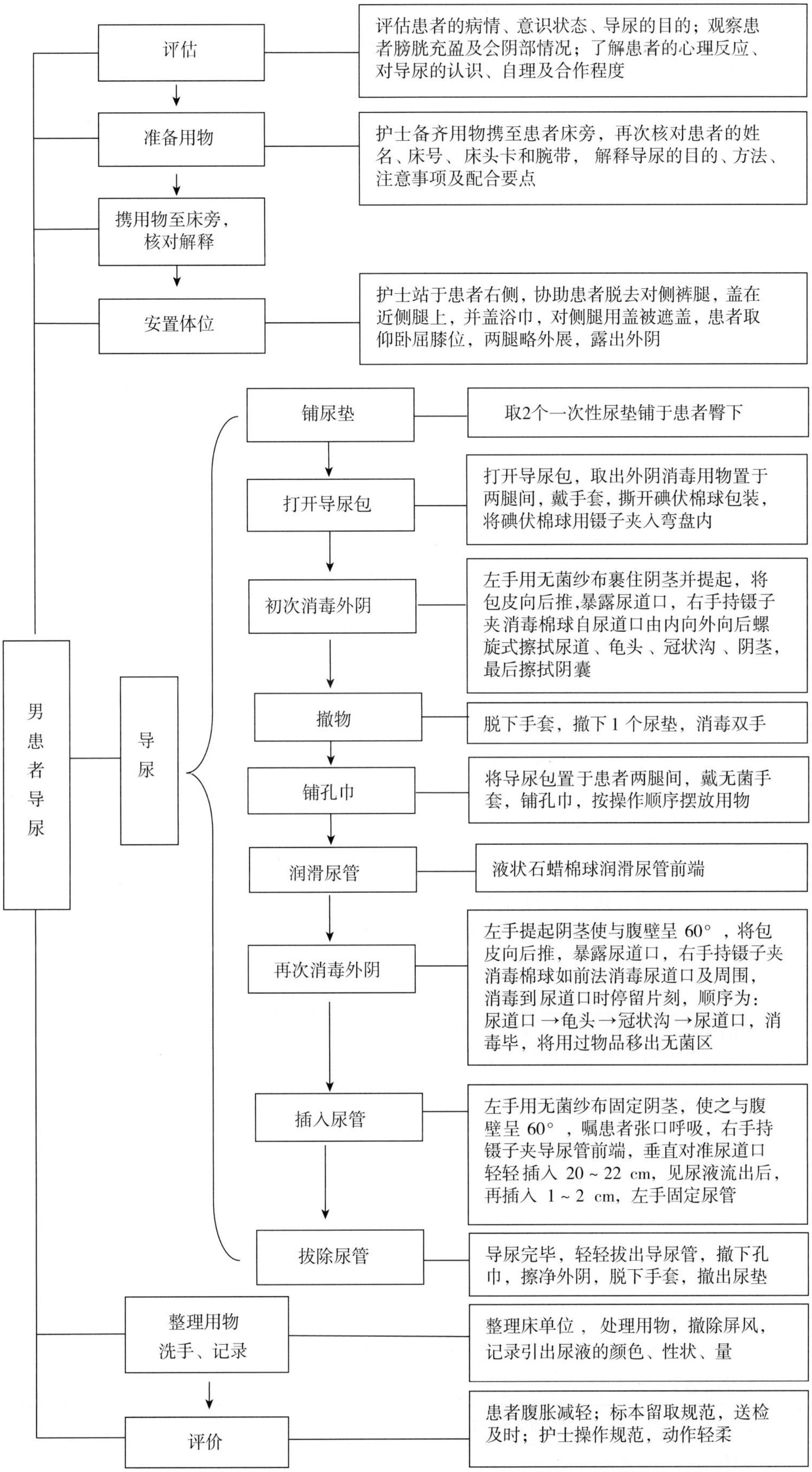
男患者导尿
评估
评估患者的病情、意识状态、导尿的目的；观察患者膀胱充盈及会阴部情况；了解患者的心理反应、对导尿的认识、自理及合作程度
准备用物
护士备齐用物携至患者床旁，再次核对患者的姓名、床号、床头卡和腕带， 解释导尿的目的、方法、注意事项及配合要点
携用物至床旁，核对解释
安置体位
护士站于患者右侧，协助患者脱去对侧裤腿，盖在近侧腿上，并盖浴巾，对侧腿用盖被遮盖，患者取仰卧屈膝位，两腿略外展，露出外阴
导尿
铺尿垫
取2个一次性尿垫铺于患者臀下
打开导尿包
打开导尿包，取出外阴消毒用物置于两腿间，戴手套，撕开碘伏棉球包装，将碘伏棉球用镊子夹入弯盘内
初次消毒外阴
左手用无菌纱布裹住阴茎并提起，将包皮向后推,暴露尿道口，右手持镊子夹消毒棉球自尿道口由内向外向后螺旋式擦拭尿道、龟头、冠状沟、阴茎，最后擦拭阴囊
撤物
脱下手套，撤下 1 个尿垫，消毒双手
铺孔巾
将导尿包置于患者两腿间，戴无菌手套，铺孔巾，按操作顺序摆放用物
润滑尿管
液状石蜡棉球润滑尿管前端
再次消毒外阴
左手提起阴茎使与腹壁呈 60°，将包皮向后推，暴露尿道口，右手持镊子夹消毒棉球如前法消毒尿道口及周围，消毒到尿道口时停留片刻，顺序为：尿道口→龟头→冠状沟→尿道口，消毒毕，将用过物品移出无菌区
插入尿管
左手用无菌纱布固定阴茎，使之与腹壁呈 60°，嘱患者张口呼吸，右手持镊子夹导尿管前端，垂直对准尿道口轻轻插入 20 ~ 22 cm，见尿液流出后，再插入 1 ~ 2 cm，左手固定尿管
拔除尿管
导尿完毕，轻轻拔出导尿管，撤下孔巾，擦净外阴，脱下手套，撤出尿垫
整理用物 洗手、记录
整理床单位，处理用物，撤除屏风，记录引出尿液的颜色、性状、量
评价
患者腹胀减轻；标本留取规范，送检及时；护士操作规范，动作轻柔

图 7-3-24 男患者导尿术操作流程图

（六）操作评分标准（表 7-3-2）

表7-3-2　男患者导尿术操作评分标准

项目	技术操作要求	评分	评分等级				实际得分
			A×1	B×0.7	C×0.4	D×0	
素质 5	仪表、着装符合要求	2					
	操作熟练、轻柔，沟通有效	3					
评估 15	评估患者的病情、意识状态、导尿目的	5					
	评估患者的心理反应、对导尿的认识、自理及合作程度	5					
	评估患者膀胱充盈及会阴部情况	5					
操作前准备 6	洗手、戴口罩	2					
	用物齐全，放置合理	2					
	关闭门窗、屏风遮挡	2					
操作过程 60	协助患者取仰卧位，注意保暖	2					
	核对解释后臀下铺 2 个尿垫	2					
	打开导尿包，不污染，放置合理	2					
	左手用无菌纱布裹住阴茎并提起，将包皮向后推以暴露尿道口，右手持镊子夹取消毒棉球自尿道口由内向外向后螺旋式擦拭尿道口→龟头→冠状沟→阴茎，最后擦拭阴囊	15					
	脱手套，撤一个尿垫，再清洁双手	3					
	戴无菌手套方法正确，不污染	3					
	铺孔巾方法正确，不污染	3					
	润滑导尿管 2~3 cm，方法正确，不污染	3					
	左手提起阴茎使与腹壁呈 60°，将包皮向后推，暴露尿道口，右手持镊子夹取消毒棉球如前法消毒尿道口→龟头→冠状沟→尿道口，在尿道口时停留片刻，消毒毕，将用过物品移出无菌区	15					
	左手用无菌纱布固定阴茎，使之与腹壁呈 60°，嘱患者张口呼吸，右手持镊子夹导尿管前端，垂直对准尿道口轻轻插入 20 ～ 22 cm，见尿液流出后，再插入 1 ～ 2 cm	7					
	固定尿管方法正确并擦净外阴	3					
	拔除尿管，撤除尿垫	2					
操作后处理 7	协助患者整理衣裤、床单位，取舒适体位	2					
	用物处理恰当	2					
	洗手后记录	3					
整体评价 7	认真倾听患者的反映和需要，沟通语言恰当，患者无不适感	3					
	动作规范、轻巧、熟练、准确、节力	2					
	操作时间在 15 分钟以内	2					
总分		100					

案例点评

- 协助患者取仰卧位，注意保暖，保护隐私。
- 评估患者的膀胱充盈情况、尿道口有无红肿及异常分泌物。
- 用镊子夹取棉球时将尖端包裹。
- 注意包皮及冠状沟的消毒，嘱患者勿移动肢体，无菌区未被污染。
- 选取合适型号的导尿管。
- 插管时根据男性生理结构特点操作，未损伤黏膜或导致操作失败。
- 观察及询问患者的反应，一次放出尿量未超过1000 ml（防止出现虚脱和血尿）。

三、留置导尿术

留置导尿术（retention catheterization）是在导尿后，将导尿管保留在膀胱内，引流尿液的技术。

案例 7-3-3

患者男性，72岁，意识清楚，衰竭貌，面部及双下肢水肿，反复发作胸闷，气促3天，高血压病史30年，2型糖尿病史。入院诊断：冠心病、高血压Ⅲ级、慢性肾功能不全。体温36.7 ℃，脉搏110次/分，呼吸26次/分，血压160/100 mmHg。医嘱：留置导尿、记24小时出入量。

（一）护理评估

1．评估患者的病情、意识状态、导尿的目的。

2．观察患者膀胱充盈及外阴部情况。

3．了解患者的心理反应、对留置导尿的认识、自理及合作程度。

（二）操作前准备

1．护士准备　着装整齐，洗手，修剪指甲，备齐用物。

2．患者准备

（1）患者和家属了解留置导尿的目的、意义、方法、注意事项及配合要点。

（2）学会在活动时防止导尿管脱落的方法。

（3）取仰卧位。

3．用物准备　治疗车、治疗盘（半铺半盖治疗巾）、一次性无菌导尿包（外阴消毒用物：弯盘2个、聚维酮碘棉球1包、无菌镊子1把、手套1双、纱布2块。导尿用物：导尿管10号或12号1根、聚维酮碘棉球1包、弯盘2个、无菌镊子2把、无菌手套1双、孔巾1块、纱布2块、石蜡棉球1包、集尿袋1个、标本瓶1个、含生理盐水注射器1支、别针1枚）、便器、一次性尿垫2块、浴巾1条、快速手消毒液、屏风（图7-3-25）。

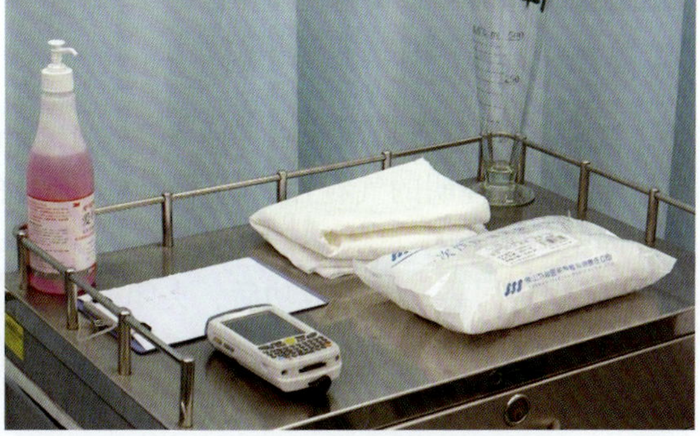

图 7-3-25　留置导尿术操作用物

V7-9

留置导尿术

4．环境准备　病室温湿度适宜，宽敞、明亮，关闭门窗，用屏风遮挡患者。

（三）操作步骤

1．评估并解释　至患者床旁，核对患者的姓名、床号和腕带；评估患者的病情、意识状态、膀胱充盈及外阴部情况；并向患者及家属解释留置导尿的目的、方法、注意事项及配合要点，消除患者紧张和窘迫情绪。

2．携用物至床旁、核对　护士备齐用物携至患者床旁，再次核对患者的姓名、床号和腕带。

3．安置体位　护士站于患者右侧，协助患者脱去对侧裤腿，盖在近侧腿上，并盖浴巾，对侧腿用盖被遮盖，患者取仰卧屈膝位，两腿略外展，露出外阴（图 7-3-26）。

4．铺尿垫　取 2 个一次性尿垫铺于患者臀下（图 7-3-27）。

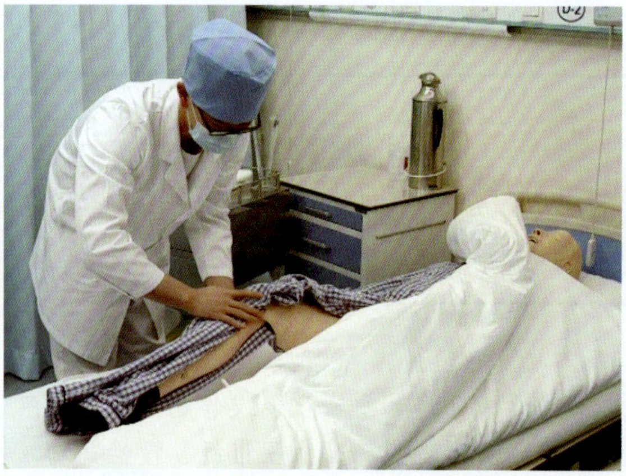

图 7-3-26　留置导尿术安置患者体位

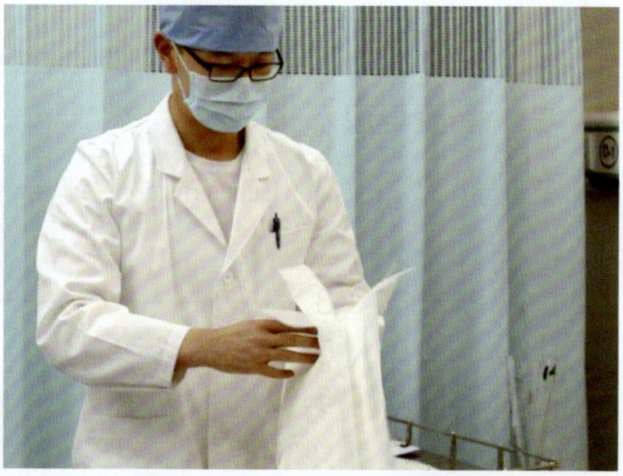

图 7-3-27　铺尿垫于患者臀下

5．打开导尿包　在治疗车上打开一次性无菌导尿包的外包装，取出外阴消毒用物置于两腿间，戴手套，撕开聚维酮碘棉球包装，将聚维酮碘棉球用镊子夹入弯盘内（图 7-3-28）。

6．导尿　按男、女患者导尿术操作插入尿管（图 7-3-29）。

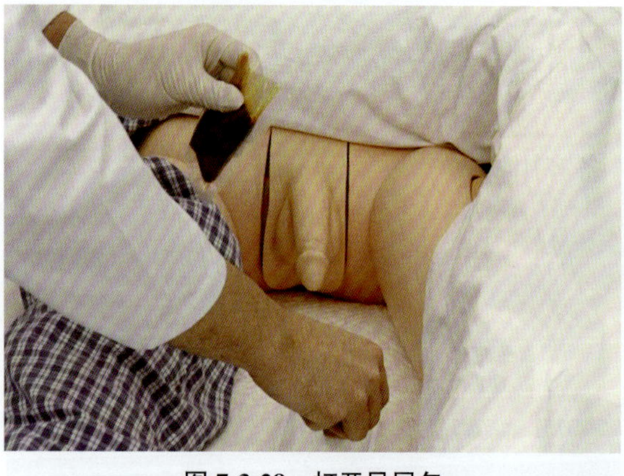

图 7-3-28　打开导尿包

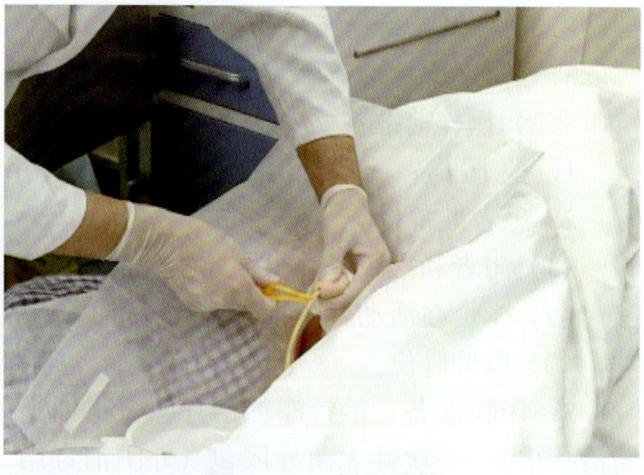

图 7-3-29　插入尿管

7．固定尿管　见尿液后再插入 7 ~ 10 cm。夹住导尿管尾端，连接集尿袋，连接注射器，根据导尿管上注明的气囊容积向气囊注入等量的无菌溶液，向外轻拉导管有阻力感，即证实导尿管固定于膀胱内（图 7-3-30）。

8．固定尿袋　导尿成功后，夹闭引流管，撤下孔巾，擦净外阴，用安全别针将集尿袋的引流管固定在床单上，集尿袋固定于床沿下，低于膀胱高度，开放导尿管（图 7-3-31）。

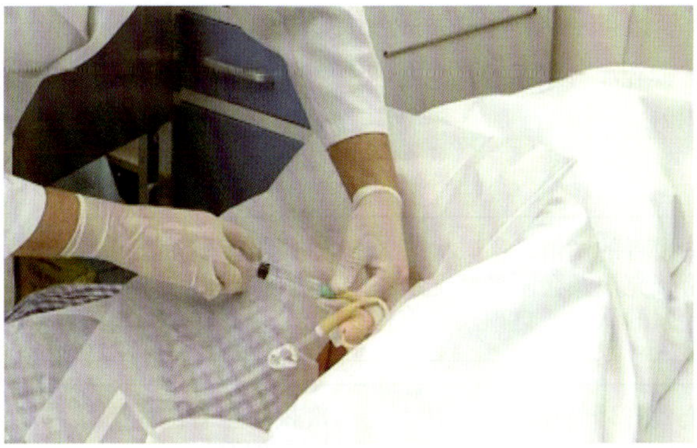

图 7-3-30　注入无菌溶液

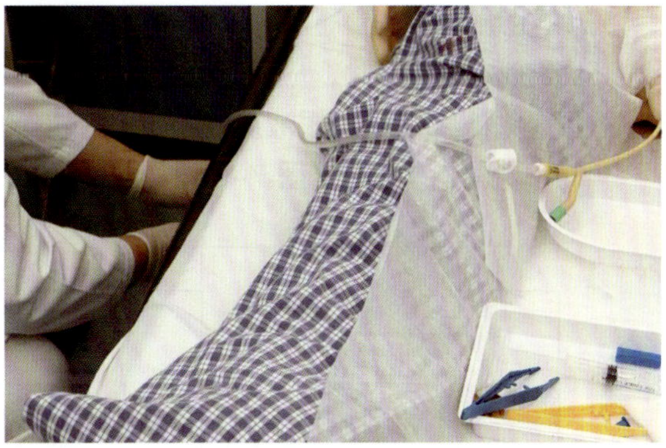

图 7-3-31　固定尿袋

9．操作后处理　协助患者穿好裤子，整理床单位，清理用物，撤除屏风，洗手，记录留置导尿时间、尿量、尿液颜色、性质及患者反应等情况。

知识链接

留置尿管拔管时机的选择

在拔除导尿管时机的选择上，研究结果表明：在膀胱充盈且有尿意时拔管比空虚时拔管更优越，有利于患者尽早恢复自主排尿，并可预防拔管后患者出现继发性尿潴留，减少尿管的复插率，对预防院内感染具有重要意义。

重要小提示

✧ 观察尿液　密切观察尿液颜色、量、性质，如发现尿液混浊、沉淀或结晶，应及时送检并行膀胱冲洗，每周检查尿常规 1 次。

✧ 保持导尿管通畅　搬动患者或翻身时，注意保护导尿管，防止受压、扭曲、打折。

✧ 保持尿道口清洁　每日清洁消毒尿道口及外阴 1 ～ 2 次，排便后及时清洗肛门及会阴部，保持局部干燥清洁。

✧ 集尿袋更换　每周更换 1 ～ 2 次，若尿液性状、颜色改变，需及时更换。注意观察并及时排空集尿袋内尿液，倾倒时导尿管末端须低于耻骨联合高度，如为一次性贮尿袋，可打开袋下端的调节器放出尿液，并记录尿量。

✧ 导尿管更换　更换频率通常根据材质决定，一般为 1 ～ 4 周更换 1 次。

✧ 预防感染　鼓励患者多饮水、勤翻身，以利排尿，避免感染与结石。

✧ 训练膀胱反射功能　采用间歇式夹管方式夹闭导尿管，每 3 ～ 4 小时开放一次，使膀胱定时充盈和排空，促进膀胱功能的恢复。

（四）健康教育

1．向患者及家属解释留置导尿的目的和护理方法，并鼓励其主动参与护理。

2．向患者及家属说明摄取足够的水分和进行适当的活动对预防泌尿系感染的重要性，每天尿量应维持在 2000 ml 以上，达到自然冲洗尿道的作用，以减少尿道感染的机会，同时也可以预防泌尿系结石的形成。

3．注意保持引流通畅，避免因导尿管受压、扭曲、堵塞等导致泌尿系统的感染。

4．在离床活动时，应将导尿管远端固定在腿部，以防导尿管脱出。集尿袋不得超过膀胱高度并避免挤压，防止尿液反流，导致感染的发生。

（五）操作流程图（图 7-3-32）

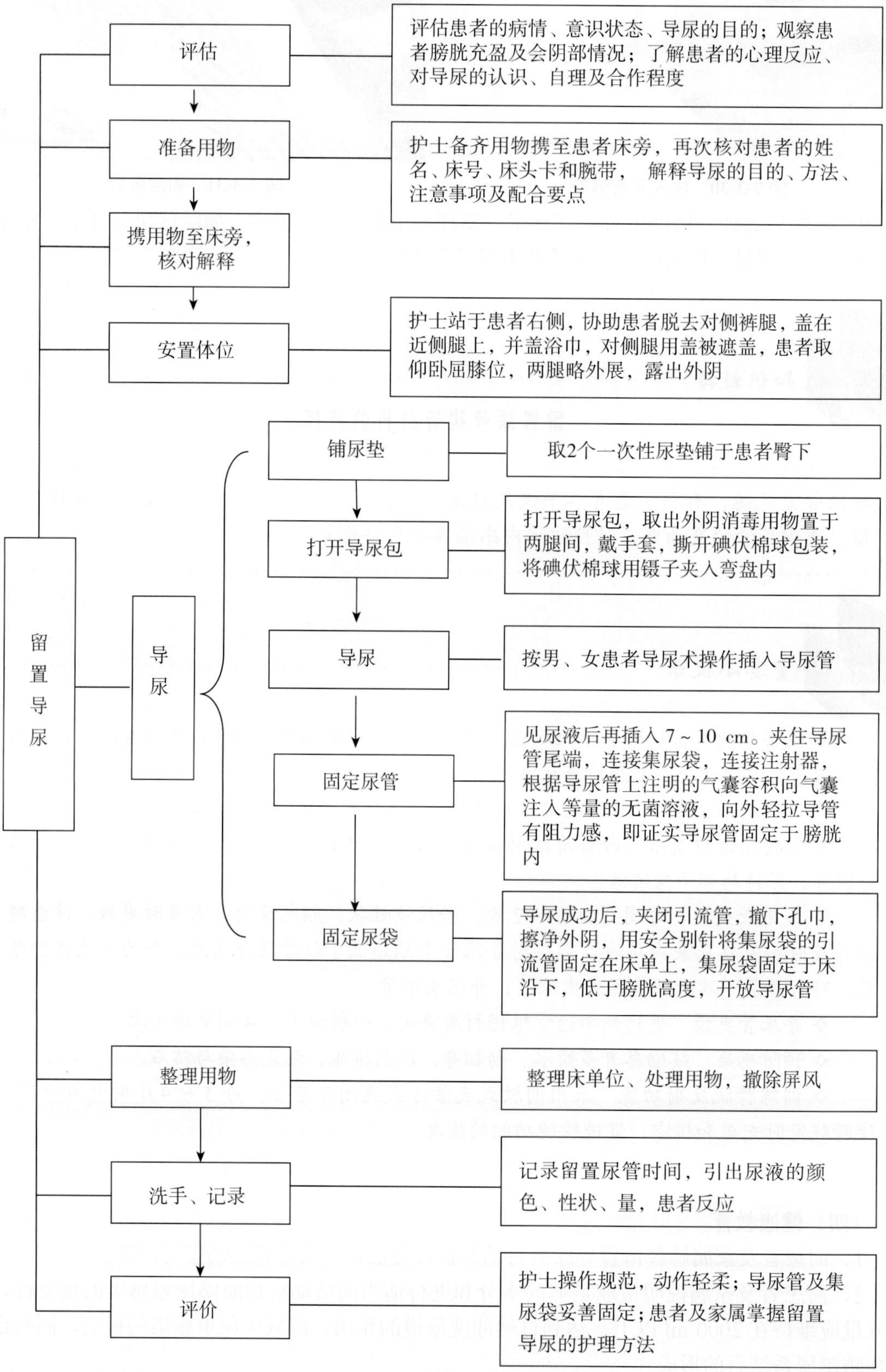
评估
评估患者的病情、意识状态、导尿的目的；观察患者膀胱充盈及会阴部情况；了解患者的心理反应、对导尿的认识、自理及合作程度
准备用物
护士备齐用物携至患者床旁，再次核对患者的姓名、床号、床头卡和腕带， 解释导尿的目的、方法、注意事项及配合要点
携用物至床旁，核对解释
安置体位
护士站于患者右侧，协助患者脱去对侧裤腿，盖在近侧腿上，并盖浴巾，对侧腿用盖被遮盖，患者取仰卧屈膝位，两腿略外展，露出外阴
留置导尿
导尿
铺尿垫
取2个一次性尿垫铺于患者臀下
打开导尿包
打开导尿包，取出外阴消毒用物置于两腿间，戴手套，撕开碘伏棉球包装，将碘伏棉球用镊子夹入弯盘内
导尿
按男、女患者导尿术操作插入导尿管
固定尿管
见尿液后再插入 7 ~ 10 cm。夹住导尿管尾端，连接集尿袋，连接注射器，根据导尿管上注明的气囊容积向气囊注入等量的无菌溶液，向外轻拉导管有阻力感，即证实导尿管固定于膀胱内
固定尿袋
导尿成功后，夹闭引流管，撤下孔巾，擦净外阴，用安全别针将集尿袋的引流管固定在床单上，集尿袋固定于床沿下，低于膀胱高度，开放导尿管
整理用物
整理床单位、处理用物，撤除屏风
洗手、记录
记录留置尿管时间，引出尿液的颜色、性状、量，患者反应
评价
护士操作规范，动作轻柔；导尿管及集尿袋妥善固定；患者及家属掌握留置导尿的护理方法

图 7-3-32　留置导尿术操作流程图

（六）操作评分标准（表 7–3–3）

表7-3-3　留置导尿术操作评分标准

项目	技术操作要求	评分	评分等级				实际得分
			A×1	B×0.7	C×0.4	D×0	
素质 5	仪表、着装符合要求	2					
	操作熟练、轻柔，沟通有效	3					
评估 15	评估患者病情、意识状态、留置导尿的目的	5					
	评估患者的心理反应、对留置导尿的认识、自理及合作程度	5					
	评估患者膀胱充盈及外阴部情况	5					
操作前准备 6	洗手、戴口罩	2					
	用物齐全，放置合理	2					
	关闭门窗、屏风遮挡	2					
操作过程 60	协助患者取仰卧位，注意保暖	5					
	核对解释后臀下铺 2 个尿垫	5					
	打开导尿包，不污染，放置合理	5					
	按男、女患者导尿术操作插入导尿管	15					
	见尿液后再插入 7 ～ 10 cm。夹住导尿管尾端，连接集尿袋	5					
	连接注射器，根据导尿管上注明的气囊容积向气囊注入等量的无菌溶液，向外轻拉导管有阻力感，即证实导尿管固定于膀胱内	10					
	导尿成功后，夹闭引流管，撤下孔巾，擦净外阴	5					
	用安全别针将集尿袋的引流管固定在床单上，集尿袋固定于床沿下，低于膀胱高度	5					
	开放导尿管	5					
操作后处理 7	协助患者整理衣裤、床单位，取舒适体位	2					
	用物处理恰当	2					
	洗手后记录	3					
整体评价 7	认真倾听患者的反映和需要，沟通语言恰当，患者无不适感	3					
	动作规范、轻巧、熟练、准确、节力	2					
	操作时间在 15 分钟以内	2					
总分		100					

案例点评

- 协助患者取仰卧位，注意保暖，保护隐私。
- 评估患者的膀胱充盈情况、尿道口有无红肿及异常分泌物。
- 用镊子夹取棉球消毒时未造成黏膜损伤。
- 嘱患者勿移动肢体，无菌区未被污染。
- 选取合适型号的导尿管。
- 插管时根据男、女生理结构特点操作，未损伤黏膜或导致操作失败。
- 导尿管气囊按规定容量充盈，固定良好，无滑脱。
- 集尿袋妥善固定并低于膀胱高度。
- 向患者及家属讲解留置导尿的注意事项，指导患者及家属留置导尿的护理方法。

四、间歇性导尿术

间歇性导尿术（intermittent catheterization）是指在无菌或清洁的条件下，定时将导尿管经尿道插入膀胱内，使膀胱能有规律地排空尿液的方法。

案例 7-3-4

患者男性，42 岁，主因高处坠落致腰部疼痛，双下肢麻木、活动受限 6 小时入院。二便失禁，腹壁反射亢进，提睾反射、球海绵体反射、肛门反射消失，双下肢肌腱反射、跟腱反射消失。行后路骨折复位、椎管减压、植骨、经椎弓根内固定术，术后不能自主排尿。医嘱：间歇性导尿。

间歇性导尿术

（一）护理评估

1．评估患者的病情、意识状态、间歇性导尿的目的。

2．评估患者膀胱充盈、是否按计划饮水及外阴部情况。

3．评估患者对间歇性导尿的依从性，患者的膀胱、尿道功能。

4．了解患者的心理反应、自理及合作程度。

（二）操作前准备

1．护士准备　着装整齐，洗手，修剪指甲，备齐用物。

2．患者准备

（1）患者和家属了解间歇性导尿的目的、意义、方法、注意事项及配合要点。

（2）了解饮水计划。

（3）取仰卧位。

3．用物准备　治疗车、一次性无菌导尿包、便器、一次性尿垫 2 块、快速手消毒液（图 7-3-33）。

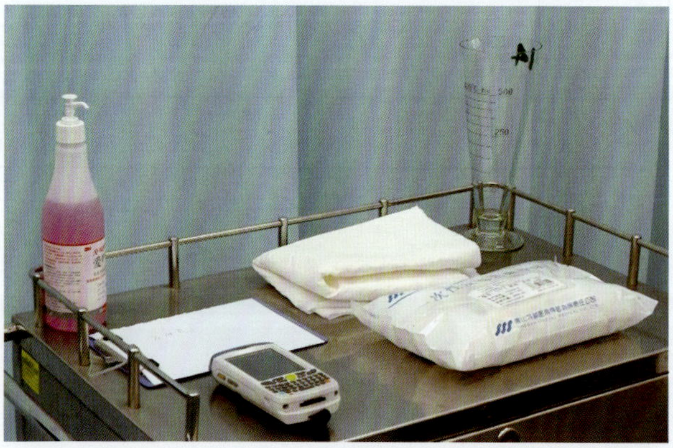

图 7-3-33　间歇性导尿术操作用物

知识链接

间歇性导尿的应用

间歇性导尿可使膀胱间歇性扩张，有利于保持膀胱容量和恢复膀胱的收缩功能。间歇性导尿被国际尿控协会推荐为神经源性膀胱功能障碍的首选方法。间歇性导尿主要用于各种因素导致的膀胱逼尿肌收缩无力，或收缩力弱导致膀胱排空障碍者，如脊髓脊膜膨出、脊髓损伤、糖尿病等导致的神经源性膀胱；也用于膀胱扩大术（膀胱自体扩大或肠道膀胱扩大术）、肠道代膀胱正位尿流改道或可控性尿流改道，膀胱排空不完全者；也可用于膀胱颈悬吊术后尿潴留的患者。其中，无菌性间歇性导尿术在医院内由医务人员操作，多用于需要短期进行间歇性导尿以排空膀胱，或促进膀胱功能恢复的患者，如神经性、梗阻性或麻醉后的种种原因所引起的暂时性尿潴留或排空不完全，或脊髓损伤早期的脊髓休克期，或长期需要间歇性导尿患者早期，以帮助患者建立个体化的间歇性导尿方案。而自我间歇性清洁导尿多用于需要长期接受间歇性导尿的患者，在医护的指导下，患者在医院外自己操作，或由家属辅助完成导尿。

4．环境准备　病室温湿度适宜，宽敞、明亮，关闭门窗，用屏风遮挡患者。

（三）操作步骤

1．评估并解释　至患者床旁，核对患者的姓名、床号和腕带；评估患者的病情、意识状态、膀胱充盈及外阴部情况；并向患者及家属解释留置导尿的目的、方法、注意事项及配合要点。

2．携用物至床旁、核对　护士备齐用物携至患者床旁，再次核对患者的姓名、床号和腕带。

3．安置体位　护士站于患者右侧，协助患者脱去对侧裤腿，盖在近侧腿上，对侧腿用盖被遮盖，患者取仰卧屈膝位，两腿略外展，露出外阴（图 7-3-34）。

4．铺尿垫　取 2 个一次性尿垫铺于患者臀下（图 7-3-35）。

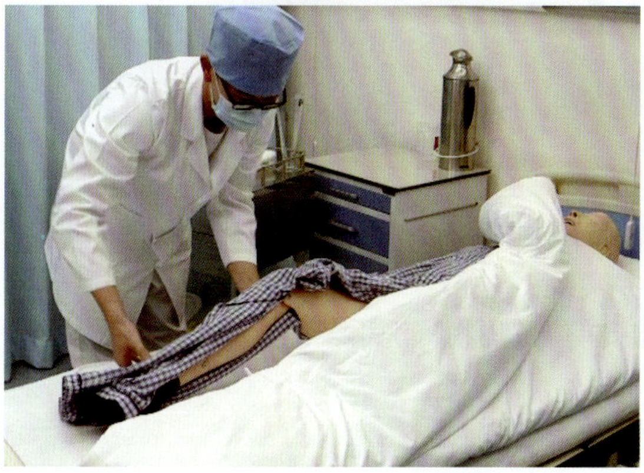

图 7-3-34　间歇性导尿术安置患者体位

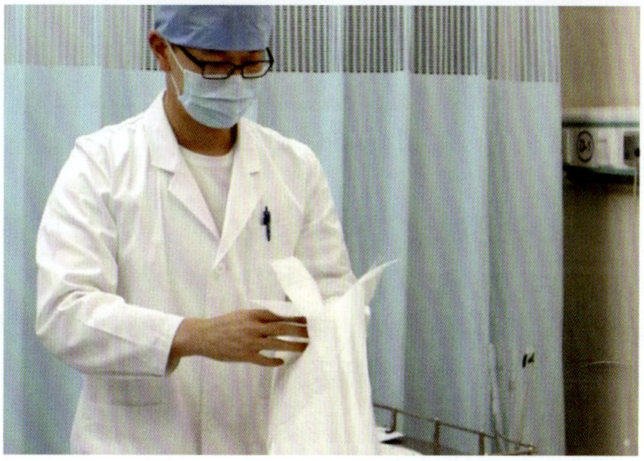

图 7-3-35　铺尿垫于患者臀下

5．打开导尿包　在治疗车上打开一次性无菌导尿包的外包装，取出外阴消毒用物置于两腿间，戴手套，撕开聚维酮碘棉球包装，将聚维酮碘棉球用镊子夹入弯盘内（图 7-3-36）。

6．导尿　按男、女患者导尿术操作插入尿管（图 7-3-37）。

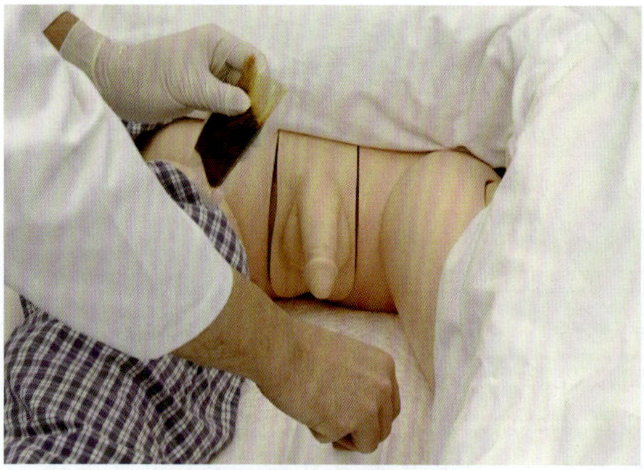

图 7-3-36　打开导尿包

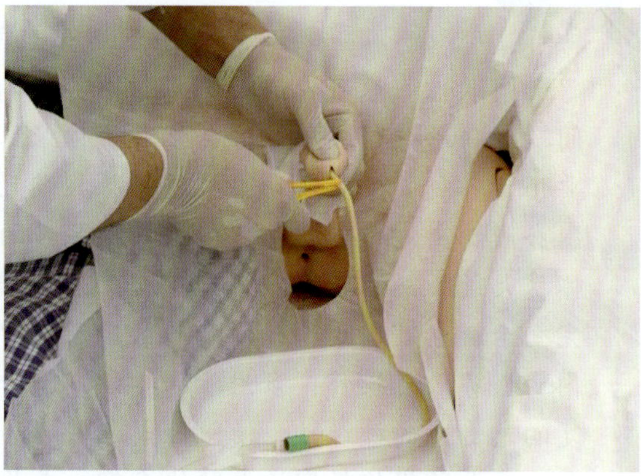

图 7-3-37　插入尿管

7．固定尿管　左手固定尿管（图 7-3-38）。

8．彻底排空膀胱　当尿液排出停止时，将导尿管再插入 1 cm 并轻轻挤压小腹，直至尿液彻底排空（图 7-3-39）。

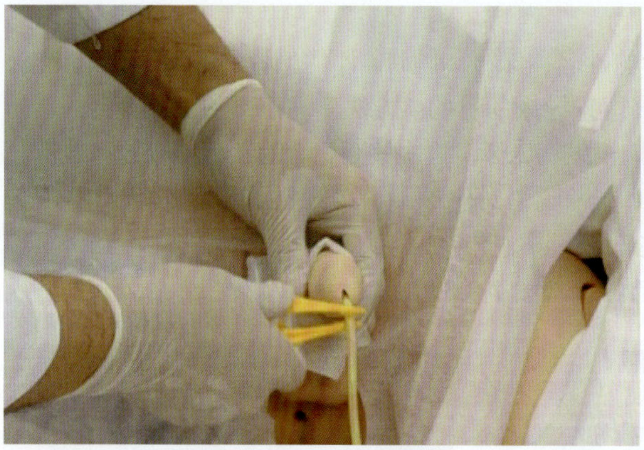

图 7-3-38　固定尿管

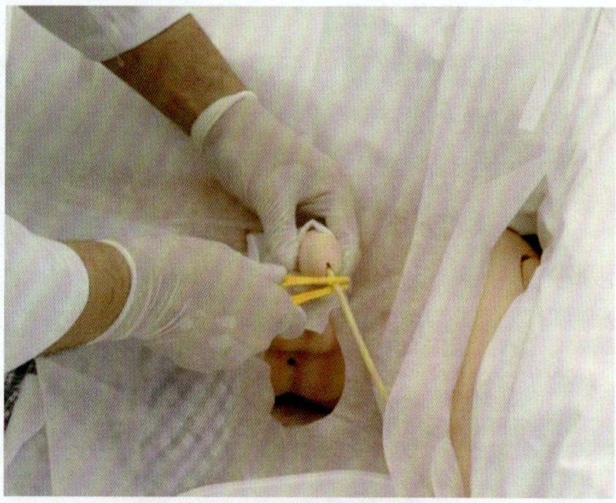

图 7-3-39　排空膀胱

9．拔除尿管　导尿完毕，轻轻拔出导尿管，撤下孔巾，擦净外阴，脱下手套，置于导尿包内，包好，撤出患者臀下的一次性尿垫。

10．操作后处理　协助患者穿好裤子，整理床单位及用物，洗手，记录间歇性导尿时间、尿量、尿液颜色、性质及患者反应等情况。

重要小提示

【导尿的注意事项】

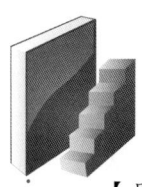

1. 导尿次数根据患者病情而定，一般为每日 4 ~ 6 次，每次间隔 4 ~ 6 小时。

2. 切勿尿急时再导尿。

3. 保持膀胱容量小于 500 ml，避免感染。

4. 如在插管过程中遇到阻力，暂停 10 ~ 30 秒，嘱患者深呼吸，待身体放松后将尿管拔出 1 cm，再慢慢插入。

5. 若因尿道痉挛而不能拔管时，可停顿 5 ~ 10 分钟后再拔管，切勿强行拉出。

6. 为女患者导尿时，如误入阴道，应更换尿管重新插入。

7. 如患者膀胱高度膨胀，排放尿液时不可过快，一次不能超过 1000 ml。

8. 饮水计划　每天早、中、晚餐时各饮水 400 ml；10 am、4 pm、8 pm 各饮水 200 ml；8 pm 至次日 6 am 不再饮水；每日总摄水量 1800 ~ 2000 ml。

【导尿时机的选择】

1. 两次导尿之间能自主排尿 100 ml 以上，残余尿量 300 ml 以下时，每 6 小时导尿一次。

2. 两次导尿之间能自主排尿 200 ml 以上，残余尿量 200 ml 以下时，每 8 小时导尿一次。

3. 当残余尿量少于 100 ml 或膀胱容量 20% 以下时，即膀胱功能达到平衡后，方可停止导尿。

（四）健康教育

1．向患者及家属解释间歇性导尿的优点，可减少感染、保护肾功能并提高生活质量，鼓励其主动参与护理。

2．向患者及家属说明饮水计划的内容，使膀胱间歇性扩张，有利于保持膀胱容量和恢复膀胱的收缩功能。

3．指导患者家属给患者听流水声、摩擦大腿内侧、牵拉阴毛、热敷下腹部等，进行排尿习惯训练。

4．指导患者保持外阴清洁，如有疼痛、红、肿的现象，及时通知医护人员，予以对症处理。

（五）操作流程图（图 7-3-40）

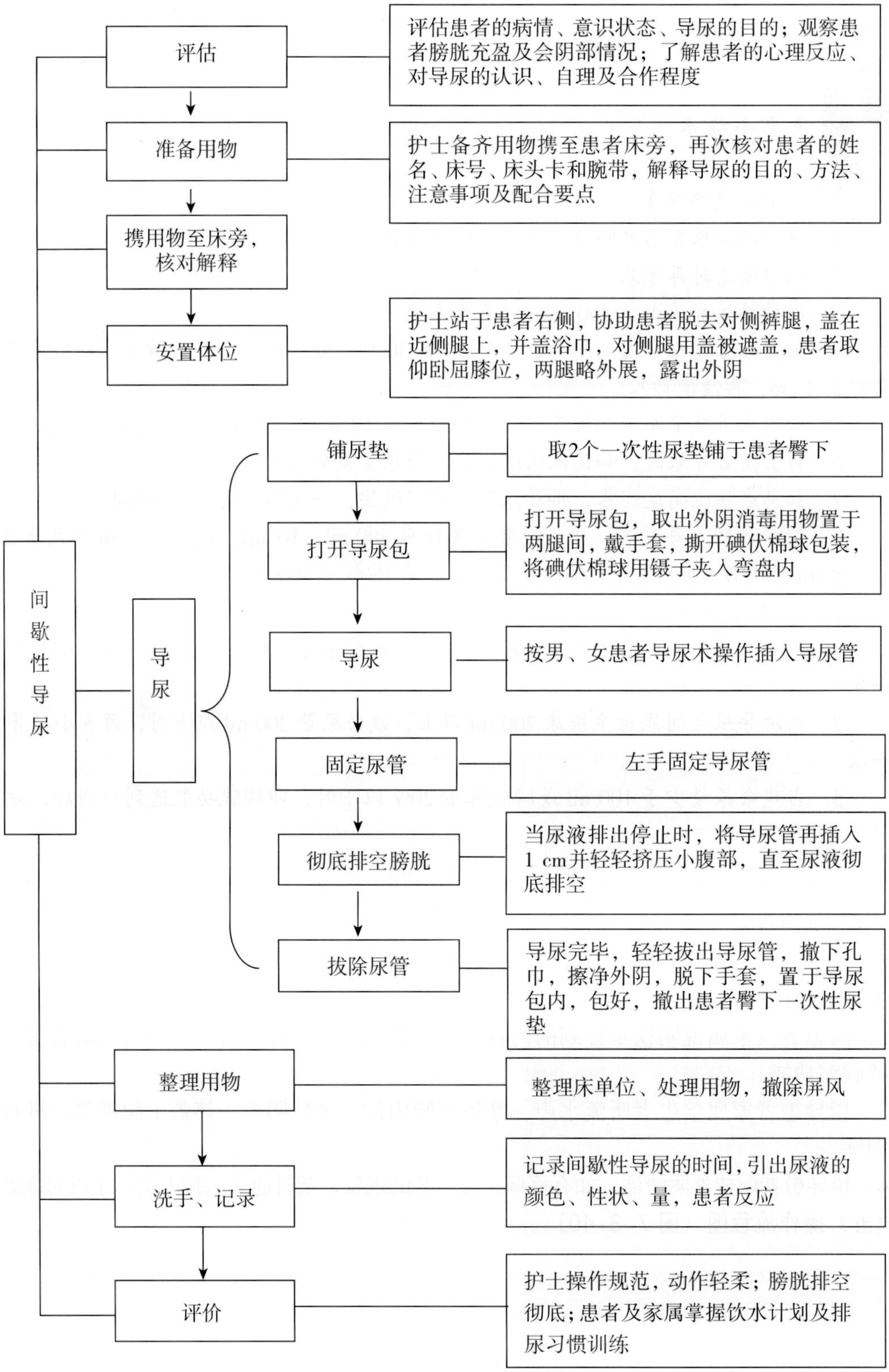
评估
评估患者的病情、意识状态、导尿的目的；观察患者膀胱充盈及会阴部情况；了解患者的心理反应、对导尿的认识、自理及合作程度
准备用物
护士备齐用物携至患者床旁，再次核对患者的姓名、床号、床头卡和腕带，解释导尿的目的、方法、注意事项及配合要点
携用物至床旁，核对解释
安置体位
护士站于患者右侧，协助患者脱去对侧裤腿，盖在近侧腿上，并盖浴巾，对侧腿用盖被遮盖，患者取仰卧屈膝位，两腿略外展，露出外阴
间歇性导尿
导尿
铺尿垫
取2个一次性尿垫铺于患者臀下
打开导尿包
打开导尿包，取出外阴消毒用物置于两腿间，戴手套，撕开碘伏棉球包装，将碘伏棉球用镊子夹入弯盘内
导尿
按男、女患者导尿术操作插入导尿管
固定尿管
左手固定导尿管
彻底排空膀胱
当尿液排出停止时，将导尿管再插入1 cm并轻轻挤压小腹部，直至尿液彻底排空
拔除尿管
导尿完毕，轻轻拔出导尿管，撤下孔巾，擦净外阴，脱下手套，置于导尿包内，包好，撤出患者臀下一次性尿垫
整理用物
整理床单位、处理用物，撤除屏风
洗手、记录
记录间歇性导尿的时间，引出尿液的颜色、性状、量，患者反应
评价
护士操作规范，动作轻柔；膀胱排空彻底；患者及家属掌握饮水计划及排尿习惯训练

图 7-3-40　间歇性导尿术操作流程图

（六）操作评分标准（表 7-3-4）

表7-3-4　间歇性导尿术操作评分标准

项目	技术操作要求	评分	评分等级				实际得分
			A×1	B×0.7	C×0.4	D×0	
素质 5	仪表、着装符合要求	2					
	操作熟练、轻柔，沟通有效	3					
评估 15	评估患者的病情、意识状态、间歇性导尿目的	5					
	评估患者的心理反应、对间歇性导尿的认识、自理及合作程度	5					
	评估患者膀胱充盈、是否按计划饮水及外阴部情况	5					
操作前准备 6	洗手、戴口罩	2					
	用物齐全，放置合理	2					
	关闭门窗、屏风遮挡	2					
操作过程 60	协助患者取仰卧位，注意保暖	5					
	核对解释后臀下铺 2 个尿垫	5					
	打开导尿包，不污染，放置合理	5					
	按男、女患者导尿术操作插入导尿管	20					
	左手固定导尿管	5					
	当尿液排出停止时，将导尿管再插入 1 cm 并轻轻挤压小腹部，直至尿液彻底排空	10					
	导尿完毕，轻轻拔出导尿管	5					
	撤下孔巾，擦净外阴，脱下手套，置于导尿包内，包好，撤出患者臀下的一次性尿垫	5					
操作后处理 7	协助患者整理衣裤、床单位，取舒适体位	2					
	用物处理恰当	2					
	洗手后记录	3					
整体评价 7	认真倾听患者的反映和需要，沟通语言恰当，患者无不适感	3					
	动作规范、轻巧、熟练、准确、节力	2					
	操作时间在 15 分钟以内	2					
总分		100					

案例点评

- 评估患者的膀胱充盈、是否按计划饮水情况，膀胱、尿道功能及外阴部情况。
- 协助患者取仰卧位，注意保暖，保护隐私。
- 患者及家属对间歇性导尿的依从性好。
- 用镊子夹取棉球消毒时未造成黏膜损伤。
- 嘱患者勿移动肢体，无菌区未被污染。
- 选取合适型号的导尿管。
- 插管时根据男、女生理结构特点操作，未损伤黏膜或导致操作失败。
- 确定排出残余尿量。
- 向患者及家属讲解间歇性导尿的注意事项，指导患者及家属按照饮水计划使膀胱间歇性扩张，训练排尿习惯。

（于　洋）

第四节　膀胱冲洗及灌注

一、膀胱冲洗

膀胱冲洗（bladder irrigation）是利用三通的导尿管，将无菌溶液注入膀胱内，再利用虹吸原理将注入的液体引流出来的方法。

案例 7-4-1

患者男性，60 岁，车祸致颈椎外伤入院，出现腹胀、排尿困难。遵医嘱予以留置导尿，次日由导尿管引出的尿液呈暗红色。医嘱：0.9% 氯化钠注射液 1000 ml 膀胱冲洗。

V7-11
膀胱冲洗

（一）护理评估

1．评估患者的病情、膀胱冲洗的目的。

2．评估患者意识、自理及合作程度。

3．观察尿液的性质、颜色，患者有无尿频、尿急、尿痛和膀胱憋尿感等。

（二）操作前准备

1．护士准备　着装整齐，洗手，修剪指甲，备齐用物。

2．患者准备

（1）患者和家属了解膀胱冲洗的目的、方法、注意事项及配合要点。

（2）取侧卧位。

3．用物准备　无菌膀胱冲洗装置 1 套，输液器，集尿袋，快速手消毒液，PDA。

常用冲洗溶液：生理盐水，0.02% 呋喃西林液，3% 硼酸液，0.2% 氯己定液，0.1% 新霉素溶液，洗必泰溶液，冲洗液温度为 38 ～ 40 ℃，若为前列腺增生摘除术后患者，用 4 ℃左右的 0.9% 氯化钠注射液冲洗（图 7-4-1）。

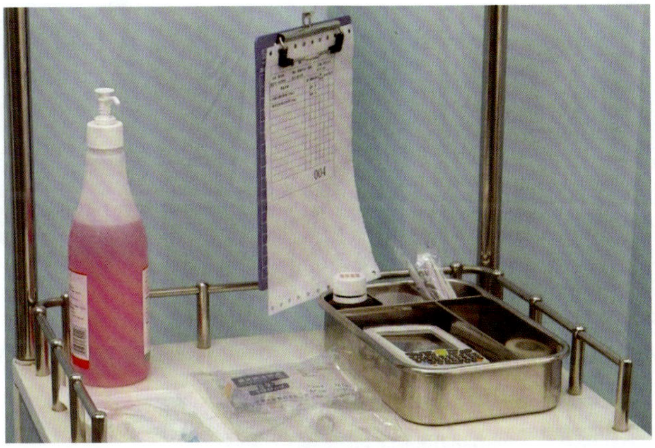

图 7-4-1 膀胱冲洗操作用物

4．环境准备 病室宽敞、明亮，关闭门窗，用屏风遮挡患者。

（三）操作步骤

1．评估并解释 至患者床旁，核对患者的姓名、床号和腕带；评估患者的病情、膀胱冲洗的目的、患者意识、自理及合作程度。并向患者及家属解释膀胱冲洗的目的、方法、注意事项及配合要点。

2．携用物至床旁、核对 护士备齐用物携至患者床旁，再次核对患者的姓名、床号和腕带。

3．安置体位 协助患者取舒适体位（图 7-4-2）。

4．导尿 按导尿术为患者插入导尿管并固定（图 7-4-3）。

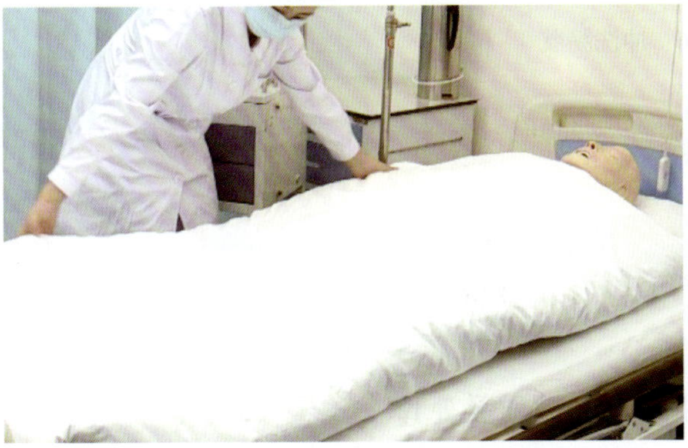

图 7-4-2 膀胱冲洗安置患者体位

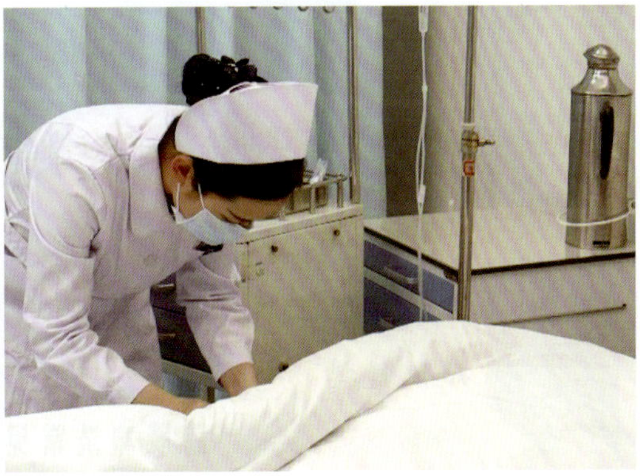

图 7-4-3 插入导尿管

5．冲洗

（1）用启瓶器启开冲洗液瓶盖中心部分，常规消毒瓶塞，打开膀胱冲洗装置，将冲洗导管针头插入瓶塞，将冲洗瓶倒挂于输液架上，排气后夹闭导管（图 7-4-4）。

（2）排空膀胱。

（3）消毒后连接导尿管（图 7-4-5）。

（4）夹闭引流管，开放冲洗管，使溶液滴入膀胱，调节滴速；待患者有尿意或滴入溶液 200 ～ 300 ml 后，夹闭冲洗管，放开引流管，将冲洗液全部引流出来后，再夹闭引流管（图 7-4-6）。

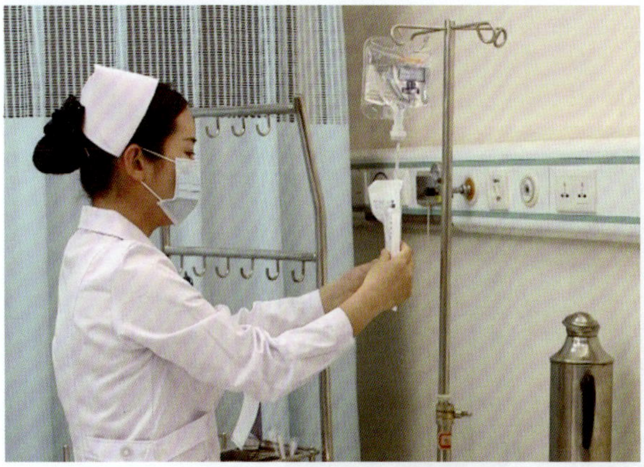

图 7-4-4　挂冲洗瓶

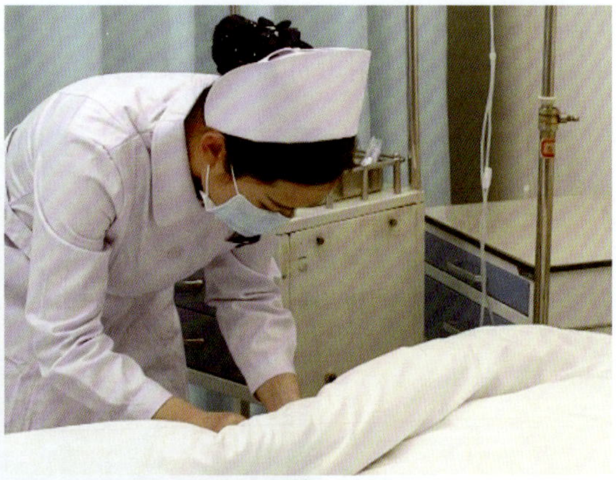

图 7-4-5　与 Y 形管连接

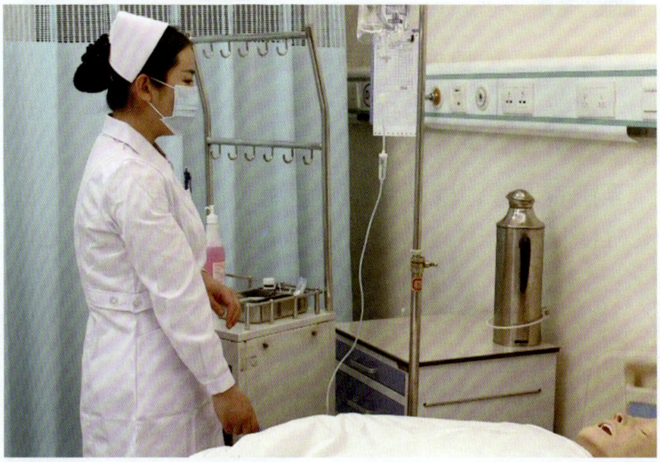

图 7-4-6　冲洗膀胱

（5）按需要量，反复冲洗，冲洗过程中，经常询问患者的感受，观察患者反应及引流液性状。

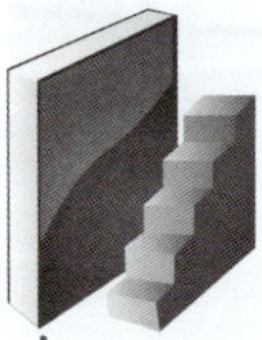

知识链接

膀胱冲洗常见并发症的预防及处理

【常见并发症】

1. 感染　2. 血尿　3. 膀胱痉挛　4. 膀胱刺激征　5. 膀胱麻痹

【预防及处理】

1. 做好心理护理，缓解患者紧张情绪。
2. 严格无菌操作，会阴擦洗 2 次 / 日。
3. 尽可能缩短留置尿管时间。
4. 如发生感染，及时给予抗感染治疗。
5. 避免过度牵拉尿管，致尿道黏膜损伤。
6. 注意冲洗液温度和速度，减少对膀胱的刺激。
7. 指导患者深呼吸法、屏气呼吸法。
8. 如有膀胱麻痹或痉挛，可采用局部热敷、针灸等治疗。

重要小提示

✧ 严格无菌操作，防止泌尿系统感染。

✧ 滴入药物治疗时，应在膀胱内保留 30 分钟后再引出，以保证药物与膀胱黏膜的充分接触。

✧ 每天冲洗 2 ~ 4 次，每次冲洗量 500 ~ 1000 ml。

✧ 液面距床面约 60 cm，以便产生一定压力。

✧ 滴速一般为 60 ~ 80 滴 / 分。

✧ 冲洗过程中密切观察患者反应及冲洗液性状，如冲洗过程中患者感到剧痛或流出血性液体，应停止冲洗，报告医生，做作详细记录（冲入量、引流量、引流液性状、颜色、患者的不适及处理）。

6．冲洗完毕后，取下冲洗管，固定好导尿管（图 7-4-7）。

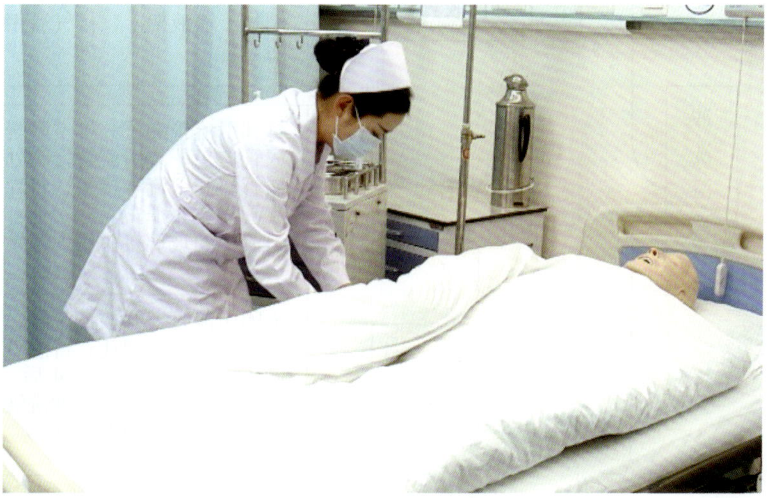

图 7-4-7 消毒连接处

7．整理用物 协助患者取舒适卧位，整理床单位及物品。

8．洗手，记录 记录冲洗液的名称、冲洗量、引流量、引流液性质、冲洗过程中患者的反应。

（四）健康教育

1．向患者解释膀胱冲洗的目的及意义。

2．指导患者冲洗过程中出现疼痛、心慌等不适反应及时告知护士，对症处理。

3．告知患者滴入药物时须保留 30 分钟，同时变换不同体位，以利于药物充分与膀胱黏膜接触，起到更佳作用。

4．向患者说明摄取足够水分的重要性，每天饮水量应维持在 2000 ml 左右，以产生足够的尿量冲洗尿路，达到预防感染发生的目的。

（五）操作流程图（图 7–4–8）

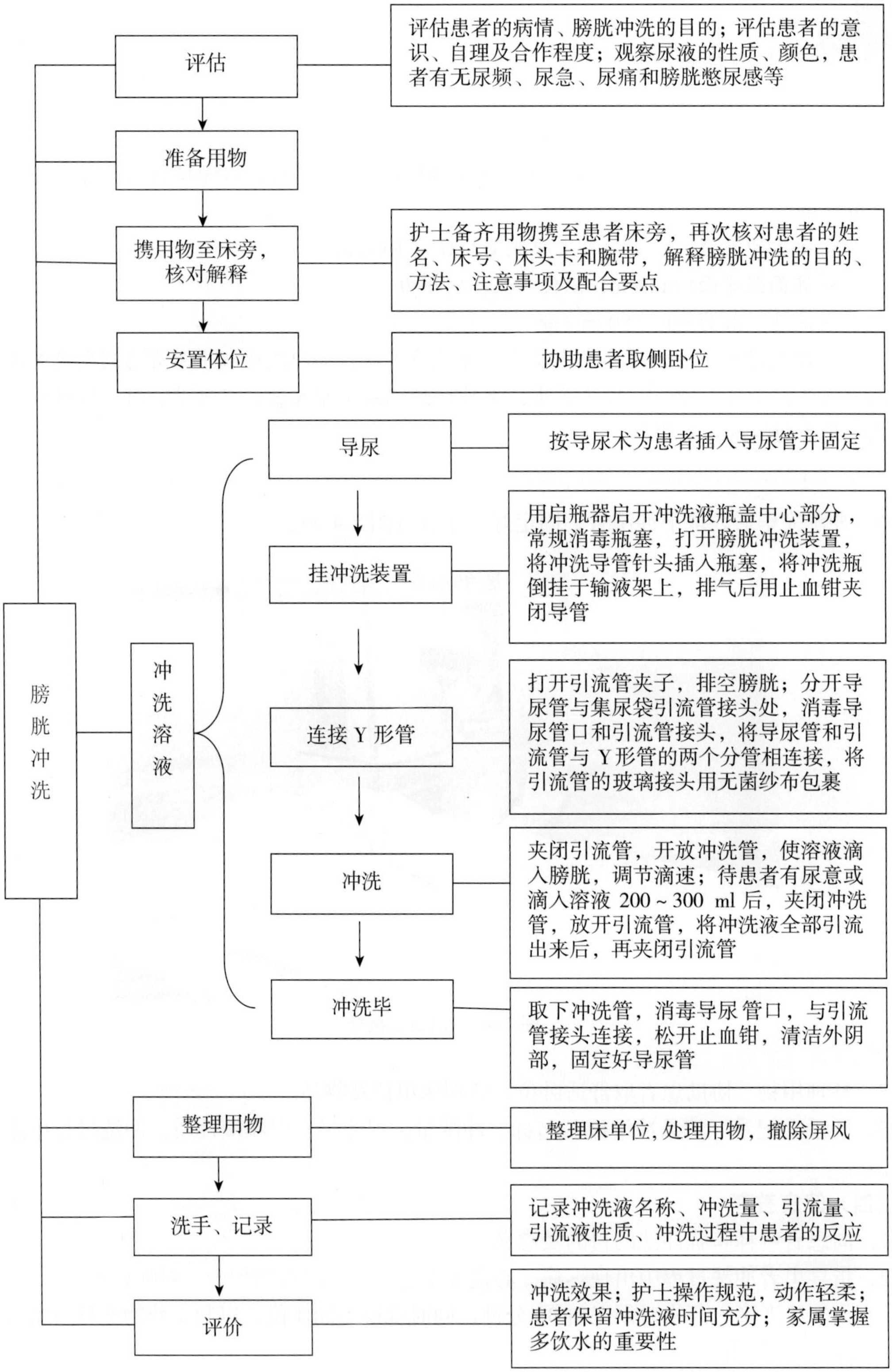
评估
评估患者的病情、膀胱冲洗的目的；评估患者的意识、自理及合作程度；观察尿液的性质、颜色，患者有无尿频、尿急、尿痛和膀胱憋尿感等
准备用物
携用物至床旁，核对解释
护士备齐用物携至患者床旁，再次核对患者的姓名、床号、床头卡和腕带，解释膀胱冲洗的目的、方法、注意事项及配合要点
安置体位
协助患者取侧卧位
膀胱冲洗
冲洗溶液
导尿
按导尿术为患者插入导尿管并固定
挂冲洗装置
用启瓶器启开冲洗液瓶盖中心部分，常规消毒瓶塞，打开膀胱冲洗装置，将冲洗导管针头插入瓶塞，将冲洗瓶倒挂于输液架上，排气后用止血钳夹闭导管
连接 Y 形管
打开引流管夹子，排空膀胱；分开导尿管与集尿袋引流管接头处，消毒导尿管口和引流管接头，将导尿管和引流管与 Y 形管的两个分管相连接，将引流管的玻璃接头用无菌纱布包裹
冲洗
夹闭引流管，开放冲洗管，使溶液滴入膀胱，调节滴速；待患者有尿意或滴入溶液 200 ~ 300 ml 后，夹闭冲洗管，放开引流管，将冲洗液全部引流出来后，再夹闭引流管
冲洗毕
取下冲洗管，消毒导尿管口，与引流管接头连接，松开止血钳，清洁外阴部，固定好导尿管
整理用物
整理床单位，处理用物，撤除屏风
洗手、记录
记录冲洗液名称、冲洗量、引流量、引流液性质、冲洗过程中患者的反应
评价
冲洗效果；护士操作规范，动作轻柔；患者保留冲洗液时间充分；家属掌握多饮水的重要性

图 7-4-8　膀胱冲洗操作流程图

（六）操作评分标准（表 7-4-1）

表7-4-1　膀胱冲洗技术操作评分标准

项目	技术操作要求	评分	评分等级				实际得分
			A×1	B×0.7	C×0.4	D×0	
素质 5	仪表、着装符合要求	2					
	操作熟练、轻柔，沟通有效	3					
评估 20	评估患者的病情、膀胱冲洗的目的	5					
	评估患者意识、自理及合作程度	5					
	评估患者有无尿频、尿急、尿痛和膀胱憋尿感等	5					
	观察尿液的性质、颜色	5					
操作前准备 5	洗手、戴口罩	2					
	用物准备，放置合理	3					
操作过程 55	协助患者取仰卧位	5					
	导尿、固定	5					
	启盖，常规消毒瓶塞，打开膀胱冲洗装置，将冲洗导管针头插入瓶塞，倒挂于输液架上，排气后夹闭导管	5					
	打开引流管夹子，排空膀胱	5					
	分开导尿管与集尿袋引流管接头处，消毒	5					
	将导尿管和引流管与 Y 形管（若为三腔导尿管，可免用 Y 形管）的两个分管相连接，玻璃接头用无菌纱布包裹	10					
	夹闭引流管，开放冲洗管，调节滴速	10					
	待患者有尿意或滴入溶液 200 ~ 300 ml 后，夹闭冲洗管，放开引流管，如此反复	10					
操作后处理 8	妥善安置患者，整理床单位	2					
	用物处理正确	4					
	洗手，记录	2					
整体评价 7	认真倾听患者的反映和需要，沟通语言恰当，患者无不适感	3					
	动作规范、轻巧、熟练、准确、节力	2					
	操作时间在 15 分钟以内	2					
总分		100					

案例点评

- 协助患者取侧卧位，注意遮挡，保护隐私。
- 评估患者的病情、尿液性状及合作程度。
- 为患者排空膀胱。
- 液面距床面高度适中，冲洗滴速调整适当，避免加重出血，患者无强烈尿意。
- 冲洗时嘱患者深呼吸、放松，询问患者感受，观察患者反应及引流液的性状。
- 告知患者饮水量，解释说明多饮水的必要性。

二、膀胱灌注

膀胱灌注（irrigation of bladder）是将化学抗癌药物或免疫制剂直接注入膀胱内的化疗和免疫治疗措施。

案例 7-4-2

患者，男，63 岁，印染厂退休工人。因尿频、尿急、尿痛 1 个月，无痛性血尿入院。B 超检查示：膀胱腔内见新生肿物。诊断：膀胱癌。行膀胱肿瘤局部切除及电灼术，术后 1 周进行灌注治疗。医嘱：多柔比星 50 mg+ 生理盐水 50 ml 膀胱灌注。

（一）护理评估

1．评估患者的病情、膀胱灌注的目的。

2．评估患者意识、自理及合作程度。

3．评估患者有无尿频、尿急、尿痛和膀胱憋尿感等。

4．评估患者有无相关过敏史及禁忌证。

知识链接

膀胱灌注适应证和禁忌证

【适应证】

1. 外科手术后或经尿道肿瘤电切除后的患者。

2. 原位癌、表浅膀胱癌患者。

3. 年龄大、体质情况差不能承受手术者。

4. 激光治疗、微波凝固治疗、微波温热治疗、膀胱内加热治疗、肿瘤局部药物注射等治疗方法后肿瘤消失的患者。

【禁忌证】

1. 泌尿系明显感染者。

2. 膀胱根治术后患者。

（二）操作前准备

1．护士准备　着装整齐，洗手，修剪指甲，备齐用物。

2．患者准备

（1）患者和家属了解膀胱灌注的目的、方法、注意事项及配合要点。

（2）清洗会阴。

（3）取仰卧位。

3．用物准备　一次性推杆灌注器 1 个，一次性无菌手套 1 副，一次性尿垫 2 张，换药碗 2 个（内置聚维酮碘棉球和无菌纱块若干、无菌镊子和止血钳各 1 个），无菌液状石蜡，配制好的灌洗液，屏风。

4．环境准备　病室宽敞、明亮，关闭门窗，用屏风遮挡患者。

（三）操作步骤

1．评估并解释　至患者床旁，核对患者的姓名、床号和腕带；评估患者的病情、膀胱灌注的目的、患者意识、自理及合作程度；并向患者及家属解释膀胱灌注的目的、方法、注意事项及配合要点。

2．携用物至床旁、核对　护士备齐用物携至患者床旁，再次核对患者的姓名、床号和腕带。

3．安置体位　协助患者仰卧位。

4．导尿　按导尿术为患者插入导尿管并固定，排空膀胱。

5．灌注

（1）用推杆灌注器抽吸药液，保留 3 ~ 5 ml 空气，分开导尿管与集尿袋引流管接头处，止血钳夹闭导尿管，将集尿袋接头用无菌纱布包裹，消毒导尿管口，推杆灌注器与导尿管口连接。

（2）缓慢注入灌注药液，注入完毕，将注射器内预保留的空气继续注入，避免药物在尿管内滞留而浪费。

6．灌注毕　灌注完毕可拔除尿管，清洁外阴部。如需留置尿管，则予关闭 2h。2h 内嘱患者按顺序取平卧位、左侧卧位、右侧卧位及俯卧位各 15 ~ 20 分钟，以利于药液充分与膀胱黏膜接触（图 7-4-13）。

7．整理用物　协助患者取舒适卧位，整理床单位，清理物品，撤除屏风。

8．洗手，记录　记录灌注液的名称、灌注量及患者反应。

重要小提示

✧ 灌注当日应禁饮水。

✧ 证实导尿管插入膀胱后再行灌注。

✧ 对于前列腺增生老年男性，灌注前应排出残尿。

✧ 出现肉眼血尿应停止灌注。

✧ 灌注药物排出后应多饮水，加速尿液形成，减少药物对膀胱黏膜的刺激。

✧ 灌注后应观察尿液颜色及排尿情况，出现血尿及膀胱刺激症状应报告医生。

✧ 灌注后 10 天内不进行膀胱镜检查。

（四）健康教育

1．向患者解释膀胱灌注的目的及意义，灌注前一晚保证睡眠，清洗外阴。

2．指导患者灌注当日禁饮水。灌注时出现疼痛、心慌等不适反应及时告知护士，对症处理。

3．告知患者灌注药物时须保留 2 小时，同时变换不同体位，以利于药物充分与膀胱黏膜接触，作用更佳。

4．向患者说明排出灌注药液后摄取足够水分的重要性，以产生足够的尿量冲洗尿路，减少药物对膀胱黏膜的刺激。

5．加强营养，多进食高蛋白、高纤维素的清淡饮食，适当活动，增强抵抗力。

（五）操作流程图（图 7–4–9）

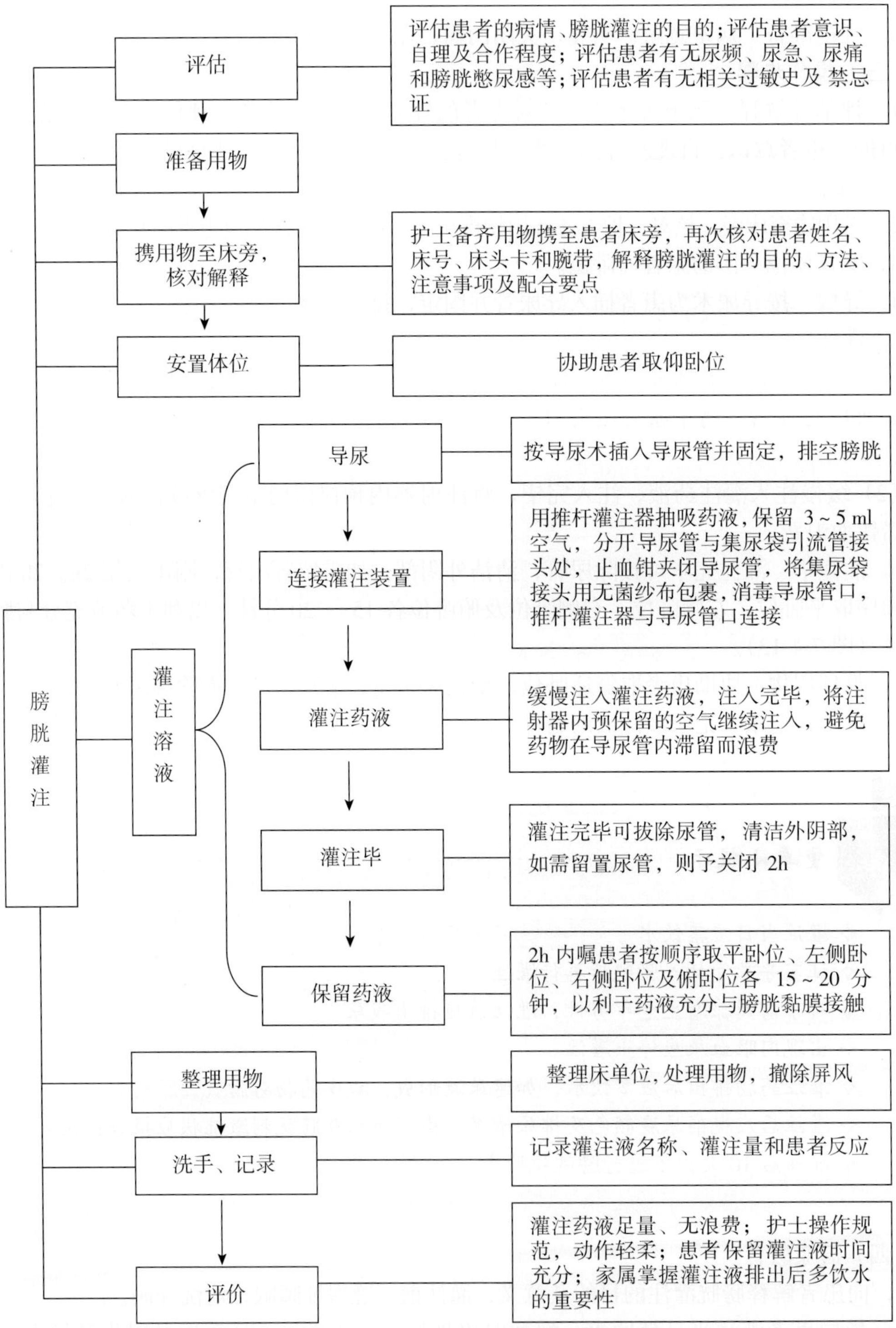

评估
评估患者的病情、膀胱灌注的目的；评估患者意识、自理及合作程度；评估患者有无尿频、尿急、尿痛和膀胱憋尿感等；评估患者有无相关过敏史及禁忌证
准备用物
携用物至床旁，核对解释
护士备齐用物携至患者床旁，再次核对患者姓名、床号、床头卡和腕带，解释膀胱灌注的目的、方法、注意事项及配合要点
安置体位
协助患者取仰卧位
膀胱灌注
灌注溶液
导尿
按导尿术插入导尿管并固定，排空膀胱
连接灌注装置
用推杆灌注器抽吸药液，保留 3～5 ml 空气，分开导尿管与集尿袋引流管接头处，止血钳夹闭导尿管，将集尿袋接头用无菌纱布包裹，消毒导尿管口，推杆灌注器与导尿管口连接
灌注药液
缓慢注入灌注药液，注入完毕，将注射器内预保留的空气继续注入，避免药物在导尿管内滞留而浪费
灌注毕
灌注完毕可拔除尿管，清洁外阴部，如需留置尿管，则予关闭 2h
保留药液
2h 内嘱患者按顺序取平卧位、左侧卧位、右侧卧位及俯卧位各 15～20 分钟，以利于药液充分与膀胱黏膜接触
整理用物
整理床单位，处理用物，撤除屏风
洗手、记录
记录灌注液名称、灌注量和患者反应
评价
灌注药液足量、无浪费；护士操作规范，动作轻柔；患者保留灌注液时间充分；家属掌握灌注液排出后多饮水的重要性

图 7-4-9　膀胱灌注操作流程图

（六）操作评分标准（表 7-4-2）

表7-4-2　膀胱灌注技术操作评分标准

项目	技术操作要求	评分	评分等级				实际得分
			A×1	B×0.7	C×0.4	D×0	
素质 5	仪表、着装符合要求	2					
	操作熟练、轻柔，沟通有效	3					
评估 20	评估患者的病情、膀胱灌注的目的	5					
	评估患者意识、自理及合作程度	5					
	评估患者有无尿频、尿急、尿痛和膀胱憋尿感等	5					
	评估患者有无相关过敏史及禁忌证	5					
操作前准备 5	洗手、戴口罩	2					
	用物准备，放置合理	3					
操作过程 55	协助患者取仰卧位	5					
	导尿、固定、排空膀胱	5					
	用推杆灌注器抽吸药液，保留 3 ～ 5ml 空气	5					
	分开导尿管与集尿袋引流管接头处，止血钳夹闭导尿管	5					
	将集尿袋接头用无菌纱布包裹，消毒导尿管口，推杆灌注器与导尿管口连接	5					
	缓慢注入灌注药液，注入完毕，将灌注器内预保留的空气继续注入，避免药物在导尿管内滞留而浪费	10					
	灌注完毕可拔除导尿管，清洁外阴部。如需留置尿管，则予关闭 2h	10					
	2h 内嘱患者按顺序取平卧位、左侧卧位、右侧卧位及俯卧位各 15 ～ 20 分钟，以利于药液充分与膀胱黏膜接触	10					
操作后处理 8	妥善安置患者，整理床单位	2					
	用物处理正确	4					
	洗手，记录	2					
整体评价 7	认真倾听患者的反映和需要，沟通语言恰当，患者无不适感	3					
	动作规范、轻巧、熟练、准确、节力	2					
	操作时间在 15 分钟以内	2					
总分		100					

案例点评

- 协助患者取仰卧位，注意遮挡，保护隐私。
- 评估患者的病情、尿液性状及合作程度。
- 严格无菌操作，导尿后为患者排空膀胱。
- 灌注器抽取药液后保留适量空气。
- 灌注药液无泄露，推注速度适当，注意观察患者反应。
- 告知患者变换体位的方法及时间，排出药液后向患者解释多饮水的必要性。

（于　洋）

第八章　给药技术

学习目标

通过本章内容的学习，学生能够：

◎ 识记

1. 复述超声雾化吸入、皮内注射、皮下注射法、肌内注射、静脉注射、直肠给药的概念。
2. 描述各种注射法的常用部位及注意事项。

◎ 理解

1. 总结口服给药、雾化吸入、各种注射给药、直肠给药的注意事项。
2. 比较 3 种雾化吸入给药法的特点和使用方法。
3. 说明肌内注射的常用定位方法。

◎ 运用

1. 应用所学知识完成口服给药的操作，同时根据药物的特性进行正确用药指导。
2. 演示各种注射法。
3. 演示直肠给药法。

第一节　口服给药

口服给药（administering oral medications）是临床上最常用、方便、经济且较安全的给药途径。药物经口服后被胃肠黏膜吸收入血液循环，从而达到局部或全身治疗的目的。口服给药虽然方便、经济又较安全，但由于其吸收率较低且易受到胃内容物影响，产生药效的时间较长，故不适用于急救、禁食、呕吐不止、意识不清等患者。医院内口服给药通常包括摆药、发药和发药后处理。

V8-1
摆药

一、摆药

目前医院内的摆药方式主要有：病区护士摆药和中心药房摆药。

（一）病区护士摆药

1．操作前准备

（1）环境准备：宽敞、明亮。

（2）护士准备：着装整齐，洗手，修剪指甲，戴口罩。

（3）用物准备：执行单（服药本）、发药车、小药卡、药品、手消毒液、PDA（必要时准备药杯、药匙、量杯、滴管、研钵、包药纸、湿纱布或小毛巾）（图 8-1-1）。

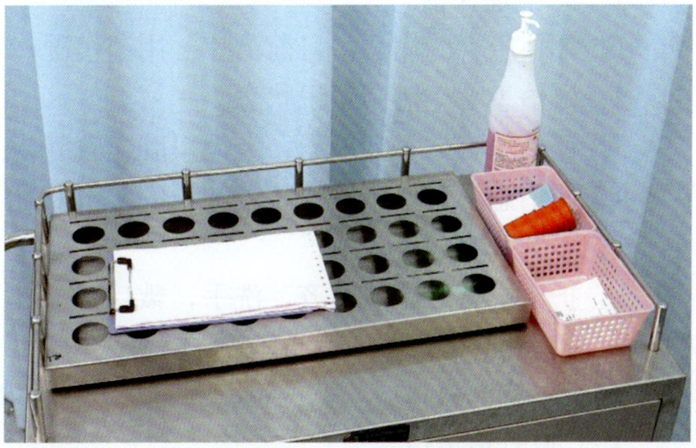

图 8-1-1　口服给药车

2．操作步骤

（1）按床号顺序依次插好小药卡、放入药杯。

（2）根据执行单（服药本）依顺序摆药。

（3）摆药结束，认真查对无误后盖上发药车。

（4）发药前当班护士再次核对，无误后方可发药。

重要小提示

✧ 摆药期间要严格查对，每次摆24小时的药量。

✧ 摆药时先摆固体药物，后摆水剂及油剂。

✧ 取片剂、粉剂时要用药匙。同一患者的数种药物可放入同一个药杯中，粉剂、口含片等特殊药物需用纸包好。婴幼儿、鼻饲或食管静脉曲张患者的药片需用研钵碾碎。

✧ 摆水剂时应用量杯，药水摇匀后，左手持量杯，拇指指在所需刻度，视线与刻度平齐，右手持药瓶，缓慢倒出药液，倒毕用湿纱布擦净瓶口，放回原处。同时有多种水剂时应分别倒入不同的小药瓶中，更换药液品种时应清洗量杯。

✧ 药液不足1 ml时，以15滴相当于1 ml计算。为避免药液黏附在小药瓶壁上浪费，可在药杯内先盛少量凉开水，再将药液滴入。

（二）中心药房摆药

在中心药房摆药，是由病区护士每天上午处理完医嘱后，将患者24小时所需药物通过电脑传送至中心药房，药剂师根据执行单负责摆药、核对，病区护士下午至中心药房再次核对取回或中心药房送至科室核对、签字，无误后当班护士依照服药时间按时查对、发药。

二、发药

案例 8-1-1

患者王某，男性，54岁，以高血压入院。患者血压147/98 mmHg，体温36.5 ℃，脉搏78次/分。现遵医嘱给予口服降压药。

V8-2
发药

（一）护理评估

1．评估患者的病情、目前治疗、用药情况。

2．评估患者年龄、意识状态。

3．评估患者的吞咽能力，有无口腔、食管疾患及恶心、呕吐症状。

4．评估患者对口服给药相关知识的了解及配合程度。

（二）操作前准备

1．护士准备　着装整齐，洗手，戴口罩。

2．患者准备

（1）了解此次口服给药的目的、方法及配合要点。

（2）取舒适体位。

3．用物准备　执行单（服药本）、发药车、PDA、手消毒液、水壶（内盛温开水）。

（三）操作步骤

1．推药车至患者床旁、核对　核对患者的床号、姓名，PDA 扫描腕带，再扫描药袋二维码，核对药品信息，包括药名、剂量、时间、用法。

2．再次核对患者姓名，无误后撕开药袋发至患者，同时提供温开水，服药到口。

3． 收回口服药袋，确认患者服入。

4． 再次核对患者的床号、姓名，并在执行单上签字。

5． 向患者讲解药物作用、副作用，手消毒，推车离开。

重要小提示

✧ 对自行服药困难者应协助其服药或喂药。

✧ 发药时患者因故不在或暂时不能服用时，做好交接班，不可将药物放在床头柜上。

✧ 若患者对所发药物有疑问，应重新核对，确认无误后方可服用。

✧ 对牙齿有腐蚀作用的药物，如酸类、铁剂，可用吸管吸入并及时漱口；此外，服用铁剂时忌饮茶，以防铁剂和茶叶中的鞣酸结合形成难溶性铁盐，阻碍吸收。

✧ 服用对呼吸道黏膜起安抚作用的药物后不宜立即饮水，以免降低疗效。

✧ 抗生素应按时发药并服用，以保证有效的血药浓度。

✧ 服磺胺类药物后要多饮水，因尿少时易析出结晶，引起肾小管阻塞。

✧ 服强心苷类药物时应先测量脉率（心率）及节律，如脉率低于 60 次 / 分或节律异常，均应暂停服用并报告医生。

✧ 健胃药应在饭前服；助消化药及对胃黏膜有刺激的药物应在饭后服；驱虫药空腹时服用。

（四）健康教育

1．告知患者严格遵医嘱服药的重要性，不可私自增减药量。

2．告知药物口服时的相关注意事项。

三、发药后处理

药杯收回后首先浸泡消毒，再用清水冲洗、晾干，最后收起下次备用。此外，每日均要清洁发药车（盘），并整理药柜。

四、操作流程图（图 8-1-2）

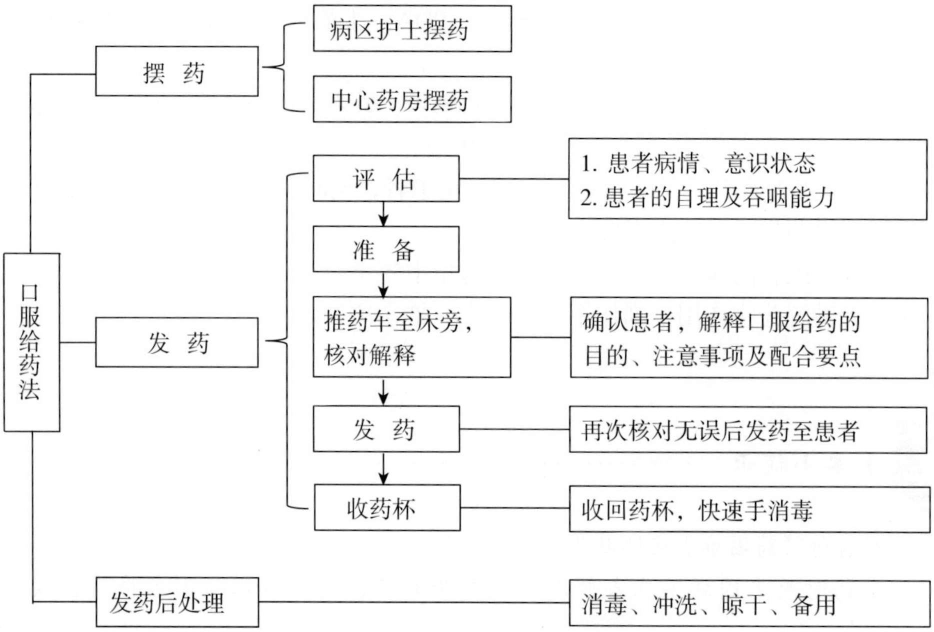

图 8-1-2　口服给药操作流程图

五、操作评分标准（表 8-1-1）

表8-1-1　口服给药操作评分标准

项目	技术操作要求		评分	评分等级 A×1	B×0.7	C×0.4	D×0	实际得分
素质 5	仪表、着装符合要求		2					
	操作熟练、轻柔，沟通有效		3					
评估 15	评估患者的年龄、病情、吞咽能力及合作程度		5					
	观察患者有无口腔、食管疾患		5					
	了解患者对所服药物的认知情况		5					
操作前准备 5	洗手、戴口罩		2					
	用物准备到位，放置合理；环境整洁、明亮		3					
操作过程 55	摆药 20	摆药时认真检查药品名称、质量等	5					
		取片剂药物时剂量、方法正确	5					
		取水剂药物时浓度、剂量、方法正确	5					
		摆药过程中严格执行查对制度	5					
	发药 25	发药前再次核对药物	5					
		确认患者并一次取出所有药物	5					
		提供温开水，服药到口	5					
		对自行服药困难者，帮助其服药时方法正确	5					
		因故暂不能服药者做好交接班并记录	5					
	后处理 10	收回药杯，快速手消毒	5					
		消毒药杯	5					
操作后 10	冲洗消毒好的药杯，晾干备用		5					
	整理用物并清洁药盘		5					

续表

项目	技术操作要求	评分	评分等级				实际得分
			A×1	B×0.7	C×0.4	D×0	
提问10	如何帮助患者达到服药的最佳疗效？	5					
	发药时怎样才能做到“准确无误”？	5					
总分		100					

案例点评

- 询问患者有无药物过敏史。
- 严格按医嘱给药并认真执行查对制度。
- 服药时间准确。
- 发药过程中注意沟通。
- 患者有疑问时能重新认真核对。

（闫　兰）

第二节　雾化吸入

雾化吸入（inhalation）是指用雾化装置将药液分散成细小的雾滴，使其悬浮在吸入的空气中，经口或鼻吸入，以达到湿化呼吸道黏膜、祛痰、解痉、抗炎等目的。雾化吸入具有起效快、药物用量小、不良反应轻的特点。临床上常用的雾化吸入有：超声雾化吸入、氧气雾化吸入和手压式雾化吸入。

一、超声雾化吸入

超声雾化吸入（ultrasonic inhalation）是利用超声波声能产生的高频震荡，将药液分散成细微气雾，再由呼吸道吸入的一种给药方法。

案例 8-2-1

患者女性，47 岁。主诉咽干疼痛、咳嗽、有痰但不易咳出。听诊肺底部及背部有散在的干、湿啰音，胸部平片显示肺纹理增多。门诊以慢性支气管炎合并肺部感染收住入院。入院后遵医嘱给予超声雾化吸入。

（一）护理评估

1．评估患者的病情、用药及其他治疗情况。
2．评估患者年龄、合作程度。
3．评估患者口腔黏膜有无溃疡、感染。

（二）操作前准备

1．护士准备　着装整齐，洗手，备齐用物。

2．患者准备

（1）了解超声雾化吸入的目的、方法、注意事项及配合要点。

（2）取坐位、半坐卧位或侧卧位。

3．用物准备

（1）超声雾化吸入器、冷蒸馏水、药液（遵医嘱）、注射器、治疗巾。

（2）药物：按医嘱备药。常用药物有：①庆大霉素、卡那霉素等控制感染的抗生素；②氨茶碱、沙丁胺醇等解除支气管痉挛药物；③ α-糜蛋白酶等稀释痰液的药物；④地塞米松等减轻呼吸道黏膜水肿的药物。

4．环境准备　宽敞、明亮、温湿度适宜。

（三）操作步骤

1．检查超声雾化器　各部件是否完好，有无松动、脱落等异常。

2．水槽内加入冷蒸馏水　需浸没雾化罐底部的透声膜。

3．加药　查对无误后将药液用生理盐水稀释至 30 ～ 50 ml 倒入雾化罐内，并将盖旋紧，同时连接雾化器附件。

4．携用物至床旁、核对　护士备齐用物携至患者床旁，再次核对患者姓名、床号和腕带。

5．解释沟通　向患者及家属介绍超声雾化吸入的目的、方法、注意事项及配合要点。

6．安置体位　协助患者取坐位、半坐位或侧卧位。

7．铺巾　取治疗巾围于患者颈下或枕上。

8．开始雾化　接通电源 → 打开开关（绿灯亮）→ 调节雾量旋钮 → 定时→ 协助患者将口含嘴或面罩放好并指导其正确呼吸。

9．结束雾化　取出口含嘴或面罩 → 关雾化开关 → 再关电源开关。

10．雾化后处理　擦干患者面部并协助取舒适体位 → 携用物回治疗室 → 清理、消毒用物。有特殊感染者，按隔离原则处理用物。

11．洗手，记录　记录雾化吸入时间及患者反应。

重要小提示

✧ 水槽内无足够的水量及雾化罐内无药液的情况下不能开机。

✧ 水槽和雾化罐内切忌加热水，使用中若水温超过 50 ℃应停机换冷蒸馏水。

✧ 水槽底部的晶体换能器和雾化罐底部的透声膜薄而质脆，操作过程中动作要轻柔，防止损坏。

✧ 每次治疗时间一般为 15 ～ 20 分钟。

✧ 口含嘴、面罩、雾化罐及螺纹管用后浸泡消毒，再冲洗干净，晾干备用。

✧ 血氧饱和度监测的患者，雾化吸入期间要仔细观察呼吸及血氧饱和度参数，并关注患者主诉。

（四）健康教育

1．向患者介绍超声雾化吸入的必要性及使用方法。

2．教会患者雾化吸入时首先深吸气，然后再用鼻呼气的方法。

（五）操作流程图（图 8-2-1）

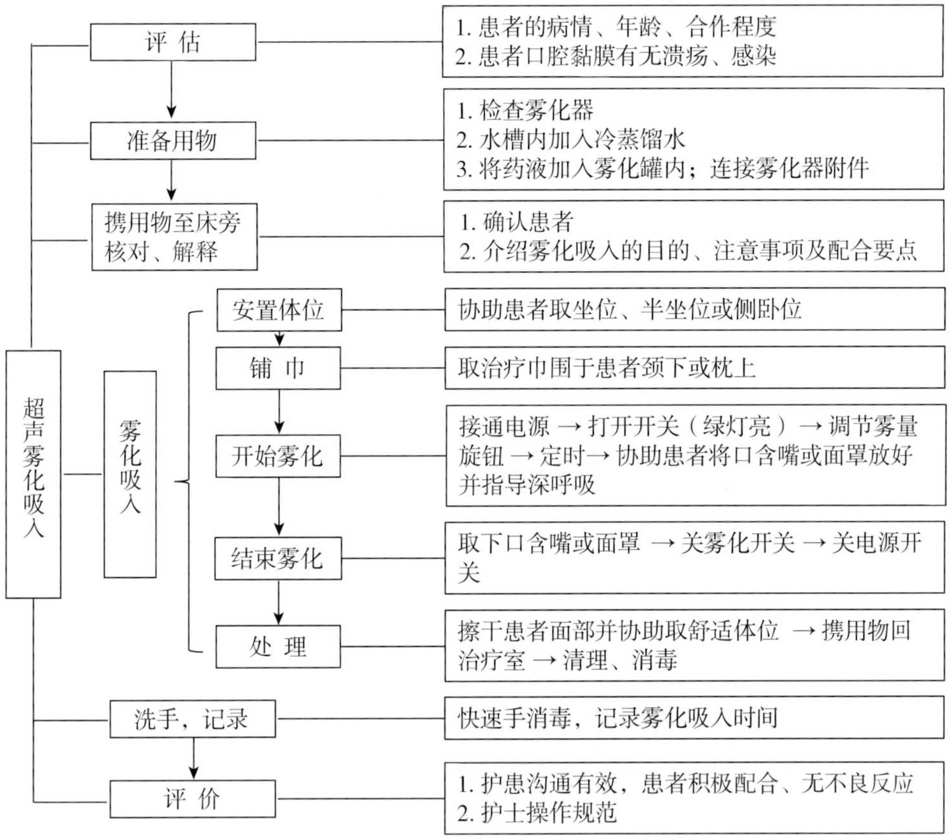

图 8-2-1 超声雾化吸入操作流程图

（六）操作评分标准（表 8-2-1）

表8-2-1 超声雾化吸入操作评分标准

项目	技术操作要求	评分	评分等级				实际得分
			A×1	B×0.7	C×0.4	D×0	
素质 5	仪表、着装符合要求	2					
	操作熟练、轻柔，沟通有效	3					
评估 15	评估患者年龄、病情、意识及配合程度	5					
	评估患者呼吸系统状况	5					
	观察口腔黏膜有无溃疡、感染	5					
操作前准备 5	洗手、戴口罩	2					
	准备超声雾化吸入器；按医嘱准备药液	3					
操作过程 50	检查、安装、连接超声雾化器；查对无误后将药液加入雾化罐内	6					
	确认患者并协助其选择合适体位	4					
	铺巾：取治疗巾围于患者颈下或枕上	5					
	开始雾化：接通电源 → 打开开关（绿灯亮）→ 调节雾量旋钮 → 定时间 → 协助患者将口含嘴或面罩放好并指导深呼吸	20					
	结束雾化：取出口含嘴或面罩 → 关雾化开关 → 再关电源开关	10					
	擦干患者面部	5					

续表

项目	技术操作要求	评分	评分等级				实际得分
			A×1	B×0.7	C×0.4	D×0	
操作后 10	协助患者取舒适卧位，快速手消毒	5					
	合理处置用物，洗手	5					
提问 15	超声雾化吸入过程中的观察要点	8					
	超声雾化吸入的注意事项	7					
总分		100					

案例点评

➢ 检查、准备用物到位，安装、连接超声雾化器正确。

➢ 雾量调节合适，治疗时间 15 ～ 20 分钟。

➢ 如使用口含嘴，指导患者首先深吸气，然后再用鼻呼气；若用面罩，则可用正常呼吸频率，适当用鼻深呼吸。

➢ 及时、正确清理、消毒用物。

二、氧气雾化吸入

氧气雾化吸入（oxygen inhalation）是借助高速氧气气流使药液形成雾状，再随着吸气进入呼吸道而产生疗效的一种治疗方法。

案例 8-2-2

患者男性，55 岁，体温 37℃，脉搏 80 次 / 分，血压 120/80 mmHg，以慢性支气管炎入院。患者主诉痰多且不易咳出，遵医嘱给予氧气雾化吸入。

氧气雾化吸入

（一）护理评估

1．评估患者的病情、用药及其他治疗情况。

2．评估患者年龄、合作程度。

3．评估患者呼吸系统状况。

图 8-2-2　氧气雾化吸入器

（二）操作前准备

1．护士准备　着装整齐，洗手，备齐用物。

2．患者准备

（1）了解氧气雾化吸入的目的、方法、注意事项及配合要点。

（2）取坐位或半坐卧位。

3．用物准备　氧气雾化吸入器（图 8-2-2）、药液（遵医嘱）、氧气装置。

4．环境准备　宽敞、明亮、温湿度适宜。

（三）操作步骤

1．备齐用物并查对　准备氧气雾化器，按医嘱准备药液并认真查对。

2．携用物至床旁、核对　护士备齐用物携至患者床旁，核对患者的姓名、床号和腕带。

3．解释沟通　向患者及家属介绍氧气雾化吸入的目的、方法、注意事项及配合要点。

4．安置体位　协助患者取坐位或半坐位。

5．铺巾　取治疗巾围于患者颈下或枕上。

6．加药　将药液稀释至 5 ml，注入贮药杯内并与吸入管口旋紧，然后再与氧气装置的延长导管相连（注意要连接紧，防止漏气）。

7．将面罩取出，与雾化器的吸入管口一端连接。

8．开始雾化　将雾化器的接气口与氧气装置连接 → 调节氧气流量（贮药杯内有雾化气体出现，下端又无药液漏出）→ 协助患者将面罩戴好 → 指导深长吸气。

9．结束雾化　取下面罩和雾化器 → 关闭氧气。

10．雾化后处理　擦干净患者面部并协助取舒适体位 → 携用物回治疗室 → 清理、消毒。有特殊感染者，按隔离原则处理用物。

11．洗手，记录　记录氧气雾化吸入时间及患者反应。

重要小提示

✧ 氧气装置中的湿化瓶内勿放水，以免使药液稀释。

✧ 氧气流量一般为 6 ～ 8 L/min。

✧ 深长吸气之后再屏气 1 ～ 2 秒，可使药液到达细支气管和肺组织，提高疗效。

✧ 保持贮药杯垂直，面罩紧贴面部。

✧ 操作中严格遵守用氧安全。

（四）健康教育

1．向患者介绍氧气雾化吸入的必要性及使用方法。

2．教会患者深长吸气及屏气的方法。

3．氧气雾化吸入时，告知患者不要擅自调节氧流量并严禁接触烟火。

（五）操作流程图（图 8-2-3）

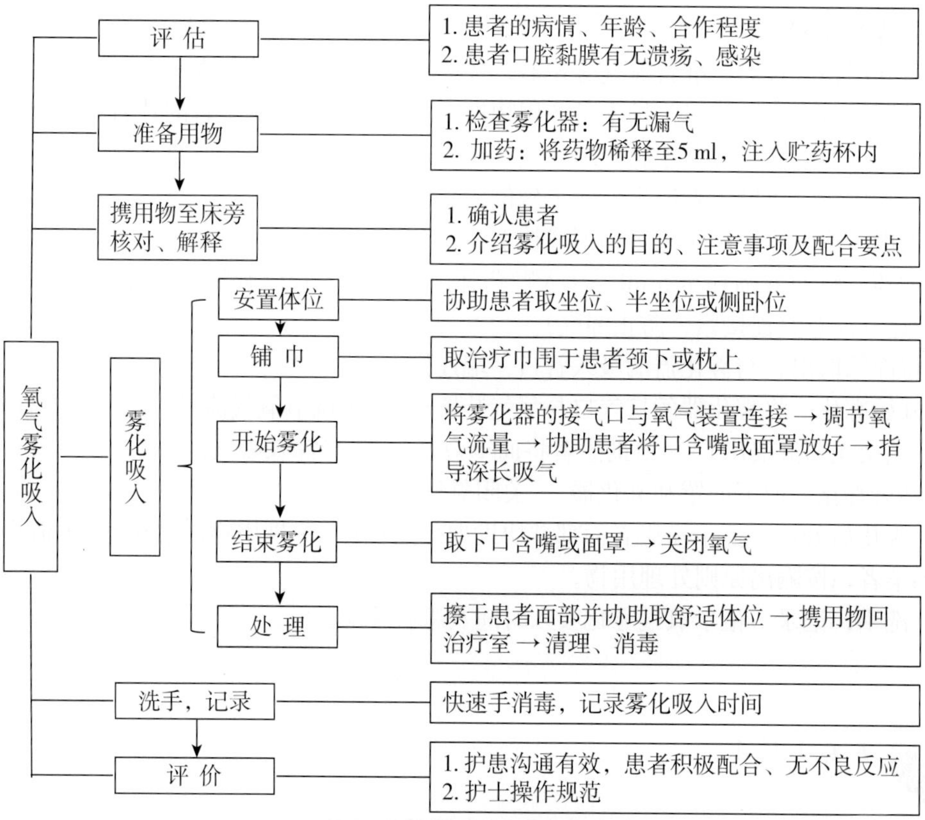

图 8-2-3　氧气雾化吸入操作流程图

（六）操作评分标准（表 8-2-2）

表8-2-2　氧气雾化吸入操作评分标准

项目	技术操作要求	评分	评分等级				实际得分
			A×1	B×0.7	C×0.4	D×0	
素质 5	仪表、着装符合要求	2					
	操作熟练、轻柔，沟通有效	3					
评估 15	评估患者年龄、病情、意识及有无药物过敏史	5					
	评估患者呼吸系统状况	5					
	观察患者的自理及合作程度	5					
操作前准备 5	洗手、戴口罩	2					
	准备氧气雾化器；按医嘱准备药液并认真查对	3					
操作过程 50	携用物至床旁，确认患者	5					
	解释沟通并协助选择合适体位	5					
	铺巾：取治疗巾围于患者颈下	5					
	加药、连接	5					
	开始雾化：将雾化器的接气口与氧气装置连接→调节氧气流量→协助患者将面罩戴好→指导深长吸气	20					
	结束雾化：取下面罩和雾化器→关闭氧气	6					
	擦干净患者面部	4					
操作后 10	协助患者取舒适卧位，快速手消毒	5					
	合理处置用物，洗手	5					
提问 15	氧气雾化吸入过程中的观察要点	8					
	氧气雾化吸入的适应证	7					
总分		100					

案例点评

- 按医嘱准备药液并稀释至 5 ml，注入贮药杯内。
- 贮药杯与吸入管口旋紧，下端与氧气装置的延长导管相连且无漏气。
- 将面罩取出，与雾化器的吸入管口一端相连。
- 贮药杯内有雾气出现，下端无药液漏出时让患者吸入。
- 治疗结束，取下雾化器，关闭氧气，清理用物，擦干净患者面部。
- 严格无菌操作，防止交叉感染。

三、手压式雾化吸入

手压式雾化吸入是通过按压气雾瓶顶部，使药液形成 2.8 ~ 4.3 μm 的雾滴并快速从喷嘴喷出至口腔及咽部黏膜，从而达到治疗目的一种给药方法。手压式雾化吸入器是将药液置于送雾器中，当将其倒置，拇指按压顶部时，其内阀门打开，由于内腔为高压，药液便从喷嘴极快地喷出。

案例 8-2-3

患者男性，47 岁，慢性哮喘病史 12 年。近日感冒后病情加重，夜间咳嗽频繁，痰多，双肺有干湿啰音。遵医嘱给予手压式雾化吸入。

V8-4
手压式雾化吸入

（一）护理评估

1．评估患者的病情、用药史及其他治疗情况。
2．评估患者年龄、自理能力。
3．评估患者口腔黏膜有无溃疡、感染。

（二）操作前准备

1．护士准备　着装整齐，洗手，备齐用物。
2．患者准备
（1）了解手压式雾化吸入的目的、操作方法、使用时的注意事项。
（2）取坐位或半坐卧位。
3．用物准备　手压式雾化吸入器（图 8-2-4）。

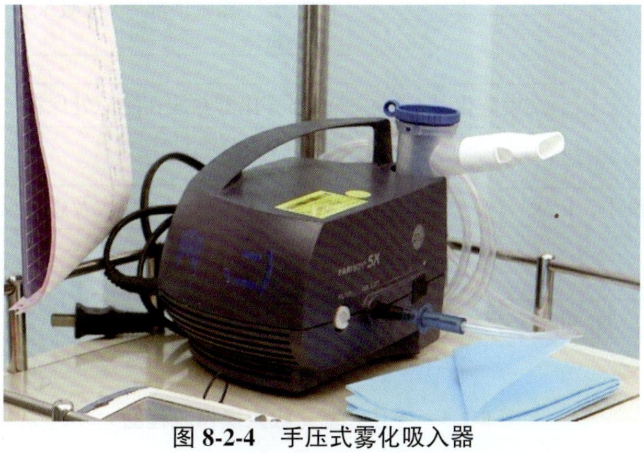

图 8-2-4　手压式雾化吸入器

4．环境准备　宽敞、明亮、温湿度适宜。

（三）操作步骤

1．携用物至床旁、核对　护士备齐用物携至患者床旁，再次核对患者姓名、床号和腕带。

2．解释沟通　向患者及家属介绍手压式雾化吸入的目的、使用方法及注意事项。

3．安置体位　协助患者取坐位或半坐位。

4．开始雾化　取下雾化器保护盖 → 充分摇匀药液 → 将雾化器倒置，口含嘴放于双唇间 → 吸气开始时按压气雾瓶顶部 → 深吸气 → 屏气 → 呼气。

5．结束雾化　取出雾化器并放在阴凉处保存。

6．洗手，记录　记录手压式雾化吸入时间、喷次及患者反应。

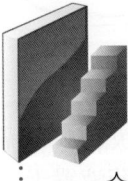

重要小提示

✧ 屏气最好坚持 10 秒左右。

✧ 每次 1 ～ 2 喷，两次间隔时间不少于 3 ～ 4 小时。

✧ 当疗效不满意时，不可随意增加用量或缩短用药间隔，以免引起不良反应。

（四）健康教育

1．向患者介绍手压式雾化吸入器正确的使用方法及注意事项。

2．教会患者屏气方法及时间的控制。

3．雾化器外壳要定期清洁。

（五）操作流程图（图 8–2–5）

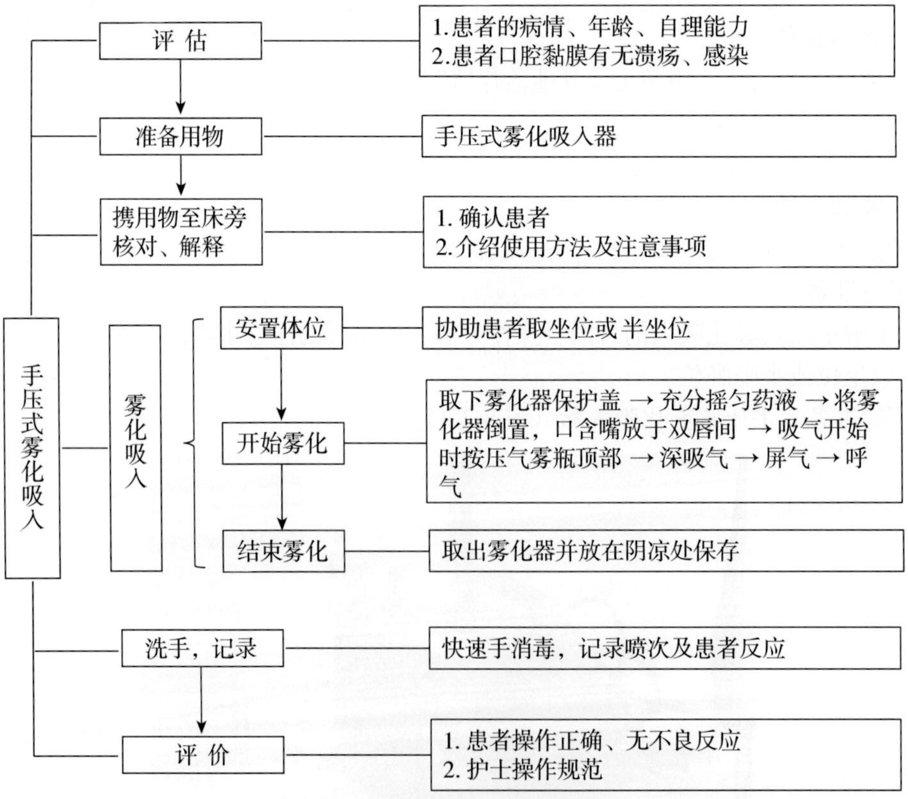

图 8-2-5　手压式雾化吸入操作流程图

（六）操作评分标准（表 8–2–3）

表8-2-3 手压式雾化吸入操作评分标准

项目	技术操作要求	评分	评分等级				实际得分
			A×1	B×0.7	C×0.4	D×0	
素质 5	仪表、着装符合要求	2					
	操作熟练、轻柔，沟通有效	3					
评估 15	评估患者的自行操作能力	5					
	评估患者呼吸系统状态	5					
	观察口腔黏膜有无溃疡、感染	5					
操作前准备 5	洗手、戴口罩	2					
	检查、准备手压式雾化吸入器	3					
操作过程 50	携用物至床旁，确认患者	5					
	告知患者手压式雾化吸入器正确的使用方法	10					
	协助患者选择合适体位	5					
	开始雾化：取下雾化器保护盖→充分摇匀药液→将雾化器倒置，口含嘴放于双唇间→吸气开始时按压气雾瓶顶部→深吸气 →屏气→呼气	20					
	结束雾化：取出雾化器并放在阴凉处保存	10					
操作后 10	协助患者取舒适卧位	3					
	快速手消毒	2					
	用物处理正确；洗手、记录	5					
提问 15	手压式雾化吸入的注意事项	8					
	手压式雾化吸入的适应证	7					
总分		100					

案例点评

- 手压式雾化吸入器使用前充分摇匀药液。
- 雾化器倒置，口含嘴放于双唇间，按压气雾瓶顶部。
- 每次 1 ～ 2 喷，两次间隔时间不少于 3 ～ 4 小时。
- 屏气坚持 10 秒左右。
- 雾化结束，雾化器放在阴凉处保存。

（闫 兰）

第三节 皮内注射

皮内注射法（intradermic injection）是指将少量药液注入表皮和真皮之间的方法。

案例 8-3-1

患者男性，42 岁，体温 38.5℃，脉搏 112 次 / 分。主诉：吞咽困难且疼痛。诊断：化脓性扁桃体炎。遵医嘱给予青霉素过敏试验。

皮内注射

（一）护理评估

1．评估患者的病情、年龄、用药史、过敏史及家族史。

2．评估患者认知及合作程度，告知皮内注射的目的、方法、注意事项及配合要点。

3．评估注射部位局部皮肤情况。

4． 环境清洁、宽敞、光线明亮，方便操作。

（二）操作前准备

1．护士准备　按要求着装，洗手，戴口罩。

2．用物准备　注射盘（75% 乙醇、棉签、1 ml 注射器、按医嘱备药液）、无菌盒、注射卡、PDA（如有）、快速手消毒液、治疗车（锐器盒、医疗垃圾袋、生活垃圾袋）。如为药物过敏试验，另备 0.1% 盐酸肾上腺素一支及 5 ml 一次性注射器一支（图 8-3-1）。

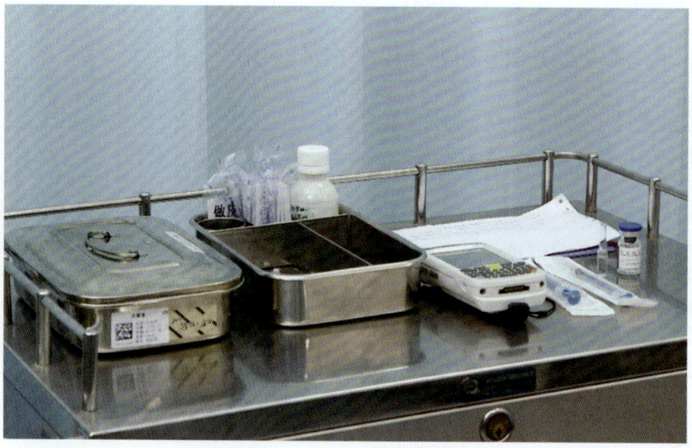

图 8-3-1　皮内注射操作用物

3．环境准备　清洁、宽敞、光线明亮，方便操作。

（三）操作步骤

1．核对、检查药物　根据医嘱核对药物（药名、剂量、浓度）及给药时间和给药方法，检查药物有无过期及变质；若为药物过敏试验则需检查皮试液的配制时间。

2．抽吸药液　检查一次性注射器的有效期及有无漏气，消毒并正确抽吸药液（图 8-3-2）；若为药物过敏试验，正确配制皮试液。

3．核对并解释　携用物至患者床旁，核对姓名、床号和腕带（有 PDA 可扫描腕带确认患者信息，至少两种方法核对）；向患者及家属解释皮内注射的目的、方法、注意事项及配合要点。

4．安置体位　协助患者取坐位、半坐卧位或侧卧位，治疗车位置放置合理，便于操作。

5．消毒　用快速手消毒液洗手，75% 乙醇消毒注射局部皮肤，消毒面积 5 cm × 5 cm，待干（图 8-3-3）。

6．二次核对，排尽注射器内空气。

7．进针、推药　左手绷紧前臂掌侧皮肤，右手以平执式持注射器，针尖斜面向上与皮肤呈 5° 刺入皮内→放平注射器→左手拇指固定针栓→右手注入药液 0.1 ml，局部形成一圆形隆起的皮丘，皮肤变白，毛孔变大（图 8-3-4、8-3-5）。

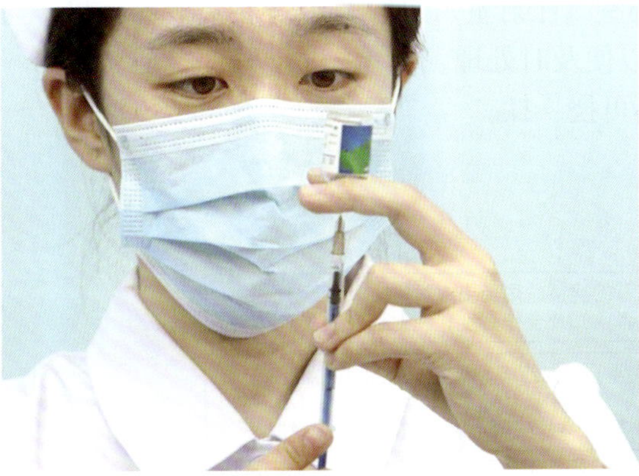

图 8-3-2　抽吸药液

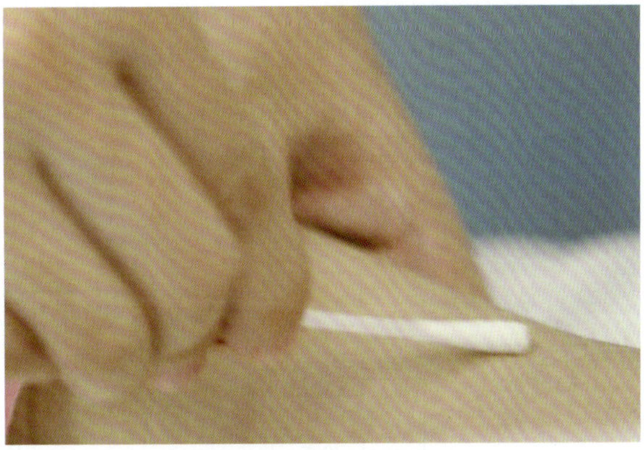

图 8-3-3　75% 乙醇消毒皮肤

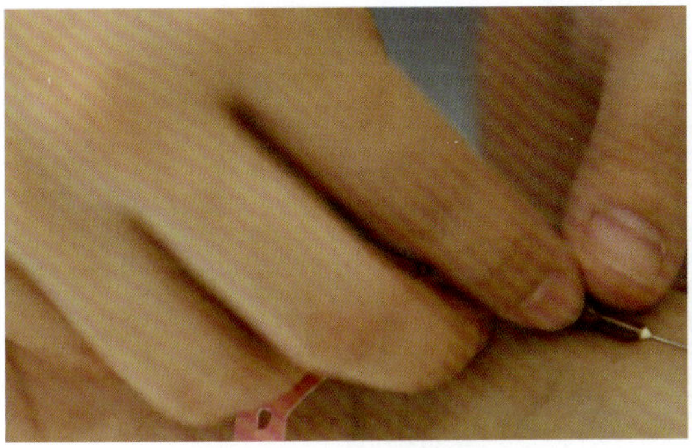

图 8-3-4　皮内注射进针

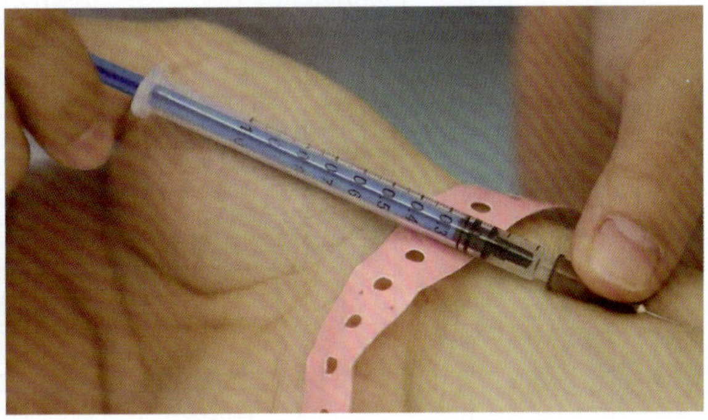

图 8-3-5　固定针栓、推药

8．拔针　推注完毕，迅速拔针。

9．再次核对；交代注意事项；若为药物过敏试验，嘱患者静候 15 ~ 20 分钟后观察结果。

10．清理用物　注射器针头放在锐器盒内，用过的棉签和注射器弃在医疗垃圾箱中（垃圾分类处理）。

11．快速手消毒或洗手，记录、签名。

12．15 ~ 20 分钟后观察局部皮肤反应、判断结果并记录。

重要小提示

✧ 注射部位：药物过敏试验常选择前臂掌侧下段；预防接种亦可选在上臂三角肌下缘；局部麻醉则选择麻醉处。

✧ 切忌选择碘酊或刺激性较强的消毒液消毒皮肤，以免影响皮试结果的判断和观察。

✧ 避免反复用力涂擦局部皮肤。

✧ 针尖斜面向上以 5° 刺入，斜面全部进入皮内即可，且勿刺入太深进入皮下。

✧ 注入药物的剂量要准确，拔针后局部不可用棉签擦滴落的药液。

✧ 药物过敏试验若需作对照试验，须用另一注射器及针头，在另一侧前臂相同部位，注入 0.1 ml 等渗生理盐水或用 75% 乙醇涂擦局部皮肤 5 cm 范围。

✧ 为患者做药物过敏试验前，抢救物品和药品要处于备用状态。

✧ 药物过敏试验结果若为阳性，应告知患者或家属并记录在病历上。

✧ 操作过程要严格遵守查对制度及无菌操作原则。

（四）健康教育

1．若为药物过敏试验，告知患者不可离开病室（注射室），15 ～ 20 分钟后观察结果。与此同时若有任何不适，均应立即告知护理人员，以便及时处理。

2．告知患者，若注射局部有瘙痒等不适，不可挠、揉。

（五）操作流程图（图 8-3-6）

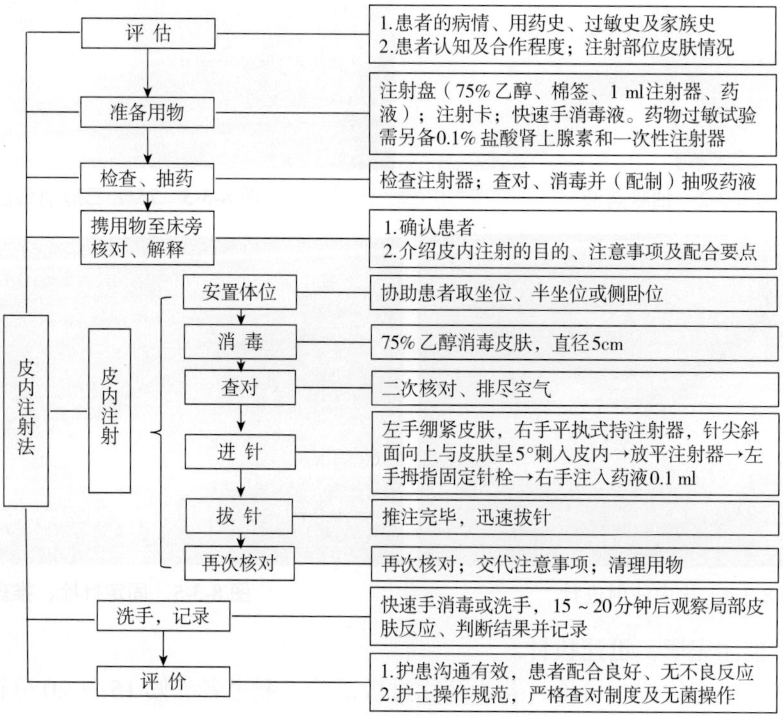

图 8-3-6　皮内注射操作流程图

（六）操作评分标准（表 8-3-1）

表8-3-1　皮内注射操作评分标准

项目	技术操作要求	评分	评分等级				实际得分
			A×1	B×0.7	C×0.4	D×0	
素质 5	仪表、着装符合要求	2					
	操作熟练、轻柔，沟通有效	3					
评估 10	评估患者的认知及配合程度	2					
	评估患者的病情、年龄、用药史、过敏史及目前治疗方案	3					
	观察注射部位局部皮肤情况	3					
	了解患者对皮内注射的心理反应	2					
操作前准备 5	洗手、戴口罩	2					
	备齐用物，放置合理	3					

续表

项目	技术操作要求	评分	评分等级				实际得分
			A×1	B×0.7	C×0.4	D×0	
操作过程 55	检查注射器；按医嘱或处方查对并正确抽吸药液	10					
	推治疗车至病室，确认患者并协助取合适体位，选择注射部位	5					
	75% 乙醇消毒注射部位皮肤，直径为 5 cm	5					
	二次查对药液，排尽空气	5					
	进针：左手绷紧前臂掌侧皮肤，右手以平执式持注射器，针尖斜面向上与皮肤呈 5° 刺入（针尖斜面全进入皮内）	15					
	推药：放平注射器→左手拇指固定针栓→右手注入药液 0.1 ml	10					
	拔针：推注完毕，迅速拔针	2					
	再次核对	3					
操作后 10	交代注意事项，快速手消毒	5					
	合理处置用物，洗手	5					
提问 15	如何判断皮试的阴性、阳性？	5					
	过敏性休克如何抢救？	10					
总分		100					

案例点评

- 在使用致敏性高的药物前需做药物过敏试验。
- 做药物过敏试验前，询问患者的用药史、过敏史及家族史。
- 配制、抽吸药液正确。
- 药物过敏试验忌用碘酊、聚维酮碘（碘伏）消毒局部皮肤。
- 以 5° 进针，斜面向上全部刺入。
- 严格遵守无菌操作原则及查对制度。
- 向患者交代注意事项全面、正确。
- 急救药品、注射器准备到位。
- 15 ~ 20 分钟后观察结果并记录、签名。

（闫　兰）

第四节　皮下注射

皮下注射法（hypodermic injection）是将少量药液或生物制剂注入皮下组织的方法。

案例 8-4-1

患者男性，63 岁，身高 166 cm，体重 60 kg，腰围 78 cm，糖尿病史 13 年，近期因餐后血糖升高来院就医。医生给予胰岛素皮下注射治疗。

V8-6
皮下注射

（一）护理评估

1．评估患者的病情、年龄、用药史、过敏史及目前治疗方案。

2．评估患者认知及合作程度，告知患者皮下注射的目的、方法、注意事项及配合要点。

3．评估注射部位局部皮肤情况。

（二）操作前准备

1．护士准备　按要求着装，洗手，戴口罩。

2．用物准备　注射盘（安尔碘、棉签、注射器、药物）、无菌盒、注射卡、PDA（如有）、快速手消毒液、治疗车（锐器盒、医疗垃圾袋、生活垃圾袋）。见图 8-4-1。

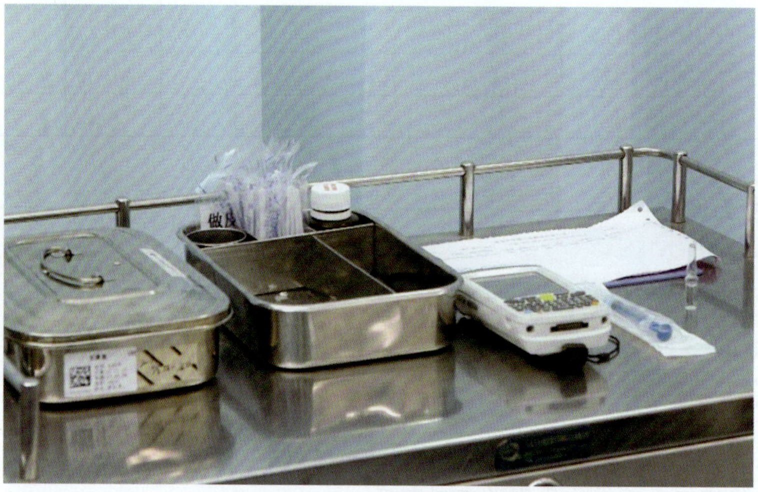

图 8-4-1　皮下注射操作用物

3．环境准备　清洁、宽敞、光线明亮，方便操作。

（三）操作步骤

1．核对并检查、抽吸药物　根据医嘱核对药物（药名、剂量、浓度）及给药时间和给药方法，检查药物有无过期及变质；检查一次性注射器的有效期及有无漏气；消毒且正确抽吸药物并排出空气。

2．核对并解释　携用物至患者床旁，核对姓名、床号和腕带（有 PDA 可扫描腕带确认患者信息，至少两种方法核对）；向患者及家属解释皮下注射的目的和配合要点。

3．安置体位　协助患者取合适体位（可取：坐位、半坐卧位或侧卧位）；治疗车放置合理，便于操作。

4．选择注射部位　通常选择上臂三角肌下缘、后背、大腿前侧、外侧或腹壁（图 8-4-2）。

5．消毒　用快速手消毒液洗手，安尔碘消毒注射部位皮肤，消毒面积 5 cm × 5 cm，待干。

6．二次查对，排尽空气，左手持一根消毒棉签。

7．进针　左手绷紧皮肤，右手持注射器，示指固定针栓，针尖斜面向上，与皮肤呈

30°～40°迅速刺入针梗的2/3（图8-4-3）。

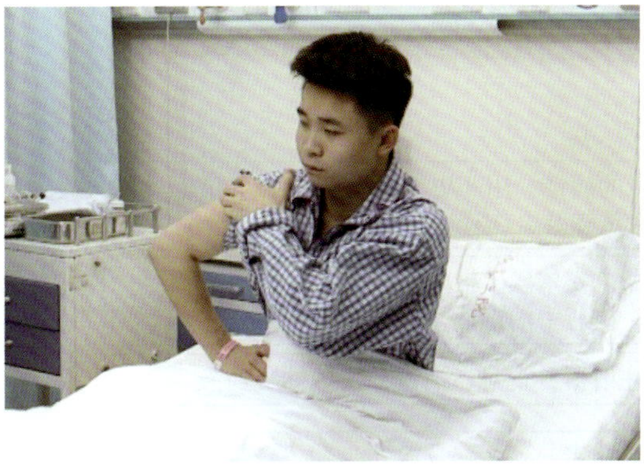

图8-4-2　常用皮下注射部位

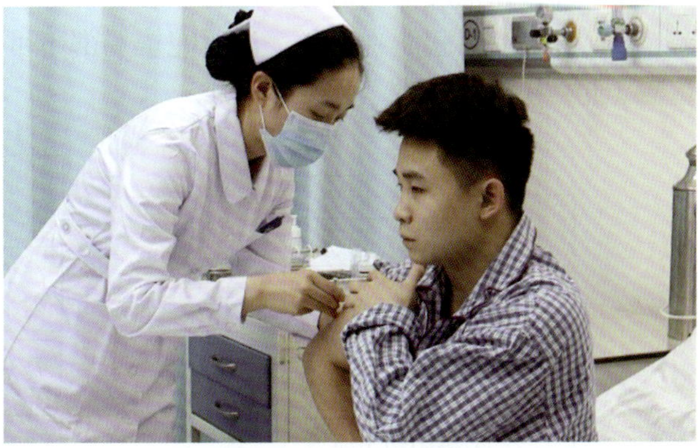

图8-4-3　皮下注射进针

8．推药　右手固定注射器及针栓 → 左手回抽活塞柄 → 无回血 → 缓慢推注药液（图8-4-4）。

9．拔针、按压　推注完毕，置无菌干棉签于穿刺点旁，迅速拔针并按压穿刺点片刻（图8-4-5）。

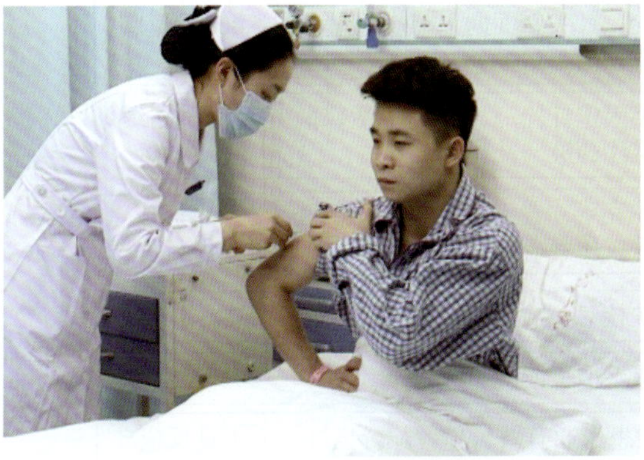

图8-4-4　皮下注射推药

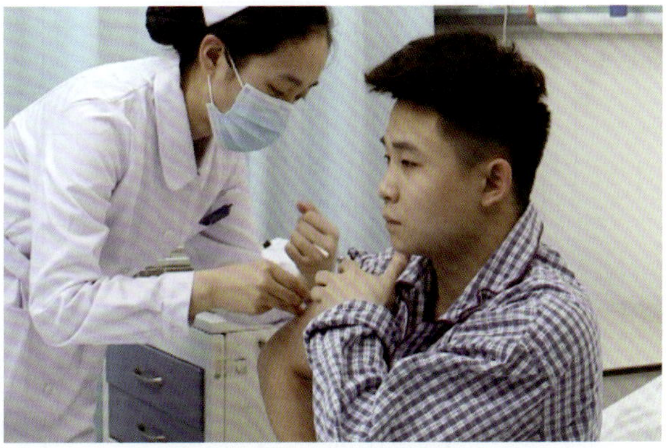

图8-4-5　皮下注射拔针

10．再次核对（三查）；协助患者取舒适卧位。

11．清理用物　注射器针头放在锐器盒内，用过的棉签和注射器弃在医疗垃圾箱中（垃圾分类处理）。

12．快速手消毒或洗手，记录。

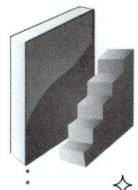

重要小提示

- ✧ 严格执行查对制度和无菌操作原则。
- ✧ 刺激性强的药物不宜做皮下注射。
- ✧ 持针时，手不可触及针梗。
- ✧ 针头刺入角度不宜超过45°，以免刺入肌层。
- ✧ 三角肌下缘注射时，针头稍向外侧，避免损伤神经。
- ✧ 对于过于消瘦或腹部皮下注射时，可捏起局部组织进针。
- ✧ 当短效和长效两种胰岛素合用时，应先抽吸正规胰岛素，后抽吸鱼精蛋白锌胰岛素。

（四）健康教育

1．若为长期皮下注射者，需告知患者每次应更换注射部位。

2．告知注射胰岛素患者，注射完毕局部不可揉压。

（五）操作流程图（图 8–4–6）

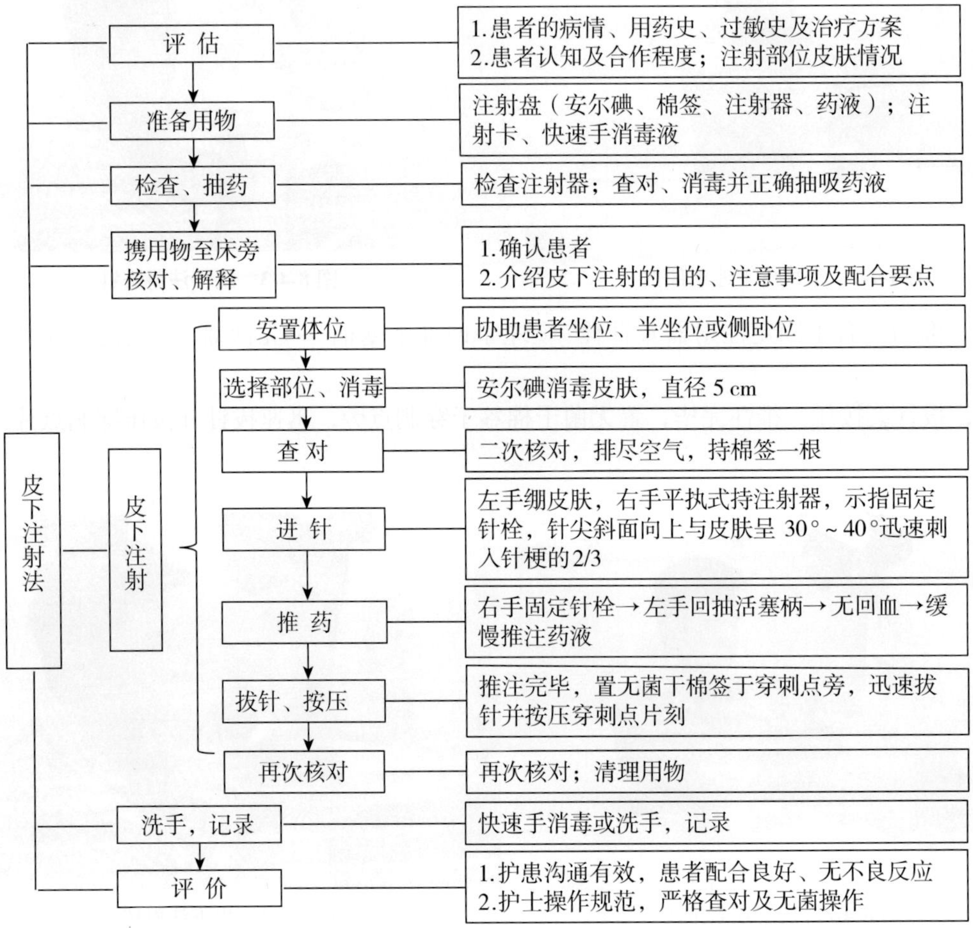

图 8-4-6　皮下注射操作流程图

（六）操作评分标准（表 8–4–1）

表8-4-1　皮下注射操作评分标准

项目	技术操作要求	评分	评分等级				实际得分
			A×1	B×0.7	C×0.4	D×0	
素质 5	仪表、着装符合要求	2					
	操作熟练、轻柔，沟通有效	3					
评估 10	评估患者的认知及配合程度	2					
	评估患者的病情、年龄、用药史、过敏史及目前治疗方案	3					
	观察注射部位局部皮肤情况	3					
	了解患者对皮下注射的心理反应	2					
操作前准备 10	洗手、戴口罩	2					
	用物准备，放置合理；检查注射器，按医嘱或处方查对抽吸药液	8					

续表

项目	技术操作要求	评分	评分等级				实际得分
			A×1	B×0.7	C×0.4	D×0	
操作过程 55	确认患者并协助取合适体位，选择、评估注射部位	5					
	消毒注射部位皮肤，直径为 5 cm 以上	5					
	二次查对药液，排尽空气，左手持一根消毒棉签	5					
	进针：左手绷紧皮肤，右手持注射器，示指固定针栓，针尖斜面向上，与皮肤呈 30° ~ 40° 迅速刺入针梗的 2/3	20					
	推药：右手固定注射器及针栓→左手抽动活塞→无回血 →缓慢推注药液	10					
	拔针、按压：推注完毕，置无菌干棉签于穿刺点旁，迅速拔针并按压穿刺点片刻	5					
	再次核对	5					
操作后 10	协助患者取舒适卧位，快速手消毒	5					
	合理处置用物，洗手	5					
提问 10	同时注射短效和长效胰岛素时应如何抽取药液？为什么？	10					
总分		100					

案例点评

- 注射前询问患者的用药史。
- 严格执行查对制度和无菌操作原则。
- 抽吸药液正确、操作规范。
- 对于消瘦者，捏起局部组织，减小穿刺角度。
- 长期注射注意更换注射部位。

（闫　兰）

第五节　肌内注射

肌内注射法（intramuscular injection）是将一定量药液注入肌肉组织的方法。注射部位一般选择肌肉较为丰厚且与大血管和神经距离相对较远处，常用的注射部位有：臀大肌、臀中肌、臀小肌、股外侧肌及上臂三角肌。

V8-7
肌内注射

【常用的注射部位定位方法】

1．臀大肌注射定位法　从臀裂顶点向左或右侧作一水平线，然后从髂嵴最高点作一垂直线，则一侧臀部被划分为 4 个象限，选其外上象限为注射部位，注意避开内角。髂前上棘与尾骨联线的外上 1/3 处为注射部位。

2．臀中肌、臀小肌注射定位法　以示指尖和中指尖分别置于髂前上棘和髂嵴下缘处，这样髂嵴、示指、中指之间便构成一个三角形区域，此区域即为注射部位。

三指法：髂前上棘外侧三横指处（以患者自己手指的宽度为标准）。

3．股外侧肌注射定位法　取大腿中段外侧，成人髋关节下 10 cm 至膝上 10 cm 处，宽度约 7.5 cm。此区范围较大，可供反复多次注射。

4．上臂三角肌注射定位法　取上臂外侧，肩峰下 2 ~ 3 横指处（此处肌肉较臀部肌肉薄，只能作小剂量注射）。

案例 8-5-1

患者男性，43 岁，因双下肢无力、麻木、行走困难 6 个月入院，既往无药物过敏史。入院后遵医嘱给予扩张血管药、营养神经药，肌内注射腺苷钴胺。

（一）护理评估

1．评估患者的病情、年龄、用药史、过敏史及目前治疗方案。

2．评估患者认知、合作程度及心理反应，告知患者肌内注射的目的、方法、注意事项及配合要点。

3．评估注射部位局部皮肤情况。

（二）操作前准备

1．护士准备　按要求着装，洗手，戴口罩。

2．用物准备　注射盘（安尔碘、棉签、注射器、药物）、注射卡、PDA（如有）、快速手消毒液、治疗车（锐器盒、医疗垃圾袋、生活垃圾袋）（图 8-5-1）。

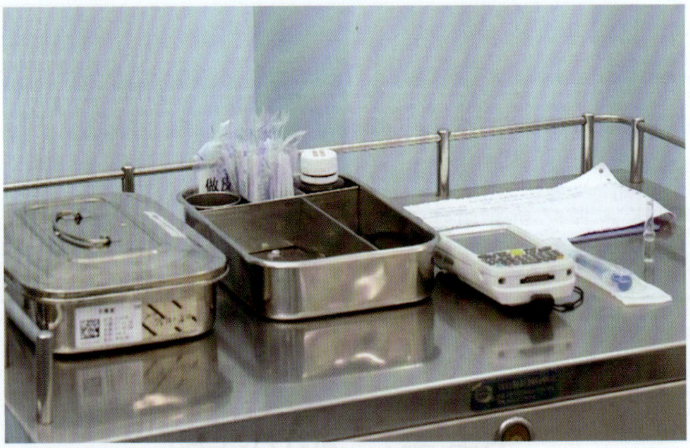

图 8-5-1　肌内注射操作用物

3．环境准备　清洁、宽敞、光线明亮，拉围帘保护患者隐私。

（三）操作步骤

1．核对并检查、抽吸药物　根据医嘱核对药物（药名、剂量、浓度）及给药时间和给药方法，检查药物有无过期及变质；检查一次性注射器的有效期及有无漏气；消毒且正确抽吸药物并排出空气。

2．核对并解释　携用物至患者床旁，核对姓名、床号和腕带（有 PDA 可扫描腕带确认患者信息，至少两种方法核对）；向患者及家属解释肌内注射的目的和配合要点。

3．安置体位　协助患者取合适体位（可取：坐位、侧卧位、俯卧位或仰卧位）；治疗车放置合理，便于操作。

4．选择并消毒注射部位　选择、评估注射部位；用快速手消毒液洗手，安尔碘消毒注射部位局部皮肤，消毒面积 5 cm × 5 cm，待干。

5．二次查对，排尽空气，左手持一根消毒棉签。

6．进针　左手拇指和示指绷紧注射部位皮肤，右手执笔式持注射器，中指固定针栓，针头与皮肤呈 90° 迅速刺入针梗的 2/3（图 8-5-2、图 8-5-3）。

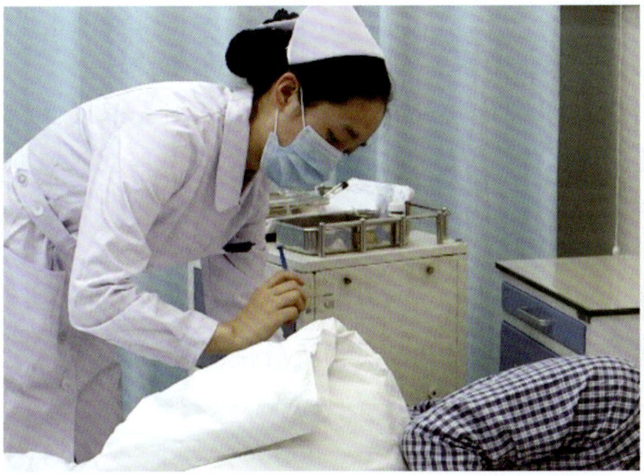

图 8-5-2　执笔式持针法

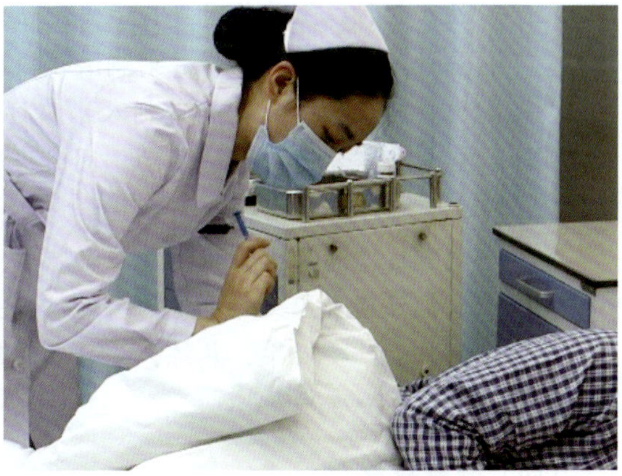

图 8-5-3　肌内注射进针

7．推药　右手固定注射器及针栓 →左手抽动活塞→无回血 →缓慢推注药液（图 8-5-4、图 8-5-5）。

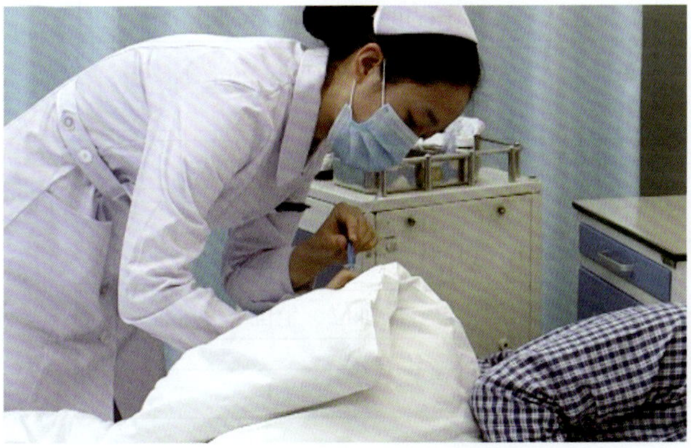

图 8-5-4　肌内注射抽回血

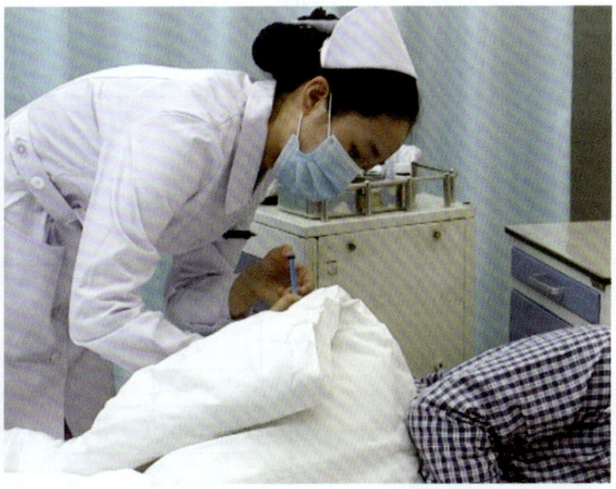

图 8-5-5　肌内注射推药

8．拔针、按压　推注完毕，置无菌干棉签于穿刺点旁，迅速拔针并按压穿刺点片刻（图 8-5-6）。

9．再次核对（三查）并协助患者取舒适卧位。

10．清理用物　注射器针头放在锐器盒内，用过的棉签和注射器弃在医疗垃圾箱中（垃圾分类处理）。

11．快速手消毒或洗手，记录。

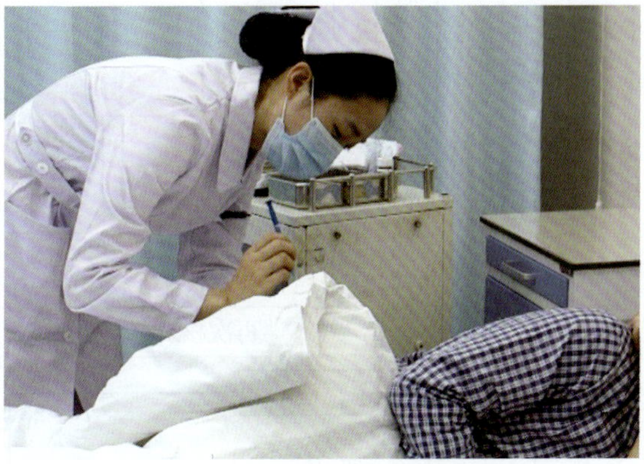

图 8-5-6　肌内注射拔针

重要小提示

✧ 严格执行查对制度和无菌操作原则。

✧ 2 岁以下婴幼儿最好选用臀中肌、臀小肌注射，避免损伤坐骨神经。

✧ 注射部位局部不可有炎症、硬结、破损、瘢痕。

✧ 注入 2 种以上药物时，应注意配伍禁忌。

✧ 多种药液注射时，先注射刺激性较小的药液，后注射刺激性较强的药液。

✧ 进针时切勿将针梗全部刺入，以防针梗从根部衔接处折断，无法取出。一旦发生断针，应先嘱患者保持原位不动，同时迅速用血管钳夹住断端拔出；如断端全部埋入肌肉，应速请外科医生处理。

✧ 消瘦者及患儿进针时深度应酌减。

✧ 长期注射者应交替更换注射部位，并选用细长针头，以避免或减少硬结的发生。

✧ 操作动作要轻柔、熟练，并且要做到二快一慢，即进针快、拔针快、推药慢。

（四）健康教育

1．肌内注射时，采取正确体位，以使局部肌肉放松，减轻疼痛感。

2．对因长期多次注射出现局部硬结的患者，教其局部热敷的方法。

（五）操作流程图（图 8-5-7）

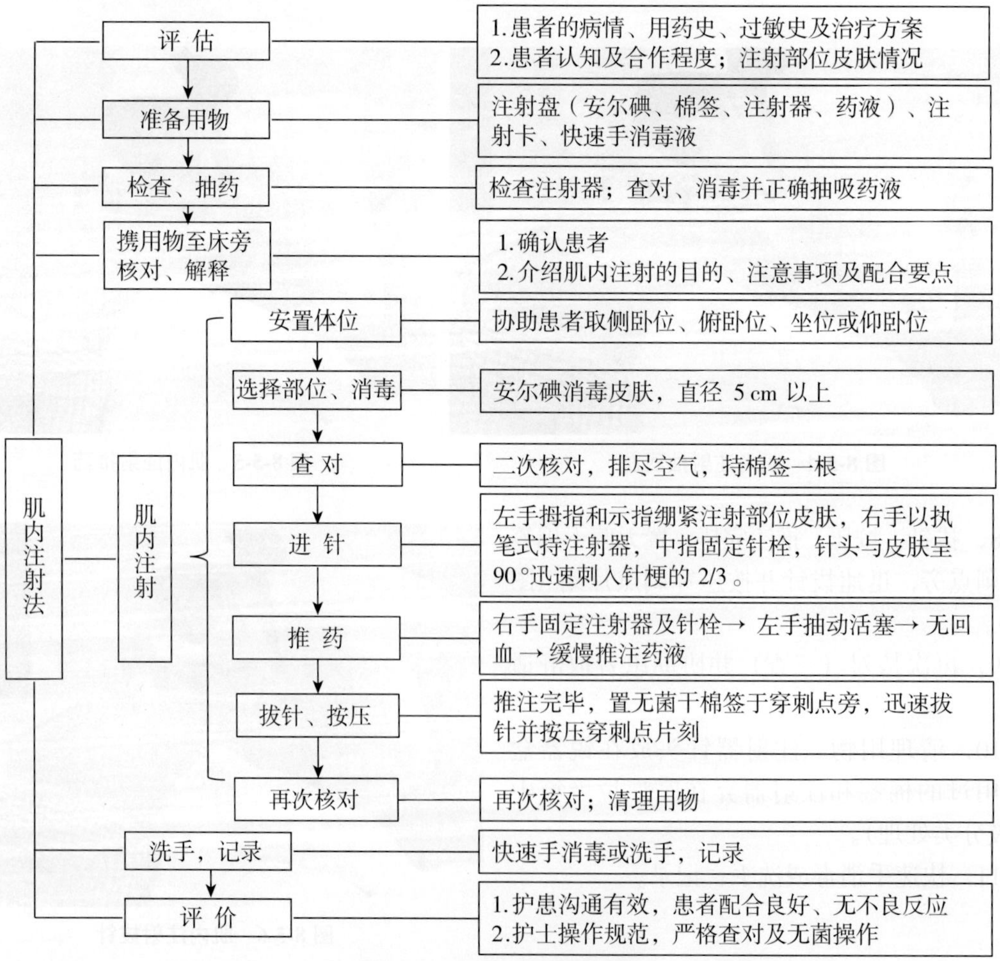

图 8-5-7　肌内注射操作流程图

（六）操作评分标准（表 8-5-1）

表8-5-1　肌内注射操作评分标准

项目	技术操作要求	评分	评分等级				实际得分
			A×1	B×0.7	C×0.4	D×0	
素质 5	仪表、着装符合要求	2					
	操作熟练、轻柔，沟通有效	3					
评估 10	评估患者的认知及配合程度	2					
	评估患者的病情、年龄、用药史、过敏史及目前治疗方案	3					
	观察注射部位局部皮肤情况	3					
	了解对肌内注射的心理反应	2					
操作前准备 10	洗手、戴口罩	2					
	用物准备，放置合理；检查注射器，按医嘱或处方查对、抽吸药液	8					
操作过程 55	确认患者并协助取合适体位，选择、评估注射部位	5					
	消毒注射部位皮肤，直径为 5 cm 以上	5					
	二次查对药液，排尽空气，左手持一根消毒棉签	5					
	进针：左手拇指和示指绷紧注射部位皮肤，右手执笔式持注射器，中指固定针栓，针头与皮肤呈 90° 迅速刺入针梗的 2/3	20					
	推药：右手固定注射器及针栓→左手抽动活塞→无回血→缓慢推注药液	10					
	拔针、按压：推注完毕，置无菌干棉签于穿刺点旁，迅速拔针并按压穿刺点片刻	5					
	再次查对	5					
操作后 10	协助患者取舒适卧位，快速手消毒	5					
	合理处置用物，洗手	5					
提问 10	肌内注射常用部位的定位方法	6					
	操作中的注意事项	4					
总分		100					

案例点评

➢ 严格遵守查对制度及无菌操作原则，同时注射多种药物时注意配伍禁忌。

➢ 根据药品的性质（黏稠度、有无刺激性等）选择长短、粗细合适的针头，同时确保注射器乳头与针栓部连接紧密。

➢ 抽吸药液剂量准确，操作规范。

➢ 协助患者选取适当体位，以放松肌肉。

➢ 注射前询问患者的用药史。

➢ 注射部位选择正确，对小孩、精神异常患者、意识不清者可给予适当的约束。

➢ 以注射点为中心，由内向外螺旋形涂擦，直径要大于 5 cm。

➢ 针头与皮肤呈 90° 快速刺入针梗的 2/3。

➢ 进针后、推注药液前，应先抽动活塞检查有无回血。

➢ 注射时掌握二快一慢，即进针快、拔针快、推药慢。

➢ 在注射药物过程中，随时观察患者的反应；对易引起过敏反应的药物，应先做过敏试验。

（闫 兰）

第六节 静脉注射

静脉注射（intravenous injection）是将一定量的无菌药液自静脉注入人体内的方法。

一、四肢静脉注射法

案例 8-6-1

患者男性，69 岁，突发言语不清伴右侧肢体活动不灵 2 小时入院。神志清，完全性混合性失语，双侧瞳孔等大同圆，对光反射灵敏，双眼向左凝视，右侧中枢性面舌瘫，右上肢肌力Ⅱ级，右下肢肌力Ⅱ +，右侧病理征阳性。诊断：脑梗死。立即给予静脉溶栓治疗。医嘱：0.9% 氯化钠注射液 20 ml，阿替普酶注射剂 5 mg 静脉注射。

（一）护理评估

1．评估患者的病情、意识状态、肢体活动能力及用药目的。

2．评估患者对注射的知识水平、心理反应及配合程度。

3．观察注射部位局部皮肤情况、静脉充盈度及血管壁弹性。

4．了解患者过敏史与用药史。

静脉注射

（二）操作前准备

1．护士准备　着装整齐，洗手，修剪指甲，备齐用物。

2．患者准备

（1）了解静脉注射的目的、方法、注意事项及配合要点、药物的作用及副作用。

（2）取舒适体位。

3．用物准备　处置盘、注射器（按药量）、针头、药液、安尔碘、棉签、注射单或医嘱单、输液贴、垫枕、治疗巾、止血带、快速手消毒液（图 8-6-1）。

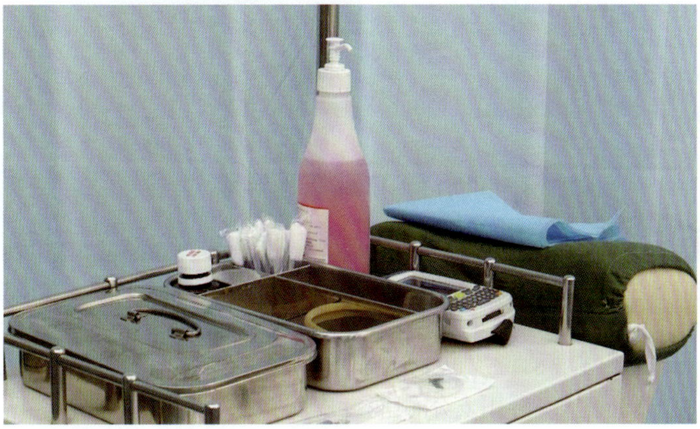

图 8-6-1　静脉注射护理操作用物

4．环境准备　病室温湿度适宜，宽敞、明亮。

（三）操作步骤

1．评估并解释　至患者床旁，核对患者的姓名、床号、腕带；评估患者的病情、肢体活动能力、静脉注射给药的目的及注射部位的皮肤和静脉血管的情况；向患者及家属解释静脉注射方法、注意事项及配合要点。

知识链接

不同患者四肢静脉注射穿刺方法

1. 肥胖患者　皮肤脂肪较厚，静脉较深，显露不明显。扎止血带，使静脉充盈，摸准血管后，常规消毒皮肤，由静脉上方刺入，进针角度稍加大（30° ～ 40° ）。

2. 消瘦患者　皮下脂肪少，静脉易滑动，穿刺时需固定静脉，从正面或侧面刺入。

3. 水肿患者　沿静脉解剖走行，用手指按压局部，暂时驱散皮下水分，充分显露静脉后再行穿刺。

4. 脱水患者　静脉萎陷，充盈不佳，可作局部热敷、按摩，使静脉充盈后再行穿刺。

5. 老年患者　皮肤松弛，皮下脂肪少，静脉易滑动，针头不易刺入；静脉多硬化，脆性增加，穿刺时易破，注射时，可用手指固定穿刺静脉上下端，从静脉上方直接刺入。

2．携用物至床旁、核对　护士备齐用物携至患者床旁，核对患者的姓名、床号、腕带及医嘱单。

3．安置体位　协助患者取舒适卧位（图 8-6-2）。

4．选择合适静脉　以手指探明静脉方向及深度，在穿刺部位的肢体下放置垫枕及治疗巾（图 8-6-3）。

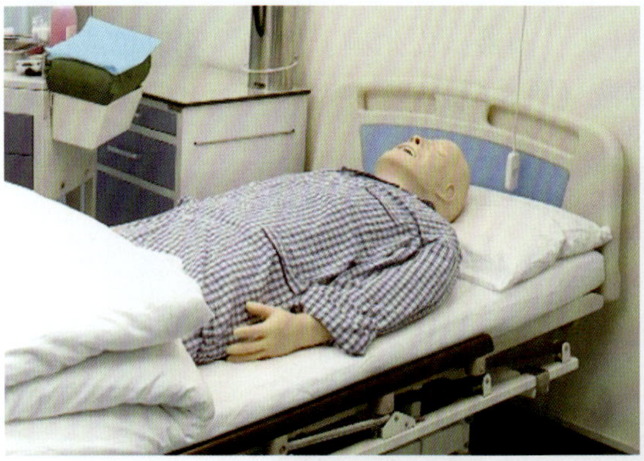

图 8-6-2　四肢静脉注射安置患者体位

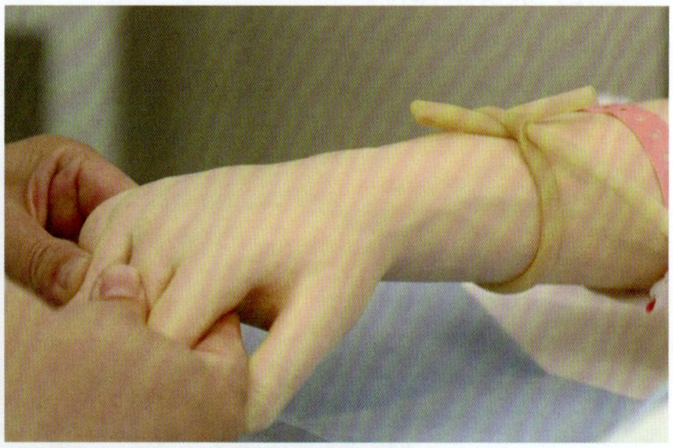

图 8-6-3　选择静脉

5．消毒皮肤　安尔碘常规消毒皮肤，嘱患者握拳，在穿刺部位上方（近心端）约 6 cm 处扎紧止血带，止血带末端向上，再用安尔碘消毒皮肤一次，待干（图 8-6-4）。

6．穿刺　再次核对，排尽空气。以左手拇指绷紧皮肤，固定静脉，右手持注射器，针尖斜面向上，与皮肤呈 15° ～ 30° 刺入，入皮后沿静脉方向潜行刺入静脉（图 8-6-5）。

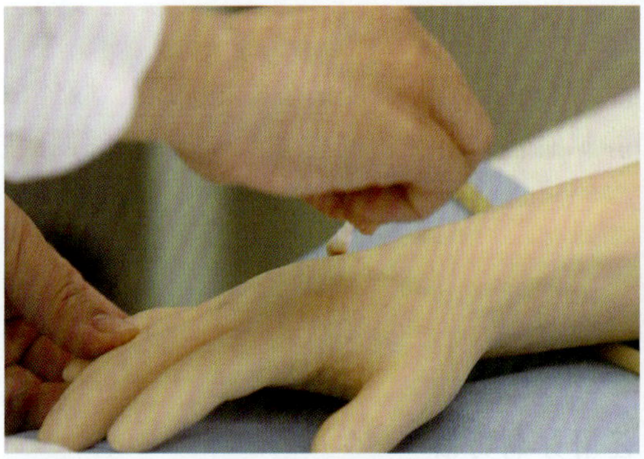

图 8-6-4　消毒皮肤

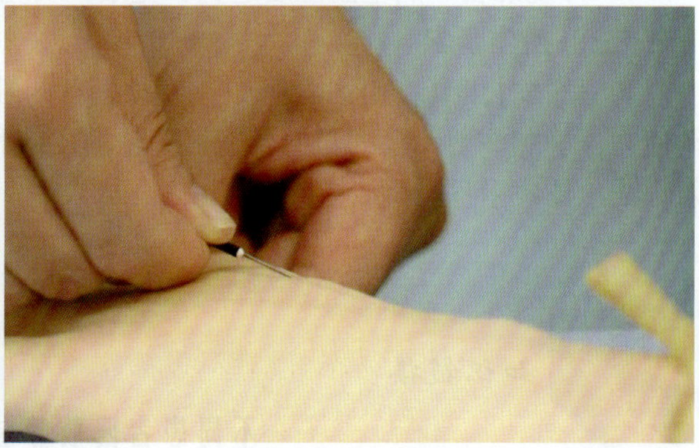

图 8-6-5　静脉穿刺

7．注药　见回血，证明针头已入静脉，可再沿静脉进针少许，松开止血带，嘱患者松拳，用左手拇指固定针栓，缓慢注入药液（图 8-6-6）。

8．注射毕　将干棉签纵向放于穿刺点上方，快速拔出针头，嘱患者用棉签纵向按压穿刺点片刻（图 8-6-7）。

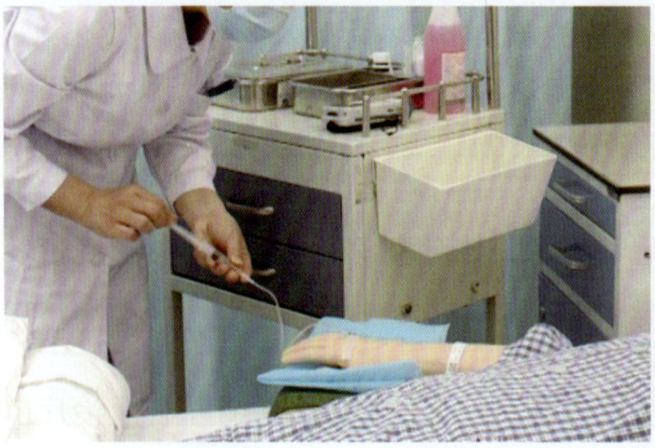

图 8-6-6　固定、推药

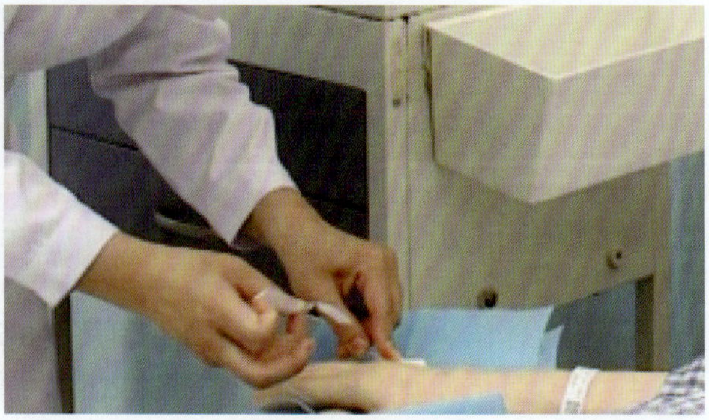

图 8-6-7　棉签按压

9．再次核对　撤去垫枕、止血带及治疗巾，核对患者的姓名、床号、腕带及用药。

10．操作后处理　整理床单位，洗手，记录。

重要小提示

✧ 常用注射部位：上肢常用肘部浅静脉（贵要静脉、肘正中静脉、头静脉）、腕部及手背静脉；下肢常用大隐静脉、小隐静脉及足背静脉。头皮静脉：小儿头皮静脉极为丰富，分支甚多，互相沟通交错成网且静脉表浅易见，易于固定。

✧ 选择血管时要避开关节和静脉瓣的血管。

✧ 如果病情需要长期给药，应注意保护血管，由远心端选择血管穿刺。

✧ 根据患者的年龄、病情、药物的性质，掌握推注药物的速度，观察注射局部及患者的反应，随时倾听患者的主诉。

（四）健康教育

1．向患者解释静脉注射用药的目的，药物名称、剂量、作用、不良反应、注射速度及注意事项。

2．指导患者自我病情观察，如注射过程中出现胸闷、心慌、皮肤痒等情况，应立即告知。

3．讲解拔针后按压的正确部位、方法、时间等，有无再次出血的观察及出血时的处理。

（五）操作流程图（图 8-6-8）

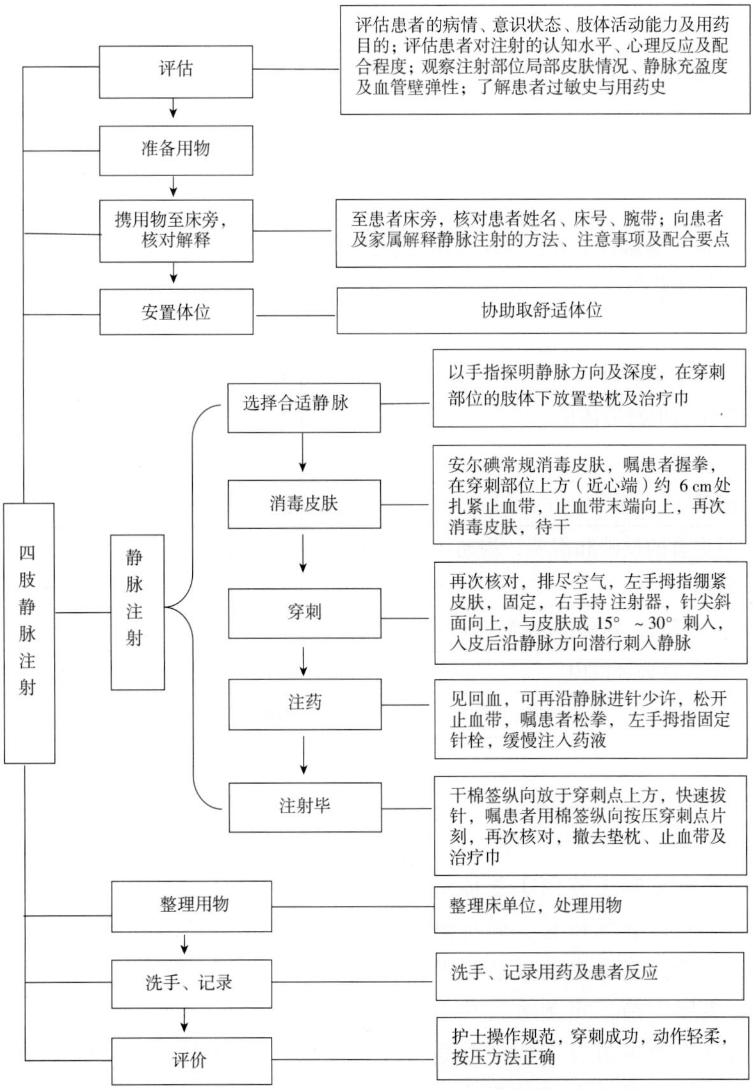

图 8-6-8　四肢静脉注射操作流程图

（六）操作评分标准（表 8-6-1）

表8-6-1　四肢静脉注射技术操作评分标准

项目	技术操作要求	评分	评分等级				实际得分
			A×1	B×0.7	C×0.4	D×0	
素质 5	仪表、着装符合要求	2					
	操作熟练、轻柔，沟通有效	3					
评估 15	评估患者的病情及注射部位皮肤情况	5					
	评估患者自理及合作程度	5					
	了解患者过敏史与用药史	5					
操作前准备 6	洗手、戴口罩	2					
	用物齐全，放置合理	2					
	取舒适体位	2					
操作过程 60	核对患者及医嘱单	5					
	选择合适静脉，放垫枕及治疗巾	5					
	消毒皮肤方法正确，扎止血带正确	5					
	再次核对，排气方法正确	5					
	左手拇指绷紧静脉下端皮肤，固定，右手持注射器，针尖斜面向上，与皮肤呈 15°～30°刺入，入皮后沿静脉方向潜行刺入静脉	15					
	见回血，沿静脉进针少许	5					
	松止血带，嘱患者松拳，左手拇指固定针栓，缓慢注药	5					
	用干棉签放于穿刺点上方，快速拔出针头，嘱患者用棉签按压片刻	5					
	再次核对	5					
	向患者交代注意事项	5					
操作后处理 7	整理床单位，取舒适体位	2					
	用物处理恰当	2					
	洗手后记录	3					
整体评价 7	认真倾听患者的反映和需要，沟通语言恰当，患者无不适感	3					
	动作规范、轻巧、熟练、准确、节力	2					
	操作时间在 10 分钟以内	2					
总分		100					

案例点评

- 选择患者右侧（健侧）肢体进行穿刺。
- 选择穿刺的静脉粗直、弹性好、不易滑动而易固定，避开关节及静脉瓣。
- 扎止血带、消毒皮肤方法规范。
- 穿刺角度正确，穿刺方法规范。
- 根据患者的年龄及药物的性质，掌握注入药物的速度，观察局部及病情变化。
- 拔针后按压穿刺点方法正确。

二、小儿头皮静脉注射法

案例 8-6-2

患儿，男，9 个月，抽搐待查。表现为阵发性强直性痉挛，每次约 3 分钟。体温 36.2 ℃，呼吸 40 次 / 分，脉搏 150 次 / 分。医嘱：地西泮注射液 8 mg 静脉注射。

（一）护理评估

1．评估患儿的病情、意识状态及用药目的。

2．评估患儿家属对静脉注射的知识水平、心理反应及配合程度。

3．观察注射部位局部皮肤情况、静脉充盈度及血管壁弹性。

4．了解患儿过敏史与用药史。

（二）操作前准备

1．护士准备　着装整齐，洗手，修剪指甲，备齐用物。

2．患儿准备

（1）家属了解静脉注射的目的、方法、注意事项及配合要点、药物的作用及副作用。

（2）取舒适体位。

3．用物准备　处置盘、注射器（按药量）、头皮针、药液、75% 乙醇、棉签、注射单或医嘱单、输液贴、备皮刀、快速手消毒液。

4．环境准备　病室温湿度适宜，宽敞、明亮。

（三）操作步骤

1．评估并解释　至患儿床旁，核对患儿的姓名、床号、腕带；评估患儿的病情、静脉注射给药的目的及注射部位的皮肤和静脉血管的情况；向患儿家属解释静脉注射的方法、注意事项及配合要点。

2．携用物至床旁、核对　护士备齐用物携至患儿床旁，核对患儿的姓名、床号、腕带及医嘱单。

3．安置体位　协助患儿取仰卧位或侧卧位。

4．选择合适静脉　必要时剃去注射部位毛发，以手指探明静脉方向及深度，选择时注意与动脉相鉴别。

知识链接

头皮静脉与头皮动脉的鉴别

特征	头皮静脉	头皮动脉
色	浅蓝	淡红
搏动	无	有
血管壁	薄、弹性差	厚、弹性好
血流方向	向心	离心
回血颜色	暗红	鲜红
注药阻力	小	大，局部血管树枝状突起，颜色苍白，患儿疼痛、尖叫

5．消毒皮肤　用 75% 乙醇常规消毒穿刺部位皮肤 2 次。

6．穿刺　再次核对，排尽空气。助手固定患儿头部，术者以左手拇、示指固定静脉的两端，右手持头皮针，针尖斜面向上，与皮肤呈 15°～20° 沿静脉向心方向刺入。

7．注药　见回血，不宜继续前行，少量推药，如无异常，证明针头已入静脉，用输液贴固定，缓慢注入药液。

8．注射毕　将干棉签纵向放于穿刺点上方，快速拔出针头，用棉签纵向按压穿刺点片刻。

9．再次核对　核对患儿的姓名、床号、腕带及用药。

10．操作后处理　整理用物，整理床单位，洗手，记录。

重要小提示

✧ 针头刺入过浅：未进入静脉，回抽未见回血；或针头斜面未完全刺入静脉，部分在血管外，抽吸虽有回血，注药时药液溢至皮下，局部皮肤隆起并有痛感。

✧ 针头刺入过深：针尖斜面部分穿破对侧血管壁，抽吸有回血，药物注入深部组织可有局部隆起、疼痛。

✧ 针头刺入过深：穿破对侧血管壁，抽吸无回血。

✧ 注射对组织有强烈刺激性的药物，一定要在确认针头在静脉内后方可推注药液，以免药液外溢导致组织坏死。

（四）健康教育

1．向患儿家属解释选择头皮静脉注射是因易于固定，方便患儿肢体活动。

2．告知患儿家属静脉注射用药的目的，药物名称、剂量、作用、不良反应、注射速度及注意事项。

3．指导患儿家属约束患儿，防止其抓拽注射部位，影响穿刺及注药。

4．讲解拔针后按压的正确部位、方法、时间等，有无再次出血的观察及处理。

（五）操作流程图（图 8-6-9）

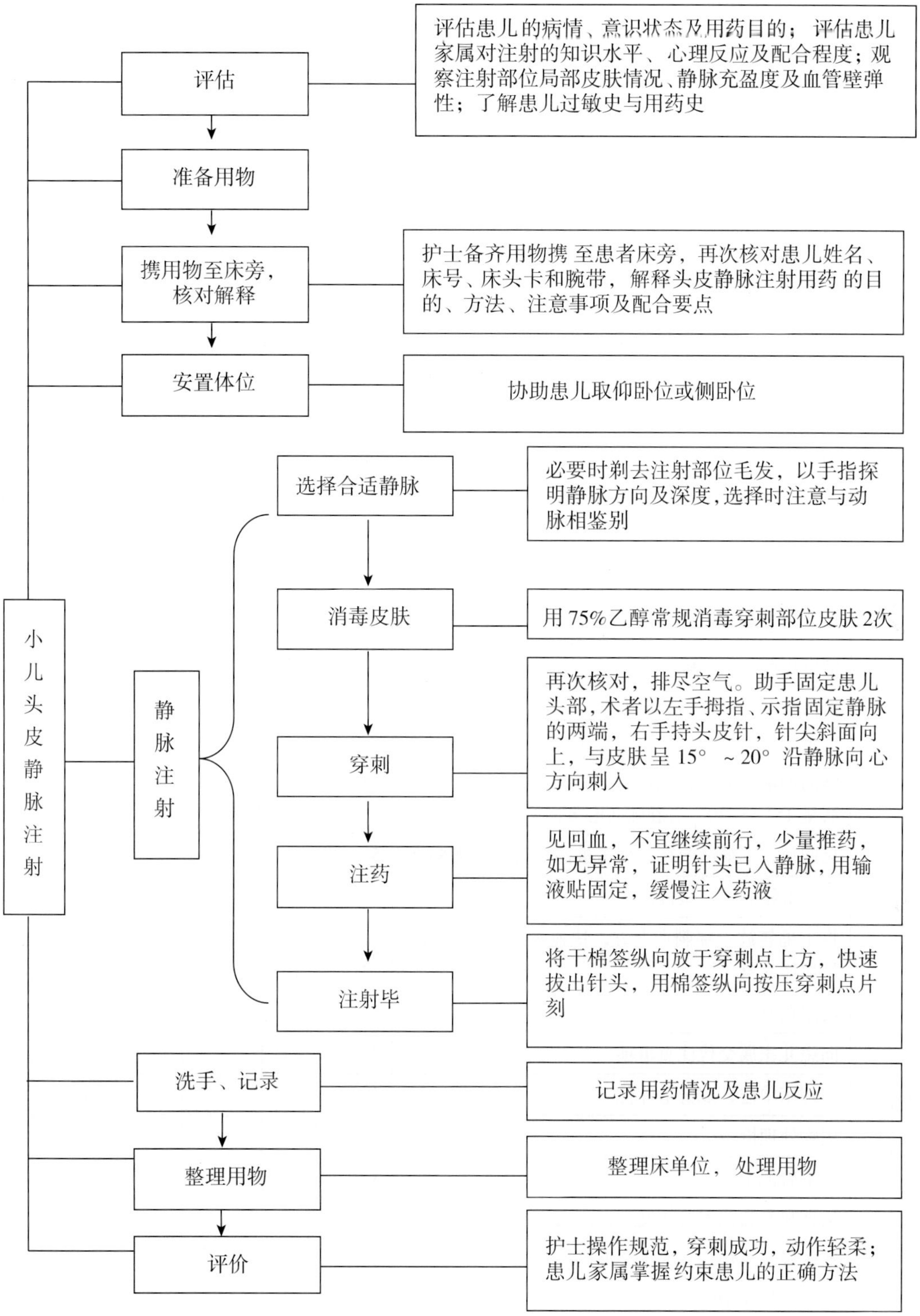

图 8-6-9　小儿头皮静脉注射操作流程图

（六）操作评分标准（表 8-6-2）

表8-6-2　小儿头皮静脉注射技术操作评分标准

项目	技术操作要求	评分	评分等级				实际得分
			A×1	B×0.7	C×0.4	D×0	
素质 5	仪表、着装符合要求	2					
	操作熟练、轻柔，沟通有效	3					
评估 15	评估患儿的病情、意识状态及用药目的	5					
	评估患儿家属对注射的知识水平、心理反应及配合程度	5					
	观察注射部位局部皮肤情况、静脉充盈度及血管壁弹性	5					
操作前准备 6	洗手、戴口罩	2					
	用物齐全，放置合理	2					
	取仰卧位或侧卧位	2					
操作过程 60	核对患儿及医嘱单	5					
	选择合适静脉，必要时剃去注射部位毛发，以手指探明静脉方向及深度，与动脉相鉴别	7					
	消毒皮肤方法正确	3					
	再次核对，排气方法正确	5					
	助手固定患儿头部，术者以左手拇、示指固定静脉的两端，右手持头皮针，针尖斜面向上，与皮肤呈 15°～20° 沿静脉向心方向刺入	15					
	见回血，不继续前行，少量推药，观察有无异常	5					
	用输液贴固定，缓慢注药	5					
	将干棉签放于穿刺点上方，快速拔出针头，用棉签按压片刻	5					
	再次核对	5					
	向患儿家属交代注意事项	5					
操作后处理 7	整理床单位，取舒适体位	2					
	用物处理恰当	2					
	洗手后记录	3					
整体评价 7	认真观察患儿用药的反应，沟通语言恰当	3					
	动作规范、轻巧、熟练、准确、节力	2					
	操作时间在 10 分钟以内	2					
总分		100					

案例点评

➢ 穿刺时鉴别动、静脉血管。

➢ 穿刺回血后未继续前行，未导致刺破血管。

➢ 穿刺及注射过程中约束患儿，患儿未抓拽穿刺部位。

➢ 根据患儿使用的药物性质，缓慢注入药液，重点观察患儿用药反应，查看注射部位局部情况。

➢ 拔针后按压穿刺点方法正确。

（于　洋）

第七节　直肠给药法

直肠给药（rectal medication administration）是指通过肛门将药物送入肠管，通过直肠黏膜的迅速吸收进入血液循环发挥药效，以治疗全身或局部疾病的给药方法。

案例 8-7-1

患者男性，45 岁，诊断为肺炎球菌肺炎。T 39.5 ℃，P 124 次 / 分，R 24 次 / 分。遵医嘱为患者行甘油栓剂直肠给药。

直肠给药法

（一）护理评估

1．评估患者的病情、临床诊断、意识状态、生命体征。

2．评估肛周情况、体温、自理能力、用药的目的以及对用药计划的了解。

3．评估认识和合作程度。

（二）操作前准备

1．护士准备　衣帽整齐，修剪指甲，洗手，戴口罩。

2．用物准备　直肠栓剂，指套或一次性手套，卫生纸，棉垫。

3．环境准备　需要时用屏风或围帘遮挡患者，保护患者隐私。

4．患者准备　了解用药目的，掌握放松和配合的方法。

（三）操作步骤

1．核对　携用物至患者床旁，核对患者床号、姓名。

2．摆体位　协助患者取左侧卧位，膝部弯曲，暴露肛门，垫棉垫。

3．戴手套　戴上指套或一次性手套。

4．嘱患者放松　让患者张口深呼吸，尽量放松。

5．插入栓剂　将栓剂插入肛门，并用示指将栓剂沿直肠壁朝脐部方向送入 6 ～ 7 cm。

6．保持平卧位　置入栓剂后，保持平卧位至少 15 分钟，若栓剂滑脱出肛门外，应予重新插入。用卫生纸擦拭肛门。

7．操作后处理

（1）协助患者穿裤子，取舒适体位，整理床单位和用物。
（2）清理用物。
（3）洗手，记录。

重要小提示

✧ 认真执行“三查七对”制度。
✧ 确认患者。
✧ 避免污染手指。
✧ 使肛门括约肌松弛。
✧ 必须插至肛门内括约肌以上，并确定栓剂靠在直肠黏膜上；若插入粪块内，则不起作用。
✧ 防止栓剂滑脱或融化后渗出肛门外。
✧ 确保用药效果。
✧ 不能下床者，将便器、卫生纸、呼叫器放于患者易取处。
✧ 注意观察药物疗效。

（四）健康教育

教会患者自行操作的方法，说明在置入药物后至少平卧 15 分钟的目的。

（五）操作流程图（图 8–7–1）

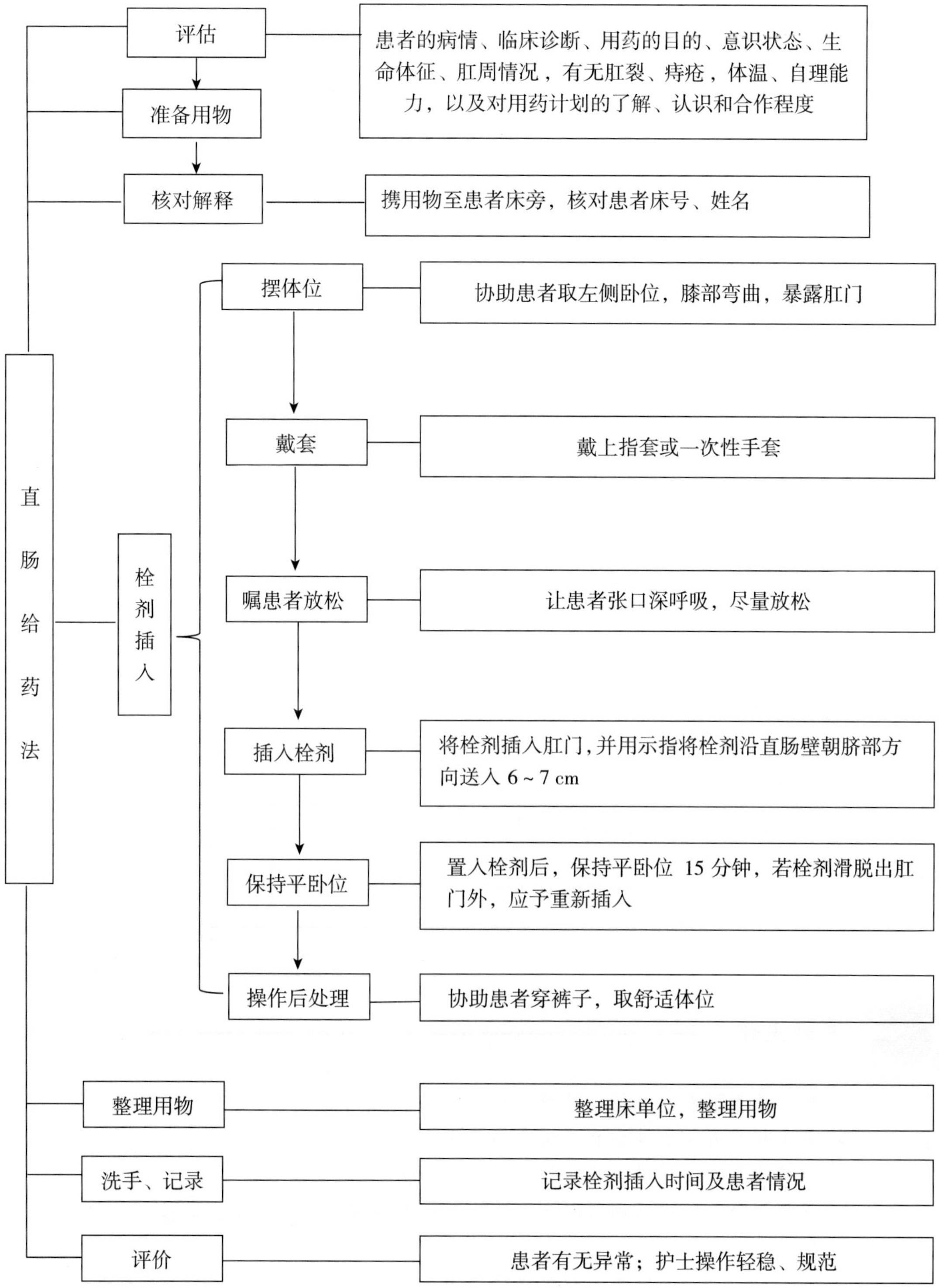

图 8-7-1 直肠给药操作流程图

（六）操作评分标准（表 8–7–1）

表8-7-1　直肠给药操作评分标准

项目	技术操作要求	评分	评分等级				实际得分
			A×1	B×0.7	C×0.4	D×0	
素质 5	仪表、着装符合要求	2					
	操作熟练、轻柔，沟通有效	3					
评估 20	评估患者的意识及配合程度	5					
	观察患者的目前病情	5					
	评估患者有无肛裂、痔疮	5					
	评估患者肛周皮肤完整性	5					
操作前准备 5	洗手、戴口罩	2					
	用物准备，放置合理	3					
操作程序 55	核对患者的床号、姓名	5					
	协助患者取左侧卧位	5					
	戴上指套或一次性手套	5					
	让患者张口深呼吸，尽量放松	5					
	将栓剂插入肛门，并用示指将栓剂沿直肠壁朝脐部方向送入 6 ～ 7 cm	15					
	置入栓剂后，保持平卧位 15 分钟，若栓剂滑脱出肛门外，应予重新插入	10					
	协助患者穿裤子，取舒适体位	5					
	整理床单位，整理用物，洗手，记录	5					
提问 15	评估内容、注意事项	15					
总分		100					

案例点评

➢ 协助患者取左侧卧位，膝部弯曲，暴露肛门。

➢ 戴上指套或一次性手套，避免污染手指。

➢ 嘱患者张口深呼吸，尽量放松，使肛门括约肌松弛。

➢ 必须插至肛门内括约肌以上，并确定栓剂靠在直肠黏膜上；若插入粪块内，则不起作用。

➢ 插入过程中动作轻柔，避免造成患者不适。

（李新霞）

第九章　静脉输液与输血

学习目标

通过本章内容的学习，学生能够：

◎ 识记

1．描述不同部位静脉输液的方法。
2．描述静脉输液和静脉输血的评估内容。
3．叙述静脉输血的作用。
4．列出常用静脉输液的种类及作用。
5．列举常用血液制品的种类及其作用。
6．说出静脉输血三查八对的内容。

◎ 理解

1．总结静脉输液的操作原则及注意事项。
2．概括常见输液反应的种类、预防及处理方法。
3．总结静脉输血的操作原则及注意事项。
4．区分常见输血反应的类型、原因及处理方法。
5．举例说明输液泵或微量泵在使用过程中常见的故障及处理方法。

◎ 运用

1．演示为患者提供静脉输液的护理活动。
2．演示为患者提供静脉输血的护理活动。

第一节　静脉输液

静脉输液（intravenous infusion）是利用液体静压和大气压形成的输液系统内压高于人体静脉压的原理，将一定量的无菌溶液或药物直接输入静脉内的方法，又称静脉滴注（intravenous drip）。依据穿刺部位不同，静脉输液可分为周围静脉输液和中心静脉输液。周围静脉输液包括外周静脉输液法和外周静脉留置针输液法。中心静脉输液包括经外周静脉插入的中心静脉置管输液法和经中心静脉（锁骨下静脉和颈内静脉）置管输液法。

一、外周静脉输液

外周静脉输液是利用原装密封瓶或塑料袋，直接插入一次性输液管进行静脉输液的方法。

案例 9-1-1

患者男性，32 岁。转移性右下腹疼痛 2 小时。查体：腹部压痛（+）、反跳痛（+）、肌紧张（+），诊断急性阑尾炎穿孔，在硬膜外麻醉下行阑尾切除术，放置腹腔引流管 1 根。术后给予头孢类抗生素静脉输液抗炎治疗。

V9-1
外周静脉输液

（一）护理评估

1．评估患者的年龄、病情、意识状态、心肺功能、药物过敏史、输注药物性质等。

2．评估患者心理状态及合作程度。

3．评估穿刺部位的皮肤、血管及肢体活动情况。

（二）操作前准备

1．护士准备　着装整齐，修剪指甲，洗手，戴口罩。

2．患者准备

（1）了解静脉输液的目的和配合方法。

（2）输液前排尿或排便。

（3）取舒适体位。

3．用物准备

（1）止血带、胶带、无菌透明敷料、棉签、安尔碘、治疗巾、快速手消毒液、药物、液体、一次性输液器、输液卡、PDA（如有）、治疗车（锐器盒、医疗垃圾袋、生活垃圾袋），见图 9-1-1。

（2）无菌物品包装完好，在有效期内使用。

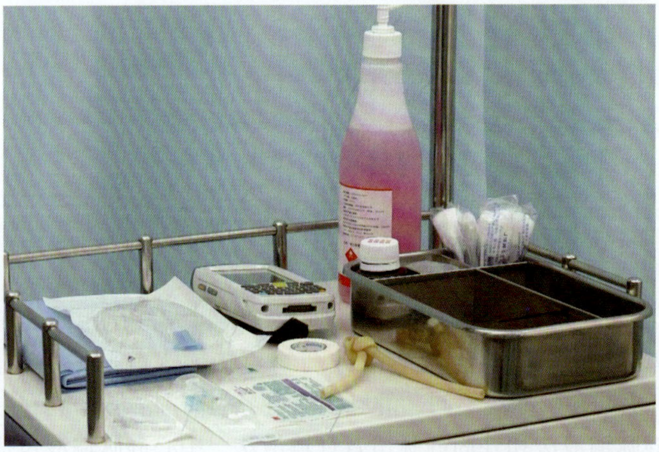

图 9-1-1　外周静脉输液操作用物

4．环境准备　清洁、宽敞，光线明亮，方便操作。

（三）操作步骤

1．核对并检查药物　根据医嘱核对药物（药名、剂量、浓度）及给药时间和给药方法。检查药物有无过期及变质。

2．加药并准备　核对无误后启开输液瓶中心，消毒瓶口，按医嘱抽吸药物并加入液体瓶中，再次核对。填写输液瓶贴并贴在药液标签旁，检查一次性输液器有无漏气及是否在有效期内，并插入输液瓶塞至根部，关闭调节器。

3．核对并解释　推治疗车至患者床旁，核对患者姓名、床号和腕带（有 PDA 可扫描腕带确认患者信息，至少两种方法核对）；向患者及家属解释输液的目的、方法、注意事项及配合要点。

4．安置体位　协助患者取舒适体位，治疗车位置合理，利于操作。

5．穿刺

（1）选择血管：穿刺部位下垫治疗巾，系止血带，选择粗直、弹性好、血流丰富的血管，避开关节和静脉瓣，松开止血带（图 9-1-2）。

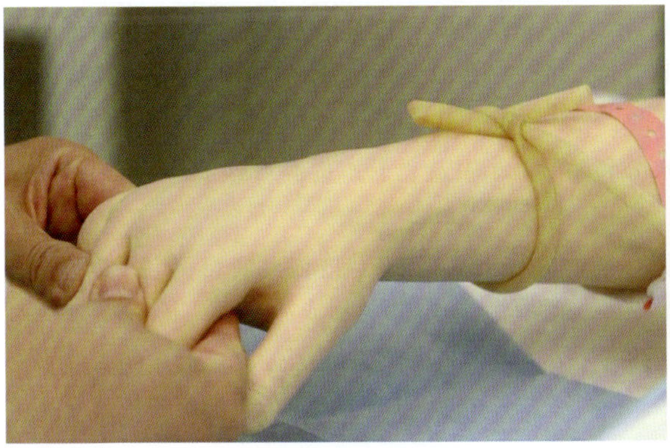

图 9-1-2　选择血管

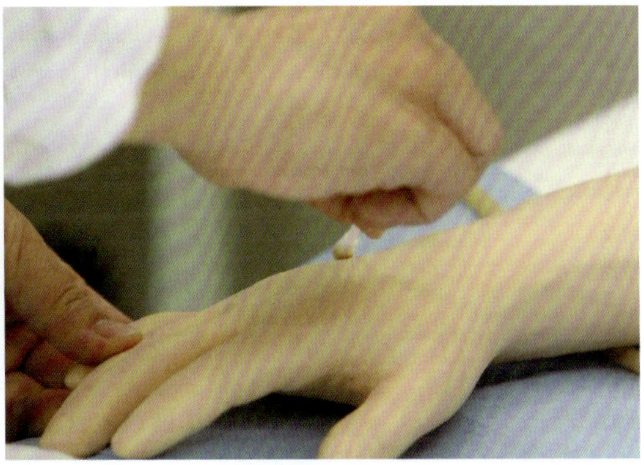

图 9-1-3　消毒皮肤

（2）消毒：用快速手消毒液洗手，第一次消毒穿刺处皮肤，消毒面积 5 cm × 5 cm，待干（图 9-1-3）。

（3）排气：打开输液器排气至滤网处，准备输液贴（图 9-1-4）。

（4）再次消毒：系止血带，松紧度以放入 2 横指为宜，位置在穿刺点上方 10 cm；第二次消毒，消毒面积 5 cm × 5 cm，小于第一次，待干。

（5）再次排气：去除护针帽，排气。

（6）二次核对：穿刺前再次核对患者信息，无误后再进行穿刺。

（7）穿刺：绷紧皮肤，在消毒范围的 1/3 ~ 1/2 处穿刺，以 15° ~ 30° 进针，针头斜面朝上，直刺静脉，进针速度慢，避免刺穿血管后壁，见回血后降低角度再进针少许。松止血带，时间不超过 2 分钟，指导患者松拳，打开输液调节器，用胶布固定针翼，再在穿刺处盖以棉片（可直接粘输液贴），固定输液管（图 9-1-5）。

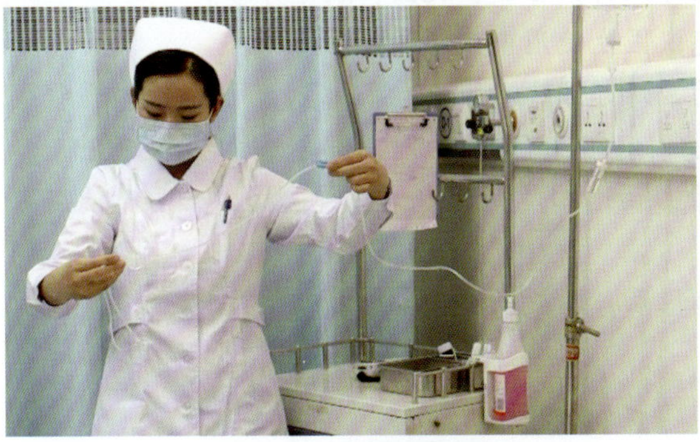

图 9-1-4　排气至滤网处

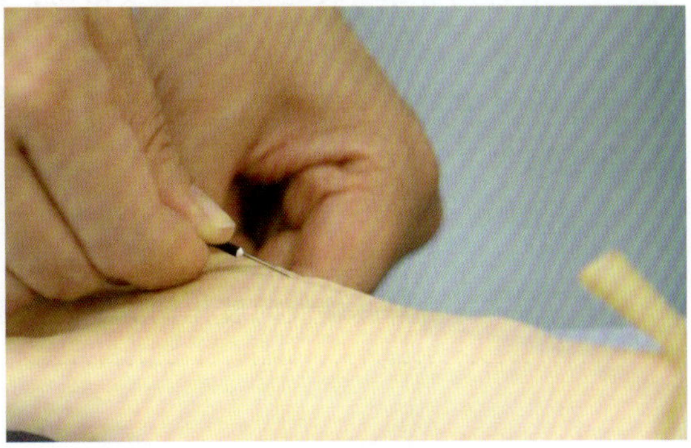

图 9-1-5　穿刺

6．调整滴速　根据患者年龄、病情、药物性质调节滴速。

7．三次核对　核对药物及患者信息，输液卡上签字后挂于输液架上。

8．整理用物　撤去治疗巾，协助患者取舒适卧位，呼叫器放于患者易取处，对患者及家属讲解注意事项，观察患者情况及有无输液反应。用快速手消毒液洗手，垃圾分类处理。

9．洗手，记录。

知识链接

常用输液溶液的特点、种类及作用

分类	晶体溶液	胶体溶液
特点	分子量小，在血管内停留时间短，对维持细胞内外水分的相对平衡具有重要作用	分子量大，在血管内停留时间长，能有效维持血浆胶体渗透压，增加血容量，改善微循环，升高血压
常用溶液及作用	5%～10%葡萄糖溶液：补充水分和热量	中分子右旋糖苷：提高血浆胶体渗透压，扩充血容量
	0.9%氯化钠、5%葡萄糖氯化钠、复方氯化钠：补充电解质	低分子右旋糖苷：降低血液黏稠度，改善微循环，防止血栓形成
	5%碳酸氢钠、11.2%乳酸钠：纠正酸中毒，调节酸碱平衡失调	羟乙基淀粉（706代血浆）：扩充血容量
	20%甘露醇、25%～50%葡萄糖注射液：利尿脱水	

（四）健康教育

1．向患者解释输液的目的。

2．向患者讲解静脉输液过程中注意观察穿刺部位皮肤，防止针头移位和脱出，出现液体外渗。

重要小提示

✧ 外周静脉输液过程中，若要活动，应防止针头移位、脱出、液体外渗。

✧ 输注高渗、低渗、刺激性等药物，建议医生使用中心静脉输注。

✧ 下肢静脉不应作为成年人穿刺血管的常用部位。

✧ 对昏迷、小儿等不合作的患者应选用易固定部位穿刺，并以夹板妥善固定以防脱出。

✧ 需长期输液的患者，应注意保护血管，由远心端向近心端进行选择，必要时使用留置针或选择中心静脉输注。

✧ 不可自静脉输液的肢体侧取血液化验标本，避免患侧肢体输液。

（五）操作流程图（图9-1-6）

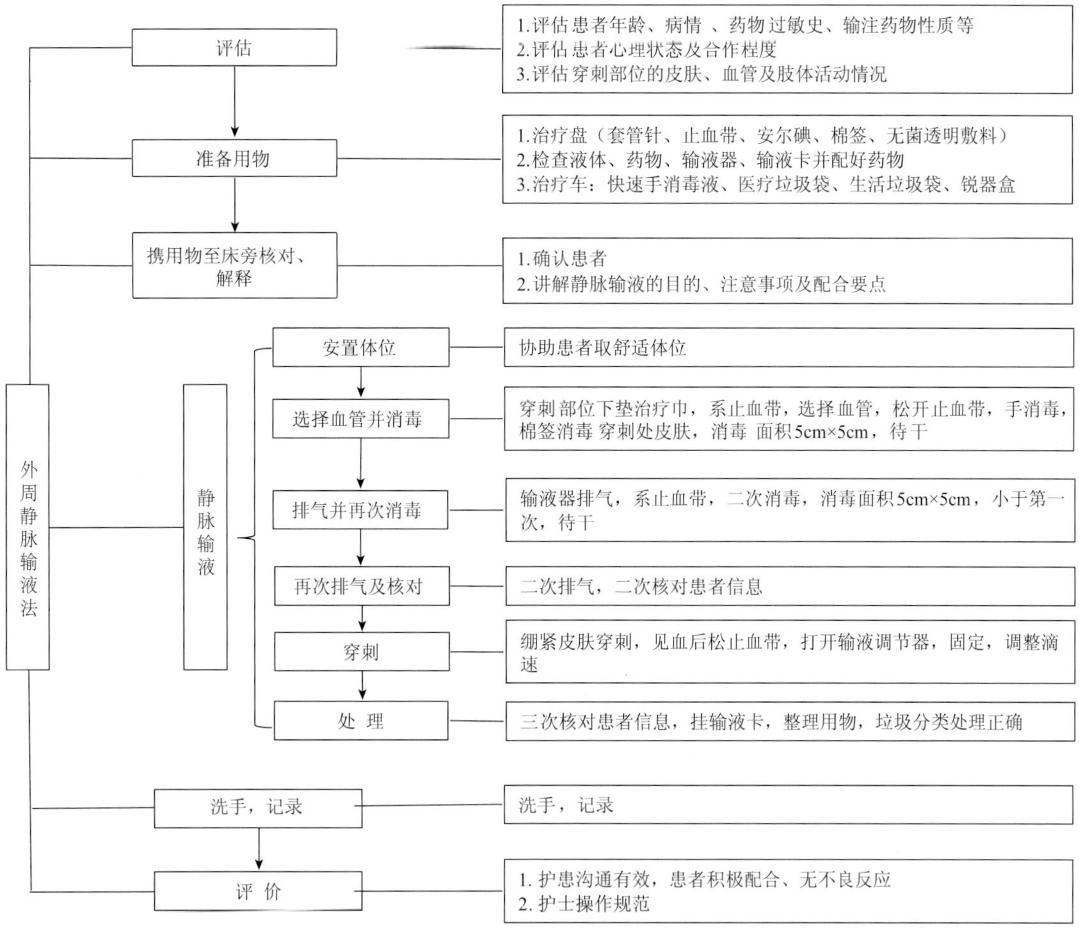

图 9-1-6　外周静脉输液操作流程图

（六）操作评分标准（表 9–1–1）

表9-1-1　外周静脉输液技术操作评分标准

项目	技术操作要求	评分	评分等级				实际得分
			A×1	B×0.7	C×0.4	D×0	
素质 5	仪表、着装符合要求	2					
	操作熟练、轻柔，沟通有效	3					
评估 15	评估患者年龄、病情、意识状态、心肺功能、药物过敏史、输注药物性质等	5					
	评估患者自理及合作程度，评估患者心理状态及合作程度	5					
	评估穿刺部位的皮肤、血管及肢体活动情况	5					
操作前准备 5	洗手、戴口罩	2					
	备齐用物	3					

续表

项目	技术操作要求	评分	评分等级				实际得分
			A×1	B×0.7	C×0.4	D×0	
操作过程55	核对医嘱并检查药液	5					
	配制药液方法正确	5					
	推治疗车至患者面前，核对患者信息（至少2种方法）	5					
	安置患者体位	3					
	选择血管，消毒皮肤方法正确	5					
	排气方法正确	3					
	二次消毒，系止血带	3					
	去除护针帽，二次排气	3					
	二次核对患者信息	5					
	穿刺血管，方法、固定针头正确	5					
	调节输液速度合适	5					
	三次核对患者信息	5					
	输液卡上签字后挂于输液架上	3					
操作后10	帮助患者摆好体位，呼叫器放置于枕头旁，做好健康宣教	3					
	快速手消毒	2					
	用物处理正确，洗手	5					
提问10	患者评估、常用溶液的种类和作用及注意事项	10					
总分		100					

案例点评

✧ 输入头孢类抗生素应做皮肤过敏试验。
✧ 患者术后体位应选择半卧位，利于减轻腹部伤口疼痛和腹部引流。
✧ 观察腹部伤口引流的色、性状、量。
✧ 输液过程中如活动，应注意穿刺部位，防止针头移位和脱出而出现液体外渗。

二、外周静脉留置针输液

静脉留置针又称套管针，其外管柔软无尖，不易刺破或滑出血管外，可在血管内保留72～96小时，适用于长期静脉输液、年老体弱、小儿、血管穿刺困难等患者。

案例 9-1-2

患者女性，6 岁，以共同性外斜视收入院。体温：36.8 ℃，脉搏：92 次 / 分，血压：90/50 mmHg。于今日全麻下行斜视矫正术。晨起留置套管针，静脉补充葡萄糖盐水溶液。

外周静脉留置针输液

（一）护理评估

1．评估患者的年龄、病情、意识状态、心肺功能、药物过敏史、输注药物性质等。

2．评估患者的心理状态及合作程度。

3．评估穿刺部位的皮肤、血管及肢体活动情况。

（二）操作前准备

1．护士准备　着装整齐，修剪指甲，洗手，戴口罩。

2．患者准备

（1）了解静脉输液的目的和配合方法。

（2）输液前排尿或排便。

（3）取舒适体位。

3．用物准备（图 9-1-7）

（1）套管针、止血带、胶带、无菌透明敷料、棉签、安尔碘、治疗巾、手消毒液、笔、手表、液体、输液器、输液卡、PDA（如有）、治疗车（锐器盒、医疗垃圾袋、生活垃圾袋）。

（2）无菌物品包装完好，在有效期内使用。

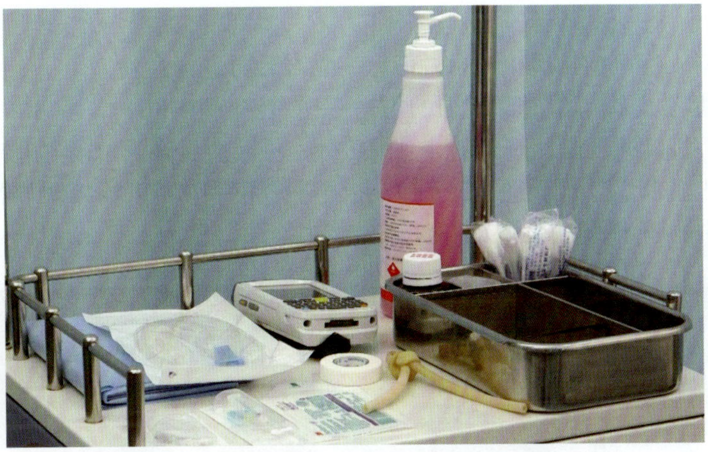

图 9-1-7　外周静脉留置针输液操作用物

4．环境准备　宽敞、明亮。

（三）操作步骤

1．核对并检查药物　根据医嘱核对药物（药名、剂量、浓度）及给药时间和给药方法。检查药物有无过期及变质。

2．加药并准备　核对无误后启开输液瓶中心，消毒瓶口，按医嘱将抽吸的药物加入液体瓶中，再次核对。填写输液瓶贴并贴在药液标签旁，检查一次性输液器有无漏气及是否在有效期内并插入输液瓶塞至根部，关闭调节器。

3．核对并解释　至患者床旁，核对患者姓名、床号和腕带（有 PDA 可扫描腕带确认患者信息，至少两种方法核对）；向患者及家属解释输液的目的、方法、注意事项及配合要点。

4．安置体位　协助患者取舒适体位，治疗车位置合理，利于操作。

5．穿刺

（1）选择血管：穿刺部位下垫治疗巾，系止血带，选择粗直、弹性好、血流丰富的血管，避开关节和静脉瓣，松开止血带（图 9-1-8）。

（2）消毒：用快速手消毒液洗手，第一次消毒穿刺处皮肤，消毒面积 8 cm × 8 cm，待干（图 9-1-9）。

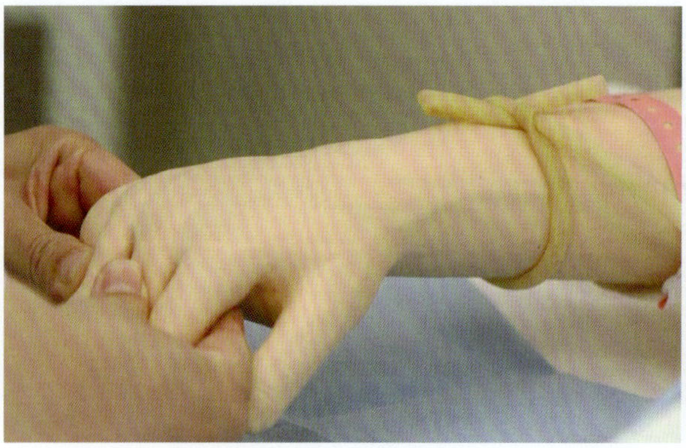

图 9-1-8　选择血管

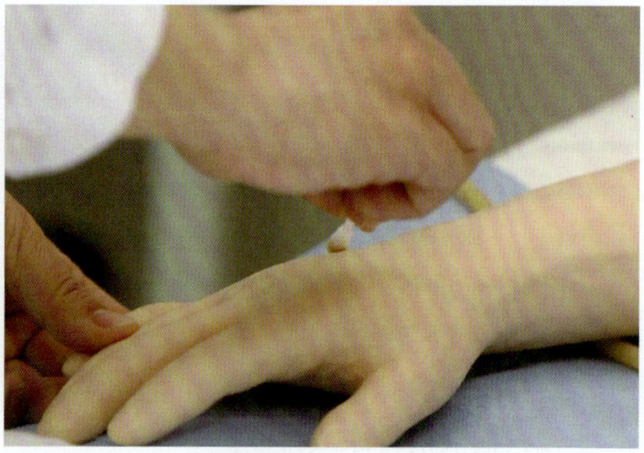

图 9-1-9　消毒皮肤

（3）排气：打开输液器排气至滤网处，准备套管针、贴膜、胶条等（写好日期、时间）（图 9-1-10）。

（4）再次消毒：系止血带，松紧度以放入 2 横指为宜，位置在穿刺点上方 10 cm；消毒面积 8 cm × 8 cm，小于第一次。

（5）再次排气：连接套管针，排气。

（6）二次核对：穿刺前再次核对患者信息，无误后再进行穿刺。

（7）穿刺：绷紧皮肤，在消毒范围的 1/3 ～ 1/2 处穿刺，以 15° ～ 30° 进针，针头斜面朝上，直刺静脉，进针速度慢，避免刺穿血管后壁，见回血后降低角度再进针少许，一次性匀速撤出针芯。松止血带，时间不超过 2 分钟，指导患者松拳，打开输液调节器。用无菌透明敷料，以穿刺点为中心固定妥当（图 9-1-11）。

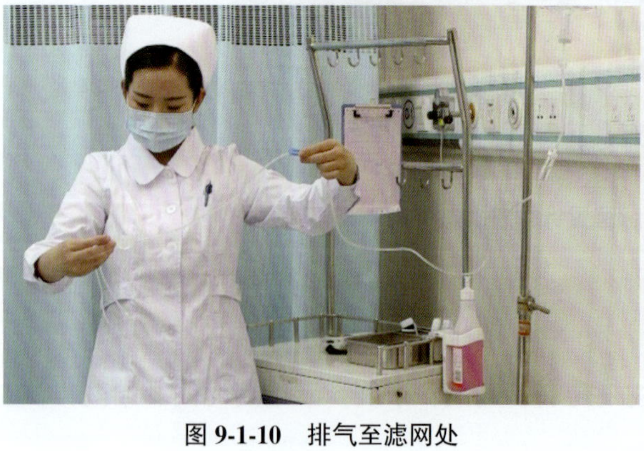

图 9-1-10　排气至滤网处

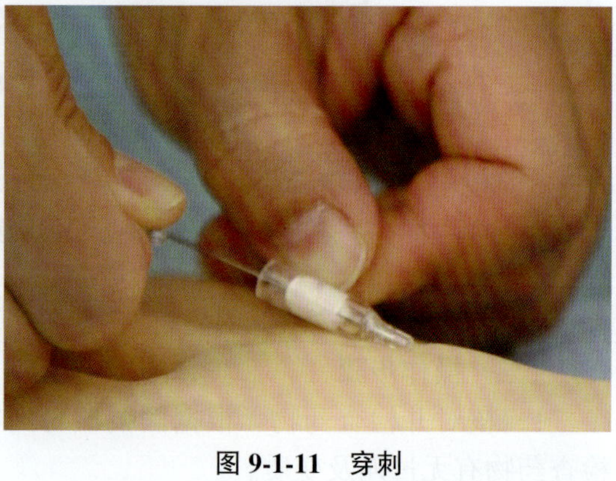

图 9-1-11　穿刺

6．调整滴速　根据患者年龄、病情、药物性质调节滴速。

7．三次核对　核对药物及患者信息，输液卡上签字后挂于输液架上。

8．整理用物　撤去治疗巾，协助患者取舒适卧位，呼叫器放于患者易取处，对患者及家属讲解注意事项，观察患者情况及有无输液反应。用快速手消毒液洗手，垃圾分类处理正确。

9．洗手，记录。

知识链接

常见静脉输液反应

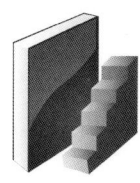

分类	临床表现	预防及处理
发热反应	多发生于输液后数分钟至1小时，表现为畏寒、寒战和发热，轻者体温在38℃左右，停止输液后数小时可自行恢复正常。严重者初起寒战，继之高热，体温可达40℃，并伴有恶心、呕吐、头痛、脉速等全身症状	预防：输液前认真检查药液质量、输液器包装及灭菌日期、有效期等，防止致热物质进入体内；严格执行无菌操作原则 处理：①反应轻者，立即减慢输液速度或停止输液，及时报告医生；②反应严重者，立即停止输液，并保留剩余药液和输液器，必要时送检验室做细菌培养查找原因；③对症处理：寒战时适当调节室温，注意保暖，高热时物理降温；④遵医嘱给予抗过敏药物或激素治疗
急性肺水肿	输液过程中患者突然出现呼吸急促、胸闷、咳嗽、咳粉红色泡沫样痰、面色苍白、出冷汗、心前区疼痛，严重时，痰液可从口、鼻涌出，听诊肺部布满湿啰音，心率快且节律不齐；可有尿量减少、水肿、腹水、颈静脉怒张等症状	预防：密切观察病情，对老年人、儿童、心肺功能不良者控制输液速度及输液量 处理：①发现上述症状立即停止输液，呼吸困难者取端坐位，双腿下垂，减少回心血量，立即通知医生；②保持呼吸道通畅，清理呼吸道分泌物；③立即给氧，减少肺泡内毛细血管渗出液的产生，湿化瓶内加入20%～30%乙醇湿化氧气，以降低肺泡内泡沫的表面张力；④必要时进行四肢轮扎
空气栓塞	患者感到胸部异常不适或有胸骨后疼痛，随即出现呼吸困难、严重发绀、有濒死感。听诊心前区可闻及响亮持续的水泡声，心电图表现为心肌缺血和急性肺心病的改变	预防：输液前排净输液管内空气，保证各连接处连接紧密，加压输液时，应加强巡视，必要时专人看护，防止液体走空 处理：①出现上述症状，应立即停止输液，置患者于左侧卧位并头低足高，使阻塞气泡向上飘逸至右心室尖部，避开肺动脉入口。②报告医生并配合抢救。③给予高流量氧气吸入，纠正缺氧状态。④有条件时，可通过中心静脉导管抽出空气。⑤严密观察病情变化，安慰患者及家属，减轻恐惧
静脉炎	输液部位沿静脉走向出现条索状红线，局部组织出现红、肿、热、痛等症状；有时伴有畏寒、发热等全身症状。静脉炎分级： 0级：没有症状。 1级：输液部位发红，伴有或不伴有疼痛。 2级：输液部位疼痛，伴有发红和（或）水肿 3级：输液部位疼痛，伴有发红和（或）水肿；条索样物形成；可触及条索状的静脉 4级：输液部位疼痛，伴有发红和（或）水肿；条索样物形成；可触及的静脉条索状物长度＞2.54 cm；有脓液流出。	预防：严格执行无菌操作，刺激性的药物应充分稀释后应用，防止药物漏出血管外，并建议使用中心静脉导管 处理：出现症状应立即停止在此静脉部位继续输液，将患肢抬高限制活动，局部用50%硫酸镁溶液湿敷（早期冷敷，晚期热敷）或外涂喜辽妥等，促进炎症消散

（四）健康教育

1．向患者解释输液的目的。

2．向患者介绍静脉留置针留置时间通常为 72 ～ 96 小时，在此期间请患者注意贴膜内避免进水，活动时避免牵拉等安全注意事项。

3．查看穿刺部位皮肤，有无红、肿、热、痛等情况，及时与其他医护人员沟通。

重要小提示

✧ 穿刺过程中，已抽出的部分针芯不能再重新插入。

✧ 贴膜贴时无张力、平整，延长管 U 型固定，输液接头要高于导管尖端，且与血管平行，标记条日期、时间要清晰。

✧ 下肢静脉不应作为成年人穿刺血管的常用部位。对昏迷、小儿等不合作的患者应选用易固定部位穿刺，并以夹板妥善固定以防脱出。

✧ 不可自静脉输液的肢体侧取血液化验标本，避免患侧肢体输液。

✧ 如输注高渗、低渗、刺激性等药物，建议医生使用中心静脉输注。

（五）操作流程图（图 9-1-12）

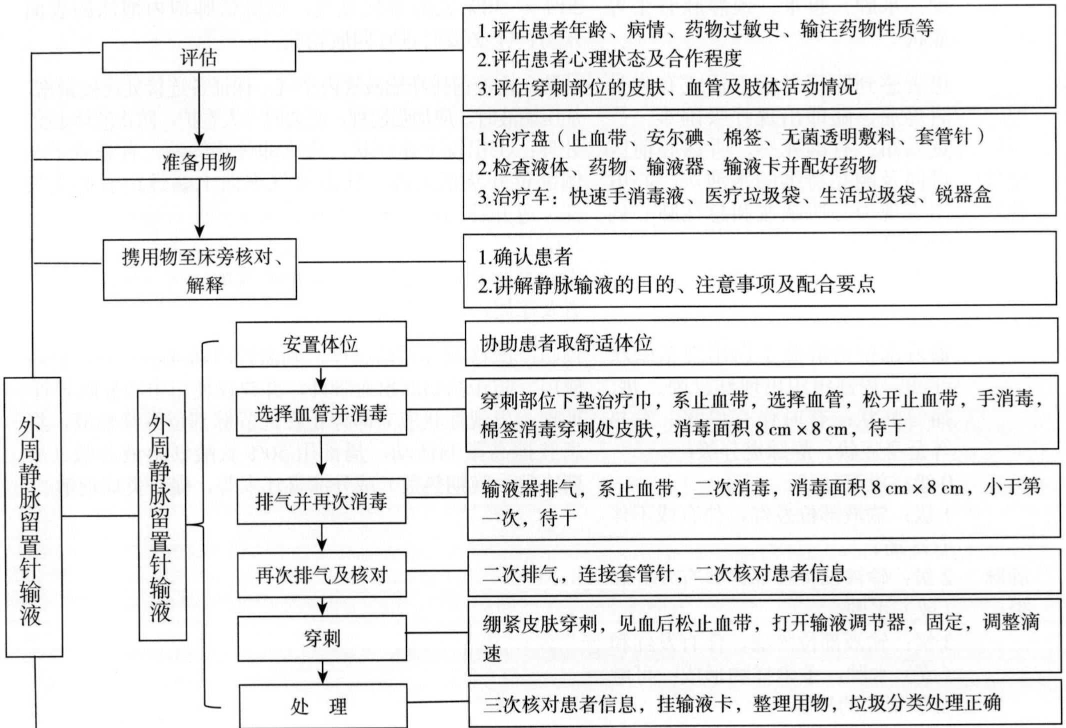

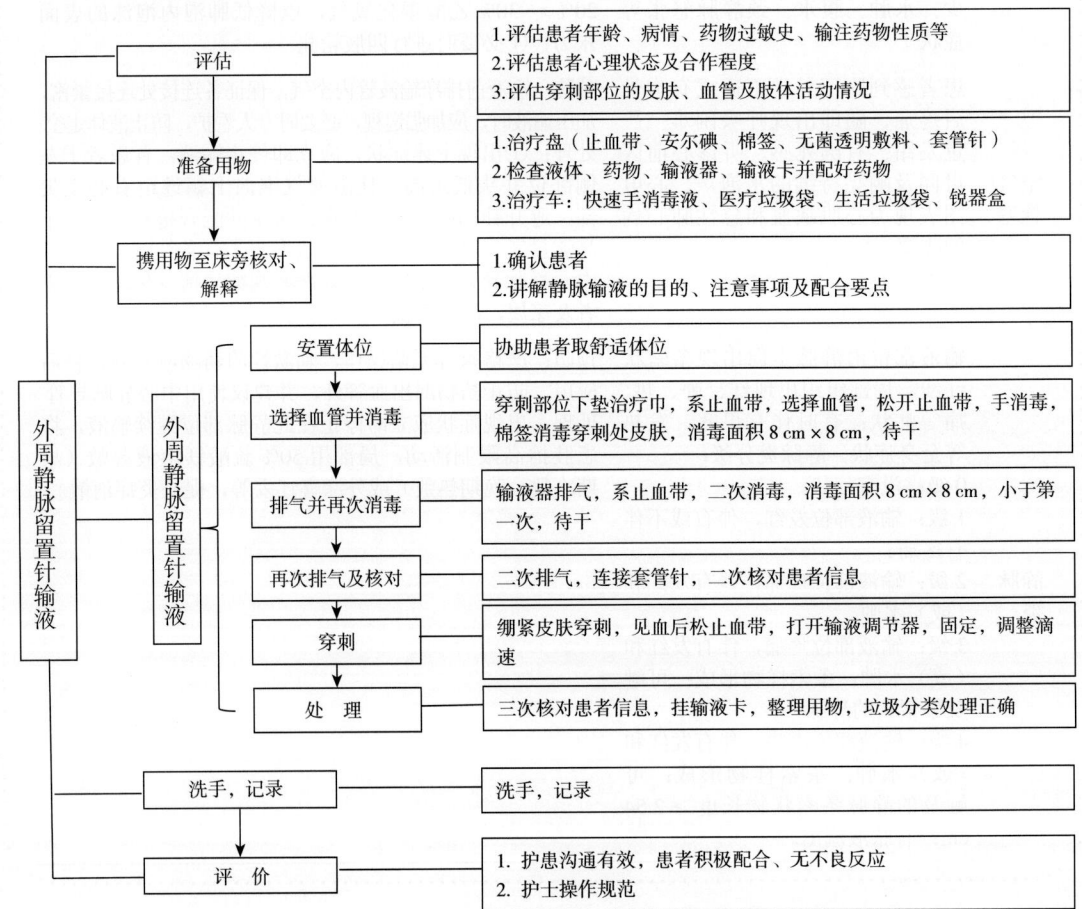

图 9-1-12　外周静脉留置针输液操作流程图

（六）操作评分标准（表 9-1-2）

表9-1-2　外周静脉留置针输液技术操作考核评分标准

项目	技术操作要求	评分	评分等级				实际得分
			A×1	B×0.7	C×0.4	D×0	
素质 5	仪表、着装符合要求	2					
	操作熟练、轻柔，沟通有效	3					
评估 15	评估患者年龄、病情、意识状态、心肺功能、药物过敏史、输注药物性质等	5					
	评估患者自理及合作程度	5					
	评估穿刺部位的皮肤、血管及肢体活动情况	5					
操作前准备 5	洗手、戴口罩	2					
	备齐用物	3					
操作过程 55	核对医嘱并检查药液	5					
	配制药液方法正确	5					
	推治疗车至患者面前，核对患者信息（至少 2 种方法）	5					
	安置患者体位	3					
	选择血管，消毒皮肤方法正确	5					
	排气方法正确	3					
	二次消毒，系止血带	3					
	连接套管针，二次排气	3					
	二次核对患者信息	5					
	穿刺血管，方法、固定针头正确	5					
	调节输液速度合适	5					
	三次核对患者信息	5					
	输液卡上签字后挂于输液架上	3					
操作后 10	帮助患者摆好体位，呼叫器放置于枕头旁，做好健康宣教	3					
	快速手消毒	2					
	分医疗垃圾、生活垃圾、锐器等，处理正确，洗手	5					
提问 10	常见静脉输液的反应	10					
总分		100					

案例点评

✧ 患儿年龄小，穿刺前与患儿的家长沟通好，取得配合。
✧ 穿刺中应妥善安抚好患儿，避免穿刺中出现意外。
✧ 输液过程中做好患儿及家属的健康教育，活动中避免套管针的脱出等。
✧ 输液滴注期间不得擅自调整滴速。

三、经外周静脉插入的中心静脉置管输液

经外周静脉插入的中心静脉置管（peripherally inserted central catheter, PICC）是一种从周围静脉（贵要静脉、肘正中静脉、头静脉、肱静脉等）穿刺置管，尖端位于上腔静脉或下腔静脉的导管置入技术。

案例 9-1-3

患者女性，因左乳腺癌行乳腺癌根治术。术后 1 月余，需行紫杉醇、表柔比星化疗。BP 120/80 mmHg，P 80 次 / 分，体温 36℃。遵医嘱经外周静脉插入中心静脉置管输液给予药物治疗。

V9-3
经外周静脉插入的中心静脉置管输液

（一）护理评估

1．置管评估

（1）评估患者的病情、年龄、血管条件、意识状态、皮肤情况、治疗需求、心理反应、合作程度及穿刺部位清洁情况。

（2）了解既往静脉穿刺史、有无相应静脉的损伤及穿刺侧肢体功能情况。

（3）评估是否需要借助影像技术帮助辨认和选择血管。

（4）了解过敏史、用药史、凝血功能等。

（5）检查并确认已签署知情同意书。

2．维护评估

（1）评估穿刺点局部情况、导管位置、导管内回血情况。

（2）评估贴膜、肝素帽或输液接头更换时间、置管时间。

（3）测量双侧上臂围并与置管前对照。

（二）操作前准备

1．护士准备

（1）着装整齐，修剪指甲，洗手，戴口罩。

（2）PICC 穿刺者需为经卫生部门认可的培训机构进行 PICC 专业知识与技能培训，考核合格并获得资格证书者。

2．患者准备

（1）清洁双侧上肢皮肤。

（2）取仰卧位。

3．用物准备（图 9-1-13）

（1）置管用物准备

① PICC 导管及套件：包括 PICC 导管、减压套筒、带插管鞘的穿刺针、无菌测量尺。

②治疗车：治疗盘（包括安尔碘、棉签）、75% 乙醇 500 ml、0.5% ～ 1% 络合碘 500 ml、PICC 医用敷料包、10 ml 生理盐水 4 支、20 ml 注射器 2 支、10 ml 注射器 1 支、肝素帽或输液接头 1 个、肝素盐水 100 ml（10 U/ml）、胶带、止血带、测量尺、快速手消毒液，患者教育手册，PICC ID 卡。

(2) 维护用物准备

①一次性维护包。

②治疗车：治疗盘（包括安尔碘、棉签），一次性维护包、75% 乙醇、100 ml 肝素盐水 1 瓶、

10 ml 生理盐水 4 支、快速手消毒液。

③治疗车下备：锐器盒、医疗垃圾袋、生活垃圾袋。

④无菌物品包装完好，在有效期内使用。

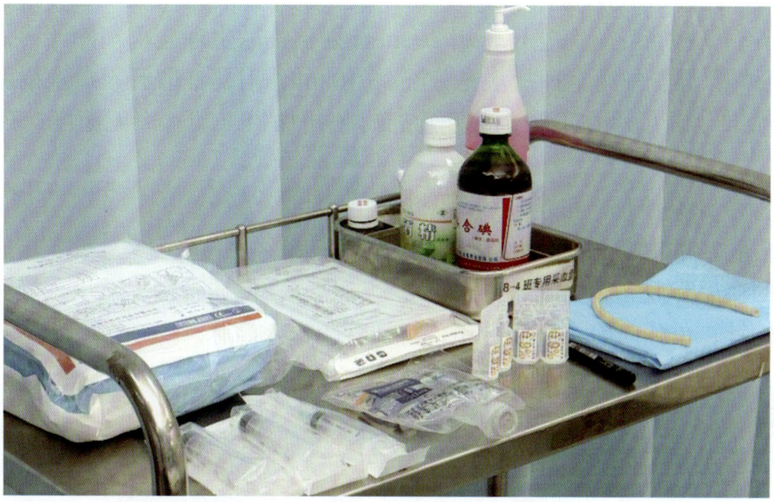

图 9-1-13　PICC 静脉输液操作用物

4．环境准备　宽敞、明亮，操作间已空气消毒。

（三）置管操作步骤（以三向瓣膜式 PICC 置管为例）

1．核对信息　核对患者姓名及腕带信息，向患者讲解操作目的及术中注意事项，以取得合作。

2．评估并选择静脉　常以贵要静脉、肘正中静脉、头静脉为序选择，首选右侧。

3．测量定位　协助患者取平卧位，手臂外展与躯体呈 90°，充分暴露穿刺部位。测量从穿刺点沿静脉走向至右胸锁关节再向下至第 3 肋间隙的距离，测量双侧上臂臂围（肘窝上 10 cm 处），助手记录（图 9-1-14）。

4．洗手　洗手或用快速手消毒液洗手，将不透水棉垫垫于患者手臂下。

5．建立无菌区　打开换药包，戴无菌手套，并将第一块无菌巾垫于患者手臂下，助手将止血带放好。

6．穿刺点消毒

（1）用 75% 乙醇棉球消毒 3 遍（第一遍顺时针，第二遍逆时针，第三遍顺时针），消毒范围以穿刺点为中心直径 20 cm，两侧至臂缘。

（2）待乙醇干后，络合碘消毒 3 遍（方法同前，范围小于 75% 乙醇消毒面积），待干（图 9-1-15）。

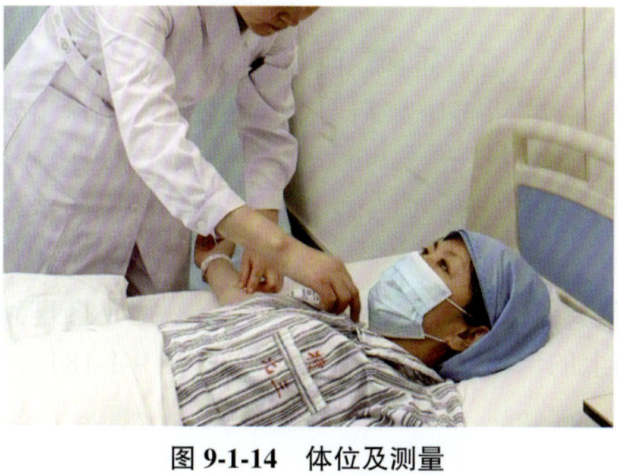

图 9-1-14　体位及测量

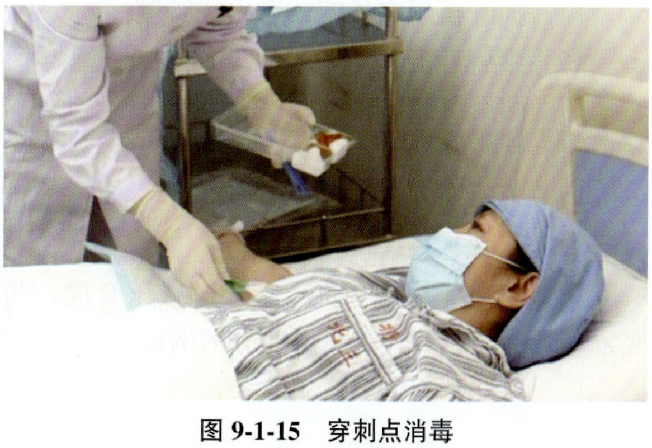

图 9-1-15　穿刺点消毒

7．洗手　脱手套，用快速手消毒液洗手；穿无菌手术衣，戴第二副无菌手套。

8．铺巾　铺治疗巾及孔巾，保证无菌区足够大，做到全覆盖。

9．备物　助手以无菌方式投入 20 ml 注射器 2 支、10 ml 注射器 1 支，打开 PICC 导管及套件，打开拆线包。协助术者以生理盐水冲洗手套，纱布擦干。

10．预冲导管　检查导管完整性，用 20 ml 注射器抽取生理盐水预冲导管，润滑亲水性导丝。预冲所有配件，导管外用生理盐水充分湿润。10 ml 注射器抽取肝素盐水待用（图 9-1-16）。

11．扎止血带　让助手在上臂倒扎止血带，使止血带末端远离无菌区，嘱患者握拳，保证静脉充盈。

12．去掉穿刺针保护套，实施穿刺（图 9-1-17）

（1）绷紧皮肤，以 15° ~ 30° 实施穿刺。

（2）见到回血后降低穿刺角度，再进针 0.5 ~ 1 cm，使插管鞘尖端进入静脉。

（3）固定钢针，单独向前推进插管鞘，将插管鞘送入静脉。

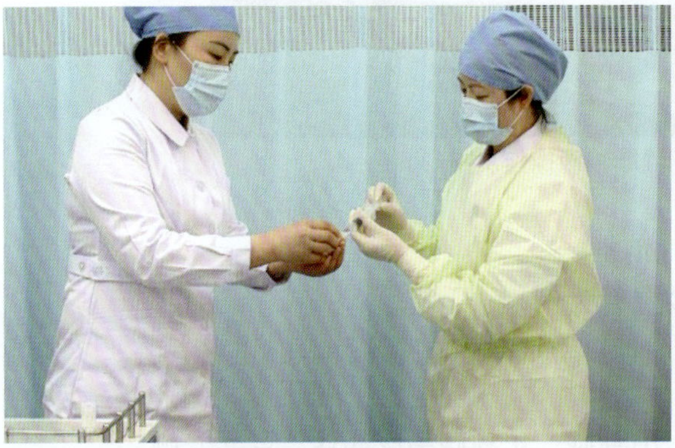

图 9-1-16　预冲导管

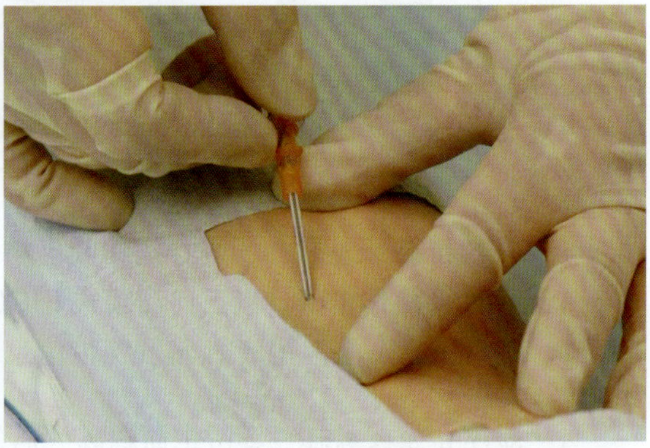

图 9-1-17　穿刺

13．从插管鞘内取出穿刺针

（1）助手协助松开止血带，嘱患者松拳。

（2）左手示指按压插管鞘前端静脉，拇指固定鞘的尾端，右手撤出针芯。

（3）鞘下垫无菌纱布。

14．置入导管

（1）用右手将导管缓慢、匀速送入静脉。

（2）送管时轻抬左手示指，停顿时左手示指压紧插管鞘前端静脉。

（3）置入导管 15 cm 时，嘱患者下颌向下压并偏向术侧肩膀，导管进入测量长度后，头恢复原位。不能配合者由助手协助按压颈内静脉，以防止导管误入颈内静脉。

15．退出插管鞘

（1）插管至预定长度，退出插管鞘。

（2）穿刺点上覆盖无菌纱布，按压插管鞘上端静脉，退出插管鞘使其远离穿刺部位。

16．撤出支撑导丝　将导管与导丝的金属柄分离，左手轻压穿刺点固定导管，右手撤出导丝，移去导丝时要平直、缓慢。

17．修剪导管长度　保留体外 5 cm 导管以便安装连接器，以无菌剪刀剪断导管，注意不要剪出斜面或毛茬。

18．安装连接器　将导管穿过减压套筒，与延长管上的金属柄连接，注意一定要推进到底，导管不能起褶，将翼形部分的倒钩和减压套筒上的沟槽对齐，锁定两部分（图 9-1-18）。

19．抽回血和冲管 抽取回血确认穿刺成功后（在延长管内见到回血即可），用 10 ml 生理盐水脉冲式冲管，导管末端连接无针输液接头，用肝素盐水正压封管。

20．导管固定

（1）移去孔巾。

（2）清洁穿刺点周围皮肤。

（3）距穿刺点 0.5 ～ 1 cm 处安装固定器（或思乐扣）。

（4）穿刺点上方放置小方纱，将体外导管放置呈“S”状或“L”型弯曲，10 cm × 12 cm 透明敷料无张力粘贴，透明敷料应完全覆盖住固定器（或思乐扣），胶带蝶形交叉固定贴膜下缘，再以胶带横向固定（图 9-1-19）。

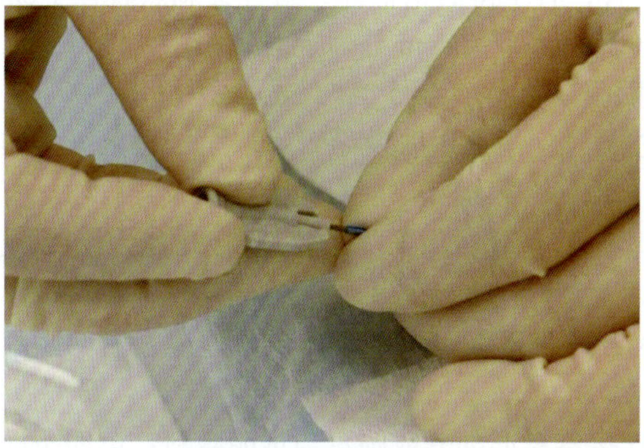

图 9-1-18 安装连接器

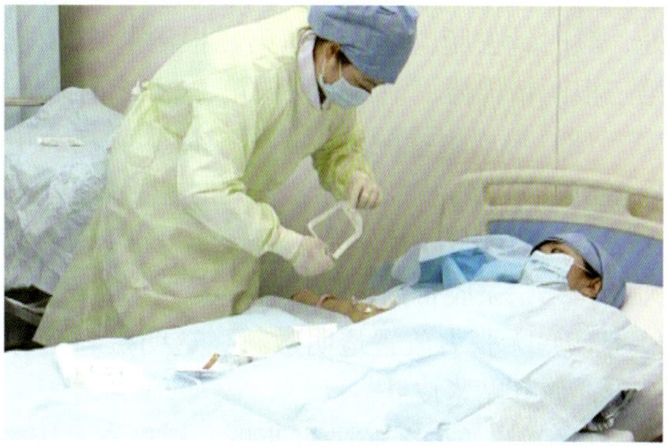

图 9-1-19 导管固定

21．整理用物 脱手套，在胶布上注明穿刺者姓名、穿刺日期和时间；根据需要用弹力绷带包扎；垃圾分类处理；洗手。

22．确定导管位置 拍 X 线片确定导管尖端位置并记录检查结果。

23．置管后记录 ①置入导管的长度、外露长度、胸部 X 线片显示的导管位置；②导管的型号、规格、批号；③穿刺部位及所穿刺的静脉名称、双侧臂围；④穿刺过程描述，是否顺利、患者有无不适的主诉等。

24．填写 PICC ID 卡片（维护手册），向患者及家属交代置管后注意事项。

25．确定导管位置正确，按照留置针输液法连接后进行输液。

（四）PICC 维护步骤

1．抽取生理盐水 按照无菌操作方法抽取生理盐水 10 ml 和肝素盐水 2 ～ 3 ml，双人核对。

2．核对并解释 至患者床旁，核对患者姓名及腕带信息，向患者讲解操作目的，以取得合作。

3．测量 在穿刺肢体下铺垫巾，用皮尺测量双侧肘正中上方 10 cm 处臂围。

4．消毒 揭开固定输液接头的胶布并酌情用松节油去除胶痕，用 75% 乙醇消毒皮肤。

5．更换输液接头

（1）洗手或手消毒。

（2）检查输液接头有效期，用 10 ml 生理盐水注射器预冲接头待用。

（3）卸下旧接头。

（4）用聚维酮碘（碘伏）棉签消毒导管接头外壁，并消毒导管接头下皮肤。

（5）连接新接头。

6．冲洗导管

（1）用 10 ml 生理盐水注射器脉冲式冲管。

（2）肝素盐水正压封管。

（3）在输液接头上标注日期。

7．更换透明敷料

（1）去除透明敷料外胶带。

（2）用拇指轻压穿刺点，沿四周平拉透明敷料。

（3）自下而上去除原有透明敷料。

（4）评估穿刺点有无异常。

（5）洗手或手消毒。

（6）打开换药包，戴无菌手套。

（7）左手持纱布覆盖在输液接头上，提起导管，右手持酒精棉棒，避开穿刺点直径 1 cm 处，顺时针去脂、消毒；取第二根酒精棉棒避开穿刺点直径 1 cm 处，逆时针去脂、消毒；取第三根酒精棉棒，消毒方法同第一根；范围大于贴膜。

（8）再取聚维酮碘棉棒一根以穿刺点为中心顺时针消毒皮肤及导管；取第二根聚维酮碘棉棒逆时针消毒皮肤及导管，同时左手翻转导管；取第三根棉棒顺时针消毒皮肤及导管至导管连接器翼形部分，消毒范围直径 10 cm 以上；调整导管位置，用第一条胶带粘贴白色固定翼或圆盘，第二条胶带固定导管连接器翼形部分。

（9）无张力放置透明敷料：透明敷料下缘对齐胶带下缘，用手按压导管边缘及透明敷料四周，使其贴紧皮肤。

（10）将第三条胶带打两折，蝶形交叉固定连接器翼形部分或圆盘与透明敷料；第四条横向贴于连接器翼形部分或圆盘。

（11）在记录胶带上标注操作者姓名及日期，贴于透明敷料上缘。

8．整理用物　脱无菌手套，整理床单位，向患者交代注意事项。

9．洗手，记录，填写 PICC 维护记录单。

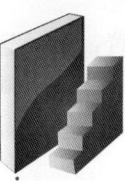

知识链接

输液速度与时间的计算

1. 已知液体总量与计划所用输液时间，计算每分钟滴数

$$每分钟滴数=\frac{液体总量（毫升）\times 点滴系数}{输液时间（分钟）}$$

2. 已知每分钟滴数与液体总量，计算输液所需时间

$$输液时间=\frac{液体总量（毫升）\times 点滴系数}{每分钟滴数\times 60（分钟）}$$

备注：点滴系数是指每毫升溶液的滴数

重要小提示

一、PICC 置管注意事项

1. 护士需取得 PICC 操作资质后，方可独立进行穿刺。

2. 置管部位皮肤有感染或损伤，有放疗史、血栓形成史、外伤史、血管外科手术史或接受乳腺癌根治术和腋下淋巴结清扫术者，禁止在此置管。

3. 术者应掌握血管解剖，充分评估和选择血管。穿刺首选贵要静脉，次选肘正中静脉，最后选头静脉。肘部静脉穿刺条件差者可采用 B 超引导下置管术。

4. 禁止使用 $<$ 10 ml 的注射器给药及冲管、封管，使用脉冲式方法冲管，正压封管。

5. 整个置管过程均需严格遵循无菌操作原则，避免污染。

6. 送管前应用生理盐水充分润滑导管内外壁，利于撤导丝和送管。

7. 修剪导管时要剪成平整的直面，不得剪出斜面和毛茬。使用镊子送管时不能夹持过紧，避免损伤导管。

8. 接触导管前必须使用生理盐水冲净无菌手套，防止机械性静脉炎的发生。

9. 穿刺时不宜直刺血管，应经皮下进针，短距离潜行后再入血管，防止穿刺点出血，降低穿刺点感染率。

10. 穿刺失败时不得将针芯重新插入插管鞘，以免造成插管鞘裂开，应一次性使用。

11. 退出针芯前，必须先松止血带，轻压插管鞘前端血管，减少出血。

12. 送管时动作应轻柔缓慢，不可过快，遇到阻力应暂缓送管，调整角度后再送。同时观察患者有无心律失常等情况。

13. 清洁皮肤上血迹时，乙醇不得接触导管和穿刺点。

14. 粘贴敷料时要注意无张力粘贴，先塑形，再抚平敷料边缘。

15. 置管结束后，要向患者耐心讲解注意事项、活动方法，鼓励握拳活动，减轻置管初期的不适感。

二、PICC 维护注意事项

1. PICC 置管后 24 小时内更换敷料，并根据敷料种类及贴膜使用情况决定更换频次；透明敷料每周更换 1 ～ 2 次；纱布敷料 48 小时更换 1 次；渗血、出汗等导致敷料潮湿、卷曲、松脱或破损时立即更换。

2. 使用乙醇消毒或清洁皮肤时必须避开穿刺点，避免引起疼痛和化学性静脉炎。乙醇不得接触导管。

3. 去除敷料时，由导管远心端向近心端除去，粘贴敷料时要注意无张力粘贴，先塑形，再抚平敷料边缘。

4. 禁止将导管体外部分人为移入体内。

5. 冲、封管遵循 SASH 原则：S- 生理盐水，A- 药物输注，S- 生理盐水，H- 肝素盐水（若禁用肝素，则实施 SAS 原则），根据药液选择适当的溶液脉冲式冲洗导管，每 8 h 冲管 1 次；封管液量应 2 倍于导管 + 附加装置容积。输入化疗药物、氨基酸、脂肪乳等高渗、强刺激性药物或输血前后，应立即冲管。

6. 整个维护过程均需严格遵循无菌操作原则，避免污染。

7. 在肘上 10 cm 固定位置测量双侧臂围，并与置管时比较。

8. 常规的 PICC 导管不能用于高压注射泵推注造影剂。4FR 以下的导管不得输血。

9. 输液接头每周更换 1 次，如输注血液或胃肠外营养液，需 24 h 更换 1 次。

（五）健康教育

1．向患者解释输液的目的。

2．向患者讲解 PICC 留置时间不宜超过 1 年或遵照产品使用说明书，在此期间告知患者贴膜内避免进水，活动时避免牵拉，置管侧手臂避免提重物、测血压、扎止血带等安全事项。

3．向患者及家属介绍并教其掌握 PICC 居家护理要点和日常维护方法，同时让其注意查看导管穿刺部位皮肤变化，预防相关并发症，若发现异常及时就医。

4．PICC 导管间歇期冲管、更换敷料及肝素帽每周进行 1 次。

5．如果发生导管断裂、敷料脱落、导管移位、导管中有血液反流等异常情况，应及时就医。

（六）操作流程图（图 9-1-20）

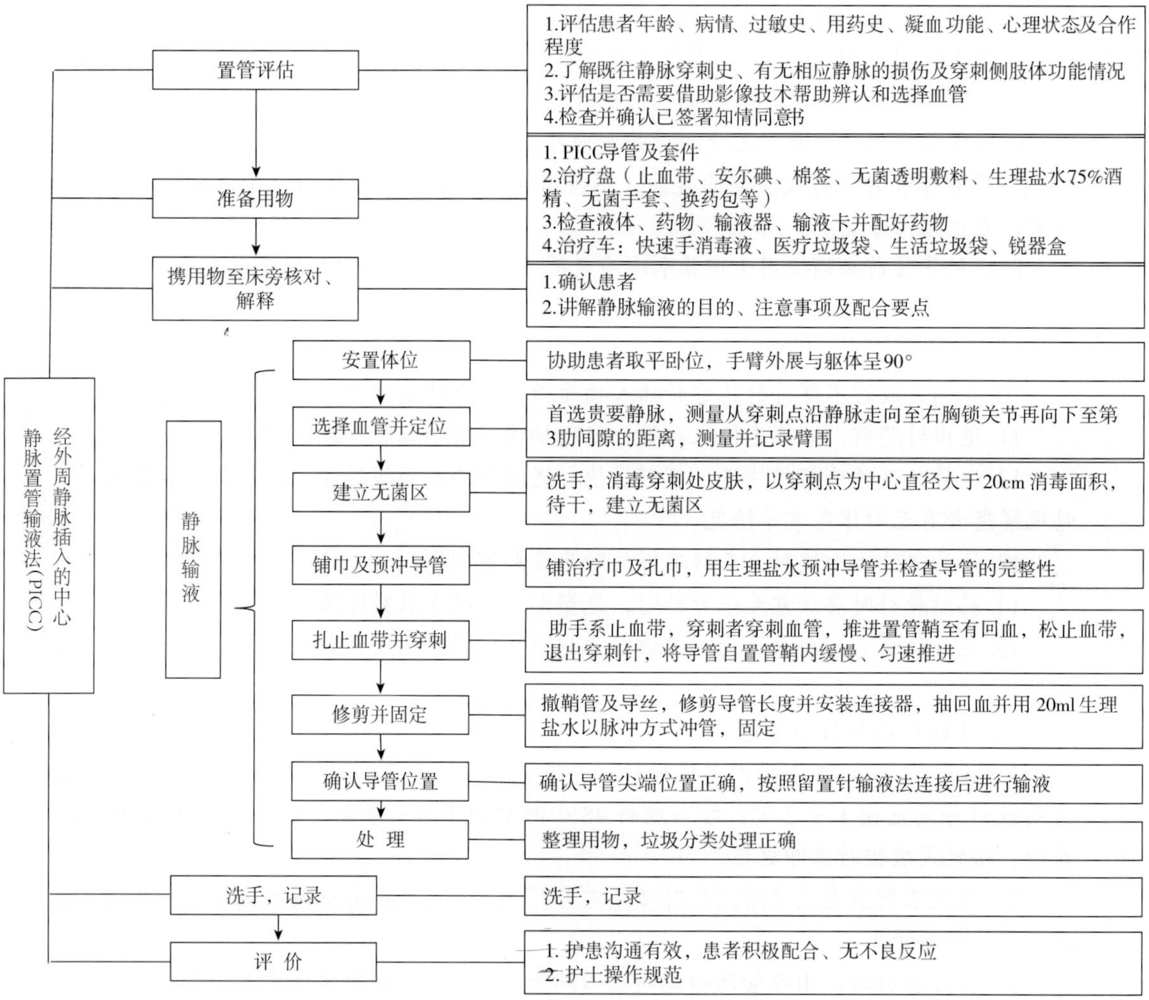

图 9-1-20　经外周静脉插入的中心静脉置管输液操作流程图

（七）操作评分标准（表 9–1–3、表 9–1–4）

表9-1-3　三向瓣膜式PICC置管技术操作考核评分标准

项目	技术操作要求	评分	评分等级				实际得分
			A×1	B×0.7	C×0.4	D×0	
素质 5	仪表、着装符合要求	2					
	操作熟练、轻柔，沟通有效	3					
评估 20	评估患者的病情、局部皮肤和静脉血管情况	5					
	评估患者自理、合作程度及用药情况	5					
	核对医嘱及知情同意书的签署	5					
	告知及解释	5					
操作前准备 5	洗手、戴口罩	2					
	用物准备，放置合理	3					
操作过程 50	选择静脉正确，向患者解释操作目的及配合事项	4					
	测量定位方法正确，测量准确	4					
	洗手或手消毒，垫不透水棉垫，放好止血带	2					
	铺无菌巾，戴无菌手套	4					
	穿刺点消毒方法及范围正确	4					
	脱手套，手消毒，穿无菌衣，更换无菌手套	4					
	铺巾方法正确，无菌区足够大	3					
	检查及预冲导管方法正确	2					
	扎止血带，实施穿刺方法正确	5					
	取出穿刺针，固定插管鞘方法正确	3					
	置入导管，退出插管鞘、嘱患者转头方法正确	5					
	撤导丝方法正确	2					
	修剪导管长度准确	2					
	安装连接器紧密	2					
	抽回血与冲管、封管方法正确	2					
	导管固定	2					
操作后 10	整理用物，标记时间	4					
	X 线确定导管尖端位置	3					
	洗手，记录	3					
提问 10	注意事项、并发症的预防及处理	10					
总分		100					

表9-1-4 PICC维护技术操作考核评分标准

项目	技术操作要求	评分	评分等级				实际得分
			A×1	B×0.7	C×0.4	D×0	
素质5	仪表、着装符合要求	2					
	操作熟练、轻柔，沟通有效	3					
评估15	评估患者局部皮肤情况	5					
	评估患者导管情况、双侧臂围及维护情况	5					
	告知及解释	5					
操作前准备5	洗手、戴口罩	2					
	用物准备，放置合理	3					
操作过程55	抽取冲管液及封管液，二人查对，携用物至床旁	3					
	查对床号、姓名、腕带，解释	5					
	在穿刺肢体下放垫巾	2					
	测量双侧上臂围	3					
	揭开固定输液接头的胶布，去除胶痕，用75%乙醇消毒皮肤	5					
	洗手或快速手消毒液洗手	2					
	检查接头有效期、预冲接头	5					
	聚维酮碘棉签消毒导管接头外壁及导管接头下皮肤	5					
	脉冲式冲洗导管，正压封管	5					
	去除原有透明敷料，观察穿刺点有无异常	3					
	打开PICC换药包，并摆放所需物品	5					
	戴无菌手套	2					
	乙醇脱脂消毒、聚维酮碘消毒	5					
	调整导管位置、固定、标注日期	5					
操作后10	整理用物、脱无菌手套	3					
	整理床单位，交代注意事项	5					
	洗手，填写导管维护记录单	2					
提问10	注意事项、并发症预防及处理	10					
总分		100					

案例点评

✧ 患者因化疗而放置PICC，输液期间应注意观察输液及用药反应，紫杉醇易造成血压下降，故输注时应监测生命体征的变化。

✧ 观察患者有无恶心、呕吐等消化道症状。

✧ 患者双上肢避免提重物等。

四、经中心静脉导管输液法

中心静脉导管（非隧道式）（central venous catheter，CVC）是经锁骨下静脉、颈内静脉、股静脉置管，尖端位于上腔静脉或下腔静脉的导管。

案例 9-1-4

患者男性，因胃溃疡穿孔致急性腹膜炎，行胃大部切除手术。术前已放置中心静脉导管，术后返回病房继续静脉补液抗炎治疗，全天静脉输液 2500 ml。

经中心静脉导管输液法

（一）护理评估

1．评估患者的病情、年龄、意识状态、治疗需求、心理反应、合作程度及穿刺点及周围皮肤。

2．了解过敏史、用药史、凝血功能等。

3．检查并确认已签署知情同意书。

（二）操作前准备

1．护士准备　着装整齐，修剪指甲，洗手，戴口罩。

2．患者准备

（1）患者已签署知情同意书。

（2）输液前排尿或排便。

（3）取舒适体位。

3．用物准备（图 9-1-21）

（1）治疗盘（安尔碘、棉签）、输入液体、药物、10 ml 生理盐水、一次性输液器和注射器等、治疗车（锐器盒、医疗垃圾袋、生活垃圾袋）。

（2）无菌物品包装完好，在有效期内可以使用。

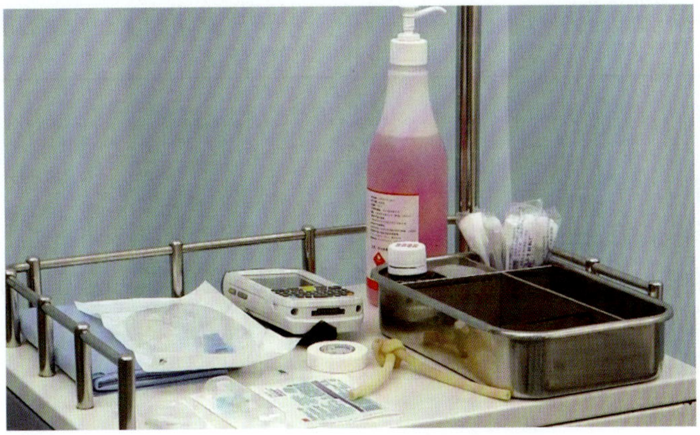

图 9-1-21　中心静脉输液操作用物

4．环境准备　宽敞、明亮。

（三）操作步骤

1．核对并检查药物　根据医嘱核对药物（药名、剂量、浓度）及给药时间和给药方法。检查药物有无过期及变质。

2．加药并准备　核对无误后启开输液瓶中心，消毒瓶口，按医嘱将抽吸药物加入液体瓶中，再次核对。填写输液瓶贴并贴在药液标签旁，检查一次性输液器有无漏气及是否在有效期内并插入输液瓶塞至根部，关闭调节器。

3．核对并解释　至患者床旁，核对患者姓名、床号和腕带（有PDA可扫描腕带确认患者信息，至少两种方法核对）；向患者及家属解释输液的目的、方法、注意事项及配合要点。

4．安置体位　协助患者取舒适体位，治疗车位置合理，利于操作。

5．消毒导管接头　取安尔碘棉球消毒。

6．抽回血　再次消毒导管接头，用注射器抽回血。

7．冲洗导管　用10 ml及以上注射器抽生理盐水脉冲式冲管。

8．二次核对　核对患者及药物信息，连接输液。

9．三次核对　核对药物及患者信息，输液卡上签字后挂于输液架上。

10．整理用物　协助患者取舒适卧位，呼叫器放于患者易取处，对患者及家属讲解注意事项，观察患者情况及有无输液反应。用快速手消毒液洗手，垃圾分类处理。

11．洗手，记录。

知识链接

中心静脉导管输液常见并发症

并发症	预防	处理
堵管	对于稠厚的液体，如脂肪乳剂等，应用生理盐水脉冲式冲管	发生血凝性堵管时，严禁用力推注，防止血栓脱落
滑脱	①导管固定时确保固定到位； ②告知患者及家属相关注意事项	①立即通知医生拔除中心静脉导管； ②用无菌纱布按压穿刺点并覆盖24小时
渗血	置管前查验血小板及凝血功能情况	①渗血严重时使用无菌纱布覆盖； ②纱布敷料每48小时更换一次，如有渗血污染及时更换； ③对凝血功能障碍的患者对症治疗
导管相关性感染	置管、使用、维护过程中应严格执行无菌操作	①立即拔除中心静脉导管； ②遵医嘱使用抗生素； ③拔除的导管做培养，指导临床用药

（四）健康教育

1．向患者解释输液的目的。

2．向患者讲解中心静脉导管留置时间需根据病情或遵照产品使用说明书，在此期间告知患者注意贴膜内避免进水，活动时避免牵拉等安全事项。

3．监测导管穿刺部位皮肤变化，有问题及时与医护人员联系。

4．不可随意调节输液滴速。

重要小提示

✧ 每次输液前应抽回血，确认导管在静脉内再输注药物。
✧ 每次冲管用 10 ml 及以上的生理盐水脉冲式冲管。
✧ 发现管内有血凝块时，应用注射器将血块抽出，严禁将血块推入血管。
✧ 在输注高渗溶液或静脉推药后，用生理盐水脉冲式冲管。
✧ 透明敷料每 7 天更换一次，污染或潮湿应立即更换。

（五）操作流程图（图 9-1-22）

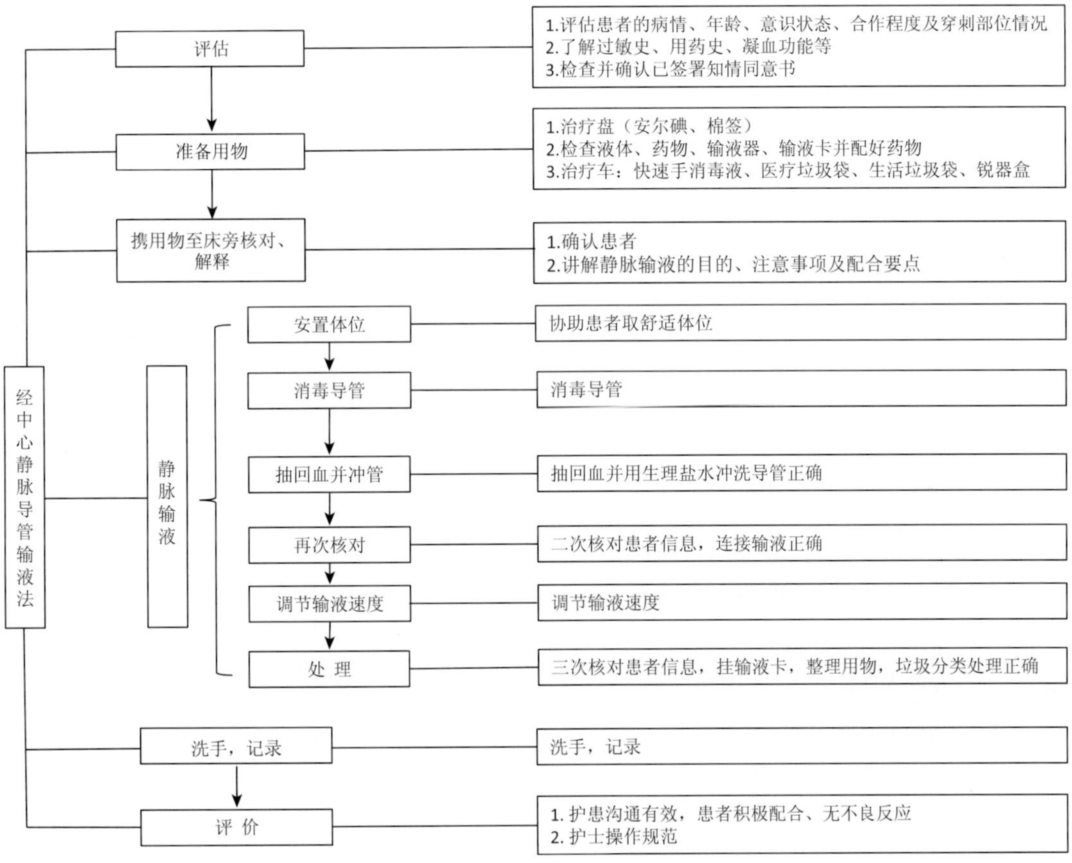

图 9-1-22 经中心静脉导管输液操作流程图

（六）操作评分标准（表 9–1–5）

表9-1-5　经中心静脉导管输液技术操作考核评分标准

项目	技术操作要求	评分	评分等级				实际得分
			A×1	B×0.7	C×0.4	D×0	
素质 5	仪表、着装符合要求	2					
	操作熟练、轻柔，沟通有效	3					
评估 15	评估患者的病情、年龄、意识状态、治疗需求、心理反应、合作程度及穿刺点及周围皮肤	5					
	了解过敏史、用药史、凝血功能等	5					
	检查并确认已签署知情同意书	5					
操作前准备 5	洗手、戴口罩	2					
	备齐用物	3					
操作过程 55	核对医嘱并检查药液	5					
	配制药液方法正确	5					
	推治疗车至患者面前，核对患者信息（至少2种方法）	5					
	安置患者体位	3					
	消毒导管接头正确	5					
	抽回血	5					
	生理盐水冲洗导管正确	5					
	二次核对患者信息	5					
	连接输液正确	5					
	调节输液速度合适	5					
	三次核对患者信息	5					
	输液卡上签字后挂于输液架上	2					
操作后 10	帮助患者摆好体位，呼叫器放置于枕头旁，做好健康宣教	3					
	快速手消毒	2					
	用物处理正确，洗手，记录	5					
提问 10	患者评估及常见并发症的处理	10					
总分		100					

案例点评

➢ 患者因胃部溃疡行手术，术后不能进食，静脉补液 2500 ml，应持续匀速滴入，避免过快输入造成患者不适。

➢ 患者腹部手术，术后宜取半卧位。

➢ 患者活动时注意中心静脉导管妥善固定，防止滑脱。

五、经植入式静脉输液港输液

植入式静脉输液港（implantable venous access port，PORT）是一种较新的输液管路技术，简称输液港。输液港是一种完全植入的、埋植于人体内的闭合静脉输液系统，该系统包括一条中央静脉导管，导管末端连接一种称为穿刺座的装置，利用小手术将部分导管经皮下穿刺置于人体大静脉，如锁骨下静脉、上腔静脉中，部分导管埋藏在皮下组织，另一端的穿刺座留置在胸壁皮下组织中并缝合固定，伤口愈合后患者体表可触摸到一突出圆球。

案例 9-1-5

患者男性，因肝癌行肝癌切除术。术后放置输液港，拟行化疗。

（一）护理评估

1．评估患者的意识状态、病情及合作程度。

2．评估放置输液港局部皮肤，有无红肿、皮疹、疼痛等症状。

3．评估药液的性状。

（二）操作前准备

1．护士准备　着装整齐，修剪指甲，洗手，戴口罩。

2．患者准备

（1）签署患者知情同意书。

（2）输液前排尿或排便。

（3）取舒适体位。

3．用物准备　PORT 专用针头（无损伤针，型号根据患者进行选择）、无菌护理包、无菌手套、生理盐水、皮肤消毒剂、所输注药物等。

4．环境准备　宽敞、明亮。

（三）操作步骤

1．核对医嘱及药液　根据医嘱检查并配制药液。

2．核对并解释　至患者床旁，核对医嘱及患者身份，向患者做好解释工作。

3．安置体位　协助患者取舒适体位，治疗车位置合理，利于操作。

4．暴露穿刺部位　皮肤消毒 3 次，充分待干。

5．戴无菌手套。

6．插针　用手触诊后，一手固定注射座，一手持针头，穿刺注射座中心部位，直至针头触及底部。

7．抽回血　回抽见回血后夹管，丢弃陈旧血 1 ~ 3 ml，连接生理盐水注射器脉冲式冲管，正压夹闭导管，移去接头处注射器，消毒接头，连接肝素帽，无菌透明敷料固定针头及部分延长管。

8．连接输液器　二次核对患者信息及药物，连接输液，根据所输注的药物调节速度。

9．固定　妥善固定外延长管，注明穿刺日期及时间、操作者。

10．三次核对　核对患者信息及药物。

11． 整理用物　脱手套，协助患者取舒适卧位，呼叫器放于患者易取处，对患者及家属讲解注意事项，观察患者情况及有无输液反应。快速手消毒液洗手，垃圾分类处理正确。

12．洗手，记录。

重要小提示

✧PORT穿刺必须使用专用针头，忌用一般针头穿刺。

✧ 插针前检查是否已排尽空气。

✧ 插针头时避免暴力，穿刺后不要移动针头，以免损伤泵体。

✧ 冲管过程中观察患者有无胸闷、胸痛、药物外渗等情况。

✧ 必须使用10 ml及以上一次性注射器冲管，避免压力过大，损坏导管。

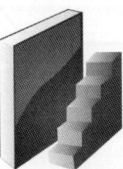

知识链接

输液港输液常见并发症

并发症	预防	处理
阻塞	1．肝素正压封管 2．至少每月冲洗PORT一次 3．静脉给药冲洗模式：生理盐水—给药—生理盐水—肝素盐水（SASH） 4．抽血冲洗模式：弃血—血标本—生理盐水—肝素盐水 5．抽血后用20 ml生理盐水脉冲式冲洗 6．两种药物之间必须用生理盐水20 ml冲洗 7．用药前检查回血	1．机械性阻塞：报告医生，外科手术干预或取出 2．药物性阻塞：报告医生，咨询药剂师，使用相关溶栓剂 3．血凝性阻塞：报告医生，遵医嘱使用尿激酶溶栓
感染	1. 严格无菌操作 2. 插针前评估皮肤有无红、肿、热、痛及分泌物等感染症状 3. 局部皮肤消毒方法正确，充分待干 4. 选择封闭式输液系统 5. 更换注射器、输液器及肝素接头时需消毒 6. 每班评估敷料及肝素帽，敷料潮湿或污染、肝素帽有积血或断裂及时更换。 7. 常规7天更换敷料、肝素帽及输液港针头	1. 局部皮肤感染：报告医生，停止使用PORT；局部或全身使用抗生素直至局部皮肤正常 2. 导管相关性血流感染：报告医生，停止使用PORT；全身使用抗生素直至血培养连续两次（—），并且无发热症状；如果使用抗生素后血培养连续两次（+），或不稳定，外科手术拔管
泵体损伤	1. 使用PORT专用针头 2. 勿移动或摇动穿刺针，避免损伤输液港 3. 应用10 ml以上的注射器 4. 勿强行推注液体 5. 两种药物之间必须用生理盐水20 ml冲洗 6. 用药或插针前后观察局部皮肤有无红、肿、痛等药物外渗现象	1. 停止使用PORT 2. 报告医生 3. 外科手术干预或取出

（四）健康教育

1．告知患者放置导管的部位可能会出现青紫，1～2 周会自行消退。

2．插针期间避免洗澡，待拔针后伤口痊愈方可洗澡。

3．避免剧烈运动，PORT 局部避免撞击。

4．安置 PORT 的患者出院后，每月接受肝素生理盐水冲洗导管 1 次，避免导管阻塞。

5．PORT 处皮肤出现红、肿、热、痛时，及时就诊。

（五）操作流程图（图 9-1-23）

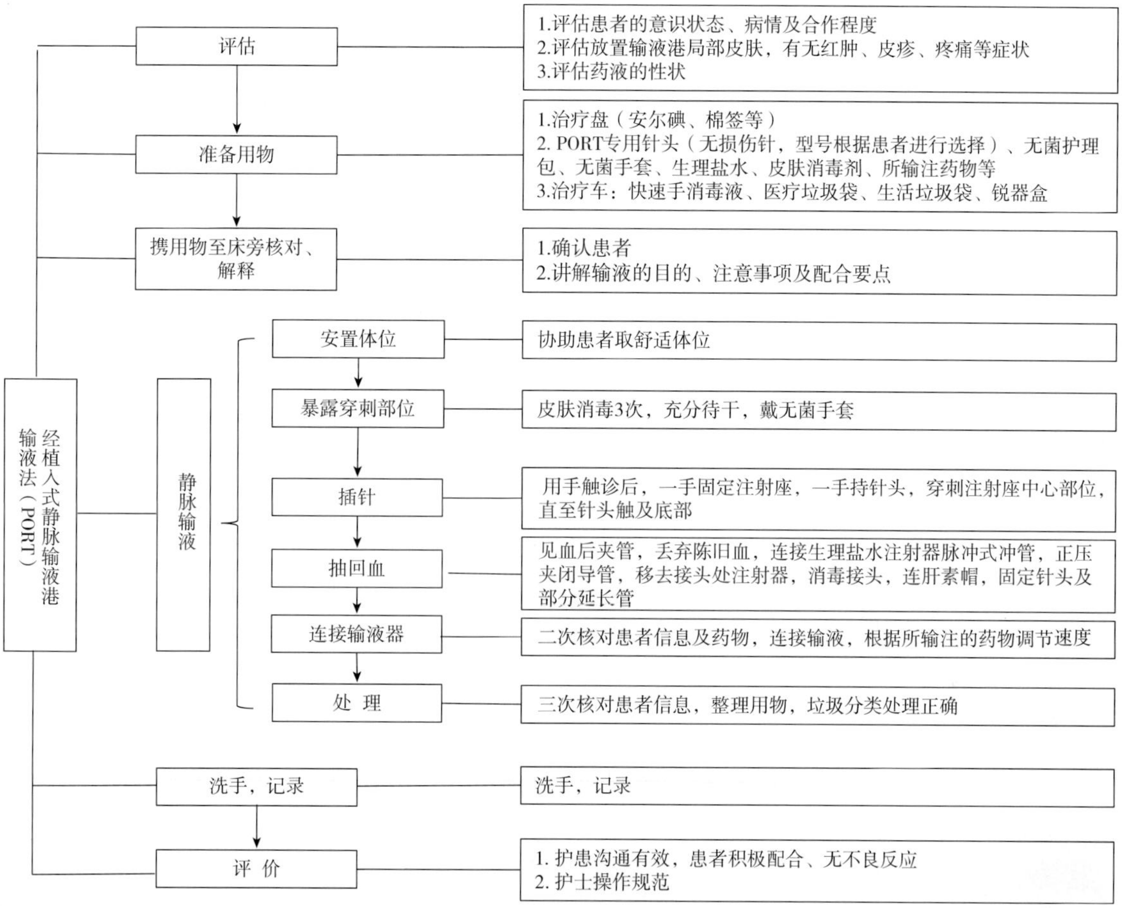

图 9-1-23　经植入式静脉输液港输液技术操作流程图

（六）操作评分标准（表 9-1-6）

表9-1-6　经植入式静脉输液港输液技术操作考核评分标准

项目	技术操作要求	评分	评分等级				实际得分
			A×1	B×0.7	C×0.4	D×0	
素质 5	仪表、着装符合要求	2					
	操作熟练、轻柔，沟通有效	3					
评估 15	评估患者的意识状态、病情及合作程度	5					
	评估放置输液港局部皮肤，有无红肿、皮疹、疼痛等症状	5					
	评估药液的性状	5					

续表

项目	技术操作要求	评分	评分等级				实际得分
			A×1	B×0.7	C×0.4	D×0	
操作前准备 5	洗手、戴口罩	2					
	备齐用物	3					
操作过程 55	核对医嘱并检查药液	5					
	配制药液方法正确	5					
	推治疗车至患者面前，核对患者信息（至少 2 种方法）	5					
	安置患者体位	3					
	暴露穿刺部位：皮肤消毒 3 次，充分待干	5					
	戴无菌手套	5					
	插针方法，抽回血正确，脉冲式冲管	5					
	二次核对患者信息，连接输液	5					
	固定延长管	5					
	调节输液速度合适	5					
	三次核对患者信息	5					
	输液卡上签字后挂于输液架上	2					
操作后 10	脱手套，协助患者摆好体位，呼叫器放置于枕头旁，做好健康宣教	3					
	快速手消毒	2					
	用物处理正确，洗手，记录	5					
提问 10	患者评估及注意事项	10					
总分		100					

案例点评

- ✧ 观察患者腹部体征及局部皮肤有无红、肿、热、痛的表现。
- ✧ 观察患者有无恶心、呕吐等消化道症状。
- ✧ 注意腹部避免外力的撞击及用力按压。

六、微量注射泵使用法

微量注射泵是指机械推动液体进入血液系统的一种电子控制装置，它通过作用于注射器的活塞达到控制给药浓度、速度的目的。常用于需要严格控制药量的情况，如输注升压药物、抗心律失常药物等。

案例 9-1-6

患者女性，高血压心脏病病史 20 余年。现血压 160 ~ 180/95 ~ 105 mmHg，心率 80 ~ 100 次 / 分，窦性心律，律齐，神志清楚。观察该患者锁骨下中心静脉（两腔）穿刺处干燥，无渗血、渗液及红肿。现遵医嘱给予硝酸甘油 1.2 ml/h（50 mg 硝酸甘油 /40 ml 生理盐水）持续泵入降压。

微量注射泵使用法

（一）护理评估

1．评估患者的意识状态、病情及合作程度。

2．评估输液的目的、药物的性状。

3．评估输液处局部皮肤及血管情况。

（二）操作前准备

1．护士准备　着装整齐，修剪指甲，洗手，戴口罩。

2．患者准备

（1）了解静脉输液的目的和配合方法。

（2）输液前排尿或排便。

（3）取舒适体位。

3．用物准备（图 9-1-24）

（1）微量注射泵一台、注射器及连接管一套、药液、注射盘、PDA、胶布。

（2）微量注射泵处于功能完好状态。

4．环境准备　宽敞、明亮。

（三）操作步骤（以贝朗注射泵为例）

1．核对医嘱及药液　根据医嘱配制药液，根据药物选择适当的注射器，将注射器连接好延长管，备用。

2．检查输液泵　功能完好，配件齐全。

3．核对并解释　至患者床旁，核对患者信息，向患者解释。

4．固定注射泵　将注射泵固定在输液架上，连接电源。

5．安装注射器　向上推动推杆锁，拉出推杆；向外拉出针筒夹，逆时针转动 90°；安装注射器，固定针栓尾端，使推杆锁“咔嚓”一声复位。针筒夹顺时针转动 90°，自动复位，固定好针筒（图 9-1-25）。

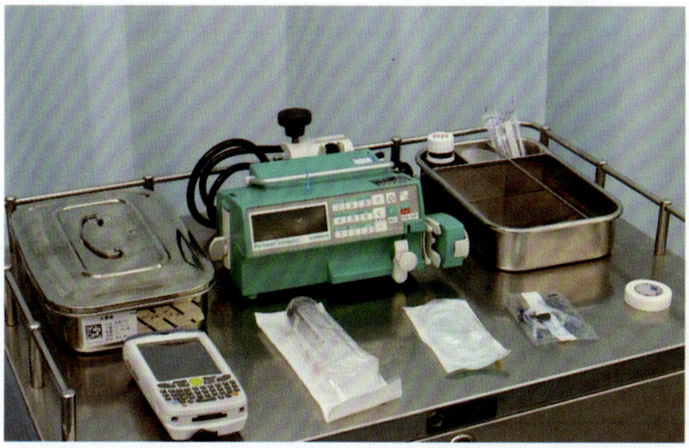

图 9-1-24　微量注射泵操作用物

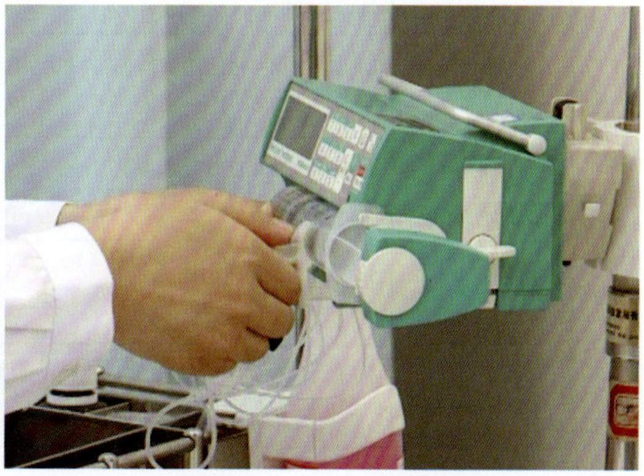

图 9-1-25　安装注射器

6．开机自检　自动识别注射器，按F键确认注射器。

7．排气　同时按住F键和1键（BOL键），排除泵前管内气体，按F键及8键（STANDBY键），"暂停"设备。

8．准备静脉通路　核对患者及药物信息。

9．设置参数　根据医嘱输入所需速率，准备完毕后，按F键"暂停"；二次核对患者信息及药物，连接静脉通路，按START/STOP键，运行（图9-1-26）。

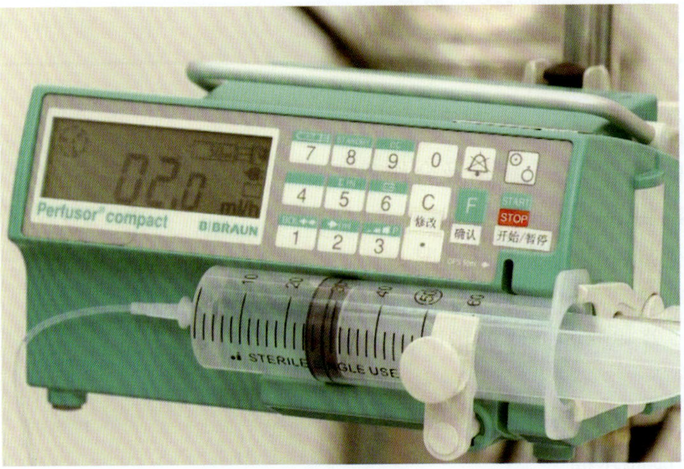

图 9-1-26　微量泵设置参数

10．三次核对　核对患者信息及药物。

11．整理用物　协助患者取舒适卧位，告知患者注意事项，洗手。

12．记录　记录微量泵开始使用的时间、运行的速率，并签名。

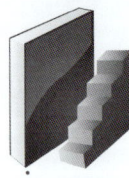

知识链接

静脉输液常见故障及排除方法

故障	原因	处理
溶液点滴不畅或不滴	针头滑出血管外，局部肿胀、疼痛	拔针，重新穿刺
	针头斜面紧贴血管壁，造成不滴	调整针头位置，或改变肢体的姿势，至点滴通畅
	针头阻塞，挤压输液管有阻力，无回血	拔针，重新穿刺
	压力过低	调整输液高度
	静脉痉挛，输入液体温度过低或环境温度过低	局部热敷，保暖
茂菲氏滴壶液面过高	排气时液面放得过高	夹住滴壶上端输液管，打开调节孔，等液面降至合适位置，关闭调节孔，松开上端。
茂菲氏滴壶液面过低	排气时液面放得过低	用手挤压滴壶即可
滴壶内液面自行下降	检查输液器上端有无漏气或裂隙	更换输液器

（四）健康教育

1．向患者讲解使用注射泵的目的，是严格控制输入药量的浓度，达到治疗的效果。

2．使用注射泵期间，如有故障报警，告知患者不要自行处理，呼叫医务人员处理。

重要小提示

✧ 正确、及时地处理报警。

✧ 血管活性药物如多巴胺、硝酸甘油、硝普钠等应避免和其他输液共用一条腔静脉通路，以免引起血压的骤升骤降。

✧ 熟练应用三通，并保证三通、微量泵导管和静脉导管的紧密连接。

✧ 保证静脉管路通畅，避免药物渗入组织。

✧ 熟练掌握特殊功能键的使用。

（五）操作流程图（图 9–1–27）

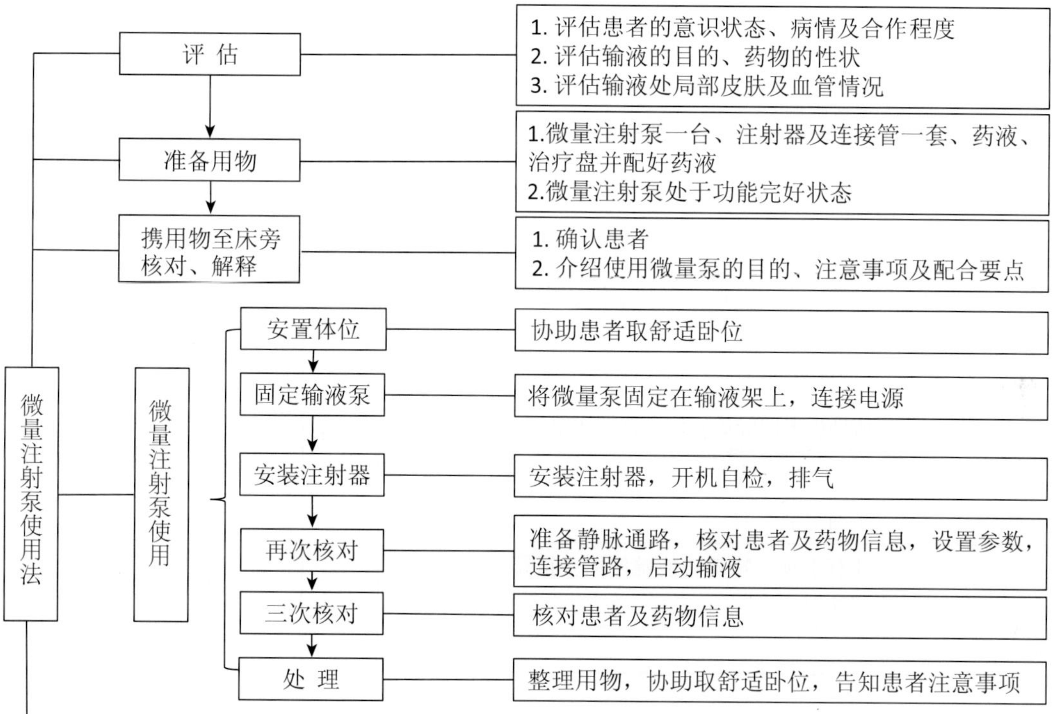

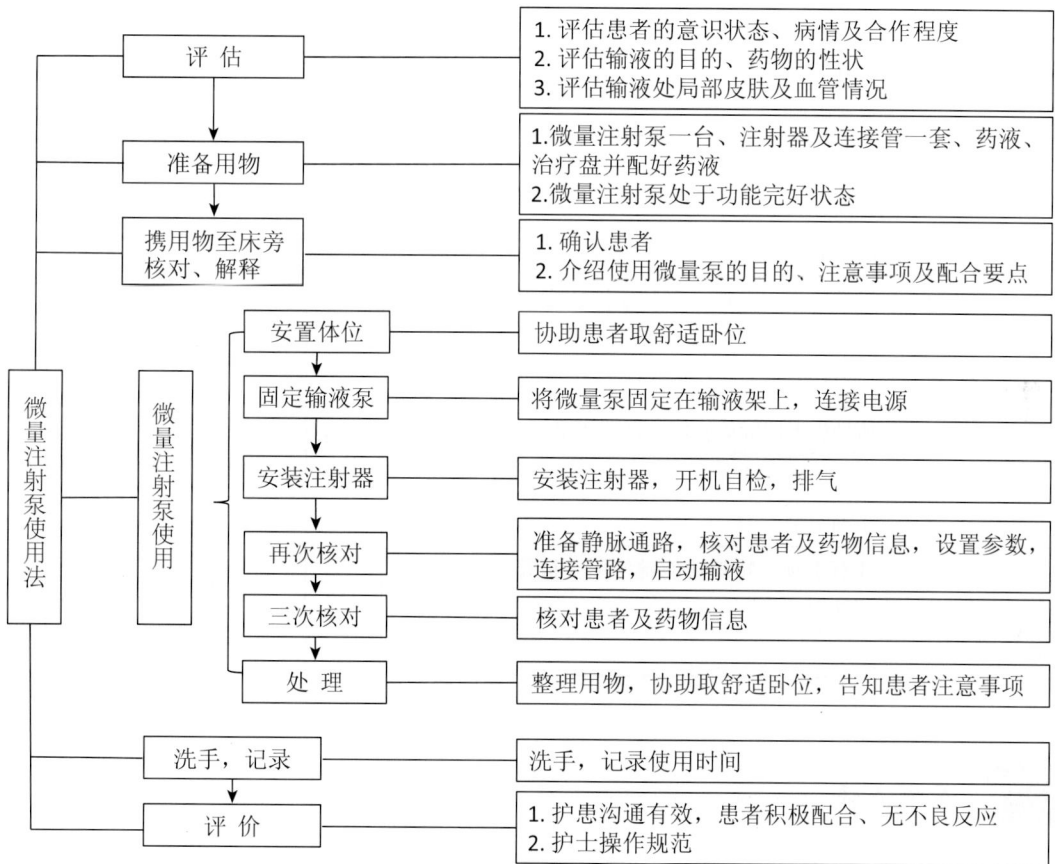

图 9-1-27　微量注射泵使用技术操作流程图

（六）操作评分标准（表 9–1–7）

表9-1-7　微量注射泵使用技术操作考核评分标准

项目	技术操作要求	评分	评分等级				实际得分
			A×1	B×0.7	C×0.4	D×0	
素质 5	仪表、着装符合要求	2					
	操作熟练、轻柔，沟通有效	3					
评估 20	评估患者病情、意识状态、合作程度	5					
	评估输液目的	5					
	评估输液处局部皮肤及血管情况	5					
	评估药物作用、使用要求	5					
操作前准备 5	洗手，戴口罩	2					
	备齐物品，放置妥当	3					
操作过程 50	核对医嘱，根据药物选择适当注射器	5					
	配制药物，药物标识规范、清晰	5					
	连接延长管备用	5					
	至患者床旁，核对信息，向患者解释	5					
	放置注射泵方法正确	5					
	连接电源	2					
	安装注射器正确	5					
	排气方法正确有效	3					
	准备静脉通路，核对患者信息	5					
	连接管路，开机，调整输液速度方法正确，启动输液	5					
	三次核对患者及药物信息	5					
操作后 10	协助患者取舒适体位，整理床单位	3					
	整理用物，洗手	5					
	正确记录	2					
提问 10	注意事项、特殊功能键使用、报警意义和处理	10					
总分		100					

案例点评

✧ 患者静脉输注硝酸甘油时宜单独使用一个静脉通路，避免与其他输液共用通路，影响药效。

✧ 密切观察患者血压及心率的变化，有异常及时通知医生处理。

✧ 观察患者的心电图示波有无改变。

七、输液泵使用法

输液泵是指机械推动液体进入血管系统的一种电子控制装置，它通过作用于输液导管达到控制输液速度的目的。常用于需要严格控制输入液量和药量的情况，如升压药物、抗心律失常药物、婴幼儿静脉输液等。

案例 9-1-7

患者女性，诊断为心力衰竭住院。现患者神志清楚，血压 125 ~ 130/60 ~ 80 mmHg，心率 110 ~ 120 次 / 分，呼吸 20 ~ 28 次 / 分，24 小时尿量 800 ~ 1000 ml，双下肢可凹性水肿，半坐卧位，进食差。遵医嘱给予 10％葡萄糖液 500 ml 补液，控制输液速度 60 ml/h。

V9-6
输液泵使用法

（一）护理评估

1．评估患者的意识状态、病情及合作程度。
2．评估输液的目的、药物的性状。
3．评估输液处局部皮肤及血管情况。

（二）操作前准备

1．护士准备　着装整齐，修剪指甲，洗手，戴口罩。
2．患者准备
（1）了解静脉输液的目的和配合方法。
（2）输液前排尿或排便。
（3）取舒适体位。
3．用物准备（图 9-1-28）
（1）输液泵一台、输液器一套、药液、注射盘、PDA、胶布。
（2）输液泵处于功能完好状态。

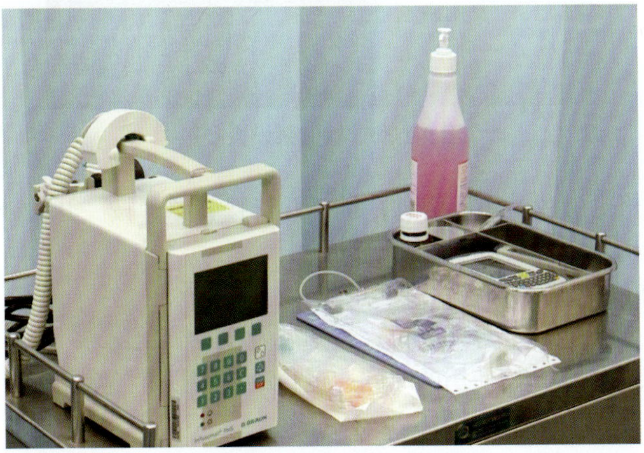

图 9-1-28　输液泵操作用物

4．环境准备　宽敞、明亮。

（三）操作步骤（以贝朗输液泵为例）

1．核对医嘱及药液　根据医嘱配制药液，根据药物选择适当的输液器备用。
2．检查输液泵　功能完好，配件齐全。

3．核对并解释　至患者床旁，核对患者信息，做好解释工作。

4．固定输液泵　将输液泵固定在输液架上，连接电源并打开电源开关。

5．排气　排除输液管的空气。

6．安装输液管路　打开“泵门”，自上而下将输液管放置在输液泵的管道槽中，关闭泵门，安装滴数传感器（图 9-1-29）。

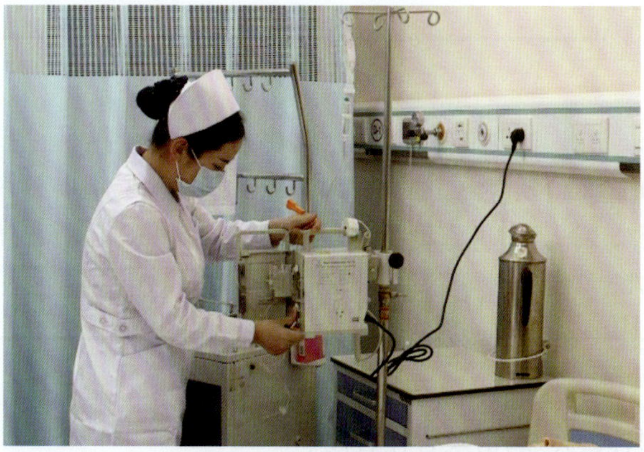

图 9-1-29　安装输液管路

7．设置输液泵参数　开机，机器自检后按“开始 / 停止”键，确认输液管路的选择；遵医嘱设置输液总量、每小时入量，确认（图 9-1-30）。

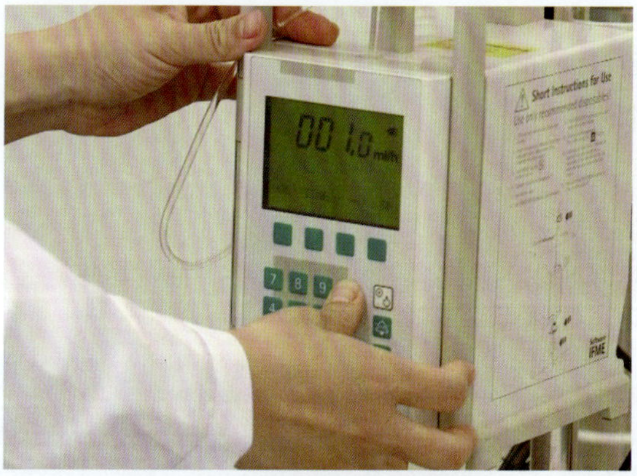

图 9-1-30　输液泵设置参数

8．再次核对　核对患者及药液信息，排气并连接管路，按“开始 / 停止”键，启动输液（屏幕上出现移动光标，显示泵在运行中）。

9．三次核对　核对患者及药液信息。

10．整理用物　协助患者取舒适卧位，告知患者注意事项。

11．记录　记录输液泵开始使用的时间、运行的速率，并签名。

12．洗手。

知识链接

贝朗输液泵常见的报警原因及纠正方法

报警显示	可能的原因	纠正的方法
Drop alarm(滴数报警) 仅在滴数控制功能存在并使用贝朗公司专用输液管路时，才能发生滴数报警	请检查输液泵以上的管路部分： 1. 输液瓶是否已空？ 2. 旋夹是否紧闭？ 3. 传感器是否未放在滴液室上？ 4. 传感器是否连接？ 5. 传感器是否有损坏？ 6. 滴液室是否摆动？ 7. 滴液室是否有雾气？ 8. 液面是否过高？ 9. 在使用硬质输液瓶时排气小帽是否未打开？	1. 更换新的输液瓶 2. 打开旋夹 3. 将传感器放置在滴液室上 4. 检查传感器连接是否松动，可先取下后再重新安装 5. 更换传感器 6. 保持滴液室稳定，必要时暂时关闭滴数传感器 7. 晃动滴液室去除雾气 8. 将输液瓶正置，再将部分液体挤回瓶内使液面降低 9. 打开排气孔小帽
Pressure alarm (压力报警)	1. 输液管旋夹是否关闭？ 2. 输液管有压折吗？ 3. 患者的静脉通路是否阻塞？	1. 打开旋夹 2. 使管路通畅 3. 恢复静脉通路通畅
Air alarm (空气报警)	在管路系统中是否有空气？	请在准备输液时，将管路系统中的气泡完全排出。报警后请重新排气并调整滴液室内的液面
Preselect volume (未设置预置总量报警)	是否未设置输液总量？	设定输液总量
Invalid rate (未设定速率报警)	是否未设定速率？	请重新设定速率
KOR end (液体输完前预置报警)	输液瓶是否已空？	更换新的输液瓶
Recall alarm (暂停结束报警)	在暂停结束后是否报警？	开始输液，或用特殊功能键 [SM] 调至“Standby”，按 [ON] 键后，清除暂停时间以结束暂停或重新设定时间以延长暂停
Pump door open (泵门打开报警)	泵门是否打开？	关闭泵门
Battery pre-alarm (蓄电池预报警)	蓄电池电量是否耗尽？ (蓄电池容量被用完前 30 分钟开始报警)	连接主电源
Battery alarm (蓄电池报警)	蓄电池是否没电？	连接主电源

（四）健康教育

1．向患者讲解使用输液泵的目的，是严格控制输入液量及药量，达到治疗的效果。

2．使用输液泵期间，如有故障报警，告知患者不要自行处理，呼叫医务人员处理。

重要小提示

✧ 密切观察患者的病情变化、用药后的反应。

✧ 避免输液管弯曲打折，确保输液管路在位、通畅、无气泡。

✧ 注意观察静脉穿刺局部皮肤的变化，有无外渗或接头脱落，如有外渗及时处理。

✧ 做好输液泵的维护保养，仪器外部保持清洁，避免液体进入输液泵内部，输液泵在清洁消毒后备用。

（五）操作流程图（图 9–1–31）

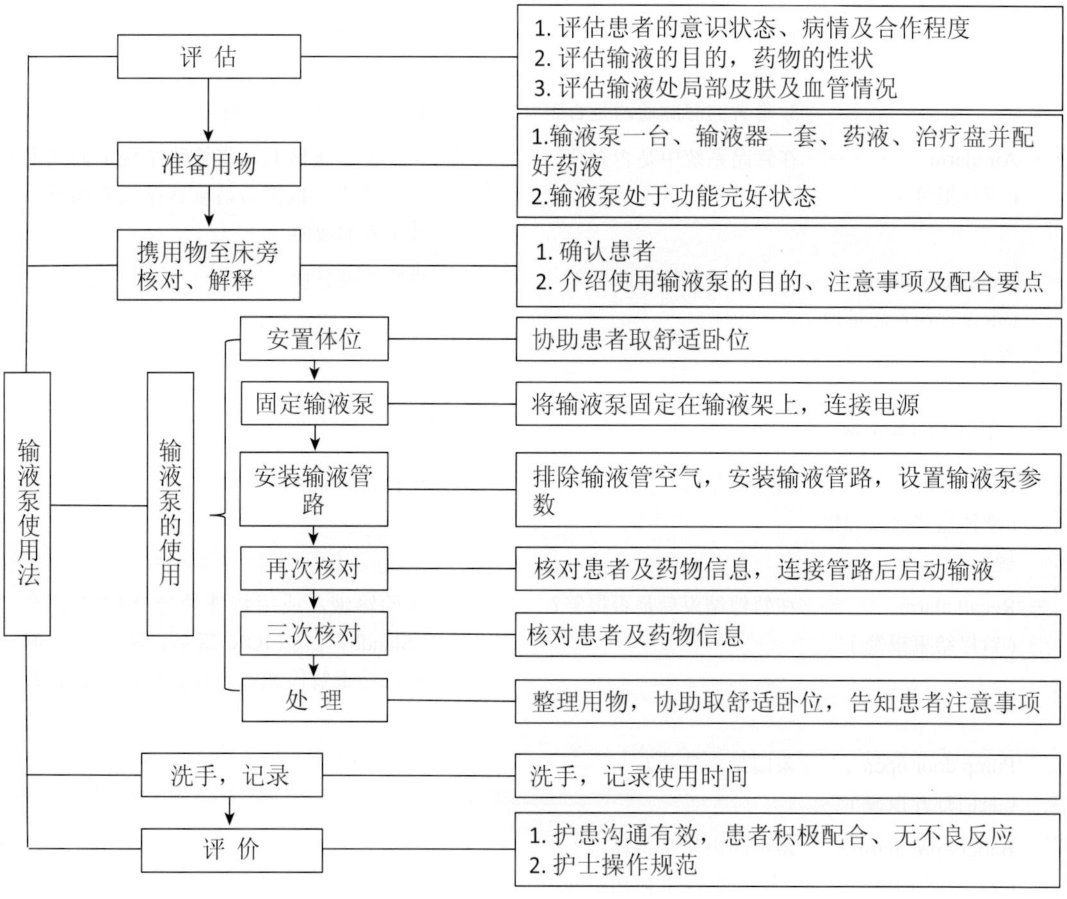

图 9-1-31　输液泵使用技术操作流程图

（六）操作评分标准（表 9–1–8）

表9-1-8　输液泵使用技术操作考核评分标准

项目	技术操作要求	评分	评分等级				实际得分
			A×1	B×0.7	C×0.4	D×0	
素质 5	仪表端庄，着装符合要求	2					
	操作熟练、轻柔，沟通有效	3					
评估 20	评估患者病情、意识状态、合作程度	5					
	评估药物作用、使用要求	5					
	评估输液处局部皮肤及血管情况	5					
	评估输液的目的	5					
操作前准备 5	洗手，戴口罩	2					
	用物准备，放置合理	3					
操作 过程 50	核对医嘱及药液并配制	5					
	检查输液泵功能状态	5					
	携用物至床旁，核对患者信息并解释	5					
	固定输液泵，连接电源	5					
	排气方法正确有效	5					
	安装输液器方法正确	5					
	设置输液泵参数	5					
	二次核对患者信息及药物，连接管路	5					
	调整输液速度方法正确，按“开始/停止”键，启动输液	5					
	三次核对患者信息及药物	5					
操作后 10	整理用物，协助患者取舒适体位，洗手	3					
	正确记录	2					
	正确处理输液泵运行过程中的报警	5					
提问 10	注意事项、报警意义和处理	10					
总分		100					

案例点评

✧ 患者心力衰竭，应严格控制入量及进入体内液体的速度，以免加重心力衰竭。

✧ 患者取半坐卧位，鼓励在床上活动，减小剪切力，避免骶尾部皮肤出现压力性破溃。

✧ 鼓励患者经口进食，少量多餐，严格记录出入量。

八、小儿外周静脉留置针输液技术

案例 9-1-8

患儿，女，2 岁，肺炎，入院第一天，遵医嘱予阿奇霉素静脉输液。

V9-7
小儿外周静脉留置针输液技术

（一）护理评估

1．评估患儿年龄、病情、意识状态、心肺功能、药物过敏史、输注药物性质等。

2．评估患儿心理状态及合作程度。

3．评估穿刺部位的皮肤、血管及肢体活动情况。

（二）操作前准备

1．护士准备　着装整齐，修剪指甲，洗手，戴口罩。

2．患儿及家长准备

（1）了解静脉输液的目的和配合方法。

（2）输液前排尿或排便，或更换纸尿裤。

（3）患儿取舒适体位。

3．用物准备（图 9-1-32）

（1）套管针、输液接头、5 ml 注射器、头皮针、无菌盒、止血带、输液贴、无菌透明敷料、棉签、安尔碘、治疗巾、手消毒液、笔、手表、药液、输液器、输液卡、PDA（如有）、治疗车（锐器盒、医疗垃圾袋、生活垃圾袋）、固定网套、一次性备皮刀。

（2）无菌物品包装完好，在有效期内使用。

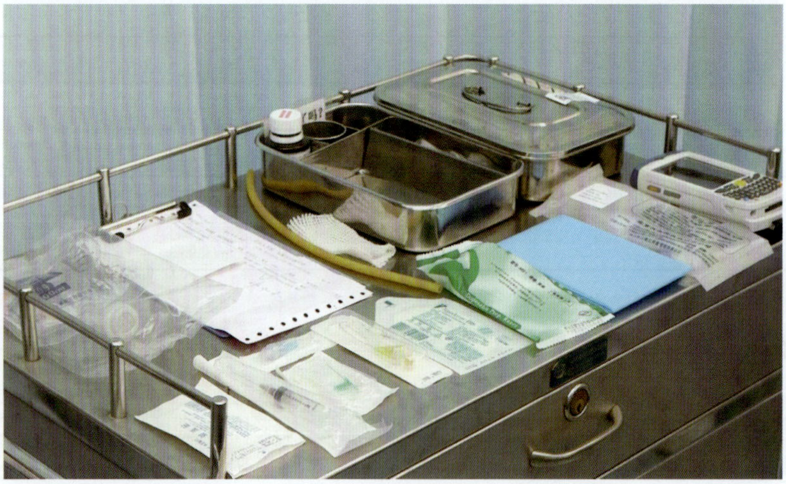

图 9-1-32　小儿外周静脉留置针输液操作用物

4．环境准备　宽敞、明亮。

（三）操作步骤

1．核对并解释　至患儿床旁，核对患儿姓名、床号和腕带（有 PDA 可扫描腕带确认患儿信息，至少两种方法核对）；向患儿及家长解释输液的目的、方法、注意事项及配合要点。

2．核对并检查药物　输液卡、标签、液体和药品均一致，根据医嘱核对给药时间和给药方法，检查输液有无过期及变质。

3．安置体位　协助患儿取舒适体位，根据患儿年龄选择适宜的约束方法。环抱法：环抱患儿坐于膝上，固定躯干和关节部位，暴露穿刺肢体。全身约束法：用毯子、大毛巾、包被等全身约束，固定穿刺部位。治疗车放置位置合理，操作范围大，利于操作。

4．穿刺血管

（1）选择血管

①四肢血管穿刺：铺治疗巾，系止血带，选择粗直、弹性好、血流丰富的血管，避开关节和静脉瓣，松开止血带。

②头皮静脉穿刺

穿刺部位皮肤准备：用一次性备皮刀剃除穿刺部位周围的毛发，大于贴膜固定范围。

选择头皮静脉：常选用额正中静脉、额上静脉、颞浅静脉、耳后静脉、枕后静脉等（图9-1-33）。

（2）第一次消毒：用快速手消毒液洗手，第一次消毒穿刺处皮肤，消毒面积大于贴膜面积，待干（图9-1-34）。

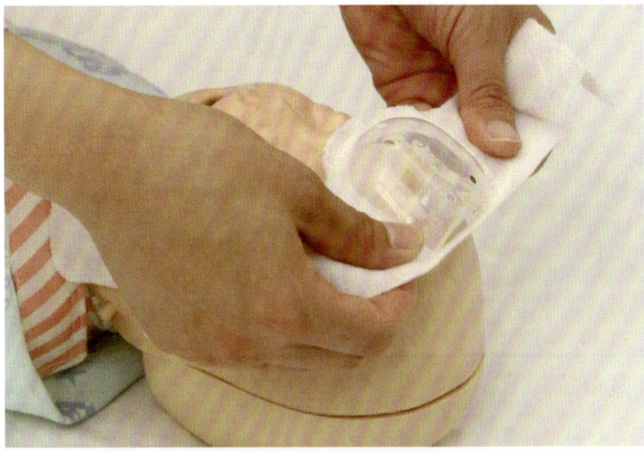

图 9-1-33　选择血管

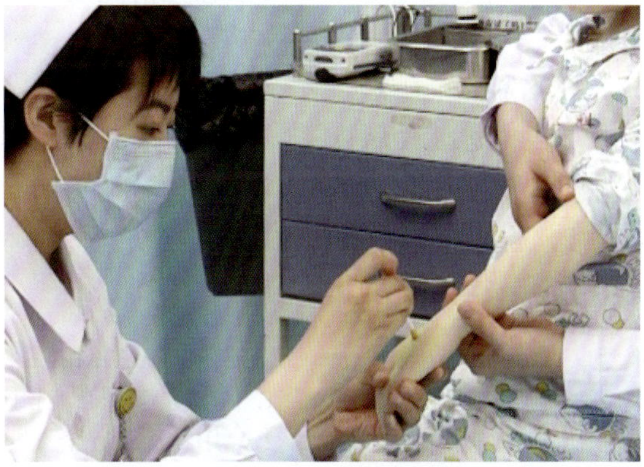

图 9-1-34　消毒皮肤

（3）排气：打开输液器，排气至滤网处，准备套管针、输液贴、无菌透明敷料等（写好日期、时间）（图9-1-35）。

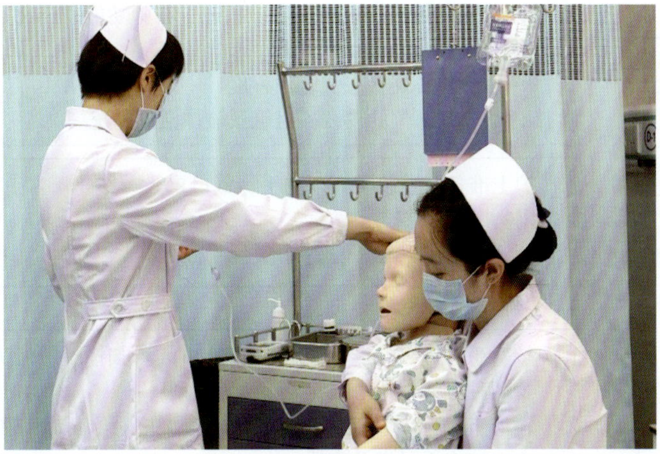

图 9-1-35　排气至滤网处

（4）再次消毒：系止血带，松紧度以能放入2指为宜，位置在消毒范围上方2横指；消毒面积大于贴膜面积，小于第一次（头皮静脉穿刺忽略止血带）。

（5）套管针去除护针帽，排气。

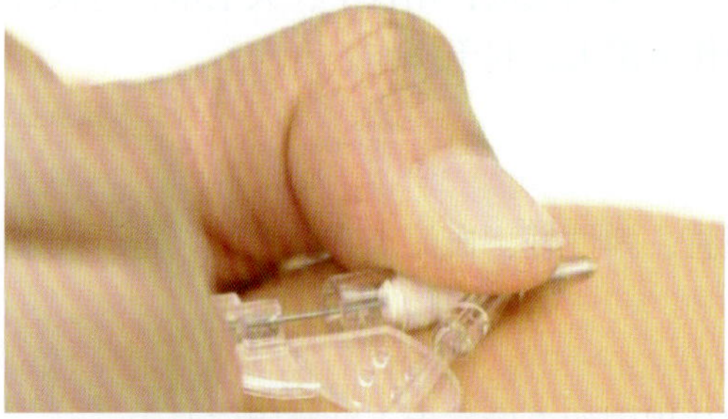

图 9-1-36　穿刺

（6）第二次核对：穿刺前再次核对患者信息，无误后再进行穿刺。

（7）穿刺：绷紧皮肤，在消毒范围的 1/3 ~ 1/2 处穿刺，以 15° ~ 30° 进针，针头斜面朝上，直刺静脉，进针速度慢，避免刺穿血管后壁，见回血后降低角度再进针少许，一次性匀速撤出针芯。松止血带，时间不超过 2 分钟，指导患儿松拳（头皮静脉穿刺忽略）。注射器冲管。用无菌透明敷料，以穿刺点为中心固定妥当，网套固定妥当。消毒输液接头，连接输液（图 9-1-36）。

5．调整滴速　根据患儿年龄、病情、药物性质调节滴速。

6．第三次核对　核对药物及患儿信息，输液卡上签字后挂于输液架上。

7．整理用物　撤去治疗巾，协助患儿取舒适卧位，呼叫器放于患儿或家长易取处，对患儿或家长讲解注意事项，观察患儿情况及有无输液反应。用快速手消毒液洗手，垃圾分类处理正确。

8．洗手，记录。

（四）健康教育

1．告知患儿及家长输液的目的。

2．告知患儿及家长输液的注意事项。

（五）操作流程图（图 9-1-37）

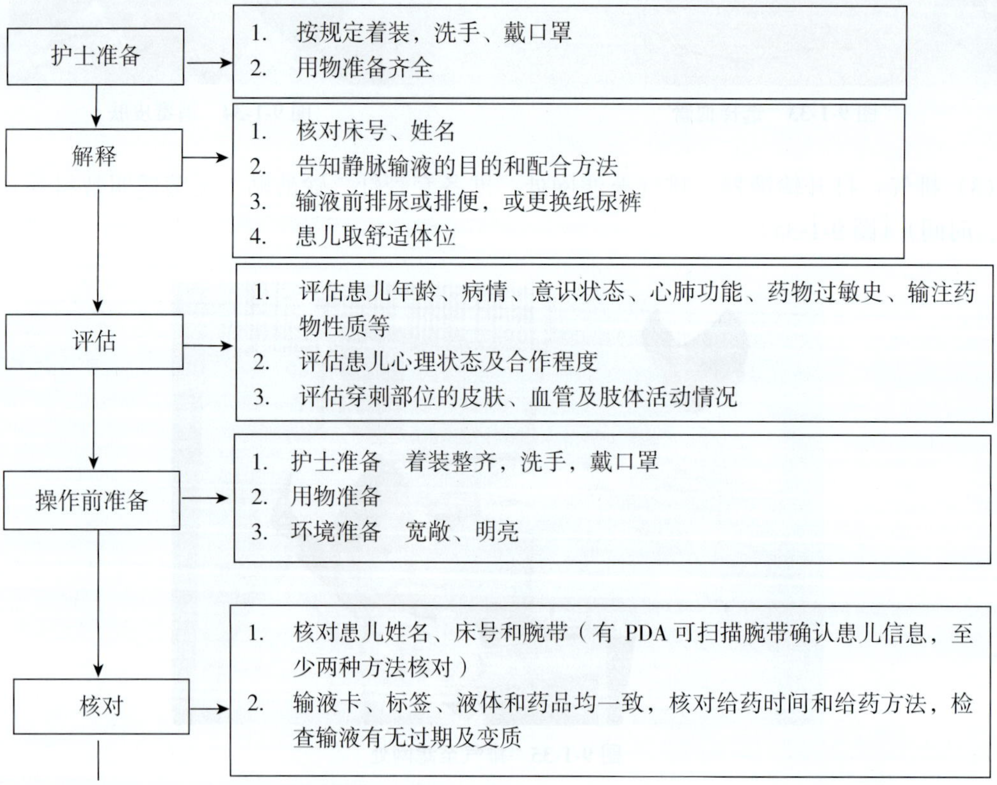

安置体位

1. 协助患儿取舒适体位，根据患儿年龄选择适宜的约束方法。环抱法：环抱患儿坐于膝上，固定躯干和关节部位，暴露穿刺肢体。全身约束法：用毯子、大毛巾、包被等全身约束，固定穿刺部位
2. 治疗车位置合理，利于操作。

选择血管

1. 四肢血管穿刺
(1) 穿刺部位下垫治疗巾，系止血带
(2) 按压评估血管弹性：选择粗直、弹性好、血流丰富的血管，避开关节和静脉瓣
(3) 松开止血带
2. 头皮静脉穿刺
(1) 穿刺部位皮肤准备：用一次性备皮刀剃除穿刺部位周围的毛发，大于贴膜固定范围
(2) 选择头皮静脉：常选用额正中静脉、额上静脉、颞浅静脉、耳后静脉、枕后静脉等

穿刺血管

1. 快速手消毒液洗手
2. 第一次消毒穿刺处皮肤，消毒面积大于贴膜面积，待干
3. 打开输液器排气至滤网处，准备套管针、输液贴、无菌透明敷料等（写好日期、时间）
4. 系止血带，松紧度以能放入2指为宜，位置在消毒范围上方 2 横指（头皮静脉忽略）
5. 再次消毒：消毒面积大于贴膜面积，小于第一次
6. 套管针去除护针帽，排气
7. 穿刺前再次核对患者信息，无误后再进行穿刺
8. 绷紧皮肤，在消毒范围的 1/3 ~ 1/2 处穿刺，以 15° ~30° 进针，针头斜面朝上，直刺静脉，进针速度慢，避免刺穿血管后壁，见回血后降低角度再进针少许，一次性匀速撤出针芯，穿刺成功，穿刺过程中，已抽出的部分针芯不能重新插入
9. 松止血带，时间不超过 2 分钟（头皮静脉忽略）
10. 指导患儿松拳（头皮静脉忽略）
11. 注射器冲管

固定

1. 用无菌透明敷料，以穿刺点为中心固定，中心点正确，无张力，平整
2. 延长管 U 形固定，输液接头要高于导管尖端，且与血管平行，网套固定妥当
3. 标记条位置正确，利于观察穿刺点，不可贴后再写日期

连接输液

消毒输液接头，连接输液

调节滴速

1. 调节滴速合理，符合患儿年龄、病情、药物和治疗要求
2. 调节滴速方法正确，用手表数滴数，输液卡上签字
3. 操作后核对药物及患儿信息

清理记录

1. 撤去治疗巾，协助患儿取舒适卧位，呼叫器放于患儿或家长易取处，对患儿或家长讲解注意事项，观察患儿情况及有无输液反应
2. 快速手消毒液洗手，垃圾分类处理正确。
3. 洗手，记录

图 9-1-37　小儿外周静脉留置针输液操作流程图

（六）操作评分标准（表 9-1-9）

表9-1-9 小儿外周静脉留置针输液操作评分标准

项目	技术操作要求	评分	评分等级				实际得分
			A×1	B×0.7	C×0.4	D×0	
素质要求	服装鞋帽整洁，符合着装要求	1					
患者准备	患者评估及准备	1					
消毒隔离	洗手，戴口罩	1					
病室准备	病室环境准备：整洁，明亮，宽敞	1					
用物准备	备齐用物：套管针、输液接头、5 ml 注射器、头皮针、无菌盒、止血带、输液贴、无菌透明敷料、棉签、安尔碘、治疗巾、手消毒液、笔、手表、液体、输液器、输液卡、PDA（如有）、治疗车（锐器盒、医疗垃圾袋、生活垃圾袋）、固定网套、一次性备皮刀	3					
核对	核对患儿姓名、床号和腕带（有 PDA 可扫描腕带确认患儿信息，至少两种方法核对）	4					
	输液卡、标签、液体和药品均一致，核对给药时间和给药方法，检查输液有无过期及变质	4					
选择血管	协助患儿取舒适体位，根据患儿年龄选择适宜的约束方法，治疗车放置位置合理，操作范围大，利于操作	2					
	穿刺部位下垫治疗巾，系止血带（头皮静脉穿刺忽略）	1					
	按压评估血管弹性：选择粗直、弹性好、血流丰富的血管，避开关节和静脉瓣	1					
	松开止血带（头皮静脉穿刺忽略）	1					
	用一次性备皮刀剃除头皮静脉穿刺部位周围的毛发，大于贴膜固定范围	2					
第一次消毒	快速手消毒液洗手	1					
	消毒面积大于贴膜面积，第 1 遍，待干	3					
排气	排气至滤网处	2					
穿刺用物	准备套管针、输液贴、无菌透明敷料等（写好日期、时间）	2					

续表

项目	技术操作要求	评分	评分等级				实际得分
			A×1	B×0.7	C×0.4	D×0	
穿刺过程	系止血带，松紧度以能放入2指为宜，位置在消毒范围上方2横指（头皮静脉穿刺忽略）	2					
	第2遍消毒，消毒面积大于贴膜面积，小于第一次	3					
	去除护针帽，持针手法正确，排气方法正确	2					
	穿刺前再次核对患儿信息，无误后再进行穿刺	2					
	绷紧皮肤，在消毒范围的1/3 ~ 1/2处穿刺	2					
	以15° ~ 30° 进针，针头斜面朝上，直刺静脉，进针速度慢，避免刺穿血管后壁，保证导管和针芯均在血管内	3					
	见回血后降低角度再进针少许，一次性匀速撤出针芯，穿刺成功。穿刺过程中，已抽出的部分针芯不能重新插入	8					
	松止血带，时间不超过2分钟（头皮静脉穿刺忽略）	2					
	指导患儿松拳（头皮静脉穿刺忽略）	1					
	注射器冲管，冲回血	1					
固定	用无菌透明敷料，以穿刺点为中心固定，中心点正确，无张力，平整	2					
	延长管U形固定，输液接头要高于导管尖端，且与血管平行，网套固定妥当	2					
	标记条位置正确，利于观察穿刺点，不可贴后再写日期	2					
连接输液	消毒输液接头，连接输液	1					
调节滴速	调节滴速合理，符合患儿年龄、病情、药物和治疗要求	3					
	调节滴速方法正确，用手表数滴数，输液卡上签字	5					
	操作后核对药物及患儿信息	2					
患者处置	撤去治疗巾，协助患儿取舒适卧位，呼叫器放于患儿或家长易取处，做好健康宣教	3					
洗手	快速手消毒	1					
用物处理	分医疗垃圾、生活垃圾、锐器等，处理正确，洗手	3					
整体评价	输液过程中护士对患儿的关爱程度，如对患儿是否进行静脉输液的目的意义及有关注意事项等的健康教育和安抚情况	15					
	动作流畅、熟练	5					
总分		100					

案例点评

✧ 输液时注意关注患儿有无输液不良反应，若有不适及时联系医护人员。
✧ 输液时注意关注患儿有无药物不良反应，若有不适及时联系医护人员。
✧ 输液后应关注患儿的病情、药物疗效、药物副作用。

（杨美玲）

第二节　静脉输血

静脉输血（blood transfusion）是将全血或成分血如血浆、血细胞（红细胞、白细胞、血小板等）通过静脉输入人体的方法。

知识链接

血液制品的种类

1. 全血：分为新鲜血和库存血，适用于各种原因引起的大出血(失血量大于 1000 ml)。

2. 成分血

（1）红细胞制品：浓缩红细胞主要用于血容量正常而携氧功能缺陷，如长期慢性贫血患者；洗涤红细胞适用于免疫性溶血性贫血患者、脏器移植术后患者、尿毒症以及血液透析后高血钾患者；红细胞悬液适用于战地急救以及中、小手术患者；冰冻红细胞可为稀有血型者长期保存红细胞。

（2）白细胞：适用于粒细胞缺乏症、严重感染患者。

（3）血小板：适用于血小板减少或严重的再生障碍性贫血、输大量库存血或体外循环心脏手术后血小板减少，以及其他导致血小板减少引起出血的患者。

（4）血浆：分为新鲜液体血浆、新鲜冰冻血浆、普通冰冻血浆、冰冻干燥血浆，可维持血容量、补充血浆蛋白。

（5）血浆蛋白成分：分为白蛋白、免疫球蛋白和各种凝血制品。

一、间接静脉输血法

间接静脉输血法（indirect blood transfusion）是指将已抽出的保存于血袋中的血液，采用密闭式静脉输液法（将输液器换为输血器）输入患者体内的方法。

案例 9-2-1

患者男性，50 岁，因肝癌行肝右叶切除术，术中出血较多，术后引流管持续引流鲜红色血液，间断有血块流出。心率 102 次 / 分，血压 90/60 mmHg。血常规示：血红蛋白 70 g/L。遵医嘱静脉输注红细胞 400 ml。

V9-8 间接静脉输血法

（一）护理评估

1．评估患者的病情、治疗情况，判断输血依据是否充分。

2．核对血型、交叉配血试验、输血史、过敏史。

3． 了解患者对输血相关知识的掌握及心理状态。

4． 观察穿刺部位皮肤、血管情况 根据年龄、病情、输血量等因素选择静脉，避开皮肤发红、硬结、皮疹及破损处。一般采用四肢浅静脉；急症输血时多采用肘部静脉；周围循环衰竭时，可采用颈外静脉或锁骨下静脉。

知识链接

血型鉴定与交叉配血试验

血型鉴定包括 ABO 血型和 Rh 因子。无论输全血还是成分血，均应选用同型血液输注。但在紧急情况下，如无同型血，O 型血可输给所有患者；AB 型血患者除可接受 O 型血外，还可接受 A 型血和 B 型血，但要求直接交叉配血试验阴性（不凝集），间接交叉配血试验可以阳性（凝集），在这种特殊情况下，必须一次输入少量血（不超过 400 ml），并减慢输血速度。

（二）操作前准备

1．护士准备 着装整齐，洗手，戴口罩，修剪指甲。

2．患者准备

（1）了解输血的目的、方法、注意事项及配合要点。

（2）采血标本验血型和做交叉配血试验：医生填写输血申请单，护士抽取血标本，送血库做血型鉴定和交叉配血试验。

（3）签署知情同意书。

（4）排空二便。

（5）取舒适体位。

3．用物准备 0.9% 生理盐水 100 ml、一次性输血器、同型血液及血液配型单、治疗盘。

去血库取血时，必须与血库人员共同认真做好“三查八对”，即查血的有效期、血的质量和输血装置是否完好；核对受血者姓名、床号、病历号、血袋号、血型、交叉配血试验的结果、血液种类和血量；核对供血卡上的姓名、编号、血型及交叉配血试验结果；核对采血日期，超过期限（2 ～ 3 周）不能使用。检查血液质量如有血浆颜色变红或混浊有泡沫，红细胞呈玫瑰色、白细胞与血浆界限不清等，都证明有溶血现象，而不能使用。

血液自血库取回后，勿剧烈振荡，以免红细胞被大量破坏引起溶血；不可将血液加温，放置血浆蛋白凝固变性，在室温下放置 15 ～ 20 分钟后再输入，一般在 4 小时内输完。避免放置时间过长，以免造成污染。

4．环境准备 宽敞、明亮。

（三）操作步骤

1．评估并解释 护士备齐用物携至患者床旁，核对患者姓名、床号和腕带；评估患者的病情；并向患者及家属解释静脉输血的目的、方法、注意事项及配合要点。

2．检查核对 两位护士一起“三查八对”。

3． 建立静脉通道后输盐水 按照密闭式输液法建立静脉通道，输入少量生理盐水。

4．输血

（1）摇匀血液：轻轻摇匀血液，缓慢地将储血袋挂于输液架上。

（2）连接血袋进行输血：常规消毒储血袋接口处塑料管，将输血器针头从生理盐水瓶上拔下，插入储血袋接口处塑料管。

（3）调节输血速度：开始输入速度宜慢（<20滴/分），观察10～15分钟，如无不良反应，再根据病情调整滴速，成人一般为40～60滴/分，儿童酌减。

5．操作后核对　核对受血者姓名、床号、腕带、病历号、血袋号、血型、交叉配血试验的结果、血液种类和血量。

6．操作后处理　向患者或家属交代注意事项，并将呼叫器置于易取处。按静脉输液后处理撤去用物、整理床单位、洗手，记录输血时间、滴速、患者全身及局部情况。

7．加强巡视　输血过程中一定要加强巡视，密切观察有无输血反应，并询问患者有无不适。常见的输血反应包括发热反应、过敏反应、溶血反应、大量快速输血导致的循环负荷过重、出血倾向、枸橼酸中毒、低血钙、高血钾、酸碱失衡等，此外，病毒性肝炎、疟疾、艾滋病、其他性传播疾病等可通过输血传播给受血者。

8．血液输完后，继续滴入少量生理盐水，使输血器内的余血全部输入体内，按照静脉输液法拔针。

9．输血袋及输血器的处理　用剪刀将输血器针头剪下置入锐器盒内；将输血管道置入医用垃圾袋中；将输血袋送至输血科保留24小时。

10．洗手，记录输血时间、种类、剂量、血型、血袋号、有无输血反应等。

重要小提示

✧ 无论输全血还是成分血，均应选用同型血液输注。

✧ 血液制品从血库中取出后，30分钟内输入，一般4小时内输完，避免放置过久，使血液变质或被污染。

✧ 在取血和输血过程中，需双人严格三查八对，避免发生差错事故。

✧ 输血前后、输入两袋血之间，均应输入少量生理盐水，冲洗输血器管道。

✧ 开始输血时，滴速不应超过20滴/分，如无不良反应，成人一般调至40～60滴/分，对年老体弱、严重贫血、心力衰竭患者及儿童滴速宜慢。

✧ 输血过程中一定要加强巡视，密切观察有无输血反应，并询问患者有无不适。

✧ 输血时需使用单独的静脉通路，不得往血液内加入其他药物。

✧ 输完后的血袋送回输血科保留24小时，以备患者发生输血反应时分析原因。

（四）健康教育

1．向患者解释输血的适应证和禁忌证，争取患者配合。

2．向患者说明合理调节输血速度的原因，告知患者勿擅自调节滴速。

3．向患者介绍常见输血反应的症状和防治方法，告知患者一旦出现不适，及时使用呼叫器告知护士。

（五）操作流程图（图9-2-1）

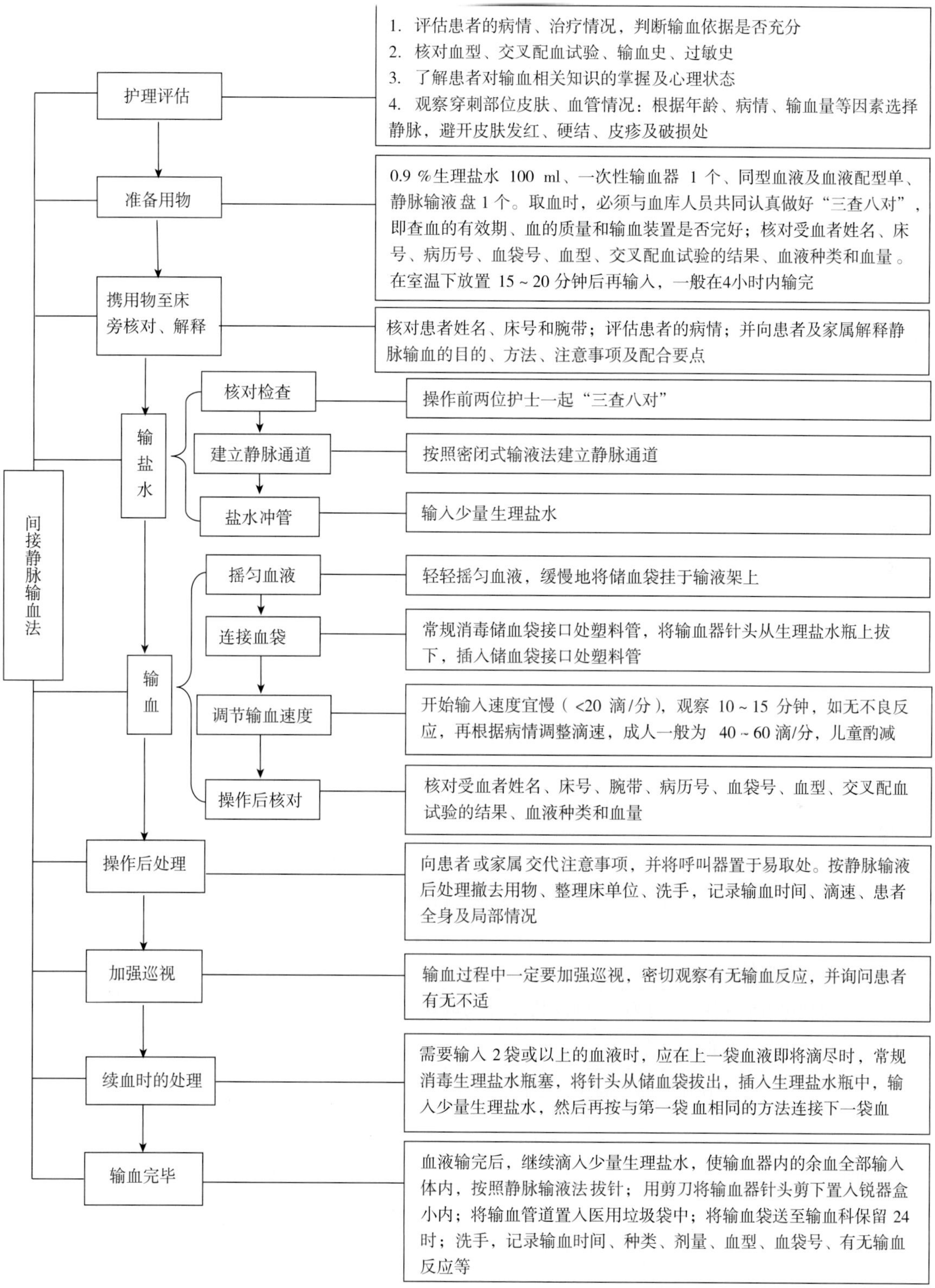

图 9-2-1　间接静脉输血法操作流程图

（六）操作评分标准（表 9-2-1）

表9-2-1 间接静脉输血操作考核评分标准

项目	技术操作要求	评分	评分等级				实际得分
			A×1	B×0.7	C×0.4	D×0	
素质 5	仪表、着装符合要求	2					
	操作熟练、轻柔，沟通有效	3					
评估 15	评估患者的病情、治疗情况	4					
	核对血型、交叉配血试验、输血史、过敏史	6					
	了解患者对输血相关知识的掌握及心理状态	3					
	观察穿刺部位皮肤、血管情况	2					
操作前准备 10	洗手、戴口罩	2					
	用物准备，放置合理	3					
	取血和血液准备正确	5					
操作过程 50	操作前两名护士一起“三查八对”	7					
	按密闭式输液法建立静脉通道	8					
	输入少量生理盐水	7					
	轻轻摇匀血液，缓慢地将储血袋挂于输液架上	7					
	常规消毒储血袋接口处塑料管，将输血器针头从生理盐水瓶上拔下，插入储血袋接口处塑料管	7					
	调节输血速度。开始输入速度宜慢（<20 滴 / 分），观察 10 ～ 15 分钟，如无不良反应，再根据病情调整滴速，成人一般为 40 ～ 60 滴 / 分，儿童酌减	7					
	操作后再次核对受血者姓名、床号、腕带、病历号、血袋号、血型、交叉配血试验的结果、血液种类和血量	7					
操作后处理 15	交代患者或家属注意事项，将呼叫器置于易取处	5					
	撤去用物，整理床单位	5					
	洗手后，记录输血时间、滴速、患者全身及局部情况	5					
整体评价 5	认真倾听患者的反映和需要，沟通语言恰当，患者无不适感，核对准确	3					
	操作时间在 15 分钟以内	2					
总分		100					

案例点评

➢ 输血前，医生填写输血申请单，护士抽取血标本，送血库做血型鉴定和交叉配血试验。

➢ 去血库取血时，必须与血库人员共同认真做好“三查八对”。

➢ 血液自血库取回后，勿剧烈振荡，在室温下放置 15 ~ 20 分钟后再输入，一般在 4 小时内输完。

➢ 操作前两位护士一起“三查八对”。

➢ 按照密闭式输液法建立静脉通道，先输入少量生理盐水，再连接储血袋进行输血。

➢ 开始输入速度宜慢（< 20 滴 / 分），观察 10 ~ 15 分钟，如无不良反应，再根据病情调整滴速，成人一般为 40 ~ 60 滴 / 分，儿童酌减。

➢ 操作后再次核对受血者姓名、床号、腕带、病历号、血袋号、血型、交叉配血试验的结果、血液种类和血量。

➢ 输血过程中一定要加强巡视，密切观察有无输血反应，并询问患者有无不适。

➢ 患者腹部手术后，有出血倾向，应密切观察引流管引流液体的颜色和量，询问患者反应。

二、直接静脉输血法

案例 9-2-2

患者男性，32 岁，因“车祸致全身多处外伤伴昏迷 4 小时”入院。急诊查体：T 37.2℃，P 102 次 / 分，R 24 次 / 分，BP 72/50mmHg，Rh 阴性 A 型血。遵医嘱需输入血浆 400 ml、红细胞 400 ml。因患者血型特殊，库存血不足，需紧急采集供血者血液输给患者。

直接静脉输血法（direct blood transfusion）是指对于无库存血而又急需输血的患者以及婴幼儿少量输血时，将供血者的血液抽出后立即输送给患者的方法。

（一）护理评估

同间接静脉输血法，此外，还应做好供血者的解释，以取得合作。

（二）操作前准备

1．护士准备　着装整齐，洗手，戴口罩，修剪指甲，备齐用物。

2．患者准备　同间接静脉输血法，此外，应同时采集供血者血标本，以进行血型鉴定、交叉配血试验和感染指标的检查。

3．用物准备　50 ml 注射器数个及针头数个（根据输血量多少而定）、3.8% 枸橼酸钠溶液、血压计袖带、静脉注射盘 1 个。

4．环境准备　宽敞、明亮。

（三）操作步骤

1．准备卧位　请患者和供血者分别卧于相邻的两张床上，露出各自受血或供血一侧的肢体。

2．核对并解释　护士备齐用物携至床旁，核对患者和供血者姓名、床号和腕带；核对血型及交叉配血结果。

3．抽取抗凝剂　用备好的 50 ml 注射器抽取 3.8% 枸橼酸钠溶液 5 ml。

4．抽、输血液

（1）将血压计袖带缠于供血者上臂并充气，使静脉充盈，压力维持在 100 mmHg 左右。

（2）选择静脉，一般选择粗大静脉，如肘正中静脉，常规消毒皮肤。

（3）用加入抗凝剂的注射器抽取供血者血液，然后立即行静脉注射，将抽出的血液输给患者。三人配合：一人抽血、一人传递、一人输注。抽血和推注速度不宜过快，并随时观察患者和供血者反应。

（4）连续抽血时，不必拔出针头，只需更换注射器。

5．操作后处理

（1）输血完毕，拔出针头，用无菌纱布块按压穿刺点至无出血。

（2）撤去用物、整理床单位。

（3）洗手，记录输血时间、种类、血型、患者全身及局部情况、有无输血反应。

重要小提示

✧ 患者和供血者分别卧于相邻的两张床上，方便操作。
✧ 严格执行查对制度，避免差错事故。
✧ 备好的注射器加入抗凝剂，避免抽出的血液凝固。
✧ 一般选择粗大静脉，如肘正中静脉。
✧ 抽、输血时三人配合：一人抽血、一人传递、一人输注。
✧ 抽血和推注速度不可过快，并注意观察患者和供血者反应。
✧ 连续抽血时，不必拔出针头，只需更换注射器。

（四）健康教育

1．向患者和供血者解释输血的适应证和禁忌证，争取其配合。

2．向患者和供血者介绍常见反应的症状和防治方法，告知一旦出现不适，及时使用呼叫器告知护士。

（五）操作流程图（图 9-2-2）

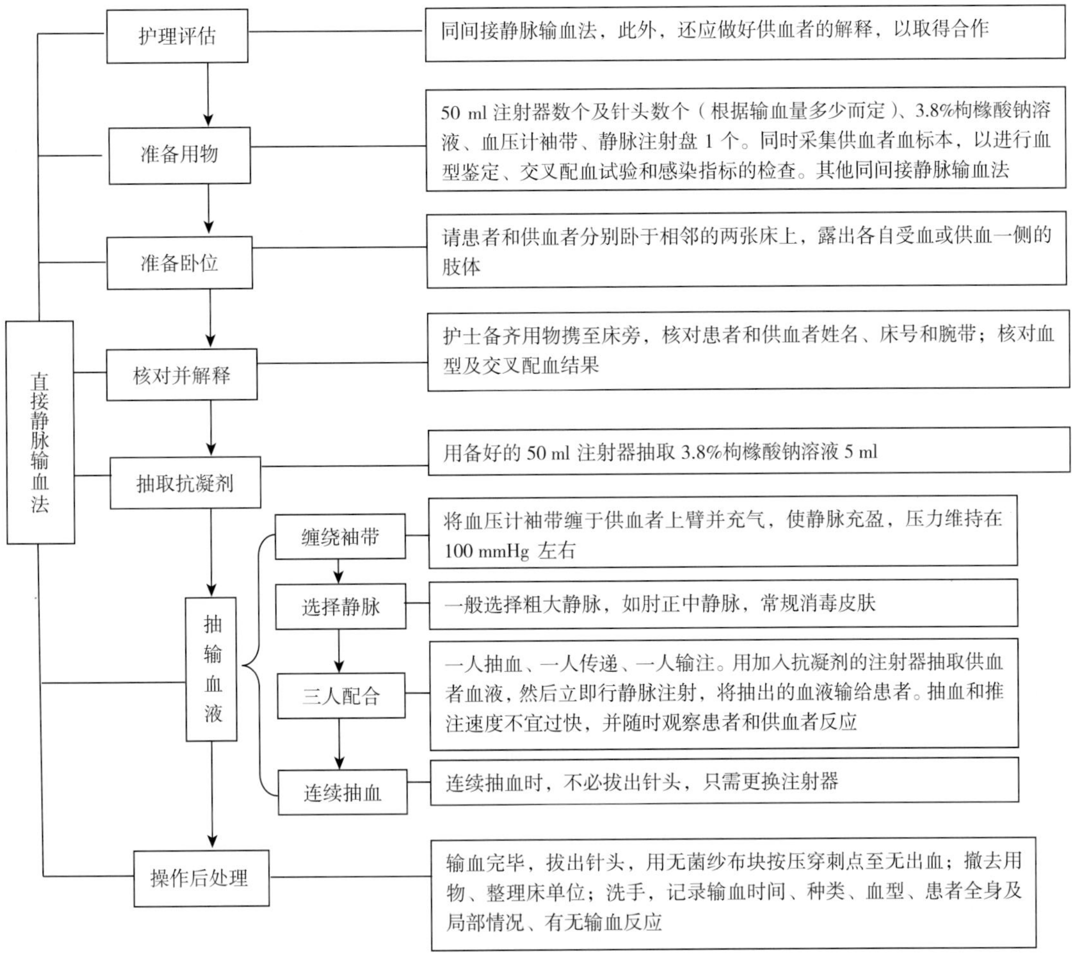
直接静脉输血法
护理评估
同间接静脉输血法，此外，还应做好供血者的解释，以取得合作
准备用物
50 ml 注射器数个及针头数个（根据输血量多少而定）、3.8%枸橼酸钠溶液、血压计袖带、静脉注射盘 1 个。同时采集供血者血标本，以进行血型鉴定、交叉配血试验和感染指标的检查。其他同间接静脉输血法
准备卧位
请患者和供血者分别卧于相邻的两张床上，露出各自受血或供血一侧的肢体
核对并解释
护士备齐用物携至床旁，核对患者和供血者姓名、床号和腕带；核对血型及交叉配血结果
抽取抗凝剂
用备好的 50 ml 注射器抽取 3.8%枸橼酸钠溶液 5 ml
抽输血液
缠绕袖带
将血压计袖带缠于供血者上臂并充气，使静脉充盈，压力维持在 100 mmHg 左右
选择静脉
一般选择粗大静脉，如肘正中静脉，常规消毒皮肤
三人配合
一人抽血、一人传递、一人输注。用加入抗凝剂的注射器抽取供血者血液，然后立即行静脉注射，将抽出的血液输给患者。抽血和推注速度不宜过快，并随时观察患者和供血者反应
连续抽血
连续抽血时，不必拔出针头，只需更换注射器
操作后处理
输血完毕，拔出针头，用无菌纱布块按压穿刺点至无出血；撤去用物、整理床单位；洗手，记录输血时间、种类、血型、患者全身及局部情况、有无输血反应

图 9-2-2　直接静脉输血法操作流程图

（六）操作评分标准（表 9-2-2）

表9-2-2　直接静脉输血操作考核评分标准

项目	技术操作要求	评分	评分等级				实际得分
			A×1	B×0.7	C×0.4	D×0	
素质 5	仪表、着装符合要求	2					
	操作熟练、轻柔，沟通有效	3					
评估 15	评估患者的病情、治疗情况	3					
	核对血型、交叉配血试验、输血史、过敏史	4					
	了解患者和供血者对输血相关知识的掌握及心理状态	4					
	观察患者和供血者穿刺部位皮肤、血管情况	4					
操作前准备 5	洗手、戴口罩	2					
	用物准备，放置合理	3					

续表

项目	技术操作要求	评分	评分等级				实际得分
			A×1	B×0.7	C×0.4	D×0	
操作过程 55	患者和供血者分别卧于相邻的两张床上，露出各自受血或供血一侧的肢体	6					
	核对患者和供血者姓名、床号和腕带	4					
	核对血型及交叉配血结果	4					
	抽取抗凝剂：用备好的 50 ml 注射器抽取 3.8% 枸橼酸钠溶液 5 ml	6					
	将血压计袖带缠于供血者上臂并充气，使静脉充盈，压力维持在 100 mmHg 左右	6					
	选择静脉（一般选择粗大静脉，如肘正中静脉）	4					
	常规消毒皮肤	4					
	用加入抗凝剂的注射器抽取供血者血液	6					
	立即行静脉注射，将抽出的血液输给患者	6					
	三人配合：一人抽血、一人传递、一人输注	4					
	抽血和推注速度不宜过快，并随时观察患者和供血者反应	5					
操作后处理 15	拔出针头，用无菌纱布块按压穿刺点至无出血	5					
	撤去用物、整理床单位	5					
	洗手，记录输血时间、种类、血型、患者全身及局部情况、有无输血反应	5					
整体评价 5	认真倾听患者的反映和需要，沟通语言恰当，患者无不适感，核对准确	3					
	操作时间在 15 分钟以内	2					
总分		100					

案例点评

- 患者全身多发伤伴昏迷，应紧急开放静脉通路。
- 因患者血型特殊，应紧急联系血库，库存血不足时，依据程序征募供血者血液。
- 输血前，应同时采集患者和供血者血标本，以进行血型鉴定、交叉配血试验，供血者标本进行感染指标的检查。
- 患者和供血者分别卧于相邻的两张床上，便于操作。
- 备好注射器中抽取抗凝剂，避免抽出的血液凝固。
- 一般选择粗大静脉，如肘正中静脉。
- 三人配合：一人抽血、一人传递、一人输注。
- 抽血和推注速度不宜过快，并随时观察患者和供血者反应。
- 患者需连续输注 400 ml 血液，连续抽血时，不必拔出针头，只需更换注射器。因此，应多备若干个 50 ml 注射器，抽取抗凝剂后备用。

三、自体血回输法

自体血回输法（autotransfusion）是指预先采集患者体内血液或于手术中、手术后收集自体失血存放，然后再回输入该患者自身体内的方法。以术后引流血自体回输法为例。

案例 9-2-3

患者女性，75 岁，行“双膝关节置换术”。术中截骨量大、出血较多，拟采取术后自体血回输法补充血容量，术中置引流管外接血液回输系统。

（一）护理评估

同间接静脉输血法，此外，评估患者血液引流量是否大于 200 ml、储血罐内停留时间是否小于 6 小时。

（二）操作前准备

1．护士准备　着装整齐，洗手，戴口罩，修剪指甲，备齐用物。

2．患者准备　同间接静脉输血法，此外，根据季节注意保暖，必要时关闭门窗；放置屏风或拉帘，注意保护患者隐私。

3．用物准备　0.9% 盐水 100 ml、血液回输系统（可引流血液至储血罐，将储血罐血液引流至储血袋后经输血器回输）、输血器、静脉输液盘 1 个。

4．环境准备　宽敞、明亮。

（三）操作步骤

1． 核对并解释　备齐用物推至患者床旁，核对患者床号、姓名、腕带，向患者解释。

2． 建立静脉通路，用 0.9% 生理盐水 100 ml 静脉输入。

3． 储血

（1）观察引流管是否通畅，血液引流量≥ 200 ml，储血罐内停留时间≤ 6 小时。

（2）夹紧伤口负压引流管上的夹子，关闭负压，记录储血罐中的引流量。

（3）将储血袋置于较低位置，打开储血袋连接管上的夹子，按压存储器按钮，使储血罐中的血液自动流至储血袋中。

4．计算输血量　储血袋中的血量（自体血回输量）＝储血罐中的引流量（伤口引流量）－储血罐中的剩余量。

5． 输血

（1）将储血袋与储血罐间连接管的夹子夹紧。

（2）消毒储血袋肝素帽外口，将储血袋置于输液架上悬挂牢固。

（3）将输血器针头从盐水袋拔出插入储血袋的肝素帽处。

（4）调节滴数（同间接静脉输血流程）。

6． 打开伤口负压引流管的夹子，打开负压，观察引流是否通畅、患者意识、心电监护是否正常、有无不适。

7．操作后核对和操作后处理同间接静脉输血法，洗手，记录伤口负压引流量及自体血回输血量。

重要小提示

✧ 密切观察患者的生命体征变化。

✧ 定时观察装置状态，确保工作正常，如负压状态、引流通畅。

✧ 严格回输时间：储血罐内停留时间小于6小时方可回输。

✧ 记录回输血后各种不良反应，如发热、过敏及凝血异常（观察皮肤有无出血点及瘀斑等）。

（四）健康教育

1．向患者解释自体血回输的适应证和禁忌证，争取其配合。

2．向患者说明合理调节输血速度的原因，告知患者勿擅自调节滴速。

3．向患者介绍常见输血反应的症状和防治方法，告知患者一旦出现不适，及时使用呼叫器通知护士。

（五）操作流程图（图 9-2-3）

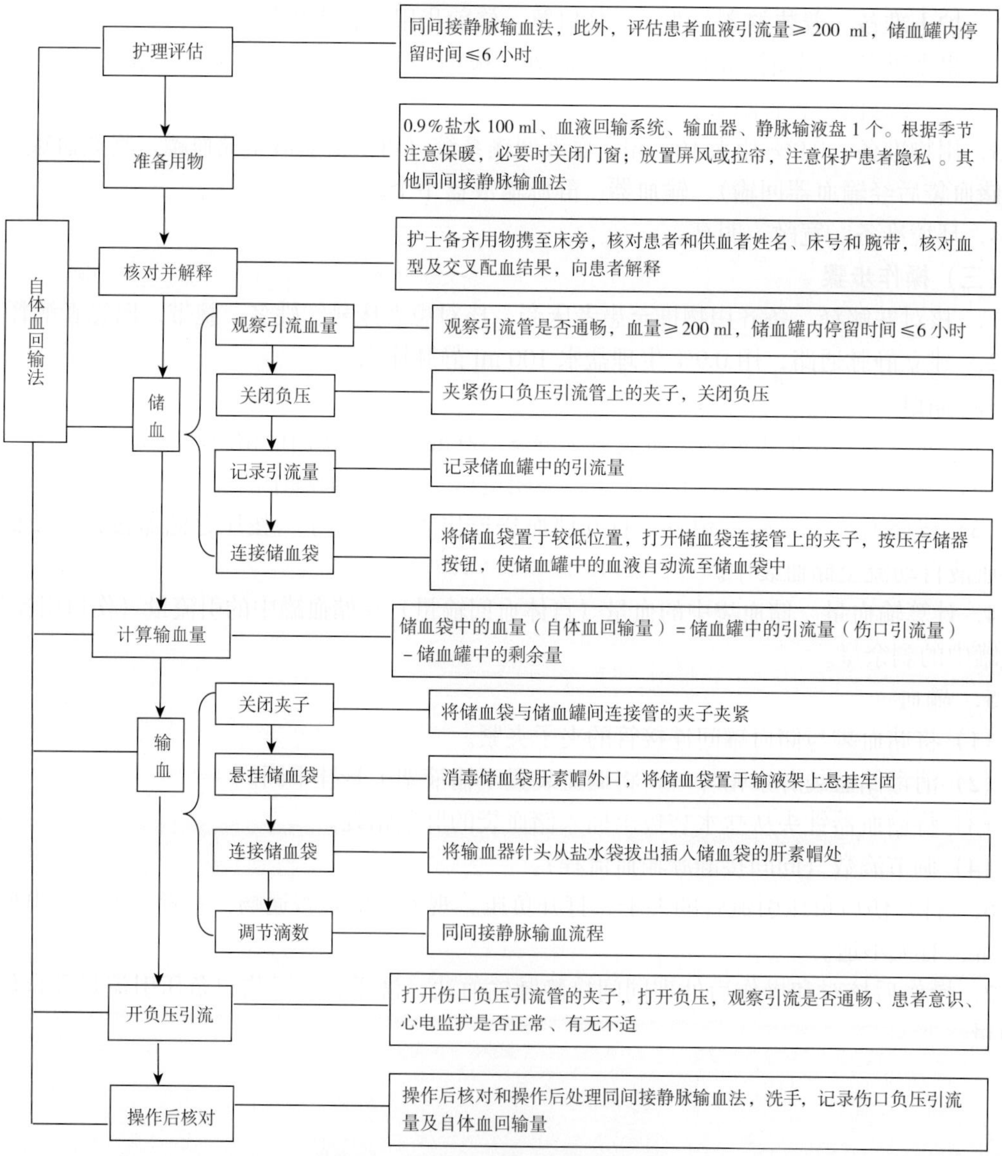
自体血回输法
护理评估
同间接静脉输血法，此外，评估患者血液引流量≥ 200 ml，储血罐内停留时间≤6 小时
准备用物
0.9％盐水 100 ml、血液回输系统、输血器、静脉输液盘 1 个。根据季节注意保暖，必要时关闭门窗；放置屏风或拉帘，注意保护患者隐私 。其他同间接静脉输血法
核对并解释
护士备齐用物携至床旁，核对患者和供血者姓名、床号和腕带，核对血型及交叉配血结果，向患者解释
储血
观察引流血量
观察引流管是否通畅，血量≥200 ml，储血罐内停留时间≤6 小时
关闭负压
夹紧伤口负压引流管上的夹子，关闭负压
记录引流量
记录储血罐中的引流量
连接储血袋
将储血袋置于较低位置，打开储血袋连接管上的夹子，按压存储器按钮，使储血罐中的血液自动流至储血袋中
计算输血量
储血袋中的血量（自体血回输量）= 储血罐中的引流量（伤口引流量）－储血罐中的剩余量
输血
关闭夹子
将储血袋与储血罐间连接管的夹子夹紧
悬挂储血袋
消毒储血袋肝素帽外口，将储血袋置于输液架上悬挂牢固
连接储血袋
将输血器针头从盐水袋拔出插入储血袋的肝素帽处
调节滴数
同间接静脉输血流程
开负压引流
打开伤口负压引流管的夹子，打开负压，观察引流是否通畅、患者意识、心电监护是否正常、有无不适
操作后核对
操作后核对和操作后处理同间接静脉输血法，洗手，记录伤口负压引流量及自体血回输量

图 9-2-3 自体血回输法操作流程图

（六）操作评分标准（表 9–2–3）

表9-2-3 自体血回输法操作考核评分标准

项目	技术操作要求	评分	评分等级				实际得分
			A × 1	B × 0.7	C × 0.4	D × 0	
素质 5	仪表、着装符合要求	2					
	操作熟练、轻柔，沟通有效	3					
评估 15	评估患者的病情、治疗情况	3					
	引流量≥ 200 ml，储血罐内停留时间≤ 6 小时	4					
	了解患者和供血者对输血相关知识的掌握及心理状态	4					
	观察患者和供血者穿刺部位皮肤、血管情况	4					
操作前准备 5	洗手、戴口罩	2					
	用物准备，放置合理	3					
操作过程 60	备齐用物推至患者床旁，核对患者床号、姓名、腕带，向患者解释	4					
	建立静脉通路，用 0.9% 生理盐水 100 ml 静脉输入	8					
	观察引流管是否通畅，引流量足够，停留时间≤ 6 小时	6					
	夹紧伤口负压引流管上的夹子，关闭负压	4					
	记录储血罐中的引流量	6					
	正确计算输血量	6					
	将储血袋与储血罐间连接管的夹子夹紧	4					
	消毒储血袋肝素帽外口，将储血袋置于输液架上悬挂牢固	6					
	将输血器针头从盐水袋拔出插入储血袋的肝素帽处	4					
	调节滴数	6					
	打开伤口负压引流管的夹子，打开负压，观察患者意识、心电监护是否正常、有无不适	6					
操作后处理 10	撤去用物、整理床单位	5					
	洗手，记录输血时间、种类、血型、患者全身及局部情况、有无输血反应	5					
整体评价 5	认真倾听患者的反映和需要，沟通语言恰当，患者无不适感，核对准确	3					
	操作时间在 15 分钟以内	2					
总分		100					

案例点评

➢ 患者行“双膝关节置换术”，术中截骨量大、出血较多，适合进行自体血回输，术中置引流管外接血液回输系统。

➢ 注意观察血液引流情况，并标记储血罐储血时间，引流量≥ 200 ml、储血罐内停留时间≤ 6 小时方可使用。

➢ 向储血袋内储血时，先夹紧伤口负压引流管上的夹子，关闭负压；记录储血罐中的引流量；然后将储血袋置于较低位置，打开储血袋连接管上的夹子，按压存储器按钮，使储血罐中的血液自动流至储血袋中。

➢ 注意计算输血量：储血袋中的血量（自体血回输量）= 储血罐中的引流量（伤口引流量）– 储血罐中的剩余量。

➢ 按间接静脉输血流程进行输血。

➢ 打开伤口负压引流管的夹子，打开负压，观察引流是否通畅、患者意识、心电监护是否正常、有无不适。

（吴 雪）

第十章　常用标本采集

学习目标

通过本章内容的学习，学生能够：

◎ **识记**

1．正确陈述标本的概念。

2．描述各种标本采集的目的。

◎ **理解：**

说明采集标本的注意点。

◎ **运用：**

1．有效评估患者情况，正确采集各种标本。

2．正确解释采集标本的意义。

第一节　血标本采集

血标本有两类，即静脉血标本和动脉血标本。

一、静脉血标本采集

案例 10-1-1

患者女性，49 岁，高热。体格检查：急性病容，可疑黄疸。主诉：食欲减退、疲乏无力，右上腹痛 1 周。遵医嘱采集血标本，给予血常规、肝功能检查。

V10-1

静脉血标本采集

静脉血标本采集法是指自静脉采集血标本的技术。

（一）护理评估

1．评估患者的病情、意识、自理及合作程度。

2．评估患者的皮肤和静脉血管情况。

3．评估环境的整洁情况。

4．评估标本采集的种类、量，并做好解释工作。

（二）操作前准备

1．护士准备　着装整洁，修剪指甲，洗手，戴口罩，备齐用物。

2．用物准备

（1）注射盘内备：安尔碘消毒液、棉签、止血带、治疗巾、治疗盘、5 ~ 10 ml 注射器（或一次性采血针和真空标本容器）、标本容器（干燥试管、抗凝试管或血培养瓶）。

（2）注射盘外备：无菌手套（必要时）、检验单（条码）、PDA、治疗巾，按需备酒精灯、火柴。

3．环境准备　环境整洁，明亮。

4．患者准备　了解留取血标本的目的和配合方法。

（三）操作步骤

1．携用物至床旁、核对　备齐用物携至患者床旁，根据检验单核对患者姓名、床号。

2．解释　向患者及家属解释血标本采集的目的、方法、注意事项及配合要点。

3．安置体位　协助患者取舒适体位。

4．选择静脉　选择合适的静脉，在穿刺部位的肢体下垫小枕，在穿刺部位上 6 cm 处扎紧止血带。

5．消毒皮肤　以注射点为中心，采用螺旋式外展的方法常规消毒局部皮肤 2 次，消毒直径≥ 5 cm × 5 cm，待干，嘱患者握拳。

6．再次核对　注射前再次核对患者信息。

7．必要时穿刺采血　戴手套，按静脉穿刺法将针头刺入血管，见回血后抽取所需血量或直接插入真空采血管至所需量。

8．穿刺取第一管血后松止血带，取血结束后，嘱患者松拳，迅速拔出针头，用干棉签沿静脉走行纵向按压（同时按压皮肤穿刺点和穿刺进入静脉点），按压时间 1 ～ 3 分钟，轻轻摇动试管。

9．注血入容器　抽血后，取下针头。将血液注入标本容器方法为：

（1）血清标本：将血液顺管壁缓慢注入干燥试管内。

（2）全血标本：将血液顺管壁缓慢注入盛有抗凝剂的试管内，并立即轻轻转动试管，使血液和抗凝剂混匀。

（3）血培养瓶：除去瓶口保护盖，消毒瓶口，更换无菌针头后，先注入需氧瓶内再注入厌氧瓶内，将血液注入瓶内轻轻摇匀。

10．再次核对　核对检验单项目及患者。

11．安置卧位　协助患者取舒适卧位，整理床单位。

12．按规程处理用物，洗手。

13．记录　记录执行者及时间。

14．送检标本　及时将标本和检验单一并送往检验科。

重要小提示

✧ 采集血标本的方法、量和时间必须正确。

✧ 做生化检验，应在空腹时采集，保持血液各种化学成分处于相对恒定状态，保证检验结果的准确性，事先告知患者有关注意事项。

✧ 一般以肘部浅静脉为采血点。

✧ 严禁在输液、输血处抽取血标本。

✧ 一般血培养采血量为 5 ～ 10 ml。对于亚急性细菌性心内膜炎患者，为提高细菌培养阳性率，采血量可增至 10 ～ 20 ml。

✧ 采集血培养标本时，应在使用抗生素前采集，如已使用，应在检验单上注明。操作时，应严格执行无菌技术原则。注血时严禁混入消毒剂、药物等，以免影响检验结果。

✧ 若需抽取不同种类的血标本，应先注入血培养瓶，再注入抗凝瓶，最后注入干燥试管。

（四）健康教育

1．向患者解释血标本采集的目的、注意事项和配合要点。

2．向患者说明采血后的按压方法和时间。

（五）操作流程图（图 10–1–1）

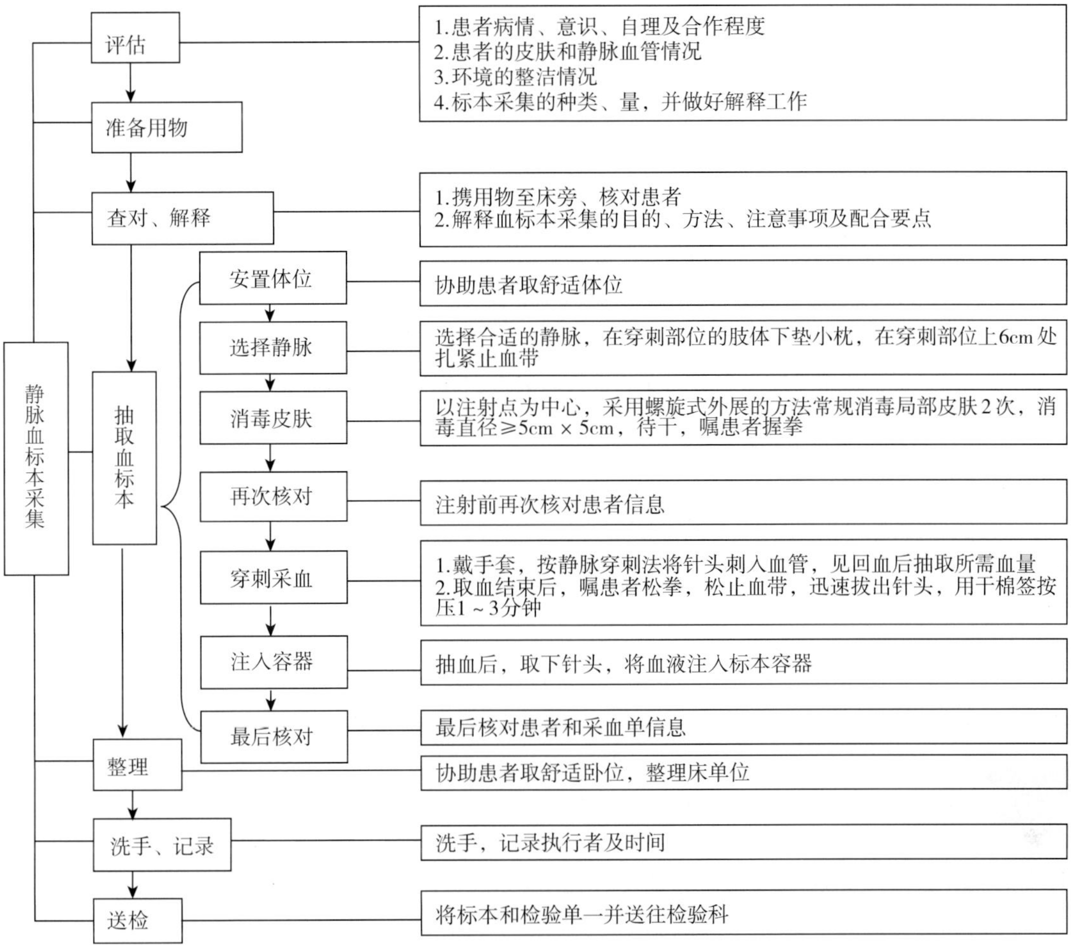

图 10-1-1　静脉血标本采集操作流程图

（六）操作评价标准（表 10–1–1）

表10-1-1　静脉血标本采集技术操作考核评分标准

项目	技术操作要求	评分	评分等级				实际得分
			A×1	B×0.7	C×0.4	D×0	
素质5	仪表、着装符合要求	2					
	操作熟练，沟通有效	3					
评估20	评估患者的病情、意识、自理及合作程度	5					
	评估患者的皮肤和静脉血管情况	5					
	评估环境的整洁情况	5					
	评估标本采集的种类、量，并做好解释工作	5					
操作前准备5	洗手、戴口罩	2					
	用物准备齐全，放置合理	3					

续表

项目	技术操作要求	评分	评分等级				实际得分
			A×1	B×0.7	C×0.4	D×0	
操作程序60	三次核对患者、检验单信息	12					
	协助患者取合适体位	3					
	选择合适的静脉，在穿刺部位的肢体下垫小枕，在穿刺部位上6 cm处扎紧止血带	5					
	以注射点为中心，采用螺旋式外展的方法常规消毒局部皮肤2次，消毒直径≥5 cm×5 cm，待干，嘱患者握拳	5					
	戴手套，按静脉穿刺法将针头刺入血管，见回血后抽取所需血量或直接插入真空采血管至所需量	10					
	取血结束后，嘱患者松拳，松止血带，迅速拔出针头，按压皮肤穿刺点和穿刺进入静脉点，按压时间1～3分钟	5					
	抽血后，取下针头，将血液注入标本容器	5					
	协助患者取舒适卧位，整理床单位	5					
	处理用物，洗手	5					
	记录执行者及时间	5					
提问10	评估内容、注意事项	10					
总分		100					

案例点评

- 告知患者晨起采血，勿进食、饮水。
- 选择肘部静脉为采血点。
- 止血带松紧适宜，扎带时间少于1分钟。
- 消毒范围直径≥5 cm×5 cm，消毒方法正确。
- 严格执行了查对制度。
- 一次穿刺成功。
- 采血后，局部皮下无渗血。

二、动脉血标本采集

V18-2

动脉血标本采集

动脉血标本采集是自动脉抽取血标本的技术。

（一）护理评估

1．评估患者的病情、意识、自理及合作程度。

2．评估患者的皮肤和动脉血管情况。

3．评估环境的整洁情况。

4．评估标本采集的种类、量，并做好解释工作。

（二）操作前准备

1．护士准备　着装整洁，修剪指甲，洗手，戴口罩，备齐用物。

2．用物准备

（1）注射盘内备：安尔碘消毒液、棉签、无菌纱布、2 ～ 10 ml 注射器（或一次性动脉采血针）、标本容器。

（2）注射盘外备：无菌手套、检验单。

3．环境准备　环境整洁，明亮。

4．患者准备　了解留取血标本的目的和配合方法。

（三）操作步骤

1．携用物至床旁、核对　备齐用物携至患者床旁，根据检验单核对患者姓名、床号。

2．解释　向患者及家属解释血标本采集的目的、方法、注意事项及配合要点。

3．安置体位　协助患者取仰卧位。股动脉穿刺者，下肢稍屈膝外展，以充分暴露穿刺部位。

4．选择动脉　一般桡动脉穿刺点位于掌侧腕关节上 2 cm，股动脉穿刺点在腹股沟中点处。

5．消毒皮肤　以注射点为中心，采用螺旋式外展的方法常规消毒局部皮肤 2 次，消毒直径≥ 5 cm × 5 cm，待干。

6．再次核对　注射前再次核对患者信息。

7．必要时穿刺采血　戴手套，在消毒区域内用示指、中指摸到动脉搏动最明显处，分开两指，固定血管于两指之间。在两指间垂直或与动脉走向 40° 刺入动脉，见有鲜红色回血，固定好注射器，快速抽取血标本。

8．取血后，迅速拔出针头，棉签按压，做血气分析时，将针头迅速刺入胶塞内，以隔绝空气，用无菌纱布加压按压 5 ～ 10 分钟，轻轻摇动血标本。

9．再次核对　核对检验单项目及患者。

10．安置卧位　协助患者取舒适卧位，整理床单位。

11．按规程处理用物，洗手。

12．记录　记录执行者及时间。

13．送检标本　及时将标本和检验单一并送往检验科。

重要小提示

✧ 采集前，须先抽吸 1:500 肝素液 0.5 ml，使注射器管腔湿润后，弃去余液，防止血液凝固（使用血气专用采血针可忽略此步骤）。

✧ 注意固定好针头，防止针尖在管腔内移动而损伤血管，造成血管栓塞。

✧ 一般采血点为桡动脉或股动脉。

✧ 做血气分析时，注射器内不可留空气，针头拔出后立即刺入软塞以隔绝空气。动脉血气分析取血量一般为 0.5 ～ 1 ml。

（四）健康教育

1．向患者解释动脉血标本采集的目的、注意事项和配合要点。

2．向患者说明采血后的按压方法和时间。

（五）操作流程图（图 10-1-2）

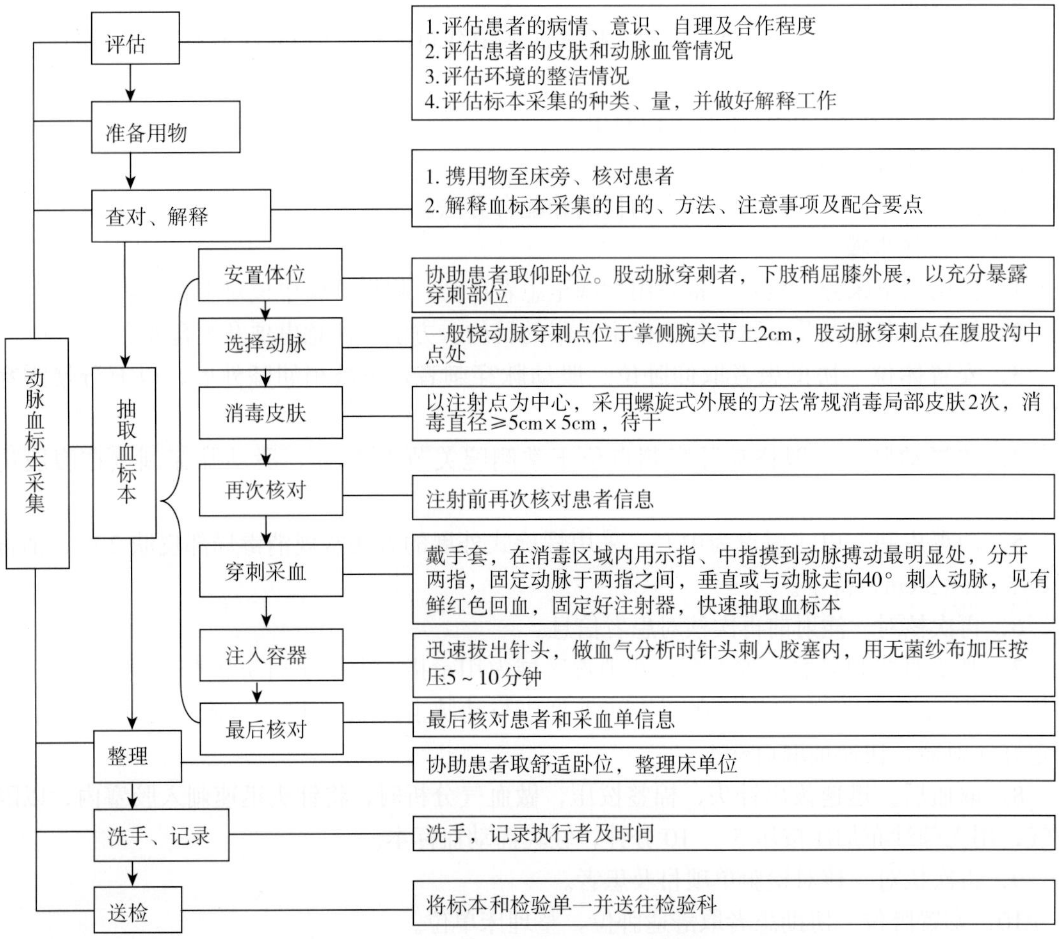

图 10-1-2 动脉血标本采集操作流程图

（六）操作评价标准（表 10-1-2）

表10-1-2 动脉血标本采集技术操作考核评分标准

项目	技术操作要求	评分	评分等级				实际得分
			A×1	B×0.7	C×0.4	D×0	
素质 5	仪表、着装符合要求	2					
	操作熟练，沟通有效	3					
评估 20	评估患者的病情、意识、自理及合作程度	5					
	评估患者的皮肤和动脉血管情况	5					
	评估环境的整洁情况	5					
	评估标本采集的种类、量，并做好解释工作	5					
操作前准备 5	洗手、戴口罩	2					
	用物准备齐全，放置合理	3					

续表

项目	技术操作要求	评分	评分等级				实际得分
			A×1	B×0.7	C×0.4	D×0	
操作程序 60	三次核对患者、检验单信息	12					
	协助患者取合适体位	3					
	桡动脉穿刺点位于掌侧腕关节上 2 cm，股动脉穿刺点在腹股沟中点处	5					
	戴手套，在消毒区域内用示指、中指摸到动脉搏动最明显处，分开两指，使动脉固定于两指之间，在两指间垂直或与动脉走向 40° 刺入动脉，见有鲜红色回血，固定好注射器，快速抽取血标本	15					
	取血后，迅速拔出针头，做血气分析时，将针头迅速刺入胶塞内，以隔绝空气，用无菌纱布加压按压 5 ~ 10 分钟	10					
	协助患者取舒适卧位，整理床单位	5					
	处理用物，洗手	5					
	记录执行者及时间	5					
提问 10	评估内容、注意事项	10					
总分		100					

（李春卉）

第二节　尿标本采集

临床上采集尿标本做物理、化学、细菌学等检查，以达到明确诊断、指导治疗和观察疗效的目的。尿标本分为常规标本、培养标本、12 小时或 24 小时标本。

案例 10-2-1

某内分泌科于 8 月 16 日入院患者 4 人，现住院患者中有 8 人按医嘱于次晨留取各种尿标本。晚班护士小王，及时督促患者按时完成了标本留取，并及时送检了标本。上午 10:00 检验科通知病房，有 1 例作尿比重检验的标本尿量不够，2 例留取 24 小时标本发生腐败，1 例尿培养标本怀疑污染。需要第 2 天重新留取。

一、尿常规标本采集

尿常规标本，一般用于检查尿液的颜色、透明度、有无细胞及管型，测定尿比重，做尿蛋白及尿糖定性检测等。

（一）护理评估

1．评估患者的病情、意识状态、心理状态及合作程度。

V10-3
尿常规标本采集

2．评估患者的临床诊断、治疗情况。

3．评估检验目的、采集标本的量、采集方法和注意事项。

（二）操作前准备

1．护士准备　着装整齐，洗手，戴口罩。

2．用物准备　一次性尿常规标本容器（尿比重需容量在 100 ml 以上）外贴检验单附联、检验单、手消毒液，必要时备屏风、尿壶或便盆、一次性手套。

3．环境准备　清洁、舒适、隐蔽。

4．患者准备　了解留取尿标本的目的和配合方法。

（三）操作步骤

1．携用物至床旁，核对　护士携用物至床旁，核对患者信息。

2．解释　向患者或家属解释留尿标本的目的、方法和注意事项，用屏风或围帘遮挡患者。

3．留取尿标本

（1）能够自理的患者：嘱其留取晨起第一次中段尿于标本容器中，除测定尿比重留取 100 ml，其余检验留取 30 ～ 50 ml 即可。

（2）不能自理的患者：协助患者使用床上便器，并收集尿液于标本容器内。

（3）留置导尿的患者：从集尿袋下方引流孔处收集尿液。

4．整理用物　整理用物和床单位，协助患者取舒适体位。

5．洗手、记录　洗手，记录尿液的量、颜色、气味等。

6．送检标本　及时送检标本，确保检验结果的准确性。

重要小提示

✧ 一般应留取晨尿，因晨尿浓度最高，未受饮食影响，所得检验结果较准确。

✧ 女性患者月经期不宜留取尿标本，以免影响检验结果。若会阴部分泌物较多，先清洁后再收集。

✧ 不可将粪便混入尿液中，以免影响检验准确性。

✧ 早孕诊断试验应留取晨尿，因晨尿中人绒毛膜促性腺激素水平最高。

（四）健康教育

1．向患者解释留取晨尿标本的重要性。

2．向患者解释留取常规尿标本的方法和注意事项。

（五）操作流程图（图 10–2–1）

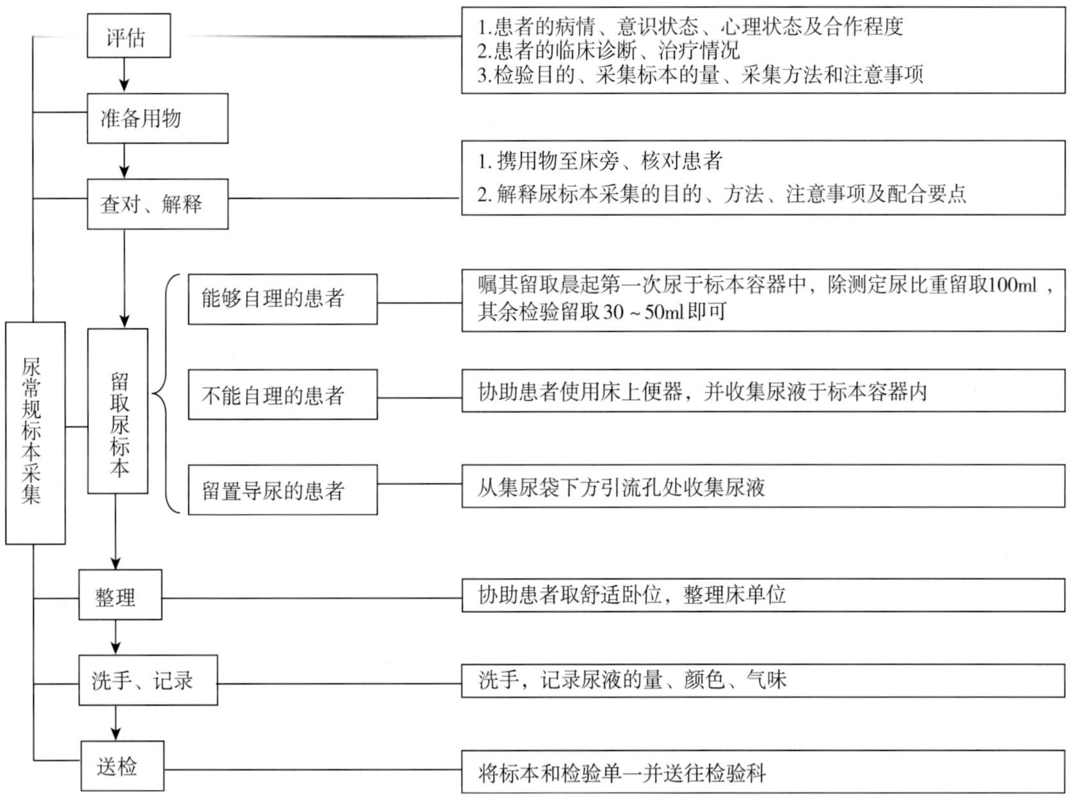

图 10-2-1　常规尿标本留取的操作流程图

（六）操作评价标准（表 10-2-1）

表10-2-1　常规尿标本留取操作考核评分标准

项目	技术操作要求	评分	评分等级				实际得分
			A×1	B×0.7	C×0.4	D×0	
素质 5	仪表端庄，着装符合要求	2					
	操作熟练，沟通有效	3					
评估 15	患者的病情、意识状态、心理状态及合作程度	5					
	患者的临床诊断、治疗情况	5					
	检验目的、采集标本的量、采集方法和注意事项	5					
操作前准备 10	洗手、戴口罩	2					
	用物准备齐全	8					
操作程序 55	查对医嘱，贴检验单附联于标本容器上	5					
	携用物至床旁，核对信息	10					
	讲解收集标本的目的、方法	10					
	收集尿标本正确	20					
	送检（化验单标明留取时间）	5					
	洗手，记录	5					
提问 15	评估内容、注意事项	15					
总分		100					

二、尿培养标本采集

V10-4
尿培养标本采集

尿培养标本，一般用于尿的细菌培养或细菌敏感试验，以了解病情，协助疾病诊断和治疗。

（一）护理评估

1．评估患者的病情、意识状态、心理状态及合作程度。

2．评估患者的临床诊断、治疗情况。

3．评估检验目的、采集方法和注意事项。

（二）操作前准备

1．护士准备　着装整齐，洗手，戴口罩。

2．用物准备　无菌标本试管（外贴检验单附联）、检验单、无菌手套、无菌棉球、消毒液，必要时备导尿包。

3．环境准备　清洁、舒适、隐蔽。

4．患者准备　了解留取尿标本的目的和配合方法。

（三）操作步骤

1．携用物至床旁，核对　护士携用物至床旁，核对患者信息。

2．解释　向患者或家属解释留尿标本的目的、方法和注意事项，用屏风或围帘遮挡患者。

3．留取尿培养标本

（1）清洁消毒外阴：按导尿术方法，清洁消毒外阴。

（2）接取尿液：嘱患者排尿，弃去前段尿，用试管夹夹持试管，在酒精灯火焰上消毒试管口后，接取中段尿 5 ~ 10 ml。

（3）再次消毒试管：再次于酒精灯火焰上消毒试管口和盖子后，盖紧试管，熄灭酒精灯。

4．整理用物　整理用物和床单位，协助患者取舒适体位。

5．洗手、记录　洗手，记录留取时间。

6．送检标本　及时送检标本，确保检验结果的准确性。

重要小提示

✧ 注意无菌技术，避免外源性污染。

✧ 外阴部的消毒从上至下，一次只使用一个棉球。

✧ 标本不可倒置，及时送检标本，以免影响检验结果。

（四）健康教育

1．向患者解释留取尿培养标本的重要性。

2．向患者解释留取尿培养标本的方法和注意事项，取得理解与合作。

（五）操作流程图（图 10-2-2）

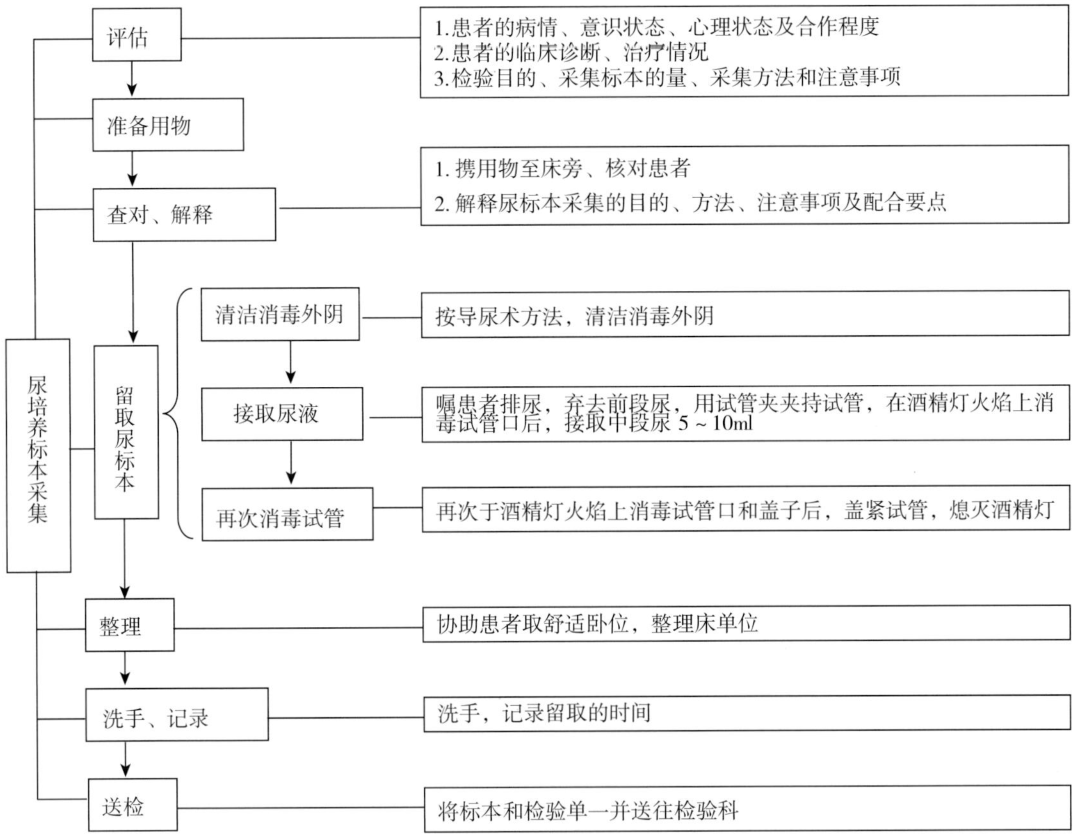

图 10-2-2　尿培养标本留取的操作流程图

（六）操作评价标准（表 10-2-2）

表10-2-2　尿培养标本留取操作考核评分标准

项目	技术操作要求	评分	评分等级				实际得分
			A×1	B×0.7	C×0.4	D×0	
素质 5	仪表端庄，着装符合要求	2					
	操作熟练，沟通有效	3					
评估 15	患者的病情、意识状态、心理状态及合作程度	5					
	患者的临床诊断、治疗情况	5					
	检验目的、采集标本的量、采集方法和注意事项	5					
操作前准备 10	洗手、戴口罩	2					
	用物准备齐全	8					

续表

项目	技术操作要求	评分	评分等级				实际得分
			A×1	B×0.7	C×0.4	D×0	
操作程序 55	查对医嘱，贴检验单附联于标本容器上	5					
	携用物至床旁，核对患者信息	5					
	解释收集标本的目的和方法	10					
	外阴消毒正确	10					
	弃去前段尿，用试管夹夹持试管，在酒精灯火焰上消毒试管口后，接取中段尿 5 ～ 10 ml	5					
	再次于酒精灯火焰上消毒试管口和盖子后，盖紧试管，熄灭酒精灯	5					
	协助患者穿好衣裤，整理床单位	5					
	用物处理，洗手，记录	5					
	标本送检（检验单标明留取时间）	5					
提问 15	评估内容、注意事项	15					
总分		100					

三、12 小时或 24 小时尿标本采集

12 小时或 24 小时尿标本，一般用于各种尿生化检查，如钠、钾、氯、7- 羟类固醇、肌酐、肌酸、尿糖定量检查或尿浓缩查结核分枝杆菌等。

V10-5

12 小时或 24 小时尿标本采集

（一）护理评估

1．评估患者的病情、意识状态、心理状态及合作程度。

2．评估患者的临床诊断、治疗情况。

3．评估检验目的、采集方法和注意事项。

（二）操作前准备

1．护士准备　着装整齐，洗手，戴口罩。

2．用物准备　集尿器（容量为 3000 ～ 5000 ml）外贴检验单附联并注明日期和起止时间、检验单、防腐剂。

3．环境准备　清洁、舒适、隐蔽。

4．患者准备　了解留取尿标本的目的和配合方法。

（三）操作步骤

1．携用物至床旁，核对　护士携用物至床旁，核对患者信息。

2．解释　向患者或家属解释留尿标本的目的、方法和注意事项。

3．留取 12 小时或 24 小时尿标本

（1）12 小时尿标本：嘱患者于晚 7 时排空膀胱，7 时后留取全部尿液于容器内至次晨 7 时为止。

（2）24 小时尿标本：嘱患者于晨 7 时排空膀胱，7 时后留取全部尿液于容器内至次晨 7 时为止。

（3）加防腐剂：患者第一次尿后即加入防腐剂，使之与尿液混合，见表 10-2-3。

4．整理用物　整理用物和床单位。

5．洗手、记录　洗手，记录尿液的总量于检验单上。

6．送检标本　及时送检标本，确保检验结果的准确性。

表10-2-3　常用防腐剂的作用及方法

防腐剂	用法	作用	适用范围
甲醛	24 小时尿液加 40% 甲醛 1 ～ 2 ml	防腐、固定尿中有机成分	12 小时尿细胞计数（艾迪计数）
浓盐酸	24 小时尿液加 5 ～ 10 ml	防止尿中激素被氧化	17- 羟类固醇 17- 酮类固醇
甲苯	第一次尿液后加入，每 10 ml 尿液加 0.5% ～ 1.0% 甲苯 2 ml	保持尿液化学成分不变	尿生化检验

重要小提示

✧ 集尿瓶应放置于阴凉处。

✧ 根据检验目的加入相应防腐剂，避免尿液变质。

（四）健康教育

1．向患者解释留取 12 小时或 24 小时尿标本的重要性。

2．向患者解释留取 12h 时或 24 小时尿标本的方法和注意事项，取得理解与合作。

3．每次留标本于容器内，均不可混入粪便。

（五）操作流程图（图 10–2–3）

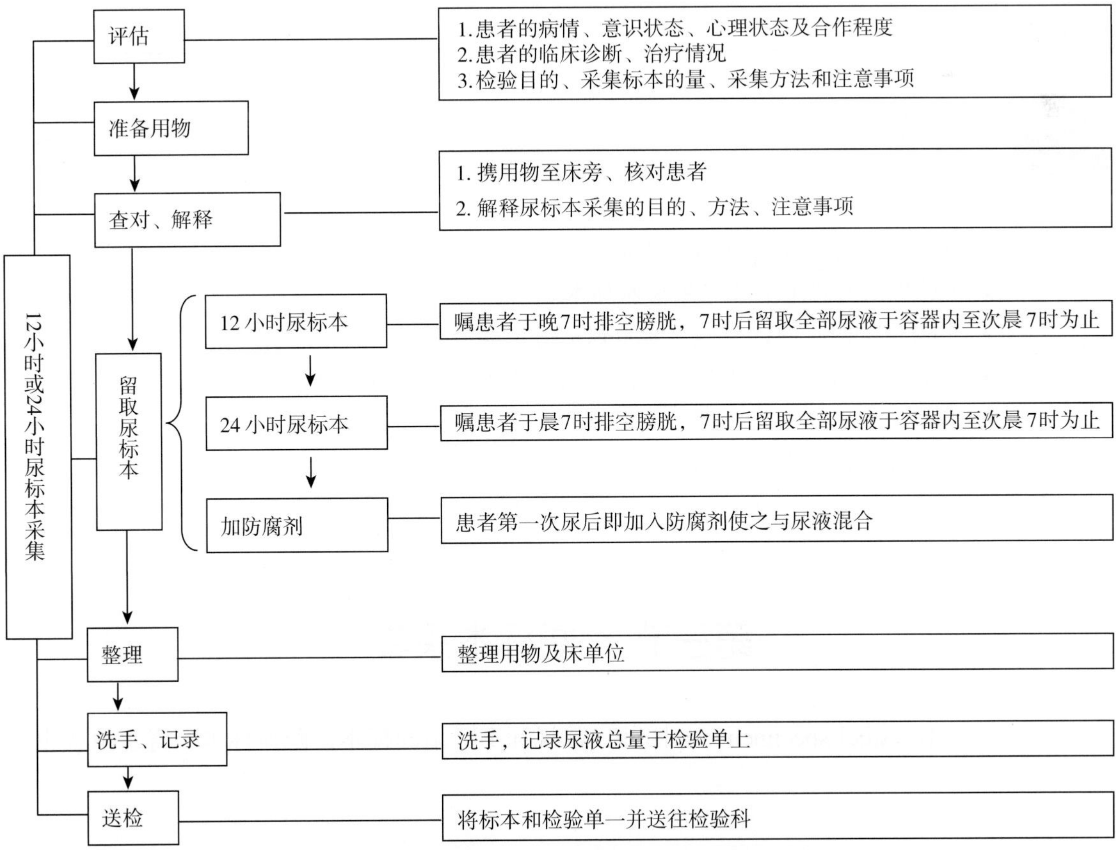

图 10-2-3　12 小时或 24 小时尿标本留取的操作流程图

（六）操作评价标准（表 10–2–4）

表10-2-4　12小时或24小时尿标本留取操作考核评分标准

项目	技术操作要求	评分	评分等级				实际得分
			A×1	B×0.7	C×0.4	D×0	
素质 5	仪表端庄，着装符合要求	3					
	操作熟练，沟通有效	2					
评估 15	患者的病情、意识状态、心理状态及合作程度	5					
	患者的临床诊断、治疗情况	5					
	检验目的、采集标本的量、采集方法和注意事项	5					
操作前准备 15	洗手、戴口罩	5					
	用物准备齐全	10					
操作 程序 50	查对医嘱，贴检验单附联于标本容器上，注明日期和起止时间	5					
	携用物至床旁，核对患者信息	5					
	解释收集标本的目的和方法	10					
	测量尿液总量	10					
	标本送检，化验单上写明尿液总量	10					
	用物处理，洗手，记录	10					
提问 15	评估内容、注意事项	15					
总分		100					

案例点评

- 解释留取晨尿标本的目的、注意事项。
- 送检前，仔细检查标本的质量。
- 在严格无菌技术下留取尿培养标本。
- 根据检验的目的，告知患者留取的时间和方法。
- 根据检验的目的，正确选择防腐剂，加入的量和时间要准确。
- 容器应置于阴凉处，尤其是炎热的夏季，特别注意防腐处理。
- 发现异常，及时督导患者重新留取。

（李春卉）

第三节　便标本采集

粪便标本（stool specimen）分四种：常规标本、培养标本、隐血标本、寄生虫或虫卵标本。

案例 10-3-1

患者，男，50 岁，胃溃疡病史 8 年，近日上腹部疼痛加剧入院治疗。今晨护理查房：T 36.5 ℃，P 80 次 / 分，R 18 次 / 分，BP 105/75 mmHg。患者述腹部疼痛，因担心自己的病情而焦虑、紧张。遵医嘱做粪便隐血试验。

V19-6
便标本采集

（一）护理评估

1．评估患者的意识状态、自理能力及合作程度。

2．评估患者的病情、治疗情况。

3．评估患者的排便状况。

（二）操作前准备

1．护士准备　着装整齐，修剪指甲，洗手，戴口罩，戴手套。

2．患者准备　了解粪便标本采集的目的、方法、注意事项及配合要点。

3．用物准备

（1）常规标本：标本容器（如玻璃小瓶、塑料盒），棉签或检便匙，清洁便盆，标签。见图 10-3-1。

（2）培养标本：无菌培养瓶，无菌棉签，消毒便盆，标签。

（3）隐血标本：标本容器（如玻璃小瓶、塑料盒），棉签或检便匙，清洁便盆，标签。

（4）寄生虫或虫卵标本：标本容器（如玻璃小瓶、塑料盒），棉签或检便匙，透明胶带及载玻片（检查蛲虫），带盖容器或便盆，标签。

4．环境准备　环境安全、隐蔽，光线充足。

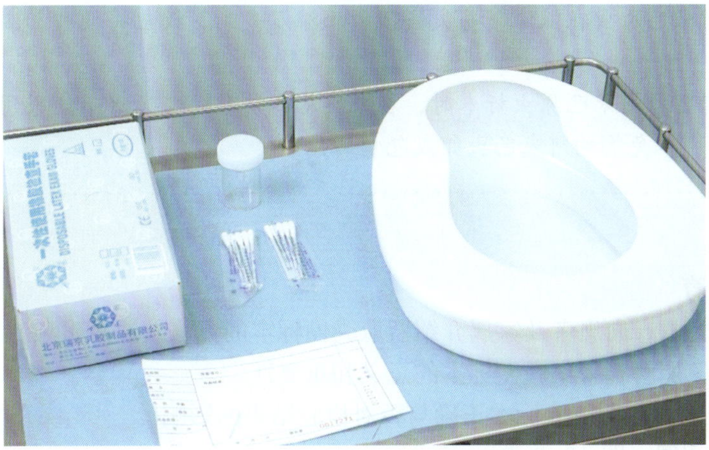

图 10-3-1　常规标本采集用物

（三）操作步骤

1．评估并解释　护士至患者床旁，核对患者姓名、床号和腕带；评估患者的病情及排便状况；向患者及家属解释便标本采集的目的、方法、注意事项及配合要点。

2．携用物至床旁、核对　护士备齐用物携至患者床旁，再次核对患者姓名、床号和腕带，标本容器外贴标签。

3．遮挡患者，嘱患者排空膀胱尿液，避免尿便混入。

4．采集粪便标本

（1）常规标本：用检便匙取中央部分或黏液脓血部分约 5 g，置于标本容器内。若为水样便，应盛于容器中送检。

（2）培养标本：用无菌棉签取中央部分或黏液脓血部分，置于无菌培养瓶内，塞紧瓶塞。患者无便意时，可用长无菌棉签蘸无菌生理盐水，由肛门插入 6 ～ 7 cm，沿同一方向轻轻旋转，退出，将棉签置于培养瓶内，塞紧瓶塞。

（3）隐血标本：同常规标本留取。

（4）寄生虫或虫卵标本

1）检查寄生虫卵：患者排便于便盆中，取不同部位带血或黏液的粪便 5 ～ 10 g，置于标本容器中。

2）检查蛲虫：嘱患者在睡前或清晨未起床前，将透明胶带粘在肛门周围，取下粘有虫卵的透明胶带，将粘有虫卵的胶带面粘在载玻片上或将胶带对合，立即送检。

3）检查阿米巴原虫：将便盆加温至人体体温，患者排便后，将标本连同便盆立即送检。

5．清理用物，整理床单位。

6．标本送检。

7．洗手，记录。

重要小提示

✧ 在留取培养标本时，注意防止标本被污染。

✧ 在留取隐血标本时，嘱患者于检查前 3 天禁食肉类、肝、血、含大量叶绿素的食物及含铁剂的药物，以免结果出现假阳性。

✧ 患者服用驱虫药或做血吸虫孵化检查时应留取全部粪便。

✧ 由于阿米巴原虫在低温下易失去活力而难以查到，故应将便盆加温至人体体温的温度。

✧ 为患者留取阿米巴原虫标本时，在采集标本前几天，患者不能服用钡剂、油质或含金属的泻剂，以免影响阿米巴虫卵或包囊的显露。

（四）健康教育

1．根据检验目的，向患者及家属介绍留取粪便标本的方法及注意事项。

2．向患者及家属解释采集粪便标本的意义和重要性。

3． 向患者及家属说明留取标本正确与否对检验结果的影响。

（五）操作流程图（图 10–3–2）

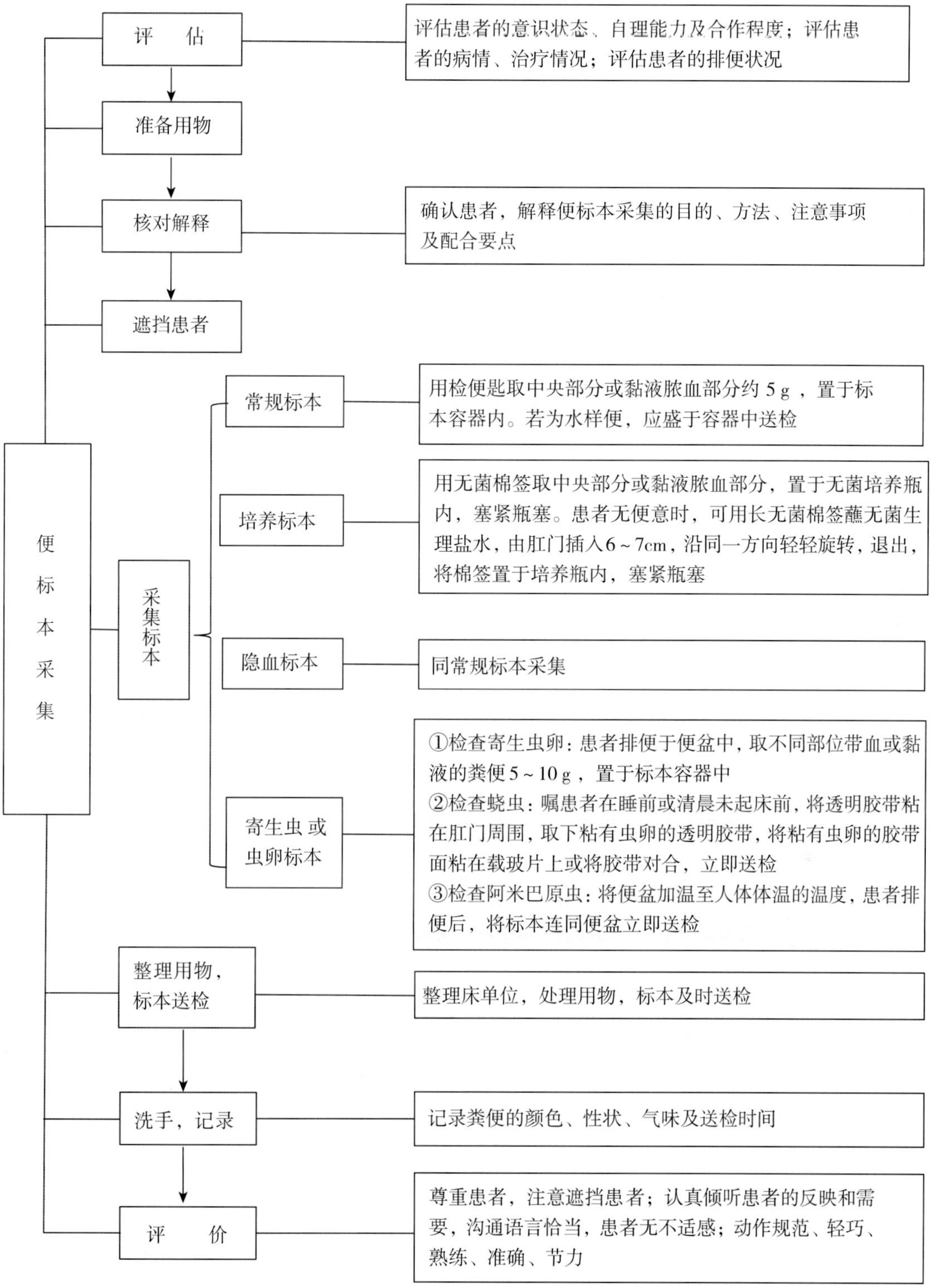

图 10-3-2　便标本采集操作流程图

（六）操作评分标准（表 10-3-1）

表10-3-1　便标本采集技术操作考核评分标准

项目	技术操作要求		评分	评分等级				实际得分
				A×1	B×0.7	C×0.4	D×0	
素质 5	仪表、着装符合要求		2					
	操作熟练、轻柔，沟通有效		3					
评估 15	评估患者的意识状态、自理能力及合作程度		5					
	评估患者的病情、治疗情况		5					
	评估患者的排便状况		5					
操作前准备 10	洗手、戴口罩、戴手套		5					
	用物准备齐全，放置合理		5					
操作过程 50	核对患者床号、姓名和腕带		2					
	标本容器外贴标签		3					
	遮挡患者		2					
	嘱患者排空膀胱		3					
	常规标本	取便位置正确，置于标本容器内	10					
	培养标本	取便位置正确	2					
		置于无菌培养瓶内，塞紧瓶塞	4					
		便标本无污染	4					
	隐血标本	取便位置正确，置于标本容器内	10					
	寄生虫或虫卵标本	检查寄生虫卵：取便位置正确，置于标本容器中	3					
		检查蛲虫：在睡前或清晨未起床前，将透明胶带粘在肛门周围，取下后，将粘有虫卵的胶带面粘在载玻片上或将胶带对合送检	4					
		检查阿米巴原虫：将便盆加温，排便后连同便盆立即送检	3					
操作后处理 10	妥善安置患者，整理床单位		2					
	用物处理正确		3					
	标本及时送检		3					
	洗手，记录		2					
整体评价 10	尊重患者，注意遮挡患者		3					
	认真倾听患者的反映和需要，沟通语言恰当，患者无不适感		3					
	动作规范、轻巧、熟练、准确、节力		2					
	操作时间在10分钟以内		2					
总分			100					

案例点评

➢ 检查前3天，嘱患者禁食肉类、肝、血及含大量叶绿素的食物，停用含铁剂的药物。

➢ 用检便匙取中央部分或黏液脓血部分约5 g，置于标本容器内。

➢ 及时送检。

➢ 观察患者病情，询问患者腹痛情况，及时向医生报告，遵医嘱给予缓解疼痛的护理措施。

➢ 给予心理护理，缓解其焦虑紧张的情绪。

（刘彦淑）

第四节　痰标本采集

痰标本（phlegm specimen）分三种：常规标本、培养标本、24h痰标本。

案例 10-4-1

患者，女，60岁。COPD十余年，近3天咳嗽咳痰加剧，痰量增多，为脓性痰。今晨发热，T 38℃。喘息、胸闷，呼吸24次/分，听诊两肺呼吸音减弱、呼气延长，可闻及湿啰音。遵医嘱留取痰培养标本。

V10-7
痰标本采集

（一）护理评估

1．评估患者的意识状态、自理能力及合作程度。

2．评估患者的病情、治疗情况。

3．评估患者的排痰状况。

（二）操作前准备

1．护士准备　着装整齐，修剪指甲，洗手，戴口罩，戴手套。

2．患者准备　了解痰标本采集的目的、方法、注意事项及配合要点。

3．用物准备

（1）常规标本：标本容器（痰盒），标签。见图10-4-1。

（2）培养标本：无菌容器、漱口溶液200 ml、标签。

（3）24h痰标本：广口集痰器，标签。

（4）无力排痰或不合作者：吸痰用物，集痰器（可控式吸痰管），标签。

4．环境准备　环境安静、整洁，光线充足。

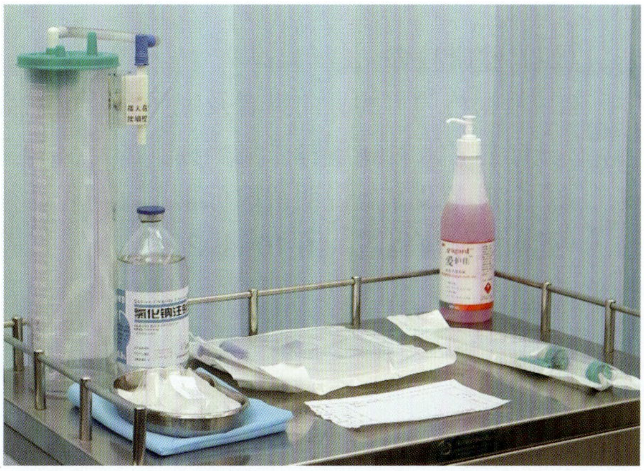

图10-4-1　常规标本采集用物

（三）操作步骤

1．评估并解释　至患者床旁，核对患者的姓名、床号和腕带；评估患者的病情及排痰状况；并向患者及家属解释痰标本采集的目的、方法、注意事项及配合要点。

2．携用物至床旁、核对　护士备齐用物携至患者床旁，再次核对患者姓名、床号和腕带，标本容器外贴标签。

3．采集痰标本

（1）常规标本

1）能自行留取痰液者：患者晨起清水漱口，深呼吸后用力咳出气管深处的痰液，收集于痰盒内。

2）无力排痰或不合作者：协助患者取合适体位，叩击胸背部；使用带有集痰器的可控式吸痰管吸痰，痰液收集于集痰器中。

（2）培养标本

1）能自行留取痰液者：患者晨起后先用漱口溶液漱口，再用清水漱口；深呼吸数次后用力咳出气管深处的痰液；将痰液收集于无菌集痰器内。

2）无力排痰或不合作者：同常规标本留取。

（3）24h 痰标本：在广口集痰器内加少量清水，从患者晨起（7：00 am）漱口后第一口痰起，至次日晨起（7：00 am）漱口后第一口痰止，24h 痰液全部收集于广口集痰器内。

4．清理用物，整理床单位。

5．标本送检。

6．洗手，记录。

重要小提示

✧ 在留取痰培养标本时，使用的物品需无菌，防止标本被污染。

✧ 如查癌细胞，应用 10% 甲醛溶液或 95% 乙醇溶液固定痰液后立即送检。

✧ 做 24h 痰量和分层检查时，应嘱患者将痰吐在无色广口瓶内，需要时可加少许石炭酸以防腐。

✧ 不可将唾液、漱口水、鼻涕等混入痰液中。

✧ 收集痰液时间宜选择在清晨，因此时痰量较多，痰内细菌也较多，可提高阳性率。

（四）健康教育

1．根据检验目的，向患者及家属介绍留取痰标本的方法及注意事项。

2．向患者及家属解释采集痰标本的意义和重要性。

3．向患者及家属说明留取标本正确与否对检验结果的影响。

（五）操作流程图（图 10-4-2）

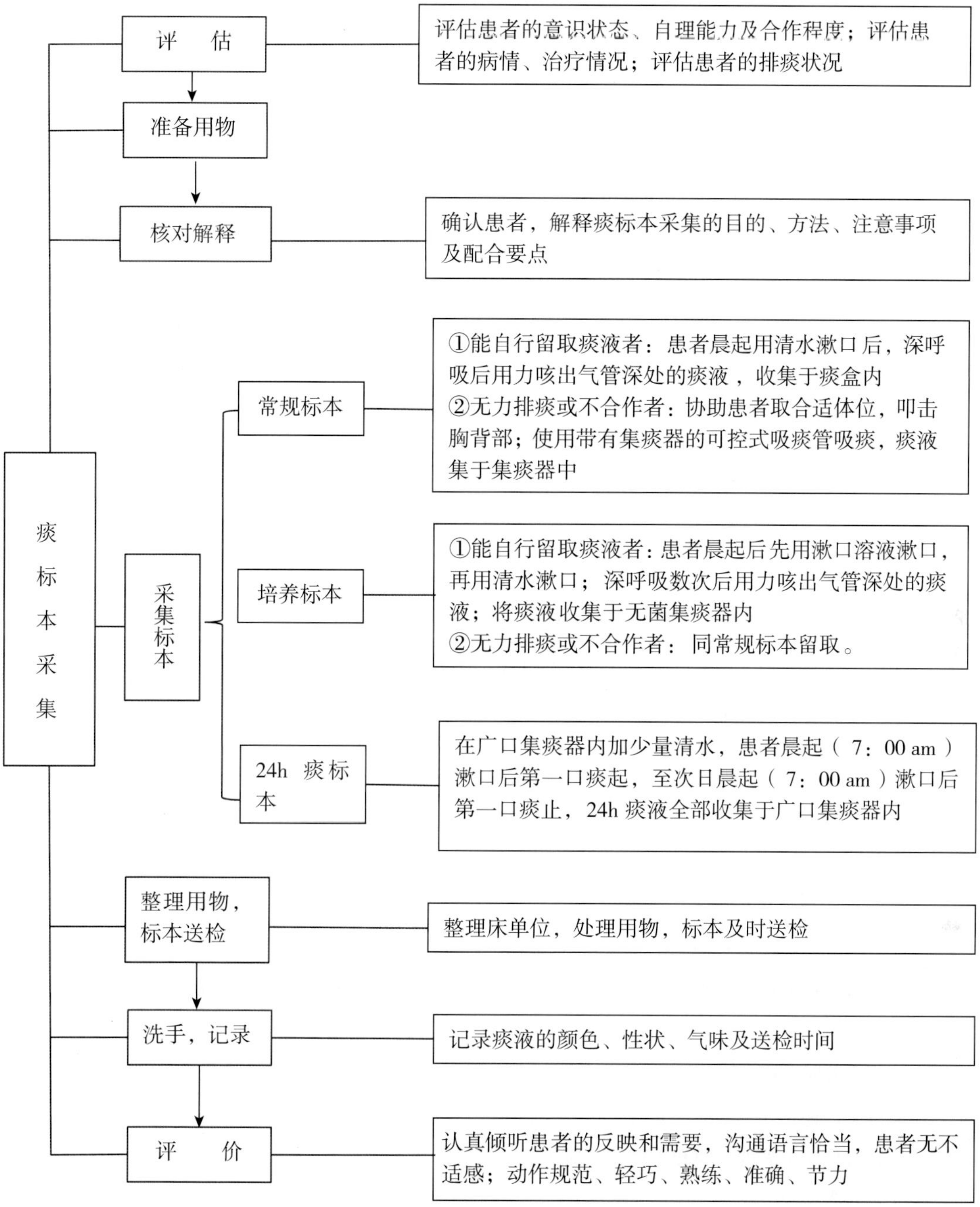
痰标本采集
评　估
评估患者的意识状态、自理能力及合作程度；评估患者的病情、治疗情况；评估患者的排痰状况
准备用物
核对解释
确认患者，解释痰标本采集的目的、方法、注意事项及配合要点
采集标本
常规标本
①能自行留取痰液者：患者晨起用清水漱口后，深呼吸后用力咳出气管深处的痰液，收集于痰盒内
②无力排痰或不合作者：协助患者取合适体位，叩击胸背部；使用带有集痰器的可控式吸痰管吸痰，痰液集于集痰器中
培养标本
①能自行留取痰液者：患者晨起后先用漱口溶液漱口，再用清水漱口；深呼吸数次后用力咳出气管深处的痰液；将痰液收集于无菌集痰器内
②无力排痰或不合作者：同常规标本留取。
24h 痰标本
在广口集痰器内加少量清水，患者晨起（7：00 am）漱口后第一口痰起，至次日晨起（7：00 am）漱口后第一口痰止，24h 痰液全部收集于广口集痰器内
整理用物，标本送检
整理床单位，处理用物，标本及时送检
洗手，记录
记录痰液的颜色、性状、气味及送检时间
评　价
认真倾听患者的反映和需要，沟通语言恰当，患者无不适感；动作规范、轻巧、熟练、准确、节力

图 10-4-2　痰标本采集操作流程图

（六）操作评分标准（表 10-4-1）

表10-4-1　痰标本采集技术操作考核评分标准

项目	技术操作要求		评分	评分等级				实际得分
				A×1	B×0.7	C×0.4	D×0	
素质 5	仪表、着装符合要求		2					
	操作熟练、轻柔，沟通有效		3					
评估 15	评估患者的意识状态、自理能力及合作程度		5					
	评估患者的病情、治疗情况		5					
	评估患者的排便状况		5					
操作前准备 10	洗手、戴口罩、戴手套		5					
	用物准备齐全，放置合理		5					
操作过程 50	核对患者床号、姓名及腕带		2					
	标本容器外贴标签		3					
	常规标本	晨起清水漱口	5					
		深呼吸后用力咳出气管深处的痰液置于痰盒内	5					
		无力排痰或不合作者，用吸痰法留取痰液	5					
	培养标本	晨起后先用漱口溶液漱口，再用清水漱口	5					
		深呼吸数次后用力咳出气管深处的痰液	5					
		痰液收集于无菌集痰器内	5					
		无力排痰或不合作者，用吸痰法留取痰液	5					
	24 h 痰标本	患者晨起（7：00 am）漱口后第一口痰起，至次日晨起（7：00 am）漱口后第一口痰止	5					
		24h 痰液全部收集于广口集痰器内	5					
操作后处理 10	妥善安置患者，整理床单位		2					
	用物处理正确		3					
	标本及时送检		3					
	洗手，记录		2					
整体评价 10	认真倾听患者的反映和需要，沟通语言恰当，患者无不适感		4					
	动作规范、轻巧、熟练、准确、节力		4					
	操作时间在 10 分钟以内		2					
总分			100					

案例点评

- 收集痰液时间：晨起。
- 先用漱口溶液漱口，再用清水漱口。
- 注意无菌操作，避免标本污染。
- 给予患者降温措施。
- 吸氧，注意氧流量调节。
- 指导患者正确咳痰的方法，保持呼吸道通畅。
- 做好口腔护理，保持口腔清洁。

（刘彦淑）

第五节　咽拭子标本采集

咽拭子（throat swab）培养能分离出致病菌或病毒，有助于疾病诊断。

案例 10-5-1

患者，女，30岁。受凉后咽痛，发热，T 38.5℃。查体：咽部明显充血，扁桃体肿大、充血，表面有脓性分泌物。遵医嘱采集咽拭子标本。

咽拭子标本采集

（一）护理评估

1．评估患者的意识状态、自理能力及合作程度。
2．评估患者的病情、治疗情况。
3．评估患者咽喉部情况。

（二）操作前准备

1．护士准备　着装整齐，修剪指甲，洗手，戴口罩，戴手套。
2．患者准备　了解咽拭子标本采集的目的、方法、注意事项及配合要点。
3．用物准备　无菌咽拭子培养管、压舌板、标签（图 10-5-1）。

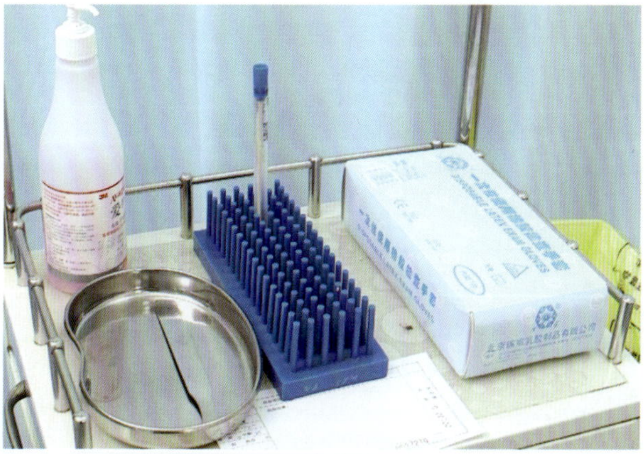

图 10-5-1　无菌咽拭子培养管

4．环境准备　环境安静、整洁，光线充足。

（三）操作步骤

1．评估并解释　至患者床旁，核对患者的姓名、床号和腕带；评估患者的病情及治疗状况；并向患者及家属解释咽拭子标本采集的目的、方法、注意事项及配合要点。

2．携用物至床旁、核对　护士备齐用物携至患者床旁，再次核对患者的姓名、床号和腕带，标本容器外贴标签。

3．点燃酒精灯。

4．嘱患者张口发“啊”音。必要时可用压舌板轻压舌根部。

5．用培养管内长棉签擦拭两侧腭弓、咽及扁桃体上分泌物。

6．将培养管管口在酒精灯火焰上消毒，然后将棉签插入培养管中，塞紧。

7．清理用物，整理床单位。

8．标本送检。

9．洗手，记录。

重要小提示

✧ 注意棉签不要触及其他部位，防止标本污染，影响检验结果。

✧ 做真菌培养时，须在口腔溃疡面上采集分泌物。

✧ 避免在进食 2 小时内采集标本，以防呕吐。

（四）健康教育

1．根据检验目的，向患者及家属介绍留取咽拭子标本的方法及注意事项。

2．向患者及家属解释采集咽拭子标本的意义和重要性。

3．向患者说明留取标本时配合的方法和注意事项。

（五）操作流程图（图 10–5–2）

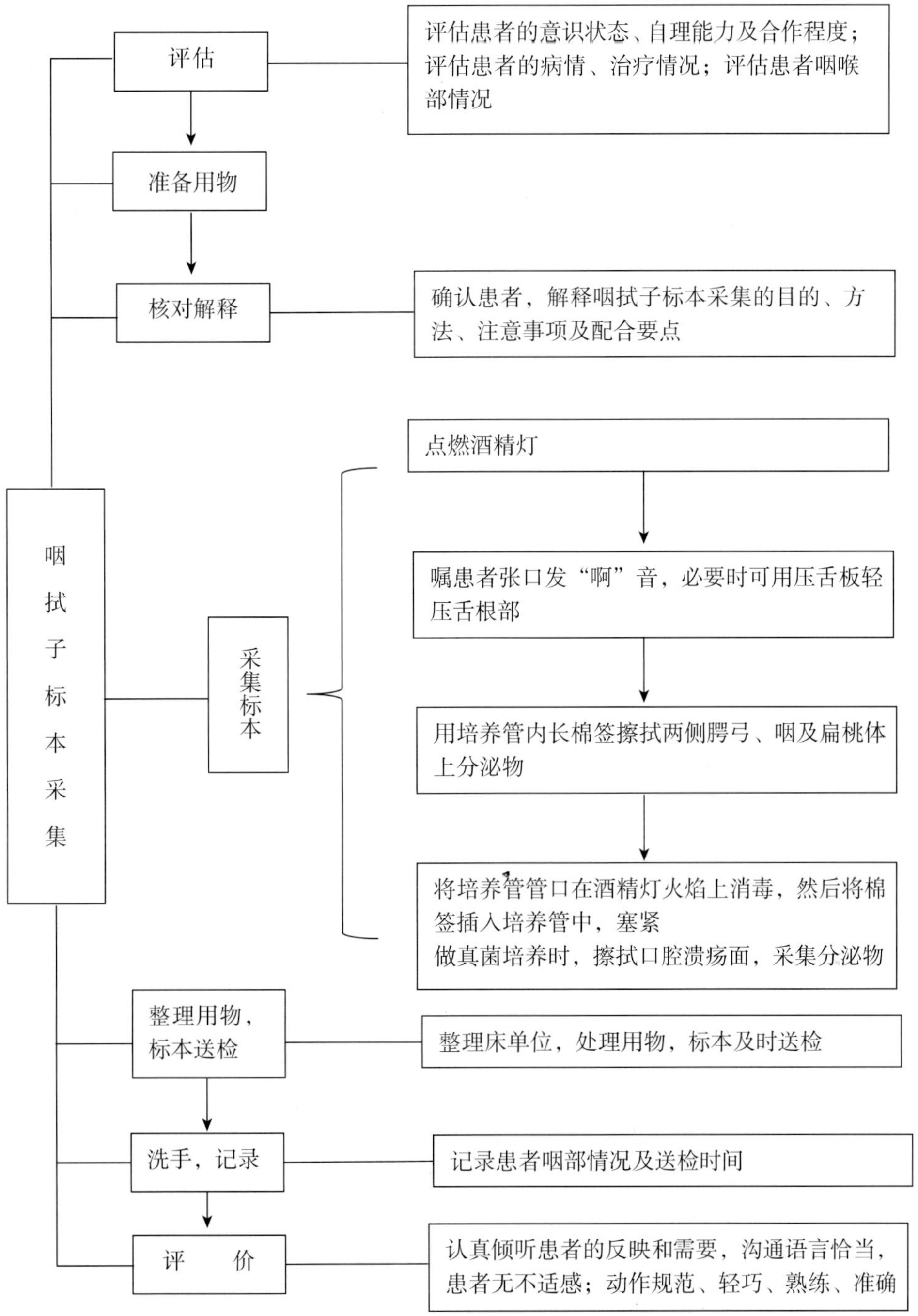

图 10-5-2　咽拭子标本采集操作流程图

（六）操作评分标准（表 10-5-1）

表10-5-1　咽拭子标本采集技术操作考核评分标准

项目	技术操作要求	评分	评分等级				实际得分
			A × 1	B × 0.7	C × 0.4	D × 0	
素质 5	仪表、着装符合要求	2					
	操作熟练、轻柔，沟通有效	3					
评估 15	评估患者的意识状态、自理能力及合作程度	5					
	评估患者的病情、治疗情况	5					
	评估患者的咽喉部状况	5					
操作前准备 10	洗手、戴口罩、戴手套	5					
	用物准备齐全，放置合理	5					
操作过程 50	核对患者床号、姓名及腕带	5					
	标本容器外贴标签	5					
	点燃酒精灯	5					
	嘱患者张口发“啊”音，必要时可用压舌板轻压舌根部	5					
	用培养管内长棉签擦拭两侧腭弓、咽及扁桃体上分泌物	15					
	将培养管管口在酒精灯火焰上消毒，然后将棉签插入培养管中，塞紧	10					
	做真菌培养时，擦拭口腔溃疡面，采集分泌物	5					
操作后处理 10	妥善安置患者，整理床单位	2					
	用物处理正确	3					
	标本及时送检	3					
	洗手，记录	2					
整体评价 10	认真倾听患者的反映和需要，沟通语言恰当，患者无不适感	4					
	动作规范、轻巧、熟练、准确、节力	4					
	操作时间在 5 分钟以内	2					
总分		100					

案例点评

- 嘱患者张口发“啊”音，用压舌板轻压舌根部，暴露咽喉部。
- 用培养管内长棉签擦拭两侧腭弓、咽部分泌物及扁桃体上的脓性分泌物。
- 给予患者降温措施。

（刘彦淑）

第十一章　急救技术

学习目标

通过本章内容的学习，学生能够：

◎ 识记

1．描述氧疗法、经鼻 / 口腔吸痰法的评估内容。
2．叙述氧疗法、经鼻 / 口腔吸痰法的目的。
3．描述下列概念：洗胃，心肺复苏（CPR）。
4．陈述呼吸心脏骤停的原因及临床表现。
5．描述洗胃的目的、常用洗胃溶液。
6．列出简易呼吸器的操作要点。
7．列出除颤仪的操作要点。

◎ 理解

1．解释氧疗法、经鼻 / 口腔吸痰法的操作原则及注意事项。
2．分析和说明 CPR 的注意事项。
3．阐述洗胃的注意事项。

◎ 运用

按规程为患者进行氧疗、经鼻 / 口腔吸痰、胸外心脏按压术、人工呼吸、洗胃法、简易人工呼吸器、除颤仪的操作。

第一节　氧疗法

氧疗法（oxygenic therapy）是指通过给氧，提高动脉血氧分压（PaO_2）和动脉血氧饱和度（SaO_2），增加动脉血氧含量（CaO_2），纠正由各种原因造成的缺氧状态，促进组织新陈代谢，维持机体生命活动的一种治疗方法。

案例 11-1-1

患者男性，78 岁，反复咳嗽、咳痰 30 余年，近 2 周病情加重，咳喘明显，夜间不能平卧。血压 130/85 mmHg，脉搏 102 次 / 分，体温 38.6 ℃，呼吸 26 次 / 分。查体：桶状胸，肋间隙增宽，触觉语颤减弱，叩诊过清音，两肺可听到散在哮鸣音。门诊以“慢性阻塞性肺疾病”收入院，血气分析显示 PaO_2 55 mmHg，$PaCO_2$ 50 mmHg，SaO_2 81%，pH 7.10。遵医嘱给予持续低流量氧疗。

V11-1
氧疗法

（一）护理评估

1．评估患者的一般情况、意识状态、缺氧情况（有无发绀、呼吸节律）、自理能力及合作程度。

2．评估患者的鼻腔情况。

3．向患者进行解释，使其明确氧疗法的目的、方法、注意事项及配合要点。

（二）操作前准备

1．护士准备　着装整齐，洗手，修剪指甲，备齐用物。

2．患者准备

（1）了解氧疗法的目的、方法、注意事项及配合要点。

（2）取舒适体位。

3．用物准备　氧气装置一套（流量表、湿化瓶），一次性鼻氧管，棉签，治疗碗，清水，手电筒，用氧记录单。

4．环境准备　病室安静整洁，光线充足，温湿度适宜，远离火源。

知识链接

1. 给氧的标准：血气分析是最可靠的指标。PaO_2 < 50 mmHg 时应给予吸氧。慢性阻塞性肺疾病并发冠心病患者，PaO_2 < 60 mmHg 时应给予吸氧。

2. 氧疗法适应证：①肺活量减少者，如哮喘、支气管肺炎、气胸等呼吸系统疾患的患者；②因心肺功能不全使肺部充血而致呼吸困难者，如心力衰竭患者；③各种中毒所致的呼吸困难，如 CO 中毒、麻醉剂中毒等患者；④昏迷患者，如颅脑损伤患者；⑤其他：某些患者手术前后、失血性休克等。

（三）操作步骤

1．携用物至床旁、核对　护士备齐用物携至患者床旁，核对患者姓名、床号和腕带。

2．安置体位　协助患者取舒适体位。

3．清洁检查　以棉签两根蘸清水，分别清洁、检查两侧鼻腔。

4．连接鼻氧管　在湿化瓶内倒入 1/2 容量蒸馏水并安装，打开鼻氧管的包装并与湿化瓶的出口相连接。

5．调节氧流量　打开流量开关并调至所需氧流量。

6．湿润鼻氧管　鼻氧管前端放于治疗碗水中湿润，且可检查鼻氧管是否通畅。

7．插鼻氧管　将鼻氧管插入鼻孔。

8．固定鼻氧管　妥善固定，防止意外脱出（图 11-1-1）。

9．用氧记录　洗手，记录给氧时间、氧流量、患者反应。

10．遵医嘱停用氧气　先右手戴手套撤除鼻氧管，后左手关闭流量调节手柄，鼻氧管盘于右手中，手套翻转将鼻氧管包于手套中。

11．安置患者　清洁患者面部，协助患者处于舒适体位。

12．整理用物　撤除湿化瓶并消毒处理，一次性用物消毒后集中处理，防止交叉感染。

13．洗手，记录　记录停止用氧时间及氧疗效果。

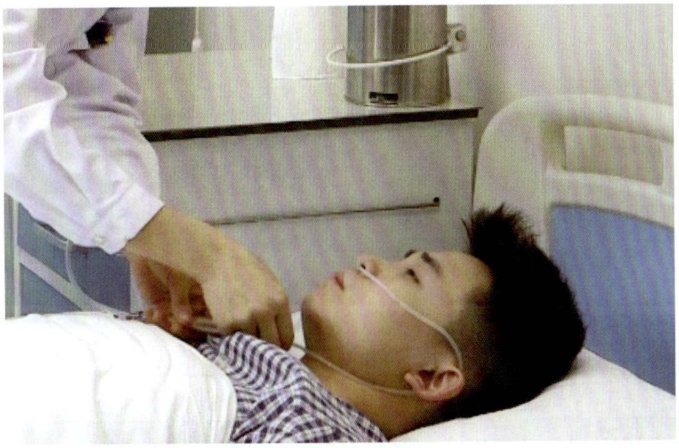

图 11-1-1 鼻氧管给氧法固定鼻氧管

重要小提示

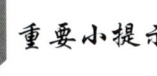

✧ 用氧过程中，应加强监测，准确判断用氧效果，以确保用氧安全。

✧ 使用氧气时，应先调节流量，后插鼻氧管。停用氧气时，应先摘下鼻氧管，再关闭氧气开关。中途改变流量，先摘下鼻氧管，调节好流量再插入。以免一旦开关出错，大量氧气突然冲入呼吸道而损伤肺部组织。

✧ 常用湿化液有冷开水、蒸馏水。急性肺水肿可用 20% ~ 30% 乙醇，具有降低肺泡内泡沫的表面张力，使肺泡泡沫破裂、消散，改善肺部气体交换，减轻缺氧症状的作用。

✧ 持续吸氧者，应保持导管通畅，必要时进行更换。

（四）健康教育

1．向患者及家属介绍氧疗的重要性，并告知安全用氧的知识。

2．告知患者正确使用氧疗的方法及注意事项。

3．积极宣传呼吸道疾病的预防保健知识。

（五）操作流程图（图 11–1–2）

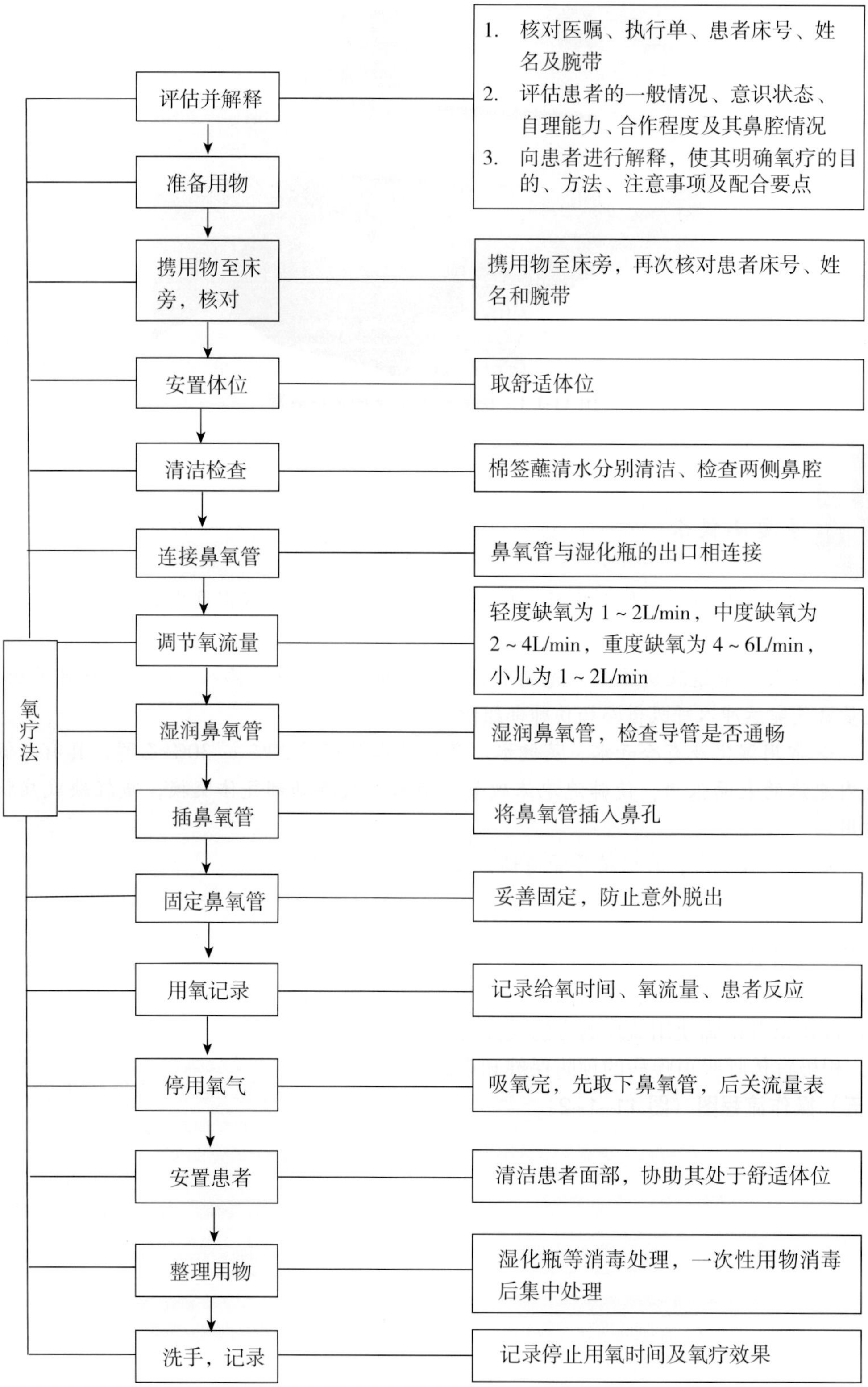
氧疗法
评估并解释
1. 核对医嘱、执行单、患者床号、姓名及腕带
2. 评估患者的一般情况、意识状态、自理能力、合作程度及其鼻腔情况
3. 向患者进行解释，使其明确氧疗的目的、方法、注意事项及配合要点
准备用物
携用物至床旁，核对
携用物至床旁，再次核对患者床号、姓名和腕带
安置体位
取舒适体位
清洁检查
棉签蘸清水分别清洁、检查两侧鼻腔
连接鼻氧管
鼻氧管与湿化瓶的出口相连接
调节氧流量
轻度缺氧为 1～2L/min，中度缺氧为 2～4L/min，重度缺氧为 4～6L/min，小儿为 1～2L/min
湿润鼻氧管
湿润鼻氧管，检查导管是否通畅
插鼻氧管
将鼻氧管插入鼻孔
固定鼻氧管
妥善固定，防止意外脱出
用氧记录
记录给氧时间、氧流量、患者反应
停用氧气
吸氧完，先取下鼻氧管，后关流量表
安置患者
清洁患者面部，协助其处于舒适体位
整理用物
湿化瓶等消毒处理，一次性用物消毒后集中处理
洗手，记录
记录停止用氧时间及氧疗效果

图 11-1-2　氧疗法操作流程图

（六）操作评分标准（表 11-1-1）

表11-1-1 氧疗法操作考核评分标准

项目	技术操作要求	评分	评分等级				实际得分
			A×1	B×0.7	C×0.4	D×0	
素质 5	仪表、着装符合要求	2					
	操作熟练、轻柔，沟通有效	3					
评估 20	评估患者的一般情况、意识状态、自理能力及合作程度	5					
	评估患者的鼻腔情况	5					
	向患者进行解释，使其明确氧疗法的目的、方法、注意事项及配合要点	5					
	评估环境	5					
操作前准备 5	洗手、戴口罩	2					
	用物准备，放置合理	3					
操作过程 55	核对患者姓名、床号和腕带	5					
	协助患者取舒适体位	5					
	棉签蘸清水清洁、检查两侧鼻腔	5					
	连接鼻氧管	5					
	正确调节氧流量	6					
	湿润鼻氧管并检查其是否通畅	6					
	将鼻氧管插入鼻孔	5					
	妥善固定鼻氧管	6					
	记录给氧时间、氧流量、患者反应	6					
	吸氧完，先取下鼻氧管，后关流量表	6					
操作后处理 8	妥善安置患者	2					
	用物处理正确	4					
	洗手，记录	2					
整体评价 7	操作规范、轻巧、熟练、准确、节力	3					
	操作过程沟通有效	2					
	操作时间在 7 分钟以内	2					
总分		100					

案例点评

➢ 严格遵守操作规程，注意用氧安全。

➢ 根据缺氧程度决定给氧流量。轻度缺氧为 1 ~ 2 L/min，中度缺氧为 2 ~ 4 L/min，重度缺氧为 4 ~ 6 L/min，小儿为 1 ~ 2 L/min。

➢ 使用氧气时，先调节流量后应用。停用氧气时，先拔除鼻氧管，再关闭氧气开关。

➢ 用氧过程中注意观察患者，如缺氧症状是否改善、有无出现氧疗的不良反应（如氧中毒、呼吸抑制、呼吸道分泌物干燥等）。

（冯新玮）

第二节　经鼻/口腔吸痰法

经鼻/口腔吸痰法（nasopharyngeal/oropharyngeal aspiration of sputum）是指利用机械吸引的方法，经鼻腔、口腔将呼吸道内的分泌物吸出，以保持呼吸道通畅，预防吸入性肺炎、肺不张、窒息等并发症的一种方法。

案例 11-2-1

患者女性，78 岁，因咳嗽、痰多、呼吸急促，在子女陪同下入院。血压 140/90 mmHg，脉搏 92 次/分，体温 38.7 ℃，呼吸 20 次/分，听诊肺部有湿啰音，双肺及喉可闻及痰鸣音。患者无力将呼吸道分泌物咳出，遵医嘱给予吸痰。

V11-2
经鼻/口腔吸痰法

（一）护理评估

1．评估患者的一般情况、生命体征、意识状态、有无将呼吸道分泌物排出的能力、自理能力及合作程度。

2．评估患者呼吸道分泌物的量、黏稠度、部位以及口鼻腔黏膜有无异常。

3．对清醒患者进行解释，使其明确吸痰的目的、方法、注意事项及配合要点。

（二）操作前准备

1．护士准备　着装整齐，洗手，戴口罩，备齐用物。

2．患者准备

（1）了解吸痰的目的、方法、注意事项及配合要点。

（2）取舒适体位。

3．用物准备　负压装置一套（负压瓶、压力表及其连接导管）、一次性吸痰管数根（内含无菌手套一只、无菌吸痰管一根）、0.9% 生理盐水、听诊器，必要时备压舌板、张口器、舌钳等。

4．环境准备　病室安静整洁，光线充足，温湿度适宜。

（三）操作步骤

1．评估及核对　核对患者姓名、床号和腕带；查看患者的口、鼻腔，取下活动义齿。

2．携用物至床旁，连接负压装置并调节负压，打开开关，检查吸引器的性能，调节合适的负压（一般成人为 40.0 ～ 53.3 kPa，儿童小于 40.0 kPa），并用生理盐水试吸，检查导管是否通畅。

3．肺部听诊。

4．安置体位　协助患者头部偏向操作者并略向后仰，对昏迷患者可用压舌板、开口器协助其张口。

5．连接吸痰管　打开一次性吸痰管外包装，一手戴无菌手套，将吸痰管抽出并盘绕在手中，开口端与吸痰器负压管连接。

6．吸痰　戴手套的手持吸痰管前端，另一手折叠吸痰管末端，将吸痰管插入口咽部 10 ～ 15 cm（图 11-2-1），然后放松吸痰管末端给予负压，左右旋转，边向上提拉吸痰管，边吸出分泌物。吸痰过程中观察气道通畅程度，患者的反应（如面色、呼吸、心率、血压等），吸出液的色、质、量。

7．检查口腔　吸痰管退出后，分离吸痰管并用手套翻转包裹弃入医疗垃圾袋内；检查口腔情况。

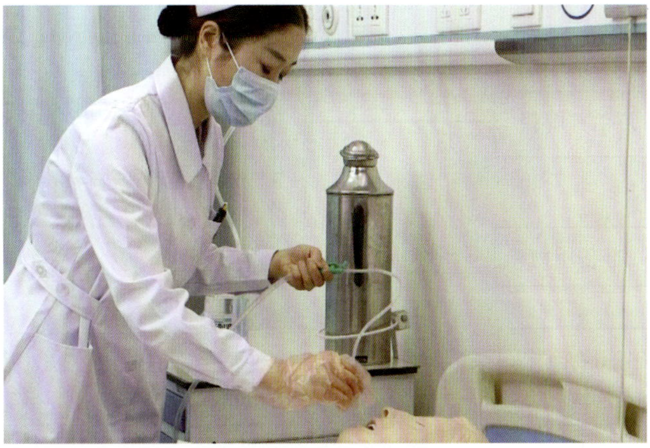

图 11-2-1　插吸痰管

8．如需再次吸痰，间隔 3 ～ 5 分钟重复以上步骤。

9．安置患者　清洁患者脸部分泌物，帮助患者恢复舒适体位，交代注意事项。

10．整理用物　关闭负压，整理用物。

11．洗手，记录　记录病情，吸出液的色、质、量。

重要小提示

✧ 严格遵守无菌操作原则，每吸痰一次应更换吸痰管。

✧ 吸痰动作轻柔，防止呼吸道黏膜损伤。

✧ 每次吸痰时间不超过 15 秒，以免引起缺氧。若一次未吸干净，应间隔 3 ～ 5 分钟再吸。

✧ 如患者痰液黏稠，可配合翻身叩背、雾化吸入、湿化吸痰，提高吸痰效果。

✧ 吸痰过程中密切观察患者，如发生缺氧的症状如发绀、心率下降等，应立即停止吸痰，休息后再吸。

✧ 储液瓶内吸出液应及时倾倒，瓶内液体不得超过瓶体的 2/3 量。

✧ 吸痰用物定时消毒，痰液消毒后再倾倒。

✧ 吸痰的指征：年老体弱、危重、昏迷、麻醉未清醒前等各种原因引起的不能有效咳嗽、排痰者。

（四）健康教育

1．教会清醒患者正确的配合吸痰的方法。

2．教育患者呼吸道有分泌物应及时吸出，以确保呼吸道通畅，改善呼吸。

3．向患者讲解相关知识，如适当饮水，以便于呼吸道分泌物的排出。

（五）操作流程图（图 11-2-2）

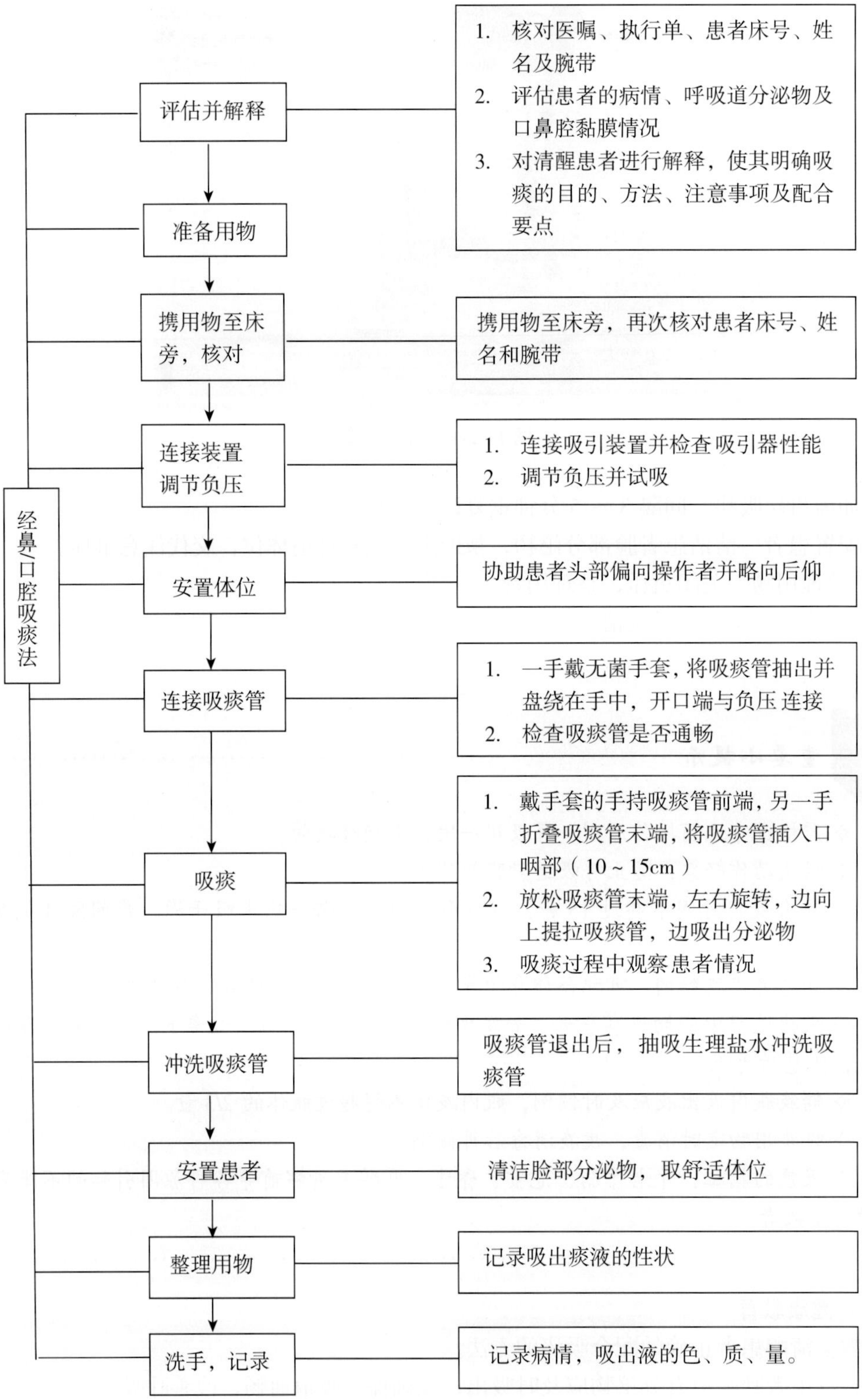
经鼻/口腔吸痰法
评估并解释
1. 核对医嘱、执行单、患者床号、姓名及腕带
2. 评估患者的病情、呼吸道分泌物及口鼻腔黏膜情况
3. 对清醒患者进行解释，使其明确吸痰的目的、方法、注意事项及配合要点
准备用物
携用物至床旁，核对
携用物至床旁，再次核对患者床号、姓名和腕带
连接装置调节负压
1. 连接吸引装置并检查吸引器性能
2. 调节负压并试吸
安置体位
协助患者头部偏向操作者并略向后仰
连接吸痰管
1. 一手戴无菌手套，将吸痰管抽出并盘绕在手中，开口端与负压连接
2. 检查吸痰管是否通畅
吸痰
1. 戴手套的手持吸痰管前端，另一手折叠吸痰管末端，将吸痰管插入口咽部（10～15cm）
2. 放松吸痰管末端，左右旋转，边向上提拉吸痰管，边吸出分泌物
3. 吸痰过程中观察患者情况
冲洗吸痰管
吸痰管退出后，抽吸生理盐水冲洗吸痰管
安置患者
清洁脸部分泌物，取舒适体位
整理用物
记录吸出痰液的性状
洗手，记录
记录病情，吸出液的色、质、量。

图 11-2-2　经鼻 / 口腔吸痰法操作流程图

（六）操作评分标准（表 11-2-1）

表11 2 1 经鼻/口腔吸痰法操作考核评分标准

项目	技术操作要求	评分	评分等级				实际得分
			A×1	B×0.7	C×0.4	D×0	
素质 5	仪表、着装符合要求	2					
	操作熟练、轻柔，沟通有效	3					
评估 20	评估患者的一般情况、意识状态、有无将呼吸道分泌物排出的能力、自理能力及合作程度	5					
	评估患者呼吸道分泌物的量、黏稠度、部位及口鼻腔黏膜有无异常	5					
	对清醒患者进行解释，使其明确吸痰的目的、方法、注意事项及配合要点	5					
	评估环境	5					
操作前准备 5	洗手、戴口罩	2					
	用物准备，放置合理	3					
操作过程 55	核对患者姓名、床号和腕带	5					
	连接吸引装置并调节负压（一般成人为 40.0 ~ 53.3 kPa，儿童小于 40.0 kPa），用生理盐水试吸，检查其是否通畅	5					
	检查患者的口、鼻腔，取下活动义齿	5					
	患者选择合适体位	5					
	连接吸痰管并试吸，检查其是否通畅	5					
	吸痰 （1）戴手套的手持吸痰管前端，另一手折叠吸痰管末端，将吸痰管插入口咽部（10 ~ 15 cm） （2）放松吸痰管末端以给予负压，左右旋转，边向上提拉吸痰管，边吸出分泌物 （3）观察气道通畅程度，患者的反应（如面色、呼吸、心率、血压等），吸出液的色、质、量	25					
	冲洗吸痰管，分离吸痰管并用手套翻转包裹，弃入医疗垃圾袋	5					
操作后处理 8	妥善安置患者	2					
	用物处理正确	4					
	洗手，记录	2					
整体评价 7	无菌观念强，动作规范、轻巧、熟练、准确	3					
	关心爱护患者	2					
	操作时间在 10 分钟以内	2					
总分		100					

案例点评

➢ 有效连接负压吸引装置并调节合适的负压（一般成人为 40.0 ~ 53.3 kPa，儿童小于 40.0 kPa）。

➢ 吸痰过程中严格遵守无菌操作原则，防止污染。

➢ 插管动作轻柔、敏捷，防止损伤呼吸道黏膜。

➢ 吸痰过程中观察患者的反应（如面色、呼吸、心率、血压等），如发生缺氧的症状如发绀、心率下降等，应立即停止吸痰，休息后再吸。

➢ 每次吸痰时间小于 15 秒，以免造成缺氧。

（冯新玮）

第三节　洗　胃

洗胃（gastric lavage）是利用向胃内灌注溶液来排出胃内容物，以减轻或避免吸收中毒的方法。

案例 11-3-1

患者，女性，22 岁。因感情受挫服了安眠药，被同屋室友发现时已经昏迷不醒，立即将其送往医院，护士及时实施抢救工作。

V11-3
洗胃

（一）护理评估

1．评估患者的年龄、病情、医疗诊断、意识状态、生命体征等。

2．评估患者口鼻黏膜有无损伤，有无活动义齿。

3．评估患者心理状态以及对洗胃的耐受能力、合作程度、知识水平、既往经验等。

（二）操作前准备

1．患者准备

（1）了解洗胃的目的、方法、注意事项及配合要点。

（2）取舒适体位。

2．护士准备　衣帽整洁，洗手，戴口罩。

3．用物准备　根据不同的洗胃方法进行用物准备。

（1）口服催吐法

1）治疗盘内：量杯（或水杯）、压舌板、水温计、弯盘、防水布。

2）水桶 2 只：分别盛洗胃液、污水。

3）洗胃溶液：按医嘱根据毒物性质准备洗胃溶液。一般用量为 10000 ~ 20000 ml，将洗胃溶液温度调节到 25 ~ 38℃范围内为宜。

4）为患者准备洗漱用物（可取自患者处）。

（2）自动洗胃机洗胃法

1）治疗盘内：无菌洗胃包（内有胃管、镊子、纱布或使用一次性胃管）、手套、咬口器、治疗巾、检验标本容器或试管、量杯、水温计、压舌板、弯盘、棉签、50 ml 注射器、听诊器、手电筒、液状石蜡、胶布，必要时备张口器、牙垫、舌钳放于治疗碗内。

2）水桶 2 只：分别盛洗胃液、污水。

3）洗胃溶液：同口服催吐法。

4）洗胃设备：全自动洗胃机。

4．环境准备　安静、整洁、光线明亮、温度适宜。

知识链接

常用洗胃溶液

毒物种类	常用溶液	禁忌药物
酸性物	镁乳、蛋清水[①]、牛奶	
碱性物	5% 醋酸、白蜡、蛋清水、牛奶	
氰化物	3% 过氧化氢溶液[②]引吐，1:15000~1:20000 高锰酸钾洗胃	
敌敌畏	2%~4% 碳酸氢钠溶液、1% 盐水、1:15000~1:20000 高锰酸钾溶液	
1605、1059、4049（乐果）	2%~4% 碳酸氢钠溶液	高锰酸钾[③]
美曲膦酯（敌百虫）	1% 盐水或清水，1:15000~1:20000 高锰酸钾	碱性药物[④]
DDT（灭害灵）666	温开水或生理盐水洗胃，50% 硫酸镁导泻	油性药物
酚类	50% 硫酸镁导泻，温开水或植物油洗胃至无酚味为止，洗胃后多次服用牛奶、蛋清保护胃黏膜	液状石蜡
河豚、生物碱、毒蕈	1%~3% 鞣酸	
苯酚（石炭酸）	1:15000~1:20000 高锰酸钾	
巴比妥类（安眠药）	1:15000~1:20000 高锰酸钾，硫酸钠导泻[⑤]	硫酸镁
异烟肼（雷米封）	1:15000~1:20000 高锰酸钾，硫酸钠导泻	
灭鼠药		
1. 磷化锌	1:15000~1:20000 高锰酸钾、0.5% 硫酸铜洗胃、0.5% ~ 1% 硫酸铜[⑥]溶液每次 10ml，每 5 ~ 10min 口服一次，配合用压舌板等刺激舌根引吐[⑥]	鸡蛋、牛奶、脂肪及其他油类食物[⑦]
2. 抗凝血类（敌鼠钠等）	催吐、温水洗胃、硫酸钠导泻	碳酸氢钠溶液
3. 有机氟类（氟乙酰胺等）	0.2%~0.5% 氯化钙或淡石灰水洗胃，硫酸钠导泻，饮用豆浆、蛋白水、牛奶等	
发芽马铃薯	1% 活性炭悬浮液	

注：①蛋清水可黏附于黏膜表面或创面上，从而起到保护作用，并可减轻患者疼痛。②氧化剂可将化学性毒物氧化，改变其性能，从而减轻或去除其毒性。③ 1605、1509、4049（乐果）等禁用高锰酸钾洗胃，否则可氧化成毒性更强的物质。④敌百虫遇碱性药物可分解出毒性更强的敌敌畏，其分解过程随碱性的增强和温度的升高而加速。⑤巴比妥类药物采用硫酸钠导泻，是利用其在肠道内形成的高渗透压，而阻止肠道水分和残存的巴比妥类药物的吸收，促其尽早排出体外。硫酸钠对心血管和神经系统没有抑制作用，不会加重巴比妥类药物的中毒。⑥磷化锌中毒时，口服硫酸铜可使其成为无毒的磷化铜沉淀，阻止吸收，并促使其排出体外。⑦磷化锌易溶于油类物质，忌用脂肪性食物，以免促使磷的溶解吸收

（三）操作步骤

1．评估及核对　评估患者鼻腔及口腔、意识状态；核对患者的床号、姓名、腕带。

2．洗胃

（1）口服催吐法

1）体位：协助患者取坐位。

2）准备：围好围裙（若有活动义齿则取下），置污物桶于患者座位前或床旁。

3）自饮灌洗液：指导患者每次饮液量 300~500 ml。

4）催吐：自呕和（或）用压舌板刺激舌根催吐。

5）结果：反复自饮→催吐，直至吐出的灌洗液澄清无味。

（2）全自动洗胃机洗胃（图 11-3-1）

1）操作前检查：通电，检查机器功能完好，并连接各种管道。

2）体位：去枕，左侧卧位。

3）插胃管：用液状石蜡润滑胃管前端，润滑插入长度的 1/3；插入长度为前额发际至剑突的距离，由口腔插入 55 ~ 60 cm，抽吸胃液并送检；通过三种检测方法确定胃管确实在胃内；用胶布固定胃管。

4）连接洗胃管，药管（清水管）的一端放入洗胃液桶内，污水管的另一端放入空水桶内，胃管的另一端与已插好的患者胃管相连，调节洗胃液流速。

5）按“自动”键，机器即开始对胃进行自动冲洗，直至洗出液澄清无味为止。

3．观察　洗胃过程中，随时注意洗出液的性质、颜色、气味、量及患者面色、脉搏、呼吸和血压的变化。

4．拔管　洗毕反折胃管，拔出。

5．整理　协助患者清洁，并取舒适卧位；整理用物。

6．洗手，记录灌洗液的名称、量，洗出液的颜色、气味、性质、量，患者的全身反应。

7．清洁　自动洗胃机三管 [药管（清水管）、胃管、污水管] 同时放入清水中，按“清洗”键，清洗各管腔后，将各管同时取出，待机器内水完全排尽后，按“停机”键关机。

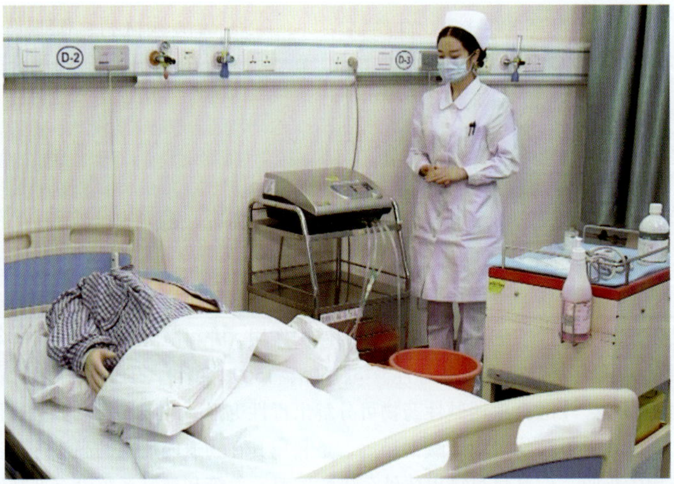

图 11-3-1　全自动洗胃机洗胃

重要小提示

✧ 首先注意了解患者中毒情况，如患者中毒的时间、途径、毒物种类、性质、量，来院前是否呕吐等。

✧ 准确掌握洗胃的禁忌证和适应证。

✧ 洗胃适应证：非腐蚀性毒物中毒，如有机磷、安眠药、重金属类、生物碱及食物中毒。

✧ 洗胃禁忌证：强腐蚀性毒物（如强酸、强碱）中毒、肝硬化伴食管胃底静脉曲张、胸主动脉瘤、近期内有上消化道出血及胃穿孔、胃癌等。患者吞服强酸、强碱等腐蚀性药物，禁忌洗胃，以免造成穿孔。可按医嘱给予药物或迅速给予物理性拮抗剂，如牛奶、豆浆、蛋清、米汤等以保护胃黏膜。上消化道溃疡、食管静脉曲张、胃癌等患者一般不洗胃。昏迷患者洗胃应谨慎。

✧ 急性中毒病例，应紧急采用口服催吐法，必要时进行洗胃，以减少中毒物的吸收。插管时，动作要轻、快，切勿损伤食管黏膜或误入气管。

✧ 当中毒物质不明时，洗胃溶液可选用温开水或生理盐水。待毒物性质明确后，再采用拮抗剂洗胃。

✧ 洗胃过程中应随时观察患者的面色、生命体征、意识、瞳孔变化、口鼻腔黏膜情况及口中气味等，注意有无洗胃并发症的发生，及时观察并做好相应的急救措施，做好记录。

✧ 洗胃并发症包括急性胃扩张、胃穿孔、大量低渗液洗胃致水中毒、水及电解质紊乱、酸碱平衡失调、昏迷患者误吸或过量胃内液体反流致窒息、迷走神经兴奋致反射性心脏骤停。

✧ 注意患者的心理状态、合作程度及对康复的信心。

✧ 洗胃后注意患者胃内毒物清除状况、中毒症状有无得到缓解或控制。

（四）操作流程图（图 11-3-2）

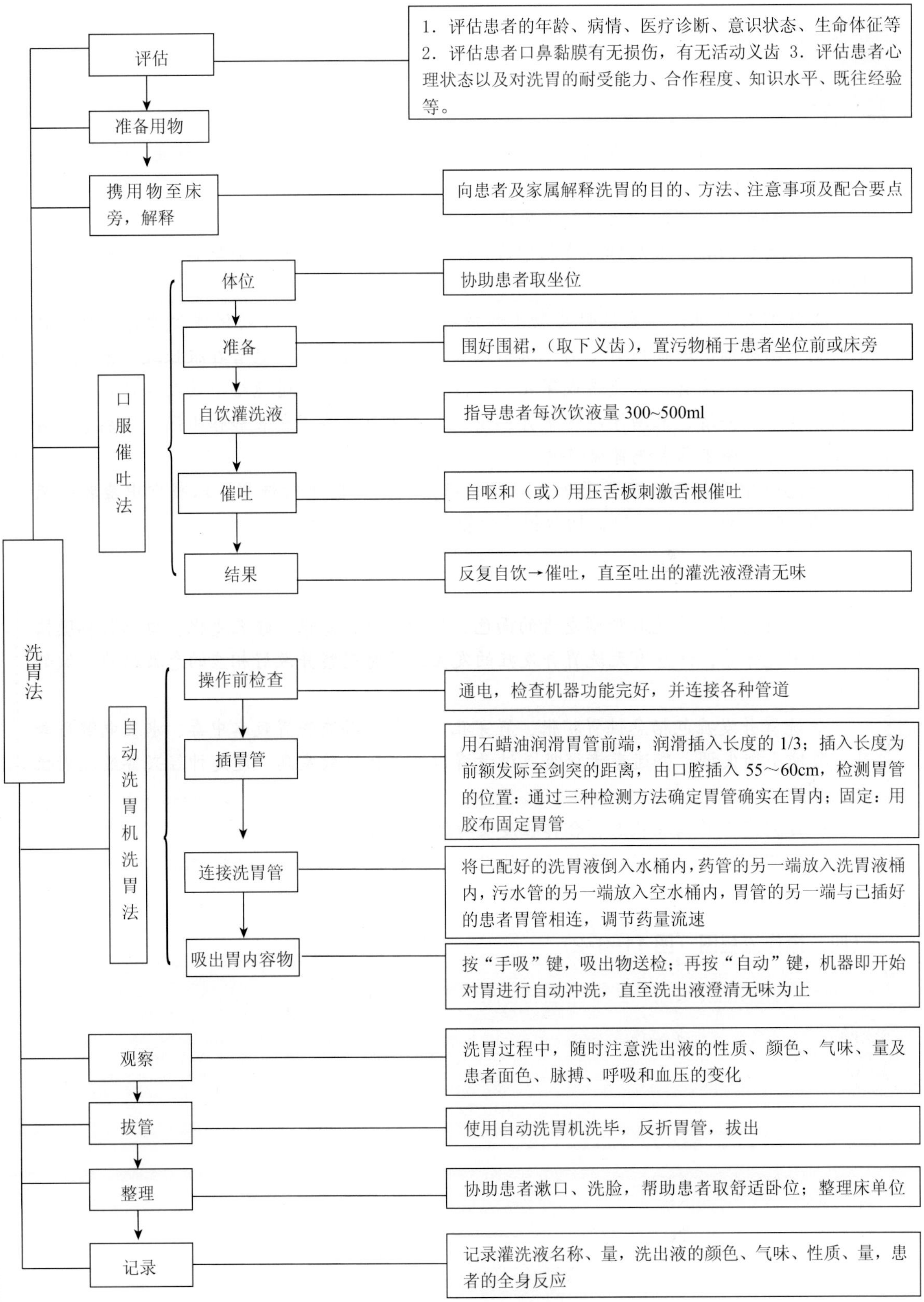
洗胃法
评估
1．评估患者的年龄、病情、医疗诊断、意识状态、生命体征等 2．评估患者口鼻黏膜有无损伤，有无活动义齿 3．评估患者心理状态以及对洗胃的耐受能力、合作程度、知识水平、既往经验等。
准备用物
携用物至床旁，解释
向患者及家属解释洗胃的目的、方法、注意事项及配合要点
口服催吐法
体位
协助患者取坐位
准备
围好围裙，（取下义齿），置污物桶于患者坐位前或床旁
自饮灌洗液
指导患者每次饮液量300~500ml
催吐
自呕和（或）用压舌板刺激舌根催吐
结果
反复自饮→催吐，直至吐出的灌洗液澄清无味
自动洗胃机洗胃法
操作前检查
通电，检查机器功能完好，并连接各种管道
插胃管
用石蜡油润滑胃管前端，润滑插入长度的1/3；插入长度为前额发际至剑突的距离，由口腔插入55～60cm，检测胃管的位置：通过三种检测方法确定胃管确实在胃内；固定：用胶布固定胃管
连接洗胃管
将已配好的洗胃液倒入水桶内，药管的另一端放入洗胃液桶内，污水管的另一端放入空水桶内，胃管的另一端与已插好的患者胃管相连，调节药量流速
吸出胃内容物
按“手吸”键，吸出物送检；再按“自动”键，机器即开始对胃进行自动冲洗，直至洗出液澄清无味为止
观察
洗胃过程中，随时注意洗出液的性质、颜色、气味、量及患者面色、脉搏、呼吸和血压的变化
拔管
使用自动洗胃机洗毕，反折胃管，拔出
整理
协助患者漱口、洗脸，帮助患者取舒适卧位；整理床单位
记录
记录灌洗液名称、量，洗出液的颜色、气味、性质、量，患者的全身反应

图 11-3-2　洗胃操作流程图

（五）操作评分标准（表 11-3-1）

表11-3-1　自动洗胃机洗胃法操作考核评分标准

项目	技术操作要求	评分	评分等级				实际得分
			A×1	B×0.7	C×0.4	D×0	
仪表 5	服装整洁、仪表端庄	5					
评估 10	评估患者的病情、意识状态	5					
	评估患者的自理及合作程度	5					
操作前准备 10	洗手、戴口罩	2					
	备齐用物，放置合理，使用方便，溶液配制正确（浓度、量、温度）	8					
操作过程 60	认真核对患者	5					
	患者采取舒适体位，头部垫棉垫	2					
	检查胃管通畅并润滑	5					
	指导患者配合，插管方法正确	5					
	验证胃管在胃内的方法正确	5					
	吸尽胃内容物	3					
	洗胃机洗胃方法正确	5					
	胃内容物灌洗有效（色清、无味）	5					
	观察病情判断准确，处理正确	5					
	拔管方法正确（夹紧胃管、迅速拔出）	5					
	协助患者漱口、擦净面部，安置舒适体位	5					
	用物处理正确，洗手	5					
	记录内容正确	5					
评价 15	操作过程注意安全	5					
	操作过程中与患者沟通有效	5					
	操作熟练、节力	5					
总分		100					

案例点评

- 洗胃机药管管口必须始终浸没在洗胃液的液面下。
- 如患者有腹痛、休克、洗出液呈血性，应立即停止洗胃，采取相应的急救措施。
- 拔除胃管时，防止管内液体误入气管。

（张　岩）

第四节　心肺复苏

心肺复苏（cardiopulmonary resuscitation, CPR）是对由于外伤、疾病、中毒、意外低温、淹溺和电击等各种原因，导致呼吸停止、心脏停搏，必须紧急采取重建和促进心脏、呼吸有效功能恢复的一系列措施。

知识链接

基础生命支持技术

基础生命支持技术（basic life support, BLS）又称为现场急救，是指在事发的现场，对患者实施及时、有效的初步救护，由专业或非专业人员进行徒手抢救。一旦有意外发生，可立即做出正确的判断与处理，为急救赢得时间，为患者的进一步治疗奠定基础。在 2015 年的国际心肺复苏指南中将 AHA 成人生命链分为了院内救治体系和院外救治体系。院外心脏骤停的患者将依赖于社区获得救助，非专业救护人员必须识别出心脏骤停、进行呼救、开始心肺复苏并给予除颤，直到专业团队接手；院内心脏骤停的患者依赖于专门的监控系统来预防心脏骤停，一旦发生，应立即启动多学科团队的救治，实施高质量的心肺复苏。

案例 11-4-1

患者，男性，56 岁。急诊入院于 21：50 分左右突然昏迷，呼之不应。查体血压测不出，呼吸 5 次 / 分，大动脉搏动消失，呼吸深大、缓慢，口唇发绀，双侧瞳孔等大等圆，直径约 2.0mm，对光反射存在，双肺呼吸音低，心音消失。给予心肺复苏术。

一、心肺复苏术

V11-4
心肺复苏术

（一）目的

1. 通过实施基础生命支持技术，建立患者的循环、呼吸功能。
2. 保证重要脏器的血液供应，尽快促进心搏、呼吸功能的恢复。

（二）操作步骤

1. 确认现场安全。
2. 识别心脏骤停　双手轻拍患者，并在患者耳边大声呼唤。
3. 启动应急反应系统　呼叫旁人帮忙或通过移动通讯设备，计时。
4. 摆放体位，背下垫心脏按压板，去枕，头后仰。
5. 解开衣领口及腰带。
6. 判断　示指和中指的指尖触及患者颈动脉（气管旁开 2 指胸锁乳突肌前缘凹陷处）判断搏动，同时眼观患者胸廓有无起伏，耳听有无呼吸音，面感有无气流通过，10 秒内完成。
7. 胸外心脏按压术（单人法）

（1）抢救者站在或跪于患者一侧。

（2）按压部位及手法：以两乳头中点为按压点。定位手掌根部接触患者胸部皮肤，另一手搭在定位手手背上，双手重叠，十指交叉相扣，定位手的5个手指翘起（图11-4-1）。

（3）按压方法：双肘关节伸直，依靠操作者的体重、肘及臂力，有节律地垂直施加压力；每次按压后迅速放松，放松时手掌根不离开胸壁，使胸廓充分回弹（图11-4-2）。

（4）按压深度：成人5~6 cm（即不少于5 cm，也不超过6 cm）。儿童、婴儿至少为胸部前后径的1/3，儿童大约5 cm，婴儿大约4 cm。

（5）按压频率：胸外按压30次（按压频率成人大于100次/分）。

8．开放气道　清除口腔、气道内分泌物或异物，有义齿者应取下。方法为：

（1）仰头抬颏法：抢救者一手的小鱼际置于患者前额，用力向后压使其头部后仰，另一手示指、中指置于患者的下颌骨下方，将颏部向前上抬起（图11-4-3）。

（2）仰头抬颈法：抢救者一手抬起患者颈部，另一手以小鱼际部位置于患者前额，使其头后仰，颈部上托。

（3）抬举下颌法：抢救者双肘置于患者头部两侧，双手示、中、环指放在患者下颌角后方，向上或向后抬起下颌。

9. 人工呼吸

（1）口对口人工呼吸法

1）在患者口鼻上盖一单层纱布/隔离膜。

2）抢救者用保持患者头后仰的拇指和示指捏住患者鼻孔。

3）双唇包住患者口部（不留空隙），吹气，使胸廓扩张。

4）吹气毕，松开捏鼻孔的手，抢救者头稍抬起，侧转换气，同时注意观察胸部复原情况；频率：每5～6秒1次呼吸（每分钟10～12次呼吸）。

（2）口对鼻人工呼吸法

1）用仰头抬颏法，同时抢救者用举颏的手将患者口唇闭紧。

2）深吸一口气，双唇包住患者鼻部吹气，吹气的方法同上。

（3）口对口鼻人工呼吸法：抢救者双唇包住患者口鼻部吹气。

（4）人工呼吸频率：每5～6秒1次呼吸。按压与人工呼吸的比：30:2。

10．如此重复以上5个循环后，再次判断颈动脉搏动及自主呼吸10秒，如恢复，进行进一步生命支持。如未恢复，继续进行CPR及尽早除颤、气管插管等。

11．抢救成功，计时，整理床单位，洗手，记录抢救时间、生命体征、病情变化及抢救过程。

抢救成功的指征：①瞳孔缩小并有对光反射；②每次按压时有颈动脉搏动，上肢收缩压在60 mmHg以上；③刺激眼睑有反应；④有自主呼吸；⑤颜面、口唇、甲床发绀减轻，皮肤色泽红润。

12．用物处理　按规定分别对用物进行处理备用。

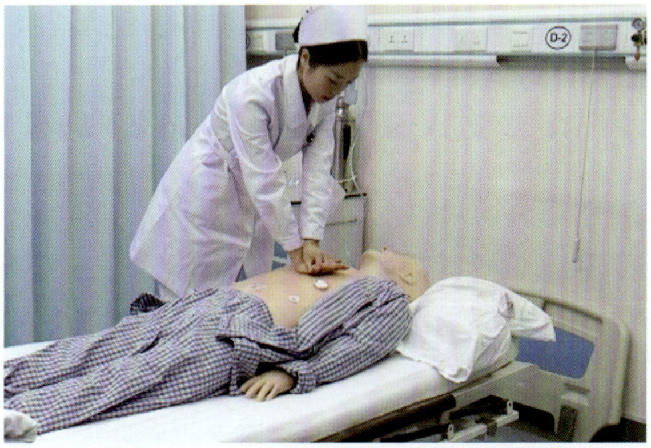

图11-4-1　胸外心脏按压定位方法及手法

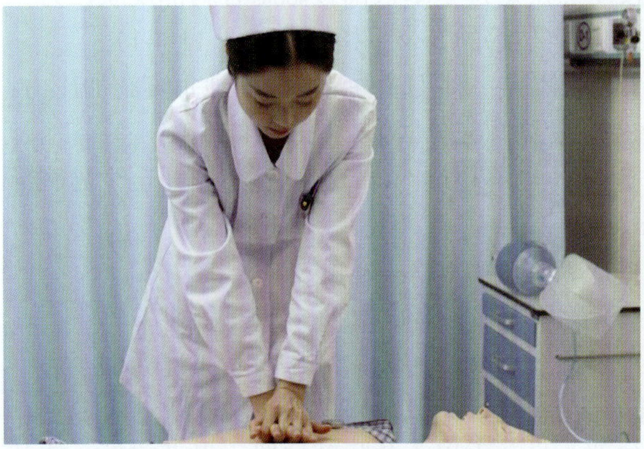

图 11-4-2 胸外心脏按压的姿势

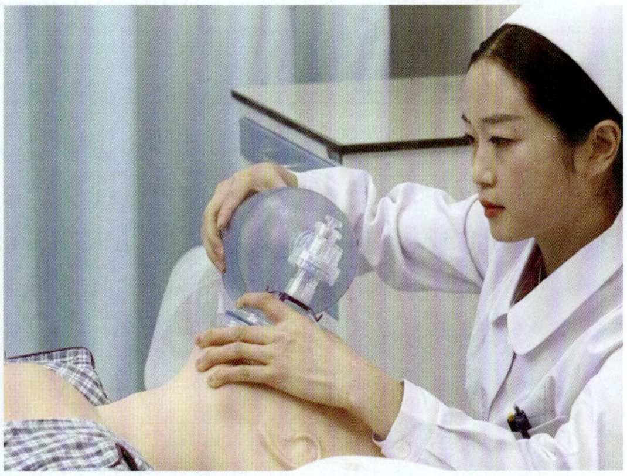

图 11-4-3 仰头抬颏法

重要小提示

✧ 发现无呼吸或不正常呼吸（喘息样呼吸）的心脏骤停成人患者时，应立即启动紧急救护系统，立即进行 CPR。

✧ 按压部位要准确，用力合适，以防止胸骨、肋骨压折。严禁按压胸骨角、剑突下及左右胸部。按压力要适度，过轻达不到效果，过重易造成肋骨骨折、血气胸，甚至肝脾破裂等。按压深度成人 5 ~ 6cm，儿童大约 5cm，婴儿 4cm，儿童和婴儿至少为胸部前后径的 1/3，并保证每次按压后胸廓回弹。姿势要正确，注意两臂伸直，两肘关节固定不动，双肩位于双手的正上方。为避免心脏按压时呕吐物逆流至气管，患者头部应适当放低并略偏向一侧。

✧ 单一施救者应先开始胸外心脏按压，然后再进行人工呼吸（心肺复苏的顺序是 C-A-B），即先进行 30 次胸外心脏按压，后做 2 次人工呼吸；尽可能减少按压中的停顿，并避免过度通气。

✧ 按压的频率为 100 ~ 120 次 / 分。人工呼吸 10 ~ 12 次 / 分。

（三）操作流程图（图 11-4-4）

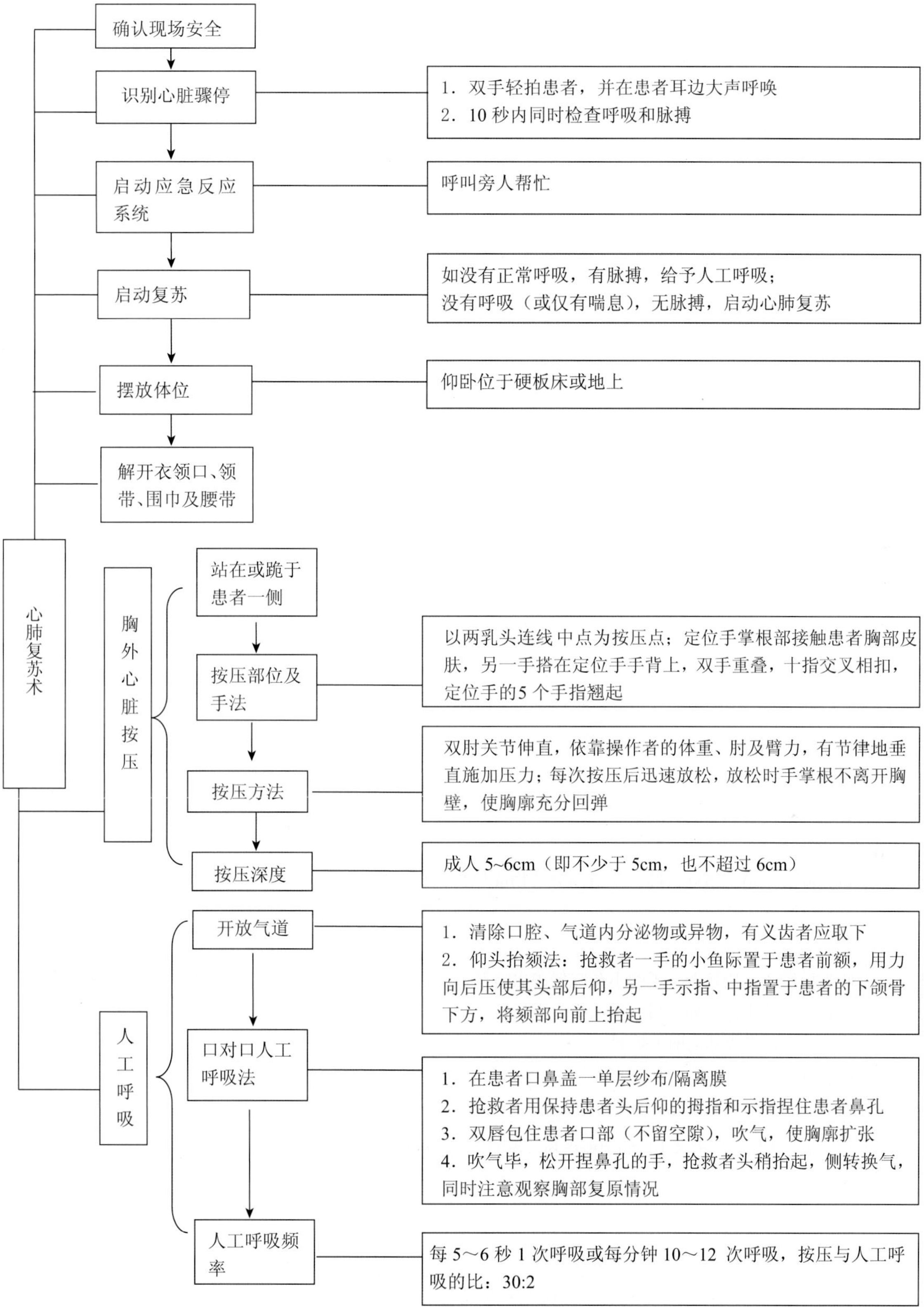

图 11-4-4 心肺复苏术操作流程图

（四）操作评分标准（表 11-4-1）

表11-4-1　心肺复苏术操作评分标准

项目	技术操作要求	评分	评分等级				实际得分
			A×1	B×0.7	C×0.4	D×0	
操作过程 90	确认现场安全	2					
	识别心脏骤停：双手轻拍患者，并在患者耳边大声呼唤	5					
	10 秒内同时检查呼吸和脉搏	3					
	启动应急反应系统：呼叫旁人帮忙	2					
	启动复苏 如没有正常呼吸、有脉搏，给予人工呼吸；没有呼吸（或仅有喘息）、无脉搏，启动心肺复苏	5					
	摆放体位：仰卧于硬板床或地上	3					
	解开衣领口、领带、围巾及腰带	3					
	胸外心脏按压术（单人法） （1）抢救者站在或跪于患者一侧	2					
	（2）按压部位及手法：以两乳头中点为按压点；定位手掌根部接触患者胸部皮肤，另一手搭在定位手手背上，双手重叠，十指交叉相扣，定位手的 5 个手指翘起	8					
	（3）按压方法：双肘关节伸直，依靠操作者的体重、肘及臂力，有节律地垂直施加压力；每次按压后迅速放松，放松时手掌根不离开胸壁，使胸廓充分回弹	8					
	（4）按压深度：成人 5~6 cm（即不少于 5 cm，也不超过 6 cm）	5					
	（5）按压频率：每分钟 100~120 次	5					
	开放气道 （1）开放气道：清除口腔、气道内分泌物或异物，有义齿者应取下	5					
	（2）开放气道方法 仰头抬颏法：抢救者一手的小鱼际置于患者前额，用力向后压使其头部后仰，另一手示指、中指置于患者的下颌骨下方，将颏部向前上抬起	8					
	口对口人工呼吸法 （1）在患者口鼻盖一单层纱布 / 隔离膜	3					
	（2）抢救者用保持患者头后仰的拇指和示指捏住患者鼻孔	5					
	（3）双唇包住患者口部（不留空隙），吹气，使胸廓扩张	5					
	（4）吹气毕，松开捏鼻孔的手，抢救者头稍抬起，侧转换气，同时注意观察胸部复原情况	3					
	（5）人工呼吸频率：每 5 ~ 6 秒 1 次呼吸或每分钟 10 ~ 12 次呼吸	5					
	（6）按压与人工呼吸的比：30:2	5					
评价 10	操作熟练、准确	10					
总分		100					

案例点评

- 触摸脉搏一般不少于 5 秒，不多于 10 秒。
- 注意避免随意移动患者。
- 按压力量适度，姿势正确，两肘关节固定不动，双肩位于双手臂的正上方。
- 施救者必须避免在按压间隙倚靠在患者身上，迅速解除压力，使胸骨自然复位。
- 按压有效性判断：

①能扪及大动脉（股、颈动脉）搏动，血压维持在 60 mmHg 以上；②口唇、面色、甲床等颜色由发绀转为红润；③室颤波由细小变为粗大，甚至恢复窦性心律；④瞳孔随之缩小，有时可有对光反射；⑤呼吸逐渐恢复；⑥昏迷变浅，出现反射或挣扎。

- 仰头抬颏法开放气道时，注意手指不要压向颏下软组织深处，以免阻塞气道。
- 人工呼吸时，给予患者足够的通气，每次须使胸廓隆起。
- 吹气毕，患者借助肺和胸廓的自行回缩将气体排出；每次吹气时间不超过 2 秒。
- 有效指标：患者胸部起伏，且呼气时听到或感到有气体逸出。

二、人工呼吸器

人工呼吸器（artificial respirator）是进行人工呼吸最有效的方法之一，可通过人工或机械装置产生通气，对无呼吸患者进行强迫通气，对通气障碍的患者进行辅助呼吸，达到增加通气量、改善换气功能、减少呼吸肌做功的目的。常用于各种原因所致的呼吸停止或呼吸衰竭的抢救及麻醉期间的呼吸管理。人工呼吸器由氧气面罩、阀门、球体、储气袋、氧气管组成。

案例 11-4-2

患者，男性，65 岁，急诊入院。于 17：30 分左右突然昏迷，呼之不应，查体呼吸 5 次 / 分，大动脉搏动消失，呼吸深大、缓慢，口唇发绀，双肺呼吸音低。用人工呼吸器给予通气。

（一）护理评估

1．评估患者的年龄、病情、体重、体位、意识状态等。

2．评估患者的呼吸状况（频率、节律、深浅度）、呼吸道是否通畅、有无活动义齿等。

3．评估患者的心理状况及配合程度。

（二）操作前准备

1．患者准备　患者取仰卧位，去枕、头后仰，如有活动义齿应取下；解开领扣、领带及腰带；清除上呼吸道分泌物或呕吐物，保持呼吸道通畅。

2．护士准备　衣帽整洁，戴口罩。

3．用物准备　简易人工呼吸器，由呼吸囊、呼吸活瓣、面罩及衔接管组成。

（三）操作步骤

1．核对　携用物至患者床旁，核对患者床号、姓名、腕带。

2．使用简易人工呼吸器

（1）协助患者采用适当体位：抢救者站于患者头顶处，患者头后仰，托起下颌，扣紧面罩，面罩紧扣口、鼻部。

（2）挤压呼吸囊：有节律，一次挤压可有 500 ml 左右的空气进入肺内；频率保持在 10 次 / 分。

3．记录

4．用物处理

（1）做好呼吸器保养。

（2）用物消毒。

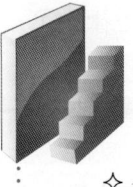

重要小提示

✧ 介绍人工呼吸器使用的目的、方法和必要性，解除恐惧、焦虑心理。

✧ 做好卫生宣教工作，保持室内环境卫生。

（四）操作流程图（图 11–4–5）

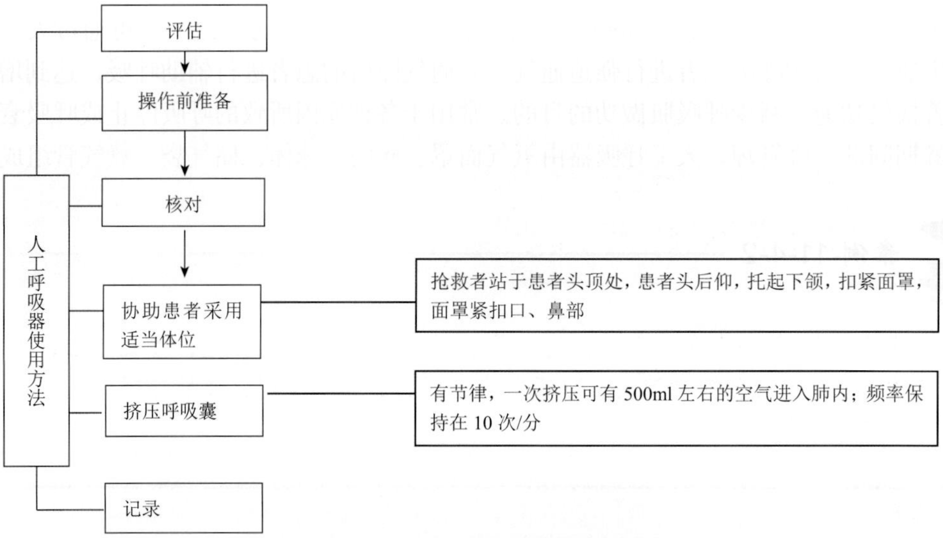

图 11-4-5　人工呼吸器使用操作流程图

（五）操作评分标准（表 11–4–2）

表11-4-2　人工呼吸器使用操作评分标准

项目	技术操作要求	评分	评分等级				实际得分
			A×1	B×0.7	C×0.4	D×0	
仪表 5	服装整洁、仪表端庄	5					
评估 15	评估患者的病情、意识状态、呼吸状况	10					
	评估患者的心理状况及合作程度	5					
操作前准备 15	洗手、戴口罩	5					
	备齐用物，放置合理，使用方便	10					

续表

项目	技术操作要求	评分	评分等级				实际得分
			A×1	B×0.7	C×0.4	D×0	
操作过程50	认真核对患者	5					
	协助患者采用适当体位：抢救者站于患者头顶处，患者头后仰，托起下颌，扣紧面罩，面罩紧扣口、鼻部	20					
	挤压呼吸囊：有节律，一次挤压可有 500 ml 左右的空气进入肺内；频率保持在 10 次 / 分	15					
	用物处理正确，洗手	5					
	记录内容正确	5					
评价15	操作过程注意安全	5					
	操作熟练、节力	10					
总分		100					

案例点评

➢ 面罩扣紧，避免漏气。

➢ 使空气或氧气通过吸气活瓣进入患者肺部，放松时，肺部气体随呼气活瓣排出。患者若有自主呼吸，应注意与人工呼吸同步，即患者吸气初顺势挤压呼吸囊，达一定潮气量后完全松开气囊，让患者自行完成呼气动作。

（张　岩）

第五节　除颤仪的使用

除颤仪是利用电能来治疗快速异位心律失常的一种仪器。使用除颤仪的目的是纠正心律失常，恢复窦性心律。

案例 11-5-1

患者，男性，48 岁，急诊入院。于 09：50 分左右突然昏迷，呼之不应，心电图显示为心室颤动。给予除颤仪除颤。

（一）护理评估

1．评估患者的年龄、病情、体重、体位、意识状态、有无起搏器植入、除颤部位皮肤情况等。
2．评估患者的心电图波形，检测电极连接情况。

（二）操作前准备

1．患者准备　平卧，松解衣领，暴露胸部，取下义齿，去除金属饰物及导电物。
2．护士准备　衣帽整洁，戴口罩。

V11-5
除颤仪的使用

3．用物准备　除颤仪（带电极板）、导电糊、心电监测导联线、接线板（必要时）、急救药品。

（三）操作步骤

1．除颤

（1）确认患者发生心律失常：①患者心电图显示心室颤动、无脉室上性心动过速；②排除电极干扰、电极脱落、导线脱开；③大声呼叫并拍患者双肩（避免晃动患者身体），患者无反应。

（2）呼叫其他医护人员，准备抢救车、除颤仪，记录抢救时间。

（3）患者平卧，去枕，解开衣服，暴露胸部，左上肢充分外展，检查胸前皮肤有无潮湿、破损，有无起搏器，有无佩戴金属饰物。

（4）电极片移至非除颤部位。

（5）连接电源，开机，选择非同步除颤方式。

（6）同时取下两个电极板，确认电极板与除颤仪连接。

（7）均匀涂擦导电糊。

（8）选择除颤能量

成人：单相 360 J；双相 200 J

儿童：2 ～ 4 J/kg

（9）电极板正确安放位置：一个电极板置于心底部，即右锁骨中线第 2 肋间；另一个电极板置于心尖部，即左腋中线第 5 肋间；两电极距离＞ 10 cm，避开起搏器。

（10）再次观察心电示波，确认需要除颤。

（11）充电：按充电键或按电极板上的充电按钮，至屏幕显示充电完成。

（12）除颤电击：电极板紧贴患者皮肤，垂直下压 4 ～ 11 kg 力。

（13）提醒并确认操作者及他人离开床旁。

（14）同时按下两个电极板上的“除颤电击”按钮，进行除颤。

2．观察

（1）心电图变化，如原有心律失常持续出现，立即重复上述步骤，再次除颤。

（2）呼吸、心律、血压。

（3）电极板接触部位的皮肤情况。

3．整理

（1）清洁皮肤，整理患者衣物，协助患者取舒适体位，整理床单位。

（2）监测心率、心律、血压。

（3）关机，拔除电源。

（4）清洁除颤仪，检测手柄电极及导线，手柄电极归位。

（5）整理并补充用物，除颤仪放于固定位置并充电。

4．洗手，记录。

重要小提示

✧ 安有永久性起搏器或植入式心律转复除颤仪的患者，电极板放置位置应避开起搏器或 ICD 植入部位至少 10 cm。

✧ 除颤时，操作者及周围人员不要接触患者或连接患者的物品，尤其金属物品。

✧ 除颤仪默认的除颤方式为非同步除颤，需同步除颤时按“SYNC ON/OFF”键，如心房颤动、心房扑动、室性心动过速、室上性心动过速时。

✧ 除颤仪用后应保持清洁，擦掉电极板上的导电糊，防止生锈而影响除颤功能。

✧ 保持除颤仪处于完好备用状态，定点放置，定期检查其性能，及时充电。

（四）操作流程图（图 11-5-1）

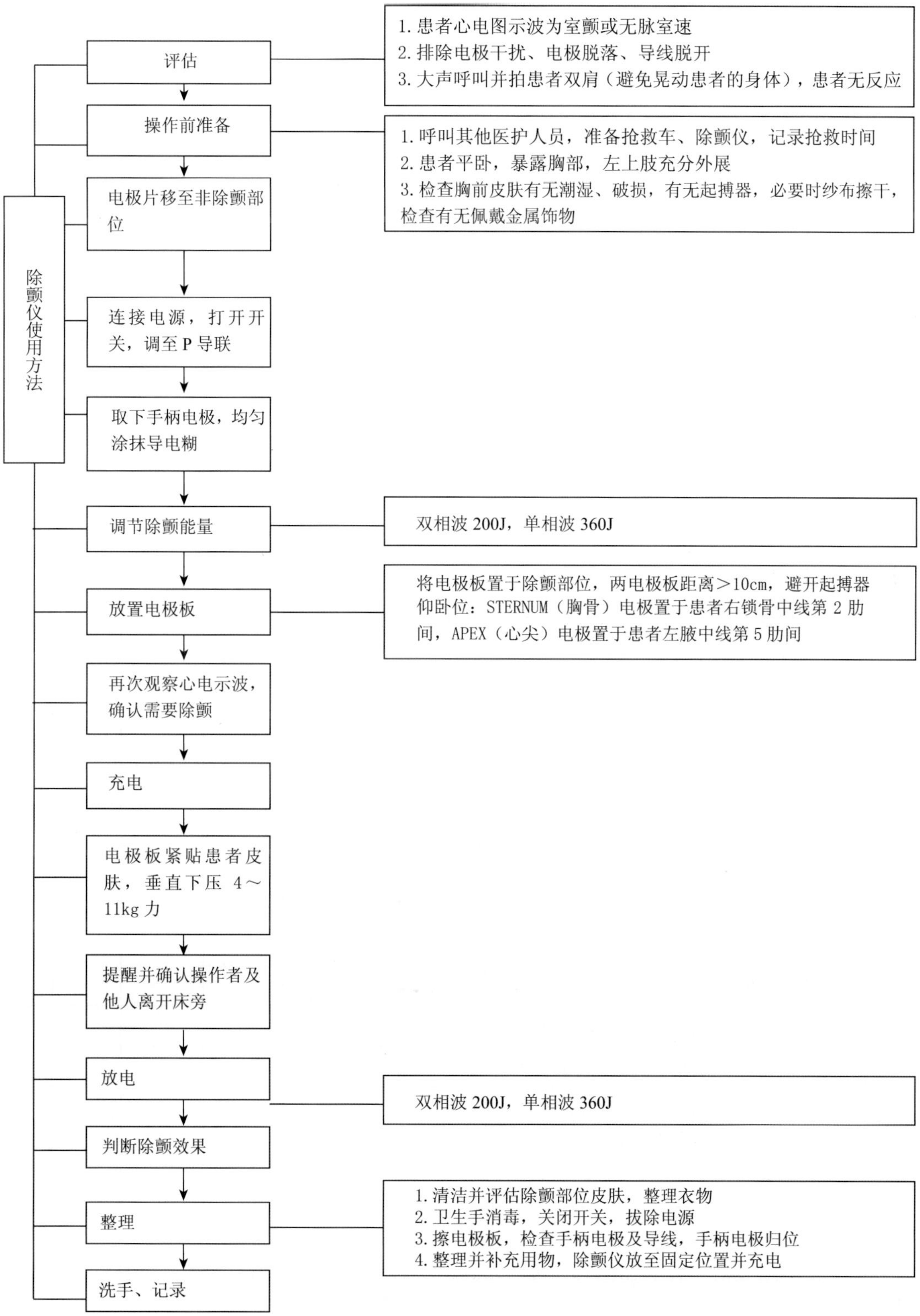
除颤仪使用方法
评估
1. 患者心电图示波为室颤或无脉室速
2. 排除电极干扰、电极脱落、导线脱开
3. 大声呼叫并拍患者双肩（避免晃动患者的身体），患者无反应
操作前准备
1. 呼叫其他医护人员，准备抢救车、除颤仪，记录抢救时间
2. 患者平卧，暴露胸部，左上肢充分外展
3. 检查胸前皮肤有无潮湿、破损，有无起搏器，必要时纱布擦干，检查有无佩戴金属饰物
电极片移至非除颤部位
连接电源，打开开关，调至 P 导联
取下手柄电极，均匀涂抹导电糊
调节除颤能量
双相波 200J，单相波 360J
放置电极板
将电极板置于除颤部位，两电极板距离＞10cm，避开起搏器
仰卧位：STERNUM（胸骨）电极置于患者右锁骨中线第 2 肋间，APEX（心尖）电极置于患者左腋中线第 5 肋间
再次观察心电示波，确认需要除颤
充电
电极板紧贴患者皮肤，垂直下压 4～11kg 力
提醒并确认操作者及他人离开床旁
放电
双相波 200J，单相波 360J
判断除颤效果
整理
1. 清洁并评估除颤部位皮肤，整理衣物
2. 卫生手消毒，关闭开关，拔除电源
3. 擦电极板，检查手柄电极及导线，手柄电极归位
4. 整理并补充用物，除颤仪放至固定位置并充电
洗手、记录

图 11-5-1　除颤仪使用操作流程图

（五）操作评分标准（表 11–5–1）

表11-5-1　除颤仪操作考核评分标准

项目	技术操作要求	评分	评分等级				实际得分
			A×1	B×0.7	C×0.4	D×0	
评估 13	患者心电图示波为室颤或无脉室速	5					
	排除电极干扰、电极脱落、导线脱开	3					
	大声呼叫并拍患者双肩（避免晃动患者的身体），患者无反应	5					
操作前准备 15	呼叫其他医护人员，准备抢救车、除颤仪，记录抢救时间	5					
	患者平卧，暴露胸部，左上肢充分外展	5					
	检查胸前皮肤有无潮湿、破损，有无起搏器，必要时用纱布擦干，检查有无佩戴金属饰物	5					
操作过程 67	电极片移至非除颤部位	5					
	连接电源，打开开关，调至 P 导联	5					
	取下手柄电极，均匀涂抹导电糊	5					
	调节除颤能量（双相波 200J，单相波 360J）	5					
	将电极板置于除颤部位，两电极板距离＞ 10 cm，避开起搏器 仰卧位：STERNUM（胸骨）电极置于患者右锁骨中线第 2 肋间，APEX（心尖）电极置于患者左腋中线第 5 肋间	5					
	再次观察心电示波，确认需要除颤	5					
	充电	5					
	电极板紧贴患者皮肤，垂直下压 4 ～ 11 kg 力	5					
	提醒并确认操作者及他人离开床旁	4					
	放电	3					
	判断除颤效果	4					
	清洁并评估除颤部位皮肤，整理衣物	3					
	卫生手消毒，关闭开关，拔除电源	2					
	擦电极板，检查手柄电极及导线，手柄电极归位	3					
	整理并补充用物，除颤仪放置于固定位置并充电	5					
	洗手，记录	3					
评价 5	操作熟练，手法正确	5					
总分		100					

案例点评

- 必须在患者无知觉时进行除颤。
- 涂擦导电糊时，避免两个电极板相互擦涂导电糊，涂擦应均匀，防止灼伤皮肤。
- 保持皮肤清洁干燥，避免在皮肤表面形成放电通路，防止灼伤皮肤。

（张　岩）

中英文专业词汇索引

B

备用床　closed bed　1
鼻饲法　nasogastric gavage　196
冰袋　ice bags　118
冰帽　ice cap　122

C

肠内营养泵输注法　infusion enteral nutrition pump　202
肠外营养　parenteral nutrition，PN　207
超声雾化吸入　ultrasonic inhalation　273
床上擦浴　bed baths　37
床上洗头　bed shampoo　34

D

导尿术　catheterization　234

F

粪便标本　stool specimen　376
敷料交换　dressing exchange　181

G

灌肠法　enema　210

H

呼吸　respiration，R　141
会阴护理　perineal care　25

J

肌内注射法　intramuscular injection　289
间接静脉输血法　indirect blood transfusion　350
间歇性导尿术　intermittent catheterization　252
经鼻 / 口腔吸痰法　nasopharyngeal/oropharyngeal aspiration of sputum　394
经外周静脉插入的中心静脉置管　peripherally inserted central catheter, PICC　318
静脉滴注　intravenous drip　307
静脉输血　blood transfusion　350
静脉输液　intravenous infusion　307
静脉注射　intravenous injection　294

K

口服给药　administering oral medications　269

L

冷湿敷　cold moist compress　113
留置导尿术　retention catheterization　247

M

脉搏　pulse，P　138

P

皮内注射法　intradermic injection　281
皮下注射法　hypodermic injection　285
膀胱冲洗　bladder irrigation　258
膀胱灌注　irrigation of bladder　264

R

人工呼吸器　artificial respirator　409

S

生命体征　vital signs　132

T

痰标本　phlegm specimen　381
特殊口腔护理　special oral care　28
体温测量　temperature measurement　132

W

温水擦浴　tepid water sponge bath　126
雾化吸入　inhalation　273

X

洗胃　gastric lavage　398
心肺复苏　cardiopulmonary resuscitation, CPR　404
血压　blood pressure，BP　144

Y

压疮　pressure ulcer　188
咽拭子　throat swab　385
氧疗法　oxygenic therapy　389
氧气雾化吸入　oxygen inhalation　276

Z

暂空床　unoccupied bed　8
直肠给药　rectal medication administration　303
直接静脉输血法　direct blood transfusion　355
植入式静脉输液港　implantable venous access port，PORT　331
中心静脉导管（非隧道式）　central venous catheter，CVC　327
自体血回输法　autotransfusion　359

主要参考文献

1．曹伟新，李乐之．外科护理学．4版．北京：人民卫生出版社，2010.
2．陈海燕，钱培芬．静脉血管通路护理实践指南．上海：复旦大学出版社，2016.
3．护理技术专家委员会．50项护理操作技术图解与评分标准．北京：中国医药科技出版社，2014.
4．李建民，邢凤梅．护理学基础技术操作常规（中英文版）．北京：人民卫生出版社，2009.
5．李小寒，尚少梅．基础护理学．5版．北京：人民卫生出版社，2012.
6．陆再英，钟南山．内科学．7版．北京：人民卫生出版社，2013.
7．彭刚艺，刘雪琴．临床护理技术规范（基础篇）．2版．广州：广东科学技术出版社，2013.
8．彭南海，黄迎春．肠外与肠内营养护理学．南京：东南大学出版社，2016.
9．桑未心，钱晓路．临床护理技术操作规程．北京：人民卫生出版社，2011.
10．尚少梅．护理学基础．4版．北京：北京大学医学出版社，2014.
11．王宇，姜洪池．外科学．2版．北京：北京大学医学出版社，2009.
12．辛胜利．养老护理员．北京：中国劳动社会保障出版社，2013.
13．于丽娜，伍世珍．83项护理技术操作流程及评分标准．北京：军事医学科学出版社，2012.
14．张洪君．现代临床基础护理操作培训手册．北京：北京大学医学出版社，2007.
15．张绍敏．护理技术．北京：北京大学医学出版社，2012.
16．郑海智，孙琦．临床医学实践技能操作规范．北京：北京大学医学出版社，2016.
17．中华人民共和国卫生部 中国人民解放军总后勤部卫生部．临床护理实践指南（2011版）．卫医政发〔2011〕55号．
18．中华医学会糖尿病学分会．中国2型糖尿病防治指南．北京：北京大学医学出版社，2013.
19．中华医学会糖尿病学分会护理及糖尿病教育学组．中国糖尿病护理及教育指南．北京：北京大学医学出版社，2009.
20．朱小平，孙慧敏，王晓慧，等．临床护士规范化培训教程．北京：人民军医出版社，2014.